Bank- und Finanzwirtschaft im Stress

Stephan Schöning · Nils Moch
Sonja Schütte-Biastoch
Hrsg.

Bank- und Finanzwirtschaft im Stress

Aktuelle Herausforderungen und Lösungsansätze

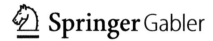

Hrsg.
Stephan Schöning
Offenburg, Deutschland

Nils Moch
Lüneburg, Deutschland

Sonja Schütte-Biastoch
Speyer, Deutschland

ISBN 978-3-658-41883-0   ISBN 978-3-658-41884-7 (eBook)
https://doi.org/10.1007/978-3-658-41884-7

Die Deutsche Nationalbibliothek verzeichnet diese Publikation in der Deutschen Nationalbibliografie; detaillierte bibliografische Daten sind im Internet über https://portal.dnb.de abrufbar.

© Der/die Herausgeber bzw. der/die Autor(en), exklusiv lizenziert an Springer Fachmedien Wiesbaden GmbH, ein Teil von Springer Nature 2023

Das Werk einschließlich aller seiner Teile ist urheberrechtlich geschützt. Jede Verwertung, die nicht ausdrücklich vom Urheberrechtsgesetz zugelassen ist, bedarf der vorherigen Zustimmung des Verlags. Das gilt insbesondere für Vervielfältigungen, Bearbeitungen, Übersetzungen, Mikroverfilmungen und die Einspeicherung und Verarbeitung in elektronischen Systemen.

Die Wiedergabe von allgemein beschreibenden Bezeichnungen, Marken, Unternehmensnamen etc. in diesem Werk bedeutet nicht, dass diese frei durch jedermann benutzt werden dürfen. Die Berechtigung zur Benutzung unterliegt, auch ohne gesonderten Hinweis hierzu, den Regeln des Markenrechts. Die Rechte des jeweiligen Zeicheninhabers sind zu beachten.

Der Verlag, die Autoren und die Herausgeber gehen davon aus, dass die Angaben und Informationen in diesem Werk zum Zeitpunkt der Veröffentlichung vollständig und korrekt sind. Weder der Verlag noch die Autoren oder die Herausgeber übernehmen, ausdrücklich oder implizit, Gewähr für den Inhalt des Werkes, etwaige Fehler oder Äußerungen. Der Verlag bleibt im Hinblick auf geografische Zuordnungen und Gebietsbezeichnungen in veröffentlichten Karten und Institutionsadressen neutral.

Planung/Lektorat: Vivien Bender

Springer Gabler ist ein Imprint der eingetragenen Gesellschaft Springer Fachmedien Wiesbaden GmbH und ist ein Teil von Springer Nature.
Die Anschrift der Gesellschaft ist: Abraham-Lincoln-Str. 46, 65189 Wiesbaden, Germany

Das Papier dieses Produkts ist recyclebar.

Vorwort

Die Bank- und Finanzwirtschaft ist sowohl auf der gesamtwirtschaftlichen (volkswirtschaftlichen) als auch auf der einzelwirtschaftlichen, unternehmensbezogenen Ebene von zentraler Bedeutung. Ohne ein funktionierendes Bankensystem und ohne finanzwirtschaftliche Funktionen wäre der für eine Volkswirtschaft essenziell wichtige Investitions- und Sparprozess eingeschränkt. Banken und andere Finanzintermediäre sind maßgeblich beteiligt bei der Transformation von zum Teil kleinvolumigen Kundeneinlagen, die sicher und eher kurzfristig angelegt werden sollen, in großvolumige, längerfristige und riskante Investitionen auf Unternehmensebene. Ihre Allokationswirkung kann ein Kapitalmarkt, unabhängig davon, ob es sich um den organisierten Börsenhandel oder um Banken und andere Finanzintermediäre handelt, nur dann friktionslos erfüllen, wenn die Angaben zu den Investitionsmöglichkeiten durch externe, unabhängige Instanzen wie Wirtschaftsprüfungsgesellschaften und Ratingagenturen geprüft werden. Auf Unternehmensebene ist ein reibungsloser Beschaffungs-, Produktions- und Absatzprozess ohne eine gesicherte Finanzierung von Anlage- und Umlaufvermögen nicht gewährleistet. Das Controlling mit seiner Planungs-, Steuerungs- und Kontrollfunktion ist ebenso wie das Risikomanagement unabdingbar für eine nachhaltige Sicherung der Unternehmensexistenz.

Die Funktionen, die durch die verschiedenen Akteure des bank- und finanzwirtschaftlichen Bereichs ausgeübt werden, sind im Zeitverlauf einem beständigen Wandel ausgesetzt. Seit dem Aufkommen des deutschen Bankensystems heutiger Prägung im 19. Jahrhundert ist das Bankgewerbe gekennzeichnet durch die Entwicklung neuer Finanzierungs- und Anlageformen, wobei diese oftmals durch externe Ereignisse wie Kriege oder Krisen hervorgerufen werden. So ist die überragende Bedeutung, welche die Bankkreditfinanzierung für deutsche Unternehmen seit Jahrzehnten spielt, maßgeblich durch die Eigenkapitalverluste im Unternehmensbereich im Ersten und vor allem im Zweiten Weltkrieg begründet. Die im Vergleich zu anderen Ländern relativ geringe Bedeutung des organisierten Kapitalmarkts resultiert aus einer historisch bedingten Risikoaversion breiter Anlegerschichten und wiederholten Negativerfahrungen, etwa im Zusammenhang mit dem Zusammenbruch des Neuen Markts oder der Emission von „Volksaktien". Allgemein hat sich die Tendenz zur Desintermediation im Unternehmensfinanzierungsbereich, also der Umgehung von Finanzintermediären durch Emissionen von Fremdkapital am Kapitalmarkt, infolge der Finanzkrise ab 2007 und dem daraus resultierenden Vertrauensverlust nicht fortgesetzt. Stattdessen ist der finanzielle Sektor nunmehr durch eine andere Facette der Desintermediation gefordert: War der Kapitalanlagebereich über viele Jahre durch die aktiv gemanagten Investmentfonds geprägt, führt deren nach Abzug der Verwaltungskosten vielfach unbefriedigende Performance zu massiven Kapitalumschichtungen in ETFs (exchange traded funds). Es bleibt abzuwarten, ob sich diese Entwicklung angesichts der aktuellen unruhigen Zeiten an den Kapitalmärkten fortsetzt.

Ein weiterer Bereich, der sämtliche Akteure im Bank- und Finanzwesen vor Herausforderungen stellt, ist die Bedeutung von finanzwirtschaftlichen Risiken. Traditionell ist die oben bereits erwähnte Funktion von Banken im Zusammenhang mit Kreditrisiken von großer Bedeutung. Die Exportorientierung der deutschen Wirtschaft sowie die Abhängigkeit von Importen besonders im Bereich der Rohstoffe bedingen zudem, dass Unternehmen erheblichen Marktpreisrisiken ausgesetzt sind. Mit der Freigabe der Wechselkurse nach dem Ende des Bretton-Woods-Abkommens zeigen sich Wechselkursrisiken, die durch die Einführung des Euros als Gemeinschaftswährung zwar maßgeblich verringert wurden, aber gegenüber den anderen „Weltwährungen" weiterhin bestehen. Auf Unternehmensebene führt dies angesichts eines sich verschärfenden internationalen Wettbewerbs (und damit sinkenden Margen) zu einem signifikanten Bedeutungsanstieg des Risikomanagements. Banken sind von den Währungsschwankungen ebenfalls direkt (eigene Fremdwährungspositionen) und/oder indirekt (durch ihre Unternehmenskunden) betroffen; gleichzeitig haben Fremdwährungsrisiken auch neue Geschäftsmöglichkeiten in Form von Risikoabsicherungsprodukten eröffnet. Ähnliches gilt für den Bereich der Rohstoffpreisrisiken.

Auch Wirtschaftsprüfungsgesellschaften und Ratingagenturen sind gefordert, ihre Expertise bei der Beurteilung von risikobehafteten Positionen beständig auszubauen.

Die hohe volkswirtschaftliche Bedeutung des Finanzwesens im Zusammenhang mit dem Investitions- und Sparprozess, die geringe Eigenkapitalausstattung einiger Institute und die latente Gefährdung des Systems durch ein, in der Gesamtschau, irrationales Verhalten der Einleger hat bereits im Nachgang der Wirtschaftskrise 1931 zur Einführung einer alle Banken umfassenden Aufsicht und zur Einführung entsprechender gesetzlicher Regelungen in Form des Reichsgesetzes über das Kreditwesen geführt. Die stetige Veränderung der Risikopositionen, die fortschreitende Entwicklung neuer Finanzprodukte, die Verlagerung von Finanzaktivitäten auf Nichtbanken im Rahmen der Desintermediation und auch eine in Teilen übermäßig riskante Geschäftspolitik von Finanzinstitutionen haben zur kontinuierlichen Erweiterung und Verschärfung dieser aufsichtlichen Regelungen geführt. Mittlerweile ist das Regelwerk derart komplex und in Teilen auch mathematisch-statistisch anspruchsvoll, dass es selbst für Aufsichtsexperten kaum noch möglich ist, einen Einblick in sämtliche Teilbereiche zu haben.

Unternehmen sind seit Langem durch bankaufsichtliche Regelungen indirekt betroffen, etwa durch die Groß- und Millionenkreditregelungen oder die Offenlegungserfordernisse. Mit der Umsetzung der neuen Eigenkapitalregeln („Basel II") in den 2000er-Jahren haben sich diese Auswirkungen signifikant erhöht, denn seitdem sind Kreditinstitute in Bezug auf Kreditvergabeprozesse und die Konditionengestaltung limitiert. Mittlerweile beschränken sich die bankaufsichtlichen Regelungen auch nicht mehr auf den Kreditbereich, sondern umfassen weitere Bereiche des Kundengeschäfts wie etwa die Anlageberatung oder das Dienstleistungsgeschäft.

Die aufgeführten Entwicklungen betreffen partiell auch den Bereich der Rechnungslegung, des Controllings und der Unternehmensprüfung, -bewertung und -beratung. Hinzu kommen die Auswirkungen der Internationalisierung der Kapitalmärkte, die zur Etablierung internationaler Rechnungslegungsstandards und zu Reformen der nationalen Rechnungslegung geführt haben. Der sich verschärfende internationale Wettbewerb im realwirtschaftlichen Bereich hat zudem den Bedarf an verfeinerten, vielfach mit mathematisch-statistischen Methoden unterlegten Planungs- und Steuerungsinstrumenten im Controlling erhöht, wodurch sich auch das Berufsbild des Controllers vom „Erbsenzähler" zum „Change Agent" gewandelt hat.

Ein kontinuierlicher Anpassungsdruck, der sich phasenweise, etwa während der Umsetzung der Basel-II-Reform oder während der Finanz- und Wirtschaftskrise, in Anpassungsstress erhöht hat, ist mithin seit Langem ein Wesensmerkmal des gesamten finanz- und bankwirtschaftlichen Bereichs. Der Bedeutungsgewinn zeigt sich nicht zuletzt darin, dass in Unternehmen zunehmend vormalige Finanzvorstände (CFOs) auf die Position des Vorstandsvorsitzenden (CEO) aufrücken und seltener Produktionsvorstände.

Die Zeit zwischen der Überwindung der Finanz- und Wirtschaftskrise nach 2012 bis zum Ausbruch der Corona-Pandemie Anfang 2020 erscheint aus heutiger Sicht als eine nahezu stabile Zeit. Gleichwohl standen die vier Kernherausforderungen, mit denen sich Unternehmen noch immer beschäftigen, bereits auf der Agenda:

– Nachhaltigkeit,
– demografischer Wandel,
– Globalisierung und
– Digitalisierung.

Beispielsweise wurde spätestens mit dem Pariser Klimaabkommen 1995 klar, dass einschneidende Maßnahmen zur Begrenzung der Erderwärmung zwingend erforderlich sind. Maßnahmen zur Abkehr von fossilen Energieträgern wurden eingeleitet, angesichts der reichlichen Verfügbarkeit von Erdöl und Gas allerdings eher (zu) schleppend. Auch die demografische Situation in Deutschland und ihre Konsequenzen für den Arbeitsmarkt, die Sozialversicherungen und den Pflegebereich waren seit Langem in Grundzügen vorhersehbar. Es wurden durchaus Initiativen ergriffen, von denen einige, wie die Heraufsetzung des Renteneintrittsalters oder die Änderungen in der Arbeitslosenversicherung, zwar umstritten waren und sind, jedoch in der Gesamtschau dazu beigetragen haben, die Wettbewerbsposition Deutschlands im europäischen Vergleich zu verbessern. Der sich zuspitzende Wettbewerb um Fachkräfte („War for Talents") erhöht zwangsläufig die Anstrengungen, die auf unternehmerischer Ebene in Bezug auf Bezahlung und Arbeitsbedingungen erforderlich sind, um für Mitarbeitende attraktiv zu bleiben.

Der Ausbruch der Corona-Pandemie und der folgende weltweite partielle Stillstand des privaten und öffentlichen Lebens sowie die vielfältigen Einschränkungen für Unternehmen als Folge gestörter Lieferketten und Umstellungen auf Home-Office überlagerten den laufenden Umstellungsprozess zur Bewältigung der erwähnten vier Kernherausforderungen. Die Umsetzung längerfristiger Maßnahmen wurde vielfach ausgesetzt und durch ad hoc-Maßnahmen zur Sicherung der Unternehmensexistenz ersetzt. Sämtliche Bereiche der Finanzwirtschaft gerieten in eine Stresssituation: So gewannen als Folge der krisenbedingten Zurückhaltung von Kreditinstituten bei der Vergabe von Finanzierungsmitteln alternative Finanzierungsquellen wie Factoring und Leasing stark an Bedeutung. Im Controlling mussten kurzfristig neue Planungs- und Steuerungsverfahren als Ersatz für obsolete langfristige Budgetierungsprozesse und Reporting-Intervalle eingeführt werden. Wirtschaftsprüfer waren kaum in der Lage, die Zusatzaufgaben durch die Erstellung von Fortführungsprognosen im Zusammenhang der Vergabe staatlicher Unterstützungszahlungen zu bewältigen.

Als zum Jahresende 2021 ein allmähliches Abflauen der Corona-Pandemie absehbar wurde, schien sich die Gesamtsituation zu normalisieren und eine Wiederaufnahme der längerfristig erforderlichen Maßnahmen möglich. Der Angriff Russlands auf die Ukraine am 24. Februar 2022 änderte die Situation allerdings grundlegend. Speziell die Verknappung von Rohstoffen und Energie, die Störungen von Warenströmen durch Lieferausfälle und Embargomaßnahmen und die dadurch ausgelöste Inflation stellten Unternehmen vor neuerliche existenzbedrohende Herausforderungen: Banken und Kreditnehmer waren von den wiederholten Zinserhöhungen der Notenbanken betroffen, der soziale Frieden wird durch die Inflation bedroht und die mittelfristigen Folgen der erhöhten Militär- und Sozialausgaben für die Staatsfinanzen sind noch nicht absehbar. Viele Unternehmen, die bereits durch die Corona-Pandemie geschwächt sind, geraten trotz staatlicher Stützungsmaßnahmen in Schieflagen, sodass von einem Anstieg der Kreditrisiken auszugehen ist.

Insgesamt befinden sich Volkswirtschaften weltweit seit nunmehr fast vier Jahren im Dauerstress. Die Beziehungen der Staaten untereinander sind einem starken Wandel unterworfen, was auf unternehmerischer Ebene eine teilweise Neuausrichtung der Beschaffungs-, Produktions- und Absatzstrategie erforderlich macht. Für die gesamte Bank- und Finanzwirtschaft führen die Ereignisse der letzten Jahre zu einem erheblichen Bedeutungsanstieg des Risikomanagements. Kreditrisiken, Rohstoff- und Energiepreisrisiken sowie die lange Zeit zu vernachlässigenden Zinsänderungsrisiken erfordern ein erhebliches Maß an Aufmerksamkeit und Steuerungsmaßnahmen.

Trotz dieser akuten Herausforderungen, für die es kurzfristig Lösungsstrategien zu entwickeln gilt, bleiben die aufgeführten Kernherausforderungen bestehen. Besonders deutlich wird dies im Bereich der Energieversorgung: Einerseits wurde zur Sicherung der Energieversorgung unter anderem die Verbrennung von Kohle wieder verstärkt genutzt und bereits stillgelegte Kraftwerke wieder in Betrieb genommen. Andererseits ist klar, dass dadurch gegen Nachhaltigkeitsziele, konkret die Verringerung des CO_2-Ausstoßes, verstoßen und damit der Spielraum zur Einhaltung der Vorgaben noch kleiner wird, also zukünftig noch einschneidendere Maßnahmen erforderlich sind.

Angesichts dieser Aspekte ist die Bank- und Finanzwirtschaft gefordert, neue Ansätze im Bereich der Finanzierung und Anlagen, der Rechnungslegung und Wirtschaftsprüfung sowie im Controlling zu finden. Das vorliegende Sammelwerk dient dazu, facettenartig wesentliche Bereiche zu beleuchten und Gedankenanstöße für die Bewältigung der mannigfaltigen Herausforderungen zu liefern. Es kann dabei nicht verwundern, dass sich eine Reihe von Beiträgen direkt oder indirekt mit dem Themenbereich Nachhaltigkeit auseinandersetzt.

Zur Entwicklung von Lösungsansätzen in der unternehmerischen Praxis bedarf es eines hierauf abgestellten Systems der Ausbildung im tertiären Bildungsbereich an Universitäten und Hochschulen. Während sich Forschung und Lehre in den Fachbereichen Rechnungslegung und Wirtschaftsprüfung sowie Controlling recht kontinuierlich mit der Entwicklung praxistauglicher Anwendungen beschäftigen, hat sich dies im Bereich Bank- und Finanzwirtschaft in den letzten Jahren deutlich verändert: Hatten Universitäten lange Zeit vielfach einen (oder sogar mehrere) bank- und finanzwirtschaftlich ausgerichtete Lehrstühle, sind diese zumeist in rein kapitalmarktorientierte Finance-Lehrstühle umgewandelt worden. Als eine wesentliche Ursache hierfür ist die verstärkte Ausrichtung auf Veröffentlichungen in anglo-amerikanisch geprägten wissenschaftlichen Zeitschriften zu sehen. Forschungen zu konkreten bank- und finanzwirtschaftlichen Fragestellungen sind daher, abgesehen von wenigen Ausnahmen, primär an öffentlich-rechtlichen und privaten Fachhochschulen sowie Dualen Hochschulen und vormaligen Berufsakademien zu finden. Das vorliegende Werk dient mithin auch dazu, die Qualität und die Vielfalt der Forschungsmethoden an Universities for Applied Sciences aufzuzeigen. Diese verfügen zwar in der Regel über eine eingeschränkte personelle und materielle Forschungsausstattung, aber sind durch die Kontakte mit der Praxis vielfach eng an den konkreten unternehmerischen Fragestellungen vertraut.

Die Beiträge im vorliegenden Buch befassen sich zum einen mit der Bewältigung der erwähnten Kernherausforderungen und zum anderen mit Fragen rund um die durch die Corona-Pandemie und den Krieg in der Ukraine ausgelöste akute Stresssituation. Bei den Kernherausforderungen liegt der Schwerpunkt im Bereich Nachhaltigkeit, ohne dass auch andere Bereiche zu kurz kommen.

So prüfen *Sören Abendroth* und *Thorgny Sörensen*, ob Nachhaltigkeitsmanagement in Banken als eine regulatorische Pflichtübung oder als Beitrag gegen den Klimawandel angesehen werden kann. Hierfür werden auch Lage-/Nachhaltigkeitsberichte von Kreditinstituten aus allen drei Säulen des deutschen Bankwesens zielgerichtet ausgewertet.

Philipp Schröder zeigt in seinem Überblicksbeitrag, wie sich der deutsche Bankensektor mit dem Corporate Social Responsibility (CSR)-Konzept auseinandersetzt und wie Kreditinstitute ihre Websites nutzen, um ihre unternehmerische Verantwortung aktiv zu publizieren. Herausgearbeitet werden die dabei zu erkennenden Unterschiede sowie der Zusammenhang mit bestimmten Wesensmerkmalen wie zum Beispiel der Größe des Instituts.

Sandra Ebeling und *David Kuhlen* nehmen eine Analyse von Green Banking mit Fokus auf Generation Z vor. Im Rahmen einer empirischen Untersuchung wird die Haltung potenzieller Konsumenten aus der Generation Z zum Thema Nachhaltigkeit und Banking untersucht. Die Vorgehensweise der Untersuchung sowie die gewonnenen Erkenntnisse sollen Banken und anderen Finanzunternehmen eine Orientierung bieten, die ihnen hilft, ihre Leistungen und ihren Marktauftritt passend zu gestalten.

Gebhard Zemke und *Thomas Lange* zeigen in ihrem Beitrag zur Transformation des Kreditgeschäftes, welche Herausforderungen die Einbeziehung von Nachhaltigkeitsaspekten bei der Kreditvergabe mit sich bringen. Basierend auf den aktuellen bankaufsichtlichen Regelungen werden auch pragmatische Lösungsansätze zur Erfüllung der Vorgaben präsentiert.

Sonja Schütte-Biastoch und *Martin Zieger* betrachten, wie sich die zunehmende Bedeutung der nicht-finanziellen Informationen in den Kalkülen zur Unternehmensbewertung durch externe Stakeholder niederschlägt, und analysieren kritisch die Anforderungen an die Offenlegung und Prüfung von Nachhaltigkeitsinformationen, die es zum Erreichen den angestrebten Lenkungswirkung, die ihren Ausdruck im Einfluss auf den Unternehmenswert findet, zu erfüllen gilt.

Stephan Schöning, *Bernd Nolte* und *Emily Tarane Michael* untersuchen in ihrem Beitrag, ob Corporate Green Bonds als innovative Finanzanlage dienen können. Anhand von Vergleichen von Marktindizes, die auf Green Bonds ausgerichtet sind, und konventionellen Anleihenindizes wird einerseits die Existenz eines „Greeniums" in Form eines Renditeabschlags geprüft, andererseits aber auch die Problematik derartiger Vergleiche aufgezeigt.

Nico Menzel und *Nils Moch* beleuchten den Einsatz und die Akzeptanz Künstlicher Intelligenz in regionalen Filialkreditinstituten zur Gestaltung der Kundenbeziehung und die gegenwärtigen Anwendungsmöglichkeiten dieser Technologie aus Sicht der Kreditinstitute. Hierfür werden die Erkenntnisse einer eigenen empirischen Erhebung präsentiert, die aus qualitativen Experteninterviews sowie einer quantitativen Online-Befragung bestehen.

Florian Nolte befasst sich mit den Konsequenzen der Umbruchsituation in der Finanzwirtschaft für die Berufsausbildung am Beispiel des Ausbildungsberufes Bankkaufmann/Bankkauffrau. Die Neuerungen sollen eine Antwort auf die Themenfelder demografischer Wandel, Fachkräftemangel und Digitalisierung liefern und den Ausbildungsberuf zukunftsfest machen.

Dass Banken auch in anderen Bereichen vor Herausforderungen stehen, belegt der Beitrag von *Corinna Hänel* zu Hinweisgebersystemen in Kreditinstituten. Derartige Systeme sind nach dem Hinweisgeberschutzgesetz (HinSchG) zwingend einzuführen, was erhebliche, auf den ersten Blick kaum erkennbare Zusatzaufgaben und -abläufe mit sich bringt.

Stephan Schöning, *Dario Dorsano*, *Tobias Lücke* und *Roger-David Nolting* analysieren in ihrem Beitrag, ob sich ausgewählte Kryptowährungen zur Portfoliodiversifizierung eignen. Unter anderem werden hierbei auch die Schockwellen nach dem Beginn der Corona-Pandemie und des Kriegs in der Ukraine separat untersucht.

Wolfgang Portisch widmet sich in seinem Beitrag mit den Konsequenzen für Banken durch die sprunghaften Zinserhöhungen der Europäischen Zentralbank, die nach dem Ausbruch des Ukraine-Kriegs zur Bekämpfung der Inflation durchgeführt wurden. Das

Erfordernis zur Bildung von Drohverlustrückstellungen nach IDW RS BFA 3 belastet das ausgewiesene Ergebnis der Banken unter Umständen massiv und dokumentiert künftige Ertragslasten in der Bilanz.

Stephan Schöning, Jana Schlotter und Viktor Mendel überprüfen in ihren Beitrag, wie sich die Volatilität des Geschäftsumfelds auf die Instrumente und Organisation des Controllings auswirkt. Basis hierfür sind Ergebnisse einer Expertenbefragung, bei der unterschiedliche Branchen und Geschäftsmodelle berücksichtigt wurden.

Die Herausgebenden bedanken sich bei allen Autorinnen und Autoren für ihre wertvollen Beiträge, ohne die die Entstehung des Buches nicht möglich gewesen wäre. Unser Dank gilt auch Daniela Schendel und Matilde Adam für die Unterstützung bei der Formatierung und bei der Nachbearbeitung von Literaturverzeichnissen und Abbildungen. Für die finanzielle Förderung bedanken wir uns beim FACT Center e.V. sowie bei der Forschungsförderung der SRH Hochschule Heidelberg.

Die Herausgebenden möchten sich auch bei ihren Familien bedanken, deren Familienleben an manchem Abend und manchem Wochenende Einschränkungen erlebt haben.

Und wir danken insbesondere unserem akademischen Lehrmeister Prof. Dr. Ulf G. Baxmann vom Bankseminar Lüneburg, der viele der Beitragenden in die Welt der Forschung und Lehre eingeführt hat.

Offenburg, Deutschland	Stephan Schöning
Lüneburg, Deutschland	Nils Moch
Speyer, Deutschland	Sonja Schütte-Biastoch

Inhaltsverzeichnis

Nachhaltigkeitsmanagement in Banken – Regulatorische Pflichtübung oder Beitrag gegen den Klimawandel? 1
Sören Abendroth und Thorgny Sörensen

Ein Kurzbeitrag zur CSR-Website-Kommunikation im deutschen Bankensektor. 23
Philipp Schröder

Analyse von Green Banking mit Fokus auf Generation Z 37
Sandra Ebeling und David Kuhlen

Transformation des Kreditgeschäftes – Einbeziehung von ESG-Faktoren in den Dialog mit Kreditnehmern und das Risikomanagement 61
Gebhard Zemke und Thomas Lange

Bewertung von Unternehmen durch externe Stakeholder auf Basis der externen Berichterstattung vor dem Hintergrund der zunehmenden Bedeutung der Nachhaltigkeitsberichterstattung 89
Sonja Schütte-Biastoch und Martin Zieger

Corporate Green Bonds als innovative Finanzanlage – eine kritische Betrachtung. 125
Stephan Schöning, Emily Tarane Michael und Bernd Nolte

Einsatz Künstlicher Intelligenz in regionalen Filialkreditinstituten zur Gestaltung der Kundenbeziehung. 161
Nico Menzel und Nils Moch

Finanzwirtschaft im Umbruch – Auswirkungen auf die Berufsausbildung am Beispiel des Ausbildungsberufes Bankkaufmann/Bankkauffrau. 183
Florian Nolte

Hinweisgebersysteme in Kreditinstituten nach dem Hinweisgeberschutzgesetz (HinSchG)................................ 197
Corinna Hänel

Analyse der Eignung ausgewählter Kryptowährungen zur Portfoliodiversifizierung... 215
Stephan Schöning, Dario Dorsano, Tobias Lücke und Roger-David Nolting

Der Zinsschock wird zur Realität – Bildung von Drohverlustrückstellungen nach IDW RS BFA 3... 257
Wolfgang Portisch

Volatilität des Geschäftsumfelds als Herausforderung für das Controlling – Ergebnisse einer Expertenbefragung...................... 271
Stephan Schöning, Jana Schlotter und Viktor Mendel

Nachhaltigkeitsmanagement in Banken – Regulatorische Pflichtübung oder Beitrag gegen den Klimawandel?

Sören Abendroth und Thorgny Sörensen

1 Einleitung

Herausragende Performance bedeutet für Finanzinstitute heutzutage, mehr als lediglich ausgezeichnete finanzielle Ergebnisse zu liefern. Zu einer herausragenden Leistung zählt, dass der Erfolg eines Unternehmens mehrdimensional und von dauerhafter Natur ist und daher in seinem Geschäftsmodell nachhaltige Faktoren an zentraler Stelle berücksichtigt werden. Am Gemeinwohl orientierte Modelle, wie die der Sparkassengruppe, betrachten Nachhaltigkeitsfaktoren dabei mit Blick auf die eigene Entstehungsgeschichte und den Gründungsauftrag als einen integralen Bestandteil ihrer Geschäftsstrategie (S-Communications Service GmbH, 2022). Mit zunehmendem Interesse der Stakeholder an öffentlich publizierten Nachhaltigkeitskennzahlen besteht für die Unternehmen eine stetig wachsende Notwendigkeit, messbare Fortschritte zu erzielen. Mehr und mehr interessieren sich einerseits die Kunden[1] und Investoren bzw. die Träger für die Nachhaltigkeitsbestrebungen ihrer Finanzdienstleister.

---

[1] Aus Gründen der besseren Lesbarkeit wird bei Personenbezeichnungen und personenbezogenen Hauptwörtern in diesem Beitrag das generische Maskulinum verwendet. Entsprechende Begriffe gelten im Sinne der Gleichbehandlung grundsätzlich für alle Geschlechter. Die verkürzte Sprachform hat nur redaktionelle Gründe und beinhaltet keine Wertung.

S. Abendroth (✉)
Sparkasse Mittelholstein AG, Rendsburg, Deutschland
E-Mail: soeren.abendroth@spk-mittelholstein.de

T. Sörensen
Tornesch, Deutschland

Beim Thema Klimawandel wird sowohl dieses große öffentliche Interesse als auch die Priorisierung von Klimaschutz gegenüber anderen ESG-Themen besonders deutlich (Albert, 2021), zumal weder auf internationaler Ebene die Ergebnisse der jüngsten Weltklimakonferenz COP 27 noch auf nationaler Ebene der Klimaschutzbericht 2022 der Bundesregierung Anlass zur Einschätzung geben, dass Intensität und Tempo der Klimaschutzmaßnahmen bereits annähernd ausreichend sind. Daraus ergeben sich diverse Fragestellungen: Welche Maßnahmenprogramme bestehen, um betriebliche Treibhausgasemissionen einzusparen? Wie werden gewerbliche Kunden im Transformationsprozess unterstützt? Inwiefern werden bereits nachhaltige Finanzprodukte angeboten? Und welche Schritte werden unternommen, um der eigenen gesellschaftlichen Verantwortung Rechnung zu tragen? Denn unzweifelhaft scheint: Der Klimawandel wartet nicht auf die Unternehmen, aber die Unternehmen haben es selbst in der Hand, beim Kampf gegen die Erderwärmung eine Vorreiterrolle einzunehmen (Rosen, 2014, S. 157 f.).

Doch es sind nicht nur die Kunden, Investoren und Träger, welche den Takt vorgeben, nach dem die Banken sich richten. Ebenso relevant sind die Vorgaben des Gesetzgebers und der Aufsichtsbehörden. In den letzten Jahren haben sowohl nationale als auch internationale Gesetzgeber, Institutionen und Behörden eine Vielzahl regulatorischer Anforderungen mit (Klima-)Nachhaltigkeitsbezug hervorgebracht. Auf nationaler Ebene sind es insbesondere die Bundesregierung und die Bundesanstalt für Finanzdienstleistungsaufsicht (BaFin), welche als Regulatoren auftreten. Auf europäischer Ebene wiederum geben EU-Parlament und EU-Kommission sowie die Europäische Zentralbank (EZB) und die Europäische Bankenaufsichtsbehörde (EBA) die Leitlinien vor, an denen die Finanzinstitute ihre Nachhaltigkeitsstrategien ausrichten.

Doch auch über die regulatorischen Anforderungen hinaus sollten die Banken ein genuines Interesse daran besitzen, sowohl aus wirtschaftlicher als auch ethischer Perspektive ihre eigenen Treibhausgasemissionen zu reduzieren, Kunden bei der Transformation in Richtung Klimaneutralität zu begleiten und so einen effektiven Beitrag zur Eindämmung der Erderwärmung zu leisten. Damit steht die Frage im Raum, inwieweit die regulatorischen Anforderungen diesen Pfad zur Klimaneutralität tatsächlich vorzeichnen, ob sie gegebenenfalls einen Beitrag zu einer Selbsterkenntnis der Relevanz des Klimaschutzes leisten und/oder ob sich zwischenzeitlich „Klimaschutz aus Überzeugung" als erkennbares Motiv im Rahmen des kreditwirtschaftlichen Agierens zeigt.

Handelt es sich bei klimabezogener Nachhaltigkeit also bloß um eine regulatorische Pflichtübung oder besteht zugleich eine intrinsische Motivation, einen Beitrag gegen den Klimawandel zu leisten, und zwar im eigenen Geschäftsbetrieb wie auch im Kundenkreditportfolio? Um diese Frage näher zu beleuchten, werden zunächst die wesentlichen regulatorischen Anforderungen mit dem Fokus auf die europäische und die nationale Ebene vorgestellt. Auf Grundlage einer kurzen Würdigung der potenziellen Wirksamkeit der regulatorischen Anforderungen als Maßnahmen gegen den Klimawandel schließt sich eine exemplarische Betrachtung des Handlungs- bzw. Umsetzungsstandes unter Rückgriff auf einige ausgewählte Finanzinstitute an, wobei auch der Frage von Haltungen und Überzeugungen zur Begrenzung des Klimawandels nachgegangen wird.

2 Zentrale regulatorische Anforderungen im Überblick

2.1 Ursprung der nachhaltigkeitsbezogenen regulatorischen Anforderungen

Der regulatorische und politische Rahmen im Kontext der Transition hin zu einer nachhaltigen Finanzwirtschaft hat seit der Klimakonferenz von Paris im Jahr 2015 und der im gleichen Jahr kurz zuvor verabschiedeten „Agenda 2030" der Vereinten Nationen mit ihren 17 Zielen für nachhaltige Entwicklung stetig an Verbindlichkeit und Dynamik gewonnen. In den Folgejahren setzte sich auf politischer Ebene zunehmend die Einsicht durch, dass eine Transformation des Finanzsystems hin zu einer nachhaltigen Finanzwirtschaft mit weniger klimaschädlichen Treibhausgasemissionen dringend geboten ist und dass die individuellen Institute hierbei eine gewichtige Rolle spielen können und müssen (Umweltbundesamt, 2022; Vereinte Nationen, 2015).

Die verabschiedeten klimapolitischen Maßnahmen lassen sich dabei zwischen allgemeinen und explizit bankspezifischen Regulierungen differenzieren.

2.2 Allgemeine nachhaltigkeitsbezogene Regulierungen

Der im Rahmen des Prozesses der Klimaschutz-Konkretisierung von der Europäischen Union eingeführte European Green Deal sowie die Sustainable Finance Strategy verfolgen primär das Ziel, Klimaneutralität zu erreichen und Nachhaltigkeitskriterien innerhalb der Investitionsentscheidungsprozesse stärker und transparenter zu berücksichtigen (vgl. für einen Überblick Europäische Kommission, 2019, 2021). Bis 2050 sollen so in einer Netto-Betrachtung keine Treibhausgase mehr ausgestoßen und das Wirtschaftswachstum von der Ressourcennutzung abgekoppelt werden. Konkret zielt der European Green Deal darauf ab, die Nutzung erneuerbarer Energien zu verstärken, die Emissionen aus Verkehr und Landwirtschaft zu reduzieren, die Energieeffizienz zu verbessern, die biologische Vielfalt etwa durch die Ausweisung neuer Naturschutzgebiete zu schützen, die Kreislaufwirtschaft mittels einer erhöhten Recyclingquote und einer verringerten Verwendung von Einwegplastik zu fördern und durch die Bereitstellung von Mitteln für Forschung und Entwicklung eine Unterstützung beim Übergang zu einer nachhaltigen Wirtschaft zu bieten. Die Maßnahmen des European Green Deals hat die EU in der Folge mit dem zur Konkretisierung verabschiedeten „Paket Fit für 55" ergänzt. So gibt sich die EU selbst die Zielvorgabe, die eigenen Netto-Treibhausgasemissionen bereits bis 2030 um mindestens 55 % zu senken (Europäischer Rat, 2022). Das deutsche Pendant stellt das Klimaschutzgesetz dar, welches wiederum die nationalen Ziele für die Zeit bis 2045 definiert. Dieses legt unter anderem Vorgaben für die Verringerung der Treibhausgasemissionen in den Sektoren Energie, Verkehr, Industrie und Landwirtschaft sowie für die Erhöhung des Anteils der erneuerbaren Energien fest. Darüber hinaus schreibt das deutsche Klimaschutzgesetz eine regelmäßige, vom Bundestag geprüfte Berichterstattung vor und enthält Bestimmungen zur Anpassung an die Auswirkungen des Klimawandels wie etwa häufigere Hitzewellen und extreme Wetterereignisse. So sollen eine erhöhte Widerstandsfähigkeit der Infrastruktur sowie ein angemessenes Risikomanagement zum Schutz gefährdeter Bevölkerungsgruppen gewährleistet werden (Bundesregierung, 2019).

2.3 (Bank-)Spezifische nachhaltigkeitsbezogene Regulierungen

2.3.1 Ebenen der Regulierung

Mit Blick auf Widerstandsfähigkeit und Risikomanagement verfolgt die Europäische Kommission im Rahmen ihrer Sustainable Finance Strategy das Ziel, den Instituten innerhalb des Bankensektors konkrete Orientierungshilfen für den Umgang mit Nachhaltigkeitsrisiken an die Hand zu geben. Doch auch die klimapolitische Finanzmarktregulierung findet keineswegs bloß auf europäischer Ebene statt. So treten in Deutschland die Bundesregierung und die Bundesanstalt für Finanzdienstleistungsaufsicht (BaFin) als Treiber bzw. Regulatoren im Bereich Nachhaltigkeit hervor. Deren Vorgaben decken sich in Teilen mit jenen auf europäischer Ebene bzw. stellen die Umsetzung dieser in nationales Recht dar, doch setzen sie auch eigene regulatorische Akzente.

2.3.2 Regelungen in Deutschland

In ihrer „Deutsche Sustainable Finance Strategie" (Bundesregierung, 2021) legt die Bundesregierung das Ziel dar, mit dem Fokus auf Finanzmarktpolitik und -regulierung Deutschland zu einem weltweit führenden Sustainable-Finance-Standort auszubauen. Dabei wird ein recht weites Verständnis von Sustainable Finance zugrunde gelegt: „Die Bundesregierung versteht für die Strategie unter Sustainable Finance, dass private und staatliche Akteure am Finanzmarkt Nachhaltigkeitsaspekte bei ihren Entscheidungen berücksichtigen." (Bundesregierung, 2021, S. 10). Die folgenden fünf Ziele sind in diesem Kontext handlungsleitend (Bundesregierung, 2021, S. 6):

- Sustainable Finance weltweit und europäisch voranbringen (Ziel 1)
- Chancen ergreifen, Transformation finanzieren, Nachhaltigkeitswirkung verankern (Ziel 2)
- Risikomanagement der Finanzindustrie gezielt verbessern und Finanzmarktstabilität gewährleisten (Ziel 3)
- Finanzstandort Deutschland stärken und Expertise ausbauen (Ziel 4)
- Bund als Vorbild für Sustainable Finance im Finanzsystem etablieren (Ziel 5)

Zur Erreichung dieser Ziele werden 26 Maßnahmen vorgeschlagen, die sich in acht Kategorien oder Stoßrichtungen unterteilen lassen. Von diesen Kategorien scheinen aus kreditwirtschaftlicher Perspektive mit Blick auf Unmittelbarkeit und Umfang der Wirkung insbesondere „Transparenz verbessern", „Risikomanagement und Aufsicht stärken" und „Methoden zur Wirkungsmessung verbessern und umsetzen" relevant (Bundesregierung, 2021, S. 7).

An dieser Stelle wird deutlich, dass sowohl Nachhaltigkeit generell als auch Klimarisiken im Speziellen in den letzten Jahren zunehmend in den Fokus der Bankenaufsicht und der Regulatoren gerückt sind. Im Jahr 2019 veröffentlichte die BaFin ein Merkblatt zum Umgang mit Nachhaltigkeitsrisiken, welches sich an die unter ihrer Aufsicht stehenden Finanzinstitute richtet. Im folgenden Jahr hat die Europäische Zentralbank (EZB) mit einem Leitfaden zu Klima- und umweltbezogenen Risiken nachgezogen, welcher sich jedoch in großen Teilen mit den bereits von der BaFin veröffentlichten Regularien deckt (Jäger, 2022).

Die BaFin unterscheidet in Bezug auf klima- und umweltbedingte Risiken zwischen zwei Hauptrisikotreibern, dem physischen Risiko und dem Transitionsrisiko. *Physische Risiken* beziehen sich auf die finanziellen Auswirkungen, welche als Folgen des Klimawandels auftreten, beispielsweise eine Zunahme von extremen Wetterereignissen, Umweltschäden durch Luft-, Wasser- und Bodenverschmutzung oder auch der Verlust der Biodiversität. Solche physischen Risiken gelten als akut, wenn sie durch Extremwetterereignisse wie Stürme oder Dürren entstehen, oder als chronisch, wenn sie das Ergebnis einer schleichenden Veränderung wie dem Anstieg des Meeresspiegels oder der Erderwärmung sind. Die physischen Risiken können auf diese Weise zu direkten Sachschäden respektive Produktivitätseinbußen oder zu indirekten Folgeereignissen wie beispielsweise der Unterbrechung von Lieferketten führen. Das *Transitionsrisiko* (oder auch Übergangsrisiko) wiederum bezieht sich auf die finanziellen Verluste, die einem Finanzinstitut in Folge des Adaptionsprozesses an eine ökologischere und kohlenstoffärmere Wirtschaft entstehen. Auslöser könnten beispielsweise unerwartet verabschiedete politische Klima- und Umweltschutzmaßnahmen mit kurzer Übergangsfrist oder auch veränderte Marktpräferenzen sein (Bundesanstalt für Finanzdienstleistungsaufsicht, 2020, S. 14; Europäische Zentralbank, 2020, S. 10 ff.).

Sowohl die physischen Risiken als auch die Transitionsrisiken werden sich mittel- bis langfristig auf die Widerstandsfähigkeit des Geschäftsmodells eines Instituts auswirken. Insbesondere Institute, deren Geschäftstätigkeit sich sehr konzentriert in wenigen Sektoren oder Märkten abspielt, sind von den Klimarisiken voraussichtlich akuter bedroht. Darüber hinaus können diese Risiken weitere Verluste zur Folge haben, unter anderem aus Rechtsansprüchen gegenüber dem Institut (*Haftungsrisiko*) oder auch dem Reputationsverlust, der entsteht, wenn das Institut mit bestimmten negativen Umweltauswirkungen in Verbindung gebracht wird (*Reputationsrisiko*). Demnach können physische Risiken und Transitionsrisiken die ohnehin bestehenden Risiken, wie das Kreditrisiko, das operationelle Risiko, das Marktrisiko etc. weiter verstärken. Wenn auch das Ausmaß und die zukünftigen Auswirkungen dieser Risiken von diversen externen Faktoren wie politischen Maßnahmen, technologischem Fortschritt oder veränderten Verbraucherpräferenzen abhängen, so ist doch anzunehmen, dass sich eine gewisse Kombination der physischen Risiken und der Transitionsrisiken in Zukunft in den Bilanzen der Institute des Euroraums niederschlagen wird. Es erscheint daher unabdingbar, dass sich die Aufsichtsbehörden und Institute selbst eingehend mit den Umwelt- und Klimarisiken auseinandersetzen. Zu nennen sind hier insbesondere die zum Teil unklaren, jedoch weitreichenden Folgen des Klimawandels sowie sein ungewisser, jedoch langfristiger Zeithorizont (BaFin, 2020, S. 14; EZB, 2020, S. 10 f.).

Darüber hinaus legt die BaFin ihren Fokus besonders auf die Pflichten und Potenziale der Finanzinstitute im Bereich Risikomanagement, speziell auf die Risikoidentifikations-, -steuerungs- und -controllingprozesse (BaFin, 2020, S. 9 und 26 ff.). Für die Finanzinstitute ist es notwendig, dass Nachhaltigkeitsrisiken in die bereits etablierten Risikoarten integriert werden und Prozesse zur Früherkennung dieser Risiken eingerichtet werden. Mit dem Ziel, die Nachhaltigkeitsrisiken zu begrenzen, schlägt die BaFin sechs methodische Ansätze (Ausschlusskriterien/Limite, Positivlisten, Best-in-Class-Ansatz, normbasiertes Screening/ESG-Integration, Impact sowie Engagement) vor, welche in die jeweilige Geschäfts- und Risikostrategie eines Instituts eingebunden werden können und so ein angemessenes Management der Klima- und Umweltrisiken ermöglichen sollen. Diese Good-Practice-Ansätze der BaFin geben den Finanzinstituten so eine Orientierung, auf welche Weise sich die Empfehlungen bzw. Erwartungen in die jeweilige unternehmensinterne ESG-Strategie integrieren lassen (BaFin, 2020, S. 9).

2.3.3 Regelungen auf europäische Ebene

Auf europäischer Ebene wiederum bezieht sich die praktische Ausgestaltung der nachhaltigen Finanzwirtschaft (vorangetrieben von der Europäischen Kommission) besonders auf den Prozess der Berücksichtigung von Umwelt-, Sozial- und Governance-Erwägungen (ESG – environmental, social, governance) bei Investitionsentscheidungen im Finanzsektor mit dem Ziel langfristiger Investitionen in nachhaltige Wirtschaftstätigkeiten und Projekte. Zu den ökologischen Erwägungen zählen der Klimaschutz und die Anpassung an den Klimawandel sowie die Umwelt im weiteren Sinne, zum Beispiel die Erhaltung der biologischen Vielfalt, die Vermeidung von Umweltverschmutzung und die Kreislaufwirtschaft. Soziale Erwägungen können sich auf Fragen der Ungleichheit, der Inklusion, der Arbeitsbedingungen, der Investitionen in Humankapital und Gemeinschaften sowie auf Menschenrechtsfragen beziehen. Die Führung öffentlicher und privater Einrichtungen (Governance), einschließlich der Managementstrukturen, der Beziehungen zwischen den Arbeitnehmenden und der Vergütung von Führungskräften, spielt zudem eine grundlegende Rolle bei der Gewährleistung sozialer und ökologischer Standards in den Entscheidungsprozessen. Im politischen Kontext der EU wird nachhaltige Finanzwirtschaft als Finanzierung zur Unterstützung des Wirtschaftswachstums bei gleichzeitiger Verringerung der Umweltbelastung und Berücksichtigung von sozialen und Governance-Aspekten verstanden. Nachhaltige Finanzwirtschaft umfasst auch Transparenz, wenn es um Risiken im Zusammenhang mit ESG-Faktoren geht, die sich auf das Finanzsystem auswirken können, sowie die Minderung solcher Risiken durch eine angemessene Governance der Finanzakteure (Europäische Kommission, 2018, 2021).

Neben der Europäischen Kommission treten auf europäischer Ebene auch die Europäische Bankenaufsichtsbehörde (EBA) und die Europäische Zentralbank (EZB) als Regulatoren im Bereich Nachhaltigkeit auf. Umfassende Empfehlungen der EBA wurden im Jahr 2021 mit der Publizierung ihres Berichts „On the Management and Supervision of ESG Risks for Credit Institutions and Investment firms" (EBA, 2021) veröffentlicht.

Im Mittelpunkt der Betrachtungen stehen dabei die potenziellen finanziellen Auswirkungen von ESG-Risiken und die Widerstandsfähigkeit der Institute gegenüber diesen Risiken. Der Bericht und seine Empfehlungen werden in der Folge von der EBA als Grundlage für die Entwicklung von EBA-Leitlinien für das Management von ESG-Risiken durch Institute und eine Aktualisierung der SREP-Leitlinien zur Einbeziehung von ESG-Risiken in die Beaufsichtigung von Kreditinstituten verwendet werden (Buchmüller et al., 2022, S. 2; EBA, 2021, S. 20).

Um eine valide Einschätzung treffen zu können, inwieweit Umweltrisiken eine Risikoquelle für Finanzinstitute darstellen, definiert die EBA eine Reihe von ESG-Faktoren, welche ursächlich für die ESG-Risiken sind. ESG-Faktoren sind demzufolge ökologische, soziale oder Governance-Merkmale, die sich positiv oder negativ auf die finanzielle Leistung oder Zahlungsfähigkeit eines Unternehmens, Staates oder einer Person auswirken können, während ESG-Risiken solche Risiken sind, die negative finanzielle Auswirkungen auf die jeweiligen Akteure aufgrund von aktuellen oder künftigen Auswirkungen von ESG-Faktoren haben können. Die ESG-Faktoren sind dabei nicht-finanzieller Art (z. B. Treibhausgasemissionen), ihre langfristigen Folgen sind noch nicht absehbar und sie haben häufig nicht bloß für die Banken, sondern zugleich für die Gesellschaft im Allgemeinen negative Auswirkungen. Die EBA unterscheidet dabei zwischen eigenen und fremdverursachten Faktoren bzw. ob die Banken die Ursache der Faktoren oder selbst von jenen betroffen sind. Banken können von ESG-Faktoren zum Beispiel durch die physischen Auswirkungen des Klimawandels auf ihrem Firmengelände betroffen sein (Outside-in-Perspektive) oder aber selbst Einfluss auf die Faktoren haben, beispielsweise durch ihre CO_2-Emissionen nach Scope 1 und 2 (Inside-out-Perspektive). Da diese Auswirkungen aus finanzieller Sicht für die Banken relevant sind und sich potenziell auf diese auswirken können, müssen sie zwingend im Rahmen des Risikomanagements und der internen Governance berücksichtigt werden. Schlussendlich betont die EBA jedoch, dass sowohl die Qualität als auch die Verfügbarkeit von Daten im Bereich ESG zum Teil noch unzulänglich sind, was einerseits berücksichtigt werden sollte, die Banken jedoch andererseits nicht von der Pflicht entbindet, ihre individuellen ESG-Risiken zu analysieren (EBA, 2021, S. 29 ff.).

2.4 EU-Taxonomie-Verordnung

Das derzeit stärkste regulatorische Instrument der Europäischen Union im Kontext der Transformation hin zu einer nachhaltigen Finanzwirtschaft ist die 2020 vom Europäischen Rat, der Europäischen Kommission und dem EU-Parlament entwickelte und 2022 in Kraft getretene sogenannte Taxonomie-Verordnung (Verordnung (EU) 2020/852); der Regelungsinhalt fokussiert – bislang nur – auf ökologische Nachhaltigkeit. Das Bestreben der Verordnung war es, eine einheitliche Definition des Begriffs nachhaltig zu schaffen, um Investitionen vermehrt in nachhaltige Projekte zu lenken und so die Ziele des European Green Deal zu erreichen. Aus diesem Grund wurde die Schaffung eines gemeinsamen

Klassifizierungssystems für nachhaltige Wirtschaftstätigkeiten, der EU-Taxonomie beschlossen. Als Klassifizierungssystem liefert die EU-Taxonomie den Unternehmen, Investoren und politischen Entscheidungsträgern geeignete Definitionen dafür, welche Wirtschaftstätigkeiten als ökologisch nachhaltig angesehen werden können. Auf diese Weise soll sie Sicherheit für Investoren schaffen, private Anleger vor Greenwashing schützen, Unternehmen dabei helfen, klimafreundlicher zu werden, und dazu beitragen, Investitionen dorthin zu lenken, wo sie aus ökologischer Perspektive am dringendsten benötigt werden (Europäische Kommission, 2022; hinsichtlich der Problemlagen, Diskussionen und Kritikpunkte insbesondere zur Nachhaltigkeitsdefinition im Rahmen der EU-Taxonomieverordnung vgl. Bergius, 2021).

Das Ziel der Taxonomie-Verordnung ist es, die Kriterien zu bestimmen, nach denen in der Folge entschieden wird, ob eine wirtschaftliche Tätigkeit *ökologisch* nachhaltig ist. In Artikel 5 der Taxonomieverordnung werden die folgenden sechs Umweltziele festgelegt:

1. Eindämmung des Klimawandels
2. Anpassung an den Klimawandel
3. Nachhaltige Nutzung und der Schutz von Wasser- und Meeresressourcen
4. Übergang zu einer Kreislaufwirtschaft, Abfallvermeidung und Recycling
5. Vermeidung und Verminderung von Umweltverschmutzungen
6. Schutz und Wiederherstellung der Biodiversität und der Ökosysteme

Um als ökologisch nachhaltig eingestuft zu werden, muss eine Wirtschaftstätigkeit auf der einen Seite einen bedeutenden Beitrag zu mindestens einem der oben genannten Umweltziele leisten und darf auf der anderen Seite die übrigen nicht in erheblichem Maße beeinträchtigen. Zudem müssen gewisse Mindestschutzmaßnahmen beispielsweise in Bezug auf die Menschenrechte gewährleistet sein. So bildet die Taxonomie-Verordnung das Herzstück der Sustainable-Finance-Bestrebungen der Europäischen Union und gibt den Entscheidungsträgern innerhalb der Banken Rahmenbedingungen an die Hand, an denen diese ihre Nachhaltigkeitsstrategien ausrichten können (Stumpp, 2019, S. 74).

Die zweite regulatorische Neuerung neben der Taxonomie-Verordnung betrifft die vor allem auf Finanzunternehmen zugeschnittene Sustainable Finance Disclosure Regulation (SFDR/Offenlegungsverordnung). Die SFDR gibt vor, dass die Finanzinstitute allen Stakeholdern offenlegen müssen, inwiefern sie für ihre Finanzprodukte ESG-Faktoren berücksichtigen und welche wesentlichen negativen Nachhaltigkeitsauswirkungen diese Produkte mit sich bringen. Ein besonderes Augenmerk gilt hier Produkten, die mit speziellen ESG-Charakteristiken beworben werden. Beispielsweise muss erläutert werden, wie diese ESG-Charakteristika erfüllt, bewertet und überwacht werden. Die Finanzinstitute werden so erstmals dazu verpflichtet, Daten über die Nachhaltigkeitsauswirkungen ihrer Investments zu sammeln und sich mit den Methoden zur Erhebung von Nachhaltigkeitsindikatoren, beispielsweise der THG-Emissionsbilanzierung, auseinanderzusetzen (Neitz-Regett et al., 2022).

3 Wirksamkeit und Umsetzung – eine Kurzanalyse (auch) an Beispielen

3.1 Regulatorische Ziele als Grundlage der Wirkungsweisen

Wie im vorangegangenen Kapitel dargestellt, wollen die 27 EU-Mitgliedstaaten mit dem European Green Deal auf Grundlage verschiedener politischer Initiativen bis 2050 klimaneutral werden und in einem ersten Schritt bis 2030 die Treibhausgasemissionen um mindestens 55 % gegenüber dem Stand von 1990 absenken. Das Paket „Fit für 55" sieht hierfür eine Reihe von Vorschlägen zur Anpassung von EU-Rechtsvorschriften an die EU-Klimaziele vor. Auf nationaler Ebene sieht das deutsche Klimaschutzgesetz die Treibhausgasneutralität bereits bis 2045 und eine Senkung der Emissionen bis 2030 um sogar 65 % im Vergleich zum Jahr 1990 vor (zur Kritik am angemessenen Ambitionsniveau bisheriger nationaler Maßnahmen zu Erreichung dieser Ziele vgl. exemplarisch Expertenrat für Klimafragen, 2022, S. 1 ff. sowie NABU, 2022, S. 1 ff.). Die hieraus für alle Sektoren erforderlichen Maßnahmen zur Reduktion von Treibhausgasemissionen erfassen dementsprechend verbindlich auch die Kreditwirtschaft und deren Kunden.

Während die einschlägigen europäischen und nationalen – nicht spezifisch bankenfokussierten – Regelungen also das Ziel verfolgen, in bestimmten Zwischenschritten die Klimaneutralität Europas bis zum Jahr 2050 zu erreichen, legen die bankaufsichtlichen Spezialregulierungen einen anderen Schwerpunkt. So stellt die BaFin in ihrem Merkblatt heraus, dass es ihr um die Zurverfügungstellung einer Orientierungshilfe im Kontext von Nachhaltigkeitsrisiken und die Zusammenschau (noch) unverbindlicher Good-Practice-Ansätze geht. Neben der Bewusstmachung und einer strategischen Auseinandersetzung mit diesen Risikotreibern stehen die für den Umgang mit Nachhaltigkeitsrisiken geeigneten Risikoidentifikations-, -steuerungs- und -controllingprozesse im Sinne eines angemessenen Risikomanagements im Zentrum des Merkblatts (BaFin, 2020, S. 9).

Im Kern liegt der aufsichtsrechtliche Fokus also nicht auf dem unmittelbaren Erreichen bestimmter CO_2-Ziele im Kreditportfolio oder im Bankbetrieb, sondern auf der Etablierung eines möglichst umfassenden Risikomanagements, das unter anderem den aus den bereits eingetretenen und weiter zu erwartenden Klimaveränderungen erwachsenden negativen Effekten Rechnung trägt. Buch und Signorini (2021) postulierten hierzu „Von daher sollte das Aufsichtsrecht nicht direkt genutzt werden, um klimapolitische Ziele zu erreichen, sondern es muss die relevanten Risiken im Blick haben"; Branson (2022, S. 3) stellte fest: „Wir sind in gewisser Weise die Finanzpolizei, aber nicht die Umwelt-, Ethik- oder Sozialpolizei". Eine identische Blickrichtung lässt sich auch aus den Zielen des „Thematic Review on Climate- and Environmental Risks" der EZB aus dem Jahr 2022 ableiten, die insbesondere in einer Einschätzung zur Angemessenheit des Risikomanagements der Klima- und Umweltrisiken und der Förderung der Umsetzung diesbezüglicher aufsichtlicher Erwartungen liegen (EZB, 2022a, S. 4).

Ergänzt wird die bankaufsichtliche Risikomanagementperspektive um die Transparenz- und Offenlegungsperspektive. So sollen Verbraucher und Investoren erkennen können, inwieweit eine Anlage relevanten Nachhaltigkeitskriterien entspricht und sich nicht durch Greenwashing täuschen lassen müssen (Branson, 2022, S. 3).

Damit verfolgen die bankaufsichtlichen Regelungen zwar keine Klimaschutz- oder klimapolitischen Ziele im engeren Sinne. Mit der Betonung des immer weiter zu verfeinernden Managements der physischen und transitorischen Risiken sowie der fortschreitenden Herstellung von Nachhaltigkeitstransparenz bezogen auf angebotene Produkte und gehaltene Portfolien ist es jedoch naheliegend, dass risikomindernde und damit klimafreundlichere Verhaltensweisen gefördert werden.

3.2 Vorgehensweise der Analyse

Um einen konkreten Eindruck von der Umsetzung und Wirkung der skizzierten und zumindest in der Richtung als wirksam im Sinne eines Beitrags zur Reduktion von Treibhausgasemissionen einzuschätzenden (allgemeinen oder spezifisch bankaufsichtlichen) Regulierungen zu erhalten, werden als Informationsgrundlage die Nachhaltigkeitsberichte bzw. nicht-finanziellen Berichte des Jahres 2021 sowie die Online-Präsenzen dreier Kreditinstitute und einer öffentlichen Förderbank, gegebenenfalls auf Konzernebene, herangezogen:

1. Deutsche Bank als größtes deutsches Kreditinstitut,
2. Berliner Volksbank als größte (regionale) genossenschaftliche Primärbank und
3. Hamburger Sparkasse als größte deutsche Sparkasse sowie
4. NRW.BANK als größte regionale Förderbank auf Landesebene.

Damit wird gleichzeitig – ohne Anspruch auf Repräsentanz – ein Blick in die drei kreditwirtschaftlichen Sektoren ermöglicht. Diese Struktur wiederum wird auch seitens der Bundesregierung als günstige Ausgangslage für nachhaltiges Wirtschaften gesehen: „Eine Besonderheit ist neben dem Drei-Säulen-Modell aus Privatbanken, genossenschaftlichen Instituten und Sparkassen, dass es hierzulande viele Kreditinstitute gibt, die zusätzlich zu ihrer Profitorientierung auch Aspekte wie Nachhaltigkeit, Gemeinwohlorientierung oder Förderung ihrer Mitglieder bei ihrer Geschäftstätigkeit berücksichtigen. Dies kommt dem Gedanken von Sustainable Finance schon sehr nahe" (Bundesregierung, 2021, S. 8).

3.3 Ergebnisse der Analyse

3.3.1 Verbindung von Nachhaltigkeit und Nachhaltigkeitsrisikomanagement

Nicht überraschend findet sich regelmäßig eine enge Verbindung von Nachhaltigkeit und Nachhaltigkeitsrisikomanagement, wie in den folgenden Zitaten zum Ausdruck kommt; dem Gegenstand des Beitrags entsprechend, wurde erforderlichenfalls die Perspektive „Klima" in den Fokus gestellt:

> **Beispiel 1**
>
> „Mit verschiedenen internen Maßnahmen sowie durch unsere Teilnahme an Brancheninitiativen arbeiten wir daran, die Entwicklung eines ganzheitlichen Rahmenwerks für den Umgang mit Klimarisiken abzuschließen und dieses umzusetzen, gemäß den regulatorischen Anforderungen und den Empfehlungen der Task Force on Climate-related Financial Disclosure (TCFD). Auf diese Weise stellen wir sicher, dass wir potenzielle negative Auswirkungen des Klimawandels erkennen, steuern und unsere Bank davor schützen" (Deutsche Bank, 2022a, S. 38). ◄

> **Beispiel 2**
>
> „Im Geschäftsjahr 2021 hat die Berliner Volksbank in einer Bestandsaufnahme ihren Status quo ermittelt und erste Maßnahmen im Sinne der Umweltbelange verabschiedet und angestoßen. Jedoch liegt noch kein Gesamtkonzept vor. […] Die Ermittlung, Bewertung, Steuerung und Überwachung der mit den für die Berliner Volksbank wesentlichen Aspekten verbundenen nichtfinanziellen Risiken obliegt operativ den jeweils zuständigen Fachbereichen. Im Rahmen des dezentralen Risikomanagements wurden keine wesentlichen, mit der eigenen Geschäftstätigkeit, den Produkten und Dienstleistungen der Berliner Volksbank verknüpften Risiken, die sehr wahrscheinlich schwerwiegend negative Auswirkungen auf die oben genannten Aspekte haben oder haben werden, identifiziert" (Berliner Volksbank, 2022a, S. 6). ◄

> **Beispiel 3**
>
> „Das Risikomanagement der Hamburger Sparkasse ist in Anlehnung an den entsprechenden Leitfaden der EZB zunächst in erster Linie an der Erfassung und Steuerung von Klima- und Umweltrisiken ausgerichtet. Mit diesen Risiken verbundene Risikotreiber fließen in die Risikoinventur als Regelprozess für die Ermittlung sämtlicher wesentlicher Risiken mit ein. […] Das Risikomanagement ist zuständig für die sachgerechte Integration von Klima- und Umweltrisiken in den Risikomanagementkreislauf" (Hamburger Sparkasse, 2022, S. 22 f.). ◄

> **Beispiel 4**
>
> „Zu den Aufgaben des ALCO [Asset Liability Committee] zählen unter anderem die Steuerung der Marktpreis- und Liquiditätsrisiken, die übergreifende Risikosteuerung, die Ergebnissteuerung und das Bilanzstrukturmanagement. Aufgrund der besonderen Bedeutung des Themas Nachhaltigkeit und der damit verbundenen wachsenden Anforderungen, wurde ein Nachhaltigkeits-Komitee als Untergremium des ALCO eingerichtet" (NRW.BANK, 2022c, S. 61 f.). ◄

Schon aus diesen kurzen Darstellungen werden – zum jetzigen Zeitpunkt wiederum erwartbar – noch mehr oder weniger ausgeprägte Potenziale für die Weiterentwicklung des ESG-Risikomanagements, konkret (auch) des Managements der Klimarisiken, ersichtlich. Dies korrespondiert für die Ebene der gesamten europäischen Kreditwirtschaft mit den im Juli 2022 veröffentlichten Ergebnissen des jüngsten durch die EZB initiierten Stresstests zu Klimarisiken. Demnach konnten zwar in der Gesamtsicht der 104 teilnehmenden Banken umfassende und neue Informationen vorgelegt werden, allerdings erwartet die EZB auch noch substanzielle, erforderliche Fortschritte in den kommenden Jahren (EZB, 2022b, S. 5 ff.).

3.3.2 Unternehmerisches Selbstverständnis und Haltung des Top-Managements

So naheliegend die positiven Beiträge eines funktionierenden Klimarisiko-Managements auch scheinen: Für die Frage eines effektiven Beitrags zur Reduktion von CO_2-Äquivalenten und damit gegen den Klimawandel dürfte neben der Risikomanagement-Perspektive insbesondere das unternehmerische Selbstverständnis und die Haltung des Top-Managements eine wesentliche Rolle spielen. Deren Grad an Verbindlichkeit lässt sich dann in klimabezogenen Selbstverpflichtungen und vergleichbaren Commitments sowie in praktischen Maßnahmen und Initiativen zum Klimaschutz („Klimaschutz-Projekte") weiter dokumentieren. Daher sollen diese drei Perspektiven „Haltung – Selbstverpflichtung – Klimaschutz-Initiativen" Gegenstand der weiteren Betrachtung sein.

Beginnend mit der Perspektive *Haltung* finden sich in den Nachhaltigkeitsberichten auch hierzu Ausführungen, von denen die folgenden jeweils den Eindruck eines grundlegenden oder prägenden Charakters vermitteln (Hervorhebungen durch die Verfasser):

Beispiel 1

„Nachhaltigkeit ist seit Mitte 2019 integraler Bestandteil unserer Konzernstrategie, und wir haben auf allen Feldern seither große Fortschritte erzielt. […] Als Bank, die in der Mitte der Gesellschaft stehen will, ist es also geradezu *unsere Pflicht, nachhaltig zu wirtschaften* und die Transformation unserer Kunden aktiv zu begleiten. Wir sind fest davon überzeugt, dass Banken *eine wichtige Rolle im Kampf gegen den Klimawandel* spielen werden" (Deutsche Bank, 2022a, S. 4). ◄

Beispiel 2

„Die Berliner Volksbank will das Thema Nachhaltigkeit strategisch, operativ und organisatorisch verankern, um Chancen zu nutzen und Risiken zu minimieren sowie *ihrer Generationenverantwortung gerecht zu werden*. Innerhalb der nächsten vier Jahre werden Nachhaltigkeitsfaktoren systematisch in der Strategie sowie im Kerngeschäft der Bank verankert" (Berliner Volksbank, 2022a, S. 6). ◄

Beispiel 3

„Durch Krisen wird der Strukturwandel beschleunigt. […] Und es gilt selbstverständlich weiterhin für *die Abwendung einer Klimakrise*, die letztlich die Existenz der gesamten Menschheit bedrohen könnte, wenn nicht rechtzeitig gegengesteuert wird. Die Haspa versteht sich dabei als verlässlicher Begleiter ihrer Kundinnen und Kunden *in der Transformation hin zu einer klimaschonenderen* und nachhaltigeren *Wirtschafts- und Lebensweise*, die zugleich die sozialen und ökonomischen Aspekte von Nachhaltigkeit integriert. Wir sind der ideale Partner, wenn es darum geht, in der Metropolregion Hamburg diesen Wandel zu einer nachhaltigen Ökonomie mitzugestalten. Denn als Sparkasse ist Nachhaltigkeit Teil unserer DNA: […]" (Hamburger Sparkasse, 2022, S. 5). ◄

Beispiel 4

„Nordrhein-Westfalen hat sich zum Ziel gesetzt, sich bis zum Jahr 2030 zu einer der modernsten, klima- und umweltfreundlichsten Industrieregionen Europas zu entwickeln – das ist die große Chance, an deren Verwirklichung auch wir in der NRW. BANK arbeiten. […] Nachhaltigkeit ist die Schlüsselaufgabe unserer Zeit. Es geht darum, […] den Klimawandel aufzuhalten oder uns an die bereits bestehenden Wetterfolgen anzupassen" (NRW.BANK, 2022a, S. 3). ◄

In unterschiedlicher Nuancierung und Prägnanz, in der Richtung aber doch recht eindeutig, bringen die Institute eine gesellschaftliche Verantwortung zum Ausdruck, durch eigenes Wirtschaften und Transformationsbegleitung sich gegen den Klimawandel zu positionieren. Glaubwürdigkeit und Überzeugungskraft dieser Positionierungen ließen sich indes dadurch fördern und erhärten, dass das tatsächliche, klimagünstige Handeln sich in einer Weise zeigt, die nicht (allein) durch regulatorische Anforderungen induziert ist, sondern auch – bestenfalls deutlich – darüber hinaus geht. Der Frage, ob sich dafür Anhaltspunkte zeigen, soll daher nachfolgend bezogen auf die vier Institute nachgegangen werden.

Dies geschieht auch mit Blick auf die Ergebnisse einer Umfrage bei österreichischen Banken aus dem Jahr 2021 (Deloitte, 2021), wonach noch nicht naheliegend ist, dass innere Überzeugungen eine zentrale Rolle bei der Umsetzung von Sustainable Finance spielen. Als Quellen des erwarteten Umsetzungsdrucks wurde mit großem Abstand die „Aufsicht" (67 %) gefolgt von „Kunden" und „gesellschaftlicher Druck" (jeweils 14 %) genannt. Der Faktor „Intern", der zudem neben eigenen Überzeugungen des Managements auch die gesamte eigene Organisation, vor allem alle Mitarbeitenden, beinhalten dürfte, wird lediglich von 3 % der Befragten angegeben. Positiv im Sinne eines Managements-Bewusstseins und einer potenziellen Werteorientierung stimmt jedoch, dass sich die knappe Mehrheit (52 %) der befragten Banken bereits vor Veröffentlichung des EU-Aktionsplans „Finanzierung nachhaltigen Wachstums" mit diesem Thema beschäftigt hat (Deloitte, 2021, S. 6 ff.).

Andere Umfragen – wenngleich nicht unter Bankmanagern – erlauben die Deutung, dass bei der Hinwendung zu Sustainable Finance auch wertebasierte Motive eine Rolle spielen. Konkret wurde das Motiv bestätigt, herauszustellen, dass man es mit ökologischen und sozialen Versprechen ernst meint (Deutsche Bank, 2022a, S. 2; Maltais & Nykvist, 2020, S. 8 ff.).

3.3.3 Freiwillige Selbstverpflichtungen

Als Beleg oder zumindest deutliches Indiz für einen von Werten und Überzeugungen geprägten Umgang mit Fragen des Klimaschutzes können freiwillige *Selbstverpflichtungen* einschließlich der freiwilligen Teilnahme an Initiativen mit dem Ziel der Verringerung des CO_2-Fußabdrucks im eigenen Geschäftsbetrieb und/oder im Kreditportfolio dienen. Auf Basis der eingangs skizzierten Informationsgrundlagen lassen sich die folgenden Situationen beschreiben.

Die *Deutsche Bank* unterzeichnete 2016 die „Paris Pledge for Action". Die Erklärung ist eine gemeinsame Verpflichtung nicht-staatlicher Akteure, die Beschlüsse des Pariser Klimaabkommens umzusetzen oder sogar zu übertreffen (Deutsche Bank, 2021a, S. 16).

Das Bekenntnis zu den UN „Principles for Responsible Banking" schließt sich im Jahr 2019 an. Diese Grundsätze für ein verantwortungsvolles Bankgeschäft wurden im September 2019 im Rahmen der Generalversammlung der Vereinten Nationen offiziell eingeführt. Die unterzeichnenden Banken verpflichten sich im Zuge dieser freiwilligen Initiative, Nachhaltigkeit umfassend in die Geschäftstätigkeit zu integrieren und ihre Aktivitäten an den Zielen des Pariser Klimaabkommens auszurichten. Die sechs Prinzipien (Alignment, Impact & Target Setting, Clients & Customers, Stakeholders, Governance & Culture, Transparency & Accountability) müssen in allen Geschäftsbereichen Berücksichtigung finden, sowohl auf der strategischen als auch auf der Portfolio- und der Transaktions-Ebene (Deutsche Bank, 2022a, S. 37; United Nations, 2019, S. 1; Schier, 2019, S. 1).

Im Jahr 2020 gab die Bank, gemeinsam mit 15 weiteren Instituten, die Klima-Selbstverpflichtung des deutschen Finanzsektors ab. Die Unterzeichner sagen darin zu, ihre Kredit- und Investmentportfolien im Einklang mit den Zielen des Pariser Klimaabkommens auszurichten. Durch die Finanzierung der Transformation hin zu einer emissionsarmen und klimaresilienten Wirtschaft und Gesellschaft soll die Erderwärmung auf deutlich unter 2 Grad begrenzt und das 1,5 Grad Ziel angestrebt werden. Zur operativen Umsetzung werden unter anderem initiale Branchenschwerpunkte mit voraussichtlich besonderen Wirkhebeln, die Entwicklung und Einführung von Methoden zur Messung des CO_2-Fußabdrucks sowie die Formulierung szenariobasierter Klimaziele für die Portfolien vereinbart (o.V. 2020, S. 1). Im Ergebnis soll über diese Selbstverpflichtung bis 2050 ein CO_2-neutrales Portfolio entstehen (Deutsche Bank, 2022a, S. 37).

Ferner wurde die Deutsche Bank im Jahr 2021 Gründungsmitglied der Net Zero Banking Alliance (NZBA). Ihre Mitglieder verpflichten sich dazu, nicht nur die CO_2-Emissionen aus ihrem jeweiligen Geschäftsbetrieb, sondern auch aus ihren Portfolien bis spätestens 2050 auf netto Null zu reduzieren. Angestoßen wurde die NZBA von der Finanzinitiative des Umweltprogramms der Vereinten Nationen als Teil der „Glasgow Financial Alliance for Net Zero" (GFANZ). Die GFANZ fungiert dabei als strategische Klammer für die bestehenden Netto-Null-Initiativen der Finanzbranche (Deutsche Bank, 2022a, S. 12; Deutsche Bank, 2021b, S. 1).

Offenkundig im Zusammenhang mit der Unterzeichnung der Klima-Selbstverpflichtung des deutschen Finanzsektors sowie der NZBA-Mitgliedschaft steht der im März 2021 vollzogene Beitritt zur „Partnership for Carbon Accounting Financials" (PCAF).

Diese branchenweite Initiative hat sich zum Ziel gesetzt, dass Banken und andere Finanzinstitute die Treibhausgasemissionen, die sie durch ihre Kredite und Investitionen finanzieren, in einer einheitlichen Form ausweisen. Die PCAF hatte bereits im November 2020 einen eigenen Bilanzierungs- und Berichtsstandard für Treibhausgasemissionen im Zusammenhang mit Krediten oder verwalteten Vermögenswerten in der Finanzbranche vorgelegt (Deutsche Bank, 2021a, S. 1).

Dem nicht-finanziellen Bericht 2021 der *Berliner Volksbank* lassen sich keine konkreten Angaben zu möglichen Selbstverpflichtungen oder vergleichbaren Festlegungen oder Aktivitäten entnehmen. Dies kann angesichts des zumindest im Berichtszeitraum noch vergleichsweise frühen Stadiums der Nachhaltigkeitsmanagementaktivitäten auch nicht verwundern; so spricht die Bank selbst von einem noch nicht vorliegenden Gesamtkonzept und wichtigen erforderlichen Schritten innerhalb der kommenden vier Jahre hinsichtlich der systematischen Integration von Nachhaltigkeitsfaktoren in Strategie und Kerngeschäft. Dabei wird allerdings explizit auf das Pariser Klimaabkommen als anerkanntes Rahmenwerk Bezug genommen (Berliner Volksbank, 2022a, S. 6). Dies korrespondiert mit dem Nachhaltigkeitsleitbild der genossenschaftlichen Finanzgruppe, das unter anderem einen verstärkten Beitrag zum Klimaschutz, die angestrebte Klimaneutralität des Geschäftsbetriebs und die Verankerung der UN „Principles for Responsible Banking" im Kerngeschäft vorsieht (Berliner Volksbank, 2021, S. 1 f.).

Wirft man dagegen – ergänzend für die genossenschaftliche Bankengruppe – einen Blick in den Nachhaltigkeitsbericht der *DZ BANK AG* als deren Spitzeninstitut, ausgestaltet gleichzeitig als nicht-finanzieller Bericht des DZ BANK Konzerns, sind darin mehrere Selbstverpflichtungen zu erkennen. So ist die DZ BANK Gruppe Unterzeichner des United Nations Global Compact (UNGC), von dessen zehn Prinzipien zur unternehmerischen Nachhaltigkeit drei den Themenkreis Umweltschutz adressieren (United Nations, 2000, S. 1 ff.). Ebenso hat sich die DZ BANK AG im Jahr 2020 zur Einhaltung der bereits zuvor beschriebenen UN „Principles for Responsible Banking" – und damit zu mehr Nachhaltigkeit und Transparenz – verpflichtet. Im Jahr 2021 erfolgte dann sowohl die Unterzeichnung der Klimaschutz-Selbstverpflichtung des deutschen Finanzsektors mit dem Ziel der Ausrichtung der Kredit- und Investmentportfolien im Einklang mit den Zielen des Pariser Klimaabkommens als auch der Beitritt zur Net Zero Banking Alliance Germany (DZ BANK AG, 2022, S. 8 ff.).

Die *Hamburger Sparkasse* bekennt sich in ihrem Nachhaltigkeitsbericht zu einem aktiven Einsatz für die Erreichung der Ziele des Pariser Klimaabkommens für die gesamte Volkswirtschaft sowie zu ihrem Beitrag zur Veränderung der Wirtschaft mit dem Ziel eines besseren Klimaschutzes. Im Jahr 2020 hat die Haspa in diesem Zusammenhang die „Selbstverpflichtung der deutschen Sparkassen für klimafreundliches und nachhaltiges Wirtschaften" unterzeichnet. In dieser Selbstverpflichtung wird auf internationale Standards, insbesondere die UN „Principles for Responsible Banking" sowie die UN „Social Development Goals" (SDG), ausdrücklich Bezug genommen. Zentrale inhaltliche Stoßrichtungen der Selbstverpflichtung sind die CO_2-Neutralstellung des Geschäftsbetriebs bis 2035, die Ausrichtung von Finanzierungen und Eigenanlagen auf die Pariser Klimaziele, die Unterstützung der Kunden im Transformationsprozess, die Förderung des Klimaschutzbewusstseins sowie des konkreten Klimaschutzes vor Ort (Hamburger Sparkasse, 2022, S. 67; zum Wortlaut der Selbstverpflichtung vgl. Deutscher Sparkassen- und Giroverband e.V. 2020, S. 1 ff.).

Die *NRW.BANK* verweist in ihrem Nachhaltigkeitsbericht auf ihre Orientierung an etablierten und aussagekräftigen Nachhaltigkeitsinitiativen und nennt speziell den UN Global Compact sowie die UN „Principles for Responsible Investment". Hinsichtlich Mitgliedschaften mit Umweltbezug bzw. der Unterzeichnung relevanter Selbstverpflichtungen wird neben den genannten zusätzlich auf die Finanzinitiative des Umweltprogramms der Vereinten Nationen (UNEP FI) sowie auf den Verein für Umweltmanagement und Nachhaltigkeit in Finanzinstituten (VfU) hingewiesen (NRW.BANK, 2022a, S. 4 und S. 24). In den Nachhaltigkeitsleitlinien der Bank findet sich unter anderem das Bekenntnis zu den Zielen des Pariser Klimaschutzabkommens sowie der Anspruch, in Nachhaltigkeitsfragen eine Vorbildfunktion sowohl für die Fördernehmenden als auch für andere Akteure des Finanzwesens einzunehmen (NRW.BANK, 2022b, S. 4 f.).

3.3.4 Praktisches Handeln pro Klimaschutz

Konkrete Maßnahmen oder Initiativen, mit denen – außerhalb des Kerngeschäfts sowie des eigenen Geschäftsbetriebs – klimagünstige Effekte erzielt werden sollen, können dem nicht-finanziellen Bericht 2021 der *Deutschen Bank* nicht entnommen werden. Der Online-Auftritt enthält zwar Informationen, die auf ein Klimaschutz-Engagement auch außerhalb regulatorischer Verpflichtungen hindeuten (z. B. Mitwirkung im Sustainable Finance-Beirat der Bundesregierung, Initiierung von dbSustainability als Plattform für Nachhaltigkeitsforschung), jedoch wird keine konkrete Beteiligung an Klimaschutzmaßnahmen ausgeführt (Deutsche Bank, 2022b).

Auch die Angaben der *Berliner Volksbank* zur „Förderung des Klimaschutzes" in ihrem nicht-finanziellen Bericht beschränken sich auf die Themenfelder Kerngeschäft und eigener Geschäftsbetrieb. Hier wird insbesondere auf Finanzierungen im Bereich Erneuerbare Energien sowie Sanierungsfinanzierungen zur Erhöhung der Energieeffizienz und auf einen anspruchsvollen energetischen Standard des (seinerzeit) im Bau befindlichen Geschäftssitzes „Quartier Berliner Volksbank" hingewiesen (Berliner Volksbank, 2022a, S. 19). Weitergehende Ausführungen hinsichtlich der Beteiligung an Klimaschutzprojekten/-maßnahmen sind auch dem Online-Auftritt in der hierfür nahe liegenden Rubrik „Aus Liebe zur Region" nicht zu entnehmen (Berliner Volksbank, 2022b).

Konkreter sind demgegenüber die Ausführungen der *Hamburger Sparkasse*. Unter der Überschrift „Förderung von Umwelt- und Klimaschutzprojekten" wird nach einem Bekenntnis zum Erhalt der natürlichen Lebensgrundlagen die Förderung regionaler Initiativen und Projekte unter anderem zum Umwelt- und Naturschutz als fester und künftig weiter zu verstärkender Bestandteil des Nachhaltigkeitsengagements herausgestellt. Zur Unterlegung werden eine Fleetpatenschaft, Baumpflanzungen und die Aktion „Hamburg räumt auf" angeführt und ergänzend auf die Mitarbeit im Hamburger Klimarat sowie die Förderung nachhaltiger Mobilität, unter anderem durch die Anschaffung von Lastenfahrrädern und E-Bikes in gemeinnützigen Einrichtungen, verwiesen (Hamburger Sparkasse, 2022, S. 97).

Die Berichterstattung zum gesellschaftlichen Engagement der *NRW.BANK* verweist auf eine auch im Jahr 2021 fortdauernde Unterstützung von Projekten im Bereich „Nachhaltigkeit und Umweltschutz". Eine konkrete Beschreibung klimaschutzfokussierter Projekte lässt sich zwar nicht entnehmen. Allerdings bildete innerhalb des einschlägigen Themenfeldes „Gesellschaft und Soziales" die ökologische Nachhaltigkeit einen von zwei Förderschwerpunkten. Für dieses Themenfeld wurden rund 35 % des finanziellen Gesamtvolumens der für gesellschaftliches Engagement eingesetzten Finanzmittel allokiert (NRW.BANK, 2022a, S. 89 f.).

4 Fazit und Ausblick

In dem vorliegenden Beitrag wurde untersucht, inwiefern die allgemeinen und bankspezifischen regulatorischen Anforderungen auf europäischer sowie nationaler Ebene das Nachhaltigkeitsmanagement mit Fokus Klimaschutz im Bankensektor prägen. Zudem wurde geprüft, ob es Anhaltspunkte dafür gibt, dass die Institute eine eigene, bestenfalls intrinsische Motivation aufweisen, unabhängig von Regulatorik bzw. auch über Regulatorik hinaus sich gegen das Fortschreiten des Klimawandels zu engagieren.

Insbesondere mit dem European Green Deal sowie dem deutschen Klimaschutzgesetz bestehen auf europäischer sowie auf nationaler Ebene klare politische Bekenntnisse zur Erreichung des Ziels der Klimaneutralität. Die daraus bereits abgeleiteten und noch folgenden Regulierungen beziehen alle relevanten Sektoren mit ein und sind dementsprechend auch für Banken handlungsleitend. Angesichts der Tätigkeit der Banken als Dienstleister spielen allerdings – anders als beispielsweise die Bereiche Energiewirtschaft und Industrie – ihre Treibhausgasemissionen aus dem Geschäftsbetrieb in der sektoralen Emissions-Aufteilung eine lediglich untergeordnete Rolle.

Daher liegt der politische, regulatorische und gesellschaftliche Fokus bezogen auf Kreditinstitute stark auf dem Bereich Sustainable Finance im Sinne des Ziels, ESG-Kriterien bei den Entscheidungen von Finanzakteuren möglichst umfassend einzubeziehen und Kapitalflüsse vorzugsweise in ökologisch nachhaltige Wirtschaftsaktivitäten zu lenken. Hieraus erklärt sich etwa die Verpflichtung, in der Wertpapierberatung die Nachhaltigkeitspräferenzen der Anleger zu erfragen und dementsprechend geeignete Finanzprodukte anzubieten oder auf Grundlage der Taxonomie-Verordnung offenzulegen, in welchem Umfang die eigenen Wirtschaftsaktivitäten – bei Banken also insbesondere die Kredit- und Anlageportfolien – nachhaltig im Sinne der Taxonomie-Ziele sind, die wiederum eine hohe Priorität auf Klimaschutz legen.

Die allgemeinen regulatorischen Anforderungen sind mithin auf die sukzessive Reduktion von Treibhausgasen bis hin zur Klimaneutralität gerichtet, wozu nicht zuletzt erhebliche Finanzmittel für die Transformation mobilisiert werden müssen. Demgegenüber zielt die Bankenaufsicht darauf ab, dass die physischen Risiken aus den schon eingetretenen und noch erwarteten Klimaveränderungen sowie die transitorischen Risiken aus dem Übergang in eine CO_2-neutrale Wirtschaft angemessen erfasst, bewertet und gemanagt werden. Insofern „zwingt" die Bankenaufsicht die Institute nicht zum Klimaschutz, sehr wohl aber zu einem verlässlichen Risikomanagement der klimainduzierten Risiken.

Das Nachhaltigkeitsmanagement in der Kreditwirtschaft ist also zwangsläufig geprägt von regulatorischen Anforderungen – aber eben nicht nur. Wenngleich die gewonnenen Befunde kein Gesamtbild für die deutsche Bankenlandschaft, sondern lediglich exemplarische Evidenz für wesentliche Player der jeweiligen Sektoren liefern, so deuten sie stark darauf hin, dass Klimaschutz-Bemühungen auch aufgrund eigenständiger Haltungen verfolgt werden. Plausibel scheint, dass diese Haltungen auch durch Reflexionsprozesse bezogen auf Wünsche und Präferenzen von Kunden und Investoren beeinflusst und nicht ausschließlich intrinsisch begründet sind. Trotz dieser möglichen externen Impulse geht damit das Nachhaltigkeitsmanagement über eine reine „regulatorische Pflichtübung" hinaus.

Die zeitliche Reihenfolge internationaler, europäischer und nationaler Klimaschutz-Commitments sowie formulierter bankaufsichtlicher Erwartungen einerseits und insbesondere von Selbstverpflichtungen der Kreditwirtschaft andererseits deutet indes darauf hin, dass Regulatorik ein wichtiger Katalysator für den Prozess der Ausprägung bzw. wahrnehmbaren, nach innen und außen gerichteten Formulierung von Haltungen und deren Unterlegung durch nicht-verpflichtende, klimagünstige Maßnahmen gewesen ist.

Die geschäftliche Verflechtung der Kreditwirtschaft zu allen Teilen der Gesellschaft, Privatpersonen wie Unternehmen, bietet eine sehr gute Basis, das Bewusstsein für und die Umsetzung von klimagünstigem Handeln zu multiplizieren. Je stärker das Nachhaltigkeitsmanagement der Kreditinstitute im Sinne des Klimaschutzes auf Überzeugung basiert, desto wirksamer wird auch künftig ihre Rolle im Kampf für Klimaneutralität und gegen den Klimawandel sein. Bereits die bislang beobachtbaren Klimaveränderungen und ihre Folgen machen deutlich, dass diese Wirksamkeit auch dringend erforderlich ist.

Literatur

Albert, G. (2021). *ESG: Warum der „E"-Fokus zu einer Fehlallokation von Kapital führt.* https://www.lupusalpha.de/presse/esg-warum-der-e-fokus-zu-einer-fehlallokation-von-kapital-fuehrt/. Zugegriffen am 02.01.2023.

Bergius, S. (2021). *Dilemma der Taxonomie auflösen.* https://background.tagesspiegel.de/sustainable-finance/dilemma-der-taxonomie-aufloesen. Zugegriffen am 10.11.2022.

Berliner Volksbank. (2021). *Nachhaltigkeitsleitbild der genossenschaftlichen Finanzgruppe: Nachhaltig wirtschaften für Menschen, Umwelt und Regionen.* https://www.berliner-volksbank.de/service/pflichtinformationen.html. Zugegriffen am 05.12.2022.

Berliner Volksbank. (2022a). *Nichtfinanzieller Bericht 2021.* Berlin 2021. https://www.berliner-volksbank.de/wir-fuer-sie/presse/zahlen-daten-fakten/geschaeftsberichte.html. Zugegriffen am 09.11.2022.

Berliner Volksbank. (2022b). *Aus Liebe zur Region – wir machen und stark für Berlin und Brandenburg.* https://www.berliner-volksbank.de/aus-liebe-zur-region.html. Zugegriffen am 18.12.2022.

Branson, M. (2022). *BaFin-Konferenz „Sustainable Finance" am 13. September 2022 – Keynote.* https://www.bafin.de/SharedDocs/Veroeffentlichungen/DE/RedenInterviews/re_220913_rede_sustainable_finance_p.html. Zugegriffen am 19.12.2022.

Buch, C., & Signorini, L. F. (2021). *Klimaschutz und Zentralbanken – Gastbeitrag im Corriere della Serra und der Frankfurter Allgemeinen Zeitung vom 16. Juni 2021.* https://www.bundesbank.de/de/presse/gastbeitraege/klimaschutz-und-zentralbanken-867968. Zugegriffen am 19.12.2022.

Buchmüller, P., Hofinger, J., & Weiß, G. (2022). Aktueller Stand der Regulatorischen Vorgaben zu Nachhaltigkeitsrisiken für Banken in Deutschland. *Leipzig University – Chair in Sustainable Finance & Banking – Working Paper Series, 7*(1), 1–48.

Bundesanstalt für Finanzdienstleistungsaufsicht (BaFin). (2020). *Merkblatt zum Umgang mit Nachhaltigkeitsrisiken.* https://www.bafin.de/SharedDocs/Downloads/DE/Merkblatt/dl_mb_Nachhaltigkeitsrisiken.pdf;jsessionid=3742DE3A78102F9352C2EFEF91540D78.1_cid502?__blob=publicationFile&v=14. Zugegriffen am 11.11.2022.

Bundesregierung. (2019). *CO2-Ausstoß verbindlich senken.* https://www.bundesregierung.de/breg-de/themen/klimaschutz/kimaschutzgesetz-beschlossen-1679886. Zugegriffen am 09.01.2023.

Bundesregierung. (2021). *Deutsche Sustainable Finance-Strategie.* Bundesministerium der Finanzen/Bundesministerium für Umwelt-, Naturschutz und nukleare Sicherheit, Bundesministerium für Wirtschaft und Energie (Hrsg.), Berlin 2021. www.bundesfinanzministerium.de/Content/DE/Downloads/Broschueren_Bestellservice/deutsche-sustainable-finance-strategie.html. Zugegriffen am 05.10.2022.

Deloitte. (2021). *Deloitte Sustainable Survey 2021.* Wien 2021. https://www2.deloitte.com/content/dam/Deloitte/de/Documents/technology-media-telecommunica-tions/Deloitte_Nachhaltigkeit%20triff%20Technologie_Sustainability%20Survey%202021.pdf. Zugegriffen am 19.11.2022.

Deutsche Bank. (2021a). *Deutsche Bank joins the Partnership for Carbon Accounting Financials.* Pressemitteilung vom 17. März 2021. https://www.db.com/news/detail/20210317-deutsche-bank-joins-the-partnership-for-carbon-accounting-financials?language_id=1. Zugegriffen am 04.12.2022.

Deutsche Bank. (2021b). *Die Deutsche Bank tritt der Net Zero Banking Alliance bei.* Medieninformation vom 21. April 2021. Frankfurt am Main 2021. https://www.db.com/news/detail/20210421-deutsche-bank-joins-new-net-zero-banking-alliance?language_id=3. Zugegriffen am 04.12.2022.

Deutsche Bank. (2022a). *Nichtfinanzieller Bericht 2021.* Frankfurt am Main 2022. https://www.db.com/what-we-do/products-and-services/reports?language_id=3&kid=berichte.redirect-en.shortcut#zeige-inhalt-von-nichtfinanzieller-bericht. Zugegriffen am 04.12.2022.

Deutsche Bank. (2022b). *Wir wollen eine führende Stimme in Sachen Nachhaltigkeit sein.* https://www.db.com/what-we-do/responsibility/sustainability/thought-leadership. Zugegriffen am 18.12.2022.

Deutscher Sparkassen- und Giroverband e.V. (2020). *Selbstverpflichtung Deutscher Sparkasse für klimafreundliches und nachhaltiges Wirtschaften.* Berlin 2020. https://www.dsgv.de/unsere-verantwortung/selbstverpflichtung-klimaschutz-nachhaltigkeit.html. Zugegriffen am 11.12.2022.

DZ BANK AG. (2022). *Nachhaltigkeitsbericht 2021.* Frankfurt am Main. https://www.dzbank.de/content/dzbank/de/home/die-dz-bank/investor-relations/berichte/berichte-aktuell.html. Zugegriffen am 11.12.2022.

Europäische Bankenaufsichtsbehörde (EBA). (2021). *EBA report on the management and supervision of ESG risks for credit institutions and investment firms.* EBA/REP/2021/18. https://www.eba.europa.eu/sites/default/documents/files/document_library/Publications/Reports/2021/1015656/EBA%20Report%20on%20ESG%20risks%20management%20and%20supervision.pdf. Zugegriffen am 06.10.2022.

Europäische Kommission. (2018). *Financing a sustainable European economy. Final report 2018 by the high-level expert group on sustainable finance.* https://finance.ec.europa.eu/document/download/2e65cb1e-bd47-4441-816a-d89ec61eef45_en?filename=180131-sustainable-finance-final-report_en.pdf. Zugegriffen am 05.10.2022.

Europäische Kommission. (2019). *What is the European Green Deal?* https://ec.europa.eu/commission/presscorner/detail/en/fs_19_6714. Zugegriffen am 05.10.2022.

Europäische Kommission. (2021). *Overview of sustainable finance*. https://finance.ec.europa.eu/sustainable-finance/overview-sustainable-finance_en. Zugegriffen am 05.10.2022.

Europäische Kommission. (2022). *EU taxonomy for sustainable activities. What the EU is doing to create an EU-wide classification system for sustainable activities*. https://finance.ec.europa.eu/sustainable-finance/tools-and-standards/eu-taxonomy-sustainable-activities_en. Zugegriffen am 06.10.2022.

Europäische Zentralbank (EZB). (2020). *Leitfaden zu Klima- und Umweltrisiken. Erwartungen der Aufsicht in Bezug auf Risikomanagement und Offenlegungen*. https://www.bankingsupervision.europa.eu/legalframework/publiccons/pdf/climate-related_risks/ssm.202005_draft_guide_on_climate-related_and_environmental_risks.de.pdf. Zugegriffen am 06.10.2022.

Europäische Zentralbank (EZB). (2022a). *Thematic review on climate and environmental risks 2022 – Final results*. https://www.bankingsupervision.europa.eu/ecb/pub/pdf/ssm.221102_presentation_slides~76d2334552.en.pdf. Zugegriffen am 02.01.2023.

Europäische Zentralbank (EZB). (2022b). *2022 climate risk stress test*. https://www.bankingsupervision.europa.eu/ecb/pub/pdf/ssm.climate_stress_test_report.20220708~2e3cc0999f.en.pdf. Zugegriffen am 21.11.2022.

Europäischer Rat. (2022). *Fit für 55*. https://www.consilium.europa.eu/de/policies/green-deal/fit-for-55-the-eu-plan-for-a-green-transition/. Zugegriffen am 07.12.2022.

Expertenrat für Klimafragen. (2022). *Pressemitteilung: Sofortprogramme können Einhaltung der Klimaziele nicht sicherstellen – Gebäude mit substanziellem Beitrag, Verkehr schon im Ansatz ohne hinreichenden Anspruch*. https://www.expertenrat-klima.de/news/news-veroeffentlichung-des-pruefberichts-zu-den-sofortprogrammen-2022-fuer-den-gebaeude-und-verkehrssektor/. Zugegriffen am 02.01.2023.

Hamburger Sparkasse. (2022). *Nachhaltigkeitsbericht 2021*. Hamburg. https://www.haspa.de/content/dam/myif/haspa/work/pdf/Unternehmen/ueber_uns/geschaeftsberichte/haspa_nachhaltigkeitsbericht_2021.pdf?n=true. Zugegriffen am 09.11.2022.

Jäger, T. (2022). *Klimarisiken: Was erwarten BaFin und EZB, um den Grünen Schwan zu zähmen?* https://bankenverband.de/blog/klimarisiken-was-erwarten-bafin-ezb-um-grunen-schwan-zu-zahmen/. Zugegriffen am 13.12.2022.

Maltais, A., & Nykvist, B. (2020). Understanding the role of green bonds in advancing sustainability. *Journal of stustainable Finance & Investment*. https://doi.org/10.1080/20430795.2020.1724864. Zugegriffen am 04.12.2022.

NABU. (2022). *Verkehrsbereich verfehlt erneut Klimaziele – Entwurf für Klimaschutz-Sofortprogramm enttäuscht*. https://www.nabu.de/news/2022/11/32465.html. Zugegriffen am 02.01.2023.

Neitz-Regett, A., Westphal, P. L., Schmidt-Achert, T., Haas, S., & Isbert, A.-M. (2022). *Was ist eigentlich die Sustainable Finance Disclosure Regulation (SFDR)? Forschungsstelle für Energiewirtschaft*. https://www.ffe.de/veroeffentlichungen/info-was-ist-eigentlich-die-sustainable-finance-disclosure-regulation-sfdr/. Zugegriffen am 12.10.2022.

NRW.BANK. (2022a). *Wir fördern nachhaltig – Nachhaltigkeitsbericht 2021*. https://www.nrwbank.de/de/die-nrw-bank/dafuer-stehen-wir/nachhaltigkeit#Einf%C3%BChrun. Zugegriffen am 11.11.2022.

NRW.BANK. (2022b). *Nachhaltigkeitsleitlinien der NRW.BANK*. https://www.nrwbank.de/de/die-nrw-bank/dafuer-stehen-wir/nachhaltigkeit/#Einf%C3%BChrun. Zugegriffen am 11.11.2022.

NRW.BANK. (2022c). *Geschäftsbericht 2021 – Doppelt stark*. https://www.nrwbank.de/de/info-und-service/finanzberichte/. Zugegriffen am 11.11.2022.

o.V. (2020). *Information für die Medien: Klima-Selbstverpflichtung des deutschen Finanzsektors, 30.06.2020*. https://www.klima-selbstverpflichtung-finanzsektor.de/. Zugegriffen am 03.12.2022.

Rosen, L. A. (2014). Klimaschutz und Emissionen: Ziele, Prozesse und Ergebnisrelevanz von Carbon Management. In T. Schulz & S. Bergius (Hrsg.), *CSR und Finance. Beitrag und Rolle des CFO für eine Nachhaltige Unternehmensführung* (S. 157–166). Springer Gabler.

Schier, S. (2019). *130 Banken verpflichten sich zu nachhaltiger Ausrichtung.* https://www.handelsblatt.com/finanzen/banken-versicherungen/banken/un-klimagipfel-130-banken-verpflichten-sich-zu-nachhaltiger-ausrichtung/25037664.html?bcrFallback=bcrFallback. Zugegriffen am 04.12.2022.

S-Communications Service GmbH. (2022). *Wie nachhaltig sind die Sparkassen?* https://www.sparkasse.de/mehr-als-geld/engagement/nachhaltigkeit.html. Zugegriffen am 15.10.2022.

Stumpp, M. (2019). Die EU-Taxonomie für nachhaltige Finanzprodukte – Eine belastbare Grundlage für Sustainable Finance in Europa? *ZBB-Report, 31*(1), 71–80.

Umweltbundesamt. (2022). *Regulatorischer und politischer Rahmen für Sustainable Finance.* https://www.umweltbundesamt.de/regulatorischer-politischer-rahmen-fuer-sustainable. Zugegriffen am 05.10.2022.

United Nations. (2000). *The power of principles: The ten principles of the UN global compact.* https://unglobalcompact.org/what-is-gc/mission/principles. Zugegriffen am 11.12.2022.

United Nations. (2019). *About the principles – The 6 principles for responsible banking.* https://www.unepfi.org/banking/more-about-the-principles/. Zugegriffen am 04.12.2022.

Vereinte Nationen. (2015). *Transformation unserer Welt: die Agenda 2030 für nachhaltige Entwicklung.* https://unric.org/de/17ziele/. Zugegriffen am 20.11.2022.

Dr. Sören Abendroth ist Vorstandsvorsitzender der Sparkasse Mittelholstein AG mit der Zuständigkeit für das Ressort Unternehmensmanagement, in dem die Marktfolge-, Stabs- und Steuerungsfunktionen zusammengefasst sind. Nach seiner Ausbildung zum Bankkaufmann, Studium der Betriebswirtschaftslehre an den Universitäten Hamburg und Lüneburg sowie berufsbegleitender Promotion bei Prof. Dr. Ulf G. Baxmann war Herr Abendroth in verschiedenen Spezialisten- und Management-Funktionen im Prüfungs- und Finanzwesen tätig, bevor er im Jahr 2013 zunächst als Generalbevollmächtigter zur Sparkasse Mittelholstein wechselte.

Thorgny Sörensen ist Masterstudent im Bereich Wirtschafts- und Umweltethik an der Christian-Albrechts-Universität zu Kiel und war als studentischer Mitarbeiter für die Sparkasse Mittelholstein AG tätig. Seine Arbeitsschwerpunkte liegen auf dem Gebiet der Nachhaltigkeitsberichterstattung sowie in der Konzeption von strategischen Maßnahmen zur Reduktion von Treibhausgasemissionen. Darüber hinaus verfügt Herr Sörensen über Expertise in der Stiftungsarbeit und der Steuerung von Non-Profit-Projekten.

Ein Kurzbeitrag zur CSR-Website-Kommunikation im deutschen Bankensektor

Philipp Schröder

1 Hintergrund zum CSR-Konzept und CSR im Bankensektor

Corporate Social Responsibility (CSR) ist in akademischen Kreisen seit fast 70 Jahren ein globales, fortschrittliches und relevantes Konzept (Carroll, 2021), dessen etymologische Wurzeln in der angelsächsischen Forschungsgemeinschaft liegen. *Howard R. Bowen* gilt als Pionier und Vater des modernen CSR-Ansatzes; er postulierte, dass sich Organisationen nicht nur von wirtschaftlichen, sondern auch von gesellschaftlich-erstrebenswerten Zielen und Werten leiten lassen sollten (Bowen, 1953; Carroll, 1999, 2015; Latapí Agudelo et al., 2019). Somit kann – im Sinne einer nachhaltigen Entwicklung beziehungsweise eines nachhaltigen Wirtschaftens – CSR als gesellschaftliche Unternehmensverantwortung verstanden werden, welche nach heutigem Verständnis in der Forschung und Lehre soziale, ökologische und ökonomische Sachverhalte umfasst.

Für eine anerkannte und transparente Gestaltung von CSR-Aktivitäten werden Unternehmen von nationalen Gesetzgebungen (z. B. CSR-RUG; CSR-Richtlinien-Umsetzungsgesetz) unterstützt, welche zusätzlich durch internationale und übergreifende Rahmenwerke sowie Standardnormen ergänzt werden, wie zum Beispiel die OECD-Leitsätze für multinationale Unternehmen, die UN-Leitprinzipien für Wirtschaft und Menschenrechte, der UN Global Compact oder die ISO 26000. Im übertragenen Sinne – und zum weiteren Verständnis für den Verlauf dieses Beitrags – wird CSR als die gesellschaftliche Verantwortung von Organisationen betrachtet, negative Auswirkungen auf die Umwelt, die

---

P. Schröder (✉)
Hamburg, Deutschland

Gesellschaft und ihre Stakeholder (z. B. Eigentümer,[1] Mitarbeiter und Kunden) zu verringern und zu vermeiden, geltende Rechte und Gesetze einzuhalten, ethische Standards und Normen zu erfüllen und zu einer nachhaltigen Entwicklung beizutragen.[2]

Obwohl CSR im Kern abstrakt und interdisziplinär erscheint, ist das Konzept für den Bankensektor nicht neu. Das erste gesellschaftliche Engagement einer Bank wurde im 15. Jahrhundert nachgewiesen und dokumentiert, als die italienische Medici-Bank florentinische Künstler unterstützte (Parks, 2005). Seitdem haben sich weltweit Bankinstitute – losgelöst von Größe, kulturellem Einflussbereich oder Renommée – nachweislich bemüht, Aktivitäten und Initiativen im Rahmen ihrer gesellschaftlichen Verantwortung entweder in Geschäftsstrategien zu integrieren oder Abläufe, Prozesse, Produkte und Dienstleistungen verantwortungsvoll anzupassen. Diesbezüglich stellen Pérez und del Bosque (2012) fest, dass bestimmte Bankgruppen (Sparkassen und Genossenschaftsbanken) für CSR prädisponierter sind im Vergleich zu anderen Bankgruppen (Privatbanken). Mit einem fokussierten Blick auf die Entwicklungen der letzten Jahrzehnte lässt sich auch resümierend festhalten, insbesondere vor dem Hintergrund eines sich verändernden gesellschaftlichen Wertesystems, dass Nachhaltigkeit beziehungsweise die nachhaltige Entwicklung in Verbindung mit der gesellschaftlichen Unternehmensverantwortung – also CSR – teilweise neue Bankgeschäftsmodelle sowie Produkte und Dienstleistungen hat entstehen lassen. Zu nennen sind hier beispielsweise „nachhaltiges Banking", „ethisches Banking" und „grüne Geldanlagen" beziehungsweise „grünes Investieren".

Dennoch zeigt ein Vergleich zwischen Bankinstituten und Unternehmen aus anderen Branchen, dass Bankorganisationen mäßig bis langsam auf gesellschaftliche Herausforderungen reagieren (Ziolo, 2021). Daneben haben die Finanzmarktkrise 2007, die durch die Profitorientierung einiger weniger Banken entstand und die damit einhergehenden Spekulationsverluste die Gesellschaft auf verschiedene Weisen belastet, sowie regelmäßig, wiederkehrende und rekordverdächtige Geldstrafen, die von Aufsichtsbehörden für das Fehlverhalten einiger Institute verhängt wurden, berechtigte Fragen nach

---

[1] Aus Gründen der besseren Lesbarkeit wird bei Personenbezeichnungen und personenbezogenen Hauptwörtern in diesem Beitrag das generische Maskulinum verwendet. Entsprechende Begriffe gelten im Sinne der Gleichbehandlung grundsätzlich für alle Geschlechter. Die verkürzte Sprachform hat nur redaktionelle Gründe und beinhaltet keine Wertung.

[2] Erfahrungsgemäß werden, sowohl in der Lehre wie auch unter Praktikern, zahlreiche Begriffe und Bezeichnungen aus dem Nachhaltigkeitsspektrum – wie zum Beispiel Unternehmensnachhaltigkeit, CSR (Corporate Social Responsibility), CR (Corporate Responsibility), ESG (Environment, Social und Governance), Corporate Citizenship (CC), Shared Value – synonym verwendet, was zu einer „merklichen" Unbestimmtheit und Unklarheit all dieser konzeptionellen Ansätze führt. Aus anekdotischer Perspektive ist ebenfalls erwähnenswert, dass das CSR-Konzept in der Praxis häufig mit dem „sozialen" Engagement eines Unternehmens verbunden wird, welches zweifellos der Übersetzung vom Englischen in die deutsche Sprache geschuldet ist („social" und sozial). Wie eingangs erläutert, und übereinstimmend mit der bestimmenden Literatur (Carroll 1999, 2021), beschränkt sich der konzeptionelle CSR-Ansatz nicht auf das Human- und Sozialkapital, sondern berücksichtigt ebenso das Finanz- und Produktions- sowie das Umweltkapital.

der Aufrichtigkeit des Bankensektors – auch in Deutschland – in Bezug auf dessen gesellschaftliche Verantwortung aufgeworfen. Unstrittig erscheint, dass Bankorganisationen ihrer gesellschaftlichen Verantwortung nachkommen sollten, da sie, aufgrund der unverantwortlichen Geschäftspraktiken einiger weniger Banken, sowohl durch die Öffentlichkeit als auch durch die Regulatoren kritisch beurteilt werden. Damit eng verbunden ist auch ein in jüngster Vergangenheit deutlich erkennbarer Anstieg an wissenschaftlichen Veröffentlichungen und Beiträgen mit dem Fokus CSR und Bankensektor (Zainuldin & Lui, 2021), der einerseits die akademische Relevanz des Themas bestätigt und andererseits die Fülle an CSR-Bemühungen von ganzen Bankgruppen sowie -instituten dokumentiert.

2 Bedeutung von CSR-Kommunikation für Banken in Deutschland

Unabhängig davon, inwieweit Banken ihre CSR-Bemühungen auswählen, integrieren, systematisieren und umsetzen, führt die Literatur empirisch fundierte und kongruente Argumente an, weshalb Organisationen – inklusive Geschäftsbanken – CSR-Aktivitäten durchführen sollten (Kuruzc et al., 2008):

1. Erzielung von Wettbewerbsvorteilen (z. B. verstärkte Kundenbindung, geringere Mitarbeiterfluktuation),
2. Verbesserung der Legitimität und des Ansehens,
3. Reduzierung von Kosten und Risiken und
4. Schaffung von Synergieeffekten.

Neben diesen benannten und – zugegebenermaßen – weiter gefassten Begründungen, die den interdisziplinären Charakter des CSR-Konzepts würdigen, ist ebenfalls die engere Wechselbeziehung zwischen CSR und der finanziellen Leistung eines Unternehmens sehr ausführlich und umfangreich, und damit für den Einzelnen einstweilen kaum überschaubar, dokumentiert (Carroll & Shabana, 2010). Demnach haben maßgebende Studien (in Form von umfangreichen Metastudien) mehrheitlich bestätigt, dass sich das CSR-Engagement signifikant und (leicht) positiv auf die finanzielle Performance eines Unternehmens auswirkt (Orlitzky et al., 2003; Waddock & Graves, 1997; Wang et al., 2016). In diesem Kontext haben – und somit mit der allgemeinen verbreiteten Meinung eines positiven Zusammenhangs – zahlreiche Studien ebenfalls bestätigt, dass sich CSR-Initiativen positiv auf die finanzielle Performance von Bankenorganisationen auswirken (Cornett et al., 2016; Platonova et al., 2018; Ramzan et al., 2021; Simpson & Kohers, 2002; Soana, 2011; Wu & Shen, 2013).

Damit Bankinstitute mit ihren CSR-Aktivitäten die von Kuruzc et al. (2008) angeführten Sachverhalte, sowie eine positive Auswirkung auf das Finanzergebnis, realisieren können, ist die Bewusstseinsbildung von Stakeholdern hinsichtlich der gesellschaftlichen Verantwortung der Banken, unabdingbar. Konträr zu den vorher geschilderten

Sachverhalten hat die Verhaltensforschung jedoch bestätigt, dass das allgemeine CSR-Bewusstsein, sowohl bei internen wie auch bei externen Stakeholdern, sehr gering ist (Du et al., 2010). Infolgedessen ist davon auszugehen, dass ein limitiertes CSR-Bewusstsein bei verschiedenen Anspruchsgruppen nicht automatisch mit positiven Reaktionen, im Sinne von nachhaltigen Geschäftsvorteilen und finanzieller Leistung, einhergeht (Pomering & Dolnicar, 2009; Tian & Wang, 2011).

Auch der deutsche Bankensektor stellt hiervon keine Ausnahme dar. Eine kürzlich durchgeführte Umfrage (Bankenverband, 2015) zeigte, dass die Hälfte der Befragten der Meinung sei, dass nur wenige Banken in Deutschland sich *in puncto* CSR engagieren. Jeder fünfte Befragte gab sogar an, dass Banken überhaupt nicht gesellschaftsverantwortlich engagiert seien. Insofern legen die Ergebnisse dieser Umfrage Zeugnis darüber ab, dass es den Geschäftsbanken in Deutschland daran gelegen sein sollte, ihr gesellschaftliches Engagement zu dokumentieren und offensiv zu kommunizieren, getreu dem Motto: „Tue Gutes und rede darüber". Für die Verbreitung von CSR-Informationen verfügen Geschäftsbanken in der Regel über eine Fülle an Kommunikationskanälen. Beispiele hierfür sind Geschäfts- und/oder CSR-Berichte, Newsletter, Pressemitteilungen, Werbeanzeigen und Soziale Medien oder aber auch Websites, welche als ein schnelles, umfänglich gestaltbares und kostengünstiges Kommunikationsmedium beschrieben werden können und in den letzten beiden Jahrzehnten immens an Bedeutung gewonnen haben.

Die nachfolgenden Abschnitte dieses Beitrags widmen sich daher eben diesen Websites und skizzieren die wesentlichen Inhalte und Erkenntnisse der bereits veröffentlichten Studie mit dem Titel *„Corporate social responsibility (CSR) disclosure: empirical evidence from the German banking industry"*, erschienen im *International Journal of Bank Marketing* (Schröder, 2021).

3 Zum Wesen von Websites und aktueller Forschungsstand

Während der letzten beiden Jahrzehnte hat das Internet, als Kanal für die Vermittlung von CSR-Informationen an die Öffentlichkeit immens an Einfluss und Popularität gewonnen (Branco & Rodrigues, 2006; Hinson et al., 2010). Unternehmenswebsites sind ein wichtiges Mittel für die CSR-Kommunikation, deren Vorteilhaftigkeit auf der Hand liegt. Erstens ermöglichen Websites den Zugriff auf Informationen von überall und jederzeit (Williams & Pei, 1999). Zweitens sind Websites ein leicht zu aktualisierendes Medium, um CSR-Informationen zu verbreiten (Chaudhri & Wang, 2007). Drittens können Websites genutzt werden, um Informationen zeitnah und zu geringen Kosten zu präsentieren (Hinson et al., 2010; Wanderley et al., 2008). Insgesamt ermöglichen Websites den Nutzern Zugriff auf Informationen, wie und wann sie wollen (Wanderley et al., 2008).

Trotz der aufgezeigten Vorteilhaftigkeit, die der CSR-Kommunikation mittels Websites zugeschrieben wird, ist die Anzahl an Studien mit Schwerpunkt auf Bankwebsites als gering zu beschreiben, ungeachtet dessen, dass die Studienanzahl in den letzten Jahren merklich zugenommen hat. Tab. 1 fasst die wesentlichen Ergebnisse der Studien, die von Schröder (2021) identifiziert wurden, zusammen.

Inhaltlich betrachtet, stellt die überwiegende Anzahl an Studien fest, dass Banken am häufigsten CSR-Informationen zu ihrem gesellschaftlichen Engagement wie auch im Bereich Kunden und Produkte kommunizieren, wohingegen ökologische und umweltbezogene Aspekte eher eine untergeordnete Rolle auf den Websites spielen (Branco & Ro-

Tab. 1 Literaturüberblick. (Quelle: eigene Darstellung)

Autoren	Land/Regionen	Ergebnisse
Branco und Rodrigues (2006)	Portugal	Banken mit einem höheren Bekanntheitsgrad legen deutlich mehr CSR-Informationen auf ihren Websites offen.
Hinson et al. (2010) und Hinson (2011)	Ghana	Banken haben, entgegen ihren organisationalen Fähigkeiten, Schwierigkeiten, Online-CSR Informationen auf Websites zur Verfügung zu stellen. Beispielsweise zeigte die Bank, die für ihr CSR-Programm hoch gelobt wurde, die schwächste CSR-Kommunikationsleistung.
Bravo et al. (2012)	Spanien	Die Mehrheit der Banken legt CSR-Informationen auf ihren Websites offen, mit den Zielen des Identitätsaufbaus und der Legitimierung von organisationalen Verhaltensweisen.
Vilar und Simão (2015)	Weltweit	In entwickelten Länderregionen (Amerika, Europa und Ozeanien) präsentieren die Banken detailliertere CSR-Informationen auf ihren Websites im Vergleich zu Bankwebsites in weniger entwickelten Regionen (Afrika und Asien)
Hetze und Winistörfer (2016)	Weltweit	Informationen zur gesellschaftlichen Verantwortung lassen sich in der Regel unter den Tabs „Über uns" oder in einem separaten Tab „CSR" finden.
Kiliç (2016)	Türkei	Merkmalsausprägungen wie Größe, Eigentümer und Mehrfachbörsennotierung haben einen positiv signifikanten Einfluss auf die CSR-Informationen via Bankwebsites.
Khalil und O'sullivan (2017)	Libanon	Es existiert ein signifikant positiver Zusammenhang zwischen Größe, Rentabilität, Verschuldung und Eigentümerstruktur von Banken und den kommunizierten CSR-Informationen mittels Websites.
Chakroun et al. (2017)	Tunesien	Die Autoren fanden einen positiven (negativen) Zusammenhang zwischen Verschuldungsgrad (finanzieller Performance) der Banken und den CSR-Website-Informationen.
Matuszak und Różańska (2019)	Polen	Die Größe und Börsennotierung von Banken wirken sich signifikant positiv auf die kommunizierten CSR-Website-Informationen aus.
Georgiadou und Nickerson (2020)	Vereinigte Arabische Emirate	Inländische/staatliche und konventionelle Banken kommunizieren im Vergleich zu privaten und islamischen Bankinstituten CSR-Initiativen prominenter und augenscheinlicher auf ihren Websites.

drigues, 2006; Bravo et al., 2012; Chakroun et al., 2017; Khalil & O'sullivan, 2017; Kiliç, 2016; Matuszak & Rózańska, 2019). Offen bleibt jedoch die Forschungslücke, inwieweit Banken in Deutschland ihre Websites für die CSR-Kommunikation nutzen, die Schröder (2021) mit seiner dazu verfassten Studie zu vermindern versucht. Diese ist, nach bisherigem Kenntnisstand, die einzige ihrer Art und mit dem Umfang auf diesem *relativ neuen* Wissensgebiet.

4 Theoretischer Rahmen und verwendete Methodik

Während verschiedene theoretische Erklärungsansätze für CSR existieren, gilt die sich ergänzende Kombination aus Legitimitäts- und Stakeholder-Theorie, als diejenige, die am weitesten verbreitet und am vielversprechendsten ist (Gray et al., 1996; Milne, 2002).

Prinzipiell wird bei der *Legitimitäts-Theorie* davon ausgegangen, dass sich Unternehmen zur Einhaltung eines „Gesellschaftsvertrags" verpflichten, dessen Inhalte von den gesellschaftlich-gesetzten und anerkannten Normen und Werten bestimmt werden (Deegan, 2002; Gray et al., 1996). Im Kontext, der von Schröder (2021) erstellten Studie bedeutet dies, dass das Bankmanagement beziehungsweise die Bankleitung bestrebt sein sollten, CSR-Website-Informationen zu präsentieren, welche die Unterstützung und Zustimmung wesentlicher Stakeholder anstrebt. Damit wird die jeweilige Bankorganisation als „guter Unternehmensbürger" („good corporate citizen") betrachtet, welches letztendlich in der Legitimierung des Instituts und somit in dessen dauerhafter Existenz mündet (Guthrie & Parker, 1989; Neu et al., 1998).

Zu den einflussreichen und wesentlichen Stakeholdern im Bankensektor zählen Kreditnehmer, Einleger, Manager, Aktionäre/Eigentümer und Aufsichtsbehörden/-gremien, die einerseits ein großes Interesse an der wirtschaftlichen und gesetzeskonformen Leitung einer Bank haben und andererseits – im Einklang mit der Stakeholder-Theorie – auch vermehrt Erwartungen hinsichtlich der gesellschaftlichen Verantwortung von Banken äußern (Branco & Rodrigues, 2006; Guthrie et al., 2006; Khan, 2010). So konstatiert Ogrizek (2002), dass, wenn die Erwartungen von Stakeholdern nicht erfüllt werden, Bankinstitute auch mit negativen Reaktionen konfrontiert werden können.

Ziel der in diesem Buchbeitrag vorgestellten Studie ist es, ausgehend von der komprimierten Bestandsaufnahme des bisherigen Wissensstands (siehe Tab. 1) empirisch zu analysieren, welche CSR-Inhalte die Banken in Deutschland auf ihren Websites kommunizieren und ob und inwiefern bestimmte Wesensmerkmale von Banken einen Einfluss auf deren CSR-Website-Kommunikation haben. Für Letzteres werden insgesamt sechs Hypothesen untersucht, die zum Teil auf den in Tab. 1 aufgeführten Studien beruhen. Zum Teil wurden aber auch gänzlich neue Thesen entwickelt, welche die Charakteristika des deutschen Bankensektors berücksichtigen.

1. Die Größe einer Bank hat einen Einfluss auf die CSR-Website-Kommunikation.
2. Die Profitabilität einer Bank hat einen Einfluss auf die CSR-Website-Kommunikation.

3. Die Kapitalmarktorientierung einer Bank hat einen Einfluss auf die CSR-Website-Kommunikation.
4. Der Eigentumsverhältnisse (öffentliche Träger/Staatsbesitz) einer Bank haben einen Einfluss auf die CSR-Website-Kommunikation.
5. Die mediale Sichtbarkeit (gemessen an der Anzahl an Erwähnungen im Onlinearchiv der Tageszeitung Handelsblatt) einer Bank hat einen Einfluss auf die CSR-Website Kommunikation.
6. Die Bankgruppenzugehörigkeit einer Bank hat einen Einfluss auf die CSR-Website-Kommunikation.

Methodisch bedient sich die vorgestellte Studie der Inhaltsanalyse, welche sich in den empirischen Sozialwissenschaften und somit auch in der CSR-Forschung bewährt hat. Im Zuge einer Inhaltsanalyse werden schriftliche Texte nachvollziehbar und systematisch kategorisiert und dadurch bewertet. Konkret konstruiert Schröder (2021) einen CSR-Kriterienkatalog aus insgesamt 43 Einzelkriterien, die systematisch aus einschlägigen Studien abgeleitet wurden (Branco & Rodrigues, 2006; Kiliç, 2016). Der CSR-Kriterienkatalog lässt sich in die vier Teilbereiche „Umwelt und Energie", „Arbeitnehmerbelange", „Kunden und Produkte" sowie „gesellschaftliches Engagement" unterteilen. Mittels manuellen Screenings und einem binären Bewertungsverfahren wurden CSR-Informationen auf 78 Websites von Geschäftsbanken in Deutschland (ausgewählt aus dem Kreis der 100 größten Banken in Deutschland) von Juli bis September 2020 analysiert. Zur Prüfung der formulierten Hypothesen wurde der nichtparametrische Kruskal-Wallis-Test angewandt, der gleichzeitig ein verteilungsfreies Testverfahren repräsentiert.

5 Ergebnisse und Diskussion

Das Ergebnis der Untersuchung, dass die wenigsten Informationen zum Themenbereich „Umwelt und Energie" auf Bankwebsites publiziert werden, überrascht kaum, da das traditionelle Geschäftsmodell der mehrheitlich betrachteten Geschäftsbanken in der Regel als weniger umwelt- und klimaschädlich betrachtet wird im Vergleich zu Unternehmen anderer Branchen (Schröder, 2021). Im Gegensatz dazu kommunizieren Bankorganisationen am häufigsten im Bereich „Kunden und Produkte". Diese Erkenntnisse bestätigen den bisherigen Wissensstand zur CSR-Website-Kommunikation von Banken (Branco & Rodrigues, 2006; Kiliç, 2016; Matuszak & Rózańska, 2019). Festzustellen bleibt indes auch, dass sich die CSR-Informations-Intensität auf Websites von Banken in Deutschland auf einem durchschnittlichen beziehungsweise mittelmäßigen Niveau bewegt, wie Abb. 1 verdeutlicht.

In einem zweiten Schritt weist die von Schröder (2021) durchgeführte Studie nach, dass bestimmte Wesensmerkmale einen signifikant positiven Einfluss auf die CSR-

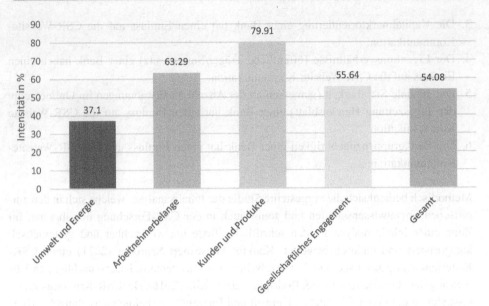

Abb. 1 CSR-Website-Kommunikation im deutschen Bankensektor. (Quelle: eigene Darstellung; empirische Daten/Werte entnommen aus Schröder, 2021, S. 777)

Kommunikation via Websites haben, während für andere Faktoren kein beziehungsweise ein partieller Einfluss festgestellt werden kann.[3] Konkret heißt dies:

1. Die Größe einer Bank hat einen *signifikanten und positiven* Einfluss auf die CSR-Website-Kommunikation.
2. Die Profitabilität einer Bank hat *keinen signifikanten* Einfluss auf die CSR-Website-Kommunikation.
3. Die Kapitalmarktorientierung hat einen *stark signifikanten und positiven* Einfluss auf die CSR-Website-Kommunikation.
4. Die Eigentumsverhältnisse (öffentliche Träger/Staatsbesitz) einer Bank haben einen *signifikanten und positiven* Einfluss auf die CSR-Website-Kommunikation.
5. Die mediale Sichtbarkeit (gemessen an der Anzahl an Erwähnungen im Onlinearchiv der Tageszeitung Handelsblatt) einer Bank hat einen *stark signifikanten und positiven* Einfluss auf die CSR-Website-Kommunikation.
6. Die Bankgruppenzugehörigkeit hat einen *partiell signifikanten Einfluss* auf die CSR-Website-Kommunikation.

---

[3] In der Studie liegt das asymptotische Signifikanzlevel bei fünf Prozent bzw. ein Prozent ($p < 0{,}05$; $p < 0{,}01$). Partiell signifikant bedeutet, dass für einzelne CSR-Website-Kategorien (z. B. „Kunden und Produkte", „gesellschaftliches Engagement) ein signifikanter Einfluss identifiziert werden konnte.

Insgesamt bestätigen die Ergebnisse dieser Studie das bereits vorhandene Wissen aus früheren Veröffentlichungen (Branco & Rodrigues, 2006; Kiliç, 2016; Matuszak & Rózańska, 2019). Ungewöhnlich ist indes, dass die Bankgruppenzugehörigkeit einen partiell signifikanten Einfluss auf die CSR-Website-Kommunikation im deutschen Bankensektor erkennen lässt. Schließlich kann vermutet werden, dass zwischen den Wesensmerkmalen „Eigentumsverhältnisse" und „Bankgruppenzugehörigkeit" eine ausgeprägte Korrelation vorliegt, was sich allerdings so nicht in den Ergebnissen widerspiegelt und einer kurzen Erklärung bedarf.

Unter dem Wesensmerkmal „Eigentumsverhältnis" sind in dieser Stichprobe alle Bankinstitute subsumiert, die entweder einen öffentlichen Träger haben oder sich in Teilen in staatlichem Besitz befinden. Dies bedeutet, dass diese Gruppe sämtliche Sparkassen und Landesbanken enthält. Zudem zählt auch die Commerzbank AG dazu, die im Zuge der Finanzkrise 2007 teilverstaatlicht wurde und deren Teilverstaatlichung bis zum heutigen Tage existiert. Gleichbedeutend damit ist, dass alle anderen Institute (Privat- und Genossenschaftsbanken) der anderen Gruppe zugeordnet wurden. Im Gegensatz dazu erfolgte die Gruppierung der Stichprobe beim Merkmal „Bankgruppenzugehörigkeit" entsprechend dem Drei-Säulen-Modell des deutschen Bankensektors: Privatbanken, Sparkassen/Landesbanken und Genossenschaftsbanken. Das heißt, die Commerzbank AG wurde hier konsequenterweise der Säule der Privatbanken zugeordnet.

Obwohl es in der breiten Öffentlichkeit eher weniger bekannt ist, nimmt die Commerzbank AG seit einigen Jahren eine Vorreiterrolle auf dem Gebiet der unternehmerischen Verantwortung beziehungsweise nachhaltigen Entwicklung ein. Dies zeigt sich nicht zuletzt darin, dass das Institut als eine von wenigen Banken aus Deutschland regelmäßig in international anerkannte Nachhaltigkeits-Indizes und -Ratings (z. B. Dow Jones Sustainability Index, Corporate Knigths' Global 100 Ranking) aufgenommen wird (Commerzbank AG, 2023). Eben jenes CSR-Engagement spiegelt sich im Falle der Commerzbank AG auch auf ihrer Website wider.

Summa summarum ist festzuhalten und davon auszugehen, dass die in der von Schröder (2021) nicht determinierte Korrelation zwischen den Wesensmerkmalen „Eigentumsverhältnisse" und „Gruppenzugehörigkeit" durch die vorher skizzierte Gruppenzugehörigkeit der Commerzbank AG höchstwahrscheinlich verursacht wurde und somit die Hypothesen/Ergebnisse maßgeblich beeinflusst hat.

6 Zusammenfassung

In Anbetracht der überaus spärlichen und verstreuten Literatur, verbunden mit den erhobenen empirischen Daten, leistet die hier skizzierte Studie von Schröder (2021) – mit dem Schwerpunkt CSR-Website-Kommunikation im deutschen Bankensektor – nicht nur mehrere Beiträge zu bislang vermuteten Sachverhalten, sondern führt punktuell auch zu neuen Forschungserkenntnissen:

- Die Ergebnisse zeigen, dass Banken auf ihren Websites am häufigsten CSR-Informationen im Bereich „Kunden und Produkte" und am wenigsten im Bereich „Umwelt und Energie" kommunizieren.
- Die vorliegenden Ergebnisse bestätigten Erkenntnisse aus früheren Studien, die zeigten, dass Größe und Kapitalmarktorientierung die CSR-Website-Kommunikation signifikant beeinflussen, während Profitabilität keine signifikante Rolle spielt (z. B. Branco & Rodrigues, 2006; Chakroun et al., 2017; Khalil & O'sullivan, 2017; Kiliç, 2016; Matuszak & Rózańska, 2019).
- Erstmalig werden Wesensmerkmale wie Eigentumsverhältnisse und Medienpräsenz untersucht, die bisher im Bereich der Offenlegung von CSR-Information auf Bankwebsites nicht getestet wurden, wodurch die Verallgemeinerbarkeit von Ergebnissen früherer Studien verbessert wird (Gamerschlag et al., 2011; Ghazali, 2007).
- Die skizzierte Studie vertieft das Verständnis zur Beziehung von Online-CSR-Informationen und der gesellschaftlichen Verantwortung von drei verschiedenen Bankarten (Privatbanken, Sparkassen/Landesbanken und Genossenschaftsbanken).

Vor dem Hintergrund des zuletzt aufgeführten Aspekts kann es für künftige Studien erstrebenswert sein zu untersuchen, inwieweit das Wesen einzelner Banktypen für das Verstehen von gesellschaftlicher Verantwortung – also CSR – relevant ist. Speziell wäre zu hinterfragen, inwiefern beispielsweise Genossenschaftsbanken ihre zugeschriebene gesellschaftliche Verantwortung mit der Förderung ihrer Mitglieder verbinden.

Literatur

Bankenverband. (2015). *Corporate Social Responsibility: Ergebnisse einer repräsentativen Umfrage im Auftrag des Bankenverbandes.*
Bowen, H. R. (1953). *Social responsibilities of the businessman.* Haper & Row.
Branco, M. C., & Rodrigues, L. L. (2006). Communication of corporate social responsibility by Portuguese banks: A legitimacy theory perspective. *Corporate Communications: An International Journal, 11*(3), 232–248.
Bravo, R., Matute, J., & Pina, J. M. (2012). Corporate social responsibility as a vehicle to reveal the corporate identity: A study focused on the websites of spanish financial entities. *Journal of Business Ethics, 107*(2), 129–146.
Carroll, A. B. (1999). Corporate social responsibility: Evolution of a definitional construct. *Business and Society, 38*(3), 268–295.
Carroll, A. B. (2015). Corporate social responsibility: The centerpiece of competing and complementary frameworks. *Organizational Dynamics, 44*(2), 87–96.
Carroll, A. B. (2021). Corporate social responsibility: Perspectives on the CSR construct's development and future. *Business & Society, 60*(6), 1–21.
Carroll, A. B., & Shabana, K. M. (2010). The business case for corporate social responsibility: A review of concepts, research and practice. *International Journal of Management Reviews, 12*(1), 85–100.
Chakroun, R., Matoussi, H., & Mbirki, S. (2017). Determinants of CSR disclosure of Tunisian listed banks: A multi-support analysis. *Social Responsibility Journal, 13*(5), 552–584.

Chaudhri, V., & Wang, J. (2007). Communicating corporate social responsibility on the Internet: A case study of the top 100 information technology companies in India. *Management Communication Quarterly, 21*(2), 232–247.

Commerzbank AG. (2023). *2023 Corporate Knights Global 100*. https://www.commerzbank.de/en/nachhaltigkeit/daten___fakten/auszeichnungen_und_ratings/corporate_knights_global_100_/corporate_knights.html. Zugegriffen am 27.02.2023.

Cornett, M. M., Erhemjamts, O., & Theranian, H. (2016). Greed or good deeds: An examination of the relation between corporate social responsibility and the financial performance of U.S. commercial banks around the financial crisis. *Journal of Banking & Finance, 70*, 137–159.

Deegan, C. (2002). The legitimising effect of social and environmental disclosures – A theoretical foundation. *Accounting, Auditing & Accountability Journal, 15*(3), 282–311.

Du, S., Bhattacharya, C. B., & Sen, S. (2010). Maximizing business returns to corporate social responsibility (CSR): The role of CSR communication. *International Journal of Management Reviews, 12*(1), 8–19.

Gamerschlag, R., Möller, K., & Verbeeten, F. (2011). Determinants of voluntary CSR disclosure: Empirical evidence from Germany. *Review of Managerial Science, 5*(2), 233–262.

Georgiadou, E., & Nickerson, C. (2020). Exploring strategic CSR communication on UAE banks' corporate websites. *Corporate Communications: An International Journal, 25*(3), 413–428.

Ghazali, N. A. M. (2007). Ownership structure and corporate social responsibility disclosure: Some Malaysian evidence. *Corporate Governance, 7*(3), 251–266.

Gray, R., Owen, D., & Adams, C. (1996). *Accounting & accountability: Changes and challenges in corporate social and environmental reporting*. Prentince Hall.

Guthrie, J., & Parker, L. D. (1989). Corporate social reporting: A rebuttal of legitimacy theory. *Accounting and Business Research, 19*(76), 343–352.

Guthrie, J., Petty, R., & Ricceri, F. (2006). The voluntary reporting of intellectual capital: Comparing evidence from Hong Kong and Australia. *Journal of Intellectual Capital, 7*(2), 254–271.

Hetze, K., & Winistörfer, H. (2016). CSR communication on corporate websites compared across continents. *International Journal of Bank Marketing, 34*(4), 501–528.

Hinson, R. E. (2011). Online CSR reportage of award-winning versus non award-winning banks in Ghana. *Journal of Information, Communication and Ethics in Society, 9*(2), 102–115.

Hinson, R. E., Boateng, R., & Madichie, N. (2010). Corporate social responsibility activity reportage on bank websites in Ghana. *International Journal of Bank Marketing, 28*(7), 498–518.

Khalil, S., & O'sullivan, P. J. (2017). Corporate social responsibility: Internet social and environmental reporting by banks. *Meditari Accountancy Research, 25*(3), 414–446.

Khan, H.-U.-Z. M. (2010). The effect of corporate governance elements on corporate social responsibility (CSR) reporting: Empirical evidence from private commercial banks of Bangladesh. *International Journal of Law and Management, 52*(2), 82–109.

Kiliç, M. (2016). Online corporate social responsibility (CSR) disclosure in the banking industry: Evidence from Turkey. *International Journal of Bank Marketing, 34*(4), 550–569.

Kuruzc, E. C., Colbert, B. A., & Wheeler, D. (2008). The business case for corporate social responsibility. In A. Crane, D. Matten, A. McWilliams, J. Moon, & D. S. Siegel (Hrsg.), *The Oxford handbook of corporate social responsibility* (S. 83–112). Oxford University Press.

Latapí Agudelo, M. A., Jóhannsdóttir, L., & Davídsdóttir, B. (2019). A literature review of the history and evolution of corporate social responsibility. *International Journal of Corporate Social Responsibility, 4*(1), 1–23.

Matuszak, Ł., & Rózańska, E. (2019). Online corporate social responsibility (CSR) disclosure in the banking industry: Evidence from Poland. *Social Responsibility Journal, 16*(8), 1191–1214.

Milne, M. J. (2002). Positive accounting theory, political costs and social disclosure analyses: A critical look. *Critical Perspectives on Accounting, 13*(3), 369–395.

Neu, D., Warsame, H. A., & Pedwell, K. (1998). Managing public impressions: Environmental disclosures in annual reports. *Accounting, Organizations and Society, 23*(3), 265–282.

Ogrizek, M. (2002). The effect of corporate social responsibility on the branding of financial services. *Journal of Financial Services Marketing, 6*(3), 215–228.

Orlitzky, M., Schmidt, F. L., & Rynes, S. L. (2003). Corporate social and financial performance: A meta-analysis. *Organization Studies, 24*(3), 403–411.

Parks, T. (2005). *Medici money: Banking, metaphysics, and art in fifteenth-Century Florence*. Norton.

Pérez, A., & del Bosque, I. R. (2012). The role of CSR in the corporate identity of banking service providers. *Journal of Business Ethics, 108*(2), 145–166.

Platonova, E., Asutay, M., Dixon, R., & Mohammad, S. (2018). The impact of corporate social responsibility disclosure on financial performance: Evidence from the GCC Islamic banking sector. *Journal of Business Ethics, 151*(2), 451–471.

Pomering, A., & Dolnicar, S. (2009). Assessing the prerequisite of successful CSR implementation: Are consumers aware of CSR initiatives? *Journal of Business Ethics, 85*(2), 285–301.

Ramzan, M., Amin, M., & Abbas, M. (2021). How does corporate social responsibility affect financial performance, financial stability, and financial inclusion in the banking sector? Evidence from Pakistan. *Research in International Business and Finance, 55*, 1–21.

Schröder, P. (2021). Corporate social responsibility (CSR) website disclosures: Empirical evidence from the German banking industry. *International Journal of Bank Marketing, 39*(5), 768–788.

Simpson, W. G., & Kohers, T. (2002). The link between corporate social and financial performance: Evidence from the banking industry. *Journal of Business Ethics, 35*(2), 97–109.

Soana, M.-G. (2011). The relationship between corporate social performance and corporate financial performance in the banking sector. *Journal of Business Ethics, 104*(1), 133–148.

Tian, Z., & Wang, R. (2011). Consumer responses to corporate social responsibility (CSR) in China. *Journal of Business Ethics, 101*(2), 197–212.

Vilar, V., & Simão, J. (2015). CSR disclosure on the web: Major themes in the banking sector. *International Journal of Social Economics, 42*(3), 296–318.

Waddock, S., & Graves, S. B. (1997). The corporate social performance-financial performance link. *Strategic Management Journal, 18*(4), 303–319.

Wanderley, L. S. O., Lucian, R., Farache, F., & de Sousa Filho, J. M. (2008). CSR information disclosure on the web: A context-based approach analysing the influence of country of origin and industry sector. *Journal of Business Ethics, 82*(2), 369–378.

Wang, H., Tong, L., Takeuchi, R., & George, G. (2016). Corporate social responsibility: An overview and new research directions. *Academy of Management Journal, 59*(2), 534–544.

Williams, S. M., & Pei, C.-A. H. W. (1999). Corporate social disclosures by listed companies on their web sites: An international comparison. *The International Journal of Accounting, 34*(3), 389–419.

Wu, M.-W., & Shen. (2013). Corporate social responsibility in the banking industry: Motives and financial performance. *Journal of Banking & Finance, 37*(9), 3529–3547.

Zainuldin, M. H., & Lui, T. K. (2021). A bibliometric analysis of CSR in the banking industry: A decade study based on Scopus scientific mapping. *International Journal of Bank Marketing, 40*(1), 1–26.

Ziolo, M. (2021). Business models of banks toward sustainability and ESG Risk. In M. Ziolo, B. Z. Filipiak, & B. Tundys (Hrsg.), *Sustainability in bank and corporate business models: The link between ESG risk assessment and corporate sustainability* (S. 185–209). Springer International Publishing.

Philipp Schröder studierte Betriebswirtschaftslehre (B.A), Management & Financial Institutions (M.A.) und nahm 2018 seine Tätigkeit als wissenschaftlicher Mitarbeiter am Institut für Bank-, Finanz- und Gründungsmanagement bei Prof. Dr. Ulf G. Baxmann (Leuphana Universität Lüneburg) auf, war an verschiedenen Lehrprojekten beteiligt und schloss seine Promotion 2023 erfolgreich ab. Seine Forschungsinteressen fokussieren sich auf die CSR-Kommunikation im deutschen Bankensektor und er publizierte seine Ergebnisse in anerkannten und qualitätsbegutachten Fachzeitschriften, wie z. B. International Journal of Bank Marketing, Corporate Communications: An International Journal, und Cogent Business & Management.

Analyse von Green Banking mit Fokus auf Generation Z

Sandra Ebeling und David Kuhlen

1 Einleitung

Der Klimawandel ist in den letzten Jahren zu einem bedeutenden Thema in der Gesellschaft geworden und hat zu einem zunehmenden Bewusstsein für ökologische Ziele geführt (Benölken, 2021, S. 89; Ahrend, 2022, S. 51). Insbesondere die Generation Z (GenZ) setzt sich durch die „Fridays for Future" Bewegung politisch aktiv für eine Einhaltung des Pariser Klimaschutzabkommens ein (Neubauer & Repenning, 2019; Thunberg, 2019; Hurrelmann & Albrecht, 2020, S. 7). Schlagworte wie Nachhaltigkeit, Ökologie und Klimaneutralität beherrschen seit einigen Jahren die Medien. Längst prägt der Trend rund um Nachhaltigkeit das Verhalten vieler Konsumenten[1]. Infolgedessen versuchen Unternehmen ihre Angebote nachhaltig zu gestalten oder zumindest deren Nachhaltigkeit im Marketing zu betonen (Schmidt, 2013).

Dies lässt sich auch im Finanzbereich beobachten: Immer mehr Banken werben um Kunden, indem sie ihr nachhaltiges Engagement darstellen. So werben nahezu alle deutschen Kreditinstitute auf ihren Homepages mit nachhaltig definierten Werten und Visionen, nachhaltigen Produkten sowie ihrem sozialen und ökologischen Engagement. Beispielsweise erklärt Christian Sewing, Vorstandsvorsitzender der *Deutschen Bank AG*

---

[1] Aus Gründen der besseren Lesbarkeit wird bei Personenbezeichnungen und personenbezogenen Hauptwörtern in diesem Beitrag das generische Maskulinum verwendet. Entsprechende Begriffe gelten im Sinne der Gleichbehandlunggrundsätzlich für alle Geschlechter. Die verkürzte Sprachform hat nur redaktionelle Gründe und beinhaltet keine Wertung

S. Ebeling (✉) · D. Kuhlen
IU Internationale Hochschule, Hamburg, Deutschland
E-Mail: sandra.ebeling@iu.org; david.kuhlen@iu.org

© Der/die Autor(en), exklusiv lizenziert an Springer Fachmedien Wiesbaden GmbH, ein Teil von Springer Nature 2023
S. Schöning et al. (Hrsg.), *Bank- und Finanzwirtschaft im Stress*,
https://doi.org/10.1007/978-3-658-41884-7_3

(2022b) im Internetauftritt der Bank „*Aus tiefster Überzeugung wollen wir den globalen Wandel zu einer nachhaltigen, klimaneutralen und sozialen Wirtschaft mitgestalten*".

In ihrer Umfrage fragten *Avanade und Efma* (2022) nach den Zielen von Banken. Als wichtigstes Ziel gaben die befragten Banken an, mit mehr ESG-Investments (Environment, Social, Governance) insbesondere die jüngere Generation zu gewinnen. In Deutschland macht diese, für Banken ökonomisch relevante Generation, rund 12 Mio. Menschen aus (Statista, 2022c). Eine Comdirect Studie ergab, dass die Generation Z bereits heute regelmäßig spart (Comdirect, 2019, S. 21). Rund ein Viertel der Befragten kann sich zudem vorstellen, künftig in Aktien, Fonds oder ETFs (exchange traded funds) zu investieren (Comdirect, 2019, S. 23). Die Deutsche Bank AG geht davon aus, dass insbesondere die Kaufkraft der Generation Y und Z groß bleiben wird und sie außerdem zunehmend Einfluss auf die politische Entscheidungsfindung nehmen wird (Deutsche Bank AG, 2022a). Hinzu kommt, dass es sich bei der Generation Z – wie bereits bei der Vorgängergeneration – um eine Erbengesellschaft handelt (Hurrelmann & Albrecht, 2020, S. 55–56).

Vor diesem Hintergrund erscheint es von wesentlicher Bedeutung, dass Unternehmen der Finanzindustrie, in Bezug auf Nachhaltigkeit, eine Orientierung erhalten. Es gilt zu hinterfragen, was Konsumenten in Bezug auf Nachhaltigkeit wichtig ist und was diese bspw. von einer Bank erwarten. Hierbei ist besonders interessant, ob Nachhaltigkeit ein Wettbewerbsvorteil für Banken sein kann. Wettbewerbsvorteile entstehen, wenn Kunden im Angebot einen höheren Nutzen als bei Wettbewerbern empfinden (Ahrend, 2022, S. 418). Dieser Kundennutzen kann sich auch durch bestimmte Produkt- und Dienstleistungsmerkmale ergeben, worunter auch das Image ein Aspekt ist (Ahrend, 2022, S. 418; Werhahn, 2022, S. 209). Dies zeigt auch eine Studie der *VuMA* (2022, S. 43), welche ergab, dass das Image der Bank 27,1 % der Befragten „sehr wichtig" und 38,7 % immerhin „wichtig" bei der Auswahl einer Bank beziehungsweise eines Geldinstitutes ist.

Durch eine empirische Untersuchung wird in diesem Beitrag die Haltung potenzieller Konsumenten der Generation Z zum Thema Nachhaltigkeit und Banking untersucht. Die Ergebnisse können Banken und anderen Finanzunternehmen dabei helfen, ihre Angebote sowie ihren Marktauftritt passend zu gestalten. Als potenzielle Kunden wird der Fokus der Betrachtung auf die Generation Z gelegt (Prämisse P1). Wenngleich der genaue Zeitraum, in dem Vertreter der Generation Z geboren sind, umstritten ist, kann davon ausgegangen werden, dass Personen ab Jahrgang 1991 zur Generation Z gehören (Geck, 2006; Peterson, 2014). Des Weiteren wird die Betrachtung auf volljährige Vertreter der Generation Z eingegrenzt (Prämisse P2).

Der Gang der Untersuchung ist wie folgt strukturiert. Im folgenden Kapitel wird der Stand der Forschung untersucht, indem verwandte Arbeiten beleuchtet werden. Im Anschluss hieran wird, im dritten Kapitel, eine Analyse vorgenommen. Hierbei werden die Bedarfe untersucht und auf Basis dessen die Forschungsmethode abgeleitet. Als Forschungsmethode wird eine Umfrage vorgenommen. Neben der Generation Z betrifft die Umfrage auch Milliennials, deren Angaben im Zuge der Auswertung nicht betrachtet werden. Im vierten Kapitel werden die Ergebnisse der Untersuchung vorgestellt. Zur besseren Nachvollziehbarkeit werden Prozentwerte hierin auf die erste Nachkommastelle gerundet angegeben. Die Ergebnisse werden im fünften Kapitel bewertet. Die Untersuchung endet mit einem Fazit.

2 Theoretische Fundierung

2.1 Green Banking – Definition und Anforderungen

Im Dezember 2015 einigten sich die Mitgliedsstaaten der Klimarahmenkonvention der Vereinten Nationen in Paris auf das Ziel, die Erderwärmung deutlich zu begrenzen (United Nations, 2015a, b; Europäische Kommission, 2016). Im Zielbild bekannten sich die Staaten zu einem 1,5-Grad Szenario, welches in Deutschland im September 2016 ratifiziert wurde (BGBl. Teil II, 2016, S. 1082; BaFin, 2020, S. 12; Umweltbundesamt, 2022, S. 13). Finanzmärkten kommt dabei nach dem Pariser Klimaschutzabkommen eine besondere Relevanz zu, welches in ihrer Funktionenerfüllung als – wie *Weeber* (2020, S. 7) es betitelt – „Diener der Realwirtschaft" begründet liegt. Vor dem Hintergrund der signifikanten Bedeutung des Bankenwesens für die gesamte Wirtschaft ist die Steigerung der Nachhaltigkeit hier von entscheidender Bedeutung (Nath et al., 2014, S. 46; Dichtl, 2018, S. 1; Weeber, 2020, S. 7). Die Sustainable Finance Strategie der Bundesregierung hat dabei als Ziel, nachhaltige Anlageprodukte und Finanzierungen auszuweiten (Bundesregierung, 2021).

Wie genau der Begriff Nachhaltigkeit zu definieren ist, ist bis dato nicht eindeutig. Vielmehr wird der Begriff in vielfältiger Weise verwendet. Die DIN ISO-Norm 2600 definiert nachhaltige Entwicklung als *„Entwicklung, die die Bedürfnisse der Gegenwart befriedigt, ohne zu riskieren, dass künftige Generationen ihre eigenen Bedürfnisse nicht befriedigen können."* (DIN ISO, 2011, S. 18). Die drei Säulen der Nachhaltigkeit werden dabei häufig durch Ökonomie, Ökologie und Soziales beschrieben (Zeranski & Nocke, 2018, S. 270–271; Dichtl, 2018, S. 11). International lässt sich „Sustainability" aktuell unter den Buchstaben ESG vereint wiederfinden – wer nachhaltig wirtschaften will, muss die ESG-Kriterien erfüllt haben (EBA (Europäische Bankenaufsicht), 2019, S. 4; BaFin, 2020, S. 9). Das Thema Nachhaltigkeit ist inzwischen bei vielen Banken und Finanzdienstleistern ein Thema und findet dort nach und nach sowohl in den Geschäftsmodellen als auch im Reporting Einzug (Europäische Kommission, 2018, S. 2; Griese et al., 2020, S. 170; Griese, 2020, S. 17). Die Bundesanstalt für Finanzdienstleistungsaufsicht (BaFin) empfiehlt daher den beaufsichtigten Instituten, alle sogenannten ESG-Risiken zu berücksichtigen, und gibt dafür in ihrem Merkblatt eine strategische Befassung mit Nachhaltigkeitsrisiken im Sinne von ESG vor (BaFin, 2020, S. 9 und 13).

Der Begriff „Green Banking" hat sich dabei in den letzten Jahren als Schlagwort etabliert, wenn es um ökologisch nachhaltiges Verhalten von Banken geht. Doch auch hierfür sind zahlreiche Definitionen und Interpretationen zu finden (siehe z. B. Apostoaie, 2018, S. 276). Zusammenfassend lässt sich sagen, dass es das Ziel ist, hierbei alle sozialen und umweltschützenden Aspekte zu berücksichtigen, bei gleichzeitiger Sicherung des ökonomischen Wachstums der Volkswirtschaft. Dabei können Banken in zwei Richtungen agieren: zum einen nachhaltiges Verhalten etablieren und fördern und auf der anderen Seite alle nicht umweltfreundlichen Elemente und Geschäftsverbindungen eliminieren

(Apostoaie, 2018, S. 276). *Lalon* (2015) fasst Green Banking etwas weiter und definiert es als jede Form von Finanzgeschäft, von der ein Land oder eine Nation Vorteile für die Umwelt hat. Die OECD (2018) definiert eine Green Bank als „*a public, quasi-public or non-profit entity established specifically to facilitate private investment into domestic low-carbon, climate-resilient infrastructure.*"

Zur Erreichung der vereinbarten Klimaziele werden an Banken und Finanzdienstleister immer neue gesetzliche und regulatorische Anforderungen gestellt. So müssen sie bspw. seit 2021 erste Angaben zur Taxonomie machen, welche ab 2022 ausgeweitet wird. Banken sind demnach verpflichtet darzulegen, welche Aktivitäten sie im Sinne der Taxonomie-Verordnung gemäß der Europäischen Union (EU) abgedeckt haben (Europäische Kommission, 2020, S. 10; Europäische Kommission, 2021, S. 3–15). Das bedeutet, dass Banken und Finanzdienstleister sowohl Kenntnisse über die Mittelverwendung bei Krediten, über die Portfoliozusammensetzung ihrer Kapitalanlagen sowie die für Kunden als auch über die eigenen Nachhaltigkeitsaktivitäten haben müssen. Im Rahmen dieser Taxonomie-Verordnung spielen die sogenannten ESG-Kriterien eine große Rolle (Europäische Kommission, 2020). Hinzu kommt von der *Europäischen Kommission* (2021) die Regelung für eine verschärfte Berichterstattung über die Nachhaltigkeit gemäß CSRD-Direktive ab dem Geschäftsjahr 2024 (Corporate Sustainability Reporting Directive).

Inwieweit Banken tatsächlich die ESG-Ziele erreichen werden, ist unklar. In einer Analyse von *Avanade und Efma* (2022) gaben nur etwas über die Hälfte der befragten Geldhäuser an, die regulatorischen Reporting-Anforderung innerhalb der nächsten sechs Monate bereitstellen zu können. Über die Hälfte der Befragten gab außerdem an, nicht vor 2025 CO_2 neutral zu sein. Nach Auswertung der *Zielke Research Consult GmbH* (2022) sind die deutschen Kreditinstitute noch weit von den Anforderungen entfernt. Das ist umso erstaunlicher, als das bereits jetzt die Kredit-Exposures hinsichtlich ihrer Taxonomie-Fähigkeit veröffentlicht werden müssen – was Auswirkungen auf die Refinanzierungskosten haben kann.

2.2 Green Banking – Nachfrage, Image und Realität

Die Relevanz der Nachhaltigkeit bei Produkten von Banken und Versicherungen hat in den letzten Jahren an Bedeutung gewonnen, wenngleich die Nachhaltigkeit der Produkte in der Branche im Vergleich zu anderen Branchen nach wie vor bei den Konsumenten weniger Relevanz besitzt (Euro am Sonntag, 2021, S. 34; Utopia, 2022). Die Teilnehmer der Studie von *Utopia* (2022) wurden hierfür befragt, wie wichtig es ihnen ist, dass genutzte Produkte umweltfreundlich oder fair hergestellt sind. Die Befragung kam zu dem Ergebnis, dass das Interesse von Verbrauchern an nachhaltigen und fairen Produkten gestiegen ist. Während der Wert im Jahr 2017 noch bei 18 % lag, ist diese im Jahr 2021 bereits um weitere 10 Prozentpunkte auf 28 % angestiegen. Immer mehr Konsumenten ist es also wichtig, dass auch Bankprodukte umweltfreundlich sind. Auffallend ist hierbei, dass beim

Vergleich der Wachstumsraten vom Jahr 2019 zum Jahr 2021 die Branche „Banken und Versicherungen" am meisten angestiegen ist (Utopia, 2022).

Dies lässt sich auch bei der Nachfrage nach nachhaltigen Anlageprodukten beobachten. Laut dem Marktbericht des *Forums Nachhaltige Geldanlagen* (2022, S. 11) verdreifachte sich das Anlagevolumen in nachhaltige Publikumsfonds privater Anleger auf 131,2 Mrd. € im Jahr 2021. Damit sind private Anleger inzwischen auch ein Treiber nachhaltiger Geldanlagen (Anteil im Jahr 2018: 7 % und im Jahr 2021: 36 %). Auch eine Studie der Confinpro (2019, S. 7) kommt zu dem Fazit, dass der Anteil derjenigen, die ein Interesse an der nachhaltigen Geldanlage aufweisen, hoch ist. Immerhin 44 % der befragten Teilnehmer der Studie gaben an, für nachhaltige Bankprodukte bereit zu sein, höhere Gebühren zu zahlen (Confinpro, 2019, S. 22). Jedem vierten Kunden, bei dem das Thema nachhaltige Investments eine Bedeutung hat, ist Nachhaltigkeit sogar wichtiger als Rendite (Confinpro, 2019, S. 20).

Außerdem lässt sich beobachten, dass Spezialbanken mit Fokus auf Nachhaltigkeit weiterhin wachsen. Der Marktbericht des *Forums Nachhaltige Geldanlagen* (2022, S. 13) betrachtet dabei 15 sogenannte Spezialbanken, die strenge Nachhaltigkeitskriterien in das Gesamtbankgeschäft integriert haben. Während diese im Jahr 2010 noch 19,1 Mrd. € Kundeneinlagen vorwiesen, sind diese im Jahr 2021 bereits auf 45,8 Mrd. € angewachsen. Aber auch bei den anderen Banken sind die nachhaltig verwalteten Eigenanlagen laut der Auswertung gestiegen. Interessanterweise nannte jedoch neben den Spezialbanken und der Sparkasse Hannover keines der übrigen untersuchten Institute weitere nachhaltige Produkte außer der Vermögensverwaltung oder Fondsprodukten (Forum Nachhaltige Geldanlagen, 2022, S. 13).

Der *Fair Finance Guide* (2022) untersucht die soziale und ökologische Bilanz von deutschen Finanzinstituten anhand von 200 Kriterien und 13 sozial-ökologischen Themen. Dabei wird sich an öffentlich zugänglichen Daten orientiert. Insgesamt fünf deutsche Banken konnten einen sehr guten Wert über 80 % erreichen. Hierbei handelt es sich um folgende Spezialbanken: GLS-Bank, EthikBank, TriodosBank, Pax-Bank und die KD-Bank.

Euro am Sonntag (2021) hat erstmals im Jahr 2021 Geldinstitute auf ihre Nachhaltigkeit getestet – mit Fokus auf den Umweltschutz. Dafür wandte das Sozialwissenschaftliche Institut Schad (SWI) für die Bewertung drei Maßstäbe an (Euro am Sonntag, 2021, S. 31):

1. Die Daten aus den Geschäfts- und Nachhaltigkeitsberichten,
2. Eco-Ratings des Finanzen-Verlags für klar zuordbare Fonds und
3. der Angebotsumfang von sogenannten grünen Fonds.

Insgesamt schnitten 7 der 26 Kreditinstitute mit der Note sehr gut ab, die GLS-Gemeinschaftsbank, die sich selbst zu den Nachhaltigkeitsbanken zählt, war Testsieger (Euro am Sonntag, 2021, S. 32).

Nach aktuellen Einschätzungen fühlen sich jedoch neun von zehn Befragten einer Studie der Unternehmensberatung *Confinpro* (2019, S. 25) nicht ausreichend in der Lage, Geldanlagen nach Nachhaltigkeitskriterien auszuwählen. 87 % der Befragten wünschen sich ein staatliches Gütesiegel für nachhaltige Geldanlagen (Confinpro, 2019, S. 30). Hinzu kommt, dass nach wie vor – bis auf wenige Ausnahmen – bei den Kreditinstituten noch die Hälfte der Fonds mit einem Eco-Rating von D oder E versehen sind, wenngleich fast alle Kreditinstitute mit nachhaltigen Fonds werben (Euro am Sonntag, 2021, S. 33 f.). Inwieweit Image und tatsächlich nachhaltiges Verhalten auseinandergehen, untersuchte *Euro am Sonntag* (2021, S. 34) ebenfalls, indem 90.000 Bankkunden zur Nachhaltigkeit ihrer Bank befragt wurden. Imagewahrnehmung und Realität stimmten hier nicht immer überein. So schätzen Kunden das nachhaltige Verhalten der Sparda-Banken beispielsweise deutlich höher ein, als diese im Ergebnis des Tests (befriedigend/ausreichend) erhielten. Genau andersherum verhielt es sich mit den Sparkassen.

2.3 Generation Z und Bankgeschäfte

Die Generation Z umfasst grob die Jahrgänge 1995 bis 2010 und wird auch als „Generation Internet" oder „Generation Greta" bezeichnet (Hurrelmann & Albrecht, 2020; Klaffke, 2022, S. 103). Insgesamt schwankt die Angabe der Jahrgänge aber je nach Quelle und beginnt teilweise bereits mit dem Jahrgang 1991 (Geck, 2006; Peterson, 2014). Mit insgesamt rund 12 Mio. Einwohner zum 31.12.2021 macht die Generation Z in etwa 14 % der deutschen Bevölkerung aus (Statista, 2022c).

Für Unternehmen ist die Generation Z eine wichtige Zielgruppe. Denn aus ökonomischer Sicht ist die Kaufkraft stabil beziehungsweise steigt leicht an (OC&C, 2019, S. 4; Kleinjohann & Reinecke, 2020, S. 15). Mit 3,4 Mrd. USD kommt sie bereits auf über 7 % der globalen Haushaltsausgaben, wenngleich erst ein Teil dieser Generation volljährig ist (OC&C, 2019, S. 4). Laut den Studien von *Criteo* (2017), der Criteo Shopper Story, und *Criteo* (2018) gibt diese Gruppe sowohl online als auch offline große Summen aus. Ab 2020 wird sie nach und nach die wichtigste und größte Gruppe von Konsumenten werden (Fromm, 2018; OC&C, 2019, S. 3).

Laut *Dr. Lea Siering* von finleap connect haben Banken aber genau in der Zielgruppe GenZ ein Imageproblem. Dies liegt laut *Gerrit Meer* von der Hanseatic Bank auch daran, dass diese Generation bereits mehrere Skandale in der Finanzbranche miterlebt haben. Daneben wird seiner Meinung nach in allen Altersgruppen die Erwartung an Unternehmen größer, sich ihrer ökologischen und sozialen Verantwortung zu stellen. Hinzu kommt noch die Herausforderung, dass die Wechselbereitschaft in dieser Generation höher ist als in den vorangegangenen Generationen (Koelwel, 2021). Auf dieses Ergebnis kommt auch eine Umfrage von *OliverWyman* (2018, S. 4). Demnach sind 38 % der 18–29-Jährigen durchschnittlich weniger als 5 Jahre bei ihrer Hausbank. In den anderen Generationen ist die Wechselbereitschaft deutlich geringer. Als Hauptgrund für die Wechselbereitschaft macht die Untersuchung Konditionenunzufriedenheit aus (OliverWyman, 2018, S. 7 f.).

Insbesondere Regionalbanken verlieren deutlich an Kunden aus der Generation Z, sobald diese in den Beruf einsteigen. Nach einer Studie der Stuttgarter Unternehmensberatung *MM1 552* blieben weniger als die Hälfte bei ihrer Sparkasse oder Genossenschaftsbank (Mussler, 2016; Benölken, 2021, S. 121)

Weiterhin spart nach einer Umfrage der Deutschen Bank AG die Generation Z besonders viel. So ergab eine Befragung unter 1000 Teilnehmern zwischen 14 und 25 Jahren, dass 85 % regelmäßig sparen (Breinich-Schilly, 2019) und zwar rund 29 % ihres Einkommens. Damit liegen sie prozentual über dem Rest der Bevölkerung (10 %).

Laut *Juliane Koch* von der Deutschen Bank AG legt die junge Generation viel Wert auf ökologische, aber auch soziale Aspekte und das für das gesamte Geschäftsmodell. Ihrer Meinung nach ist das Nachhaltigkeitskriterium genauso wichtig wie Sicherheit und Seriosität. Die Generation Z bleibt laut ihrer Aussage eine wichtige Kundengruppe, dafür werden sowohl der Fokus als auch die Marketingaktivitäten stärker auf diese Generation ausgerichtet (Koelwel, 2021). Jüngere Kunden anzuziehen durch Ausweitung der Angebotspalette im Bereich der ESG-Finanzanlagen hat derzeit für die viele Banken oberste Priorität (42 %), gefolgt von zunehmender Transparenz hin zur Reduzierung des CO_2-Fußabdrucks (36 %). Weiterhin sehen 34 % eine umfassende Offenlegung und Berichterstattung sowie ein grünes Produktportfolio (32 %) als relevant (Avanade und Efma, 2022).

2.4 Generation Z und Nachhaltigkeit

Die Generation Z wächst bewusst mit dem Thema Umweltschutz und Klimaschutz auf. Dies liegt an der gestiegenen Aufmerksamkeit durch die Politik, aber auch an der zunehmenden Präsenz in den Medien (Calmbach et al., 2016, S. 267; Reitbauer, 2018, S. 337; Calmbach et al., 2020, S. 39). Sie ist gesellschaftlich engagiert und setzt sich für ethische Themen wie Klimaschutz, Tierschutz, Vielfalt und Menschenrechte ein (OC&C, 2019, S. 20).

Hinsichtlich der Generation Y (Millennials, geboren zwischen 1983 und 1994) und GenZ (geboren zwischen 1995 und 2003) veröffentlicht *Deloitte* regelmäßig Auswertungen aus ihren weltweiten Umfragen. *Deloitte* (2022) befragte in diesem Zuge 500 Teilnehmende der GenZ und 300 Teilnehmende der Gen Y, wobei jeweils die Hälfte männlichen und weiblichen Geschlechts war. Auffallend ist hierbei, dass 39 % der deutschen Teilnehmenden den Klimawandel/den Klimaschutz als größte Sorge definierten (zum Vergleich: Global waren es 29 %), wohingegen von der Generation Y nur 28 % (36 % im globalen Ergebnis) dies angeben (Deloitte, 2022, S. 6). Damit sind die Werte im Vergleich zu *Deloitte* (2020) weiter angestiegen. Dies bestätigt auch eine Umfrage von *Rheingold* (Statista, 2022a), in der 54 % der GenZ-Befragten den Umwelt- und Klimaschutz als wichtiges Problem angeben.

Immerhin 90 % der Umfrageteilnehmenden aus Deutschland der GenZ gaben an, etwas für den Umweltschutz zu tun, 62 % davon sogar konsequent oder oft. Bei der Generation Y sind es 86 % (davon 67 % konsequent bzw. oft) der Teilnehmenden (Deloitte, 2022,

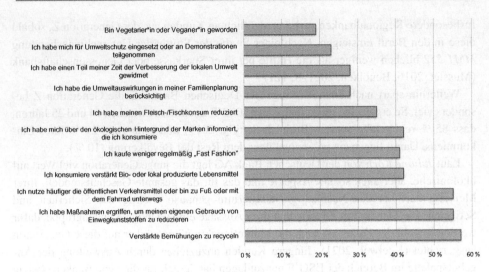

Abb. 1 Ergriffene Maßnahmen der GenZ aufgrund von Umweltbedenken (Zustimmung in %). (Quelle: eigene Abbildung, Datenquelle: (Statista, 2022b; Deloitte, 2020, S. 11) abgerufen unter www.destatis.de)

S. 13). Wie sich die Generation aktiv dafür engagiert, zeigt Abb. 1, welche die Ergebnisse aus der Umfrage von *Deloitte* (2020, S. 11) darstellt.

In einer Online-Umfrage der *Swiss Life* (2022) mit 4054 Teilnehmenden über 18 Jahren im Jahr 2022 hinsichtlich nachhaltiger Geldanlagen gab jeder Zweite der GenZ-Befragten an, dass ihnen Nachhaltigkeit beim Abschluss von Finanzanlagen wichtig ist. Ein Viertel der Teilnehmenden der Generation Z (hier durch die Geburtsjahre 1994 bis 2010 eingegrenzt) gaben außerdem an, nachhaltige Geldanlagen erworben zu haben (+ 8 % im Vergleich zum Jahr 2020). 41 % gaben ein Interesse an nachhaltigen Geldanlagen an. Auf Rendite verzichten würden dafür aber nur ein Drittel der Befragten.

3 Untersuchung

Um dem Bankenwesen eine Orientierung zu geben, was potenzielle Kunden der Generation Z im Punkto Nachhaltigkeit erwarten, bedarf es einer empirischen Untersuchung. Die Untersuchung soll zeigen, was eine Bank leisten muss, um aus der Perspektive ihrer Kunden als nachhaltig gelten zu können.

Auf Basis der Untersuchungen verwandter Arbeiten, wie etwa derjenigen von *Nath et al.* (2014), liegt es nahe, zu untersuchen, welche Strategien Banken in Bezug auf Nachhaltigkeit verfolgen sollten (Nath et al., 2014, S. 45). Nath et al. erklären, dass Green Banking nach Verbesserungen sucht, um Bankgeschäfte umweltfreundlich und CO_2-neutral abzuwickeln (Nath et al., 2014, S. 46). Lalon erwartet von Green Banking, dass dieses einen Beitrag für die Umwelt leistet (Lalon, 2015, S. 34). Auf Basis dieser Erkenntnisse von Lalon sowie Nath et al. können schlussfolgernd drei Kategorien von *Engagements* gebildet werden. Zusammenfassend liegt der Fokus von Green Banking-Aktivitäten auf der Vermeidung klimaschädlicher Handlungen und der Ergreifung von Maßnahmen, die einen positiven Einfluss auf die Umwelt nehmen (Lalon, 2015; Nath et al., 2014). Demzufolge lässt sich auf Basis der Ausführungen von Lalon (2015) und Nath et al. (2014) ein *Vermeidungs-Engagement*, ein *Handlungs-Engagement* und ein *Proaktives-Engagement* unterscheiden.

Das *Vermeidungs-Engagement* versucht, Ressourcen, Energie, CO_2 usw. einzusparen (Lalon, 2015; Nath et al., 2014). Das *Handlungs-Engagement* strebt an, die Tätigkeiten, die im alltäglichen Geschäftsbetrieb unerlässlich sind, umweltfreundlich zu gestalten (Lalon, 2015; Nath et al., 2014). Für Banken ist diesbezüglich insbesondere das Engagement als Marktteilnehmer relevant. Indem Banken beispielsweise Geschäfte nur mit ökologisch nachhaltigen Unternehmen eingehen, Geldanlagen in nachhaltigen Fonds unterstützen oder andere Maßnahmen ergreifen, können diese einen ökologischen Beitrag leisten. Als *Proaktives-Engagement* werden geschäftliche Tätigkeiten kategorisiert, die nur ergriffen werden, um einen Beitrag für ökologische Nachhaltigkeit zu leisten (Lalon, 2015; Nath et al., 2014). Hierzu gehören zum Beispiel ehrenamtliche Aktionen, Spenden, die Förderung regionaler Projekte usw.

Um Banken bei der Suche nach einer „grünen" Strategie Orientierung zu geben, ist zu untersuchen, wie hoch das Engagement in den drei vorgenannten Kategorien sein muss. Maßstab hierbei sollte der Anspruch der Kunden sein. Folglich ist zu untersuchen, ab wann – aus der Perspektive der Kunden – eine Bank die Bezeichnung „Green Bank" verdient. Zu diesem Zweck wird eine Umfrage durchgeführt. Aufgrund der Prämisse P2 sollen nur volljährige Personen an der Umfrage teilnehmen. Die Umfrage wurde über das Berufsnetzwerk LinkedIn[2] einer breiten Teilnehmendenschaft zur Verfügung gestellt (Kuhlen, 2022). Zudem wurden Studierende der IU Internationalen Hochschule am Standort Hamburg um eine Teilnahme gebeten. Es ist anzunehmen, dass es sich beim Großteil der Befragten um duale Studierende dieses Standorts handelt. Ferner ist anzunehmen, dass ein Großteil dieser Studierenden in den Studiengängen Informatik, Wirtschaftsinformatik oder in einem Management-Studiengang studiert, welcher von den Autoren dieses Artikels unterrichtet wurde.

Die Untersuchung erfolgt in zwei Schritten: Da Begriffe wie Nachhaltigkeit oder Umweltfreundlichkeit relativ allgemein sind, wird zunächst versucht festzustellen, was ökologische Nachhaltigkeit für den potenziellen Konsumenten bedeutet. Die Bedeutung wird in Form von Zahlenwerten erhoben, indem die Befragten vorgegebene Kategorien von Handlungen/Maßnahmen oder Themen bewerten. Im Anschluss hieran wird untersucht, was eine Bank leisten muss, um den Titel „Green Bank" aus Sicht der Teilnehmenden zu verdienen. Die letzte Frage untersucht, ob den Teilnehmenden eine Bank bekannt ist, die sie als „Green Bank" bewerten würden. In allen Fragen liegt der Fokus auf dem sub-

---

[2] Das Berufsnetzwerk LinkedIn ist unter der Webseite linkedin.com zugänglich. Die Webseite wird vom Unternehmen LinkedIn Ireland Unlimited Company mit Sitz in Dublin, Irland betrieben.

jektiven Empfinden der Befragten. Um das Ziel zu erreichen und Banken eine Orientierung zu geben, welche Anstrengungen aus der Perspektive der Kunden von einer Green Bank zu erwarten sind, ist die Beschäftigung mit subjektiven Einstellungen unausweichlich. Als Limitation der vorliegenden Forschungsmethode sei darauf hingewiesen, dass die subjektiven Empfindungen anderer potenzieller Kunden als der Befragten gegebenenfalls abweichen können, nicht zuletzt da Empfindungen stark durch Medien und öffentliche Diskussionen verändert werden. Folglich wird Banken empfohlen, vor der Anwendung der in dieser Studie erreichten Ergebnisse diese nochmals für ihre Kunden zu verifizieren und hierbei auch aktuelle Trends zu berücksichtigen.

Die Umfrage beginnt mit Fragen nach dem Geschlecht der Befragten (F1) und der Zeitspanne, in der die Befragten geboren wurden (F2). Anschließend werden die Befragten gebeten, einige Einschätzungen vorzunehmen. Hierzu wird den Befragten jeweils eine Skala von 0 bis 5 Punkten geboten, wobei 0 Punkte jeweils für *kein Effekt/keine Bereitschaft* und 5 Punkte für einen *hohen Effekt*/eine *hohe Bereitschaft* stehen. Die Teilnehmenden können ihre Einschätzung nur durch ganzzahlige Punkte beschreiben. Folglich gibt es nicht die Möglichkeit, einen mittleren Effekt/eine mittlere Bereitschaft auszuwählen, da nur 2 oder 3 Punkte, jedoch nicht 2,5 Punkte gewählt werden können. Auf vorgenannter Skala wird der Wert von 2,5 Punkten im Rahmen der Auswertung als Normalwert betrachtet. Den Teilnehmenden der Umfrage war lediglich bekannt gegeben, welche Bedeutung die Grenzwerte der Skala, das heißt 0 Punkte und 5 Punkte, haben. Prämisse der weiteren Untersuchung ist die Betrachtung dieser Punkteskala als Kardinalskala, im Sinne der Statistik.

Ab F3 beginnen inhaltliche Fragen mit Bezug zum Thema Nachhaltigkeit. In F3 werden die Befragten gebeten, ausgewählte Maßnahmen zur Erreichung ökologischer Nachhaltigkeit zu bewerten. Zur Auswahl stehen verkehrsbezogene Maßnahmen (Elektromobilität, öffentliche Verkehrsmittel, Fahrrad), energiebezogene Maßnahmen (Energiesparlampen, Vermeidung von Stand-by), konsumbezogene Maßnahmen (Kauf von Produkten mit Nachhaltigkeitslabels) und freizeitbezogene Maßnahmen (Verzicht auf Urlaubsreisen per Flugzeug). Die Antworten auf die Frage F3 sollen helfen zu verstehen, in welchen Kategorien den Befragten ein hohes Engagement für ökologische Nachhaltigkeit im Allgemeinen sinnvoll erscheint. Es wurden zur Bewertung bestimmte vorgenannte Maßnahmen ausgewählt, welche gut bekannt sind und von den Teilnehmenden angewandt werden können. In dieser Frage geht es folglich noch nicht um das Thema Banking, sondern um die Bewertung nachhaltiger Maßnahmen durch die Befragten, welche von den Teilnehmenden persönlich gelebt werden können.

Die Frage F4 fordert die Befragten auf, ihren persönlichen Beitrag zur Erreichung ökologischer Nachhaltigkeit zu bewerten. Auf vorgenannter Skala können die Befragten einschätzen, wie hoch ihr Einsatz ist. Die Einschätzung erfolgt wiederum subjektiv. Die Befragten können ihren persönlichen Einsatz in den Rubriken „Beitrag im Alltag um Ressourcen, Energie, CO_2-Emissionen usw. zu sparen" (F4a), „Beitrag als Konsument*in, z. B. Verzicht auf Retouren, Orientierung an nachhaltigen Labels, Kauf regionaler

Erzeugnisse ..." (F4b) sowie „Besonderer Beitrag, um für ökologische Nachhaltigkeit zu sorgen, z. B. Müllsammeln im Wald, Spenden, ehrenamtliche Arbeit ..." (F4c) bewerten. Die Ergebnisse zu F4 sollen helfen, zu verstehen, wie hoch der persönliche Einsatz für ökologische Nachhaltigkeit bewertet wird.

Ab Frage F5 wird Bezug auf das Bankwesen genommen. In F5 werden die Befragten gebeten, zu bewerten, wie wichtig ihnen wirtschaftliche und nachhaltige Eigenschaften einer Bank sind. Die Befragten sollen bewerten, wie wichtig ihnen ist, dass die eigene Hausbank lukrative Zinsen, geringe Kontoführungsgebühren etc. bietet (F5a). Bezüglich der Nachhaltigkeit sollen die Befragten einschätzen, wie wichtig ihnen ist, dass ihre Hausbank nachhaltig ist (F5b) und wie wichtig ihnen das Thema „Green Banking" im Allgemeinen ist (F5c). Abschließend sind die Befragten um eine Einschätzung gebeten, wie wichtig ihnen ein offizielles Zertifikat über „Green Banking" wäre (F5d). Die Frage F5 soll mit ihren Teilfragen unter anderem helfen, zu verstehen, wie das Interesse am Thema „Green Banking" im Verhältnis zu wirtschaftlichen Aspekten des Bankwesens aus Sicht der Teilnehmenden bewertet wird.

Frage F6 bittet die Befragten um eine Einschätzung, wie hoch mindestens das Engagement einer Bank sein muss, um die Bezeichnung „Green Bank" zu verdienen. Wiederum haben die Befragten die Möglichkeit zur Einschätzung der erforderlichen Mindestanstrengungen einer Bank, im vorgenannten *Vermeidungs-Engagement* (F6a), im *Handlungs-Engagement* (F6b) und im *Proaktiven-Engagement* (F6c) (Lalon, 2015; Nath et al., 2014). Um die Nachvollziehbarkeit der Frage zu erhöhen, werden mögliche Engagements aufgelistet. Als Beispiele werden den Befragten „Beitrag im Alltag, um Ressourcen, Energie, CO_2-Emissionen usw. zu sparen" genannt (F6a). Als Beispiele zu F6b werden dem Befragten „Beitrag als Marktteilnehmer, z. B. Geschäfte nur mit ökologisch nachhaltigen Unternehmen, Geldanlagen in nachhaltigen Fonds usw." genannt. Bezüglich F6c werden den Befragten Maßnahmen wie „Besonderer Beitrag, um für ökologische Nachhaltigkeit zu sorgen, z. B. ehrenamtliche Mitarbeiteraktionen, Spenden, Förderung regionaler Projekte usw." genannt. Die Antworten auf die Frage sollen Banken helfen, eine geeignete Strategie zu finden.

In Frage F7 werden die Befragten um eine Einschätzung gebeten, wie hoch ihre Bereitschaft wäre, Einbußen (F7a) oder zusätzliche Kosten (F7b) zugunsten von Nachhaltigkeit in Kauf zu nehmen. Die Bereitschaft, Einbußen in Kauf zu nehmen (F7a), besteht beispielsweise, wenn die Befragten bereit wären, auf einen Anteil ihres Gewinns oder der Rendite zugunsten von ökologischer Nachhaltigkeit zu verzichten. Die Bereitschaft, zusätzliche Kosten zu tragen (F7b), besteht beispielsweise, wenn die Befragten bereit sind, zusätzliche Gebühren zu entrichten, wenn die Bank ökologisch nachhaltig wirtschaftet. Die Antworten auf die Frage können einen Hinweis geben, wie Maßnahmen zur Erreichung von Nachhaltigkeit finanziert werden können.

In der letzten Frage F8 werden die Befragten gebeten zu erklären, ob sie eine Bank kennen, die sie als nachhaltig empfinden. Die Antworten auf diese Ja/Nein-Frage soll unter anderem Banken helfen zu verstehen, ob „Green Banking" eine Marktlücke ist.

Zur technischen Durchführung der Umfrage wurde der Online-Dienst von *Mentimeter* (2023) genutzt. Je Frage wurde eine Präsentationsfolie eingerichtet. Die Teilnehmenden hatten generell die Möglichkeit, einzelne Fragen/Teilfragen nicht zu beantworten. Nicht erteilte oder unvollständig erteilte Antworten gehen nicht in die Auswertung der betroffenen Frage ein. In allen Fragen wurden den Teilnehmenden Antwortmöglichkeiten vorgegeben, zwischen denen sie wählen konnten. Es bestand nicht die Möglichkeit zur freien Beantwortung der Fragen. Die Befragten konnten die Umfrage unter einem Hyperlink oder unter Angabe eines Codes auf der Webseite von menti.com abrufen und die Fragen beantworten. Der Dienst von Mentimeter wurde so konfiguriert, dass Teilnehmende mit demselben Gerät nicht ohne weiteres mehrmals an der Umfrage teilnehmen können sollten. Die Antworten wurden vom Online-Dienst Mentimeter gesammelt und konnten anschließend als Datei für Microsoft® Excel® heruntergeladen werden, um diese auszuwerten.

Die Auswertung wurde statistisch unter Zuhilfenahme von Microsoft® Excel® 2019 sowie Microsoft® Excel® 365 durchgeführt. Neben grundlegenden statistischen und mathematischen Funktionen der Software Microsoft® Excel® wurden auch die Analyse-Funktionen des Analyse-ToolPak in Microsoft® Excel® angewandt. Des Weiteren wurde Microsoft® Excel® zur Erzeugung von Diagrammen genutzt.

4   Forschungsergebnisse

Die Umfrage wurde in der Zeit vom 30.11.2022 bis zum 02.01.2023 von 107 Personen beantwortet. Die Fragen F1 und F2 wurden von allen Befragten beantwortet (siehe Abb. 2).

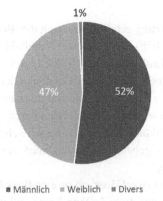

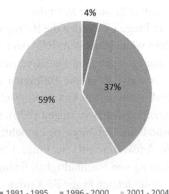

Abb. 2 Angaben zur Zusammensetzung der Teilnehmenden, eigene Abbildung, erstellt mit (Microsoft® Excel® 2019), einem Produkt der Microsoft Corporation

Von allen Befragten gaben 5 Personen (=4,7 %) an, bis inklusive 1990 geboren zu sein. Die restlichen 102 Personen (=95,3 %) wurden ab 1991 geboren. Da die Untersuchung laut Prämisse P1 auf Vertreter der Generation Z eingegrenzt ist, werden die Antworten von Personen, die bis inklusive 1990 geboren wurden, nicht in die Auswertung einbezogen. Folglich sei $n_{max} = 102$ die Gesamtzahl der betrachteten Befragten sei im Folgenden Teilnehmende genannt. Alle folgenden Ausführungen beziehen sich auf die aufbereiteten Ergebnisse. Die aufbereiteten Ergebnisse beinhalten nur die Daten zu den 102 Teilnehmenden der Generation Z (n_{max}). Des Weiteren wurden im Rahmen der Aufbereitung unvollständige Antwortsätze auf Fragen aus der Auswertung ausgeschlossen. Dies führt dazu, dass für die jeweiligen Fragen $n <= n_{max}$ gilt.

Die Auswertung der Ergebnisse zu F1 ergab, dass 47 % der Teilnehmer weiblich und 52 % männlich sind. Eine teilnehmende Person gab an, dem diversen Geschlecht zugehörig zu sein. Auf die Frage F2 gaben 58,8 % der Teilnehmenden an, in der Zeit zwischen 2001 bis 2004 geboren zu sein. 37,3 % der Teilnehmenden sind zwischen 1996 bis 2000 geboren. Nur 3,9 % der Teilnehmenden sind zwischen 1991 und 1995 geboren. Unter der Voraussetzung der Annahme einer gleichmäßigen Verteilung von Teilnehmenden auf die von den Zeitspannen umfassten Jahrgängen ist der durchschnittliche Teilnehmende der Umfrage schätzungsweise im Jahr 2000/2001 geboren und somit am Ende der Umfragezeit im Alter zwischen 22 und 23 Jahren.

Die Auswertung der Frage F3 zeigt, dass die Teilnehmenden der Maßnahme F3a zubilligen, den größten Beitrag ($\bar{x} = 3,67$) zur Erreichung ökologischer Nachhaltigkeit zu leisten. Die Einschätzungen der Teilnehmenden weisen eine geringe Streuung bezogen auf F3 auf. Dies lässt vermuten, dass sich die Teilnehmenden bei ihren Einschätzungen in der Frage F3 relativ sicher sind. Den geringsten Beitrag zur Erreichung ökologischer Nachhaltigkeit ($\bar{x} = 2,66$) schreiben die Teilnehmenden F3c zu. Bezogen auf F3 ist die Streuung der Antworten auf F3d maximal.

Frage F3: Wie bewerten Sie den Beitrag folgender Maßnahmen zur Erreichung ökologischer Nachhaltigkeit?			
Skala: Punkte von 0 bis 5, wobei 0 bedeutet, dass die Maßnahme keinen Beitrag leistet und 5 bedeutet, dass sie einen sehr hohen Beitrag bringt.			
Erhaltene Antworten: n = 101, ein Teilnehmender hat die Frage nicht beantwortet.			
Maßnahme	Mittelwert	Median	Streuung
F3a Elektromobilität, öffentliche Verkehrsmittel, Fahrrad	3,67	4	$s^2 = 1,43$ $s = 1,19$
F3b Energiesparlampen, Vermeidung von Stand-By	2,96	3	$s^2 = 1,85$ $s = 1,36$
F3c Kauf von Produkten mit Nachhaltigkeits-Labels	2,66	3	$s^2 = 1,85$ $s = 1,36$
F3d Verzicht auf Urlaubsreisen per Flugzeug	2,94	3	$s^2 = 2,74$ $s = 1,66$

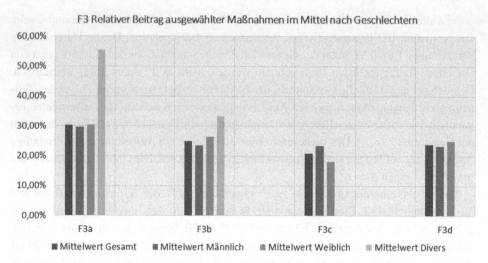

Abb. 3 Auswertung F3 nach Geschlechtern, erstellt mit (Microsoft® Excel® 2019), einem Produkt der Microsoft Corporation

Indem die Punkte, die den Maßnahmen von F3 je Teilnehmenden zugeteilt wurden, in Relation zur Gesamtzahl an Punkten gesetzt werden, die von den Teilnehmenden für alle Maßnahmen von F3 vergeben wurden, wird offenbar, was ökologische Nachhaltigkeit für die Teilnehmenden bedeuten kann (siehe Abb. 3). Wie auf Basis des Punktwertes zu erwarten, wird Maßnahme F3a am stärksten und F3c am schwächsten bewertet. Für einen durchschnittlichen männlichen Teilnehmer der Befragung wird ökologische Nachhaltigkeit relativ gleichmäßig durch die Maßnahmen F3a bis F3d erreicht. Die Streuung liegt unter den männlichen Teilnehmenden bei $s=2{,}74$ %. Demgegenüber tendieren Teilnehmerinnen der Befragung dazu, den Beitrag von F3a deutlich stärker zu gewichten ($=31{,}67$ %) und den Beitrag von F3c deutlich schwächer zu bewerten ($=20{,}64$ %). Hier liegt die Streuung bei $s=4{,}09$ %. Aus Gründen der Vollständigkeit werden im folgenden Diagramm auch die Datenbalken für die Mittelwerte von Teilnehmenden des *Diversen Geschlechts* gezeigt. Aufgrund der geringen Anzahl an Vertretern des diversen Geschlechts, die an der Befragung teilgenommen haben, ist dieses Ergebnis jedoch nicht als repräsentativ einzuschätzen.

Die Auswertung der Ergebnisse zu F4 gibt Aufschluss, welchen Beitrag die Teilnehmenden persönlich leisten, um ökologisch nachhaltig zu leben. Der größte persönliche Beitrag wird in Kategorie F4a geleistet ($\bar{x}=2{,}57$). Wie zu erwarten, ist der Beitrag in Kategorie F4c ($\bar{x}=1{,}27$) am geringsten. Der Beitrag in Kategorie F4b rangiert mit $\bar{x}=2{,}38$ verhältnismäßig näher am Höchstbeitrag zu F4, vgl. F4a. Die Streuung ist in allen Kategorien nahezu identisch, im Bereich von 1,34–1,38 Punkten.

Frage F4: Welchen persönlichen Beitrag leisten Sie, um ökologisch nachhaltig zu leben?
Skala: Punkte von 0 bis 5, wobei 0 bedeutet, dass kein Einsatz gebracht wird und 5 bedeutet, dass sehr hoher Einsatz gebracht wird.
Erhaltene Antworten: n = 98, da 4 Teilnehmer die Frage nicht vollständig beantwortet haben. Die unvollständige Antwort von T32 aus Auswertung von F4 ausgeschlossen.

Kategorie	Mittelwert	Median	Streuung
F4a Beitrag im Alltag um Ressourcen, Energie, CO_2-Emission usw. zu sparen.	2,57	3	$s^2 = 1,82$ $s = 1,35$
F4b Beitrag als Konsument, z. B. Verzicht auf Retouren, Orientierung an nachhaltigen Labels, Kauf regionaler Erzeugnisse …	2,38	3	$s^2 = 1,81$ $s = 1,34$
F4c Besonderer Beitrag, um für ökologische Nachhaltigkeit zu sorgen, z. B. Müllsammeln im Wald, Spenden, ehrenamtliche Arbeit …	1,27	1	$s^2 = 1,91$ $s = 1,38$

Die Untersuchung der Regression von F3 auf F4 zeigt eine geringe Korrelation. In der Untersuchung wurde geprüft, ob diejenigen Teilnehmenden, welche in den Maßnahmen von F3 einen hohen Beitrag sehen, auch diejenigen sind, welche ein hohes Engagement nach F4 ausüben. Hierzu wurde je Teilnehmenden die Summe der Punktwerte je Maßnahme/Kategorie gebildet. Die Summe der Punkte aller Maßnahmen aus F3 wurde in Relation zur Summe der Punktwerte aller Kategorien aus F4 gesetzt (X -->Y). Die Regression wurde mit den Funktionen des Analysis ToolPak von Microsoft® Excel® 2019 und Microsoft® Excel® 365 berechnet. Das adjustierte Bestimmtheitsmaß der vermuteten Regression zeigt mit 0,145 eine schwache Korrelation. Auf Basis der erhobenen Daten kann nicht davon ausgegangen werden, dass derjenige, welcher einen hohen Nutzen in den Maßnahmen von F3 sieht, zugleich sein Engagement in den Kategorien von F4 als hoch bewertet. Diesbezüglich sei darauf hingewiesen, dass die Maßnahmen aus F4 für Konsumenten als anwendbar angesehen werden können. Die Ergebnisse zur Frage F4 zeigen, dass das persönliche Engagement der Teilnehmenden knapp über dem gedanklichen Normwert von 2,5 liegt. Plausibel erscheint, dass je höher der Aufwand für den Teilnehmenden wäre (F4a < F4b < F4c), desto geringer fällt das Engagement ausfällt.

Die Auswertung der Antworten zu F5 zeigt insbesondere die Wichtigkeit, die die Teilnehmenden ausgewählten Eigenschaften von Bankprodukten, mit Bezug zum „Green Banking", zuschreiben. Unter den vorgegebenen Antwortmöglichkeiten war den Teilnehmenden die Eigenschaft F5a von Bankprodukten, das heißt das Angebot lukrativer Zinsen, geringer Kontoführungsgebühren usw., besonders wichtig ($\bar{x} = 3,24$). Demgegenüber wurde das Interesse rund um das Thema „Green Banking" mit $1,82 \leq \bar{x} \leq 1,92$ von den Teilnehmenden als relativ gering bewertet. Interessant scheint, dass den Teilnehmern ein offizielles Green Banking Zertifikat (F5d) geringfügig wichtiger ist ($\bar{x} = 1,92$) als dass ihre Hausbank nachhaltig ist ($\bar{x} = 1,88$). Die Streuung der Antworten zu F5d ist mit = 1,52 maximal unter den Antworten zu F5.

Frage F5: Wie wichtig ist Ihnen, …
Skala: Punkte von 0 bis 5, wobei 0 bedeutet, dass
Erhaltene Antworten: n = 96, da 4 Teilnehmer die Frage übersprungen haben und 2 Teilnehmer die Frage unvollständig beantwortet haben, sodass ihre Antworten aus der Auswertung von F5 ausgeschlossen werden.

Eigenschaft	Mittelwert	Median	Streuung
F5a … dass die eigene Hausbank lukrative Zinsen, geringe Kontoführungsgebühr etc. bietet.	3,24	4	$s^2 = 1,97$ $s = 1,40$
F5b … dass Ihre Hausbank nachhaltig ist.	1,88	2	$s^2 = 1,67$ $s = 1,29$
F5c … das Thema „Green Banking" im Allgemeinen.	1,82	2	$s^2 = 1,65$ $s = 1,28$
F5d … dass es ein offizielles Zertifikat über Green Banking gibt.	1,92	2	$s^2 = 2,31$ $s = 1,52$

In Frage F6 wurden die Teilnehmenden gebeten, das geforderte Mindestengagement der Bank zu beschreiben, welches zu leisten ist, damit die Bank die Bezeichnung *Green Bank* aus Sicht der Teilnehmenden verdient. Zur Auswahl standen die zuvor beschriebenen Maßnahmen des *Vermeidungs-Engagements*, des *Handlungs-Engagements* sowie des *Proaktiven-Engagements* (Nath et al., 2014; Lalon, 2015). Insgesamt erwarten die Teilnehmenden von einer Green Bank in allen Kategorien ein Engagement, welches über dem gedachten Normalwert von 2,5 Punkten liegt. Die Auswertung von F6 zeigt, dass die Teilnehmenden von einer Green Bank mindestens ein erhöhtes Engagement in Kategorie F6a fordern ($\bar{x} = 3,32$). Die geforderten Anstrengungen im *Handlungs-* und *Proaktiven-Engagement* (Nath et al., 2014; Lalon, 2015) liegen mit $\bar{x} = 2,98$ und $\bar{x} = 2,90$ eng beieinander.

Frage F6: Ihrer Meinung nach: Wie hoch muss **MINDESTENS** das Engagement einer Bank sein, um die Bezeichnung „Green Bank" zu verdienen?
Skala: Punkte von 0 bis 5, wobei 0 bedeutet, dass kein Engagement aufzuwenden ist und 5, dass ein sehr hohes Engagement erwartet wird.
Erhaltene Antworten: n = 97, da 4 Teilnehmer die Frage übersprungen haben und ein Teilnehmer die Frage unvollständig beantwortete. Aus diesem Grund wird die Antwort des T67 aus der Auswertung von F6 ausgeschlossen.

Kategorie	Mittelwert	Median	Streuung
F6a Beitrag im Alltag um Ressourcen, Energie, CO_2-Emission usw. zu sparen.	3,32	3	$s^2 = 1,72$ $s = 1,31$
F6b Beitrag als Marktteilnehmer, z. B. Geschäfte nur mit ökologisch nachhaltigen Unternehmen, Geldanlage in nachhaltigen Fonds usw.	2,98	3	$s^2 = 2,02$ $s = 1,42$
F6c Besonderer Beitrag, um für ökologische Nachhaltigkeit zu sorgen, z. B. ehrenamtliche Mitarbeiteraktionen, Spenden, Förderung regionaler Projekte usw.	2,90	3	$s^2 = 1,85$ $s = 1,36$

Die Auswertung der Antworten auf Frage F7 zeigt eine geringe Bereitschaft seitens potenzieller Kunden, einen finanziellen Beitrag zugunsten von Nachhaltigkeit zu leisten. Bezogen auf F7 ist Bereitschaft der Befragten unter dem gedachten Normalwert. Mit $\bar{x}=1{,}65$ ist die Bereitschaft zum Verzicht auf Renditen/Gewinnanteile (F7a) geringfügig größer als die Bereitschaft zur Entrichtung zusätzlicher Gebühren ($\bar{x}=1{,}53$ für F7b). Die Standardabweichung weist für beide Aussagen eine verhältnismäßig geringe Streuung auf.

Frage F7: Würden Sie zugunsten von Nachhaltigkeit auf Gewinn verzichten bzw. höhere Gebühren akzeptieren?
Skala: Punkte von 0 bis 5, wobei 0 bedeutet, dass keine Bereitschaft besteht, auf Gewinn zu verzichten od. Gebühren zu akzeptieren und 5 eine hohe Bereitschaft beschreibt, selbiges zu akzeptieren.
Erhaltene Antworten: n = 96, da 6 Teilnehmer die Frage übersprungen haben.

Aussage	Mittelwert	Median	Streuung
F7a Ich wäre bereit auf einen Anteil meines Gewinns/Rendite zu verzichten, zugunsten öko. Nachhaltigkeit.	1,65	1	$s^2=1{,}81$ $s=1{,}35$
F7b Ich wäre bereit, zusätzliche Gebühren zu entrichten, wenn die Bank öko. nachhaltig wirtschaftet.	1,53	1	$s^2=1{,}85$ $s=1{,}36$

Die Frage F8 wurde von 97 Teilnehmenden beantwortet. Hiervon gaben 9 Teilnehmende (= 9,3 %) an, eine Bank zu kennen, die sie als nachhaltig empfinden. Die übrigen 88 Teilnehmenden (= 90,7 %) antworteten, keine Bank zu kennen, die sie als nachhaltig empfinden.

5 Schlussfolgerung und Diskussion

Die Ergebnisse der Untersuchung des Standes der Forschung zeigen, dass von Banken Anstrengungen zur Erreichung von Nachhaltigkeit gefordert werden (Europäische Kommission, 2021). Anders als in anderen Branchen ist die explizite Nachfrage nach nachhaltigen Produkten im Bankenwesen derzeit relativ gering (Utopia, 2022). Folglich ist auch Nachfrage nach „Green Banking" aktuell verhältnismäßig niedrig (Utopia, 2022). Die Ergebnisse der veröffentlichten Untersuchungen zeigen, dass das Interesse an nachhaltigen Produkten jedoch zunimmt (Forum Nachhaltige Geldanlagen, 2022, S. 11). Es ist davon auszugehen, dass diese Entwicklung auch für die Generation Z zutreffen wird (Swiss Life, 2022, S. 14). Die Generation Z ist aufgrund ihrer Kaufkraft und Größe eine wichtige Zielgruppe für Banken (Criteo, 2017; Criteo, 2018; OC&C, 2019, S. 4; Kleinjohann & Reinecke, 2020, S. 15).

Die Ergebnisse der Umfrage bestätigen die bereits vorhandenen Erkenntnisse einer zurzeit geringen Nachfrage nach „Green Banking". Aufgrund des Trends, welcher im Stand der Forschung diskutiert wird, sollten Banken eine Strategie verfolgen, um sich zu einer „Green Bank" zu entwickeln. Die Ergebnisse der Umfrage legen nahe, zunächst „Green Banking"-Maßnahmen in kleinem Umfang zu planen, die einen eigenständigen Nutzen bringen. Wenn eine Bank beispielsweise die Verschwendung von Ressourcen vermeidet, hat dies nicht nur eine positive Außenwirkung, wie die Ergebnisse zu F6a zeigen. Die Maßnahme verspricht, nach Maßgabe des Lean-Gedankens, Kosten zu sparen. Engagiert sich eine Bank geringfügig oberhalb des Normalwertes, kann die Bank von der Generation Z bereits als „Green Bank" angesehen werden, so die Ergebnisse der Umfrage. Die Ergebnisse zu F8 können das Potenzial für Banken zeigen, dass diese mit „Green Banking"-Maßnahmen ein Alleinstellungsmerkmal erreichen können. Diesbezüglich ist jedoch anzumerken, dass es bereits „Green Banks" gibt, die von den Teilnehmenden der Umfrage jedoch nicht als solche eingeordnet wurden. Dieses Ergebnis der Umfrage kann verschiedene Gründe haben, zum Beispiel (a) dass die Green Banks den Teilnehmenden möglicherweise unbekannt sind, (b) dass die Anstrengungen der „Green Banks" in Punkto Nachhaltigkeit den Teilnehmern unbekannt sind oder (c) dass die Teilnehmenden der Umfrage den Anstrengungen der „Green Banks" nicht vertrauen. Wichtig erscheint, „grüne" Strategien zu verfolgen und diese begründet, auf dem richtigen Kanal für die Generation Z, an den Markt zu kommunizieren.

Kritisch bleibt anzumerken, dass aufgrund der geringen Anzahl an Teilnehmenden der Umfrage die Ergebnisse drohen, Trends nicht repräsentativ widerzuspiegeln. Wie bereits im Kapitel „Untersuchung" beschrieben, besteht das Risiko, dass Studierende der IU Internationale Hochschule, insbesondere aus Management & IT-Studiengängen, in der Umfrage überproportional repräsentiert sind. Dies kann das Ergebnis der Umfrage verfälschen. Es wird folglich Banken und anderen Unternehmen des Finanzmarktes empfohlen, eine Untersuchung in Anlehnung an die hier vorgestellte Studie für ihre Zielkunden zu wiederholen. Auf Basis dieser speziellen Ergebnisse nachfolgender Untersuchungen der Zielkunden lassen sich Maßnahmen zielgerichteter planen.

6 Fazit

Das Thema der ökologischen Nachhaltigkeit spielt in der öffentlichen Wahrnehmung eine immer größere Rolle. In der Folge gestalten Unternehmen ihre Angebote in zunehmender Weise nachhaltig. Im vorliegenden Beitrag wird untersucht, was dies, insbesondere mit dem Fokus auf die zukünftige Potenzialkundengruppe Generation Z, für das Bankenwesen bedeutet.

Die Untersuchung des Standes der Forschung lassen schlussfolgern, dass sich das Engagement von Banken in ein *Vermeidungs-, Handlungs-* und *Proaktives-Engagement* gliedern lässt (Nath et al., 2014; Lalon, 2015). In einer Umfrage, unter Angehörigen der Generation Z, wurde untersucht, wie hoch das Engagement in den jeweiligen Kategorien aus Sicht der Befragten sein sollte. Der Fokus lag hierbei auf der Feststellung der persönlichen Einschätzung der Befragten. Die Umfrage war im Wesentlichen in zwei Teile gegliedert. Im ersten Teil sollten Informationen erhoben werden, um zu zeigen, was die Teilnehmenden unter dem allgemeinen Begriff „Nachhaltigkeit" verstehen. Im zweiten Teil der Umfrage wurden die Befragten um Stellungnahmen zu beziehungsweise Bewertungen von unterschiedlichen möglichen Verhaltensweisen von Banken gebeten.

Die Ergebnisse der Umfrage zeigen, dass die Teilnehmenden den größten Beitrag zur Erreichung ökologischer Nachhaltigkeit darin sehen, Einsparungen vorzunehmen, zum Beispiel von Ressourcen, Energie, CO_2 usw. Das persönliche Engagement zur Erreichung ökologischer Nachhaltigkeit der Teilnehmenden ist relativ gering und nimmt deutlich ab, je größer die Anstrengungen sind, die eine Maßnahme den Teilnehmenden abverlangt. Dem Thema „Green Banking" wird seitens der Teilnehmenden eine scheinbar untergeordnete Wichtigkeit zugeschrieben. Die Ergebnisse der Umfrage legen weiterhin nahe, dass es den Teilnehmenden deutlich wichtiger zu sein scheint, dass ihnen die eigne Hausbank einen finanziellen Nutzen bringt, zum Beispiel durch geringe Kontoführungsgebühren, lukrative Zinsen etc. Die Mehrzahl der Teilnehmenden gab an, keine Bank zu kennen, die als nachhaltig empfunden würde. Um als nachhaltig zu gelten, müsste das Engagement einer Bank aus Sicht der Teilnehmenden mindestens leicht oberhalb des Normalwertes sein. Insbesondere das Engagement zur Vermeidung von Ressourcenverschwendung, CO_2-Emissionen usw. müsste aus Sicht der Teilnehmenden diesbezüglich erhöht sein, damit eine Bank als nachhaltig gelten würde.

Mit Blick auf die Berichterstattung zur Einstellung bezüglich dem Thema ökologischer Nachhaltigkeit erscheinen die Ergebnisse der Untersuchung als überraschend. In Forschungsarbeiten, die sich an diese Studie anschließen, wäre folglich zu untersuchen, ob die Ergebnisse von anderen Lebensumständen der Befragten abhängig sind. Bspw. wäre zu klären, ob duale Studierende in Management-Studiengängen eine andere Einstellung zu vorgenannten Fragen haben als bspw. Studierende, die in Vollzeit soziale Studiengänge belegen. Des Weiteren zeigte diese Studie insbesondere den Aspekt der Finanzierung nachhaltiger Maßnahmen als sensibles Thema, aus Sicht der Befragten. Diesbezüglich wäre zu untersuchen, ob und falls ja welche finanzielle Mehrbelastung sich für Kunden ergeben würde, wenn Banken sich verstärkt um Nachhaltigkeit bemühen. Wenn es gelingt, Green Banking-Maßnahmen so zu planen, dass diese einen eigenen kostendeckenden Wertbeitrag leisten, könnte sich anstelle einer Be- eine Entlastung für Kunden von Green Banks ergeben.

Literatur

Ahrend, K.-M. (2022). *Geschäftsmodell Nachhaltigkeit – Ökologische und soziale Innovationen als unternehmerische Chance*. Springer Gabler. https://doi.org/10.1007/978-3-662-65751-5

Apostoaie, C.-M. (2018). Green Banking: A shared responsibility between financial regulators and banking institutions. *SEA Practical Application of Science, 6*(18), 275–282.

Avanade und Efma. (2022, April 22). *Only half of banks worldwide will be ready for regulatory reporting in the next six months*. https://www.avanade.com/en/media-center/press-releases/banks-not-meeting-esg-goals-efma-report. Zugegriffen am 03.01.2023.

BaFin. (2020). *Merkblatt zum Umgang mit Nachhaltigkeitsrisiken. Bundesanstalt für Finanzdienstleistungsaufsicht.* https://www.bafin.de/SharedDocs/Downloads/DE/Merkblatt/dl_mb_Nachhaltigkeitsrisiken.pdf;jsessio-nid=14E112200F99EA30A8D46087A2634635.1_cid502?__blob=publicationFile&v=11. Zugegriffen am 01.01.2023.

Benölken, H. (2021). Regionalbanken haben viele junge Kunden verloren. In H. Benölken (Hrsg.), *Lean Management 4.0: Fit für 2030* (S. 121–123). Springer Gabler. https://doi.org/10.1007/978-3-658-32535-0_15

BGBl. Teil II. (2016). *Gesetz zu dem Übereinkommen von Paris vom 12. Dezember 2015*, BGBl. Teil II, 2016.

Breinich-Schilly, A. (2019). *Junge Menschen sparen überdurchschnittlich viel Geld*. Springer Professional. https://www.springerprofessional.de/anlageberatung/spareinlagen/junge-menschen-sparen-ueberdurchschnittlich-viel-geld/17052314. Zugegriffen am 05.01.2023.

Bundesregierung. (2021). *Deutsche Sustainable Finance-Strategie*. https://www.bundesfinanzministerium.de/Content/DE/Downloads/Broschueren_Bestellservice/deutsche-sustainable-finance-strategie.pdf?__blob=publicationFile&v=16. Zugegriffen am 03.01.2023.

Calmbach, M., Borgstedt, S., Borchard, I., Thomas, P. M., & Flaig, B. (2016). *Wie ticken Jugendliche 2016? Lebenswelten von Jugendlichen im Alter von 14 bis 17 Jahren in Deutschland*. Springer Fachmedien.

Calmbach, M., Flaig, B., Edwards, J., Möller-Slawinski, H., Borchard, I., & Schleer, C. (2020). *SINUS-Jugendstudie 2020 – Lebenswelten von Jugendlichen im Alter von 14 bis 17 Jahren in Deutschland*. Bonn: Bundeszentrale für politische Bildung. https://www.bpb.de/system/files/dokument_pdf/SINUS-Jugendstudie_ba.pdf. Zugegriffen am 04.01.2023.

Comdirect. (2019). *Comdirect Jugendstudie. Repräsentative Befragung von Jugendlichen zwischen 16 und 25 Jahren*. https://www.comdirect.de/cms/ueberuns/media/comdirect-190121-Jugendstudie-final.pdf. Zugegriffen am 01.01.2023.

Confinpro. (2019). *Nachhaltige Geldanlagen 2019. Eine gemeinsame B2B-Studie von Confinpro und VÖB-Service*. https://cofinpro.de/assets/Uploads/SonstigeDateien/Cofinpro_Studie_Nachhaltige_Geldanlagen_2019_WEB.pdf. Zugegriffen am 05.01.2023.

Criteo. (2017). *Shopper Story 2017 – Deutschland*. https://www.criteo.com/de/wp-content/uploads/sites/3/2018/08/Criteo-Shopper-Story-2017-DE.pdf. Zugegriffen am 05.01.2023.

Criteo. (2018). *Generation Z – der Report*. https://www.criteo.com/de/wp-content/uploads/sites/3/2018/06/GenZ_Report_DE.pdf. Zugegriffen am 05.01.2023.

Deloitte. (2020). *The Deloitte Global Millennial Survey 2020. Resilient generations hold the key to creating a "better normal"*. https://www2.deloitte.com/content/dam/Deloitte/global/Documents/About-Deloitte/deloitte-2020-millennial-survey.pdf. Zugegriffen am 05.01.2023.

Deloitte. (2022). *Deloitte Global 2022 Gen Z and Millennial Survey*. Country profile: Germany. https://www2.deloitte.com/content/dam/Deloitte/de/Documents/Innovation/Deloitte%20Millennials%20Gen%20Z%20Survey%202022_GERMANY.pdf. Zugegriffen am 05.01.2023.

Deutsche Bank AG. (2022a). *Langfristige Investmentthemen*. https://www.deutsche-bank.de/pk/sparen-und-anlegen/finanzmarktexpertise/jahresausblick-2023/langfristige-investmentthemen.html. Zugegriffen am 03.01.2023.

Deutsche Bank AG. (2022b). *Nachhaltigkeit*. https://www.deutsche-bank.de/pk/lp/antworten/nachhaltigkeit.html. Zugegriffen am 02.01.2023.

Dichtl, J. (2018). *Finanzwirtschaft, nachhaltige Entwicklung und die Energiewende*. Springer Gabler. https://doi.org/10.1007/978-3-658-22093-8

DIN ISO. (2011). Leitfaden zur gesellschaftlichen Verantwortung (ISO 26000:2010) – ICS 03.020; 03.100.01, Berlin 2011.

EBA (Europäische Bankenaufsicht). (2019). *EBA Action Plan on Sustainable Finance*. https://www.eba.europa.eu/sites/default/documents/files/document_library//EBA%20Action%20plan%20on%20sustainable%20finance.pdf. Zugegriffen am 04.01.2023.

Euro am Sonntag. (2021). Wie öko Banken wirklich sind. *Euro am Sonntag, 25*, 30–34. https://www-wiso-net-de.pxz.iubh.de:8443/document/EUSO__f37c199ee702ca6c7ccea95b5e2616a359f33507. Zugegriffen am 23.02.2023

Europäische Kommission. (2016). *Übereinkommen von Paris*. https://eur-lex.europa.eu/content/paris-agreement/paris-agreement.html?locale=de. Zugegriffen am 05.01.2023.

Europäische Kommission. (2018). *Aktionsplan: Finanzierung nachhaltiges Wachstum*. https://eur-lex.europa.eu/legal-content/DE/TXT/PDF/?uri=CELEX:52018DC0097. Zugegriffen am 03.01.2023.

Europäische Kommission. (2020). *Ausweisungspflicht im Sinne der Taxonomieverordnung gem.* der Europäischen Union. https://ec.europa.eu/info/law/sustainable-finance-taxonomy-regulation-eu-2020-852/amending-and-supplementary-acts/implementing-and-delegated-acts_de. Zugegriffen am 01.01.2023.

Europäische Kommission. (2021). *Commission Delegated Regulation (EU) 2021/2178*. https://eur-lex.europa.eu/legal-content/EN/TXT/PDF/?uri=CELEX:32021R2178&from=EN. Zugegriffen am 05.01.2023

Fair Finance Guide. (2022). *Wie fair und nachhaltig sind deutsche Banken?* https://www.fairfinanceguide.de/ffg-d/start/. Zugegriffen am 03.01.2023.

Forum Nachhaltige Geldanlagen. (2022). *Marktbericht nachhaltige Geldanlagen 2022*. https://www.forum-ng.org/fileadmin/Marktbericht/2022/FNG-Marktbericht_NG_2022-online.pdf. Zugegriffen am 02.01.2022.

Fromm, J. (2018). *How much financial influence does Gen Z have?* https://www.forbes.com/sites/jefffromm/2018/01/10/what-you-need-to-know-about-the-financial-impact-of-gen-z-influence/#1b47775356fc. Zugegriffen am 05.01.2023.

Geck, C. (2006). The generation Z connection: Teaching information literacy to the newest net generation. *Teacher Librarian, 33*(3). E L Kurdyla Publishing LLC. 19–23. ISSN: 1481-1782.

Griese, G. (2020). *Nachhaltigkeit in Banken. Die Rolle und Motive von institutionellen EntrepreneurInnen*. Nomos Verlagsgesellschaft.

Griese, G., Nagel, S., & Hiß, S. (2020). Wie die Nachhaltigkeitslogik und neue Deutungsmuster das Feld der Banken strukturieren und stabilisieren. In S. Hiß, A. Fessler, G. Griese, S. Nagel, & D. Woschnack (Hrsg.), *Nachhaltigkeit und Finanzmarkt* (S. 165–230). Springer Gabler.

Hurrelmann, K., & Albrecht, E. (2020). *Generation Greta – Was sie denkt, wie sie fühlt und warum das Klima erst der Anfang ist*. Beltz.

Klaffke, M. (2022). Millennials und Generation Z – Charakteristika der nachrückenden Beschäftigten-Generationen. In M. Klaffke (Hrsg.), *Generationen-Management* (S. 79–131). Springer Gabler. https://doi.org/10.1007/978-3-658-38649-8_3

Kleinjohann, M., & Reinecke, V. (2020). Zielgruppe Generation Z: Charakteristika. In M. Kleinjohann & V. Reinecke (Hrsg.), *Marketingkommunikation mit der Generation Z* (S. 13–23). Springer Gabler. https://doi.org/10.1007/978-3-658-30822-3_3

Koelwel, D. (15. Dezember 2021). Generation Z und die Bankenwelt. *gi Geldinstitute*. https://www.geldinstitute.de/business/2021/generation-z-und-die-bankenwelt-.html. Zugegriffen am 03.01.2023.

Kuhlen, D. (2022). Green Banking. Beitrag mit der Bitte um Teilnahme an einer Umfrage. *LinkedIn*. https://www.linkedin.com/pulse/green-banking-prof-dr-ing-david-kuhlen. Zugegriffen am 05.01.2023.

Lalon, R.-M. (2015). Green Banking: Going Green. *International Journal of Economics, Finance and Management Sciences, 3*(1), 34–42. https://doi.org/10.11648/j.ijefm.20150301.15. February 2015. SciencePG, Science Publishing Group.

Mentimeter. (2023). "Mentimeter". AB Tulegatan 11 in SE-113 86 Stockholm Sweden. https://www.mentimeter.com/. Zugegriffen am 03.01.2023.

Microsoft Corporation. (2019). "Microsoft® Excel®". Microsoft Office Home and Business 2019. Version 2212.

Microsoft Corporation (Jahr unbekannt). "Microsoft® Excel® für Microsoft 365 MSO". Version 2302.

Mussler, H. (2016, November 11). Sparkassen und VR-Banken verlieren viele junge Leute. *Frankfurter Allgemeine Zeitung, 253*.

Nath, V., Nayak, N., & Goel, A. (2014). Green banking practices – A review. *IMPACT: International Journal of Research in Business Management (IMPACT: IJRBM), 2*(4). April 2014. Impact Journals. S. 45–62. ISSN: 2321-886X. Available at SSRN: https://ssrn.com/abstract=2425108

Neubauer, L.-M., & Repenning, A. (2019). *Vom Ende der Klimakrise. Eine Geschichte unserer Zukunft*. Tropen.

OC&C. (2019). *Eine Generation ohne Grenzen: Generation Z wird erwachsen*. https://www.occstrategy.com/media/1904/eine-generation-ohne-grenzen_.pdf. Zugegriffen am 03.01.2023.

OECD. (2018). *Green investment banks*. http://www.oecd.org/greengrowth/green-investment-banks.htm. Zugegriffen am 05.01.2023.

OliverWyman. (2018). *Wettlauf um den Kunden – Loyalität als Auslaufmodell*. Bestandskunden-Management für Hausbanken mit Priorität. Marsh & McLennan Companies https://www.oliverwyman.de/content/dam/oliver-wyman/v2-de/publications/2018/Nov/POV_OliverWyman_Kundenloyalit%C3%A4t_bei_Banken.pdf. Zugegriffen am 04.01.2023.

Peterson, H. (2014). Millennials are old news – Here's everything you should know about generation Z. *Business Insider*. https://www.businessinsider.com/generation-z-spending-habits-2014-6. Zugegriffen am 03.01.2023.

Reitbauer, S. (2018). Branding for Youth – Wie erreicht man die junge Zielgruppe? In V. Gizycki & C. Elias (Hrsg.), *Omnichannel Branding*. Springer Gabler. https://doi.org/10.1007/978-3-658-21450-0_15

Schmidt, H. J. (2013). Nachhaltigkeit und Marketing: Eine Frage der Perspektive. In G. Hofbauer, A. Pattloch, & M. Stumpf (Hrsg.), *Marketing in Forschung und Praxis. Jubiläumsausgabe zum 40-jährigen Bestehen der Arbeitsgemeinschaft für Marketing* (S. 575–587). uni-edition. ISBN: 978-3-942171-98-4.

Statista. (2022a). *Welche Probleme sind für dich heute wichtig? Statista in Kooperation mit Rheingold*. https://de.statista.com/statistik/daten/studie/1291138/umfrage/wichtigste-probleme-der-gen-z-in-deutschland/. Zugegriffen am 01.01.2023.

Statista. (2022b). *Welche der folgenden Maßnahmen haben Sie aufgrund von Bedenken hinsichtlich der Umwelt ergriffen?* https://de.statista.com/statistik/daten/studie/1134486/umfrage/umfrage-unter-millennials-und-gen-z-zu-getroffenen-massnahmen-zum-schutz-der-umwelt/. Zugegriffen am 09.02.2023.

Statista. (2022c). *Anzahl der Einwohner in Deutschland nach Geschlecht und Generationen zum 31. Dezember 2021 (in Millionen)*. https://de.statista.com/statistik/daten/studie/1131350/umfrage/bevoelkerung-nach-geschlecht-und-generation/. Zugegriffen am 01.01.2023.

Swiss Life. (2022). Junge-Leute-Studie: Junge Menschen investieren immer mehr in Aktien und möchten nachhaltig vorsorgen. *Swiss Life*. https://www.swisslife.de/ueber-swiss-life/medienportal/news/2022/22-07-08-studie-junge-leute-2022.html. Zugegriffen am 03.01.2023.

Thunberg, G. (2019). *Ich will, dass ihr in Panik geratet! Meine Reden zum Klimaschutz*. Fischer.

Umweltbundesamt. (2022). *The European Commission's 2050 Vision "A clean planet for all" – Implications for Sector Strategies and Climate Governance*. https://www.umweltbundesamt.de/sites/default/files/medien/479/publikationen/cc_17-2022_the_european_commissions_2050_vision.pdf. Zugegriffen am 05.01.2023.

United Nations. (2015a). *Draft outcome document of the United Nations summit for the adoption of the post-2015 development agenda.* https://digitallibrary.un.org/record/800852#record-files-collapse-header. Zugegriffen am 03.01.2023.

United Nations. (2015b). *Sustainable Development Goals.* https://sdgs.un.org/publications/transforming-our-world-2030-agenda-sustainable-development-17981. Zugegriffen am 03.01.2023.

Utopia. (2022). *Die grüne Mitte – Wie Nachhaltigkeit den Konsum grundlegend verändert.* https://utopia-insights.de/app/uploads/2022/04/utopiastudie2022.pdf. Zugegriffen am 01.01.2023.

VuMA. (2022). *Den Markt im Blick.* https://rms.de/RMS_Deutschland/Downloads/Weitere/VuMA_Berichtsband_2022.pdf. Zugegriffen am 02.01.2023.

Weeber, J. (2020). Beitrag der Finanzmärkte zur Abschwächung des Klimawandels – Green Banking. In J. Weeber (Hrsg.), *Klimawandel und Finanzmärkte* (S. 19–22). Springer Gabler. https://doi.org/10.1007/978-3-658-28925-6_4

Werhahn, A. (2022). Nachhaltigkeit als Wettbewerbsvorteil und nachhaltige Finanzinstrumente zur Working Capital Finanzierung (ESG-linked). In T. Zellweger & P. Ohle (Hrsg.), *Finanzielle Führung von Familienunternehmen* (S. 209–215). Springer Gabler. https://doi.org/10.1007/978-3-658-38061-8_26

Zeranski, S., & Nocke, F. (2018). Prüfung der Risikokultur und der Nachhaltigkeit des Geschäftsmodells in Banken im SREP. In A. Michalke, M. Rambke, & S. Zeranski (Hrsg.), *Vernetztes Risiko- und Nachhaltigkeitsmanagement* (S. 253–275). Springer Gabler. https://doi.org/10.1007/978-3-658-19684-4_27

Zielke Research Consult GmbH. (2022). *Spotlight CSR Banken 2022. Man tritt auf der Stelle.* https://www.zielke-rc.eu/wp-content/uploads/2022/08/Praesentation_CSR_Banken_2020_final.pdf. Zugegriffen am 24.02.2023.

Sandra Ebeling ist Professorin für Allgemeine Betriebswirtschaftslehre an der IU Internationalen Hochschule in Hamburg. Sie verfügt über mehrjährige Berufs- und Führungserfahrung in den Bereichen Gesamtbanksteuerung, Controlling und Strategisches Management im Bankensektor. Ihren Doktortitel „Dr. rer. Pol." erhielt Sie von der Universität Hamburg, wo sie als externe Doktorandin an der Fakultät für Betriebswirtschaftslehre am Lehrstuhl für „Corporate and Ship Finance" promovierte. Davor studierte Sie Betriebswirtschaftslehre M.Sc. an der Universität Hamburg und Betriebswirtschaftslehre B.A. an der Leuphana Universität Lüneburg, wo sie während ihres Studiums als studentische Hilfskraft am Institut für Bank-, Finanz- und Rechnungswesen von Prof. Dr. Ulf G. Baxmann tätig war.

David Kuhlen ist Professor für Wirtschaftsinformatik und Leiter des Bachelor-Studiengangs Informatik im Dualen Studium an der IU Internationale Hochschule. Seinen Ruf an die IU Internationale Hochschule nahm Herr Kuhlen zum WiSe 2020 an. Zuvor arbeitete Herr Kuhlen im Projekt- und Prozessmanagement eines Handelsunternehmens nahe Hamburg. In der Forschung konzentriert sich Herr Kuhlen maßgeblich auf Fragestellungen mit Bezug zur Softwareentwicklung. Herr Kuhlen promovierte an der Christian-Albrechts-Universität zu Kiel. Sein Bachelor- und Master-Studium in Wirtschaftsinformatik absolvierte Herr Kuhlen an der NORDAKADEMIE in Elmshorn.

Transformation des Kreditgeschäftes – Einbeziehung von ESG-Faktoren in den Dialog mit Kreditnehmern und das Risikomanagement

Gebhard Zemke und Thomas Lange

1 Einleitung

Inzwischen ist die Erkenntnis gewachsen, dass Banken und andere Finanzintermediäre in erheblichem Maße durch Nachhaltigkeitsrisiken beeinflusst werden können. Die Risiken wirken auf ihr Kerngeschäft (vor allem das Kreditgeschäft und die Investmentaktivitäten) ein. Entsprechend ist das Bestreben der Regulierer darauf gerichtet, die Widerstandsfähigkeit der Institute gegenüber Nachhaltigkeitsrisiken auszubauen (EBA, 2021a). Diese Entwicklung verknüpft sich mit dem Anliegen der Politik, Finanz- und Kapitalströme unter Berücksichtigung politischer Nachhaltigkeitsziele neu auszurichten (European Commission, 2023). Den Finanzintermediären wird für deren Erreichung eine bedeutende Rolle zugewiesen.

Nachdem die Europäische Bankenaufsicht (EBA) in den letzten Jahren den Rahmen für Risikomanagement und insbesondere das Kreditgeschäft an die neuen Anforderungen von ESG[1] angepasst hat, findet derzeit ihre Transformation in deutsches Recht statt. Damit weitet sich der Anwendungsbereich des Rahmens auch auf die weniger bedeutsamen Institute aus. Im Ergebnis stehen derzeit alle Institute vor der Herausforderung, ihr Kreditgeschäft an die Risikotreiber der Nachhaltigkeitsrisiken anzupassen.

---

[1] „ESG" ist die Abkürzung für „Environment, Social, Governance" und steht hier begrifflich inhaltsgleich mit dem Begriff der „Nachhaltigkeit".

G. Zemke (✉) · T. Lange
BDO AG Wirtschaftsprüfungsgesellschaft, Hamburg, Deutschland
E-Mail: gebhard.zemke@bdo.de; thomas.lange@bdo.de

© Der/die Autor(en), exklusiv lizenziert an Springer Fachmedien Wiesbaden GmbH, ein Teil von Springer Nature 2023
S. Schöning et al. (Hrsg.), *Bank- und Finanzwirtschaft im Stress*,
https://doi.org/10.1007/978-3-658-41884-7_4

Ein wichtiger Baustein im Rahmen der Transformation stellt die Ausgestaltung des Dialoges mit Kreditnehmern[2] dar. Die Art und Weise der Ausgestaltung von Kreditklassifizierungsverfahren spielt hier eine große Rolle. Sie bedürfen einer Ergänzung oder Erneuerung, um die Auseinandersetzung mit Nachhaltigkeitsrisiken im Kreditgeschäft sinnvoll zu unterstützen. Damit ist die Herausforderung verbunden, trotz vorhandener Datenverfügbarkeits- und -qualitätsprobleme zeitnah Verfahren für die Bewertung von Kreditnehmern zu identifizieren und implementieren, die im operativen Kreditgeschäft eine nachvollziehbare Unterstützung für das Kreditrisikomanagement bieten.

Nach anfänglicher allgemeiner Einordnung von ESG-Faktoren und -risiken beschäftigt sich der Beitrag mit dem europäischen Rechtsrahmen für die Einbeziehung von Nachhaltigkeitsrisiken ins Risikomanagement und insbesondere das Kreditrisikomanagement sowie seiner Umsetzung in nationales Recht. Anschließend wird beleuchtet, welche Herausforderungen sich hieraus für Kreditinstitute ergeben. Insbesondere wird auf den aktuellen Status von Ansätzen zur Erfassung von ESG-Faktoren in Kreditrisikoklassifizierungsansätzen sowie detaillierter auf einen auf subjektive Einschätzungen beruhenden Ansatz eingegangen.

2　Einordnung und Definition von ESG

Um Nachhaltigkeit auf einer einheitlichen und vergleichbaren Basis beurteilen zu können, bedarf es eines allgemeingültigen Verständnisses für Definitionen und Wirkungszusammenhänge von ESG-Faktoren und -risiken. Ein breit gefasster Rahmen für ESG-Ziele wird durch die „2030 Agenda für Sustainable Development" der UN aus dem Jahr 2015 gegeben, dessen Kern 17 Sustainable Development Goals (UN17 SDGs) bilden und denen sich alle Mitglieder der Vereinten Nationen (UN) verpflichtet haben (UN, 2015). Gleichwohl existieren keine einheitlichen Definitionen am Markt für die zugehörigen ESG-Faktoren. Unterschiedliche Konzepte für ESG-Faktoren im Allgemeinen oder nur für Umweltfaktoren oder für soziale Faktoren konkurrieren miteinander (EBA, 2020b, S. 22–27). Hingewiesen wird unter anderem auf:

- Sustainable Development Goals der UN (SDGs), Principles for Responsible Investment (PRI) der UN, United Nations Environment – Finance Initiative – Partnership (UNEP FI), Global Reporting Initiative (GRI), Sustainability Accounting Standards Board (SASB), und
- speziell auf umweltbezogene Faktoren ausgerichtet: Natural Capital Protocol, The Task Force on Climate-related Financial Disclosures (TCFD), The Climate Bond Initiative Climate Bonds Standard, The International Capital Market Association Green Bond Principles, etc.

---

[2] Aus Gründen der besseren Lesbarkeit wird bei Personenbezeichnungen und personenbezogenen Hauptwörtern in diesem Beitrag das generische Maskulinum verwendet. Entsprechende Begriffe gelten im Sinne der Gleichbehandlung grundsätzlich für alle Geschlechter. Die verkürzte Sprachform hat nur redaktionelle Gründe und beinhaltet keine Wertung.

Ein Meilenstein für die Umsetzung von Nachhaltigkeitszielen stellt das Pariser Abkommen (UN, 2015) über den Klimawandel im Jahr 2015 dar. Mit seiner Unterzeichnung, durch die sich zahlreiche Regierungen verpflichtet haben, ist eine konkrete langfristige Zielsetzung für einen langen Zeithorizont gesetzt worden, nämlich den globalen Temperaturanstieg innerhalb des aktuellen Jahrhunderts auf 2 Grad Celsius zu begrenzen. Die EU hat dieser Verpflichtung mit ihrem „European Green Deal" aus dem Jahr 2019 Ausdruck verliehen (u. a. Erreichung von Klimaneutralität bis zum Jahr 2050/Senkung der Netto-Treibhausgasemissionen bis 2030 um mind. 55 %) und mit ihrem EU-Aktionsplan „Finanzierung des nachhaltigen Wachstums" konkretisiert (EU, 2023, S. 3). Damit wurde eine Reihe von Initiativen eingeleitet und u. a. Regulatoren im Finanzwesen mit der Umsetzung in europäisches Aufsichtsrecht beauftragt. Erreicht werden sollen die Neuausrichtung der Kapitalflüsse, die Einbettung von Nachhaltigkeit in das Risikomanagement von Finanzintermediären sowie die Erhöhung von Transparenz und Langfristigkeit. Der Fokus liegt zunächst auf Umweltrisiken, soll im Laufe der Zeit jedoch auf soziale und Governance-Risiken ausgeweitet werden.

Nach Auffassung der EBA stellen ESG-Risiken jegliche negative Wirkung auf die Finanzkraft von Instituten dar, die von bestehenden oder zukünftigen Einflüssen, die durch ESG-Faktoren bedingt sind, auf ihre Gegenparteien oder investierte Vermögenswerte ausgehen können (EBA, 2020b, S. 33 Tz. 42). Dabei kann sich die Wirkung auf unterschiedliche Art und Weise und auf unterschiedlichem Weg entfalten. In diesem Sinne lassen sich ESG-Risiken zunächst in „physische" und „transitorische" Risiken kategorisieren. *Physische Risiken* erfassen die unmittelbar bestehenden negativen Effekte bspw. aus Umwelt- und Klimaveränderungen (in akuter oder chronischer Ausprägung) (EBA, 2020b, S. 36 Tz. 54). Demgegenüber beziehen sich *transitorische Risiken* generell auf die Unsicherheit des konkreten Zeitverlaufs und Geschwindigkeit des Anpassungsprozesses an eine nachhaltige Wirtschaft (EBA, 2020b, S. 38. Tz. 62, S. 70–71). Ihnen werden zudem politische Risiken, Rechtsrisiken, technologische Risiken, Markt- und Wettbewerbsrisiken sowie Reputationsrisiken zugeordnet, die in Zusammenhang mit Auswirkungen von Nachhaltigkeit stehen (EBA, 2020b, S. 39, Tz. 64; European Commission, 2019, S. 9).

Hinsichtlich der Übertragungswege wird von dem Bild ausgegangen, dass sich physische oder transitorische Risiken zunächst auf zum Beispiel geringere Haushaltseinkommen, geringere Immobilienpreise, erhöhte Compliance-Kosten etc. (Transmissionswege) auswirken. Anschließend werden die identifizierten Auswirkungen in die bekannten Risikokategorien von Adressenausfall-, Markt-, Liquiditäts-, Reputations- und operationelle Risiken übertragen. Mithin stellen sie keine eigene Risikokategorie dar, sondern wirken indirekt als Risikotreiber auf die bekannten Finanzrisiken von Instituten (EBA, 2020b, S. 33–34 Tz. 46; vgl. ähnlich BaFin, 2019, S. 15, Kap. 2.7). Im Anhang 1 des EBA-Diskussionspapiers zum Management und Überwachung von ESG-Risiken wird ein umfassender Überblick über ESG-Faktoren (z. B. Umweltrisiko) und zugehörige Indikatoren (z. B. Treibhausgasemissionen (Scope 1, 2 und 3)) einschließlich beispielhafter Metriken (z. B. Tonnen von CO_2) gegeben, die auf die Beurteilung von zum Beispiel Kreditnehmern angewendet werden können (EBA, 2020b, S. 152–160).

Unterstützung für Finanzintermediäre für den Umgang mit ESG-Risiken wird durch verbindliche Taxonomien geschaffen. Im Rahmen ihres Aktionsplanes zur Nachhaltigkeit hatte sich die EU verpflichtet, ein einheitliches Klassifizierungssystem („Taxonomie") für nachhaltige Tätigkeiten zu etablieren. Mit der EU-Taxonomie-Verordnung (EU) 2020/852 (Verordnung (EU), 2020; vgl. auch die Erläuterungen zu Art. 8 EU-Taxonomie-Verordnung des IDW, 2023) wurden in einem ersten Schritt sechs Umweltziele klar definiert, was nachhaltiges Wirtschaften umfasst:

1. Klimaschutz,
2. Anpassung an Klimawandel,
3. Nachhaltige Nutzung und Schutz von Wasser- und Meeresressourcen,
4. Übergang zu einer Kreislaufwirtschaft,
5. Vermeidung und Verminderung von Umweltverschmutzung und
6. Schutz und Wiederherstellung von Biodiversität und Ökosystemen.

Als nachhaltig gilt eine Wirtschaftsaktivität nur, wenn ein zusätzlicher wesentlicher Beitrag zu einem der Umweltziele geleistet und dabei die Verfolgung der übrigen Ziele nicht beeinträchtigt wird (Do-not-significant-harm-(DNSH) Bedingung). Inzwischen sind zu den ersten beiden Zielen Konkretisierungen in Form von Delegated Acts (Richtlinie (EU) 2022/2064) erfolgt, weitere Konkretisierungen werden erwartet. Auch ein Klassifizierungssystem für eine EU-Sozialtaxonomie ist am Entstehen. Ein erster Entwurf wurde von der EU-Plattform für ein nachhaltiges Finanzwesen am 28.02.2022 veröffentlicht (Platform on Sustainable Finance, 2022). Das Klassifizierungssystem der EU-Taxonomie bildet auch für Zwecke der Bankregulierung eine wesentliche Grundlage für das Verständnis und die Konkretisierung von Umweltrisiken.

Hinzuweisen ist auf eine Reihe weiterer rechtlicher Normen, die sich mit der Definition und Behandlung von ESG- bzw. von Umweltrisiken beschäftigen. Die „Regulation on sustainability-related disclosures in the financial services sector" (SFDR; (EU), 2019/2088; vgl. die Erläuterungen von Zemke, 2023) bildet etwa eine wesentliche Referenz. Ferner zu nennen ist die Corporate Sustainability Reporting Directive (CSRD) (Richtlinie (EU) 2022/2064) vom 14.12.2022.

3 ESG im Kreditgeschäft – regulatorischer Rahmen in Europa

3.1 Berücksichtigung von Nachhaltigkeit im europäischen Aufsichtsrecht

Die EBA hat vom EU-Gesetzgeber sowie von der Europäischen Kommission umfassende Mandate übernommen, um die gestellten Anforderungen an Nachhaltigkeit für die Finanzindustrie in den bestehenden regulatorischen Rahmen zu integrieren (EBA, 2022a, S. 3). So formuliert *ECON* (2023): The CDR „makes it compulsory for banks to adopt transitional plans to address ESG risks in the short, medium and long term, with a special focus on the EU objective of achieving climate neutrality by 2050 and disclosure requirements are imposed." Ihre Aktivitäten unterscheidet sie dabei grundlegend in die Bereiche Transparenz- und Publizität, Risikomanagement und Aufsicht, Berechnung von Mindestkapitalanforderungen, Stresstest, Normen und Etiketten, Greenwashing, aufsichtsrechtliches Meldewesen und Überwachung von Nachhaltigkeitsrisiken und von Entwicklungen in der Nachhaltigkeit der Finanzwirtschaft (EBA, 2022a, S. 10).

Für den Bereich des Risikomanagements und der Überwachung hat die EBA im „Report on ESG Risk Management and Supervision" vom Juni 2021 ihre Erwartungen an die Berücksichtigung von Nachhaltigkeit formuliert (EBA, 2021b). Sie berücksichtigen die internationalen Empfehlungen der *TCFD* (2017). Die Erwartungen richten sich zunächst an bedeutende Kreditinstitute und Aufsichtsbehörden. In grundlegender Weise konkretisiert sie für aufsichtliche Belange zunächst den Referenzrahmen für allgemeine Begrifflichkeiten und Zusammenhänge von Nachhaltigkeit in der Kreditwirtschaft (z. B. Nachhaltigkeitsfaktoren und -risiken, Indikatoren und methodische Ansätze für die Messung von Nachhaltigkeitsrisiken, usw.). Im Weiteren entwickelt sie Empfehlungen für deren Umsetzung in Geschäfts- und Risikostrategien von Instituten sowie in einen entsprechenden organisatorischen Rahmen für Risikomanagement und Aufbauorganisation. Daneben werden Empfehlungen gegeben, wie die Bankenaufsicht selbst mit diesem Themenkomplex umgehen sollte.

Die Diskussionen der EBA sind in Zusammenhang mit Erwartungen zu sehen, die die EZB am 27.11.2020 mit ihrem „Guide on climate-related and environmental risks" (EZB, 2020) an bedeutende Kreditinstitute zum Umgang mit Nachhaltigkeitsrisiken umschrieben hat. Der Leitfaden wurde in enger Zusammenarbeit mit den im einheitlichen Aufsichtsmechanismus (SSM) vertretenen nationalen Bankenaufsichtsbehörden einschließlich der BaFin erstellt und nimmt Bezug auf den zuvor erwähnten EBA-Report. In dem Leitfaden hat die EZB insgesamt 13 Erwartungen formuliert, die die Themenfelder Geschäftsstrategie, Management und interne Organisation, Risikoappetit und Risikoberichterstattung, Risikomanagement, Stresstest und Offenlegung abdecken. Sie orientiert sich hierbei jeweils an den Anforderungen der europäischen Eigenkapitalrichtlinie (CRD V) und der europäischen Eigenkapitalverordnung (CRR II). Im Rahmen der Besprechung von Erwartungen für das Risikomanagement geht die EZB beispielsweise auf spezielle Anforderungen zur Erfassung von Nachhaltigkeitsrisiken im Kreditgeschäft ein (EZB, 2020, S. 35–38). Nach dem Verständnis der EZB ist der Leitfaden nicht bindend für Kreditinstitute. Dennoch ist er vom Detaillierungsgrad so ausgestaltet, dass er als wesentliche Grundlage für den aufsichtlichen Dialog der EZB mit den Kreditinstituten angesehen werden soll (EZB, 2020, S. 3).

Inzwischen hat die EBA ihre Erwartungen an die Berücksichtigung von Nachhaltigkeitsrisiken in einer Vielzahl von „EBA-Guidelines" aufgenommen wie unter anderem zur Internen Organisation (EBA, 2021c), zur Vergütung (EBA, 2021d) sowie zum aufsichtlichen Überwachungsprozess (SREP) (EBA, 2022d). Insbesondere in diesem Zusammenhang zu nennen sind auch die „EBA Guidelines on loan origination and monitoring"

(EBA, 2020). Daneben hat die Europäische Kommission die Ergebnisse der Arbeit der EBA in ihrem Legislativvorschlag vom Oktober 2021 zur Fortentwicklung von CRD/CRR (dem sog. Bankenpaket) verarbeitet, der bis zum 01.01.2025 umgesetzt werden soll (European Commission 2021; vgl. Europäische Kommission (EU) 2023).

In Hinblick auf die Festlegung von Eigenmittelanforderungen für Kreditinstitute (Säule I) legt Artikel 501c CRR fest, dass die EBA bis zum 28.06.2025 einen finalen Report vorlegen soll, in dem dargelegt wird, ob eine Integration von Nachhaltigkeitsrisiken in die Eigenmittelanforderungen gerechtfertigt erscheint. In diesem Zusammenhang spricht die EU-Kommission von einem „Green Supporting Factor" (GSF) oder „Brown Panalising Factor" (BPF) (EBA, 2022b, S. 43–47). Wesentliche Herausforderungen ergeben sich unter anderem aus der Qualität und Verfügbarkeit von Daten (EBA, 2022b, S. 19–22). In diesem Zusammenhang hat die EBA im Mai 2022 ein erstes „discussion paper" (DP) (EBA, 2022b) herausgegeben. Nach Auswertung von Konsultationsergebnissen sollen noch im Jahr 2023 politische Empfehlungen entwickelt werden (vgl. ECON in EU, 2023b). Aktuell bestehen aber keine quantitativen Rückwirkungen auf das Kreditgeschäft aus etwaigen umweltbezogenen Eigenmittelvorschriften.

Weiterhin Bedeutung für Nachhaltigkeit im Kreditgeschäft werden die noch andauernden Diskussionen zu Standards und Vorgaben in Zusammenhang mit „grünen" Anleihen und Krediten haben. Die EU-Kommission hatte sich beispielsweise zur Entwicklung einer EU Green Bond Standard Regulation verpflichtet, der am 05.10.2023 vom Europäischen Parlament angenommen wurde (European Parliament (EU) 2023). Der freiwillig anzuwendende Standard nimmt Bezug auf Best-Practice-Entwicklungen wie die Green Bond Principles der International Capital Market Association (ICMA) (IMCA, 2021) oder die Green Loan Principles verschiedener internationaler Loan Market Associations (Loan Market Association (LMA), Asia Pacific Loan Market Association (APLMA), Loan Syndications and Trading Association (LSTA), vgl. ICMA, 2018). Sie haben sich bereits zu international anerkannten Maßstäben entwickelt (IDW, 2021b, S. 9). Hieraus lassen sich Prozessleitlinien für die Vergabe von „grünen" Bonds beziehungsweise analog auch zu „grünen" Krediten ableiten. Dazu zählen die Verfahren zur Auswahl und Bewertung von „grünen" Projekten für Finanzierungen, die Prüfung der Konsistenz der Kreditvergabe mit der EU-Taxonomie (Verwendungsprüfung), die Methodik und das Annahmengerüst für Berechnungen der Nachhaltigkeitswirkung, Vorgaben zum Reporting über „grüne" Finanzierungen usw. (TEG, 2020, S. 28 f.). Eine weitere Diskussion der EBA berührt beispielsweise die Definition von „green retail loans and green mortgages". Die EBA plant, hierzu noch im Jahr 2023 eine erste Stellungnahme an die EU-Kommission zu geben. Mittelfristig will die EBA zudem eine Einwertung vornehmen, inwieweit einheitliche EU-Standards für „sustainable loans and bonds" zu entwickeln sind (EBA, 2022a).

Auch das aufsichtliche Meldewesen ist um eine ESG-Risiko-Komponente erweitert worden. Auf der Grundlage von Art. 449a CRR hat die EBA im Januar 2022 einen technischen Einführungsstandard (ITS) für das aufsichtliche Meldewesen von Nachhaltigkeitsrisiken publiziert (EBA, 2022c; auch EBA, 2022a, S. 10 f.). Er ist auf die weiteren Offenlegungsstandards der Aufsicht wie Financial Stability Board Task

Force on Climate Related Disclosures (FSB-TCFD), EU-Taxonomie, Non Financial Disclosure Directive oder den EBA Standard zu Loan Origination and Monitoring abgestimmt (EBA, 2022c, S. 4). Anwendbar ist er auf bedeutende Institute ab Juni 2022 (bzw. faktisch ab dem 31.12.2022) (EBA, 2022c, S. 9) mit bestimmten Übergangsfristen bis Juni 2024. Im Mittelpunkt stehen unter Bezug auf das Pariser Abkommen klimabezogene Risiken und ergriffene Maßnahmen der Institute zu ihrer Begrenzung. Beispielsweise sind Angaben zu Treibhausgasemissionen von Unternehmen oder Projekten in die Tabellen und Vorlagen aufzunehmen, die im Rahmen des Kreditgeschäftes finanziert werden. Gefordert sind ferner Angaben zur sog. „Green Asset Ratio" (GRA) und zur „Banking Book Taxonomy Alignment Ratio" (BTAR). Darüberhinausgehende Anforderungen an ein ESG-Meldewesen (basierend auf Art. 430 Abs. 7 CRR) werden in Zusammenhang mit der Einführung des EU-Bankenpakets erfolgen. Bis Ende des Jahres 2023 will die EBA mit seiner Entwicklung starten (EBA, 2022a, S. 20). Mit dem Standard werden auch für das Kreditgeschäft Grundlagen zur EU-weiten und konsistenten Aufbereitung von Kreditexposures und Sicherheiten gegeben, mit quantitativen Angaben und weiteren qualitativen Erläuterungen, zum Beispiel zum (Kredit-)risikomanagement.

Das Management von Nachhaltigkeitsrisiken im Kreditgeschäft wird im Folgenden fokussiert.

3.2 Berücksichtigung von Nachhaltigkeitsrisiken im Kreditgeschäft

Die Verpflichtung, Nachhaltigkeitsrisiken im Kreditgeschäft zu berücksichtigen, wurde im EBA-Standard „Guideline on Loan Origination and Monitoring" (EBA, 2022a, S. 18 f.) explizit aufgenommen. Grundsätzlich widmet sich der Kreditstandard der EBA einer Reihe von Schwerpunkten mit umfangreichen Vorschriften, die jeweils in eigenen Kapiteln dargelegt werden. Hierzu zählen die internen Führungsleitlinien für die Kreditvergabe-und -überwachung, die Verfahren der Kreditvergabe, eine risikoadjustierte Bepreisung, die Bewertung unbeweglicher und beweglicher Sicherheiten und die kontinuierliche Kreditüberwachung. Die EBA-Leitlinien sind grundsätzlich (von bedeutenden Instituten) ab dem 30.06.2021 anzuwenden. Dabei findet eine gestaffelte Einführung für zunächst das Neugeschäft und ab 30.06.2022 für das Bestandsgeschäft statt. Zudem wird den Instituten erlaubt, bestehende Datenlücken zu adressieren und den bestehenden Rahmen und die Infrastruktur für die Kreditüberwachung bis zum 30.06.2024 anzupassen (EBA, 2020b, S. 4). Bis zu diesem Zeitpunkt sollte der Kreditstandard auch für alle übrigen Kreditinstitute anwendbar werden. Hierzu bedarf es entsprechender nationaler Umsetzungen wie etwa durch die 7. Novelle der Mindestanforderungen an das Risikomanagement (MaRisk), die weiter unten besprochen wird.

Die EBA-Leitlinie ist u. a. im Lichte der Integration von politischen Maßnahmen zur Förderung von Sustainable Finance in das Kreditgeschäft entwickelt worden. Entsprechend geht die EBA davon aus, dass die Einführung eines speziell für die Phase der

Initiierung von Krediten bezogenen Standards die Bemühungen der Institute unterstützt, angemessene Verfahren zur aufsichtsrechtlichen Behandlung von Nachhaltigkeitsaspekten im Kreditgeschäft für den gesamten Lebenszyklus eines Kredites zu entwickeln (EBA, 2020b, S. 80).

In der Leitlinie wird einleitend der Begriff der „umweltbezogenen nachhaltigen Kreditvergabe" definiert als Kreditvergabe zum Zweck der Finanzierung von umweltbezogenen nachhaltigen wirtschaftlichen Maßnahmen. Sie ist Teil des umfassenderen Konzeptes von „Sustainable Finance", das in einem weiten Sinne auf alle Finanzinstrumente oder Investitionen abhebt, die den einschlägigen Kriterien für umweltbezogenes nachhaltiges Wirtschaften genügen (EBA, 2020a, S. 16) wie zum Beispiel den Kriterien der EU-Taxonomie-Verordnung (Verordnung (EU) 2020).

In Hinblick auf Anforderungen an die Ausgestaltung der Kreditorganisation wird in Kap. 4.3.5 festgehalten, dass Nachhaltigkeitsfaktoren und -risiken in einem ganzheitlichen Sinne in die Festlegung von Kreditirisikoappetit, Kreditrisikostrategie und Kreditrisikopolitik sowie damit verbundenen Organisationsrichtlinien eingehen sollen (EBA, 2020a, S. 26). Hierzu zählen insbesondere Auswirkungen von Nachhaltigkeitsrisiken auf die Bonität von Kreditkunden (EBA, 2020a, S. 26). Gleichfalls sollen die Beachtung von Nachhaltigkeitsfaktoren und -risiken fester Bestandteil der Kreditrisikokultur eines Institutes sein (EBA, 2020a, S. 20).

In Kap. 4.3.6 werden den Instituten grundlegende Leitlinien an die Hand gegeben, sofern sie Produkte für nachhaltiges Kreditgeschäft einführen wollen (EBA, 2020a, S. 27):

a. Vorzulegen sind eine Liste, durch die bestimmt wird, welche Projekte und Maßnahmen als nachhaltig gelten, sowie eine Beschreibung der Kriterien, die das Institut für ihre Bestimmung einer als nachhaltig geltenden Kreditvergabe (ggf. je Kreditart) heranzieht.
b. Eine konkrete Prozessbeschreibung für die Evaluierung, dass nachhaltige Kreditvergaben auch tatsächlich für nachhaltige Finanzierungsprojekte verwendet wurden. Bei Firmenkundenkreditvergaben sollte dieser Prozess umfassen:
   1. Die Erhebung der verfolgten Nachhaltigkeitsziele von Kreditnehmern – klimabezogen, umweltbezogen oder sonstige Nachhaltigkeitsziele.
   2. Die Beurteilung, ob die Finanzierungsprojekte der Kreditkunden mit den definierten Nachhaltigkeitsanforderungen des Instituts übereinstimmen.
   3. Die Sicherstellung, dass die Kreditnehmer willens und in der Lage sind, die Zuweisung von Erlösen auf nachhaltige Finanzierungsprojekte zu überwachen und darüber jeweils Bericht zu erstatten.
   4. Die laufende Überwachung der sachgerechten Ermittlung von Erlösen aus nachhaltigen Finanzierungsprojekten.

Die Strategien und Vorgaben für eine nachhaltige Kreditvergabe sollten Institute in ihr übergreifendes Gerüst von geschäftspolitischen Strategien und Managementvorgaben zur Nachhaltigkeit integrieren. Gefordert sind insbesondere qualitative und gegebenenfalls quantitative Vorgaben für das nachhaltige Kreditgeschäft, mit denen dessen Beitrag zu den unternehmensübergreifenden Zielsetzungen für Nachhaltigkeit gemessen werden kann (EBA, 2020a, S. 27; auch EBA, 2020c, S. 48–78). Leitlinien für den übergreifenden Ansatz für die Bewertung der Zielerreichung von Nachhaltigkeitsrisiken werden in Kap. 3.2 des EBA-Reports on Management and Supervision of ESG Risks vorgestellt (EBA, 2021b, S. 61–79).

In die Anforderungen der EBA-Leitlinie im Besonderen an die Kreditvergabe und Kreditentscheidung ist die Berücksichtigung von Nachhaltigkeitsfaktoren und -risiken aufgenommen worden. Im Einzelnen wurde sie in den Kap. 5.2.5 (Kreditvergabe an Kleinst- und Kleinunternehmen), Kap. 5.2.6 (Kreditvergabe an mittlere und große Unternehmen) sowie Kap. 5.3 (Kreditentscheidung) verankert. In den Abschnitten zu Immobilien-, Schiffs- und Projektfinanzierungen fehlen demgegenüber derartige Anknüpfungspunkte. Die Analysen sollen grundsätzlich auf Einzelkreditnehmerebene stattfinden. Sofern es zu sinnvollen Ergebnissen führt, kann aber auch eine Analyse auf Portfolio-Ebene stattfinden (EBA, 2020a, Tz. 126; Tz. 146).

Nach den Vorstellungen der EBA-Leitlinie sollten Institute verschiedene analytische Voruntersuchungen dazu durchführen, in welchem Umfang einzelne Kreditnehmer/-gruppen Nachhaltigkeits- und insbesondere umweltbezogenen Risiken ausgesetzt sind. Für solche Untersuchungen können sogenannte Heat-Maps (Diagramme/Skalierungssysteme) entwickelt und genutzt werden, durch die für Kreditnehmergruppen einzelner Wirtschafs(teil-)sektoren der Umfang und das Ausmaß von Nachhaltigkeitsrisiken verdeutlicht wird. Mithin wäre zu erwarten, dass bei Kreditnehmern, die einem Sektor mit höherem Nachhaltigkeitsrisiko zugeordnet werden, eine entsprechend intensivere Analyse des Einflusses von Nachhaltigkeitsrisiken auf das Geschäftsmodell des Kreditnehmers erfolgt. Hierzu zählen die Beurteilung von aktuellen und zukünftigen Treibhausgas-Emissionen oder der Einfluss von umweltbezogenen regulatorischen Änderungen auf die wirtschaftliche Lage des Kreditnehmers (EBA, 2020a, Tz. 127; Tz. 149).

Im Rahmen der Kreditentscheidung (Kap. 5.3) ist unter anderem zu dokumentieren, welche Maßnahmen mit dem Kreditnehmer vereinbart wurden, um umweltbezogene beziehungsweise klimabezogene Risiken zu mindern (EBA, 2020a, S. 50, Tz. 196). In Betracht kommt auch die Festlegung von umweltbezogenen Vereinbarungen zur Einhaltung von definierten Nachhaltigkeitsanforderungen (Covenants).

In Kap. 6 „Pricing" ist ein unmittelbarer Bezug zu Nachhaltigkeitsfaktoren und -risiken nicht enthalten. Implizit dürfte aber ein mittelbarer Bezug über die Berücksichtigung von Risikokosten bestehen.

In Zusammenspiel mit der EBA-Leitlinie sind die Erwartungen der EZB zur Behandlung von Nachhaltigkeitsrisiken im Kreditgeschäft der Institute zu sehen. Für den aufsichtlichen Dialog mit bedeutenden Kreditinstituten wird allgemein die Erwartung (EZB Erwartung Nr. 8) unter Bezug auf Art. 79 CRD formuliert, dass Nachhaltigkeitsrisiken auf allen Ebenen des Kreditvergabe- und -überwachungsprozesses sowie im Kreditrisikomanagement (Monitoring) auf Portfolioebene beachtet werden (EZB, 2020, S. 35). Im Einzelnen umfasst dies (EZB, 2020, S. 35–38):

1. Klimabezogene und umweltbezogene Risiken sollen in allen relevanten Phasen des Kreditvergabeprozesses und des Prozesses der Kreditbearbeitung einbezogen werden.
2. Institute sollen ihre Prozesse zur Risikoklassifizierung anpassen, um in der Lage zu sein, umweltbezogene und klimabezogene Risiken zumindest quartalsweise zu identifizieren und zu bewerten.
3. Institute sollen klimabezogene und umweltbezogene Risiken bei der Festlegung von Sicherheitenwerten berücksichtigen.
4. Auch auf Portfolioebene sollen Institute Kreditrisiken überwachen und steuern, insbesondere durch Analysen, die sich auf Kriterien wie Sektoren, geographische Merkmale oder Risiken einzelner großer Kreditnehmer stützen sowie Kreditrisikokonzentrationen einbeziehen, die von klimabezogenen oder umweltbezogenen Risiken herrühren. Ferner sollen geeignete Kreditlimitsysteme und andere Risikominderungsstrategien verwendet werden.
5. Die Rahmenwerke für Kreditkonditionen sollen den Kreditrisikoappetit und die Geschäftsstrategie bezogen auf klimabezogene und umweltbezogene Risiken widerspiegeln.
6. Die zu vereinbarenden Kreditkonditionen sollen die unterschiedliche Kostenbasis widerspiegeln, die durch die Bearbeitung von klimabezogenen und umweltbezogenen Risiken bestimmt wird.

Während sich bei signifikanten Banken bereits erste Erfahrungen im Umgang mit den EBA-Leitlinien und den Erwartungen der EZB eingestellt haben, dürfte die Einbeziehung von Nachhaltigkeitsaspekten im Kreditgeschäft bei den weniger bedeutende Institute erst mit der Umsetzung der Leitlinien in deutsches Recht an Bedeutung gewinnen.

4 Nachhaltiges Kreditgeschäft in Deutschland – Umsetzung in den MaRisk (7.0)

Mit der 7. Novelle zu den „Mindestanforderungen an das Risikomanagement – MaRisk" vom 29.06.2023 soll für Institute die Berücksichtigung von Nachhaltigkeitsrisiken im Risikomanagement zur unmittelbar prüfungsrelevanten Anforderung werden (BaFin, 2023a, Kap. V). Die MaRisk geben auf der gesetzlichen Grundlage des § 25 a Abs 1 KWG einen Rahmen für die Ausgestaltung des Risikomanagements der Institute vor (MaRisk, 2022, Tz. 1) und stellen damit u. a. aufsichtsrechtliche Anforderungen für Prüfungen dar (MaRisk, 2022, Tz. 7). Mit der Novelle werden zugleich die EBA-Leitlinien für die Kreditvergabe und Überwachung in ein deutsches Rundschreiben der BaFin überführt (BaFin, 2023a, S. 1) und somit in deutsches Recht umgesetzt.

Gleichzeitig werden die Leitplanken des Merkblatts der BaFin zum Umgang mit Nachhaltigkeitsrisiken vom 20.12.2019, mit dem unverbindliche Verfahrensweisen (Good-Practice-Ansätze) dargestellt wurden, in den Regelungstext übernommen. Mit dem Merkblatt hatte die BaFin den von ihr beaufsichtigten Unternehmen eine Orientierungshilfe im Umgang mit dem immer bedeutenderen Thema der Nachhaltigkeitsrisiken gegeben (BaFin, 2023a, Kap. V). Durch die 7. Novelle der MaRisk sollen mindestens die im Merkblatt zum Umgang mit Nachhaltigkeitsrisiken geäußerten Erwartungen an Institute abgedeckt werden. Zentrale Elemente des Merkblatts werden in der 7. MaRisk-Novelle aufgegriffen, wegen des universellen Charakters der MaRisk aber deutlich komprimierter und ohne detaillierte Erläuterungen wie im Merkblatt.

Die MaRisk sind prinzipienorientiert ausgestaltet. Die beaufsichtigten Unternehmen sollen auch im Umgang mit Nachhaltigkeitsrisiken einen ihrem Geschäftsmodell und Risikoprofil eigenen Ansatz entwickeln (BaFin, 2023a, Kap. V). Dabei ist eine proportionale Anwendung durch Institute zulässig. Die Novelle verweist hierzu auf die Verhältnismäßigkeitskriterien nach Abschnitt 2 Tz. 16 der EBA-Leitlinie für die Kreditvergabe und Überwachung. Dort wird klargestellt, dass nicht Größe, Art und Komplexität des Instituts, sondern Umfang, Art und Komplexität der Kreditfazilität das entscheidende Kriterium für die proportionale Anwendung dieser spezifischen Regelung bilden muss (BaFin, 2023a, Kap. V). Entsprechend sollten Strukturen, Prozesse und Methoden umso aufwändiger sein, je erheblicher Nachhaltigkeitsrisiken für ein beaufsichtigtes Institut sind. Wichtig ist, dass Institute darauf hinarbeiten, die Auswirkungen von Nachhaltigkeitsrisiken in den Risikoklassifizierungsverfahren zu berücksichtigen. Alternativ können auch separate ESG-Scores bei der Bewertung der Bonität und der Kreditwürdigkeitsprüfung verwendet werden (BaFin, 2023a, Kap. V).

Als besondere Herausforderung für Institute in diesem Zusammenhang wird von der Aufsicht die häufig fehlende Datengrundlage hervorgehoben, die eine Messung und Steuerung von Nachhaltigkeitsrisiken derzeit schwierig gestaltet. Gleichwohl zeigt sich, dass sich sowohl physische als auch Transitionsrisiken kurzfristig materialisieren können. Vor diesem Hintergrund erwartet die Aufsicht, dass die bisherigen Prozesse angepasst und neue Mess-, Steuerungs- und Risikominderungsinstrumente entwickelt werden (BaFin, 2023a, Kap. V). Sie verweist hierzu auf vielfältige europäische Initiativen in diesem Bereich. Methodenüberblicke geben NGFS (2020a) und NGFS (2020b); eine Bibliografie der NGFS ist in NGFS (2022c) und EBF, UNEP FI (2022) zu finden.

Zur Sicherstellung der vollständigen Umsetzung der EBA-Leitlinie für Kreditvergabe und -überwachung wird in den Fällen, in denen der bisherige Regelungstext der MaRisk die konkrete Anforderung schon weitestgehend abbildet, lediglich ergänzt. Bei detailliert ausformulierten neuen Anforderungen erfolgt demgegenüber ein Verweis auf die EBA-Leitlinien. Insgesamt werden Nachhaltigkeitsrisiken an besonders prominenten Stellen ausdrücklich angesprochen, gleichwohl können auch andere Passagen der MaRisk für die Behandlung von Nachhaltigkeitsrisiken relevant sein. Somit finden Nachhaltigkeitsrisiken Eingang in alle relevanten Bereiche der MaRisk: Risikoinventur, Risikotragfähigkeit, Geschäftsstrategie, Risikostrategie/Risikoappetit, Risikoberichte, Geschäftsleitung, Governance: unabhängige Risikocontrollingfunktion, Gruppen, Risikomanagement/interner Stresstest und Prozesse im Kreditgeschäft.

Über den Verweis auf die EBA-Leitlinie für Kreditvergabe und Überwachung hinaus stellt die 7. MaRisk Novelle klar, dass, sofern relevant, Auswirkungen von Nachhaltigkeitsrisiken bei der Bewertung von Sicherheiten zu berücksichtigen sind wie z. B. die Energieeffizienz eines Gebäudes (BaFin 2023, BTO 1.2, Tz. 2). Ferner sind in Zusammenhang mit der Herausarbeitung von bedeutsamen Aspekten für das Adressenausfallrisiko eines Kreditengagements die Auswirkungen von ESG-Risiken einzubeziehen. Dabei wird explizit hervorgehoben, dass ein angemessen langer Zeitraum zu wählen ist (BaFin 2023, BTO 1.2, Tz. 4). Im Hinblick auf die Einbeziehung von ESG-Risiken in Risikoklassifizierungsverfahren wird die Möglichkeit eröffnet, entweder die ESG-Risiken als Teil des Risikoklassifizierungsverfahrens (bonitätsinduzierte Auswirkungen) zu behandeln oder sie separat davon, z. B. in Form eines ESG-Scores, zu bewerten (BaFin 2023, BTO 1.2, Tz. 6 (Erläuterung)).

Dem Merkblatt zum Umgang mit Nachhaltigkeitsrisiken lassen sich ergänzende Hinweise zu möglichen Good-Practice-Ansätzen für die Anpassung von Geschäftsorganisation und Risikomanagement aufgrund der Einbeziehung von ESG-Risiken entnehmen. Zwar ist dem Kreditgeschäft in dem Merkblatt kein eigenes Kapitel gewidmet, jedoch werden wesentliche Aspekte, die das Risikomanagement des Kreditgeschäftes berühren, behandelt:

- Überprüfung von Geschäftsstrategie und Risikostrategie (Kap. 3),
- Verantwortlichkeiten in der Unternehmensführung (Kap. 4),
- Umsetzung in der Geschäftsorganisation wie z. B. spezielle Nachhaltigkeitseinheit, Marktfolge, Funktionen für Risikocontrolling, Compliance und Interne Revision (Kap. 5),
- Risikomanagement wie u. a. Risikoanalyse- bzw. klassifizierungsverfahren oder Tools zur Risikoinventur bzw. Portfolioanalyse oder interne Berichterstattung (Kap. 6),
- Stresstest einschließlich Szenarioanalysen (Kap. 7),
- Auslagerung bzw. Ausgliederung (Kap. 8),
- Gruppensachverhalte (Kap. 9) sowie
- Verwendung von Ratings (Kap. 10).

In Kap. 6.3 wird beispielsweise auf die Good-Practice speziell für die Nutzung von Risikoanalyse- beziehungsweise -klassifizierungsverfahren eingegangen. Hervorgehoben wird, dass derartige Verfahren „der Sicherstellung der Einhaltung gesetzlicher und unternehmensinterner Nachhaltigkeitsanforderungen (einschließlich etwaiger Ausschlusskriterien/Limite), der Prüfung der Fähigkeit und Bereitschaft des Vertragspartners bzw. des Investitionsobjekts zu risikomindernden Maßnahmen einschließlich der Beurteilung der Qualität seines Nachhaltigkeitsmanagements und der eventuellen (vertraglichen) Vereinbarung entsprechender Risikominderungsmaßnahmen" dienen können (BaFin, 2019, Kap. 6.3.1, S. 24).

Im Ergebnis sollte eine Risikoeinstufung des Vertragspartners beziehungsweise des Investitionsobjektes erfolgen, an die je nach Ausprägung des Risikos unterschiedliche Maßnahmen anknüpfen können. Beispielsweise zählen hierzu der Dialog mit dem Vertragspartner zur Erhöhung des Risikobewusstseins und mit dem Ziel, Nachhaltigkeitsrisiken abzubauen beziehungsweise eine Zukunftsstrategie zu entwickeln. Ferner bei Beteiligungen mit Stimmrecht die entsprechende Ausübung der Stimmrechte auf Gesellschafterversammlungen des Beteiligungsunternehmens, der Abstimmung eines Maßnahmenplans zum schrittweisen Abbau von Nachhaltigkeitsrisiken (ggf. einschließlich verbindlichem Zeitplan und Berichtspflichten), der Verbesserung eines Nachhaltigkeitsratings oder der Einhaltung bestimmter Nachhaltigkeitsstandards sowie auch die Ablehnung der Transaktion oder die Ausführung nur bis zu einem bestimmten Limit. Schließlich sollte die Risikoeinstufung auch bei der Gestaltung der Kondition einfließen (BaFin, 2019, Kap. 6.3.4, S. 25 f.).

In Kap. 10 werden als weiteres Beispiel Anwendungsprobleme von Ratings erörtert. Hervorgehoben wird, dass derzeit einheitliche Begrifflichkeiten und allgemeine Standards für ESG-Ratings noch fehlen. Vor dem Hintergrund sollten Institute ESG-Ratings für die Bewertung von Nachhaltigkeitsrisiken nicht einfach übernehmen, sondern eine dem Proportionalitätsgrundsatz angemessene Plausibilisierung durchführen und Aspekte der Nachhaltigkeit von denen der Bonität oder des Kreditrisikos unterscheiden. Stellt sich heraus, dass ESG-Faktoren keinen oder nur geringfügigen Einfluss auf die Bonität eines Kreditnehmers haben, sollte dieses auch nicht verwendet werden (BaFin, 2019, Kap. 10, S. 34). Im Ergebnis sollte sich das Institut ein Bild über das Adressenausfallrisiko verschaffen und dabei eigene Erkenntnisse und Informationen in die Kreditentscheidung einfließen lassen (BaFin, 2019, Kap. 6.6.3, S. 27 f.).

5 Herausforderungen für Kreditinstitute

5.1 Ausgangslage für weniger bedeutende Institute (LSI)

Institute stehen im Kreditgeschäft vor der Herausforderung, die von der Aufsicht geforderte Transformation zeitnah umzusetzen. Da die europäischen und nationalen Leitlinien prinzipienorientiert ausgestaltet sind, ihnen somit die Funktion als „Leitplanken" für eine Umsetzung durch Institute zugedacht wurde, ist den Instituten Spielraum gegeben, in der Praxis je nach Bedarf unterschiedliche Vorgehensmodelle zu entwickeln. Ihr Erscheinungsbild wird maßgeblich durch die Berücksichtigung von Proportionalitätsgesichtspunkten geprägt sein. So sind für Institute mit einem Kundenportfolio, das große börsennotierte Gesellschaften beinhaltet, eher externe Ratings verfügbar als für Institute, die sich auf ein mittelständisches Klientel ohne Börsennotierung konzentrieren. Eine Best-Practice gilt es am Markt noch zu entwickeln.

In einer strukturierten Erhebung hat die deutsche Aufsicht in Zusammenarbeit mit sieben weiteren nationalen Aufsehern in Europa im Jahr 2023 den aktuellen Umsetzungsstand der aufsichtlichen Erwartung an die grüne Transformation ermittelt. Aus Gesprächen der Autoren mit der Aufsicht lässt sich die Tendenz ableiten, dass aktuell kein deutsches (weniger bedeutendes) Institut (LSI) mit Blick auf seinen Umsetzungsstatus bei der grünen Transformation als fortgeschritten eingestuft werden kann, wenngleich als grundlegend zu bezeichnende Praktiken vielfach schon eingeführt sind. Dabei besteht die Wahrnehmung, dass deutsche Institute im Vergleich zu LSI aus anderen Single-Supervisory-Mechanism (SSM)-Staaten besser abschneiden. Die deutsche Aufsicht verweist hierzu auf den frühzeitigen Beginn ihres Dialoges zur grünen Transformation mit den Banken. Hierzu zählt auch die Veröffentlichung ihrer Erwartungshaltungen im Merkblatt (BaFin, 2019).

5.2 Anforderungen und Aufgaben für die grüne Transformation des Kreditgeschäfts

Offensichtlich befinden sich viele (LSI)-Institute derzeit noch im Stadium der Konzeptionierung ihrer Transformationsprojekte für das Kreditgeschäft. Damit sind vielfältige Anforderungen und Aufgaben verbunden, von denen einige wichtige beispielhaft genannt seien.

1. Der **strategische Rahmen für die Einbeziehung von Nachhaltigkeitsaspekten** in das Kreditgeschäft ist festzulegen. Bereits im Rahmen der Anpassung ihrer Geschäfts- und Risikostrategie sollte sich das Institut auf ein Paket an nachhaltigen ESG-Zielsetzungen festgelegt haben, das den individuellen Begebenheiten und Bedürfnissen des Unternehmens Rechnung trägt (vgl. z. B. die Vorgehensweise von GRI, UN Global Compact, wbcsd, GRI, 2015). Auf dieser Basis sollten Strategien entwickelt worden sein, die spezifisch, messbar und zeitlich eingegrenzt sind. Häufiges Beispiel ist die Reduzierung von Treibhausgasemissionen (Greenhouse-Gas-Protocol GHG, 2015) oder der Verbrauch von Wasser in einem bestimmten Umfang, gegebenfalls unter Bezugnahme auf die langfristige Zielerreichung zum Beispiel nach dem Pariser Abkommen (i. S. d. Paris Agreement Transition Assessment (PACTA)) (EBA, 2020c, Kap. 3.2). Zur Fundierung des Strategieprozesses sollte eine Art Nachhaltigkeits-Due-Diligence durchgeführt worden sein. Anhand individueller Heat Maps sollte transparent geworden sein, welchen Einfluss Nachhaltigkeitsfaktoren und -risiken auf die Geschäftsstruktur des Instituts haben (bspw. unter Bezugnahme auf das Konzept von Battiston et al., 2017). Die UN hat im Rahmen ihrer UNEP FI Initiative hierzu beispielsweise einen Analyseansatz entwickelt (Impact Management Toolkit) (UNEP, 2022a, 2023).

    Innerhalb dieses Strategierahmens ist Klarheit zu schaffen, welche geschäftspolitischen Zielsetzungen unter Berücksichtigung von Nachhaltigkeit im Kreditgeschäft verfolgt werden. Basierend auf Erkenntnissen von Aufschlüsselungen des Kreditportfolios nach Nachhaltigkeitsaspekten (z. B. in Form von Heat Maps) wäre beispielsweise ein Zielkreditportfolio nach Maßgabe von ESG-Kriterien festzulegen (Kreditvolumina je ESG-Kriterium, ggf. i. V. m. weiteren Aufschlüsselungen nach Kreditproduktklassen oder Kundensegmenten usw.). Am Markt beobachtbar sind auch geschäftspolitische Nachhaltigkeitsstrategien, die auf den gezielten Aufbau bestimmter "grüner" Kreditportfolien gerichtet sind. Beispielsweise setzt sich die Deutsche Bank ehrgeizige Nachhaltigkeitsziele, unter anderem mindestens 200 Mrd. Euro an nachhaltigen Finanzierungen und Anlagen bis 2025, die Schaffung der Voraussetzungen für eine erste eigene „grüne" Anleihe und Deckung des Stromverbrauchs der Bank bis 2025 komplett aus erneuerbarer Energie (Deutsche Bank, 2020).

Entsprechend ist die Kreditrisikostrategie an die Vorgaben von AT 4.2 MaRisk anzupassen. In die Ziele der Risikosteuerung des Kreditportfolios, gegebenenfalls unterteilt in Teilportfolien, sowie der Maßnahmen ihrer Zielerreichung sind die Auswirkungen von ESG-Risiken aufzunehmen. Typischerweise sind hierfür die im Zielbild des Institutes festgelegten ESG-Faktoren einzubeziehen. Aus der oben besprochenen Erwartungshaltung der Aufsicht lässt sich ableiten, dass zumindest die Risiken umweltbezogener ESG-Faktoren (derzeit) Berücksichtigung finden sollten, wie sie zum Beispiel in § 8 der EU-Taxonomieverordnung definiert sind (EBF, UNEP FI, 2021, 2022). In der Folge ist der Risikoappetit für das Eingehen von ESG-Risiken anhand geeigneter Risikoindikatoren im Kreditgeschäft festzulegen und durch quantitative Vorgaben (z. B. Limite) oder in qualitativer Hinsicht (z. B. durch Vorgaben für die Vermeidung von Geschäften mit einer bestimmten ESG-Ausprägung) umzusetzen. Anhaltspunkte für geeignete Risikoindikatoren gibt beispielsweise die EBA in ihrem Diskussionspapier zum Risikomanagement (EBA, 2021b, Anhang 1, S. 152–162) oder die UNEP FI Initiative (UNEP, 2022b mit entsprechender Überleitung zu Branchenkodierungen (hier: ISIC Classificiation und NACE-ISIC Mapping)).

2. Die Berücksichtigung von Nachhaltigkeit hat Einfluss auf die **Ausgestaltung der Geschäftsorganisation für das Kreditgeschäft**. Zunächst ist eine geeignete Projektstruktur für die Einführung von ESG ins Kreditgeschäft zu finden. Sie wird nicht nur durch Umfang, Bedeutung und Komplexität des Kreditgeschäfts, sondern insbesondere auch durch die Bedeutung und Komplexität von ESG-Faktoren für das Kreditgeschäft bestimmt. Es macht einen Unterschied, ob das Kreditportfolio auf Immobilienkreditgeschäft (entspricht hoher ESG-Komplexität) oder auf die Finanzierung von Windkraftunternehmen ausgerichtet ist. Ähnliche Überlegungen gelten auch für die Anpassung der personellen Ausstattung, die in ihrer Bandbreite von relativ geringfügiger Ausweitung der jeweiligen Kapazitäten in der Wertschöpfungskette im Kreditgeschäft bis hin zur Bildung von Kompetenzzentren für die Beurteilung und Steuerung von oder bestimmter ESG-Risiken reichen kann (vgl. hierzu auch Case Studies der UNEP, 2022c). Zudem sind die Einrichtung eines „Climate Business Council" unter Leitung des Vorstandes und/oder die Etablierung von sogenannten „Risk Stewards" zur Abdeckung von ESG-Risiken in relevanten Bereichen denkbar. Weitere typische Anpassungen sind vorzunehmen wie zum Beispiel in Hinblick auf Verantwortlichkeiten für ESG (ESG-Organisation, Risiko-Controlling, Compliance, Interne Revision), Auslagerungen, die ESG-Organisationsrichtlinien, die Qualifikation und Schulung von Mitarbeitern sowie speziell das Vorgehensmodell für das Kreditbewilligungsverfahren usw., die Anpassung von Dokumentations-Tools und -prozessen, die Anpassung von Verträgen.

3. Die Nachhaltigkeit stellt neue Anforderungen an die Ausgestaltung und Durchführung des **Kreditrisikomanagements**. Da Nachhaltigkeitsrisiken nach Ansicht der Aufsicht keine eigenständige Risikoart darstellen, sie lediglich als Risikotreiber für die herkömmlichen Risikoarten angesehen werden, finden hier grundsätzlich die MaRisk-Anforderungen für das Kreditgeschäft Anwendung (BaFin, 2019, S. 15). Bestehende Organisationsrichtlinien, Regelungen und Maßnahmen sind um die neue Perspektive der Nachhaltigkeit zu ergänzen.
4. Entsprechend ist beispielsweise die Ermittlung von Nachhaltigkeitsrisiken im Rahmen der **Risikoinventur** in den Aufnahmeprozess für Adressausfallrisiken zu integrieren. In Anbetracht der aktuell noch unzureichenden Datengrundlage zur Messung von Nachhaltigkeitsrisiken (NGFS, 2022b) dürfte eine qualitative Bewertung ihres Einflusses auf die Adressenausfallrisiken zulässig sein. Zu beachten ist dabei, dass für die Aufnahme von Nachhaltigkeitsrisiken deutlich längere Zeithorizonte zugrunde zu legen sind, als in den bisherigen Verfahren für die Aufnahme von Adressenausfallrisiken vorgesehen ist. Gegebenenfalls wäre die Risikoaufnahme um Kommentierungen zur langfristigen Entwicklung des Risikotreibers der Nachhaltigkeit zu ergänzen.
5. Im Weiteren sind Nachhaltigkeitsrisiken in die **Kreditrisikosteuerungs- und -controllingprozesse** (einschließlich den Eskalationsprozessen) unter Rückgriff von geeigneten Risikoindikatoren aufzunehmen. Gefordert ist ferner eine Integration in die interne Berichterstattung über die Risikoarten des Instituts. Der Umfang der Ausgestaltung dieser Maßnahmen dürfte durch Proportionalitätsgesichtspunkte bestimmt sein.

Eine wichtige Aufgabe stellt sich mit der Frage, wie die Risikoanalyse- und Risikoklassifizierungsverfahren auszugestalten oder zu ändern sind, um Nachhaltigkeitsrisiken zu berücksichtigen. Zum einen betrifft dies die Klassifizierung der bestehenden Kreditbestände (z. B. anhand von geeigneten Heat Maps) und zum anderen das Vorgehensmodell zur Bewertung und Risikoklassifizierung im Rahmen der Kreditentscheidung. Entsprechend wären Offenlegungsanforderungen für Kunden zu erweitern, um relevante Informationen von den Kreditnehmern für die Analyse ihrer Geschäftsmodelle zu erhalten. Kritische Punkte unter anderem mit Bezug zur Nachhaltigkeit sind gegebenenfalls unter Annahme verschiedener Szenarien darzustellen. Zu prüfen ist ferner, inwieweit die Verfahren zur Sicherheitenbewertung aufgrund der Einbeziehung von Nachhaltigkeitsaspekten anzupassen sind.
6. Die **externe Publizität** sowie die **aufsichtsrechtliche Offenlegung** sind bezüglich der Darstellung von Nachhaltigkeitsrisiken im Kreditgeschäft anzupassen. Je nach Größe von Instituten gelten hier unterschiedliche Anforderungen.
7. Es ergeben sich umfangreiche Aufgabenpakte für die Anpassung des **Datenhaushaltes** und der **Datenverarbeitung**.

In der praktischen Umsetzung der grünen Transformationsprojekte stellt die Umstellung und Anpassung von Prozessen und Methoden zur Kreditklassifizierung einen bedeutenden Themenkomplex dar, dem wir uns im Folgenden detaillierter zuwenden wollen.

5.3 Ausgestaltung des Klassifizierungssystems von Kreditnehmern unter Berücksichtigung von Nachhaltigkeitsapekten

5.3.1 Ansätze für die Kreditklassifizierung

In Praxis und Wissenschaft wird derzeit an der Entwicklung unterschiedlicher Ansätze zur Erfassung von ESG-Risiken in Kreditklassifizierungen gearbeitet. Einen Überblick hierzu gibt die NGFS (2020a), der internationale Zentralbanken angehören. Sie unterteilt die Modelle grundlegend danach, ob sie die Auswirkungen von physischen Risiken oder von transitorischen Risiken erfassen (NGFS, 2020a, S. 12). Typischerweise werden über die Bildung von Szenarien vorausschauende Entwicklungen antizipiert. Die betrachteten Modelle beziehen sich ausschließlich auf Umweltrisiken.

Die Methodik eines großen Teils der Ansätze stellt darauf ab, den Einfluss umweltbezogener Ereignisse auf die Finanzdaten (Bilanz und GuV) von Kreditnehmern zu modellieren. Die ermittelten Effekte gehen über Parameter wie PD oder LGD usw. in entsprechende Finanzmodelle ein. Dadurch wird eine Quantifizierung ermöglicht (z. B. der Veränderung des Kreditrisikos für den Kreditgeber (auf Einzelkreditnehmerebene oder -portfolioebene)). Ergebnisse werden typischerweise in Form von Szenarioanalysen dargestellt (NGFS, 2020a, S. 12).

Bei Modellen, die physische Risiken bewerten, ergibt sich der Einfluss, gemessen in zusätzlichen Kosten/Aufwendungen, unmittelbar aus klima- oder umweltbezogenen Ereignissen oder aus einem Zweitrundeneffekt physischer Ereignisse. Hierfür können bspw. Daten internationaler Institutionen wie der International Energy Agency (IEA) (IEA, 2023) oder des International Institute for Applied Systems Analysis (IIASA) (IIASA, 2023) verwendet werden (NGFS, 2020a, S. 12–16).

Modelle zur Erfassung transitorischer Risiken gehen zumeist mehrstufig vor. In einem ersten Schritt werden klimabezogene oder ereignisbezogene Szenarien gebildet. Hierzu kann auf unterschiedliche sektorbezogene, makroökonomische oder sog. Integrated Assessment Models (IAM) (NGFS, 2020b, S. 23) zurückgegriffen werden. In einem zweiten Schritt kann dann der Effekt z. B. energiepolitischer Maßnahmen (z. B. erhöhte Preise für Treibhausgasemissionen etc.) oder von technologischer Veränderung auf die Finanzdaten der Kreditnehmer ermittelt werden. In einem dritten Schritt werden die Auswirkungen in die Kreditrisikomodelle von Banken integriert (auf Einzelkreditnehmer- oder -portfolioebene) (NGFS, 2020a, S. 16–20). Insgesamt entsteht ein komplexes Gebilde von Annahmen und Funktionszusammenhängen.

Weit verbreitet sind ferner ESG-Scoring Ansätze, die u. a. von Rating Instituten wie Bloomberg, FTSE, ISS, MSCI, Refinitiv, S&P Global, Sustainalytics und vielen mehr verwendet werden, und durch die für einzelne Unternehmen umweltbezogene Scores zur Verfügung gestellt werden. Ein solcher Score ermittelt sich typischerweise aus der Aggregation von Teilscores (z. B. für Umweltrisiken oder Sozialrisiken usw.), die wiederum aus der Zusammenfassung von Ergebnissen einzelner Indikatoren gebildet werden. Die Scores werden anhand von Peer Groups eingewertet (Peer Group Ranking). Auf Ebene der Indikatoren erfolgt die Bewertung in den Dimensionen Risikoexposure und Managementqualität. Grundlage für die Erhebung bilden Informationen über Nachhaltigkeitsdaten und zum Nachhaltigkeitsmanagement von Unternehmen, die aus Unternehmenspublikationen, speziellen wissenschaftlichen Datenbanken oder aus anderen Quellen in den Medien, gegebenenfalls unter Verwendung moderner Technologien wie künstlicher Intelligenz oder maschinellem Lernen, gewonnen werden (NGFS, 2020a, S. 28–30).

Ein anderer Ansatz wird mit dem Modell „CARIMA" verfolgt, das vom Bundesministerium für Bildung und Forschung (BMBF) gefördert wurde. Es ermittelt unter Rückgriff auf kapitalmarktbezogene Modelle und der Einführung eines Carbon Risk Factors (BMG: brown minus green) die Auswirkungen von Transitionsrisiken auf Investmentportfolien (NGFS, 2020a, S. 23–25). Die NGFS macht auf eine Vielzahl von weiteren Ansätzen aufmerksam, wobei sie u. a. auf den Heat-Map-Ansatz von Moody's Investor Services oder den Ansatz des Natural Capital Risk Assessment (NGFS, 2020a, S. 30–32) hinweist.

In ihrer Gesamtwürdigung der bisherigen Ansätze und Modelle zur Erfassung von Umweltrisiken im Kreditrisiko von Kreditnehmern hebt die NGFS hervor, dass ihnen für das Funktionieren eines effektiven und quantitativ ausgerichteten Kreditrisikomanagements von Instituten eine herausragende Bedeutung beizumessen ist. Gleichwohl bleibt ihre Anwendung noch begrenzt, viele Modelle befinden sich im Experimentierstatus. Im Einzelnen wird aufgeführt (NGFS, 2020a, S. 32 f.):

a. Viele Institute, insbesondere kleinere Institute, haben in der Vergangenheit die Relevanz von Umweltrisiken und ihrer Implikationen auf das eigene Geschäftsmodell nicht gesehen und keine Anstrengungen unternommen, sie in ihr Risikomanagement zu integrieren.
b. Für das Betreiben von wirksamen umweltbezogenen Risikomodellen werden eine Vielzahl an Informationen und Daten benötigt wie umweltbezogene Daten und Informationen von Unternehmen, historische Muster von umweltbezogenen und klimatischen Veränderungen, damit verbundene Verluste, zukunftsgerichtete Szenarien und Annahmen für zukünftige Gewinne und Verluste sowie der Einfluss solcher Änderungen auf Ökonomien, Sektoren und Firmen. Bislang gibt es hierzu keine einheitlichen und verlässlichen Informationen und Daten, womit eine erhebliche Einschränkung der Anwendbarkeit der Modelle einhergeht.
c. Die Entwicklung von verlässlichen Modellen ist sehr aufwändig und hat viele Institute bisher davon abgehalten, erforderliche Investments zu tätigen.
d. Viele Modelle konzentrieren sich bisher ganz auf klimabezogene Aspekte. Das hat dazu geführt, dass Modellüberlegungen zu anderen umweltbezogenen Aspekten wie Umweltverschmutzung, Wasserwirtschaft oder Biodiversität noch nicht sehr ausgereift sind, obwohl solche Aspekte bei einzelnen Instituten durchaus von Relevanz sein können.
e. Ferner existieren eine Reihe von Lücken in der Methodik und Datenqualität von Modellen. Beispielhaft sind Rückwirkungen von ergriffen Maßnahmen auf die zukünftige Leistungsfähigkeit von Unternehmen nicht beachtet worden. Viele Modelle beziehen

sich nur auf Daten von börsennotierten Unternehmen; zu den Sektoren nichtbörsennotierter, insbesondere auch mittelständischer Unternehmen und auch vieler Immobilienunternehmen stehen Daten nur in eingeschränktem Umfang zur Verfügung. Für die Abbildung von Szenarien haben sich noch keine „Baseline"-Standards herausgebildet. Entsprechend ist eine Vergleichbarkeit von Ergebnissen spürbar beeinträchtigt. Insbesondere bei ESG-Ratings stellt sich die Inkonsistenz bei der Definition von Daten zwischen verschiedenen Anbietern als große Herausforderung dar, desgleichen die bestehende Intransparenz ihrer Methodik (NGFS, 2022a, S. 2). Eine zusätzliche Herausforderung stellt sich in der Verwendung unterschiedlicher Zeiträume, die typischerweise für die Festlegung von Ratings und für die Bewertung von Umweltrisiken (deutlich länger) herangezogen werden (NGFS, 2022b, S. 2). Ferner war bislang die Verlässlichkeit von Daten und Informationen in der Unternehmenspublizität mangels vorgegebener Prüfungspflicht durch Wirtschaftsprüfer noch nicht gewährleistet.

Es sind eine Vielzahl von Initiativen ergriffen worden, um insbesondere die Qualität von Informationen und Daten zu verbessern. Hierzu gehören u. a. auch die Entwicklungen in der Unternehmenspublizität, z. B. die Umsetzung von CSRD oder SFDR, die (Fort-)Entwicklung von Taxonomien sowie das Zurverfügungstellen von Key Risk Indicators (KRI) und Statistiken durch die Wissenschaft, Marktteilnehmer und öffentlichen Institutionen (NGFS, 2020a, S. 32 f.). Noch hat der Markt jedoch keine verlässlichen Modellstandards entwickelt (NGFS, 2022b, S. 2). Ebendiese werden aber benötigt, um einen nach MaRisk BTO 1.4 geforderten validen Zusammenhang zwischen den mit diesen Verfahren aufgegriffenen Nachhaltigkeitsrisiken und der Bonität des Vertragspartners bzw. von Projekt- oder Objektrisiken nachzuweisen.

5.3.2 Beispiel eines qualitativen Diagnosemodells für die Kreditklassifizierung

Nach den MaRisk ist es zulässig, auf qualitative bzw. subjektive Beurteilungen von Nachhaltigkeitsrisiken zurückzugreifen, um Klassifizierungen von Kreditnehmern in einzelne Risikoklassen vorzunehmen. BTO 1.4 MaRisk verlangt hierfür die Festlegung von Kriterien, um im Rahmen der Beurteilung von Risiken eine unverzügliche und nachvollziehbare Zuweisung in eine Risikoklasse zu gewährleisten.

Ein solcher Ansatz für die Bewertung von Nachhaltigkeitsrisiken wird von *Zemke und Hoffmann* (2021, S. 187–192) vorgestellt. Er entspricht der Erwartungshaltung der BaFin, demzufolge zur Identifizierung und Beurteilung von Nachhaltigkeitsrisiken die Einrichtung neuer oder eigener Verfahren vorgenommen werden kann (Bafin, 2019, S. 25, Kap. 6.3.1), die bestehende Risikoklassifizierungsverfahren ergänzen.

Im Kern werden nach diesem Ansatz anhand individualisierter Checklisten qualitative Beurteilungen von ESG-Risiken auf Einzelkreditebene vorgenommen. Für ihre Einwertung werden ordinale Bewertungsskalen verwendet. Aus der (individuell gewichteten) Zusammenfassung von Einzel-Scores für einzelne ESG-Risikoarten ergibt sich das ESG-

Risiko-Gesamtergebnis (Gesamt-Score). An diesem ESG-Risiko-Ergebnis knüpfen die Risikoeinschätzung zur Rückzahlungsfähigkeit des Kreditnehmers und in der Folge ggf. die Festlegung ergänzender Maßnahmen an. Die Ergebnisse sind in Zusammenspiel mit der Bonitätseinschätzung aus dem bestehenden Kreditklassifizierungsverfahren zu sehen.

Der verfolgte diagnostische Ansatz für die ESG-Kreditrisikoanalyse orientiert sich an den individuellen Begebenheiten eines Instituts, so wie sie durch die Kreditgeschäfts- und -risikostrategie konkretisiert wurden. Ihm liegen Untersuchungen zum Umfang und zur Risikoeinschätzung von Kreditportfolien zugrunde, etwa auf Basis von ESG-Heat Maps (Abschn. 5.3.1). Je nach Art und Zusammensetzung des Portfolios liegt somit eine unterschiedliche ESG-Charakteristik vor. Immobilienportfolien machen sich hier anders bemerkbar als Portfolien aus dem Sektor grüner Energien oder dem ESG-neutralen Sektor. Üblicherweise sind dabei relevante lokale Faktoren oder Zusammenhänge wie z. B. lokale Klimabedingungen an der Nordsee- oder Ostseeküste und ihre Bedeutung für Adressausfallrisiken betroffener Portfolien berücksichtigt worden.

Der Analyseansatz beschränkt sich nicht nur auf die Berücksichtigung von klimabezogenen Risiken. Er erlaubt eine umfassende Betrachtung von Nachhaltigkeitsrisiken. Weitere ESG-Ziele können einbezogen werden wie z. B. solche zur Wasserwirtschaft usw. oder auch soziale oder Governance-Ziele – je nach individueller Festlegung des ESG-Zielbildes des einzelnen Instituts (Zemke & Hoffmann, 2021, S. 188 f.).

In Abb. 1 wird der schematische Aufbau der ESG-Kreditrisikoanalyse dargestellt.

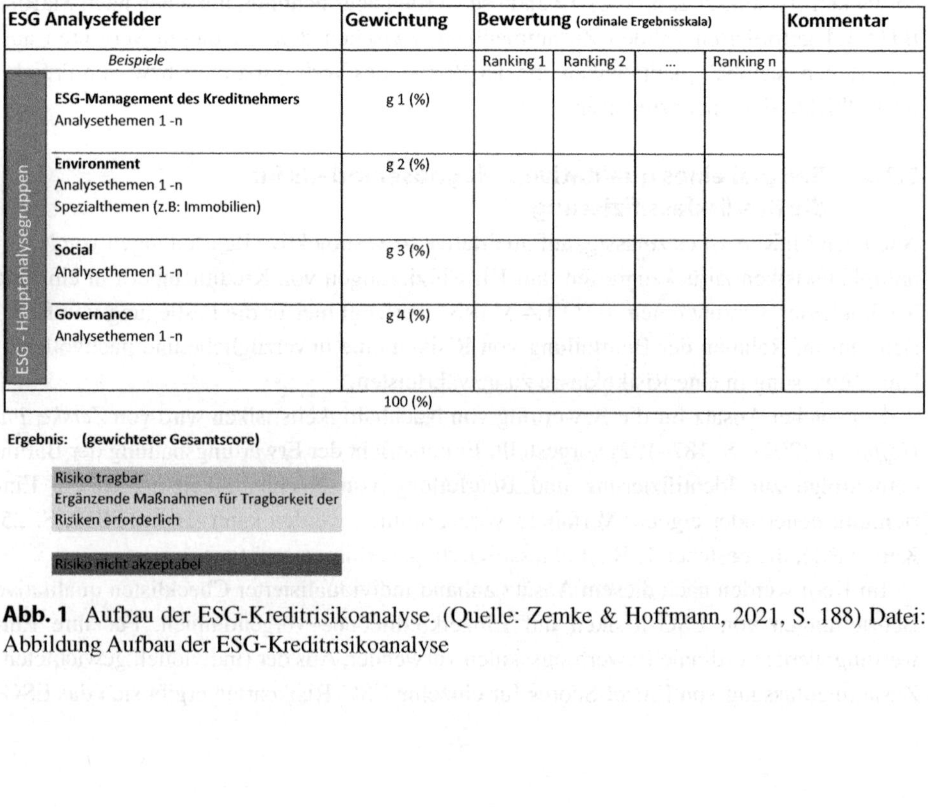

ESG Analysefelder		Gewichtung	Bewertung (ordinale Ergebnisskala)				Kommentar
	Beispiele		Ranking 1	Ranking 2	...	Ranking n	
ESG – Hauptanalysegruppen	**ESG-Management des Kreditnehmers** Analysethemen 1 -n	g 1 (%)					
	Environment Analysethemen 1 -n Spezialthemen (z.B: Immobilien)	g 2 (%)					
	Social Analysethemen 1 -n	g 3 (%)					
	Governance Analysethemen 1 -n	g 4 (%)					
		100 (%)					

Ergebnis: (gewichteter Gesamtscore)

Risiko tragbar
Ergänzende Maßnahmen für Tragbarkeit der Risiken erforderlich

Risiko nicht akzeptabel

Abb. 1 Aufbau der ESG-Kreditrisikoanalyse. (Quelle: Zemke & Hoffmann, 2021, S. 188) Datei: Abbildung Aufbau der ESG-Kreditrisikoanalyse

Der Ansatz ermöglicht, dass die Komponenten und Parameter des Verfahrens sowie die Art ihres Zusammenwirkens jeweils institutseinheitlich, aber individuell festgelegt werden. Im Rahmen eines Umsetzungsprojektes bedarf es hierzu eines eigenen Moderationsmoduls, in das Vertreter aus dem Kreditgeschäft, aber auch aus verschiedenen Querschnittsbereichen eingebunden sind. Im Einzelnen ist zu erarbeiten (Zemke & Hoffmann, 2021, S. 190–192):

- Eine Definition der Hauptanalysegruppen für die Nachhaltigkeitsanalyse, die aus allen Bereichen von E, S und G stammen können. Ferner können weitere Auffächerungen vorgenommen werden wie zum Beispiel in den Einfluss von Umweltzielen auf die Kreditrückzahlung, die Sicherheiten und den Finanzierungszweck.
- Entwicklung eigener Analyseschemata für identifizierte spezielle ESG-Branchenrisiken, -Produkt- oder -Projektrisiken. Dies könnte bspw. in Zusammenhang mit der Erfüllung von Anforderungen stehen, die aus der EU-Taxonomieverordnung herrühren, z. B. in Form von Criteria Thresholds und Do-not-significant-harm (DNSH)-Bedingungen.
- Die Hauptgruppen sind im Verhältnis zueinander zu gewichten, um eine Zusammenführung von Ergebnissen zu einem Gesamtergebnis zu ermöglichen.
- Die konkreten Fragestellungen (Checklisten) für die einzelnen Analysegruppen sind zu definieren. Hier findet eine Verknüpfung mit den vom Institut zu verwendenden ESG-Faktoren (z. B. „Greenhouse-Gas-Protocol"-Emissionen (GHG) etc.) statt. Ferner verbunden ist damit die Festlegung von Anforderungen an Informationen und Daten, die von Kunden zu erbringen sind.
- Das Bewertungsschema für die Analyseergebnisse ist festzulegen. Eine Verknüpfung der zu verwendenden ordinalen Skala mit der Rückzahlungsfähigkeit eines Kunden ist vorzunehmen, etwa durch Unterteilung der Ergebnisse in ihre angenommene Wirkung auf die Rückzahlung des oder der Kredite (hohe Wirkung bis kleine/keine Wirkung). Jedem Skalenwert wird ein Punktwert zugeordnet.
- Die Verknüpfung zu einem Gesamtwert (Score) ist zu modellieren. Dieser soll Aufschluss geben, ob die Risiken vom Institut tragbar oder nicht tragbar und ob weitere Maßnahmen mit dem Kunden zu vereinbaren sind.

Im Ergebnis wird mit Unterstützung des Verfahrens ein Dialog mit den Kreditnehmern ermöglicht, in dessen Rahmen in standardisierter Weise und anhand institutsindividueller Kriterien deren Geschäftsmodelle auf ESG-Risiken hin untersucht und mit dem Rückzahlungsrisiko des Instituts verbunden werden. Dabei müssen die ESG-Kriterien sich nicht nur auf umweltbezogene Ziele beschränken, sondern können das gesamte ESG-Zielbild eines Instituts einbeziehen. Der Diagnose können kurz-, mittel- und langfristige Zeithorizonte zugrunde gelegt werden.

Durch kontinuierliche, einheitliche und institutsweite Datensammlung kann ein transparenter und konsistenter Datenpool aufgebaut werden, der als Grundlage für Analysen des Kreditrisikomanagements oder auch im Dialog mit Kunden als Grundlage für das Aufzeigen von Best-Practice dienen kann.

Im Rahmen seiner Einführung wird das Verfahren in die Organisation und Prozesse des Kreditgeschäftes integriert. Beispielsweise ist eine Verknüpfung mit der Kompetenzordnung des Instituts oder mit Schwellenwerten für die Intensivbetreuung von Kreditengagements vorzunehmen. Möglich ist ferner die Herstellung eines Zusammenhanges mit der Konditionengestaltung. Ferner ist das Analysetool technisch umzusetzen und in institutsindividuelle IT-Lösungen zu überführen. Daneben stehen auch Lösungen externer Anbieter zur Verfügung wie beispielsweise vom norwegischen Software-Dienstleister *TietoEvry* (2021; auch Zemke & Hoffmann, 2021, S. 188 f.).

Das Verfahren verlangt, dass für die Beurteilung von Nachhaltigkeitsrisiken und somit ihre Einbeziehung in Kreditentscheidungen eine eigene (tiefgehende) Expertise bei der Kreditbearbeitung und -entscheidung vorhanden ist. Je nach Organisationsgestaltung kann dies gegebenenfalls mit der Einbeziehung von Expertenwissen aus spezialisierten internen Abteilungen oder von externen Dienstleistern kombiniert werden. Dies kann zum Beispiel auch durch die Vorgabe bestimmter Trigger erfolgen, die durch das Erreichen einer bestimmten Score-Punktzahl aus der ESG-Kreditklassifizierung in Verbindung mit weiteren Einschätzungen des Kreditentscheiders definiert werden. Da der Themenkomplex der Nachhaltigkeit komplex und derzeit für viele Mitarbeitende noch neu ist, bedarf es umfangreicher Fortbildungsmaßnahmen. Die Art der Ausgestaltung des ESG-Fortbildungswesen stellt einen wesentlichen Faktor für den Erfolg des institutsindividuellen Diagnoseansatzes dar (Zemke & Hoffmann, 2021, S. 191 f.). Allerdings wird damit auch organisatorisch die Erwartung der Aufsicht untermauert, die Fähigkeit herzustellen, einen qualifizierten Dialog mit Kreditnehmern zur Nachhaltigkeit im Rahmen von Kreditentscheidungen führen zu können.

6 Schlussbemerkung

Mit der Einführung von ESG-Risikotreibern in das europäische und nationale aufsichtliche Regelwerk für Risikomanagement und Kreditgeschäft ist der Startpunkt für Institute gesetzt, sich den Herausforderungen der Transformation ihrer Kreditorganisation zu stellen. Die Akzeptanz der neuen Verfahren und daraus resultierenden Anforderungen an die Kreditbearbeitung und -entscheidung steht in Abhängigkeit von der Einschätzung ihrer Effektivität – bei den Mitarbeitenden der Bank sowie auch den Kunden. Die von der Bankenaufsicht festgestellten Datenverfügbarkeits- und -qualitätsprobleme stellen eine große Hürde in diesem Zusammenhang dar. Die im Rahmen des European Green Deals ergriffenen Maßnahmen werden hier in den nächsten Jahren zu einer deutlichen Verbesserung führen. Insbesondere von der Einführung der CSRD mit umfassenden Offenlegungspflichten auch für mittelständische Unternehmen sowie der Weiterentwicklung der EU-Taxonomie ist eine deutliche Verbesserung der Grundlage für Datenerhebungen zu erwarten. Hierin spielen auch Bestrebungen öffentlicher Institutionen wie z. B. der NGFS, mit eigenem Research die Verfügbarkeit öffentlicher Informationen zu verbessern (NGFS, 2020a, S. 35 und NGFS, 2022c).

Für Kreditinstitute stellt sich aktuell die Frage, welche Vorgehensweise angemessen ist und zugleich von der Bankenaufsicht akzeptiert wird. Grundsätzlich sieht die Aufsicht „den Ball im Feld" der Institute liegen, die aufgefordert sind, geeignete Modelle und Verfahren zu entwickeln. Für viele Institute, insbesondere weniger bedeutende Institute, wird gegebenenfalls eine Strategie sinnvoll sein zu warten, bis sich verlässliche Verfahren oder Modelle am Markt etabliert haben, die ohne großen zusätzlichen Entwicklungsaufwand im eigenen Institut einsetzbar sind, und gleichzeitig schon mit der Transformation zu beginnen. Bis ausgereifte Verfahren verfügbar sind, kann erwogen werden, alternative Ansätze einzusetzen. Es kann beispielsweise auf eine qualitative Diagnostik auf Grundlage subjektiver Einschätzungen zurückgegriffen werden, mit denen es möglich ist, den „grünen" Dialog mit den Kunden zu gestalten und eine Einbindung in das Kreditrisikomanagement zu erlauben. Gegebenenfalls wird dann bereits in der ersten Phase des Dialoges mit Kunden die Akzeptanz des Vorgehens erzeugt.

Literatur

BaFin. (2019). *Merkblatt zum Umgang mit Nachhaltigkeitsrisiken.* Bundesanstalt für Finanzdienstleistungsaufsicht. https://www.bafin.de/SharedDocs/Downloads/DE/Merkblatt/dl_mb_Nachhaltigkeitsrisiken.html. Zugegriffen am 27.02.2023.

BaFin. (2023). *Rundschreiben 05/2023 (BA), Mindestanforderungen an das Risikomanagement – MaRisk, vom 29.06.2023*

Battiston, S., Mandel, A., Monasterolo, I., Schütze, F., & Visentin, G. (2017). A climate stress-test of the financial system. *Nature Climate Change, 7,* 283–290.

Deutsche Bank. (2020). *Medieninformationen: Deutsche Bank setzt sich ehrgeizige Nachhaltigkeitsziele.* https://www.db.com/news/detail/20200512-deutsche-bank-setzt-sich-ehrgeizige-nachhaltigkeitsziele?language_id=3. Zugegriffen am 02.02.2023.

EBA. (2020a). *Final Report – Guidelines on loan origination and monitoring.* EBA/GL/2020/06. European Banking Authority. https://www.eba.europa.eu/sites/default/documents/files/document_library/Publications/Guidelines/2020/Guidelines%20on%20loan%20origination%20and%20monitoring/884283/EBA%20GL%202020%2006%20Final%20Report%20on%20GL%20on%20loan%20origination%20and%20monitoring.pdf. Zugegriffen am 02.02.2023.

EBA. (2020b). *Explanatory Note on the EBA's comprehensive approach to loan origination.* European Banking Authority. https://www.eba.europa.eu/sites/default/documents/files/document_library/Publications/Guidelines/2020/Guidelines%20on%20loan%20origination%20and%20monitoring/884284/Explanatory%20note%20on%20Guidelines%20on%20loan%20origination%20and%20monitoring.pdf. Zugeriffen am 02.02.2023.

EBA. (2020c). *EBA Discussion Paper on management and supervision of ESG risks for credit institutions and investment firms.* EBA/DP/2020/03. European Banking Authority. 2020-10-15 BoS – ESG report MASTER FILEcl.docx (europa.eu). Zugegriffen am 02.02.2023.

EBA. (2021a). *ESG Risk Management and Supervision. European Banking Authority.* EBA – ESG risks management and supervision factsheet (europa.eu). Zugegriffen am 06.02.2023.

EBA. (2021b). *EBA Report on Management and Supervision of ESG Risks for Credit Institutions and Investment Firms.* EBA/REP/2020/18. European Banking Authority. 2020-10-15 BoS – ESG report MASTER FILEcl.docx (europa.eu). Zugegriffen am 03.02.2023.

EBA. (2021c). *Final Report: Guidelines on internal governance under Directive 2013/36/EU*. EBA/GL/2017/11. European Banking Authority. Guidelines on internal governance (revised) | European Banking Authority (europa.eu). Zugegriffen am 03.02.2023.

EBA. (2021d). *Final report on Guidelines on sound remuneration policies under Directive 2013/36/EU*. EBA/GL/2021/04. European Banking Authority. Draft Final report on GL on remuneration policies under CRD.pdf (europa.eu). Zugegriffen am 02.02.2023.

EBA. (2022a). *The EBA Roadmap on Sustainable Finance*. EBA/REP/2022/30. European Banking Authority. The EBA publishes its roadmap on sustainable finance | European Banking Authority (europa.eu). Zugegriffen am 03.02.2023.

EBA. (2022b). *The role of environmental risks in the prudential framework* (Discussion Paper. EBA/DP/2022/02). European Banking Authority. On the role of environmental risk in the prudential framework (europa.eu). Zugegriffen am 03.02.2023.

EBA. (2022c). *Final Report – Final draft implementing technical standards on prudential disclosures on ESG risks in accordance with Article 449a CRR*. European Banking Authority. EBA/ITS/2022/01. EBA draft ITS on Pillar 3 disclosures on ESG risks.pdf (europa.eu). Zugegriffen am 02.02.2023.

EBA. (2022d). *Final Report – Guidelines on common procedures and methodologies for the supervisory review and evaluation process (SREP) and supervisory stress testing under Directive 2013/36/EU*. EBA/GL/2022/03. European Banking Authority. BoS 2018 xx Revised SREP GL including amendment for reference.docx (europa.eu). Zugegriffen am 02.02.2023.

EBF, UNEP FI. (2021). *European Banking Federation and UNEP Finance Initiative, Testing the application of the EU Taxonomy to core banking products, High level recommendations, Case Studies, Januar 2021*. Testing-the-application-of-the-EU-Taxonomy-to-core-banking-products-EBF-UNEPFI-report-January-2021.pdf. Zugegriffen am 03.02.2023.

EBF, UNEP FI. (2022). *Practical approaches to applying the EU Taxonomy to bank lending*. European Banking Federation and UNEP Finance Initiative. https://www.unepfi.org/industries/banking/practical-approaches-to-applying-the-eu-taxonomy-to-bank-lending/. Zugegriffen am 03.02.2023.

ECON. (2023). *Economic and Monetary Affairs Committee voted to finalise reforms of banking rules: Economic and Monetary Affairs*. European Parliament. https://www.europarl.europa.eu/news/en/press-room/20230123IPR68613/econ-committee-voted-to-finalise-reforms-of-banking-rules. Zugegriffen am 03.02.2023.

European Parliament (EU). (2023). *Greening the bond markets: MEPs approve new standard to fight greenwashing*. https://www.europarl.europa.eu/news/en/press-room/20230929IPR06139/greening-the-bond-markets-meps-approve-new-standard-to-fight-greenwashing. Zugegriffen am 08.10.2023.

Europäische Kommission (EU). (2023). *EU-Parlament und Rat einigen sich auf EU-Bankenpaket*. https://germany.representation.ec.europa.eu/news/eu-parlament-und-rat-einigen-sich-auf-eu-bankenpaket-2023-06-27_de

European Commission. (2019). *Guidelines on reporting climate-related information*. https://ec.europa.eu/finance/docs/policy/190618-climate-related-information-reporting-guidelines_en.pdf. Zugegriffen am 03.02.2023.

European Commission. (2021). *Banking Package 2021: New EU rules to strengthen banks' resilience and better prepare for the future*. Banking package (europa.eu). Zugegriffen am 02.02.2023.

BaFin. (2023a). *Anschreiben an die Spitzenverbände der Kreditwirtschaft, 7. MaRisk-Novelle, Neufassung des Rundschreibens 10/2021 (BA) – Mindestanforderungen an das Risikomanagement – MaRisk vom 29.06.2023*

European Commission. (2023). *The Green Deal Industrial Plan, Februar 2023*. https://ec.europa.eu/commission/presscorner/api/files/attachment/874428/Factsheet.pdf.pdf. Zugegriffen am 03.02.2023.

EZB. (2020). *ECB Guide on climate-related and environmental risks: Supervisory expectations relating to risk management and disclosure.* European Central Bank. Guide on climate-related and environmental risks (europa.eu). Zugegriffen am 03.02.2023.

Greenhouse Gas Protocol (GHG). (2015). *A corporate accounting and reporting standard revised.* https://ghgprotocol.org/corporate-standard. Zugegriffen am 26.03.2023.

GRI, UN Global Compact & wbcsd. (2015). *SDG Compass: Leitfaden für Unternehmensaktivitäten zu den SDGs.* E. www.sdgcompass.org. Zugegriffen am 02.02.2023.

ICMA. (2018). *Green Loan Principles.* Green Loan Principles – LSTA. Zugegriffen am 07.02.2023.

IDW. (2021a). *Green Bonds: Auf dem Weg zu einem verlässlichen Markt für grüne Anleihen.* Knowledge Paper. Institut der Wirtschaftsprüfer. IDW Knowledge Paper: Green Bonds. Zugegriffen am 07.02.2023.

IDW. (2021b). *Bilanzierung von „Grünen" Finanzierungen.* Knowledge Paper. Institut der Wirtschaftsprüfer. 20210707IDW_KnowledgePaper_BilanzierungGrünerFinanzen.indd. Zugegriffen am 07.02.2023.

IDW. (2023). *Besonderheiten bei der Berichterstattung nach Art. 8 der Taxonmie-Verordnung.* Besonderheiten bei der Berichterstattung nach Art. 8 der Taxonomie-Verordnung 2 (idw.de). Zugegriffen am 07.02.2023.

IEA. (2023). *Data and statistics.* International Energy Agency. IEA – International Energy Agency – IEA. Zugegriffen am 31.01.2023.

IIASA. (2023). *Models, tools, and data.* International Institute for Applied Systems Analysis. Models, tools, and data | IIASA. Zugegriffen am 31.01.2023.

IMCA. (2021). *Green Bond Principles (GBP).* International Capital Market Association. Green Bond Principles. ICMA (icmagroup.org). Zugegriffen am 07.02.2023.

MaRisk. (2022). *Konsultation 06/2022 – Entwurf der MaRisk in der Fassung vom 26.09.2022.* BaFin – Konsultationen – Konsultation 06/2022 – Entwurf der MaRisk in der Fassung vom …. Zugegriffen am 03.02.2023.

NGFS. (2020a). *Overview of Environmental Risk Analysis by Financial Institutions – September 2020.* Technical Document. Network for Greening the Financial System. overview_of_environmental_risk_analysis_by_financial_institutions.pdf (ngfs.net). Zugegriffen am 27.01.2023.

NGFS. (2020b). *Guide to climate scenario analysis for central banks and supervisors – June 2020.* Technical Document. Network for Greening the Financial System. ngfs_guide_scenario_analysis_final.pdf. Zugegriffen am 31.01.2023.

European Commission. (2023a). *Sustainable Finance Package.* https://finance.ec.europa.eu/publications/sustainable-finance-package-2023_en

NGFS. (2022a). *Final report on briding data gaps – July 2022.* Technical Document. Network for Greening the Financial System. final_report_on_bridging_data_gaps.pdf (ngfs.net). Zugegriffen am 03.02.2023.

NGFS. (2022b). *Credit Ratings and Climate Change – Challenges for Central Bank Operations – May 2022.* Network for Greening the Financial System. Credit Ratings and Climate Change – Challenges for Central Bank Operations | Banque de France (ngfs.net). Zugegriffen am 03.02.2023.

NGFS. (2022c). *NGFS Climate Scenarios for central banks and supervisors – September 2022.* Network for Greening the Financial System. ngfs_climate_scenarios_for_central_banks_and_supervisors_.pdf.pdf. Zugegriffen am 03.02.2023.

Platform on Sustainable Finance. (2022). *Platform on Sustainable Finance's report on social taxonomy. Platform on Sustainable Finance.* Platform on Sustainable Finance's report on social taxonomy | European Commission (europa.eu). Zugegriffen am 03.02.2023.

TCFD. (2017). *Final Report – Recommendations of the Task Force on Climate-related Financial Disclosures*. Task Force on Climate-related Financial Disclosures. FINAL-2017-TCFD-Report.pdf (bbhub.io). Zugegriffen am 03.02.2023.

TEG. (2020). *Report on EU Green Bond Standard*. EU Technical Expert Group on Sustainable Finance. TEG report on EU green bond standard – June 2019 (europa.eu). Zugegriffen am 03.02.2023.

TietoEVRY. (2021). *Time to introduce our ESG and Climate Risk Assessment tool to support the credit process*. https://www.tietoevry.com/en/newsroom/all-news-and-releases/articles/2021/esg-and-climate-risk-assessment-tool/. Zugegriffen am 26.03.2023.

UN. (2015). *Sustainable Development Goals: 17 Goals to Transform our World*. United Nations. Sustainable Development Goals: 17 Goals to Transform our World l United Nations. Zugegriffen am 03.02.2023.

UN Framework Convention on Climate Change. (2015). *Adoption of the Paris Agreement*. UN Framework Convention on Climate Change. l09r01.pdf (unfccc.int). Zugegriffen am 03.02.2023.

UNEP Finance Initiative. (2022a). *Impact Management Toolkit & PRB Implementation*. UN Environment Programme Finance Initiative. Impact Management Toolkit (unepfi.org). Zugegriffen am 27.01.2023.

UNEP Finance Initiative. (2022b). *Indicator Library*. UN Environment Programme Finance Initiative. Indicator Library – United Nations Environment – Finance Initiative (unepfi.org). Zugegriffen am 27.01.2023.

UNEP Finance Initiative. (2022c). *Case studies on impact analysis and target setting*. UN Environment Programme Finance Initiative. Case studies on impact analysis and target setting – United Nations Environment – Finance Initiative (unepfi.org). Zugegriffen am 27.01.2023.

UNEP Finance Initiative. (2023). *Impact analysis*. UN Environment Programme Finance Initiative. Impact Analysis – United Nations Environment – Finance Initiative (unepfi.org). Zugegriffen am 27.01.2023.

Zemke, G. (2023). Kapitel § 11 Offenlegungsverordnung. In J. Freiberg & A. Bruckner (Hrsg.), *Corporate Sustainability – Kompass für die Nachhaltigkeitsberichterstattung* (2. Aufl., S. 315–332). Schäffer Poeschel.

Zemke, G., & Hoffmann, A.-C. (2021). Nachhaltigkeit im Kreditgeschäft: Risiken identifizieren & bewerten – ESG-Kreditrisikoklassifizierungssysteme unterstützen Dialog mit Kreditnehmern zur Nachhaltigkeit. *IKS Praktiker*, 08-09/2021, 184–192.

Rechtsquellenverzeichnis

Delegierte Verordnung (EU) 2021/2139 der Kommission vom 4. Juni 2021 zur Ergänzung der Verordnung (EU) 2020/852 des Europäischen Parlaments und des Rates durch Festlegung der technischen Bewertungskriterien, anhand deren bestimmt wird, unter welchen Bedingungen davon auszugehen ist, dass eine Wirtschaftstätigkeit einen wesentlichen Beitrag zum Klimaschutz oder zur Anpassung an den Klimawandel leistet und anhand deren bestimmt wird, ob diese Wirtschaftstätigkeit erhebliche Beeinträchtigungen eines der übrigen Umweltziele vermeidet.

Delegierte Verordnung (EU) 2022/1288 der Kommission vom 6. April 2022 zur Ergänzung der Verordnung des Europäischen Parlaments und des Rates im Hinblick auf technische Regulierungsstandards zur Festlegung der Einzelheiten des Inhalts und der Darstellung von Informationen im Zusammenhang mit dem Grundsatz der Vermeidung erheblicher Beeinträchtigungen, des Inhalts, der Methoden und der Darstellung von Informationen in Zusammenhang mit Nachhaltigkeitsindikatoren und nachteiligen Nachhaltigkeitsauswirkungen sowie des Inhalts und der Darstellung von Informationen im Zusammenhang mit der Bewerbung ökologischer und sozialer Merkmale und nachhaltiger Investitionsziele in vorvertraglichen Dokumenten auf Internetseiten und in regelmäßigen Berichten.

Richtlinie (EU) 2022/2464 des europäischen Parlaments und des Rates vom 14. Dezember 2022 zur Änderung der Verordnung (EU) Nr. 537/2014 und der Richtlinien 2004/109/EG, 2006/43/EG und 2013/34/EU hinsichtlich der Nachhaltigkeitsberichterstattung von Unternehmen.

Verordnung (EU). (2019). 2019/2088 des europäischen Parlaments und des Rates vom 27. November 2019 über nachhaltigkeitsbezogene Offenlegungspflichten im Finanzdienstleistungssektor.

Verordnung (EU). (2020). 2020/852 des Europäischen Parlaments und des Rates vom 18. Juni 2020 über die Einrichtung eines Rahmens zur Erleichterung nachhaltiger Investitionen und zur Änderung der Verordnung (EU) 2019/2088.

Dr. Gebhard Zemke Wirtschaftsprüfer und Steuerberater, hat in Oldenburg, London, und Hamburg Betriebswirtschaftslehre studiert und in Göttingen im Bereich der Bankbetriebslehre promoviert. Er verfügt über mehr als 30 Jahre Erfahrung in der Wirtschaftsprüfung und hat seitdem viele nationale und internationale Banken mit unterschiedlichen Geschäftsmodellen und unterschiedlicher Größe betreut. Einen Schwerpunkt bildet darunter die Prüfung und Beratung im Risikomanagement. Aktuelle Herausforderungen stellen sich hier durch die Einbeziehung von Nachhaltigkeitsaspekten. Bei der BDO AG Wirtschaftsprüfungsgesellschaft leitet Herr Dr. Zemke den Bereich Financial Services national sowie international.

Thomas Lange Wirtschaftsprüfer, ist bei der BDO AG Wirtschaftsprüfungsgesellschaft als Senior Manager tätig. Nach seiner Ausbildung bei der HSH Nordbank AG, Hamburg und Kiel, hat er in Münster Betriebswirtschaftslehre studiert und in Frankfurt den Studiengang Master in Auditing absolviert. In der Wirtschaftsprüfung weist er mehr als 10 Jahre Berufserfahrung bei einer großen Wirtschaftsprüfungsgesellschaft sowie seit 2021 bei der BDO AG Wirtschaftsprüfungsgesellschaft aus. Ein Schwerpunkt seiner Expertise liegt auf dem Risikomanagement sowie dem Kreditgeschäft von Banken. Hierzu zählen Fragestellungen zur Einbeziehung von Nachhaltigkeitsaspekten.

Bewertung von Unternehmen durch externe Stakeholder auf Basis der externen Berichterstattung vor dem Hintergrund der zunehmenden Bedeutung der Nachhaltigkeitsberichterstattung

Sonja Schütte-Biastoch und Martin Zieger

1   Einleitung

1.1   Hintergrund

Im European Green Deal (EGD oder auch Green Deal) hat die Europäische Kommission festgestellt, dass die Erreichung des Ziels für die Europäische Union (EU), bis 2050 keine Netto-Treibhausgasemissionen mehr freizusetzen, „massive öffentliche Investitionen und verstärkte Bemühungen [erfordert], um privates Kapital in Klima- und Umweltmaßnahmen zu lenken" (Europäische Kommission, 2019, S. 2). Die Kommission setzt damit auf die Kräfte des Marktes (nachfolgend auch als „Lenkungsfunktion" bezeichnet) und verlässt sich nicht allein auf gesetzliche Verbote und staatliche Maßnahmen. Um diese Marktkräfte zu aktivieren, müssen unter anderem Investoren entsprechenden Zugang zu Informationen bekommen (Europäische Kommission, 2019, S. 6): „Verlässliche, vergleichbare und überprüfbare Informationen sind wichtig, um Verbraucher in die Lage zu versetzen, nachhaltigere Entscheidungen zu treffen, und verringern das Risiko der „Grünfärberei" („Greenwashing")" (Europäische Kommission, 2019, S. 9). Zwar muss auch der öffentliche Sektor entsprechende Finanzierungen zur Verfügung stellen, jedoch betont der

---

S. Schütte-Biastoch (✉)
Speyer, Deutschland
E-Mail: sonja.schuette-biastoch@srh.de

M. Zieger
Ahrensburg, Deutschland
E-Mail: mzieger@drmzieger.de

Green Deal die Schlüsselrolle des Privatsektors: „Langfristige Signale sind erforderlich, um Finanz- und Kapitalströme auf grüne Investitionen zu lenken" (Europäische Kommission, 2019, S. 20).

In Konkretisierung des Green Deals haben das Europäische Parlament und der Rat der EU inzwischen eine Vielzahl von Richtlinien bzw. Verordnungen erlassen, von denen hier die sogenannte Corporate Social Responsibility Directive (Richtlinie (EU), 2022/2464 – im Folgenden CSRD) und die Taxonomie-Verordnung (EU) 2020/852 (Taxonomie-VO) hervorgehoben werden sollen. In dem Richtlinienvorschlag der Europäischen Kommission zur CSRD vom 21. April 2021 wird angeregt, den Begriff „nichtfinanzielle Informationen" im Zusammenhang mit der entsprechenden Berichterstattung durch den Begriff der „Nachhaltigkeitsinformation" zu ersetzen (Europäische Kommission, 2021, Erwägungsgrund 7); diese Begriffsabgrenzung wird auch vorliegend verwendet. Zur Komplexitätsreduktion wird der Fokus nachfolgend auf diejenigen Nachhaltigkeitsinformationen gelegt, welche unmittelbar mit dem Ziel „Umweltschutz" zusammenhängen, ohne damit die Bedeutung der anderen Ziele gering schätzen zu wollen.

Die vorstehend genannte CSRD sowie die Taxonomie-VO sollen die Informationsversorgung der Investoren deutlich verbessern. Während die unmittelbar geltende Taxonomie-VO schon für die Geschäftsjahre ab 2021 Anwendung findet, wurde die CSRD bisher noch nicht in nationales Recht umgesetzt. Da die Anforderungen an die betreffenden Unternehmen aber klar erkennbar sind und die Bedeutung der Mitgliedstaatenwahlrechte im Hinblick auf die Berichtspflichten nicht groß erscheint, erfolgt eine inhaltliche Auseinandersetzung bereits mit dieser Richtlinie beziehungsweise den delegierten Rechtsakten, die die Umsetzung konkretisieren. Die zusätzlichen Anforderungen an die Nachhaltigkeitsberichterstattung sowohl durch die Verordnung als auch durch die noch umzusetzende Richtlinie betreffen sämtlich Pflichten, im Rahmen der externen Berichterstattung weitere Informationen – durch Bekanntmachung im Unternehmensregister (§ 325 HGB) – offenzulegen und damit allen Stakeholdern[1] zur Verfügung zu stellen.

1.2 Themenabgrenzung

Den Erläuterungen zur Taxonomie-VO ist zu entnehmen, dass einer der Wege zur Mittelaufbringung zwecks Finanzierung des Umbaus der Wirtschaft die Bereitstellung entsprechender Finanzprodukte, sogenannter „grüner" Unternehmensanleihen („Green Bonds"), ist (Taxonomie-VO, Erwägungsgrund 11). Die Festlegung, was „grün" in diesem Zusammenhang bedeutet, soll über die Schaffung eines europäischen Standards für grüne Anleihen (EU Green Bond Standard – EuGBS) erfolgen (Rat der EU, 2023). Für diesen

---

[1] Aus Gründen der besseren Lesbarkeit wird bei Personenbezeichnungen und personenbezogenen Hauptwörtern in diesem Beitrag das generische Maskulinum verwendet. Entsprechende Begriffe gelten im Sinne der Gleichbehandlung grundsätzlich für alle Geschlechter. Die verkürzte Sprachform hat nur redaktionelle Gründe und beinhaltet keine Wertung.

Bereich ist die Lenkungswirkung der neuen Nachhaltigkeitsberichterstattung unmittelbar einleuchtend. Der Markt für „grüne" Anleihen ist angesichts der hohen regulatorischen Anforderungen überwiegend größeren Unternehmen vorbehalten, wohingegen insbesondere kleine und mittlere Unternehmen (KMU) weiterhin auf „klassische" Bankkredite angewiesen sind. Daher wird das Thema „grüne" Unternehmensanleihen in dem vorliegenden Beitrag ausgeklammert. Dass auch dieser Bereich von Änderungen berührt ist, machen die Ausführungen in Erwägungsgrund 27 der CSRD deutlich, wo es heißt: „Kreditinstitute […] spielen […] eine entscheidende Rolle. Sie können durch ihre Kreditvergabe […] tätigkeiten erhebliche positive und negative Auswirkungen haben." Der vorliegende Beitrag fokussiert sich auf die Wirkungen (künftig) offenzulegender Nachhaltigkeitsinformationen auf das bestehende Geschäft von Fremdkapitalgebern (insbesondere Banken) und betrachtet darüber hinaus die Tätigkeit von Eigenkapitalinvestoren. Beide Gruppen werden nachstehend zusammenfassend auch als „Investoren" bezeichnet. Auf die Vorgaben für den Bankensektor in Bezug auf die eigene Nachhaltigkeitsberichterstattung und im Zuge von Kreditvergaben wird in dem vorliegenden Beitrag nicht eingegangen. Insbesondere durch die Nachhaltigkeitsberichterstattung der Banken ergibt sich ohne Zweifel eine Lenkungswirkung.

In den verschiedenen Materialien zu den betreffenden Vorschriften ist häufig von „Lenkungswirkung" die Rede, ohne im Einzelnen zu erläutern, wie diese „Lenkungswirkung" in der Praxis tatsächlich funktionieren soll. In dem vorliegenden Beitrag soll die Frage untersucht werden, wie durch die geforderte Erweiterung der Nachhaltigkeitsberichterstattung die Lenkung der Finanzströme erreicht beziehungsweise verbessert werden soll und als wie realistisch diese Lenkungswirkung in der Praxis einzuschätzen ist.

Auch ohne Vorgaben der EU und des nationalen Gesetzgebers können Investoren zur Vorbereitung ihrer Entscheidungen zur Vergabe oder Verlängerung von Krediten oder zum Zwecke von Investitionen in das Eigenkapital von Unternehmen im Rahmen der Privatautonomie und unter Beachtung gesellschaftsrechtlicher Vorgaben zusätzliche Informationen der Unternehmen zu Fragen der Nachhaltigkeit anfordern. So ist zu erwarten, dass sich Fremdkapitalgeber im Rahmen größerer Finanzierungen nicht mit den Informationen zufriedengeben, welche offenzulegen und darüber hinaus ergänzend öffentlich verfügbar sind. In diesen Fällen führen die gesetzlichen Vorgaben zwar nicht selbst zu einer Lenkungswirkung, sie bieten aber durch die damit verbundene Normierung der Angaben einen praktischen Vorteil, weil damit schon ein Teil des Informationsbedürfnisses der Kreditgeber – und zwar in einer vereinheitlichten Weise – abgedeckt werden kann. Eine solche direkte Lenkungswirkung gibt es dagegen im Bereich des Fremdkapitals in den Situationen, in denen es um (weniger große) Finanzierungen geht, wo das Einholen zusätzlicher Informationen über die verpflichtend offengelegten Daten hinaus aus Effizienzgründen nur eingeschränkt erfolgt. Die Lenkungswirkung betrifft dabei direkt den Kreis an Unternehmen, die in den Anwendungsbereich der neuen Regelungen fallen, indirekt aber auch die Unternehmen, welche sich freiwillig den Regelungen unterwerfen.

Investitionen in das Eigenkapital von Unternehmen sind, sofern das Eigenkapital dieser Unternehmen nicht an einer Börse notiert ist und dort gehandelt wird, deutlich komplexer als die Vergabe von Fremdkapital durch Banken. Durch die gesellschaftsrechtliche Komponente mit den damit verbundenen Mitspracherechten, aber auch Haftungspflichten sind Transaktionen mit nicht-kapitalmarktorientierten Unternehmen ohne eine aktive Mitwirkung der Zielunternehmen nicht vorstellbar. Hier können also offenzulegende Informationen über die Nachhaltigkeitsberichterstattung zwar ein sinnvoller Startpunkt im Zusammenhang mit Investitionsüberlegungen sein, jedoch können die offenzulegenden Informationen nicht ausreichen, um zu einer abschließenden Bewertung und Investitionsentscheidung zu kommen, wenngleich auch hier verpflichtende standardisierte Angaben von Vorteil sind. Aus diesem Grund werden im Bereich der Investitionen ins Eigenkapital nachstehend diejenigen Unternehmen betrachtet, deren Eigenkapital am Kapitalmarkt gehandelt wird. Hier gebietet neben Zweckmäßigkeitsüberlegungen bereits das gesellschaftsrechtliche Gleichbehandlungsgebot (§ 53a AktG), dass einzelnen (potenziellen) Aktionären keine Informationen gegeben werden dürfen, die über die veröffentlichten Informationen hinausgehen.

Im Bereich der Eigenkapitalinvestitionen können institutionelle und private Anleger unterschieden werden. Häufig werden sich die privaten und gegebenenfalls auch die institutionellen Anleger an den Ergebnissen von Analysten und Ratingagenturen orientieren, die daher hier als Adressaten der Nachhaltigkeitsberichterstattung eine besondere Rolle spielen.

Bislang ist der Kreis der Unternehmen, die Nachhaltigkeitsinformationen offenlegen müssen, noch recht klein, da die aktuelle Offenlegungspflicht an das Merkmal der Kapitalmarktorientierung anknüpft und mit der Grenze von 500 Arbeitnehmern ein Größenmerkmal eingeführt wurde (§ 289b HGB). Mit Umsetzung der CSRD wird sich der Kreis der betroffenen Unternehmen jedoch sukzessive deutlich vergrößern, weil für Geschäftsjahre, die ab dem 1. Januar 2025 beginnen, alle großen Unternehmen (Kriterium unter anderem Mitarbeiterzahl über 250) unabhängig von ihrer Kapitalmarktorientierung und für Geschäftsjahre, die ab dem 1. Januar 2026 beginnen, auch KMU, sofern diese einen Kapitalmarkt in Anspruch nehmen, sowie kleine und nicht komplexe Kreditinstitute und firmeneigene Versicherungsunternehmen grundsätzlich, mit gewissen Erleichterungen, von den zusätzlichen Angabepflichten zur Nachhaltigkeit erfasst werden. Letztgenannte werden in diesem Beitrag nicht näher betrachtet.

1.3 Aufbau des Beitrags

Der vorliegende Beitrag betrachtet zunächst in Abschnitt 2, ausgehend von der Entstehungsgeschichte, die aktuellen Entwicklungen bei den nichtfinanziellen Informationen einschließlich der Wiedergabe der Eckpunkte der entsprechenden Regelungen auf Ebene der EU und in Deutschland. Dabei wird auch auf die aktuellen Ansätze zur Standardisierung einer Berichterstattung eingegangen.

Abschnitt 3 widmet sich der Lenkungswirkung der in Abschnitt 2 erläuterten Regelungen. Dazu wird zunächst skizziert, welche Auswirkungen die Transformation der Wirtschaft hin zur Nachhaltigkeit auf die Vermögens-, Finanz- und Ertragslage der Unternehmen hat. Danach wird untersucht, wie in der Praxis bei der Analyse von Informationen – wie zum Beispiel Angaben im Lagebericht – vorgegangen wird, die sich von rein quantitativen Angaben – wie zum Beispiel in der Bilanz sowie in der Gewinn- und Verlustrechnung – unterscheiden. Als Maßstab zur Beurteilung der Qualität der Nachhaltigkeitsberichterstattung wurde dabei der Blickwinkel einer Unternehmensbewertung gewählt. Für Zwecke einer Unternehmensbewertung besteht weitgehend Klarheit darüber, welche Informationen und in welcher Detailliertheit diese Angaben erforderlich sind. Die Bewertung eines Unternehmens auf Basis von offenzulegenden Informationen kann dabei niemals so detailliert erfolgen wie bei Zugriff auf interne Informationen. Dennoch müssen die offenzulegenden Informationen geeignet sein, eine vereinfachte Bewertung vorzunehmen, um eine Lenkungswirkung zu entfalten. Abschnitt 3 schließt mit einer Einschätzung der Lenkungswirkung der aktuell beziehungsweise zukünftig geforderten Angaben und damit mit einer Einschätzung, ob die insbesondere im Rahmen des Green Deals beabsichtigten Lenkungswirkungen praktisch eintreten können.

Der Beitrag schließt mit einer zusammenfassenden Schlussbetrachtung und einem Ausblick.

2 Entwicklung der Nachhaltigkeitsberichterstattung

2.1 Anfänge der (freiwilligen) nichtfinanziellen Berichterstattung

Zentrales Element der Berichterstattung von Unternehmen an externe Adressaten ist der Jahresabschluss, der in standardisierter Form ein den tatsächlichen Verhältnissen entsprechendes Bild der Vermögens-, Finanz- und Ertragslage vermitteln soll (§ 264 Absatz 2 S. 1 HGB). Zu dessen Funktionen gehört neben der Zahlungsbemessung für den Einzelabschluss und der Dokumentation auch die Information. Zur Erfüllung der Informationsfunktion wird der Jahres-/Konzernabschluss in Deutschland durch den (Konzern-)Lagebericht, in dem die Sicht der Unternehmensleitung dargestellt wird, ergänzt.

Adressaten finanzieller Informationen müssen berücksichtigen, dass Finanzaufstellungen nur ein unvollständiges Bild des Unternehmens vermitteln können. Wenngleich auch die nichtfinanzielle Berichterstattung bereits eine lange Historie hat, sind die die Finanzberichterstattung betreffenden Regulierungen derzeit um ein Vielfaches umfangreicher. Dieses Ungleichgewicht wird künftig durch den deutlich steigenden Regulierungsumfang bezüglich der nichtfinanziellen Berichterstattung reduziert, wenn nicht gar ausgeglichen. Nachfolgend wird die Entwicklung der nichtfinanziellen Berichterstattung in Europa und insbesondere in Deutschland dargestellt.

Bereits in der zweiten Hälfte des letzten Jahrhunderts hat sich die nichtfinanzielle Berichterstattung als Antwort auf das gestiegene soziale und ökologische Bewusstsein in der Gesellschaft etabliert. Das Bewusstsein über die Auswirkungen und (sozialen) Kosten der Unternehmenstätigkeit auf das Wirtschaftswachstum und die menschliche Lebensqualität veranlassten vor allem Großunternehmen, mit einer Sozialberichterstattung Verantwortung zu übernehmen. In den 1980er- und 1990er-Jahren standen dann infolge eines zunehmenden gesellschaftlichen Bewusstseins für Nachhaltigkeit und der Sorge um schwerwiegende Umweltprobleme verstärkt Umweltbelange im Fokus (Scheucher & Scheucher, 2022, S. 328 ff.).

Heute wird Nachhaltigkeit im Allgemeinen durch die Begriffe „Umwelt", „Soziales" und „Unternehmensführung", das heißt „Environment", „Social" and „Governance" – kurz ESG – definiert. Dieses Drei-Säulen-Modell wurde auf der Basis des sogenannten Brundtland-Berichts der Weltkommission für Umwelt und Entwicklung der Vereinten Nationen aus dem Jahr 1987 entwickelt und fußt auf der Annahme, dass nachhaltige Entwicklung nur im Zusammenspiel von umweltbezogenen, wirtschaftlichen und sozialen Interessen erfolgreich sein kann (United Nations, 1987). Hierin wird bereits deutlich, dass die Nachhaltigkeitsinformationen die Reputation und letztlich auch den Wert eines Unternehmens beeinflussen und die betreffenden nichtfinanziellen Informationen sehr wohl eine finanzielle Relevanz haben, die es unter anderem im Rahmen von Investitionsentscheidungen zu quantifizieren gilt. So hat zum Beispiel das Unternehmen SAP schon für das Jahr 2014 teilweise komplexe und von vielen betriebs- und volkswirtschaftlichen Faktoren und Annahmen abhängige Monetarisierungen vorgenommen, indem berechnet wurde, dass eine Senkung der eigenen Treibhausgasemissionen um ein Prozent das Betriebsergebnis mit 4 Mio. € positiv beeinflussen würde (Mayer, 2020, S. 73). Die Berechnungsmethodik wurde seitdem stetig weiterentwickelt und so ermittelt SAP die Auswirkungen heute auf Basis der von der Value Balancing Alliance entwickelten Methodik, um zu ermöglichen, dass Daten zur nichtfinanziellen Leistung zusammengeführt werden und nach ihren Auswirkungen vergleichbar sind (SAP, 2023, S. 314 ff.).

Doch trotz erhöhter Aufmerksamkeit in Gesellschaft und Forschung blieb der Umfang veröffentlichter Nachhaltigkeitsinformationen sowohl hinsichtlich der Anzahl der berichtenden Unternehmen als auch hinsichtlich des Umfangs zunächst auf einem vergleichsweise niedrigen Niveau. Es mangelte an einheitlichen Standards. Um die Jahrtausendwende etablierte sich in Praxis und Wissenschaft ein gemeinsamer Nachhaltigkeits- oder Corporate (Social) Responsibility Bericht, der soziale und ökologische Dimensionen berücksichtigte. In den Folgejahren machten immer mehr Länder die Nachhaltigkeitsberichterstattung durch nationale Rechtsvorschriften oder Börsennotierungsanforderungen verpflichtend und führten zum Teil auch eine (formale) Prüfungspflicht ein (Scheucher & Scheucher, 2022, S. 329).

Für die Einbeziehung von ESG-Inhalten in die Unternehmensführung spielen Standards wie die der Global Reporting Initiative (GRI, o. J.) und des Greenhouse Gas Protocol (GHG Protocol, o. J.) eine zentrale Rolle. Kapitalmarktorientierte Unternehmen haben seit den 2000er-Jahren ihre Nachhaltigkeitsberichterstattung häufig in Anlehnung oder in

Übereinstimmung mit den GRI-Standards erstellt und teilweise (freiwillig) mit begrenzter Sicherheit durch einen Wirtschaftsprüfer prüfen lassen. Unter den 250 weltweit größten Unternehmen ist der Anteil der Unternehmen, die ihren Bericht haben prüfen lassen, von 30 % im Jahr 2005 auf über 70 % im Jahr 2020 gestiegen (KPMG, 2020, S. 23 ff.).

Aufgrund des sich aus Artikel 114 des Vertrages über die Arbeitsweise der Europäischen Union (AEUV) ergebenden Einflusses der EU auf das deutsche Gesellschafts- und Unternehmensrecht sind inzwischen Richtlinien und Verordnungen der EU die Grundlage für die Nachhaltigkeitsberichterstattung im (Konzern-)Lagebericht deutscher Unternehmen.

Mit der Modernisierungsrichtlinie (2003/51/EG) wurde zum ersten Mal auf EU-Ebene eine explizite Berücksichtigung nichtfinanzieller Leistungsindikatoren in den Geschäftsberichten bestimmter Unternehmen verlangt. Mit der Umsetzung in deutsches Recht sehen die §§ 289 und 315 HGB seit 2004 bei den (Konzern-)Lageberichten großer Kapitalgesellschaften die Darstellung nichtfinanzieller Leistungsindikatoren wie Informationen über Umwelt- und Arbeitnehmerbelange vor, soweit sie für das Verständnis des Geschäftsverlaufs oder der Lage von Bedeutung sind.

Ergänzend dazu traten 2009 mit dem Bilanzrechtsmodernisierungsgesetz (BilMoG) etliche Bestimmungen, welche die Corporate Governance insbesondere der auf den Kapitalmarkt ausgerichteten Unternehmen weiter ausbauen und verbessern sollen, in Kraft und setzten damit die Vorgaben der Abschlussprüfer-Richtlinie (2006/43/EG) sowie der Abänderungs-Richtlinie (2006/46/EG) um. Zentrales Instrument, um einen Einblick in die Praktiken der Unternehmensführung und -überwachung zu geben, ist seitdem die Erklärung zur Unternehmensführung gemäß §§ 289f und 315d HGB.

Weitere Meilensteine zur Ausweitung der Berichterstattung, die jedoch im Wesentlichen bislang nur für (große) kapitalmarktorientierte Unternehmen von Relevanz sind, waren die Änderung der Transparenzrichtlinie (2004/109/EG) durch die Transparenzrichtlinie-Änderungsrichtlinie (2013/50) sowie die Ergänzung der Bilanz-Richtlinie (2013/34 EU) durch die Non-Financial Reporting Directive (NFRD – 2014/95/EU) um wesentliche Berichterstattungspflichten zur nachhaltigen Unternehmensführung.

2.2 Non-Financial Reporting Directive (NFRD)

Bestehende Nachhaltigkeitsberichterstattungspflichten wurden durch die NFRD um entscheidende Elemente ausgeweitet. Mit der Umsetzung der Richtlinie in nationales Recht durch das CSR Richtlinie Umsetzungsgesetz (CSR-RUG) sind in Deutschland kapitalmarktorientierte Unternehmen, Finanzdienstleister und Versicherungen mit mindestens 500 Arbeitnehmern im Jahresdurchschnitt und einer Bilanzsumme von über 20 Mio. € oder einem Umsatz von über 40 Mio. € seit 2017 verpflichtet, eine „nichtfinanzielle Erklärung" (NFE) in ihre Lageberichte aufzunehmen oder einen separaten Nachhaltigkeitsbericht zu veröffentlichen. Die abzugebende Erklärung umfasst die Einflüsse und Auswirkungen der fünf Aspekte auf die Geschäftsstrategie, den Geschäftsverlauf, das Geschäftsergebnis und die Lage des Unternehmens.

- Umweltbelange,
- Arbeitnehmerbelange,
- Sozialbelange,
- Menschenrechte und
- Bekämpfung von Korruption und Bestechung

Dabei orientiert sich die Berichterstattung in der Regel an bestehenden Rahmenwerken wie den GRI-Leitlinien oder dem Deutschen Nachhaltigkeitskodex (DNK). Die Erklärung unterliegt gemäß § 317 HGB nur einer formellen, aber keiner inhaltlichen Prüfungspflicht, das heißt, dass lediglich zu prüfen ist, ob die Erklärung beziehungsweise der gesonderte Bericht vorgelegt wurde. Allerdings verlangt der Prüfungsstandard des Instituts der Wirtschaftsprüfer in Deutschland e.V. (IDW) zur Prüfung des Lageberichts IDW PS 350 n.F. für lageberichtstypische Angaben, wie die NFE, dass der Abschlussprüfer diese kritisch liest und unter Anwendung des International Standard on Auditing [DE] 720 revised (ISA [DE] 720 revised) auf Unstimmigkeiten hinweist.

Im Zuge der durch die Umsetzung der NFRD gestiegenen Aufmerksamkeit auf die unternehmerische Rechenschaftspflicht im Hinblick auf Umwelt- und Sozialbelange unterzogen Unternehmen ihre NFE oder ihren gesonderten Bericht vermehrt einer (freiwilligen) Prüfung nach dem International Standard on Assurance Engagements (ISAE) 3000 revised (Assurance Engagements other than Audits or Reviews of Historical Financial Information). Doch wegen einer fehlenden inhaltlichen Prüfungspflicht verbleiben den Unternehmen hohe Freiheitsgrade und eine große Flexibilität in der Berichterstattung.

Eine entscheidende Grundlage zur Verbesserung der nichtfinanziellen Berichterstattung und ihrer Nutzbarmachung für Investitionsentscheidungen durch den in diesem Beitrag betrachteten Investorenkreis der Eigen- und Fremdkapitalgeber mit (ausschließlichem) Zugang zu offengelegten und öffentlich verfügbaren Nachhaltigkeitsinformationen bildet der European Green Deal als neue Wachstumsstrategie der EU, mit dem die Union der Verpflichtung zur Umsetzung des Pariser Abkommens aus dem Jahr 2015 nachkommt. Zur Umsetzung dieser Strategie, in der das Wirtschaftswachstum von der Ressourcennutzung entkoppelt und nachhaltige Investitionen geschaffen werden sollen (CSRD, Erwägungsgrund 1), bedarf es verschiedener Gesetzesinitiativen.

Wie alle Richtlinien der EU pflichtmäßig nach einigen Jahren durch die Europäische Kommission untersucht werden, wurde auch die NFRD einer Eignungs- und Wirksamkeitsprüfung unterzogen. Der Bericht der Europäischen Kommission zeigt auf, dass neben dem zu geringen Umfang wesentlicher Informationen beziehungsweise der Unvollständigkeit der Berichterstattung (es gab Hinweise, dass berichtspflichtige Unternehmen nicht zu allen wichtigen Nachhaltigkeitsthemen wesentliche Informationen offenlegen) die Nachhaltigkeitsinformationen auch nur begrenzt vergleichbar und zuverlässig sind (CSRD, Erwägungsgrund 13). Gerade dies sind, wie erläutert, die elementaren Voraussetzungen dafür, dass die Nachhaltigkeitsinformationen auch Bestandteil von Investitionsentscheidungen durch den privaten Sektor sind. Das geschieht zum einen durch die direkte Nutzung von Nachhaltigkeitsinformationen. Bei den professionellen Kapitalanlegern halten mehr als 90 % der Investoren ein Nachhaltigkeitsreporting für wichtig und über ein

Drittel investiert nur in Unternehmen, die ihre Nachhaltigkeit stichhaltig nachweisen können, meist auf Basis geprüfter Nachhaltigkeitsberichte (Beckmann, 2023, S. 74).

Zum anderen wird darüber hinaus auch ein Multiplikatoreffekt beabsichtigt und erwartet. Durch die Auswirkungen von Sustainable-Finance-Maßnahmen auf Kreditinstitute soll eine Umleitung von Zahlungsströmen in nachhaltige Aktivitäten sowohl die eigene Geschäftstätigkeit als auch die der Kunden betreffen (Völker-Lehmkuhl, 2023, S. 53). Verändertes Kundenverhalten wird also mit darüber entscheiden, welche Unternehmen erfolgreich sind. Während für das Kreditgeschäft explizit eine Verpflichtung zur Berücksichtigung von Nachhaltigkeitsrisiken eingeführt wurde (European Banking Authority, 2022, S. 18 ff.), kann diese Berücksichtigung bei Eigenkapitalgebern nur freiwillig erfolgen.

Im Aktionsplan zur Finanzierung nachhaltigen Wachstums mit dem Ziel der Umlenkung der Kapitalflüsse auf nachhaltige Investitionen wird daher die Grundvoraussetzung der Offenlegung relevanter, vergleichbarer und zuverlässiger Nachhaltigkeitsinformationen definiert (CSRD, Erwägungsgrund 1). Hieran müssen sich künftige Regulierungen messen lassen.

Wenngleich auch weitere Gesetzesinitiativen, wie zum Beispiel die für den Finanzdienstleistungssektor geltende Offenlegungsverordnung und das geplante Europäische Lieferkettengesetz, einen wichtigen Beitrag zur Förderung nachhaltiger Investitionen leisten, stehen im Folgenden die CSRD und die Taxonomie-VO im Vordergrund.

2.3 EU-Taxonomie-Verordnung

Mit der unmittelbar geltenden Taxonomie-VO wurde erstmals ein Klassifizierungssystem für ein einheitliches Verständnis der Nachhaltigkeit von wirtschaftlichen Tätigkeiten in der EU geschaffen, indem ökologisch nachhaltige (= taxonomiekonforme) Wirtschaftsaktivitäten bestimmt werden.

Die Taxonomie-VO wird ergänzt durch weitere delegierte Verordnungen (z. B. Delegierte Verordnung (EU), 2021/2178), die jeweils wiederum zahlreiche Anlagen haben. „Delegierte" Verordnung bedeutet, dass sie nur von der Europäischen Kommission erlassen werden und nicht vom Europäischen Parlament und dem Rat der EU. Diese beiden Institutionen haben insofern ihr Recht auf Erlassen einer Verordnung an die Kommission delegiert; sie haben jedoch ein Widerspruchsrecht.

Als taxonomiekonform gilt eine Aktivität dann, wenn sie zu den in der delegierten Verordnung festgelegten Kriterien einen wesentlichen Beitrag zu mindestens einem von insgesamt sechs Umweltzielen leistet, ohne den anderen zuwiderzulaufen (Do No Significant Harm – DNSH). Darüber hinaus muss der Mindestschutz in Bezug auf Soziales und Menschenrechte erfüllt werden (Artikel 3 Buchstabe c und Artikel 18 der Taxonomie-VO).

Die sechs Umweltziele gemäß Artikel 9 der Taxonomie-VO lauten:

- Klimaschutz,
- Anpassung an den Klimawandel,
- nachhaltige Nutzung und Schutz von Wasser- und Meeresressourcen,
- Übergang zu einer Kreislaufwirtschaft,

- Vermeidung und Verminderung der Umweltverschmutzung und
- Schutz und Wiederherstellung der Biodiversität und der Ökosysteme.

Da diese abschließende Liste der Umweltziele und ein Verständnis von Umweltnachhaltigkeit in der Taxonomie-VO selbst nur abstrakt formuliert sind, erfolgt eine Konkretisierung anhand technischer Kriterien, die durch die delegierten Rechtsakte gesetzgeberisch umgesetzt und stetig weiterentwickelt werden.

Aufgrund der hohen Anforderungen an die verpflichteten Unternehmen wird die Einführung der Taxonomie schrittweise vollzogen, indem für das Geschäftsjahr 2021 zunächst taxonomiefähige Wirtschaftsaktivitäten bezogen auf die ersten beiden der oben genannten sechs Umweltziele identifiziert werden mussten. Taxonomiefähige Tätigkeiten sind solche, die in Artikel 1 der delegierten Verordnung zu Inhalt und Darstellung zu den technischen Bewertungskriterien im Abschnitt „Beschreibung der Tätigkeit" beschrieben sind, unabhängig davon, ob die dort im Abschnitt „technische Bewertungskriterien" festgelegten Kriterien erfüllt sind. Für die beiden erstgenannten Ziele musste im nächsten Schritt für das Geschäftsjahr 2022 bereits die Taxonomiekonformität berichtet werden.

Ab dem Geschäftsjahr 2023 sollen nach Verabschiedung der Entwürfe der Änderung des Delegated Disclosure Act und des Environmental Delegated Act (Europäische Kommission, 2023) nunmehr auch für die übrigen vier Umweltziele sukzessive die Taxonomiefähigkeit und -konformität ermittelt und offengelegt werden.

Die Konformitätsanalyse umfasst drei Schritte (Artikel 3 und Artikel 18 der Taxonomie-VO):

1 Zunächst ist für jede zuvor identifizierte Wirtschaftsaktivität zu prüfen, ob die Tätigkeit einen wesentlichen Beitrag zu mindestens einem Umweltziel leistet.
2 Im nächsten Schritt muss sichergestellt werden, dass durch die Aktivität keines der übrigen Umweltziele wesentlich beeinträchtigt wird (DNSH).
3 Abschließend ist zu prüfen, ob die jeweilige Aktivität die Anforderungen an die Einhaltung des Mindestschutzes einhält. Diese verlangen, dass die OECD-Leitsätze für multinationale Unternehmen, die Leitprinzipien der Vereinten Nationen für Wirtschaft und Menschenrechte und aus der Internationalen Charta der Menschenrechte befolgt werden.

Die Offenlegung der Leistungsindikatoren erfolgt, wie in dem Delegated Disclosure Act dargelegt, praktisch durch die Anwendung von Meldebögen. Gemäß Artikel 8 Absatz 2 der Taxonomie-VO sind als wichtigste KPIs die Anteile taxonomiekonformer Umsätze, Investitionsausgaben (CapEx) und Betriebsausgaben (OpEx) je Wirtschaftstätigkeit detailliert aufzuschlüsseln.

Abb. 1 KPI-Ermittlung nach Taxonomie-VO veranschaulicht den Prozess:

Für den ersten Anwenderkreis der Finanzmarktteilnehmer zielt die Taxonomie-VO darauf ab, den Anbietern von Finanzprodukten den Spielraum des sogenannten „Greenwashings" zu nehmen. Für den zweiten Anwenderkreis der gemäß NFRD beziehungsweise künftig CSRD berichtspflichtigen realwirtschaftlichen Unternehmen wird der

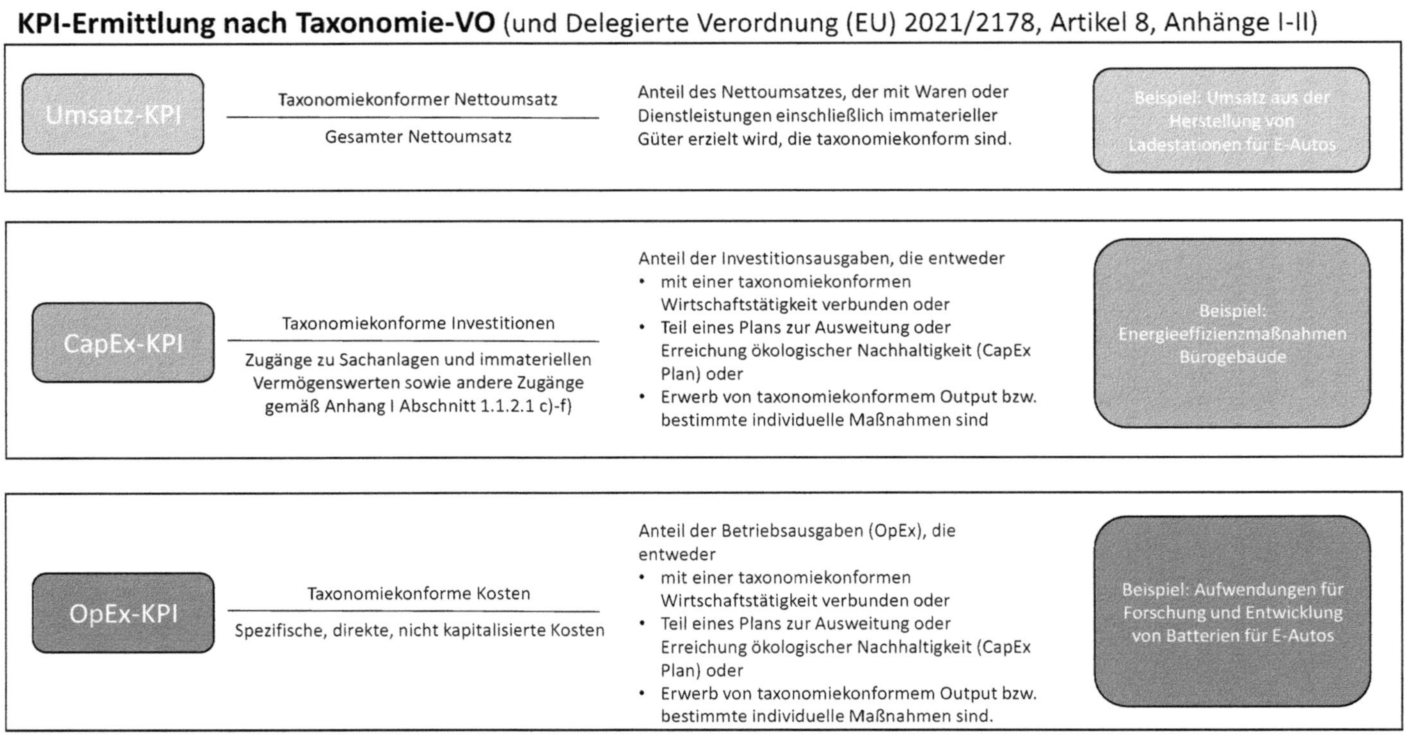

KPI-Ermittlung nach Taxonomie-VO (und Delegierte Verordnung (EU) 2021/2178, Artikel 8, Anhänge I–II)

Umsatz-KPI

$$\frac{\text{Taxonomiekonformer Nettoumsatz}}{\text{Gesamter Nettoumsatz}}$$

Anteil des Nettoumsatzes, der mit Waren oder Dienstleistungen einschließlich immaterieller Güter erzielt wird, die taxonomiekonform sind.

Beispiel: Umsatz aus der Herstellung von Ladestationen für E-Autos

CapEx-KPI

$$\frac{\text{Taxonomiekonforme Investitionen}}{\text{Zugänge zu Sachanlagen und immateriellen Vermögenswerten sowie andere Zugänge gemäß Anhang I Abschnitt 1.1.2.1 c)-f)}}$$

Anteil der Investitionsausgaben, die entweder
- mit einer taxonomiekonformen Wirtschaftstätigkeit verbunden oder
- Teil eines Plans zur Ausweitung oder Erreichung ökologischer Nachhaltigkeit (CapEx Plan) oder
- Erwerb von taxonomiekonformem Output bzw. bestimmte individuelle Maßnahmen sind

Beispiel: Energieeffizienzmaßnahmen Bürogebäude

OpEx-KPI

$$\frac{\text{Taxonomiekonforme Kosten}}{\text{Spezifische, direkte, nicht kapitalisierte Kosten}}$$

Anteil der Betriebsausgaben (OpEx), die entweder
- mit einer taxonomiekonformen Wirtschaftstätigkeit verbunden oder
- Teil eines Plans zur Ausweitung oder Erreichung ökologischer Nachhaltigkeit (CapEx Plan) oder
- Erwerb von taxonomiekonformem Output bzw. bestimmte individuelle Maßnahmen sind.

Beispiel: Aufwendungen für Forschung und Entwicklung von Batterien für E-Autos

Abb. 1 KPI-Ermittlung nach Taxonomie-VO (und DELEGIERTE VERORDNUNG (EU), 2021/2178, Artikel 8, Anhänge I–V). (Quelle: eigene Darstellung)

grundsätzlich angestrebte Wirkmechanismus wie folgt beschrieben: „Weist ein Unternehmen glaubhaft nach, dass ein bestimmter Anteil seines Umsatzes oder seiner Investitionen taxonomiekonform ist, soll dies von Finanzmarktakteuren, die sich bestimmten Nachhaltigkeitszielen verschrieben haben, wahrgenommen werden und zu mehr Investitionen in das Unternehmen führen. Aufgrund eines größeren Kapitalangebots könnten nachhaltige Unternehmen von günstigeren Finanzierungsmöglichkeiten und einer Diversifizierung ihrer Finanzierungsquellen profitieren" (Bundesministerium für Wirtschaft und Klimaschutz, 2020, S. 31).

Die Taxonomie-VO zielt also auf die Ausweitung und insbesondere bessere Vergleichbarkeit von Nachhaltigkeitsinformationen ab. In der praktischen Anwendung jedoch lässt sich zumindest im ersten Anwendungsjahr eine divergierende Auslegung der Verordnung feststellen, wie ein Beispiel von Reifenherstellern mit grundsätzlich vergleichbarem Geschäftsmodell verdeutlicht: Während eines der beiden Unternehmen alle Reifen in der Rollwiderstandsklasse A als taxonomiefähig einstuft und demzufolge einen Umsatz-KPI von über 50 % ausweist, erachtet das andere Unternehmen alle Reifen, die an Elektroautos montiert werden, als taxonomiefähig, was zu einem Umsatz-KPI von lediglich drei Prozent führt (KPMG, 2022a, S. 17).

2.4 Corporate Social Responsibility Directive (CSRD)

Die sicherlich tiefgreifendste Veränderung der Nachhaltigkeitsberichterstattung erfolgt mit Umsetzung der im November 2022 beschlossenen CSRD, denn sie wird die umfangreichste Verpflichtung zur Nachhaltigkeitsberichterstattung weltweit sein (KPMG, 2022b). Künftig ist ein klar abgegrenzter Nachhaltigkeitsbericht, der die Bereiche Umwelt, Soziales sowie Unternehmensführung umfasst, in den (Konzern-)Lagebericht aufzunehmen. Ein gesonderter Bericht ist somit nicht mehr zulässig.

Zunächst müssen alle Unternehmen, die derzeit gemäß NFRD berichtspflichtig sind – also große Unternehmen von öffentlichem Interesse (Public Interest Entities, PIE) mit mehr als 500 Mitarbeitenden – für ab dem 1. Januar 2024 beginnende Berichtszeiträume gemäß den European Sustainability Reporting Standards (ESRS) berichten. Alle anderen großen Unternehmen folgen ein Jahr später. Ein weiteres Jahr später sind für ab dem 1. Januar 2026 beginnende Berichtszeiträume auch börsennotierte KMU sowie kleine und nicht komplexe Kreditinstitute und firmeneigene Versicherungsunternehmen, mit gewissen Erleichterungen, grundsätzlich berichtspflichtig.

Als groß ist ein Unternehmen in Übereinstimmung mit § 267 HGB dann definiert, wenn zwei der folgenden Kriterien erfüllen sind:

- mehr als 250 Beschäftigte
- mehr als 40 Mio. € Nettoumsatzerlöse
- Bilanzsumme von mehr als 20 Mio. €

Das mit der NFRD eingeführte Größenkriterium von 500 Beschäftigten wird somit in der CSRD fallen gelassen und der Anwenderkreis von derzeit rund 500 deutschen Unternehmen, die eine NFE gemäß NFRD abgeben, sukzessive auf ca. 15.000 Unternehmen, die künftig gemäß CSRD berichtspflichtig sind, anwachsen (KPMG, 2022c).

Die ESRS, zu deren Erlass die Europäische Kommission ermächtigt wurde, sind delegierte Rechtsakte, die unmittelbar für die betroffenen Unternehmen gelten. Sie legen detaillierte Anforderungen an die Berichterstattung im Nachhaltigkeitsbericht fest. Die Kommission hat hierzu die European Financial Reporting Advisory Group (EFRAG) beauftragt, Entwürfe für europäische Standards für die Nachhaltigkeitsberichterstattung (E-ESRS) zu entwickeln und der Europäischen Kommission vorzulegen.

Das erste Set von finalen Entwürfen wurde nach einem im Jahr 2022 durchgeführten Konsultationsverfahren, welches der interessierten Öffentlichkeit Gelegenheit zur Stellungnahme einräumte, im November 2022 veröffentlicht und an die Europäische Kommission übergeben. Es umfasst zwei bereichsübergreifende und zehn thematische Standards, die zur Erlangung der Rechtskraft von der Europäischen Kommission angenommen werden müssen, nachdem verschiedenen europäischen Gremien die Möglichkeit der Kommentierung eingeräumt wurde. Die Annahme ist für Mitte 2023 vorgesehen. Ein zweites Set von ESRS-Entwürfen soll branchenspezifische Standards, Standards für KMU und einen Standard für Nicht-EU-Unternehmen enthalten (KPMG, 2022d).

Abb. 2 zeigt einen Überblick über das erste Set von Standardentwürfen und macht deutlich, dass die Berichtsstandards neben den drei ESG-Kategorien auch drei Ebenen abdecken werden: Sektorunabhängige Informationen für maximale Vergleichbarkeit, sektorspezifische Informationen für maximale Relevanz und unternehmensspezifische Informationen für zusätzliche Flexibilität, Relevanz und Verantwortlichkeit. (KPMG, 2022c)

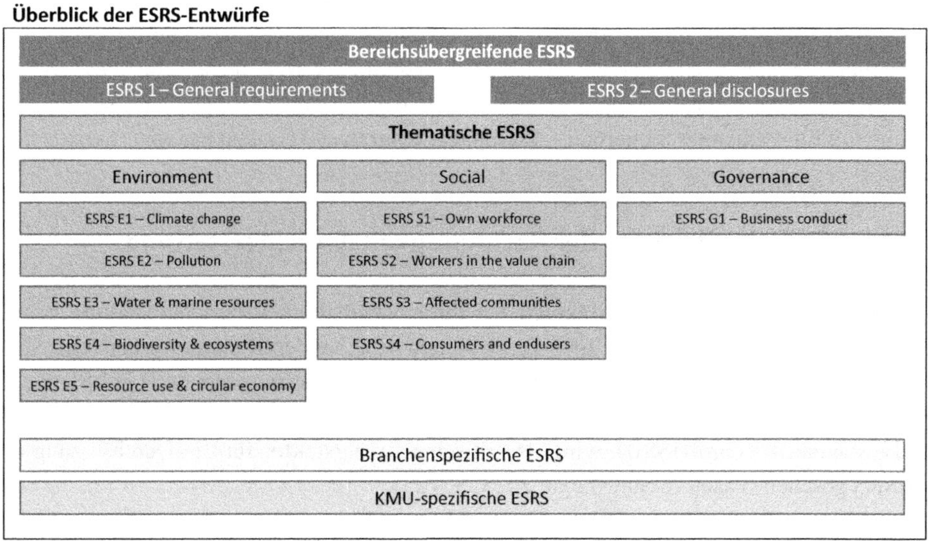

Überblick der ESRS-Entwürfe

Bereichsübergreifende ESRS	
ESRS 1 – General requirements	ESRS 2 – General disclosures

Thematische ESRS		
Environment	Social	Governance
ESRS E1 – Climate change	ESRS S1 – Own workforce	ESRS G1 – Business conduct
ESRS E2 – Pollution	ESRS S2 – Workers in the value chain	
ESRS E3 – Water & marine resources	ESRS S3 – Affected communities	
ESRS E4 – Biodiversity & ecosystems	ESRS S4 – Consumers and endusers	
ESRS E5 – Resource use & circular economy		

Branchenspezifische ESRS
KMU-spezifische ESRS

Abb. 2 Überblick der ESRS-Entwürfe. (Quelle: eigene Darstellung)

Die ESRS-Entwürfe strukturieren die Informationen jeweils in die vier Bereiche Governance, Strategie, Management von Auswirkungen, Risiken und Chancen (Impacts, Risks and Opportunities – IRO) sowie KPIs und Ziele (EFRAG, 2022a, Paragraf 10).

In den beiden themenübergreifenden Standards werden grundlegende Konzepte der CSRD, Grundsätze für die Berichterstattung und die Struktur der Darstellung sowie Berichtspflichten (Disclosure Requirements – DRs), die sich auf alle ESG-Themen beziehen, dargestellt. Diese Angaben sind unabhängig von der unternehmensspezifischen Wesentlichkeitsbeurteilung einzelner ESG-Themen von jedem Unternehmen zu machen. In den zehn thematischen Standards werden die übergreifenden Anforderungen von ESRS 2 in Bezug auf das spezifische Thema dargelegt und spezifische KPIs aufgelistet.

In den im November 2022 veröffentlichten finalen Entwürfen der ESRS wurde die bis dahin vorgesehene widerlegbare Wesentlichkeitsvermutung („rebuttable presumption") gestrichen. Ursprünglich sollten bestimmte sektor-agnostische Themen qua definitionem als „wesentlich" für jedes Unternehmen gelten, sofern die Annahme nicht widerlegt werden könnte. Nunmehr – mit Abkehr von der „rebuttable presumption" – ist der unternehmensindividuelle Auslegungsspielraum gestiegen, und Startpunkt der Nachhaltigkeitsberichterstattung ist wie bislang eine Wesentlichkeitsanalyse. Neu ist, dass die Berichterstattung dabei dem Prinzip der „doppelten Wesentlichkeit" folgt. Demnach ist ein Thema wesentlich, wenn es Auswirkungen auf Mensch und Umwelt (Impact Materiality – „Inside-Out") oder auf das Unternehmen (Financial Materiality – „Outside-In") hat.

Durch diese Veränderung der Wesentlichkeitsformel wird der Umfang der zu berichtenden Themen künftig deutlich ansteigen, denn nach dem bisherigen Wesentlichkeitsverständnis gemäß NFRD gilt ein Thema nur dann als berichtspflichtig, wenn es in beiden Dimensionen (impact und financial materiality) als wesentlich anzusehen ist.

Eine weitere entscheidende Neuerung zur Verbesserung der Nutzbarkeit von Nachhaltigkeitsinformationen ist die Einführung einer inhaltlichen Prüfungspflicht. Während die NFE bislang nur einer formellen Prüfungspflicht unterliegt, soll künftig die externe Prüfung der Inhalte der Nachhaltigkeitsberichterstattung verpflichtend sein. Diese soll zunächst mit begrenzter Prüfungssicherheit („limited assurance") erfolgen; eine spätere Prüfung mit hinreichender Sicherheit („reasonable assurance") ist denkbar.

2.5 Standardisierung der Nachhaltigkeitsberichterstattung

Unternehmen orientieren sich aktuell bei ihrer Nachhaltigkeitsberichterstattung gemäß NFRD in der Regel auf freiwilliger Basis an den bestehenden Rahmenwerken. Die Standardisierung und Harmonisierung mit diesen Leitlinien, insbesondere den GRI-Standards sowie den Standards für die Nachhaltigkeitsberichterstattung des International Sustainability Standards Board (ISSB), wird als kritischer Erfolgsfaktor für die Durchsetzung der ESRS gesehen (Pasch & Stawinoga, 2023, S. 123).

GRI-Standards

Seit der Gründung der GRI im Jahr 1997 hat sich das Rahmenwerk zu dem am meisten verwendeten entwickelt (KPMG, 2020, S. 25). Ziel der GRI ist es, durch Standardisierung und Vergleichbarkeit Transparenz über die ESG-Aktivitäten von Unternehmen zu schaffen (Global Reporting Initiative 2023).

Da die EU den bisherigen Rechtsrahmen für nicht ausreichend und nicht mehr angemessen für den Übergang der EU zu einer nachhaltigen Wirtschaft hält (Rat der EU, 2022; Europäische Kommission, 2021, S. 3), stellt sich die Frage nach der Verbindung der GRI-Standards und den künftig verpflichtend anzuwendenden ESRS. Aufgrund der großen Reichweite und ihres umfassenden Ansatzes strebt die EFRAG eine Anlehnung der ESRS an die GRI-Standards an. Die wesentlichen Gemeinsamkeiten und Unterschiede werden daher in einem kurzen Überblick erläutert (zu dem folgenden Vergleich KPMG, 2023).

Die formalen Berichtsanforderungen sind nach den E-ESRS deutlich enger gesteckt als nach den GRI-Vorgaben. Während die E-ESRS den Nachhaltigkeitsbericht mit vorgegebener Struktur verpflichtend als eigenständigen oder zusammenhängenden Teil des Lageberichts vorsehen, ermöglichen die GRI auch die Veröffentlichung als eigenständigen Bericht oder als Bestandteil anderer Unternehmensberichte. Auch Querverweise auf andere Veröffentlichungen des Unternehmens sind nach GRI zulässig, entsprechend den E-ESRS aber nur sehr eingeschränkt möglich. Ein materieller Unterschied für die anwendenden Unternehmen ergibt sich daraus, dass die Berichterstattung gemäß den ESRS künftig für den gesamten Konzern zu erfolgen hat, während die GRI bei entsprechender Erläuterung der unterlassenen Einbeziehung von Teilen eines Konzerns einen größeren Spielraum ermöglichen, weshalb es bislang durchaus üblich ist, dass einzelne Gesellschaften oder Standorte nicht im Scope der Berichterstattung enthalten sind.

Die Architektur der GRI-Standards und E-ESRS ist durchaus vergleichbar, denn auch die GRI unterscheiden zwischen übergreifenden Standards („universal" beziehungsweise „crosscutting") sowie sektorspezifischen und themenbezogenen Standards. Letztere sind gemäß GRI allerdings deutlich detaillierter als die E-ESRS.

Während die E-ESRS, wie oben erläutert, das Konzept der doppelten Wesentlichkeit eingeführt haben, sind gemäß GRI nur die Themen mit einer hohen Impact Materiality (Inside-Out-Perspektive) berichtspflichtig. Die Financial Materiality, die nach NFRD zusätzlich hoch sein muss, damit ein Thema berichtspflichtig ist, ist gemäß GRI nicht relevant. Dass die EFRAG eine Anlehnung an die GRI anstrebt, wurde unter anderem bei dem Thema Wesentlichkeit deutlich: Zum einen hat die EFRAG nach einer Anpassung der ursprünglichen ESRS-Entwürfe die Definition der Impact Materiality gemäß den GRI-Standards übernommen. Zum anderen wurde auch, wie oben erläutert, die „rebuttable presumption" in den finalen Entwürfen gestrichen, sodass nunmehr sowohl nach E-ESRS als auch nach GRI die Wesentlichkeitsanalyse den Ausgangspunkt bei der Auswahl der berichtspflichtigen Themen bildet.

Der Vergleich der Wesentlichkeitskonzepte nach GRI, CSRD/E-ESRS und NFRD in Abb. 3 visualisiert die künftige Ausweitung der Berichtspflichten.

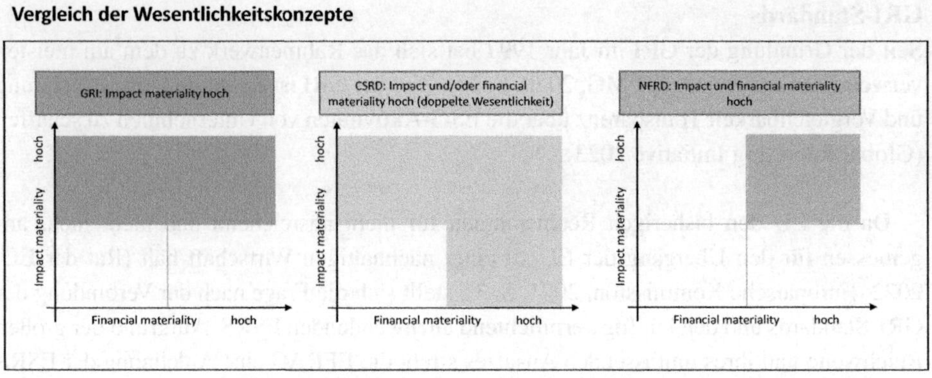

Vergleich der Wesentlichkeitskonzepte

Abb. 3 Vergleich der Wesentlichkeitskonzepte nach GRI, CSRD/E-ESRS und NFRD. (Quelle: eigene Darstellung)

Sowohl die GRI als auch die ESRS-Entwürfe nehmen einige Themen von der Wesentlichkeitsanalyse aus. Welche Themen somit für alle Unternehmen berichtspflichtig sind, unterscheidet sich im Detail nach GRI und E-ESRS jedoch zum Teil deutlich, ebenso wie die Bestimmung von Informationen, die gegebenenfalls zulässigerweise nicht berichtet werden müssen (Auslassungsmöglichkeiten). Inwieweit sich somit der Berichtsumfang für Unternehmen, die bereits bislang in Übereinstimmung mit den GRI-Standards berichten, ändern wird, lässt sich nur schwer einschätzen. Es erscheint jedoch alleine durch die weitergefasste Wesentlichkeitsdefinition sowie die verpflichtende Einbeziehung aller Konzernunternehmen sowie die Prüfungspflicht naheliegend, dass bisherige GRI-Anwender gut vorbereitet sind, der Aufwand und die Komplexität für die nach CSRD verpflichteten Unternehmen jedoch signifikant zunehmen werden. Bereits bei der Umsetzung der Taxonomie-VO mit vergleichsweise wenigen KPIs wurden, wie empirische Erhebungen gezeigt haben, erhebliche Auslegungsspielräume offensichtlich (KPMG, 2022a, S. 11 ff.). Es bleibt abzuwarten, wie dies bei der Vielzahl von KPIs (Datenpunkten) bei Anwendung der ESRS sein wird (in den finalen Entwürfen der ESRS werden 82 Disclosure Requirements und 1144 Datapoints aufgeführt (Pasch und Stawinoga, 2023, S. 124)).

IFRS SDS des ISSB

Neben der Kompatibilität mit den GRI-Leitlinien wird auch die Harmonisierung der ESRS mit den Standards für die Nachhaltigkeitsberichterstattung des ISSB angestrebt. Das ISSB, welches Ende 2021 von der IFRS Foundation gegründet wurde, hat das Ziel, die IFRS Sustainability Disclosure Standards (IFRS SDS) als globale Standards für die Nachhaltigkeitsberichterstattung zu entwickeln. Mit den Standards soll eine globale „Baseline" für eine harmonisierte Nachhaltigkeitsberichterstattung geschaffen werden (Baumüller & Nguyen, 2023, S. 177).

Im März 2022 wurden die Entwürfe zu den ersten beiden IFRS SDS veröffentlicht. Sie enthalten Anforderungen für die Angaben zu wesentlichen Informationen über die bedeutsamen nachhaltigkeitsbezogenen Risiken und Chancen eines Unternehmens, die für die Bewertung des Unternehmenswerts durch die Anleger erforderlich sind. Die Entwürfe bauen auf den von der Technical Readiness Working Group (TRWG) ausgearbeiteten Prototypen auf.

Ob die IFRS SDS durch IFRS-Anwender angewendet werden müssen, wäre durch eine europäische Gesetzesinitiative oder ein nationales Gesetz zu regeln, was derzeit nicht absehbar ist.

Die beabsichtigte Harmonisierung hat zum einen dahingehend stattgefunden, dass die Grundkonzepte, Definitionen und Berichtspflichten in den ESRS-Entwürfen an die IFRS SDS angeglichen wurden. Die ursprünglich in den ersten ESRS-Entwürfen vorgeschlagene Drei-Säulen-Struktur wurde zugunsten der auch vom ISSB verwendeten Vier-Säulen-Struktur (Governance, Strategie, Risikomanagement, KPIs und Ziele) abgeändert. Zum anderen können die Zeithorizonte kurz-, mittel- und langfristig gemäß dem Entwurf des ESRS 2 Paragraf 9 als Annäherung an die IFRS SDS nunmehr flexibler definiert werden (EFRAG, 2022b sowie EFRAG, 2023a, BC 14).

Ein offensichtlicher Unterschied besteht in den von der EFRAG beziehungsweise dem ISSB verwendeten Wesentlichkeitskonzepten: Während die ESRS mit der doppelten Wesentlichkeit neben der financial auch auf der impact materiality aufbauen, werden nach den Entwürfen der IFRS SDS nur Informationen mit Auswirkungen auf den Unternehmenswert für wesentlich erachtet (financial materiality). Trotz der verschiedenen Konzepte wird erwartet, dass die tatsächlichen Unterschiede in der Praxis der Nachhaltigkeitsberichterstattung zumindest langfristig in vielen Fällen nicht sehr groß sein werden (Schäfer & Schönberger, 2022, S. 190; Wulf & Velte, 2022, S. 227).

Eine besondere Annäherung von ISSB und EFRAG zeigt sich in dem Vorschlag der IFRS Foundation, für alle Themen, zu denen das ISSB noch keine IFRS SDS vorgelegt hat, auf die Standards der GRI oder die ESRS der EFRAG zu verweisen (Baumüller & Nguyen, 2023, S. 180).

3 Überlegungen zur Lenkungswirkung der aktuellen Nachhaltigkeitsberichterstattung

3.1 Auswirkungen der Transformation zu einer nachhaltigen Wirtschaft auf die Vermögens-, Finanz- und Ertragslage der Unternehmen

Die Transformation zu einer nachhaltigen Wirtschaft wird bei allen Unternehmen immer Auswirkungen auf die Vermögens-, Finanz- und Ertragslage haben und sich somit bezüglich des jeweils offenzulegenden Geschäftsjahres in der externen Berichterstattung abbilden. Der Umfang und die zeitliche Dauer der Auswirkungen ist dabei vom Geschäftsmodell der Unternehmen abhängig. Am deutlichsten werden diese Auswirkungen bei denjenigen Unternehmen, welche durch ihr Geschäftsmodell (wie z. B. Kohlekraftwerke oder

Stahlwerke) unmittelbar Umweltbelastungen erzeugen oder zu Umweltbelastungen durch den Energieeinkauf beitragen. Die Notwendigkeit zum Umbau ihrer Prozesse betrifft aber darüber hinaus einen viel größeren Kreis von Unternehmen, da letztlich in allen Unternehmen in irgendeiner Form Energie eingesetzt wird, sei es durch Dienstwagen, Dienstflüge oder durch den Einsatz von Computern oder Servern bis hin zu Clouddienstleistungen. Die Liste ließe sich noch vielfältig ergänzen. Es ist daher festzuhalten, dass es eher eine Ausnahme sein wird, dass zumindest Unternehmen mit einer gewissen Wesentlichkeit nicht von der Transformation hin zu einem nachhaltigen Geschäftsmodell betroffen sein sollten. Und somit ist auch klar, dass nicht nur die großen, insbesondere börsennotierten Unternehmen betrachtet werden können, wenn die im Green Deal genannten Ziele praktisch umgesetzt werden sollen.

Für die nachfolgenden Betrachtungen wird daher von einer Situation in den Unternehmen ausgegangen, in der durch die Umstellung einzelner Prozesse im Bereich Beschaffung, Produktion und Absatz oder gar durch die Anpassung des gesamten Geschäftsmodells (nachstehend auch als „Transformation" oder „Transformationsprozess" bezeichnet) zunächst zusätzlicher Liquiditätsbedarf anfällt. Wird dieser Effekt auf die Instrumente, welche durch die Unternehmen im Rahmen ihrer externen Berichterstattung offengelegt werden, übertragen, so lässt sich feststellen, dass auf jeden Fall die Finanzlage der Unternehmen beeinflusst wird, und zwar durch den Transformationsprozess zunächst negativ.

Die weiteren Auswirkungen außerhalb der Finanzlage sind dagegen differenzierter zu betrachten. Sofern eine Aktivierungsfähigkeit der Maßnahmen vorliegt, wird die Vermögenslage der Unternehmen berührt (je nach Finanzierung findet ein Aktivtausch oder eine Bilanzverlängerung statt) und die Ertragslage in Folgejahren durch die Abschreibung der aktivierten Vermögensgegenstände belastet. Soweit keine Aktivierungsfähigkeit besteht, führt der Transformationsprozess hingegen in vollem Umfang zu einer Belastung der Ertragslage.

Für die weiteren Betrachtungen ist es interessant, wie sich diese Effekte, die sich gegebenenfalls über mehrere Perioden erstrecken, auf lange Sicht auswirken. Sofern es dem Unternehmen gelingt, einen effektiven und effizienten Weg der Transformation zu beschreiten, können sich in späteren Jahren positive Effekte auf die Vermögens-, Finanz- und Ertragslage ergeben (nachstehend auch als „Umkehreffekt" bezeichnet). Der Umkehreffekt kann zum einen aus einer langfristig wirkenden Verringerung von Aufwendungen auf der Beschaffungsseite herrühren, zum Beispiel durch eine langfristige Absenkung von Energiekosten. Zum anderen kann die Transformation auch zu einer verbesserten Absatzsituation führen, weil zum Beispiel Marktanteile erhöht werden können aufgrund einer im Vergleich zum Wettbewerb schnelleren Umstellung des Unternehmens auf nachhaltige Prozesse und Produkte sowie Dienstleistungen.

Allerdings ist ein solcher Umkehreffekt zum einen vermutlich häufig erst mittel- und langfristig zu erwarten. Damit unterscheiden sich die Transformationsprozesse hin zu einer nachhaltigen Wirtschaft vermutlich häufig von anderen, bisher in der Praxis zu beobachtenden Veränderungsprozessen, wie der Änderung von Geschäftsprozessen oder sogar einer Neuausrichtung des Geschäftsmodells. Zum anderen kann das Eintreten eines Umkehreffektes auch nicht garantiert werden. So kann es durchaus sein, dass sich das Unternehmen auf einen Transformationsprozess begeben hat, der die gewünschten Effekte gerade nicht ermöglicht, zum Beispiel weil auf eine nicht erfolgreiche Technologie gesetzt wurde. Sicherlich wird das betroffene Unternehmen hier gegensteuern, aber auch diese Effekte werden – wie in den meisten Umstrukturierungsfällen auch – nicht kurzfristig eintreten. Daher ist die Höhe oder der Anteil „grüner" Ausgaben für sich genommen noch ohne Informationswert, wenn die mit diesen Ausgaben angestrebten Ziele tatsächlich nicht erreicht werden. Vor diesem Hintergrund sind die durch die Taxonomie-VO verlangten KPIs zum Anteil der Investitionsausgaben und gegebenenfalls zum Anteil der Betriebsausgaben im Zusammenhang mit „Vermögensgegenständen oder Prozessen, die mit Wirtschaftstätigkeiten verbunden sind, die als ökologisch nachhaltig […] einzustufen sind" (Artikel 8 Absatz 2 Buchstabe b der Taxonomie-VO) mit Vorsicht zu betrachten. Ohne Erläuterungen, zu welchem Zweck die Ausgaben getätigt werden, können diese Kennzahlen nicht sinnvoll gedeutet werden.

Neben den Effekten auf die Vermögens-, Finanz- und Ertragslage der Unternehmen aus bewussten Transformationsprozessen können sich auch Auswirkungen auf die Lage der Unternehmen ergeben, weil sich infolge der Umstellung der Wirtschaft, in welche das betrachtete Unternehmen „eingebettet" ist, diverse Parameter für die betrachteten Unternehmen ändern, wie zum Beispiel Energiekosten oder Kosten für Vorprodukte. Auch das Verhalten der Marktteilnehmer auf der Absatzseite könnte sich ohne jeden Transformationsprozess verändern und Rückwirkungen auf die Lage der Unternehmen haben. Die Behandlung dieser Effekte aus dem Beschaffungs- und Absatzmarkt ist bisher schon Bestandteil der erforderlichen Berichterstattung und bildet sich insbesondere in den Angaben zu den Risiken und Chancen der zukünftigen Entwicklung im Lagebericht ab. Zwar entfalten diese Marktkräfte unter Umständen eine deutliche Lenkungswirkung auf Unternehmen, ihre Wirkung ist aber kein unmittelbarer Ausfluss der zukünftig geforderten Nachhaltigkeitsberichterstattung. Aus diesem Grund sollen diese Effekte bei der Beurteilung der Lenkungswirkung der aktuellen Nachhaltigkeitsberichterstattung im Weiteren nicht weiter betrachtet werden.

3.2   Beurteilung der Lage der Unternehmen durch die Investoren

3.2.1   Vorgehensweise vor Änderung der Anforderungen an die Nachhaltigkeitsberichterstattung

Um die Lenkungswirkung der nunmehr verlangten zusätzlichen, insbesondere umweltbezogenen Informationen in der sogenannten Nachhaltigkeitsberichterstattung beurteilen zu können, soll zunächst betrachtet werden, wie bisher durch die Investoren mit den im Zuge der Offenlegung zur Verfügung gestellten Informationen umgegangen wurde.

Die offenzulegenden Informationen können dabei in zwei Gruppen unterteilt werden:

- finanzielle, durch gesetzliche Anforderungen (wie zum Beispiel in § 266 HGB zur Gliederung der Bilanz und in § 275 HGB zur Gliederung der Gewinn- und Verlustrechnung) stark strukturierte Informationen (im Wesentlichen abgebildet in der Bilanz sowie in der Gewinn- und Verlustrechnung zusammen mit erläuternden und ergänzenden Angaben im Anhang) (nachstehend auch „finanzielle Informationen" genannt) sowie
- weniger strukturierte, häufig als Fließtext abgefasste Informationen mit qualitativen und/oder quantitativen Aussagen (insbesondere abgebildet im Lagebericht oder in ergänzenden Berichten) (nachstehend auch „verbale Angaben" genannt); zu dieser Gruppe gehören auch die aktuelle nichtfinanzielle Berichterstattung beziehungsweise die zukünftige Nachhaltigkeitsberichterstattung.

Es ist offensichtlich, dass verbale Angaben grundsätzlich eine andere Lenkungswirkung entfalten als finanzielle Informationen. Während die Struktur für finanzielle Informationen und deren Darstellung weitgehend vorgegeben ist, können für verbale Angaben keine so klaren Vorgaben gemacht werden, und es bestehen viele Umsetzungsmöglichkeiten, zum Beispiel in der Struktur und bei der Darstellungstiefe aber auch bei der Genauigkeit von Angaben – zum Beispiel im Zusammenhang mit Prognosen.

Der überwiegende Teil der finanziellen Informationen und verbalen Angaben betrifft nach aktuellem Rechtsstand die Vergangenheit und gerade nicht die für die Entscheidung der Investoren interessantere Zukunft. Lediglich im Prognoseteil des Lageberichts finden sich explizite Angaben zur Einschätzung der zukünftigen Chancen und Risiken des Unternehmens (§ 289 Absatz 1 HGB, wo es heißt: „Ferner ist im Lagebericht die voraussichtliche Entwicklung mit ihren wesentlichen Chancen und Risiken zu beurteilen und zu erläutern").

Der Deutsche Rechnungslegungs Standard Nr. 20 (DRS 20) gilt grundsätzlich für Konzernlageberichte nach § 315 HGB, empfiehlt aber eine entsprechende Anwendung auch auf Lageberichte für Einzelabschlüsse gemäß § 289 HGB. Im DRS 20 wird die Anforderung gestellt, dass auch die „bedeutsamsten nichtfinanziellen Leistungsindikatoren" (DRS 20, Tz. 105) in die Analyse der Lage des Unternehmens einzubeziehen sind. Dabei sind zu diesen Leistungsindikatoren unter bestimmten Umständen auch quantitative Angaben zu machen (DRS 20, Tz. 108). Neben der Erläuterung der aktuellen Lage ist der Prognosebericht für die Bewertung des Unternehmens wesentlich. Hier fordert DRS 20: „Prognosen sind zu den bedeutsamsten finanziellen und nichtfinanziellen Leistungsindikatoren abzugeben" (DRS 20, Tz. 126). Allerdings wird die geforderte Länge des Prognosezeitraums ab dem letzten Berichtsstichtag auf ein Jahr begrenzt (DRS 20, Tz. 127).

Für die Entscheidungsvorbereitung der Investoren ist es notwendig, aus den zur Verfügung gestellten Informationen Aussagen über die zukünftige Entwicklung der betrachteten Unternehmen abzuleiten. Dafür stellt die im Wesentlichen und relativ detailliert offengelegte Entwicklung der Vergangenheit nur den Startpunkt dar. Davon ausgehend müssen die Investoren Modelle entwickeln, die ihnen eine Einschätzung der zukünftigen Entwicklung der Unternehmen ermöglichen. Wie dieses praktisch geschieht, wird sehr unterschiedlich sein. Aber bei rationalem Verhalten müsste ein Modell entwickelt werden, welches eine (vereinfachte) Unternehmensbewertung ermöglicht.

Für Zwecke eines Unternehmensbewertungskalküls werden eine Größe im Zähler, welche die zukünftige Entwicklung einer zur Ausschüttung an die Eigenkapitalgeber zur Verfügung stehenden Finanzgröße darstellt, sowie eine Größe im Nenner, hinter der eine aus einer Vergleichsgruppe (Peer Group) abgeleitete Zinsgröße steht, benötigt. Durch Diskontierung des Zählers mit dem Zinssatz ergibt sich dann der Unternehmenswert.

Den Investoren stehen für ihr Bewertungsmodell auf Basis der offenzulegenden Informationen nur rudimentäre Angaben zur Verfügung, wenn dieser Prognoseprozess mit einer klassischen gutachtlichen Unternehmensbewertung verglichen wird, die unter Rückgriff auf interne Informationen des Unternehmens vorgenommen wird. Würde dieser Bewertungsprozess aber aufgrund des Fehlens interner Angaben grundsätzlich als aussichtslos angesehen, wären insofern jegliche Offenlegung von Informationen des Jahresabschlusses und die Offenlegung des Lageberichts überflüssig.

Die Aufstellung eines Prognosemodells muss zunächst möglichst viele Informationen des betrachteten Unternehmens selbst berücksichtigen, um die Zählergröße in ihrem Zeitverlauf abzuleiten. Die Analyse von Vergangenheitsdaten muss unter Berücksichtigung aller zur Verfügung stehenden Angaben zur zukünftigen Entwicklung des Unternehmens, wie sie sich zum Beispiel im Lagebericht, aber gegebenenfalls auch aus anderen öffentlichen Informationsquellen (z. B. Pressemitteilungen) ergeben, angepasst werden. Dabei ist eine möglichst langfristige Prognose erforderlich, da für das Bewertungskalkül kurzfristige Entwicklungen nur einen sehr geringen Werteinfluss haben und der Hebel für einen Unternehmenswert gerade in den langfristigen Effekten besteht.

Die Ableitung einer Zählergröße allein ist aber nicht ausreichend, denn erst durch den Vergleich mit anderen Unternehmen, die ein vergleichbares Geschäftsmodell verfolgen, in den gleichen Märkten agieren und auch im Übrigen den gleichen Risiken ausgesetzt sind (Peer Group), kann das betrachtete Unternehmen bewertet werden. Um diesen Vergleich zum Zwecke der Bewertung durchführen zu können, bedarf es der Ermittlung einer Peer Group und die Anwendung vergleichbarer Bewertungsmodelle zu ihrer Analyse. Nur der Vergleich mit der zukünftigen Entwicklung anderer, vergleichbarer Unternehmen ermöglicht eine Einschätzung des Werts des betrachteten Unternehmens.

3.2.2 Veränderung bei der Vorgehensweise aufgrund der zusätzlichen Anforderungen an die Nachhaltigkeitsberichterstattung und Ableitung von Anforderungen an diese Informationen

Es ist anzunehmen, dass sich die grundsätzliche Vorgehensweise der Investoren durch die nunmehr zusätzlich offenzulegenden nichtfinanziellen Informationen (in der Gestalt der Nachhaltigkeitsberichterstattung) nicht ändern wird. Wie dargelegt, wirken sich die Transformationsprozesse hin zu einer nachhaltigen Wirtschaft häufig nicht nur kurzfristig, sondern auch mittel- und langfristig aus. Insbesondere ist es wesentlich, mögliche Umkehreffekte auf die Vermögens-, Finanz- und Ertragslage der Unternehmen mit in den Betrachtungszeitraum einzubeziehen.

Daraus ergeben sich zwei praktische Anforderungen an die Bewertungsmodelle der Investoren: Die Betrachtungszeiträume müssen gegebenenfalls verlängert werden, und es müssen – im Vergleich zur langjährigen früheren Praxis – zusätzliche finanzielle Informationen und verbale Angaben in das Bewertungsmodell mit einfließen: Die umweltbezogenen zusätzlichen Aspekte weisen dabei thematisch eine besondere Komplexität auf, weil sich viele Effekte gegenseitig beeinflussen. Außerdem bestehen bezüglich dieser Informationen nur wenige Vergangenheitsdaten und besonders viele Unsicherheiten zum Beispiel bezüglich der Realisierbarkeit von Maßnahmen einschließlich der Prognose von technischem Fortschritt. Daher ist zu erwarten, dass die geänderten Bewertungsmodelle anfangs noch häufig nachgeschärft werden und anhand der tatsächlich eingetretenen Entwicklung nach Ablauf einer gewissen Zeit auf ihre Eignung überprüft werden müssen.

Neben den vorstehend genannten praktischen Aspekten bezüglich der Bewertungsmodelle ergeben sich auch die im Folgenden behandelten Anforderungen an die nach den neuen rechtlichen Vorgaben erforderlichen nichtfinanziellen Informationen, die in diesen Modellen verarbeitet werden:

Langfristigkeit
Die Informationen müssen es erlauben, die aktuelle Situation und die Transformation so genau zu erfassen, dass das Prognosemodell die betreffenden Effekte berücksichtigen kann. Dazu müssen die Angaben nicht nur eine kurzfristige, sondern auch eine mittel- und langfristige Einschätzung der zukünftigen Entwicklung ermöglichen – bei allen Unsicherheiten längerfristiger Prognosen. Insbesondere muss der Zeitpunkt abgeschätzt werden können, ab dem Investitionen dazu führen, dass sich die Vermögens-, Finanz- und Ertragslage des Unternehmens verbessert (Umkehreffekt). Auch der Umkehreffekt selbst muss entsprechend quantifiziert werden können.

Vergleichbarkeit
Die zusätzlichen Informationen müssen es erlauben, die Position des betrachteten Unternehmens im Vergleich zur Peer Group einschätzen zu können. Denn es ist zu erwarten, dass nicht alle als vergleichbar angesehenen Unternehmen die Transformation in gleicher Zeit und mit den gleichen finanziellen Effekten werden umsetzen können. Wird nur das unmittelbar zu bewertende Unternehmen betrachtet, sind keine Aussagen darüber möglich, wie sich dieses im Wettbewerb der Vergleichsgruppe entwickelt. Für die Veränderung von Marktanteilen und die Entwicklung der Ertragslage ist jedoch genau dieser Vergleich sehr wesentlich. Entwickelt sich zwar das betrachtete Unternehmen positiv auf seinem Pfad der Transformation, aber andere Unternehmen haben sich für einen schnelleren und/oder weniger Liquidität kostenden Weg entschieden, fällt das betrachtete Unternehmen im Wettbewerb zurück und wird weniger attraktiv für ein Investment.

Detailliertheit
Die Informationen müssen darüber hinaus so detailliert sein, dass die Bildung einer klaren Reihenfolge der Investitionswürdigkeit des betrachteten Unternehmens und der Peer Group möglich ist. Nach dem Rang in der Reihenfolge werden sich dann die Renditeerwartungen der Investoren richten, die sich in geforderten Fremdkapitalzinsen oder gezahlten Kaufpreisen für die jeweiligen Investitionen ausdrücken.

Maschinenlesbarkeit
Die Informationen müssen insbesondere für den Markt der Fremdfinanzierung, bei dem es auch um eine Vielzahl von kleineren und mittleren Krediten geht, maschinenlesbar und maschinenauswertbar sein.

Verlässlichkeit
Die Informationen müssen inhaltlich zutreffend sein. Dafür ist zu fordern, dass diese nichtfinanziellen Informationen – wie finanzielle Informationen schon lange – einer ausreichend detaillierten und aussagekräftigen Prüfung zu unterwerfen sind.

3.2.3 Einschätzung der Lenkungswirkung

Nachfolgend soll beurteilt werden, ob die zukünftige Nachhaltigkeitsberichterstattung die gewünschte Lenkungswirkung auf die Unternehmen im Hinblick auf den erforderlichen Transformationsprozess entfalten kann. Dazu müssen drei Voraussetzungen erfüllt sein: Die von den Investoren verwendeten Bewertungsmodelle müssen sich auf die Investitionsentscheidungen auswirken, die bewerteten Unternehmen müssen durch diese Investitionsentscheidungen zu einem Handeln hin zu einer Nachhaltigkeit beeinflusst werden und die Nachhaltigkeitsberichterstattung muss sich auf die von den Investoren verwendeten Bewertungsmodelle auswirken.

Die Auswirkung der Modelle auf die Investitionsentscheidung ist offensichtlich: So werden Eigenkapitalinvestoren aufgrund des Ergebnisses ihrer Analyse über Investment beziehungsweise Desinvestment in das entsprechende Unternehmen sowie über die entsprechenden Preise für einen Einstieg in das oder Ausstieg aus dem Unternehmen entscheiden. Bei den Fremdkapitalgebern besteht ebenso die Option, einen Kredit überhaupt zu gewähren oder zu kündigen oder nicht zu verlängern sowie die Kosten für die Zurverfügungstellung eines neuen Kredits (insbesondere die Zinsen) in Abhängigkeit von dem Ergebnis des Bewertungsmodells festzulegen.

Auch die Erfüllung der nächsten Voraussetzung ist zu erwarten: Die Unternehmen werden auf die Renditeerwartungen und Finanzierungskosten der Investoren reagieren. Werden Anteile zwischen Anteilseignern gehandelt, ist das Unternehmen von der Höhe der dabei gezahlten Kaufpreise zunächst nicht betroffen. Das Niveau der Kaufpreise, zum Beispiel erkennbar durch die Börsenkapitalisierung eines Unternehmens, wirkt sich aber dann auf das Unternehmen aus, wenn das Eigenkapital erhöht werden soll. Ein möglichst hoher Kaufpreis für die neu ausgegebenen Anteile erleichtert die Eigenkapitalerhöhung: Der Zufluss an neuem Kapital wird maximiert beziehungsweise die Verwässerung der bestehenden Anteilseigner minimiert; eine geringere Verwässerung führt zu geringeren Verschiebungen der Stimmrechts- und Einflussverhältnisse und kann die Bereitschaft zu einer Kapitalerhöhung, neue Gesellschafter aufzunehmen und damit überhaupt für eine Kapitalerhöhung zu stimmen, positiv beeinflussen. Bei der Aufnahme von Fremdkapital spielen die Finanzierungskosten ausgedrückt durch den Zins für das Fremdkapital eine bedeutsame Rolle; dabei werden die Fremdkapitalbeschaffung erleichtert und die Ertragskraft weniger negativ beeinflusst, wenn günstige Konditionen zur Verfügung stehen.

Damit kann als Zwischenergebnis festgehalten werden, dass sich die Unternehmen durch die Renditeerwartungen der Investoren beeinflussen lassen und so dafür sorgen, dass sie durch die Wahl eines in den Augen der (potenziellen) Investoren positiven Transformationspfades hin zu einer nachhaltigen Wirtschaft günstige Bedingungen für eine Refinanzierung durch Eigen- und Fremdkapital schaffen. Der durch den Green Deal angestrebte Marktmechanismus zur Erreichung der Nachhaltigkeitsziele ist somit grundsätzlich geeignet.

Nachstehend soll die letzte Voraussetzung, ob die Angabe zusätzlicher nichtfinanzieller Informationen in der Gestalt der Nachhaltigkeitsberichterstattung auch geeignet ist, die Bewertungsmodelle der Investoren zu beeinflussen, beurteilt werden.

Auch ohne die aktuell geforderte Erweiterung der Angabepflichten im Rahmen der Nachhaltigkeitsberichterstattung würden die Investoren versuchen, Informationen über die zukünftige Entwicklung der von ihnen betrachteten Unternehmen zu gewinnen. Es ist deutlich geworden, dass die Ableitung von Zukunftsentwicklungen ohne Zugriff auf interne Informationen lediglich auf Basis offenzulegender Informationen in der praktischen Umsetzung eine große Herausforderung darstellt. Von daher sind zusätzliche Informationen grundsätzlich zu begrüßen, weil sie die Prognosegenauigkeit der durch die Investoren eingesetzten Bewertungsmodelle verbessern können.

Die Anforderungen an diese zusätzlichen Informationen wurden in dem vorangehenden Kapitel bereits genannt. Es soll nun beurteilt werden, ob die neuen Nachhaltigkeitsinformationen diese Anforderungen erfüllen und damit auch als praktisch geeignet erscheinen, die von der Europäischen Kommission im Green Deal angestrebte Lenkungswirkung zu erzielen.

Zur Anforderung der Langfristigkeit
Für den Lagebericht formuliert der DRS 20 einen Zeitraum von einem Jahr als Mindestmaß für einen Prognosezeitraum. Dieser Zeitraum erfüllt die Anforderung der Langfristigkeit ganz klar nicht. Die CSRD fordert in Artikel 19a Absatz 2 am Ende: „Die […] aufgeführten Informationen umfassen gegebenenfalls Informationen über kurz-, mittel- und langfristige Zeiträume". Diese etwas vage Formulierung („gegebenenfalls") ist wenig aussagekräftig. Ergänzend finden sich in dem Vorschlag der Europäischen Kommission für eine CSRD vom 21. April 2021 folgende Ausführungen: „Derzeit ist ein Mangel an zukunftsbezogenen Offenlegungen zu verzeichnen, die von Nutzern von Nachhaltigkeitsinformationen besonders geschätzt werden. In Artikel 19a […] sollte daher spezifiziert werden, dass die bereitgestellten Nachhaltigkeitsinformationen so-

wohl zukunfts- als auch vergangenheitsbezogene und sowohl qualitative als auch quantitative Informationen umfassen müssen. Die bereitgestellten Nachhaltigkeitsinformationen sollten zudem kurz-, mittel- und langfristige Zeiträume abdecken und Informationen zur gesamten Wertschöpfungskette des Unternehmens […] enthalten" (Europäische Kommission, 2021, Erwägungsgrund 29). Die praktische Umsetzung im Richtlinientext bleibt aber nach Auffassung der Verfasser hinter den selbst gestellten Anforderungen zurück. Es bleibt abzuwarten, ob der deutsche Gesetzgeber die Richtlinie in Bezug auf diese Anforderung konkreter umsetzen oder die Konkretisierung den ESRS überlassen wird.

Bezüglich der Anforderungen an die Langfristigkeit von Angaben sind die zukünftig verbindlichen ESRS konkreter als die CSRD. So heißt es im Entwurf des ESRS 2, Paragraf 66 (EFRAG, 2022b) zu den „key actions", welche zur Erreichung der Nachhaltigkeitsziele unternommen werden, dass anzugeben sind „the time horizons under which the undertaking intends to complete each key action". Deutlicher sind die Ausführungen im Entwurf des ESRS E1 unter Paragraf 1 (EFRAG, 2022c), wonach Angaben gemacht werden sollen, die es den Lesern ermöglichen, Folgendes zu erkennen: „(f) the financial effects on the undertaking over the short-, medium- and long-term time horizons of risks and opportunities arising from the undertaking's impacts and dependencies on climate change".
In der „Disclosure Requirement E1-9 – Potential financial effects from material physical und transition risks and potential climate-related opportunities" wird gefordert: „The undertaking shall disclose its (a) potential financial effects from material physicals risks; (b) potential financial effects from material transition risks; and (c) potential to pursue material climate-related opportunities" (EFRAG, 2022c). In den Erläuterungen zu dieser Angabepflicht in Paragraf 62 wird der Zeithorizont noch einmal verdeutlicht, wenn es heißt: „(a) potential financial effects due to material physical and transition risks is to provide an understanding of how these risks have a material influence (or are likely to have a material influence) on the undertaking's cash flows, performance, position, development, cost of capital or access to finance over the short-, medium- and long-term time horizons. […] (b) potential to pursue material climate-related opportunities is to enable an understanding of how the undertaking may financially benefit from material climate-related opportunities". Weitere Anforderungen, die hier aus Platzgründen nicht umfassend wiedergegeben werden können, werden in den anschließenden Paragrafen genannt. Da die Adressaten der Nachhaltigkeitsberichterstattung jedoch auch an Informationen über Chancen des Transformationsprozesses interessiert sind, sind die folgenden Ausführungen zu den Anforderungen an die entsprechenden Angaben interessant, weil sich hier eine Einschränkung bezüglich der Quantifizierung ergibt. In Paragraf 66 heißt es: „For the disclosure of potential to pursue climate-related opportunities required by paragraph 61(c), the undertaking shall consider: (a) its expected cost savings from climate change mitigation and adaption actions; and (b) the potential market size or expected changes to net revenue from low-carbon products and services or adaptation solutions to which the undertaking has or may have access." In Paragraf 67 erfolgt die genannte Einschränkung: „A quantification of the

financial effects that arise from opportunities is not required if such a disclosure does not meet the qualitative characteristics of useful information included under (draft) ESRS 1 Appendix C *Qualitative characteristics of information*" (EFRAG, 2022c).

Etwas vorsichtigere Formulierungen ohne Verbindlichkeit („may") bezüglich der konkreten Angabe von zukünftigen Angaben finden sich unter Application Requirement (AR) 71 zu diesem Standardentwurf zu der hier betrachteten Angabe E1-9 in Paragraf 61 Buchstabe (a) potential financial effects from material physical risks: „This disclosure … (b) may include a breakdown of the undertaking's business activities with the corresponding details of the associated percentage of total net revenue, the risk factors … and, if possible, the magnitude of the potential financial effects in terms of margin erosion over the short-, medium- and long-term time horizons." Die Zurückhaltung wird erklärt in den „basis for conclusions" (BC) zu diesem Standardentwurf: „Given the lack of agreed methodology to quantify potential financial effects from material climate-related risks, in developing this […] Standard it was considered that the disclosure of potential net financial effects after mitigation cannot be requested as a mandatory disclosure requirement. The disclosure requirement is thus voluntarily limited to the potential financial effect before mitigation" (EFRAG, 2023b, BC 173).

Es kann somit zur Anforderung der Langfristigkeit festgehalten werden, dass die CSRD in Kombination mit den verpflichtend anzuwendenden ESRS vor dem Hintergrund der Schwierigkeit von prognostischen Angaben die Erfüllung dieser Anforderung möglicherweise nicht hinreichend sicherstellt. Die Praxis wird zeigen, ob die gemachten Angaben dazu führen, die Lenkungswirkung bei den verwendeten Bewertungsmodellen sicherzustellen.

Zur Anforderung der Vergleichbarkeit
Die Bedeutung einer Vergleichbarkeit nichtfinanzieller Angaben zwischen verschiedenen Unternehmen hat auch der Richtliniengeber erkannt. In den Erläuterungen zu dem Vorschlag der Europäischen Kommission für eine CSRD vom 21. April 2021 werden klare Anforderungen genannt: Es „sind verbindliche gemeinsame Standards für die Berichterstattung erforderlich, um sicherzustellen, dass die Informationen vergleichbar sind und alle relevanten Informationen offengelegt werden. […] Gemeinsame Standards […] sind überdies erforderlich, um die Prüfung und Digitalisierung der Nachhaltigkeitsberichterstattung zu ermöglichen und deren Beaufsichtigung und Durchsetzung zu erleichtern. Die Entwicklung verbindlicher gemeinsamer Standards […] ist notwendig, um zu erreichen, dass Nachhaltigkeitsinformationen einen vergleichbaren Status haben wie Finanzinformationen" (Europäische Kommission, 2021, Erwägungsgrund 32). Weiter wird gefordert, da kein bestehender Standard und kein bestehendes Rahmenwerk den Bedürfnissen der Union entspreche, dass die Kommission eigene EU-Standards entwickelt (Europäische Kommission, 2021, Erwägungsgrund 33). War bisher die Inanspruchnahme von Rahmenwerken wie zum Beispiel vom GRI freiwillig, werden die Unternehmen zukünftig gemäß Artikel 19b der CSRD verpflichtet, die von der EFRAG erarbeiteten ESRS anzuwenden. Die Entscheidung für verpflichtend anzuwendende Standards kann als eine

gute Basis für die Vergleichbarkeit – zumindest innerhalb der EU – angesehen werden. Ob die Standards die hohen an sie gestellten Erwartungen in der Praxis auch erfüllen, kann zum aktuellen Zeitpunkt mangels Erstanwendungen nicht beurteilt werden.

Zur Anforderung der Detailliertheit
Offenzulegende Informationen werden schon aus Gründen der Vertraulichkeit und der Praktikabilität niemals einen Grad an Detailliertheit erhalten, der für Zwecke einer klassischen Unternehmensbewertung erforderlich ist. Dennoch müssen die offenzulegenden Informationen so detailliert sein, dass sie eine Lenkungswirkung auslösen. Wird dieser Aspekt mit dem Instrumentarium der Investitionsrechnung betrachtet, so ist es nicht erforderlich, den genauen Barwert einer Investition zu ermitteln, aber es muss eine Reihenfolge der möglichen Investitionen erkennbar werden („relative Vorteilhaftigkeit"). Die CSRD macht mehr Vorgaben hinsichtlich des Umfangs an Angaben (Europäische Kommission, 2021, S. 6) und gibt mit den ESRS einen Berichtsrahmen mit detaillierten Angaben verbindlich vor. Auch die Taxonomie-VO verlangt bezüglich bestimmter finanzieller KPIs in entsprechenden Meldebögen Angaben. Die ersten praktischen Erfahrungen zeigen, dass die Komplexität und Detailtiefe die anwendenden Unternehmen vor erhebliche praktische Herausforderungen stellt (KPMG, 2022a). Dessen ungeachtet bleiben Zweifel, ob diese Informationen so detailliert sind, dass sie die gewünschte Lenkungsfunktion erfüllen.

Als nachteilig kann in diesem Zusammenhang angesehen werden, dass die CSRD zwingend die Angabe der Nachhaltigkeitsberichterstattung als gesonderten Teil des Lageberichts vorgibt (so auch Wulf & Velte, 2022, S. 226). Dadurch wird eine Trennung von der Erläuterung der finanziellen Kennzahlen im Anhang und in anderen Teilen des Lageberichts verlangt, welche ohne weitere Regelung nur reduziert werden kann durch wiederholte und damit redundante Angaben. Zu diesem Problem finden sich in den „basis for conclusions" zum Entwurf des ESRS 1 (dazu EFRAG, 2023c, BC 159) folgende Ausführungen: „When drafting [...] ED ESRS 1 it was discussed whether the proposed structure of the sustainability statements could be a step backward from current practice providing integrated reports and might prevent undertakings from integrating financial and sustainability information within the management report in a meaningful way. [...] it was decided to grant the option to comply with ESRS disclosure requirements through incorporation by reference to another section of the management report." Aufgrund der Kritik an dieser Begrenzung wurde der finale Entwurf weiter gefasst und es wurden unter bestimmten Voraussetzungen weitere Referenzierungsmöglichkeiten eingeräumt (dazu EFRAG, 2023c, BC 160).

Eine gemeinsame Angabe von finanziellen und dazugehörigen verbalen Angaben erscheint besonders geeignet, die im Rahmen einer Offenlegung naturgemäß begrenzten Informationen maximal entscheidungsnützlich zu präsentieren, weil der Zusammenhang zwischen den finanziellen Informationen und deren Erläuterung unter anderem im Hinblick auf Nachhaltigkeitsaspekte hergestellt wird. Diese Ansicht findet sich auch im International Integrated Reporting Framework (IIRF, 2021, S. 27), wo es heißt: „Both qualitative and quantitative information are necessary for an integrated report to properly represent the organization's ability to create value as each provides context for the other. Including key performance indicators as part of a narrative explanation can be an effective way to connect quantitative and qualitative information".

Interessant ist, dass die EFRAG aktuell dabei ist, das Gremium des EFRAG CAP (Connectivity Advisory Panel) erstmalig zu besetzen, welches folgende Aufgabe hat: „The objective of the EFRAG CAP is to advise the EFRAG Financial Reporting Technical Expert Group [...] on EFRAG's proactive research project on the connectivity between financial reporting and sustainability reporting information" (EFRAG, 2023d). Im Entwurf des ESRS 1 (2022) heißt es unter 9.2 (EFRAG, 2022a, Paragraf 124) zur Verbindung finanzieller und nichtfinanzieller Informationen: „The undertaking shall describe the relationships between different pieces of information. Doing so could require connecting narrative information [...] to related metrics and targets". Die Umsetzung soll unter anderem durch Referenzierungen erfolgen (EFRAG, 2022a, Paragraf 125).

Es bleibt abzuwarten, wie sich zukünftig das Zusammenspiel zwischen den Standards zur Berichterstattung über finanzielle Angaben und denen zur Angabe von Nachhaltigkeitsinformationen entwickelt. Zusammen mit dem Punkt „Langfristigkeit" wird in Bezug auf die Detailliertheit eine deutliche Begrenzung gesehen, ob die Lenkungsfunktion der Nachhaltigkeitsberichterstattung in der Praxis ihren Niederschlag finden wird.

Zur Anforderung der Maschinenlesbarkeit
Nach der CSRD ist vorgeschrieben, dass der Lagebericht nach dem ESEF-Format aufgestellt und auch entsprechend ausgezeichnet wird (Artikel 29d der CSRD). Nach § 328 HGB gibt es die Pflicht zur Verwendung des ESEF-Formats für Zwecke der Offenlegung unter anderem bereits für den Jahresabschluss und Lagebericht (und entsprechend für den Konzern). Die von der Aufstellungspflicht zu unterscheidende Auszeichnungspflicht besteht allerdings für den Konzernabschluss bisher nur für Kapitalgesellschaften, die als Inlandsemittent gelten. Im Entwurf zur CSRD wird die Bedeutung dieser Änderung wie folgt motiviert: „Digitale Markierung ist von entscheidender Bedeutung, um die Möglichkeiten digitaler Technologien zur grundlegenden Verbesserung der Nutzung von Nachhaltigkeitsinformationen auszuschöpfen" (Europäische Kommission, 2021, S. 8). Mit Umsetzung der CSRD müssen zukünftig alle betroffenen Unternehmen ihre Nachhaltigkeitsberichterstattung nach ESEF-Format aufstellen und auszeichnen; die übrigen offenzulegenden Angaben sind von der Auszeichnungspflicht nicht betroffen. Die Anforderung, Informationen damit in einer Weise zur Verfügung zu stellen, die insbesondere für Kreditinstitute in einem Massenmarkt für KMU relevant sind, ist somit erfüllt. Wie weit Bewertungsmodelle diese Informationen auch praktisch maschinengestützt und gegebenenfalls unter Einsatz von künstlicher Intelligenz werden auswerten können, muss die Praxis zeigen.

Zur Anforderung der Verlässlichkeit
Eine Prüfung des Inhalts der bisher vorgeschriebenen Nachhaltigkeitsberichterstattung ist aktuell nicht verpflichtend; der Abschlussprüfer hat lediglich eine Aussage darüber zu tref-

fen, ob eine nichtfinanzielle Erklärung oder der gesonderte nichtfinanzielle Bericht (und entsprechend für den Konzernabschluss) abgegeben wurde oder nicht (§ 317 Absatz 2 Satz 4 HGB). Die CSRD verlangt zukünftig eine inhaltliche Prüfung der Nachhaltigkeitsberichterstattung, wenn auch zunächst nur „auf der Grundlage eines Auftrags zur Erlangung begrenzter Prüfungssicherheit" (Artikel 29d der CSRD). Den Erläuterungen zum Entwurf der CSRD ist zu entnehmen, dass die Option zur Einführung einer weitergehenden Prüfungstiefe („hinreichende Prüfungssicherheit") wie bei den übrigen Bestandteilen der offenzulegenden Berichterstattung ins Auge gefasst wird (Europäische Kommission, 2021, S. 12). Auch wenn die praktische Umsetzung der Prüfung einschließlich der Entwicklung entsprechender Standards noch in Arbeit ist, ist eine Prüfung der Nachhaltigkeitsinformationen zumindest perspektivisch analog zur Prüfungstiefe der Finanzberichterstattung vor dem Hintergrund der Anforderung der Verlässlichkeit der Angaben zu begrüßen.

4 Zusammenfassung und Ausblick

Aus freiwilliger nichtfinanzieller Berichterstattung, insbesondere zu sozialen Fragen, hat sich im Laufe der Zeit eine umfassendere Nachhaltigkeitsberichterstattung entwickelt, wobei zunehmend Klimafragen in den Vordergrund getreten sind. Begleitend dazu haben sich Rahmenwerke als Hilfestellung für die betroffenen Unternehmen und zum Zwecke der Verbesserung einer Vergleichbarkeit zwischen den Unternehmen herausgebildet. Als Folge der Umsetzung einer entsprechenden ersten Richtlinie der Europäischen Union wurde für ab dem 1. Januar 2017 beginnende Geschäftsjahre erstmals in Deutschland für große kapitalmarktorientierte Unternehmen mit mehr als 500 Arbeitnehmern die Erweiterung des Lageberichts um eine „nichtfinanzielle Erklärung" erforderlich, in welcher gemäß § 289c HGB unter anderem auf Umweltbelange einzugehen ist. Als Ergebnis des Green Deals der Europäischen Kommission entstand im Jahr 2022 unter anderem eine neue Richtlinie (CSRD), welche den Anwenderkreis der verpflichteten Unternehmen ausweiten und die inhaltlichen Anforderungen erhöhen wird. Die Umsetzung hat in Deutschland (bis) im Jahr 2024 zu erfolgen. Die Taxonomie-VO regelt für einen entsprechenden Anwendungsbereich die Pflicht, bestimmte Kennzahlen anzugeben und damit anzuzeigen, in welchem Umfang Aktivitäten mit Wirtschaftstätigkeiten verbunden sind, die als ökologisch nachhaltig einzustufen sind.

Mit der inhaltlichen Erweiterung bis hin zu einer Prüfungspflicht verfolgt die Europäische Kommission das Ziel, eine Lenkungswirkung auf dem Markt für Eigen- und Fremdkapital zu erreichen und so Investitionen dorthin zu lenken, wo diese zum Erreichen des Ziels der Klimaneutralität im Jahr 2050 als erforderlich angesehen sind. Insofern hat sich die EU bewusst für einen marktwirtschaftlichen Ansatz und gegen weitere Verbote bestimmter Technologien oder staatliche Maßnahmen entschieden. Der vorliegende Beitrag hat sich damit beschäftigt, ob die neuen Anforderungen an die Nachhaltigkeitsberichterstattung tatsächlich dazu geeignet sind, diese Lenkungswirkung zu erreichen. Dabei wurde ausschließlich der Effekt offenzulegender Informationen betrachtet. Darüberhinausgehende auf privatrechtlicher Basis zur Verfügung gestellte Informationen wurden ausgeklammert. Dadurch beschränkt sich der Kreis der betrachteten Unternehmen in Bezug auf Investitionen in das Eigenkapital auf börsennotierte Unternehmen. Da bei Investitionen in große, aber nicht börsennotierte Unternehmen immer zur Vorbereitung der Entscheidung auf Informationen des Unternehmens zurückgegriffen werden muss, entfaltet die neue Nachhaltigkeitsberichterstattung keine unmittelbare Lenkungswirkung, da die durch die CSRD geregelten Angaben sonst auf zivilrechtlicher Basis zur Verfügung gestellt werden würden. Die durch die CSRD und die entsprechenden ESRS normierten und geprüften Angaben erleichtern den Informationsgewinnungs- und -verarbeitungsprozess dennoch. Im Bereich der Kreditfinanzierung sind im Sinne der Lenkungswirkung unmittelbar nur Unternehmen betroffen, denen Kredite gewährt werden, ohne dass darüber hinaus weitere interne Informationen angefordert und zur Verfügung gestellt werden. Bei diesen Unternehmen muss es sich aber dennoch um große Unternehmen handeln (oder börsennotierte KMU), da nur diese zur Nachhaltigkeitsberichterstattung gemäß CSRD verpflichtet werden.

Es wurde davon ausgegangen, dass die Investoren der betroffenen Unternehmen eine Bewertung der Unternehmen vornehmen, um über Renditeerwartungen beziehungsweise Anforderungen über die Höhe eines Kreditzinses entscheiden zu können. Diese Bewertung der Unternehmen kann auf Basis offenzulegender Informationen nicht die Detailliertheit einer klassischen Unternehmensbewertung annehmen. Dennoch müssen die eingesetzten Bewertungsmodelle in der Lage sein, die Unternehmen zumindest in verschiedene Kategorien an Rentabilität oder Bonität einzuordnen. Damit die offenzulegenden Informationen zur Nachhaltigkeit eine Lenkungsfunktion erfüllen und die Investments in diejenigen Unternehmen, welche den erfolgversprechenderen Weg Richtung Nachhaltigkeit eingeschlagen haben, lenken, müssen diese Informationen geeignet sein, eine relative Vorteilhaftigkeit der Investitionen in die Unternehmen anzuzeigen.

Zum Zwecke der Untersuchung der Lenkungswirkung wurden zunächst Annahmen darüber aufgestellt, wie sich der Transformationsprozess hin zu einer nachhaltigen Wirtschaft auf die Vermögens-, Finanz- und Ertragslage der Unternehmen auswirkt. Dabei wurde deutlich, dass dieser Transformationsprozess nicht zu vergleichen ist mit den meisten bisherigen Anpassungsprozessen in Unternehmen, wie zum Beispiel Restrukturierungen zur Anpassung an geänderte Marktbedingungen. Der Umstellungsprozess hin zu einer nachhaltigen Wirtschaft dürfte in vielen Fällen von einer besonderen Mittel- und Langfristigkeit geprägt sein.

Ausgehend von der Praxis, wie bisher schon mit verbalen Angaben im Anhang und auch im Lagebericht umgegangen wurde, erfolgte die Ableitung von fünf Kriterien, welche durch die neuen Nachhaltigkeitsinformationen erfüllt werden müssen. Die Ableitung orientierte sich dabei an den Anforderungen, welche im Rahmen einer klassischen Unternehmensbewertung gestellt werden müssen, wenn zunächst eine längerfristige Planungsrechnung erstellt werden muss, welche dann durch einen äquivalenten Kapitalisierungszinssatz abgezinst wird, der aus einer Gruppe vergleichbarer Unternehmen (Peer Group) abgeleitet wird.

Die Angaben müssen eine längerfristige Betrachtung ermöglichen; eine Anforderung, die bisher in der Lageberichterstattung mit einem Prognosehorizont von einem Geschäftsjahr nicht erfüllt und die auch in der CSRD nicht präzise genug gefasst wird. Eine mittel- und langfristige Perspektive wird zwar in der Entstehungsgeschichte der CSRD als sinnvoll angesehen, aber letztlich durch die CSRD nicht vorgeschrieben. Allerdings formulieren die vorgeschriebenen, durch die EFRAG entwickelten Standards (ESRS) weitergehende Anforderungen an die Langfristigkeit, ohne aufgrund der Unsicherheit von Prognosen ganz konkrete Anforderungen zu stellen. Die Angaben müssen dabei so detailliert sein, dass die relative Vorteilhaftigkeit einzelner Investments herausgearbeitet werden kann. Zwar werden zukünftig nach Umsetzung der CSRD deutlich mehr Angaben zu machen sein; es bestehen aber grundsätzliche Zweifel daran, ob diese geeignet sein werden, die relative Vorteilhaftigkeit einzelner Investments zu ermitteln. Dabei ist davon auszugehen, dass die Unternehmen aus Gründen der Vertraulichkeit nicht eindeutig geforderte Informationen nicht zur Verfügung stellen werden.

Das Argument der Betrachtung einer Peer Group führt zu der dritten Anforderung, der Vergleichbarkeit der Informationen, denn es müssen verschiedene Unternehmen verglichen werden können, um eine entsprechende Lenkungswirkung zu erzielen. Hier macht die CSRD einen großen Schritt nach vorne, wenn sie nunmehr erstmals verbindlich vorschreibt, dass die Nachhaltigkeitsberichterstattung nach ESRS zu erfolgen hat. Das erhöht die Vergleichbarkeit zumindest innerhalb der EU, aufgrund der Berücksichtigung international bestehender Rahmenkonzepte, wie zum Beispiel des GRI, wahrscheinlich auch international. Diese stärkere Standardisierung ist zu begrüßen, da erst sie eine Vergleichbarkeit der Unternehmen untereinander ermöglicht.

Wie bei einer klassischen Unternehmensbewertung auch, sind Angaben nicht entscheidungsnützlich, sofern sie nicht verlässlich sind. Hier fordert die CSRD erstmals eine Prüfung durch Externe (zum Beispiel, aber nicht ausschließlich, durch den Abschlussprüfer des Unternehmens), wenn diese auch zunächst nur mit begrenzter (statt hinreichender) Verlässlichkeit durchgeführt wird. Hier ist die EU pragmatisch vorgegangen, weil mit der Prüfung Neuland betreten wird, entsprechende Prüfungsstandards erarbeitet werden müssen und die entsprechende Expertise bei den Prüfern erworben werden muss. Die EU hält sich hier die Option offen, den Sicherheitsgrad der Prüfung später an die Prüfung der finanziellen Angaben anzupassen. Die Prüfungspflicht durch Externe dürfte jedoch zur Ermöglichung einer Lenkungswirkung beitragen, weshalb eine zukünftige Anpassung an die Prüfungssicherheit bei finanziellen Angaben begrüßt wird.

Die letzte Anforderung ergibt sich nicht nur aus dem aktuellen Trend zur stärkeren Digitalisierung, sondern vor allem aus dem angesprochenen Markt für die Fremdkapitalfinanzierung: Hier handelt es sich neben größeren Krediten auch um einen Massenmarkt, wo keine individuellen Abreden bezüglich freiwillig zu gebender Informationen zur Nachhaltigkeit getroffen werden sollen oder können. Das erfordert den Einsatz entsprechender Bewertungsmodelle, die unmittelbar auf die nichtfinanziellen Informationen in der Gestalt der Nachhaltigkeitsberichterstattung zugreifen. Daraus ergibt sich die Anforderung der Maschinenlesbarkeit einschließlich des „Taggings" bestimmter Begriffe, damit für die Auswertung eine inhaltliche Zuordnung ermöglicht wird. Diese Anforderung ist bei allen praktischen Schwierigkeiten eines „Taggings" als positiv zu bewerten. Die Zukunft wird zeigen, welche Systeme hier zum Einsatz kommen können, um die Lenkungswirkung auch bei einer Vielzahl standardisiert zu behandelnder Fälle entfalten zu können.

Hinsichtlich der unmittelbaren Lenkungswirkung der neuen Nachhaltigkeitsinformationen kann somit zusammenfassend festgestellt werden, dass einige der abgeleiteten Anforderungen an die Informationen erfüllt werden. Bei aus Bewertungssicht wichtigen Anforderungen wie Langfristigkeit und Detailliertheit ist zu beachten, dass diese Anforderungen aufgrund der berechtigten Geheimhaltungsinteressen der zur Offenlegung verpflichteten Unternehmen immer nur begrenzt erfüllt werden. Ob hier schon das richtige Maß an Langfristigkeit und Detailliertheit vorgegeben worden ist, muss in der Zukunft genau betrachtet werden, damit die von der EU erwartete Lenkungswirkung der neuen Nachhaltigkeitsberichterstattung auch wirklich in der Praxis eintritt.

Abschließend soll noch auf folgenden Aspekt verwiesen werden: Die deutliche Prominenz des Themas der neuen Nachhaltigkeitsberichtserstattung wird auch eine Abstrahlungswirkung entfalten. So werden sich vom Anwendungsbereich nicht betroffene Unternehmen teilweise an den betroffenen Unternehmen orientieren. Außerdem werden auch die betroffenen Unternehmen durch die Verpflichtung zur Offenlegung weiterer Informationen bis hin zur Prüfung dieser Informationen durch Externe ihre internen Prozesse, ihr internes Kontrollsystem und ihre Corporate Governance daran ausrichten. Die gilt umso mehr, als neben den vorliegend betrachteten Investoren weitere Anspruchsgruppen Interesse an den offenzulegenden Informationen haben werden. Diese werden unmittelbar über Lobbyarbeit, Ansprache der betreffenden Unternehmen, aber auch durch ihr Verhalten als Kunden eine Lenkungswirkung entfalten, welche über die hier besprochene Lenkung von Investitionen hinaus gehen und einen positiven Beitrag zur Erreichung der Klimaneutralität leisten wird.

Literatur

Baumüller, J., & Nguyen, B. (2023). „Klimabezogene Angaben" gemäß ED-IFRS S2: (künftiger) Anspruch und (heutige) Realität. *Die Wirtschaftsprüfung, 4*(2023), 177–188.

Beckmann, K. M. (2023). Green and more: Investitionen sind zunehmend an Nachhaltigkeitsaspekte gekoppelt. In IDW (Hrsg.), *Nachhaltigkeit richtig umsetzen* (S. 74–77). IDW.

Bundesministerium für Wirtschaft und Klimaschutz. (2020). *Sustainable Finance-Taxonomie*. 2020-09-sustainable-finance-taxonomie.pdf. Zugegriffen am 18.03.2023.

EFRAG. (2022a). *[Draft] ESRS 1 General requirements disclosures*. European Financial Reporting Advisory Group. https://www.efrag.org/lab6#subtitle4. Zugegriffen am 18.03.2023.

EFRAG. (2022b). *[Draft] ESRS 2 General disclosures*. European Financial Reporting Advisory Group. https://www.efrag.org/lab6#subtitle4. Zugegriffen am 18.03.2023.

EFRAG. (2022c). *[Draft] ESRS E1 Climate change*. European Financial Reporting Advisory Group. https://www.efrag.org/lab6#subtitle4. Zugegriffen am 18.03.2023.

EFRAG. (2023a). *[Draft] ESRS 2 General disclosures – Basis for conclusion*. European Financial Reporting Advisory Group. First Set of draft ESRS – EFRAG. Zugegriffen am 18.03.2023.

EFRAG. (2023b). *[Draft] ESRS E1 Climate change – Basis for conclusion*. European Financial Reporting Advisory Group. https://www.efrag.org/lab6#subtitle4. Zugegriffen am 18.03.2023.

EFRAG. (2023c). *[Draft] ESRS 1 General requirements disclosures – Basis for conclusion*. European Financial Reporting Advisory Group. First Set of draft ESRS – EFRAG. Zugegriffen am 18.03.2023.

EFRAG. (2023d). *Join the EFRAG advisory panel on connectivity between financial and sustainability reporting information*. https://www.efrag.org/News/Public-408/Join-the-EFRAG-Advisory-Panel-on-Connectivity-between-Financial-and-Su. Zugegriffen am 18.03.2023.

Europäische Kommission. (2019). *Mitteilung der Europäischen Kommission vom 11. Dezember 2019 Der europäische grüne Deal*. https://eur-lex.europa.eu/legal-content/DE/TXT/?uri=CELEX:52019DC0640. Zugegriffen am 21.02.2023.

Europäische Kommission. (2021). *Vorschlag für eine Richtlinie des Europäischen Parlaments und des Rates zur Änderung der Richtlinien 2013/34/EU, 2004/109/EG und 2006/43/EG und der Verordnung (EU) Nr. 537/2014 hinsichtlich der Nachhaltigkeitsberichterstattung von Unternehmen*. https://eur-lex.europa.eu/legal-content/DE/TXT/PDF/?uri=CELEX:52021PC0189&from=EN. Zugegriffen am 17.03.2023.

Europäische Kommission. (2023). https://finance.ec.europa.eu/regulation-and-supervision/financial-services-legislation/implementing-and-delegated-acts/taxonomy-regulation_en#environmental. Zugegriffen am 10.04.2023.

European Banking Authority. (2022). *The EBA Roadmap on sustainable finance*. https://www.eba.europa.eu/sites/default/documents/files/document_library/Publications/Reports/2022/ESG%20roadmap/1045378/EBA%20Roadmap%20on%20Sustainable%20Finance.pdf. Zugegriffen am 17.03.2023.

GHG Protocol. (o.J.). *Greenhouse Gas Protocol*. Standards | Greenhouse Gas Protocol. https://ghgprotocol.org/standards, Zugegriffen am 18.03.2023.

GRI. (o.J.). *Global Report Initiative*. https://www.globalreporting.org. Zugegriffen am 18.03.2023.

IDW. (2020). *Zukunft der nichtfinanziellen Berichterstattung und deren Prüfung*. Positionspapier. Institut der Wirtschaftsprüfer in Deutschland e.V. https://www.idw.de/IDW/Medien/Positionspapier/Downloads-IDW/Down-Positionspapier-Zukunft-Nichtfinanzielle-BE.pdf. Zugegriffen am 17.03.2023.

IIRF. (2021). *International Integrated Reporting Framework*. International Integrated Reporting Framework Downloads | Integrated Reporting. Zugegriffen am 18.03.2023.

KPMG. (2020). *The time has come: The KPMG Survey of Sustainability Reporting 2020*. KPMG. https://assets.kpmg.com/content/dam/kpmg/xx/pdf/2020/11/the-time-has-come.pdf. Zugegriffen am 01.03.2023.

KPMG. (2022a). *Setting the baseline towards transparency: Insights into the first EU Taxonomy disclosures of 275 European non-financial undertakings (kpmg.com)*. Zugegriffen am 18.03.2023.

KPMG. (2022b). *CSRD: Trends der Nachhaltigkeitsberichterstattung 2022*. KPMG. https://kpmg.com/de/de/home/themen/2022/11/csrd-trends-in-der-nachhaltigkeitsberichterstattung-2022.html#:~:text=Die%20CSRD%20wird%20die%20umfangreichste,gro%C3%9Fen%20Unternehmen%20in%20der%20EU. Zugegriffen am 18.03.2023.

KPMG. (2022c). *Nachhaltigkeitsberichtserstattung: Die neue CRSD der EU – ein erster Überblick*. KPMG. https://kpmg.com/de/de/blogs/home/posts/2022/07/csrd-loest-csr-bericht-ab.html. Zugegriffen am 18.03.2023.

KPMG. (2022d). *Europäische Nachhaltigkeitsberichterstattung nimmt Gestalt an. KPMG Accounting News 12/2022.* KPMG. https://assets.kpmg.com/content/dam/kpmg/de/pdf/Themen/2022/12/kpmg-accountingnews-2022-12_sec.pdf. Zugegriffen am 18.03.2023.

KPMG. (2023). *GRI vs. ESRS: von der Freiwilligkeit zur Pflicht. KPMG Accounting News Januar 2023.* KPMG. https://assets.kpmg.com/content/dam/kpmg/de/pdf/Themen/2023/01/kpmg-accountingnews-2023-01_sec.pdf. Zugegriffen am 18.03.2023.

Mayer, K. (2020). *Nachhaltigkeit: 125 Fragen und Antworten: Wegweiser für die Wirtschaft der Zukunft* (2. Aufl.). Springer-Gabler.

Pasch, L., & Stawinoga, M. (2023). Die finalen Entwürfe der Nachhaltigkeitsberichterstattung (E-ESRS) der EFRAG – Eine Analyse der Berücksichtigung der im Konsultationsverfahren geäußerten Kritikpunkte. *IRZ – Zeitschrift für internationale Rechnungslegung, 3*(2023), 123–128.

Rat der EU. (28. November 2022). *Rat gibt endgültiges grünes Licht für die Richtlinie über die Nachhaltigkeitsberichterstattung von Unternehmen.* Rat gibt endgültiges grünes Licht für die Richtlinie über die Nachhaltigkeitsberichterstattung von Unternehmen. https://www.consilium.europa.eu/de/press/press-releases/2022/11/28/council-gives-final-green-light-to-corporate-sustainability-reporting-directive/. Zugegriffen am 18.03.2023.

Rat der EU. (28. Februar. 2023). https://www.consilium.europa.eu/de/press/press-releases/2023/02/28/sustainable-finance-provisional-agreement-reached-on-european-green-bonds/. Zugegriffen am 18.03.2023.

SAP. (2023). *Integrierter Bericht der SAP 2022.* https://www.sap.com/integrated-reports/2022/de.html. Zugegriffen am 01.03.2023.

Schäfer, N., & Schönberger, M. W. (2022). Green and more: Klimaberichterstattung nach ISSB und EFRAG. In IDW (Hrsg.), *Nachhaltigkeit richtig umsetzen: Fachinformationen für die unternehmerische Praxis, Beratung und Prüfung* (S. 189–193). IDW.

Scheucher, C. P., & Scheucher, I. (2022). Die neue EU-Strategie für ein nachhaltiges Finanzwesen: Auswirkungen auf die Wirtschaftsprüfung in Deutschland. In J. Freiber, N. Otte, & K. Yadav (Hrsg.), *Wirtschaftsprüfung im Wandel: Relevanz von Nachhaltigkeit, Digitalisierung und Regulierung für die geprüfte Finanzberichterstattung* (S. 327–344). Schäffer-Poeschel.

United Nations. (1987). *Our common future: Report of the world commission on environment and development.* United Nations. https://digitallibrary.un.org/record/139811?ln=en. Zugegriffen am 17.03.2023.

Völker-Lehmkuhl, K. (2023). Sustainable Finance als ESG-Treiber. In IDW (Hrsg.), *Nachhaltigkeit richtig umsetzen* (S. 53). IDW.

Wulf, I., & Velte, P. (2022). Nachhaltigkeitsberichterstattung nach der CSRD. Eine kritische Würdigung. *ZCG – Zeitschrift für Corporate Governance., 17*(5), 223–232.

Rechtsquellen

DRS 20, Deutscher Rechnungslegungs Standard Nr. 20 (DRS 20) i.d.F. vom 7.3.2022.

Delegierte Verordnung (EU) 2021/2139 der Kommission vom 4. Juli 2021 zur Ergänzung der Verordnung (EU) 2020/852 des Europäischen Parlaments und des Rates durch Festlegung der technischen Bewertungskriterien, anhand deren bestimmt wird, unter welchen Bedingungen davon auszugehen ist, dass eine Wirtschaftstätigkeit einen wesentlichen Beitrag zum Klimaschutz oder zur Anpassung an den Klimawandel leistet, und anhand deren bestimmt wird, ob diese Wirtschaftstätigkeit erhebliche Beeinträchtigungen eines der übrigen Umweltziele vermeidet (Climate Delegated Act)

Delegierte Verordnung (EU) 2021/2178 der Kommission vom 6. Juli 2021 zur Ergänzung der Verordnung (EU) 2020/852 des Europäischen Parlaments und des Rates durch Festlegung des Inhalts und der Darstellung der Informationen, die von Unternehmen, die unter Artikel 19a oder Artikel 29a der Richtlinie 2013/34/EU fallen, in Bezug auf ökologisch nachhaltige Wirtschaftstätigkeiten offenzulegen sind, und durch Festlegung der Methode, anhand deren die Einhaltung dieser Offenlegungspflicht zu gewährleisten ist (Disclosure Delegated Act)

Delegierte Verordnung (EU) 2022/2553 der Kommission vom 21. September 2022 zur Änderung der in der Delegierten Verordnung (EU) 2019/815 festgelegten technischen Regulierungsstandards im Hinblick auf die 2022 vorgenommene Aktualisierung der Taxonomie für das einheitliche elektronische Berichtsformat (ESEF-Verordnung)

Gesetz zur Stärkung der nichtfinanziellen Berichterstattung der Unternehmen in ihren Lage- und Konzernlageberichten (CSR-Richtlinie-Umsetzungsgesetz) vom 11. April 2017

Richtlinie 2003/51/EG des europäischen Parlaments und des Rates, vom 18. Juni 2003 zur Änderung der Richtlinien 78/660/EWG, 83/349/EWG, 86/635/EWG und 91/674/EWG über den Jahresabschluss und den konsolidierten Abschluss von Gesellschaften bestimmter Rechtsformen, von Banken und anderen Finanzinstituten sowie von Versicherungsunternehmen (Modernisierungsrichtlinie)

Richtlinie 2004/109/EG des Europäischen Parlaments und des Rates vom 15. Dezember 2004 zur Harmonisierung der Transparenzanforderungen in Bezug auf Informationen über Emittenten, deren Wertpapiere zum Handel auf einem geregelten Markt zugelassen sind, und zur Änderung der Richtlinie 2001/34/EG (Transparenzrichtlinie)

Richtlinie 2006/43/EG des Europäischen Parlaments und des Rates vom 17. Mai 2006 über Abschlussprüfungen von Jahresabschlüssen und konsolidierten Abschlüssen, zur Änderung der Richtlinien 78/660/EWG und 83/349/EWG des Rates und zur Aufhebung der Richtlinie 84/253/EWG des Rates (Abschlussprüfungsrichtlinie)

Richtlinie 2006/46/EG des Europäischen Parlaments und des Rates vom 14. Juni 2006 zur Änderung der Richtlinien des Rates 78/660/EWG über den Jahresabschluss von Gesellschaften bestimmter Rechtsformen, 83/349/EWG über den konsolidierten Abschluss, 86/635/EWG über den Jahresabschluss und den konsolidierten Abschluss von Banken und anderen Finanzinstituten und 91/674/EWG über den Jahresabschluss und den konsolidierten Abschluss von Versicherungsunternehmen (Abänderungsrichtlinie)

Richtlinie 2013/34/EU des Europäischen Parlaments und des Rates vom 26. Juni 2013 über den Jahresabschluss, den konsolidierten Abschluss und damit verbundene Berichte von Unternehmen bestimmter Rechtsformen und zur Änderung der Richtlinie 2006/43/EG des Europäischen Parlaments und des Rates und zur Aufhebung der Richtlinien 78/660/EWG und 83/349/EWG des Rates (Bilanz-Richtlinie)

Richtlinie 2013/50/EU des Europäischen Parlaments und des Rates vom 22. Oktober 2013 zur Änderung der Richtlinie 2004/109/EG des Europäischen Parlaments und des Rates zur Harmonisierung der Transparenzanforderungen in Bezug auf Informationen über Emittenten, deren Wertpapiere zum Handel auf einem geregelten Markt zugelassen sind, der Richtlinie 2003/71/EG des Europäischen Parlaments und des Rates betreffend den Prospekt, der beim öffentlichen Angebot von Wertpapieren oder bei deren Zulassung zum Handel zu veröffentlichen ist, sowie der Richtlinie 2007/14/EG der Kommission mit Durchführungsbestimmungen zu bestimmten Vorschriften der Richtlinie 2004/109/EG (Transparenzrichtlinie-Änderungsrichtlinie)

Richtlinie 2014/95/EU des Europäischen Parlaments und des Rates vom 22. Oktober 2014 zur Änderung der Richtlinie 2013/34/EU im Hinblick auf die Angabe nichtfinanzieller und die Diversität betreffender Informationen durch bestimmte große Unternehmen und Gruppen (NFRD)

Richtlinie 2022/2464/EU des europäischen Parlaments und des Rates vom 14. Dezember 2022 zur Änderung der Verordnung (EU) Nr. 537/2014 und der Richtlinien 2004/109/EG, 2006/43/EG und 2013/34/EU hinsichtlich der Nachhaltigkeitsberichterstattung von Unternehmen (CSRD)

Verordnung 2020/852/EU des Europäischen Parlaments und des Rates vom 18. Juni 2020 über die Einrichtung eines Rahmens zur Erleichterung nachhaltiger Investitionen und zur Änderung der Verordnung (EU) 2019/2088 (Taxonomie-VO)

Sonja Schütte-Biastoch studierte nach einer Ausbildung zur Industriekauffrau mit dualem Studium an einer Verwaltungs- und Wirtschaftsakademie (1998–2001) an der Universität Lüneburg Betriebswirtschaftslehre (2001–2004). Seit 2004 arbeitet Sonja Schütte-Biastoch bei der KPMG AG. Während der mehrjährigen Tätigkeit (bis 2010) im Bereich Deal Advisory in Hamburg promovierte sie berufsbegleitend an der Leuphana Universität Lüneburg bei Prof. Dr. Ulrich Döring und wurde von Prof. Dr. Baxmann als Zweitgutachter betreut. Seit 2011 ist Sonja Schütte-Biastoch als Steuerberaterin und Wirtschaftsprüferin im Bereich Audit bei KPMG in Mannheim tätig. Zusätzlich hat sie nach langjähriger Lehrerfahrung seit 2021 eine Professur für Allgemeine Betriebswirtschaftslehre mit Schwerpunkt Accounting an der SRH Hochschule Heidelberg übernommen.

Martin Zieger studierte an der Georg-August-Universität Göttingen Betriebswirtschaftslehre, anschließend war er dort als wissenschaftlicher Mitarbeiter tätig und promovierte. Bei der heutigen KPMG AG war er zunächst im Bereich Audit tätig und absolvierte in dieser Zeit die Examen zum Steuerberater und Wirtschaftsprüfer. Im Bereich Corporate Finance wurde er 2000 zum Partner bestellt, später erfolgte ein Wechsel in den Bereich Audit. Hier war er zuletzt (bis 2021) als Lead Partner eines internationalen Handelshauses tätig. Seit 2009 ist er als Professor der Europäischen Fernhochschule in der Leitung eines Studiengangs nach § 8a WPO tätig und wurde nach langjähriger Lehrtätigkeit an der Leuphana Universität Lüneburg 2013 zum Honorarprofessor bestellt. An beiden Hochschulen ist er bis heute tätig.

Corporate Green Bonds als innovative Finanzanlage – eine kritische Betrachtung

Stephan Schöning, Emily Tarane Michael und Bernd Nolte

1 Einleitung

Der fortschreitende Klimawandel ist zu einer der größten Herausforderungen des 21. Jahrhunderts geworden. Gemäß der Definition der Vereinten Nationen „climate change refers to long-term shifts in temperatures and weather patterns" (Vereinte Nationen, o. J.). Diese Veränderungen, die auch als globale Erwärmung bezeichnet werden, beschreiben einen stetigen Anstieg der globalen Durchschnittstemperatur und bedrohliche Auswirkungen auf das Klima der Erde und das Überleben der Menschen. Der Zwischenstaatliche Ausschuss für Klimaänderungen (Intergovernmental Panel on Climate Change, IPCC) bezeichnet die menschliche Tätigkeit als Hauptursache für den modernen Klimawandel und warnt vor den negativen Auswirkungen einer globalen Erwärmung von mehr als 1,5 °C (IPCC, 2014).

In diesem Zusammenhang hat sich „Green Finance" zu einem entscheidenden Instrument für die Bereitstellung und Mobilisierung von Mitteln zur Eindämmung des weiter fortschreitenden Klimawandels und zur Einführung nachhaltiger Geschäftsabläufe entwickelt (OECD, 2018). Um die wachsende Nachfrage nach „grüner" Finanzierung zu befriedigen, haben der öffentliche und der private Sektor begonnen, nachhaltigkeitsbezogene Projekte zu emittieren und in sie zu investieren, wobei „grüne" Unternehmensanleihen eines der beliebtesten Finanzinstrumente sind. Dies ist der Hintergrund dafür, dass Wissenschaftler[1] den „grünen" Kapitalmarkt und das Verhalten der Interessengruppen untersucht haben. Dabei wurde zum Teil (aber nicht immer) festgestellt, dass Anleger bei „grünen" Anleihen bereit sind, im Vergleich zu herkömmlichen Anleihen im Gegenzug für eine positive Umweltwirkung einen Aufschlag zu zahlen und dadurch geringere Renditen zu erzielen (Agliardi & Agliardi, 2021; Baker et al., 2022; Caramichael & Rapp, 2022; Ma et al., 2020).

Unternehmen und Regierungen zeigen mittlerweile ein beträchtliches Interesse an der Emission von „grünen" Anleihen. Aus Anlegersicht bietet es sich als Alternative zu Investments in einzelne „grüne" Anlagen an, in „grüne" Indexfonds zu investieren. Hierdurch ist es möglich, das Risiko zu diversifizieren und „grüne" Finanzierungen in die Anlagestrategie aufzunehmen.

Im Gegensatz zu den recht umfangreichen, aber im Ergebnis nicht einheitlichen Forschungen zu individuellen Anleiheprämien bei „grünen" Anleihen ist die Existenz derartiger Prämien bei „grünen" Aktienindizes kaum geprüft worden. In diesem Beitrag wird daher untersucht, ob eine solche Prämie beim Vergleich „grüner" mit konventionellen Anleiheindizes beobachtet werden kann. Hierzu sind zunächst einige grundlegende Aspekte zu „grünen" Anleihen und -indizes zu klären, die auch die folgende Untersuchung beeinflussen. In Kap. 3 werden sowohl die Marktentwicklung als auch die vorliegenden Untersuchungen zu Verzinsungs- und Renditeunterschieden zwischen „grünen" und konventionellen Anleihen beschrieben. Kern des Beitrags ist eine vergleichende Performance-Analyse verschiedener Indexfonds. Es werden jeweils „grüne" und ähnlich zusammengesetzte „braune" Indizes gegenübergestellt. Eine kritische Reflektion und ein Fazit schließen den Beitrag ab.

2 Grundlegende Aspekte

2.1 Allgemeiner Überblick

Als Beitrag zur Eindämmung des Klimawandels sind in der Finanzwelt sog. ESG (Environmental, Social, and Governance)-Anlagestrategien entwickelt worden. Mittels der ESG-Faktoren soll es den Anlegern ermöglicht werden, die Nachhaltigkeitsauswirkungen einer Investition zu beurteilen. Als nachhaltig gelten Investitionen z. B. dann, wenn sie durch kohlenstoffarme Emissionen, die Beachtung von Menschenrechten oder die Nachhaltigkeitspolitik von Unternehmen gekennzeichnet sind. Obwohl das Gewicht der einzelnen ESG-Faktoren ständig in Frage gestellt wird, argumentieren S&P Global (2019) und

---

[1] Aus Gründen der besseren Lesbarkeit wird bei Personenbezeichnungen und personenbezogenen Hauptwörtern in diesem Beitrag das generische Maskulinum verwendet. Entsprechende Begriffe gelten im Sinne der Gleichbehandlung grundsätzlich für alle Geschlechter. Die verkürzte Sprachform hat nur redaktionelle Gründe und beinhaltet keine Wertung.

McKinsey (2020), dass die Berücksichtigung des Umweltfaktors für die Sicherung langfristiger Geschäfte von wesentlicher Bedeutung ist, da sie das klimabezogene Kreditrisiko verringert und die Unternehmenskosten senkt. Finanzanlagen, die sich auf diesen Umweltfaktor konzentrieren, werden dementsprechend oft als „grün" bezeichnet.

Der allgemein bekanntere Themenbereich der „grünen" Finanzierung oder des Social responsible Investing (SRI) ermutigt Investoren und Unternehmen, die Ziele des Pariser Abkommens COP21 von 2015 zu berücksichtigen. Darin wird hervorgehoben, dass „grüne" Finanzmittel für die Reduzierung der Treibhausgasemissionen und insgesamt für die erfolgreiche Umsetzung des Abkommens von entscheidender Bedeutung sind (Vereinte Nationen, 2015a). Darüber hinaus einigten sich die Industrieländer auf das gemeinsame Ziel, bis 2020 jährlich 100 Mrd. USD für die Klimafinanzierung zu mobilisieren und diesen Betrag bis 2025 als Untergrenze zu verwenden (Vereinte Nationen, 2022).

Ein weiterer Anreiz für Emittenten, sich mit dem Thema Nachhaltigkeit zu befassen, waren 2015 die Ziele für nachhaltige Entwicklung der Vereinten Nationen (Sustainable Developments Goals SDGs). Diese 17 miteinander verbundenen Ziele beinhalten Veränderungen, die vorgenommen werden müssen, um das Leben der Menschen insgesamt zu verbessern, den internationalen Frieden zu fördern, den Klimawandel abzuschwächen und die biologische Vielfalt wiederherzustellen und zu erhalten (Vereinte Nationen, 2015b).

In beiden Vereinbarungen (COP21, SDGs) werden die notwendigen Maßnahmen zur Begrenzung der globalen Erwärmung auf weniger als zwei Grad Celsius diskutiert. Obwohl die Schätzungen zur Erreichung dieser Ziele variieren, sind sich die meisten einig, dass die Ausgaben zur Erreichung des Netto-Null-Emissionsziels deutlich steigen müssen. Während einige argumentieren, dass jährlich etwa 150 Mrd. bis eine Billion US-Dollar (The Economist, 2022) bereitgestellt werden müssen, schätzt McKinsey & Company, ein Unternehmen, das weltweit Managementberatungsdienste anbietet, dass jährlich 9,2 Billion US-Dollar für Sachanlagen erforderlich sind, um dies bis 2050 zu erreichen (McKinsey & Company, 2022, S. 8).

„Grüne" Vermögensanlagen lassen sich von konventionellen oder „braunen" Vermögensanlagen dadurch unterscheiden, dass ihre Erlöse nachhaltigkeitsbezogenen Projekten zugutekommen (Ehlers & Packer, 2017). Diese „grünen" Projekte zeichnen sich dadurch aus, dass sie einen ökologischen Beitrag zur Abschwächung des Klimawandels oder zur Vermeidung einer weiteren Verschlimmerung leisten. Die Organisation für wirtschaftliche Zusammenarbeit und Entwicklung (OECD) beschreibt die Anwendung „grüner" Projekte grob in „sectors […], commodities […], services […] and technologies […]" (Inderst et al., 2012, S. 12). Konkret geht es um Investitionen in die Erforschung und Entwicklung erneuerbarer Ressourcen wie Energie und Wasser, umweltfreundliche Immobilien und den sauberen Transport (Caramichael & Rapp, 2022; ICMA, 2019). Investoren hoffen, durch Investitionen in „grüne" Projekte Klimarisiken zu verringern und zugleich künftige Erträge zu steigern.

Finanzanlagen mit diesen ESG- oder „grünen" Attributen haben in den letzten zehn Jahren einen beträchtlichen Zuwachs in Bezug auf das Volumen und die Beliebtheit erfahren (TheCityUK, 2022). Im Jahr 2021 wuchs der Gesamtmarkt für „grüne" Schuldtitel auf 1,6 Billion US-Dollar, wobei das beliebteste Schuldinstrument „grüne" Anleihen waren (522 Mrd. US-Dollar, CBI, 2021b). Anleihen sind hierbei festverzinsliche Wertpapiere, die den Anlegern einen festen oder variablen Zinssatz für geliehene Mittel über einen vorher festgelegten Zeitraum versprechen (Orlov et al., 2018). Anleihen können in Unternehmens-, Staats-, Hypotheken-, Kommunal- und kurzlaufende Schatzanleihen unterteilt werden (Weber & Saravade, 2019; Amadeo, 2021). Anleihen können weiter nach ihren Vermögenswerten, Emittenten und Risikoprofilen unterschieden werden. Üblicherweise bewerten externe Agenturen wie Standard & Poor's (S&P), Fitch Ratings und Moody's Investors Service die Kreditwürdigkeit der Emittenten und die Qualität der Anleihen (Corporate Finance Institut, 2022c; Birken, 2022). Rating-Agenturen klassifizieren die Anleihen mit Hilfe von Buchstaben als Investment-Grade-Anleihen oder als Anleihen unterhalb von Investment-Grade („High Yield Bonds", auch „Junk Bonds"). Investment-Grade-Anleihen sind stabile, risikoarme Anleihen mit Ratings wie BBB-, Baa3 oder höher, wobei bei S&P und Fitch das höchste Rating für eine Anleihe ein AAA ist, während es bei Moody's Aaa ist. Anleihen mit einem Rating unterhalb von Investment Grade, auch Hochzinsanleihen genannt, werden als spekulative Wertpapiere mit höherer Ausfallwahrscheinlichkeit angesehen (Birken, 2022). Im Gegensatz zu konventionellen Anleihen stellen „grüne" Anleihen damit Mittel für die Finanzierung oder Refinanzierung „grüner" Projekte zur Verfügung und ermöglichen es den Anlegern, Investitionsrisiken zu minimieren und ihr Engagement für Nachhaltigkeit zu beweisen. Da „grüne" Anleihen in der Regel zusätzliche Informationen und Unterlagen über die Verwendung der Erlöse erfordern, die häufig in den Anleihebedingungen klar definiert sind, können die Anleger auch von einer erhöhten Transparenz ihrer Investition profitieren.

Obwohl die globale Erwärmung bereits in den 1860er-Jahren beobachtet worden war, wurde ihr Zusammenhang mit Kohlendioxid (CO_2)-Emissionen erst etwa ein Jahrhundert später aufgedeckt (NASA, o. J.). Nachdem schwedische Investoren um Hilfestellung bei der Investition in „grüne" Projekte gebeten hatten, war die Weltbank eine der ersten, die eine „grüne" Anleihe auflegte (The World Bank, 2018). Gleichwohl war die Emissionstätigkeit nach dem Beginn des Green-Bonds-Programm der Weltbank im Jahr 2007 und der Emission der ersten Climate Awareness Bonds der Europäischen Investitionsbank (EIB) im Jahr 2008 noch relativ gering (Ma et al., 2020). Im Jahr 2013 veröffentlichte der Zwischenstaatliche Ausschuss für Klimaänderungen (IPCC), ein Gremium der Vereinten Nationen, einen Bericht, in dem er erklärte, dass der jüngste Anstieg der globalen durchschnittlichen Oberflächentemperatur „sehr wahrscheinlich" auf menschliche Aktivitäten zurückzuführen sei (IPCC, 2013, S. 4). Im Zuge des Übergangs zu einer kohlenstoffarmen Wirtschaft haben „grüne" Anleihen nach der Einführung der Green Bond Principles (GBP) im Jahr 2014 durch die International Capital Market Association (ICMA), einer Organisation, die sich um die Entwicklung von Regeln und Grundsätzen für die Fremdkapitalmärkte bemüht, ein beachtliches Wachstum erfahren. Die ICMA mit den GBP als freiwilligem Rahmen „recommend[s] a clear process and disclosure for issuers, which […] others may use to understand the characteristics of any given Green Bond" (ICMA, 2022).

In letzter Zeit haben „grüne" Unternehmensanleihen viel Aufmerksamkeit erfahren, was Morgan Stanley, ein weltweit führender Anbieter von Investment-Management-Dienstleistungen, im Jahr 2017 als „green bond boom" bezeichnete (Morgan Stanley, 2017). *Flammer* kam zu dem Ergebnis, dass „corporate green bonds were essentially inexistent prior to 2013" und dass das Gesamtvolumen lediglich 5 Mrd. USD betrug (Flammer, 2021, S. 499 f.). Heute sind Unternehmen zu einer der wichtigsten Emittentengruppen geworden. *Caramichael und Rapp* (2022, S. 5) beschreiben Emittenten „grüner" Unternehmensanleihen als „large, mature firms or firms with strong access to debt capital markets". Unabhängig von der staatlichen Politik können sie mit der Emission „grüner" Anleihen ihr Engagement für Nachhaltigkeit unter Beweis stellen und haben somit den privaten Sektor auf dem Markt für „grüne" Anleihen fest etabliert. Da es ein inhärentes Klimarisiko gibt (CBI, 2020), wollen Investoren potenzielle Verluste vermeiden, indem sie im Voraus in „grüne" Unternehmensanleihen investieren. *Flammer* (2021, S. 500, 508) zeigte auch, dass „grüne" Unternehmensanleihen „grüne" Investoren anziehen, da sie sowohl den „ökologischen Fußabdruck" als auch die „finanzielle Leistung" der Unternehmen verbessern.

Es bleibt abschließend festzuhalten, dass zwei Bedingungen erfüllt sein müssen, damit eine „grüne" Anleihe eine (positive) Wirkung erzielt:

1. Die Verwendung der Erlöse für die Finanzierung „grüner" Vorhaben
2. Keine anderweitig schädlichen Tätigkeiten, die den Zweck der „grünen" Anleihe aufheben.

Die zentrale Frage bleibt damit, was konkret „grüne" von „nicht-grünen" bzw. „braunen" Anleihen unterscheidet.

2.2 Standards für „grüne" Anleihen

2.2.1 Green Bonds Principles (GBP)

Trotz der steigenden Emissionsaktivitäten „grüner" Anleihen fehlt immer noch ein allgemein anerkannter gesetzlicher Rahmen, mit dem die Emittenten die „grünen" Eigenschaften der Anleihen bestätigen und die ihnen Regeln vorgeben, deren Einhaltung sich prüfen. Diesbezüglich wurde mit den GBP ein erster Schritt getan, wie ein solcher Rahmen aussehen könnte. Die Emittenten sind jedoch nicht verpflichtet, diese freiwilligen Grundsätze einzuhalten. Dennoch dienen die GBP als einer der wesentlichen Leitfäden, mit denen Emittenten schnell erkennen können, wie sie ihre „grüne" Anleihen kennzeichnen und welche Informationen den Stakeholdern zur Verfügung gestellt werden sollten. Indem sie der Transparenz Vorrang einräumt, will die ICMA dazu beitragen, die Definitionen durch spezifische Leitlinien zu regeln und verifizierte „grüne" Investitionsmöglichkeiten zu schaffen. Wie in den GBP verankert, gibt es vier Hauptfaktoren, die in den Informationen enthalten sein müssen, um diese transparente Offenlegung durch die Emittenten sicherzustellen (ICMA, 2021):

1. *Verwendung der Erlöse*: Damit eine Anleihe als „grün" gilt, verlangen die GBP eine Dokumentation darüber, wie die Erlöse zur Finanzierung oder Refinanzierung „grüner" Projekte verwendet werden.
2. *Prozess der Projektbewertung und -auswahl*: Hier wird der Emittent aufgefordert, die Gründe und Ziele darzulegen, warum ein grünes Projekt ausgewählt wurde, um seine Eignung für eine „grüne" Anleihe zu begründen. Darüber hinaus werden zusätzliche Informationen zur Einbindung in die Strategie des Emittenten und marktbezogene Zusammenhänge, wie Zertifizierungen und potenzielle Risiken, gebilligt.
3. *Verwaltung der Erlöse*: Neben der Zuteilung der Mittel sollten die Nettoerlöse angemessen in Unterkonten/Portfolios erfasst und den Finanzierungsaktivitäten zugeordnet werden. Darüber hinaus empfehlen die GBP, dass dies von einer dritten Partei überprüft wird.
4. *Berichterstattung*: Um sicherzustellen, dass die zur Verfügung gestellten Informationen auch weiterhin zeitnah sind, schlagen die GBP jährliche Berichte vor, die Informationen über die aktuelle Verwendung der Erlöse und deren Zuweisung an „grüne" Projekte enthalten sollten.

Außerdem empfehlen die GBP, dass die Emittenten diese entscheidenden Faktoren in ihre rechtlichen Unterlagen aufnehmen und sie den Anlegern zur Verfügung stellen. Darüber hinaus definieren die GBP, dass „grüne" Anleihen wie folgt in vier spezifische Typen zusammengefasst werden können (ICMA, 2021):

- Standardanleihen mit „grüner" Verwendung der Erlöse („Standard Green Use of Proceeds Bonds")
- „grüne" einkommensgenerierende Anleihen (Green Revenue Bonds)
- „grüne" Projektanleihen
- gesicherte „grüne" Anleihen (Secured Green Bonds).

Standard Green Use of Proceeds Bonds enthalten eine Schuldverpflichtung mit vollem Rückgriff auf den Emittenten. Dies bedeutet, dass der Emittent im Falle eines Zahlungsausfalls das Recht auf Sicherheiten hat (Kagan, 2022b).

Bei *Green Revenue Bonds* ist die Schuldverpflichtung regresslos gegenüber dem Emittenten; jede Schuldverpflichtung wird gegenüber jedem verpfändeten Cashflow eingegangen (ICMA, 2021).

„*Grüne*" *Projektanleihen* beschreiben Anleihen, die aufgrund der Art des „grünen" Projekts/der „grünen" Projekte einem Risiko ausgesetzt sind. Hier kann der Emittent möglicherweise in Regress genommen werden.

Bei *Secured Green Bonds* wird zwischen der Verwendung der Erlöse zur (Re-)Finanzierung eines Secured Green Collateral Bonds und eines Secured Green Standard Bonds unterschieden (ICMA, 2021). Erstere sind vollständig durch mindestens ein „grünes" Projekt besichert, während letztere die Anleihe zusätzlich durch ein oder mehrere „grüne" Projekte des Emittenten, Originators oder Sponsors besichern können.

Obwohl sich damit „grüne" Anleihen im Hinblick auf die Schuldverpflichtung und der Finanzierungsstruktur unterscheiden, werden sie im Folgenden unter dem Oberbegriff „grüne" Anleihen zusammengefasst und nur bei Bedarf differenziert.

2.2.2   EU-Standard für „grüne" Anleihen (EUGBS)

Neben den von der ICMA weitgehend übernommenen GBP hat die Europäische Kommission einen supranationalen Rechtsvorschlag auf der Grundlage dieser Prinzipien erarbeitet, um den Markt für „grüne" Anleihen in Europa zu vergrößern. Die Ankündigung des europäischen Green-Deal-Investitionsplans für 2020, der darauf abzielt, die Treibhausgasemissionen in der Europäischen Union (EU) bis 2050 auf null zu senken, beinhaltete den Vorschlag für einen EU-Standard für „grüne" Anleihen (EUGBS) (European Commission, 2020a). Ähnlich wie bei den GBP will die Europäische Kommission mit dem EUGBS einen einheitlichen europäischen Standard schaffen, mit dem Emittenten die Merkmale der emittierten „grünen" Anleihen festlegen können. Darüber hinaus soll dieser Standard folgende weiteren EU-bezogenen Anforderungen enthalten (Europäische Kommission, 2021a):

- Wirtschaftliche Tätigkeit und Angleichung an die EU-Taxonomie,
- obligatorische externe Prüfung und
- Beaufsichtigung der Prüfer durch die Europäische Wertpapiermarktaufsichtsbehörde (ESMA).

Durch eine detailliertere Beschreibung der zulässigen Geschäftstätigkeiten und der notwendigen Schutzmaßnahmen sowie die Veröffentlichung einer Vorlage für den verbindlichen Rahmen schafft die Europäische Kommission strengere Richtlinien. Somit könnte der EUGBS ein umfassenderer Vorschlag als frühere freiwillige Empfehlungen auf dem europäischen Markt für „grüne" Anleihen sein, der noch vom Gesetzgeber angenommen werden muss (Merle & Brand, 2021).

2.2.3   Climate Bonds Standard (CBS)

Ein weiterer weithin angenommener Standard ist der Climate Bonds Standard (CBS) der Climate Bond Initiative (CBI), einer internationalen Non-Profit-Organisation, die die Mobilisierung von Marktinformationen unterstützt und politische Vorschläge für den Markt für „grüne" und Klimaanleihen erarbeitet (CBI, 2022a). Darüber hinaus bietet die Climate Bonds Initiative Emittenten Zertifizierungen für jede „grüne" Anleihe an, die mit dem CBS konform ist. Dieser Standard, der sich stark an die Struktur der GBP anlehnt, verlangt in seinen Pre- und Post-Issuance-Anforderungen die Berichterstattung über die vier Hauptkomponenten der GBP, um eine rechtzeitige Zertifizierung zu ermöglichen. Darüber hinaus legt der CBS fest, dass Projekte und Vermögenswerte in die sektorspezifische

Taxonomie für Klimabonds und die Kriterien für die Förderfähigkeit fallen müssen. Schließlich legt das CBS den Zertifizierungsprozess durch den CBS-Vorstand fest, der in die Phasen vor der Emission, nach der Emission und die laufende Zertifizierung unterteilt ist. Wie der EUGBS verlangt auch der CBS, dass eine dritte Partei überprüft, ob die Anleihe dem Standard entspricht (CBI, 2019).

2.3 Emittenten und Investoren von „grünen" Anleihen

Die verschiedenen Stakeholder (speziell Emittenten und Investoren) spielen eine entscheidende Rolle bei der Entwicklung „grüner" Anleihen und deren Auswirkungen auf die Anleihemärkte.

Bei den *Emittenten* „grüner" Anleihen handelt es sich um alle Institutionen oder staatlichen Stellen, die „grüne" Anleihen auf dem Markt anbieten (Gupta, 2018). Neben der korrekten Bereitstellung von Informationen über die endgültige Anleihe gehören zu ihren Aufgaben auch die notwendigen Vorarbeiten zur Erforschung und Entwicklung der Anleihenstruktur. Emittenten, die sich durch „grüne" Anleihen zu Klimaverträgen bekennen, können aufgrund zunehmend nachhaltigkeitsbewusster Anleger einen Zuwachs an Investoren erfahren (ADB, 2021). Darüber hinaus können die Emittenten von der „corporate transparency and media focus on the ethics of investing" profitieren (ADB, 2021, S. 4). Schließlich beschreiben *Gianfrate und Peri* (2019, S. 21) die Vorteile „grüner" Anleihen, bei denen die Emittenten auch von den niedrigeren Zinsen profitieren können, sobald die Zinsvorteile „exceed[ing] the costs to get the green label or rating" (Gianfrate & Peri, 2019, S. 21). Ein weiterer entscheidender Faktor ist, dass konventionelle und „grüne" Anleihen ähnliche finanzielle Risiken aufweisen sollten. *Hinsche* (2021, S. 8) merkt diesbezüglich an, dass „even though green bonds only finance certified green projects, they are not exposed to the green projects' specific risk".

Investoren spielen die zweite wichtige Rolle auf dem Markt für „grüne" Anleihen. Sowohl Privatpersonen als auch größere Finanzinstitute sind bestrebt, „grüne" Projekte und deren Umweltauswirkungen zu finanzieren oder zu refinanzieren, um Klimaverträge und SRI zu erfüllen. Durch „grüne" Anleihen können Anleger ESG-Politiken in ihre Anlagestrategie integrieren und dabei ähnliche Risikoprofile wie bei konventionellen Anleihen beibehalten (Wood & Grace, 2011; Caramichael & Rapp, 2022). Außerdem können Anleger ein grünes Portfolio aufbauen, um Klimabedrohungen zu beseitigen und ihre Investitionen in Richtung langfristiges Wachstum zu erleichtern (Gianfrate & Peri, 2019). *Baldacci und Possamai* (2022) fassen zusammen, dass Anleger durch Steuergutschriften oder steuerbefreite Anleihen Steuervorteile erhalten können. Steuergutschriften sind eine Art von Entschädigung, die Anleger anstelle von Zinskuponzahlungen erhalten. Dies bedeutet auf der einen Seite, dass Anleger „accrue phantom taxable income and tax credit equal to the amount of phantom income to holders" (Baldacci & Possamaï, 2022, S. 2). Auf der anderen Seite führen steuerfreie Anleihen zu einer Steuerbefreiung von der

Einkommensteuer, die Anleger auf die von der Anleihe erwirtschafteten Zinsen zahlen müssten.

Riedl und Smeets (2017, S. 2507) beschreiben, dass Anleger mit größerer Wahrscheinlichkeit SRI-Fonds halten, wenn sie „intrinsische soziale Präferenzen" aufweisen. Dies wird auch durch Ergebnisse unterstrichen, die eine positive Korrelation zwischen den Werten und sozialen Präferenzen eines Anlegers und seiner Motivation für SRI nahelegen (Brodback et al., 2019; Bauer et al., 2021).

Maltais und Nykvist (2020) kategorisieren drei Anreize bei Investments in „grüne" Anleihen: direkte finanzielle Anreize, geschäftliche Gründe und legitimitäts- und institutionenorientierte Treiber. Erstere beschreiben jeden wirtschaftlichen Vorteil gegenüber vergleichbaren Vermögenswerten, wie etwa ein geringeres finanzielles Risiko oder höhere Erträge. Darüber hinaus können Anleger und Emittenten auch Steuervorteile wie Steuerbefreiungen und Steuergutschriften erhalten (Corporate Finance Institute, 2022a). Zu den weiteren Vorteilen der Emission gehört die höhere Liquidität der Aktien im Vergleich zu ähnlichen Unternehmensanleihen (Tang & Zhang, 2020). Darüber hinaus können sowohl Emittenten als auch Anleger von Kostenvorteilen profitieren. Die Business-Case-Anreize drücken nicht-finanzielle Vorteile wie „branding, operational efficiency, creating new markets, and reducing risk" aus (Maltais & Nykvist, 2020, S. 5). Der letzte Anreiz ist der Drang zur Anpassung an gesellschaftliche Normen und Erwartungen im Hinblick auf die Nachhaltigkeit. Ein Unternehmen oder eine Institution kann dadurch von einer verbesserten Leistung und einem besseren Status profitieren (Maltais & Nykvist, 2020).

Da sich das Wachstum des Marktes für „grüne" Anleihen rasch beschleunigt, wird der Markt von Anlegern angetrieben, die „grüne" Anleihen häufig überzeichnen, was zu einem „significant demand-supply mismatch" führt (Agliardi & Agliardi, 2021, S. 261). Aus diesem Grund kann bei der Preisbildung für „grüne" Anleihen ein sognanntes „Greenium" („Green" + „Premium"), eine „grüne" Prämie, beobachtet werden. Dabei sind die Renditen für „grüne" Anleihen am Primärmarkt niedriger als die vergleichbarer „brauner" Anleihen, obwohl sie zu einem höheren Preis verkauft werden (CBI, 2022d). Dies wird in Abschn. 3.2 näher untersucht.

2.4 Green Bond Indexfonds als Anlagealternative für Investoren

2.4.1 Grundlagen zu Indexfonds

Anlagen in Einzelwerte im Anleihenbereich haben zumindest für Privatanleger den Nachteil, dass die Stückelung, also die erforderliche Mindestanlagesumme von 10.000 € oder sogar 100.000 € vielfach das Budget übersteigt. Zudem findet eine Risikokonzentration statt, sodass eine intensive Beschäftigung mit den Einzelwerten erforderlich ist. Für Anleger, die ihre Risiken diversifizieren und den Zeitaufwand für die Analyse von Vermögenswerten verringern wollen, bietet sich als Alternative zur Anlage in Einzelwerte eine Anlage in Investmentfonds an. Hierbei handelt es sich um große Geldpools, die in ein Portfolio aus verschiedenen Finanzinstrumenten investiert werden. Anleger stehen dabei

Fonds zur Auswahl, die je nach Anlagestrategie und Zweck Gelder in Unternehmensaktien, Anleihen, Rohstoffe, Währungen oder andere Vermögensgegenstände anlegen (Kagan, 2022a). Anleger, die in erster Linie in Aktien und Anleihen investieren wollen, können neben Investmentfonds, die von Kapitalanlagegesellschaften aufgelegt werden, auch Exchange Trade Funds (ETFs) erwerben. Beide Fondsarten ermöglichen es den Anlegern, ihre gekauften Anteile einem Pool von Vermögenswerten zuzuordnen und durch Kapitalgewinne Erträge zu erzielen (Boyte-White, 2022). Hauptunterschied ist der Zugang zu den Fonds: Auf ETFs kann schnell zugegriffen werden, da sie an der Börse notiert sind und den ganzen Tag über gehandelt werden können. Im Gegensatz dazu erwerben Anleger, die Anteile an Investmentfonds kaufen möchten, diese direkt von der Verwaltungsgesellschaft oder einem Makler. Die Festlegung des Preises erfolgt erst dann, nachdem der Nettoinventarwert (NAV) nach Börsenschluss bestimmt wurde (Carrel & Ferri, 2011).

Die Anlagestrategie eines Fonds besteht im ersten Schritt darin, dass Auswahlkriterien festgelegt werden, in welche Arten von Vermögenswerten investiert wird (z. B. Renten-, Aktien-, Rohstoff- oder Mischfonds). Diesbezüglich können Fonds allgemein in aktiv oder passiv verwaltete Fonds unterteilt werden. Eine Investition in einen aktiv verwalteten Fonds bedeutet, dass ein Fondsmanager oder ein Managementteam entscheidet, in welche konkreten Vermögenswerte innerhalb des festgelegten Anlageuniversums die Anlegergelder investiert werden, also bei einem Aktienfonds die Auswahl der Einzelwerte. Ziel ist es dabei, durch aktives Handeln und den Einsatz von Strategien zum Ausgleich von Verlusten und Marktschwankungen eine bessere Performance als der Markt zu erzielen (Vanguard, o. J. b) Aus dem aktiven Management resultieren für den Anleger Verwaltungskosten und weitere Gebühren. Zudem besteht bei den Fonds das Risiko von Fehlallokationen des Kapitals durch Fehleinschätzungen des Managements sowie Renditeverlust als Folge übermäßiger Umschichtungen des Kapitals (Thune, 2021). Insgesamt bestehen daher Zweifel, ob sich durch Anlagen in aktiv gemanagte Fonds nach Abzug der Kosten eine Mehrrendite erwirtschaften lässt (für entsprechende Untersuchungen vgl. z. B. Sommer, 2022; Barrett, 2022; Napoletano & Smith, 2022).

Passiv verwaltete Fonds, zu denen auch ETFs zählen, versuchen allein, einen am Markt etablierten Index nachzubilden, weswegen sie auch Indexfonds genannt werden (VanEck, o. J.). Da kein aktives Management existiert, sind Anleger nicht mit den zusätzlichen Verwaltungs- und Dienstleistungsgebühren und den menschlichen Fehlern von aktiv gemanagten Investmentfonds konfrontiert (U.S. Securities and Exchange Commission, o. J.). Passiv verwaltete Fonds folgen und simulieren dabei das Verhalten eines Marktindexes. Marktindizes oder Benchmarks spiegeln die Leistung und Bewegung eines Finanzsegments oder eines hypothetischen Portfolios wider. Die Benchmarks sind ausschlaggebend für die Bestimmung der vergangenen und der erwarteten Performance des Fonds (Corporate Finance Institute, 2022a, b). Bekannte Benchmarks sind der S&P 500 als Index, der sich auf die 500 führenden US-Aktien mit großer Marktkapitalisierung bezieht (S&P Global, 2022), oder der MSCI World Index, der Aktien mit großer und mittlerer Marktkapitalisierung aus 23 entwickelten Märkten abbildet (MSCI, 2022b).

Von herausragender Bedeutung für die Bildung von Indizes ist die Methodik: „index methodologies contain the rules that dictate how an index functions […]" (S&P Global, o. J.). Mittels der Methodik wird als erstes festgelegt, wie der Index die in Frage kommenden Vermögenswerte auswählt und in seine Struktur einbezieht. Ein beliebtes Auswahlkriterium ist dabei die Marktkapitalisierung, die den Gesamtwert der Aktien angibt, der durch Multiplikation der Anzahl der im Umlauf befindlichen Aktien mit dem aktuellen Aktienkurs berechnet wird (U.S. Securities and Exchange Commission, o. J.). Im nächsten Schritt ist festzulegen, wie der Vermögenswert im Vergleich zu anderen Vermögenswerten im Index gewichtet wird und welchen Einfluss dies auf die Performance hat. Obwohl dies in der Regel durch die Gewichtung der einzelnen Marktkapitalisierungen gegeneinander geschieht (PIMCO, o. J.), können Indizes die Gewichtung auch gleichmäßig oder nach Aktien-/Anleihekursen berechnen.

2.4.2 Green Bonds Indexfonds als Rentenindexfonds

Obwohl sich Indizes überwiegend auf den Aktienmarkt beziehen, werden sie mittlerweile auch auf dem Rentenmarkt eingesetzt. In Rentenfonds werden Anlegergelder gesammelt und in ausgewählte Anleihen (Staats-, Unternehmens- und Staatsanleihen) und andere festverzinsliche Wertpapiere investiert (Maurino, 2015). Rentenfonds ermöglichen es den Anlegern, ein regelmäßiges Einkommen zu erzielen und ihr Kapital zu erhalten (BlackRock, o. J.; Vanguard, o. J. b). Obwohl Rentenfonds weniger anfällig für Marktschwankungen sein können, sind sie nicht risikofrei. Sie sind von Natur aus mit einem Zinsrisiko behaftet, was bedeutet, dass die Kurse von Anleihen mit steigenden und fallenden Zinssätzen schwanken (Fidelity, o. J.). Weitere Risiken sind Kredit-, Kapital- und Vorfälligkeitsrisiken. Neben aktiv verwalteten Rentenfonds existieren auch passiv verwaltete Rentenindexfonds. Diese bilden das Verhalten eines ausgewählten Rentenmarktindex nach, indem sie in entsprechende Anleihen investiert.

Spezielle Green-Bond-Indizes bilden die Wertentwicklung eines Green-Bond-Portfolios oder von Teilen des Green-Bond-Marktes ab. Dabei kann die Indexmethodik beliebige Auswahlkriterien in Bezug auf Nachhaltigkeitszertifizierungen und Berichte über die Finanzierung „grüner" Projekte umfassen. Die Indexanbieter legen zudem die Kriterien für die erforderliche Berichterstattung und die Eignung durch etablierte Standards wie die GBP festlegen. Zusätzlich können in der Methodik Komponenten wie bestimmte Marktsegmente, Anleihegröße, denominierte Währungen und Laufzeiten festgelegt werden.

Green Bonds Indizes weisen demnach durchaus unterschiedlich strenge Methodiken in Bezug auf die Verwendung der Anleiheerlöse und die Geschäftstätigkeit auf: Einige Indizes geben lediglich vor, dass die Anleihe von den Anleiheemittenten selbst als „grün" eingestuft wird. Andere Indizes verlangen zusätzliche Überprüfungen und Zertifizierungen durch Dritte. Von einer derartigen verifizierten „grünen" Klassifizierung profitieren die meisten „grünen" Fonds, da den Anlegern durch strengere Verfahren zur Dokumentation „grüner" Vermögenswerte eine höhere Transparenz geboten wird (Bloomberg, 2022a).

Für den weiteren Verlauf der Untersuchung ist die Erkenntnis wesentlich, dass es unterschiedliche Ausprägungen von „grünen" Indexfonds gibt, denn dies führt zu einer stark eingeschränkten Vergleichbarkeit der Performance (Kap. 4).

3 Analyse der Entwicklungen auf dem Markt für „grüne" Anleihen

3.1 Entwicklung der Emissionen „grüner" Anleihen

In den letzten Jahren ist das Emissionsvolumen von Green Bonds stark gestiegen, wobei sich das Volumen auf bestimmte Regionen konzentriert (siehe Tab. 1).

Allein im Jahr 2021 stieg die jährliche Emission von „grünen" Anleihen im Vergleich zum Vorjahr um 75 % und belief sich auf 578,4 Mrd. USD (CBI, 2022c). Im Jahr 2022 expandierte der Markt weiter, auch wenn die Wachstumsrate im Vergleich zu 2021 zurückgegangen ist. Nach Angaben der Interaktiven Datenplattform der CBI ist der Markt für „grüne" Anleihen bis zum dritten Quartal 2022 auf ein Volumen von 332,5 Mrd. USD angewachsen (CBI, 2022b). Dieser Rückgang des Volumens ist vor allem auf „Inflationssorgen nach COVID-19 und die allgemeine Marktvolatilität nach der russischen Invasion in der Ukraine" zurückzuführen (CBI, 2022d, S. 3). Obwohl das Emissionsvolumen im Jahr 2022 zurückging, hat der Markt seit 2006 ein kumuliertes Volumen von über 2 Mrd. USD erreicht (CBI, 2022b).

Der europäische Markt für „grüne" Anleihen stand im Mittelpunkt des Interesses, da er von 2017 bis 2021 bei der Gesamtsumme der begebenen Anleihen ununterbrochen an der Spitze lag (CBI, 2022c). Im Jahr 2021 wurden in Europa 733 Transaktionen im Wert von 288,5 Mrd. USD begeben, was fast der Hälfte des Betrags entspricht. Nordamerika folgte mit einer Emission von 102 Mrd. USD. Trotz des höheren Emissionsvolumens in Europa hat Nordamerika eine vergleichsweise höhere Anzahl von Transaktionen (843 Deals im

Tab. 1 Green Bond Emissionsvolumen nach Regionen von 2014 bis H1 2022 (in Mrd. USD). (Quelle: CBI, 2022c)

Jahr	Europa	Nord-Amerika	Asien/Pazifik	Lateinamerika	Afrika	Supra-national	Gesamt
H1 2022	95,3	26,9	68,4	1,2	0,1	19,1	211,1
2021	288,5	102,0	147,7	8,9	0,4	30,9	578,4
2020	164,2	60,9	56,5	9,1	1,2	13,8	305,8
2019	122,2	61,6	67,2	4,9	0,9	14,6	271,4
2018	68,0	39,7	50,4	1,6	0,2	12,7	172,5
2017	61,2	49,0	35,5	4,2	0,3	9,5	159,7
2016	25,0	20,9	26,6	1,6	0,2	10,2	84,5
2015	20,0	12,8	3,9	1,1	0,0	8,4	46,2
2014	18,3	7,4	1,6	0,2	0,1	9,4	37,1
Gesamt	862,7	381,2	457,8	32,8	3,4	128,6	1866,7

Jahr 2021). Dies ist auf die „relativ hohe Anzahl von Emittenten zurückzuführen, die kleinere Geschäfte tätigen" (CBI, 2021b, S. 9). In der drittplatzierten Region Asien-Pazifik wurden 606 Transaktionen mit einem Gesamtvolumen von 147,7 Mrd. USD getätigt. Auf diese drei Regionen entfielen 93,05 % des Marktes für „grüne" Anleihen im Jahr 2021. Bemerkenswert ist auch die Anzahl der supranationalen Emissionen in Höhe von 30,9 Mrd. USD, die sich im Vergleich zu 2020 mehr als verdoppelt hat. Zu den supranationalen Emissionen zählen Emissionen der Europäischen Investitionsbank oder der Asiatischen Infrastruktur-Investitionsbank.

Tab. 2 führt die zehn Staaten mit den höchsten Emissionssummen im Jahr 2021 auf.

Mit den USA, China und Deutschland liegen die Länder vorn, die die einflussreichsten Länder ihrer Regionen repräsentieren. Im ersten Halbjahr 2022 ist China mit 46,6 Mrd. USD das Land mit den meisten Einzelemissionen, gefolgt von Deutschland mit 28,9 Mrd. USD und den Vereinigten Staaten mit 20,3 Mrd. USD.

Ein weiterer Faktor für den europäischen Einfluss auf den Markt für „grüne" Anleihen ist die umfassende Verwendung des Euro als Emissionswährung (vgl. Abb. 1).

Auf den Euro (EUR) entfielen demnach 44,49 % des gesamten Emissionsvolumens, womit er 2021 die am häufigsten verwendete Währung war und den US-Dollar (USD) und den chinesischen Yuan (CNY) mit 27,35 % bzw. 11,32 % übertraf. In der ersten Jahreshälfte 2022 (H1 2022) ging der Anteil des USD deutlich auf 19,82 % zurück, woraufhin sowohl die Emission in EUR (48,83 %) als auch in CNY (17,47 %) zunahm. Dieser Rückgang der USD-Emissionen kann auf die geldpolitischen Maßnahmen der Federal Reserve zurückgeführt werden, die als Reaktion auf die nachfragegetriebene Inflation aufgrund der anhaltenden COVID-19-Sorgen ergriffen wurden (Hodge, 2022; ReGlobal, 2022; CBI, 2022d).

Interessant ist auch die Aufteilung der Emissionstätigkeit auf sogenannte Industrieländer (Developed Markets DM) und Emerging Markets (EM) (Tab. 3).

Tab. 2 Top 10-Länder nach Emissionsvolumen. (Quelle: CBI, 2022c)

Emissionsstaat	Emissionsvolumen in Mrd. USD
USA	90.023
China	72.227
Deutschland	67.098
Frankreich	43.628
UK	34.817
Supranational	30.922
Niederlande	25.503
Spanien	22.333
Italien	19.551
Schweden	17.247
Japan	15.142

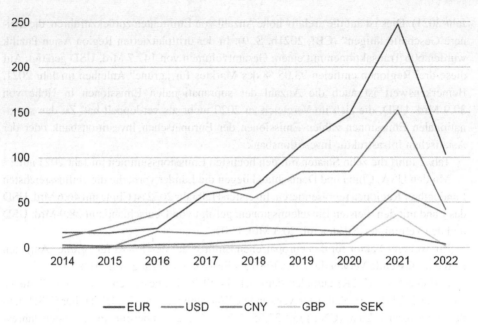

Abb. 1 Emittierte Green Bonds nach Währungen 2014 bis H1 2022 in Mrd. USD. (Quelle: eigene Darstellung, Datenquelle:CBI)

Tab. 3 Aufteilung des Emissionsvolumens auf Developed Markets (DM) und Emerging Markets (EM) von 2019 bis H1 2022 (in Mrd. USD). (Quelle: CBI, 2022c)

Markt	Europa		Nordamerika		Asien-Pazifik		Lateinamerika		Afrika	
Jahr	DM	EM	DM	EM	DM	EM	DM	EM	DM	EM
H1 2022	94,5	0,9	26,9	0	12,1	56,3	0	1,2	0	0,1
2021	278,5	10	102	0	44,7	103	0,2	8,7	0	0,4
2020	160,1	4,1	60,9	0	21,1	35,3	0	9,1	0	1,2
2019	117,8	4,3	61,6	0	18,5	48,7	0	4,9	0	0,9

Im Jahr 2021 entfielen rund 73,55 % auf die Industrieländer, 21,13 % auf die Schwellenländer und 5,34 % auf supranationale Emittenten. Der größte Teil des in den Schwellenländern emittierten Betrags ist auf einen wachsenden Markt für „grüne" Anleihen im asiatisch-pazifischen Raum zurückzuführen, der hauptsächlich von chinesischen Finanz- und Nicht-Finanzunternehmen betrieben wird. Im ersten Halbjahr 2022 war der Anteil der Schwellenländer und der supranationalen Märkte auf 27,71 % und 9,05 % gestiegen. Im Gegenzug war der Anteil der Emissionen in den entwickelten Märkten auf 63,24 % gesunken.

Nach den Daten der Climate Bond Initiative (Tab. 3) waren 2021 nicht-finanzielle Unternehmen mit einer Wachstumsrate von 123,67 % im Vergleich zum Vorjahr die wichtigste Emittentengruppe (siehe Tab. 4. Insgesamt emittierten die nicht-finanziellen Kapitalgesellschaften 151,2 Mrd. USD; dicht gefolgt von den finanziellen Kapitalgesellschaften,

Tab. 4 Emissionsvolumen nach Emittententyp von 2019 bis H1 2022 (in Mrd. USD) (Quelle: CBI, 2022c)

Emittententyp	2019	Anteil	2020	Anteil	2021	Anteil	H1 2022	Anteil
Finanzunternehmen	59,7	22,0 %	55,9	18,3 %	147,9	25,6 %	64,8	30,7 %
Nicht-Finanzunternehmen	62,6	23,1 %	67,6	22,1 %	151,2	26,1 %	46,5	22,0 %
Staatlich geförderte Unternehmen	36,3	13,4 %	65,1	21,3 %	85,8	14,8 %	34,2	16,2 %
Staaten	24,7	9,1 %	37,9	12,4 %	86,2	14,9 %	33,5	15,9 %
Entwicklungsbanken	29,5	10,9 %	26,4	8,6 %	43	7,4 %	12,6	6,0 %
ABS	32,6	12,0 %	23,4	7,7 %	29,4	5,1 %	9,3	4,4 %
Kredite	14,2	5,2 %	11,1	3,6 %	19,8	3,4 %	6,5	3,1 %
Regionalregierungen	12	4,4 %	18,5	6,0 %	15,1	2,6 %	3,7	1,8 %
Gesamt	271,4		305,8		578,4		211,1	

Tab. 5 Verwendung der Emissionserlöse von 2014 bis H1 2022 (in Mrd. USD). (Quelle: CBI, 2022c)

Mittelverwendung	2014	2015	2016	2017	2018	2019	2020	2021	H1 2022
Energie	16,5	21,9	30,8	53,6	58,7	87,5	105,3	205	72,6
Gebäude	8,2	9,7	18	49,4	48,9	81,8	84,6	166,2	45,4
Transport	4,4	5,6	15,2	24,7	29,9	54,2	68	95,2	41,1
Wasser	3,3	4,7	10,4	19	15,4	23,7	19,2	35,5	16,8
Abfall	2,9	3	4,6	5,6	6,5	9	7,9	23,4	10,8
Landnutzung	1	0,6	2,2	5,1	4,5	8,8	15,7	29,4	11,6
Industrie	0,2	0,6	2,7	1,2	0,9	2	1	7,7	1,6
Informations-/Kommunikationstechnik				0,1		0,1	1,6	5,2	2,4
Sonstige	0,5	0,2	0,6	1,2	7,8	2,5	2,4	10,8	8,8

die 147,9 Mrd. USD emittierten. Zusammen machen sie mehr als 51 % der gesamten 2021 begebenen „grünen" Anleihen aus. Darüber hinaus sind finanzielle Kapitalgesellschaften das am schnellsten wachsende Segment mit einer Wachstumsrate von 164,58 % zwischen 2020 und 2021. Dies ist auch im ersten Halbjahr 2022 zu beobachten, in dem finanzielle Kapitalgesellschaften mit einem Anteil von 30,7 % am Gesamtbetrag der begebenen Anleihen die wichtigste Emittentengruppe sind.

Ein weiterer Schwerpunkt der „grünen" Anleihen sind die Sektoren, in denen die Erlöse verwendet werden (siehe Tab. 5). Im Jahr 2021 waren Energie, Gebäude und Verkehr die drei größten Kategorien, die zusammen fast 81 % der Verwendung der Erlöse ausmachten. Dabei sind die Sektoren, in denen erneuerbare Energiequellen wie Wind- und Solarenergie erforscht und eingesetzt werden, sowie die Steigerung der Energieeffizienz von Wohngebäuden am attraktivsten (Norton Rose Fulbright 2018). Ein weiterer beliebter Sektor ist der saubere Verkehr, bei dem „grüne" Projekte die Standardisierung von emissionsfreien, mit Strom oder Wasserstoff betriebenen Fahrzeugen und „grüner" Verkehrsinfrastruktur unterstützen.

Die Verteilung der Sektoren spiegelt sich auch in der Rangliste der größten Emissionen im Bereich der Nicht-Finanzunternehmen wider (Tab. 6).

Für das Jahr 2021 ermittelte die CBI das Nicht-Finanzunternehmen China Three Gorges Corporation, ein auf erneuerbare Energien spezialisiertes Unternehmen, mit 7,2 Mrd. USD als das Unternehmen mit den meisten Emissionen. Die CBI analysiert außerdem die „grünen" Emissionen der zehn größten Nicht-Finanzunternehmen. Hier spiegeln sich die Ergebnisse von Tab. 4 in den Sektoren der Top-Emittenten wider, denn die Hälfte von ihnen konzentriert sich auf den Energiesektor. Auf der anderen Seite gehören die staatliche China Development Bank mit 6,5 Mrd. USD und die Industrial Commercial Bank of China (ICBC) mit 4,5 Mrd. USD zu den größten Emittenten im Finanzsektor (CBI, 2021b).

Aufschlussreiche Ergebnisse in Bezug auf die durchschnittlichen Merkmale „grüner" Anleihen lieferte eine von der Hong Kong Monetary Authority (HKMA) veröffentlichte Studie von *Leung et al.* (2022), in der 1371 „grüne" Unternehmensanleihen analysiert wurden, die zwischen 2013 und 2021 emittiert worden waren (Tab. 7).

Zu den Ergebnissen gehören ein relativ großes durchschnittliches Emissionsvolumen von etwa 335 Mio. USD und eine durchschnittliche Laufzeit von 7,63 Jahren. Weiter beschreiben die Verfasser, dass „about 75 % of the green bonds are listed in exchanges, and about 72 % of green bonds are issued by issuers domiciled at economies with national/regional policies on green bond taxonomy" (Leung et al., 2022, S. 13). In diesen Beobachtungen wiesen 191 „grüne" Unternehmensanleihen mit einem konventionellen Äquivalent ein „Greenium" von 25 Basispunkten auf, was im nächsten Kapitel näher untersucht wird.

Tab. 6 Top 10 der Green Bond Emittenten 2021 aus dem Bereich Nicht-Finanzunternehmen. (Quelle: CBI, 2021b)

Name des Emittenten	Gesamtbetrag (in Mrd. USD)	Anzahl der Green Bonds	Sektor
China Three Gorges Corp	7,2	18	Erneuerbare Energien
Iberdrola	3,3	3	Erneuerbare Energien
CTP Group	3	3	Real Estate
Ardagh Group	2,8	4	„grüne" Verpackungen
Engie SA	2,6	3	Erneuerbare Energien
Ford Motor Co.	2,5	1	Transport
EDP	2,4	3	Erneuerbare Energien
State Grid Corporation of China	2,4	3	Energie
Mondelez International	2,4	3	Konsumgüter
Liberty Global	2,3	3	Telekommunikation

Tab. 7 Merkmale von Green Bonds zwischen 2013 und 2021. (Quelle: Leung et al., 2022)

Anzahl der untersuchten Anleihen	Daten auf der Ebene der einzelnen Anleihen	Mittelwert	Median	Standardabweichung
1371	Volumen (Mill. USD)	335	140	437
1371	Laufzeit (in Jahren)	7,63	5,76	7
1371	Zinssatz bei Emission (in %)	2,71	2,09	2,61
1371	Notierung (1/0)	0,75	-	-
1371	Taxonomie (1/0)	0,72	-	-
191	Greenium (in %)	− 0,25	− 0,08	1,04

Ähnliche Ergebnisse zeigt die Analyse von *Flammer* (2021), in die 368 „grüne" Unternehmensanleihen einbezogen wurden. Als durchschnittliches Emissionsvolumen wurden 308,1 Mio. USD und als durchschnittliche Laufzeit 7,4 Jahren ermittelt.

3.2 Renditen von Green Bonds – „Greenium"

Grundsätzlich ist die Identifizierung eines „Greeniums" möglich, wenn eine negative Differenz zwischen der Performance „grüner" und konventioneller Anleihen zu beobachten ist (Pietsch & Salakhova, 2022; Schöning & Dörge, 2022). Ein „Greenium" bedeutet, dass eine „grüne" Anleihe zwar zu einem höheren Preis emittiert werden kann und geringere Renditen bietet, aber „investors are willing to sacrifice immediate financial returns in exchange for an environmental benefit" markmark (Caramichael & Rapp, 2022, S. 7).

Die Association for Financial Markets in Europe (AFME) hat einen ersten Blick auf das Vorhandensein eines Greeniums bei Unternehmensanleihen geworfen und den Spread „von auf EUR lautenden ESG-Unternehmensanleihen gegenüber Nicht-ESG-Unternehmensbenchmarks (bps)" analysiert (AFME, 2022, S. 35). Es ist zu beobachten, dass der Abstand zwischen den Benchmarks in der ersten Hälfte des Jahres 2020 plötzlich anstieg (siehe Abb. 2). Im April 2020 erreichte der Abstand mit etwa − 9,5 Basispunkten seinen Höchststand, bevor er auf fast − 5 Basispunkte zurückging. Eine weitere Spitze folgt im Juni desselben Jahres, woraufhin der Abstand kontinuierlich zurückgeht. Bis April 2021 steigt die Spanne erneut an, um dann zwischen Mai 2021 und Dezember 2021 auf den niedrigsten Stand zu fallen. In diesem gesamten Zeitraum bleibt das Greenium unter − 1 Basispunkt, wobei im Mai und November eine Spanne von weniger als − 0,5 Basispunkten zu verzeichnen ist. Danach vergrößert sich die Spanne jedoch im gesamten Jahr 2022 wieder. In der zweiten Jahreshälfte 2022 weitet sich die Spanne auf etwa − 3 Basispunkte aus, bevor sie schließlich im Oktober etwa − 4,5 Basispunkte erreicht.

Bahceli (2021) führte die Ausschläge und Rückgänge des Spreads im Jahr 2020 auf das Angebot an „grünen" Schuldtiteln zurück und begründete dies damit, dass aufgrund der Knappheit „grüner" Anleihen ein Greenium bestehen könnte.

Eine Reihe von weiteren Wissenschaftlern hat das Vorhandensein eines Greenium sowohl auf dem Primär- als auch auf dem Sekundärmarkt und bei den verschiedenen Arten

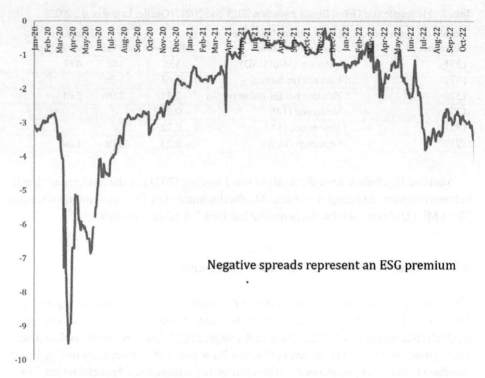

Abb. 2 Spreads zwischen auf EUR lautenden ESG-Unternehmensanleihen und konventionellen Anleihen (in bps). (Quelle: AFME, 2022)

Tab. 8 Ergebnisse ausgewählter Studien zum Greenium. (Quelle: eigene Darstellung)

Studie	Untersuchungs-zeitraum	Primärmarkt	Sekundärmarkt
Tang und Zhang (2020)	2007–2017	− 6,94 bps	
Kapraun et al. (2019)	2010–2018	− 24 bps	−14 bps
Gianfrate und Peri (2019)	2007–2017	− 19,71 bis 22,5 bps	
Caramichael und Rapp (2022)	2014–2021	− 8,23 bis − 11,35 bps	
Ehlers und Packer (2017)	2014–2017	−18 bps	Nicht signifikant
Hyun, Park und Tian (2020)	2010–2017		Nicht signifikant
Zerbib (2018)	2013–2017		− 2 bps

von Anleihen, die ausgegeben werden, untersucht, ohne dass ein einheitliches Ergebnis festgestellt werden konnte. Ein Überblick über einige der Studien ist in Tab. 8 enthalten (vgl. auch Überblick bei Hinsche, 2021, S. 11 ff.).

Eine Primärmarktstudie von *Tang und Zhang* (2020) untersuchte vergleichbare „grüne" und konventionelle Anleihen, die gleichwertig sind. Sie ergab keinen signifikanten Aufschlag oder Unterschied in den Renditespannen. Durch eine Ausweitung der Stichprobe auf eine weniger strenge Emittentenkontrolle konnten sie jedoch ein Greenium von − 6,94 Basispunkten (bps) zwischen 2007 und 2017 feststellen.

In ähnlicher Weise untersuchten *Kapraun et al.* (2019) mehr als 1500 „grüne" Anleihen und fanden ein Greenium von − 24 Basispunkten auf dem Primärmarkt und − 14 Basispunkten auf dem Sekundärmarkt zwischen 2010 und 2018. Sie betonen, dass das Greenium bei der Emission von zertifizierten Anleihen höher ist.

Eine weitere Studie über europäische „grüne" Anleihen von *Gianfrate und Peri* (2019) findet ein Greenium zwischen − 19,71 Basispunkten und − 22,51 Basispunkten auf dem Primärmarkt für Unternehmensanleihen von 2007 bis 2017. Hier unterscheiden sie nach Emittenten, die keine Unternehmen sind, bei denen das Greenium zwischen − 17,38 Basispunkten und − 13,51 Basispunkten liegt.

Caramichael und Rapp (2022) stellen für Unternehmensanleihen einen Renditeabstand zwischen − 11,35 und − 8,23 Basispunkten fest.

Im Jahr 2017 erkannten *Ehlers und Packer* (2017) ein Greenium für den Primärmarkt von − 18 Basispunkten, beobachteten aber nur ein kleines Greenium für den Sekundärmarkt, das sie nicht als signifikant deklarierten.

Auch *Hyun, Park und Tian* (2020) stellen keine signifikante Prämie auf dem Sekundärmarkt fest.

Dagegen kam *Zerbib* (2018) in seiner Analyse für den Sekundärmarkt zu dem Ergebnis, dass in einem Zeitraum zwischen 2013 und 2017 ein durchschnittliches negatives Greenium von 2 Basispunkten bestand.

Insgesamt ist zu konstatieren, dass die Existenz eines Greenium stark umstritten ist. Je nach Untersuchung variieren die Richtung und das Ausmaß des Greenium beträchtlich. Als Ursachen für die großen Beobachtungsunterschiede können drei Aspekte identifiziert werden (Enders & Kröger, 2021, S. 1230 ff. für weitere Literatur):

1. Unterschiedliche Beobachtungszeiträume, durch die unterschiedlich Marktsituationen in Bezug auf Angebot und Nachfrage, generelle Risikoeinstellungen und Meilensteine der Nachhaltigkeitsausrichtung (wie z. B. Klimakonferenzen, Umweltkatastrophen oder aktuell der Ukraine-Krieg mit seinen Auswirkungen auf die Energiepolitik) in die Untersuchungen einfließen
2. Abweichende Definitionen von „grünen" und konventionellen Anleihen. Speziell bei den „grünen" Anleihen stellt sich die Frage, in welchem Ausmaß Ratings und Zertifizierungen gefordert sind (Abschn. 2.4.2).
3. Verschiedene Untersuchungsmethodik zur Überwindung der Herausforderung, dass nur in seltenen Fällen zeitgleich von einem identischen Emittenten „grüne" und konventionelle Anleihen mit gleicher Laufzeit herausgegeben werden. Dementsprechend kann es sich um Einzelbetrachtungen handeln oder es werden unterschiedliche Einzelemittenten, Emittentengruppen, Emissionszeitpunkte und Laufzeiten in die Analyse einbezogen.

Der zweite Aspekt wird dabei maßgeblich davon beeinflusst, dass bei „grünen" Anleihen latent die Gefahr des Greenwashing besteht.

3.3 Greenwashing als Herausforderung bei „grünen" Anleihen

3.3.1 Begriff des Greenwashing

Der Nachweis von Nachhaltigkeit und der angemessene Umgang mit dem Klimawandel zählen mittlerweile zu den wichtigsten Anliegen von Unternehmen (Marr, 2022). Um künftige Geschäftstätigkeiten zu sichern, „stakeholders [...] are increasing the pressure on companies to disclose information about their environmental performance and for environmental-friendly products" (Freitas Netto et al., 2020, S. 1). In der Wissenschaft besteht weitgehend Einigkeit darüber, dass Unternehmen mit umweltfreundlichen Anlagen oder Strategien eine höhere Unternehmenslegitimität und damit ein besseres Unternehmensimage aufweisen (Fleming & Jones, 2013; Palazzo & Scherer, 2006; Hrasky, 2012). Darüber hinaus profitieren Unternehmen, die sich verpflichten, die Umweltauswirkungen ihrer Tätigkeit zu verbessern und „grüne" Projekte zu unterstützen, von besseren Geschäftsbeziehungen und vorteilhaftem Verbraucherverhalten (Seele & Gatti, 2017; Ramus & Montiel, 2005).

Es bestehen Anreize, von den positiven Auswirkungen der sozialen Verantwortung von Unternehmen (Corporate Social Responsibility, CSR), d. h. der Verantwortung eines Unternehmens für die Gewährleistung sicherer und nachhaltiger Geschäftspraktiken, profitieren zu wollen, ohne dafür die Geschäftstätigkeit zu ändern. Auch im Zusammenhang mit Finanzprodukten hat sich dafür der Begriff „Greenwashing" etabliert (Bundesministerium für Arbeit und Soziales, o. J.; Shah, 2022). Greenwashing beschreibt das absichtliche Weglassen von Informationen über nicht nachhaltiges Unternehmensverhalten und die Irreführung von Interessengruppen über die Umweltauswirkungen scheinbar „grüner" Produkte (Delmas & Burbano, 2011; Ramus & Montiel, 2005). Um dem Druck von außen zu widerstehen, können Unternehmen, die kein positives Umweltverhalten an den Tag legen können, Unternehmens- und Produktberichte „grünwaschen".

Eine Studie der University of California unterscheidet zwischen Greenwashing auf Unternehmensebene und Greenwashing auf Produktebene (Delmas & Burbano, 2011, S. 66):

- Greenwashing auf *Unternehmensebene* bedeutet, dass ein Unternehmen sich selbst aktiv als nachhaltig bewirbt und folglich davon profitiert. Es kann behaupten, nachhaltige Maßnahmen ergriffen zu haben oder es sich zur Aufgabe gemacht zu haben, Emissionen zu reduzieren, ohne dafür Beweise vorlegen zu können. Darüber hinaus kommunizieren Greenwashing-Unternehmen diese falschen Behauptungen, „grün" zu sein, nach außen oder beteiligen sich an der „selektiven Offenlegung" (Marquis et al., 2016, S. 1). Nach der Definition von Lyon und Maxwell ist selektive Offenlegung dadurch gekennzeichnet, dass schädliches Umweltverhalten absichtlich verschleiert wird, indem nur positives Verhalten kommuniziert wird (Lyon & Maxwell, 2011).
- Auf der anderen Seite beschreibt Greenwashing auf *Produktebene* ein Produkt, das die behaupteten umweltfreundlichen Eigenschaften nicht einhalten kann, selbst wenn es beworben wird.

Ein aktuelles Beispiel für einen Greenwashing-Skandal ist die DWS-Gruppe, eine unabhängige Vermögensverwaltungssparte der Deutschen Bank. Ende September 2022 wurde die DWS von einer deutschen Verbraucherorganisation wegen der irreführenden Vermarktung eines angeblichen ESG-Fonds, nämlich des ESG Climate Tech Fund, verklagt. (Tagesschau, 2022; Rezmer, 2022). Im Mai hatte die DWS damit geworben, dass der Fonds nicht in die Kohle- und Rüstungsindustrie investiert, obwohl einige der im Fonds enthaltenen Unternehmen nachweislich beträchtliche Umsätze in diesen Sektoren erzielt haben sollen (Reuters, 2022; Ennis, 2022). Gleichzeitig verkündete die DWS, sich den Zielen des Pariser Klimaabkommens von 2015 verpflichtet zu fühlen.

Durch Greenwashing können Unternehmen die öffentliche Meinung manipulieren und die Aufmerksamkeit davon ablenken, dass sie für schädliche Aktivitäten haftbar gemacht werden (Laufer, 2003). Darüber hinaus kann ein Unternehmen eine negative öffentliche Meinung untergraben, indem es die Schwere des Verstoßes in Frage stellt und das Image eines Unternehmens durch Rebranding und Distanzierung von früheren Handlungen entstigmatisiert (Laufer, 2003). Aus diesem Grund ist „Greenwashing" zu einer ernstzunehmenden Bedrohung für die Klimafinanzierung und die Bemühungen um eine Ausweitung des Marktes für „grüne" Anlagen geworden, da Investoren Schwierigkeiten haben, zwischen tatsächlich „grünen" und „braunen" Anlagen zu unterscheiden (Flood, 2022).

Als ein wesentliches Element zur Eindämmung des „Greenwashing" ist die Weiterentwicklung von Standards für „grüne" Anleihen auf der politischen Ebene anzusehen.

3.3.2 Taxonomien und weitere Regelungen als Ansatz zur Eindämmung des Greenwashing

Bereits in Abschn. 2.1 wurde dargelegt, dass die politische Grundeinstellung zur Nachhaltigkeit die Expansion des Marktes für „grüne" Anleihen begünstigt. Auf politischer Ebene werden Anreize für die Beteiligten geschaffen, Treibhausgase zu reduzieren und die globale Erwärmung zu verlangsamen. Damit hat auch die Bedeutung von „grünen" Taxonomien zugenommen.

Die CBI definiert eine „grüne" Taxonomie als „a classification system identifying activities, assets and revenue segments that deliver on key sustainability goals based on the eligibility conditions set out by the taxonomy" (CBI, 2022e, S. 3). Eine solche Taxonomie ist notwendig, damit die Marktteilnehmer das Ausmaß nachhaltiger Investitionen vollständig verstehen und Greenwashing verhindern können. Indem definiert wird, welche Art von Investitionen als nachhaltig gelten, sollen die Marktteilnehmer in die Lage versetzt werden, den Beitrag einer Investition zur Abschwächung des Klimawandels und zur Anpassung zu verstehen (Byrne, 2022). Darüber hinaus können Emittenten künftige Anlagen auf diese Taxonomie stützen, um sicherzustellen, dass sie als ESG-Anlagen eingestuft werden können und später „grüne" Zertifizierungen erhalten.

Wesentlich ist dabei, dass sich Taxonomie und Anleihenstandard unterscheiden, was sich am Beispiel des EUGBS (vgl. Abschn. 2.2.2) und der EU-Taxonomie verdeutlichen lässt. Ersterer veranschaulicht die notwendigen Merkmale für eine „grüne" Anleihe. Gleichzeitig definiert letztere, welche wirtschaftlichen Aktivitäten in den verschiedenen

Wirtschaftssektoren als nachhaltig oder als schädlich angesehen werden können. Somit enthält die EU-Taxonomie, die im Delegierten Rechtsakt zum Klima von 2021 verabschiedet wurde, Informationen über „grüne" Anleihen, geht aber weit darüber hinaus und dient auch der Unterstützung anderer nachhaltiger Vermögensanlageformen (CBI, 2021b).

Eine weitere einflussreiche Taxonomie ist in China mit dem Green Bond Endorsed Project Catalogue von 2015 zu sehen, der darauf abzielt, den inländischen Markt für „grüne" Anleihen zu vergrößern. Ähnlich wie die EU-Taxonomie befasst sich auch diese Taxonomie mit „climate change, environmental improvement, circular economy, waste recycling and pollution prevention" (CBI, 2021b, S. 28). Diese beiden Taxonomien beeinflussen weitgehend die Taxonomien anderer Länder, was auf den Einfluss beider Regionen auf den globalen Markt für „grüne" Anleihen zurückzuführen sein dürfte vgl. Abschn. 2.3). Zu berücksichtigen ist dabei, dass es in den USA bislang keine „grüne" Taxonomie gibt. Einige argumentieren jedoch, dass die Offenlegungserfordernisse der Securities and Exchange Commission, der nationalen Marktaufsichtsbehörde, als Ersatz dienen (Byrne, 2022).

Ergänzend zu den bestehenden Vorschlägen des Pariser Abkommens schlägt die OECD steuerpolitische Maßnahmen und Mechanismen zur weiteren Dekarbonisierung der Märkte vor (OECD, 2020). In diesem Zusammenhang ist die Bepreisung von Kohlenstoff als ein weiteres Instrument zum Ausgleich der durch CO_2-Emissionen verursachten Schäden von wesentlicher Bedeutung für die Einführung von Nachhaltigkeitsprozessen im Rahmen von Regierungsaufträgen. In einer bestimmten Rechtsordnung kann die Kohlenstoffbepreisung durch Instrumente wie eine Kohlenstoffsteuer oder ein Emissionshandelssystem (ETS)[2] erfolgen, mit denen die Volkswirtschaften auf die Dekarbonisierungsziele reagieren können (The World Bank, o. J.). Der Preis für Kohlenstoffemissionen wird pro Tonne CO_2-Emissionen festgelegt. Durch eine Kohlenstoffsteuer erhalten Emittenten Anreize, kohlenstoffintensive Geschäftspraktiken umzugestalten und alternative Ressourcen und „grüne" Technologien einzuführen, was die vermehrte Emission „grüner" Anleihen durch notwendige „grüne" Projekte auslösen kann. Die CBI schlägt vor, dass „grüne" Investitionen durch Kohlenstoffpreise und andere „grüne" Maßnahmen gefördert werden können (CBI, 2021a).

Maßgeblichen Einfluss auf die Expansion „grüne" Finanzierunginstrumente hat schlussendlich auch das im Juli 2020 von der Europäischen Kommission verabschiedete 806,9 Mrd. € schwere EU-Paket der nächsten Generation (NGEU) (Europäische Kommission, 2021b). Das NGEU stellt das bislang umfangreichste Konjunkturpaket aller Zeiten dar und zielt auf die wirtschaftliche Erholung nach COVID-19 (Europäische Kommission,

---

[2] Die OECD definiert ETS als „ein System, in dem Emittenten mit Emissionseinheiten handeln können, um ihre Emissionsziele zu erreichen" (OECD o. J.). Das ETS unterteilt sich in „Cap-and-Trade"-Systeme, die eine Obergrenze für die zulässigen Emissionen festlegen, und „Baseline-and-Credit"-Systeme, die ein akzeptables Emissionsniveau festlegen und Unternehmen belohnen, die es nicht überschreiten (The World Bank o. J.).

2021b) ab. Dieses Paket umfasst die europäischen Digitalisierungs- und Nachhaltigkeit-Vorhaben, darunter die Zusage, mindestens 30 % oder bis zu 250 Mrd. € der NGEU-Anleihen als „grüne" Anleihen auszugeben (Hinsche, 2021, S. 2). Hierdurch geht ein erheblicher Impuls auf die Märkte für „grüne" Anleihen, aber auch deren Abgrenzung von konventionellen Anleihen aus. Mehr denn je stellt sich damit die Frage, wie die Performance „grüner Anleihen im Vergleich zu konventionellen Anleihen ausfällt.

4 Untersuchung der Performance „grüner" Indexfonds

4.1 Konzeption der Untersuchung

Um die Vorteile von „grünen" Indexfonds zu identifizieren und zu isolieren, wurde ein Vergleich der Sekundärmarktperformance von „grünen" Indizes mit konventionellen Indizes angestellt. Dies erfolgte im Rahmen eines paarweisen Vergleichs „grüner" Anleihenindizes mit konventionellen Äquivalenten, die ähnliche Indexmerkmale aufweisen.

Bei der Auswahl der „grünen" Indizes wurde bewusst darauf verzichtet, die Auswahlkriterien zu hinterfragen oder zu prüfen, ob die Auswahl von Dritten zertifiziert ist. Dieses Vorgehen schränkt zwar die Vergleichbarkeit der Ergebnisse untereinander stark ein, ermöglicht jedoch den Zugang zu einer größeren Menge an verfügbaren Daten und erweitert damit die Analysemöglichkeiten. Ebenfalls werden sämtliche Indizes als „grün" bezeichnet, unabhängig davon, ob sie laut Anbieter als „grün", als ESG- oder als nachhaltigkeitsorientiert bezeichnet werden. Eine Differenzierung erfolgt nur dann, wenn es zwingend notwendig.

Sämtliche Daten wurden direkt von den Wertpapierfirmen, die die Indizes erstellen, oder den Fondsanbietern erhoben. Zur vergleichenden Beurteilung der Performance wurden die zur Verfügung gestellten Jahres- und Gesamtrenditen der „grünen" Indexfonds mit denjenigen der konventionellen Pendants in denselben Zeiträumen herangezogen.

4.2 Kurzvorstellung der untersuchten Indexfonds

In die Untersuchung wurden die vier Green-Bond-Indizes Bloomberg Barclays MSCI Global Green Bond, S&P Green Bond Index, MSCI USD Investment Grade ESG Leaders Corporate Bond Index und Solactive Green Bond Index einbezogen. Die Fonds sowie die zum Vergleich herangezogenen konventionellen Fonds lassen sich wie folgt beschreiben:

- Der *Bloomberg Barclays MSCI Global Green Bond* (GBGLTRUU:IND) ist ein Mehrwährungsindex, der „grüne" Anleihen mit festem Kupon abbildet, die dem GBP entsprechen (MSCI, 2022a). Der Index umfasst Staatsanleihen, Unternehmensanleihen, staatsbezogene Anleihen und verbriefte Anleihen mit Investment-Grade-Rating. Dieser Index wird mit dem Bloomberg Global Aggregate Corporate Total Return Index Value

Unhedged USD (LGCPTRUU:IND) verglichen, der die Wertentwicklung von globalen Schuldtiteln in Industrie- und Schwellenländern abbildet. (Bloomberg, 2021). Ähnlich wie bei seinem „grünen" Pendant müssen die Wertpapiere ein Investment-Grade-Rating und einen festverzinslichen Kupon haben. Beide Indizes haben einen Ausgangswert von 0 %.

- Der *S&P Green Bond Index* spiegelt die Wertentwicklung von Emittenten wider, „die klare Informationen über die Verwendung der Erlöse offengelegt haben, oder die Emittenten haben eine unabhängige Zweitmeinung eingeholt haben" (Liaw, 2020, S. 9). Dieser Index wird mit dem weithin bekannten Gegenstück des S&P 500® Bond Index für Unternehmensanleihen verglichen, der Schuldtitel der 500 größten US-Aktiengesellschaften enthält. Beide Indizes haben einen Ausgangswert von 100.
- Der *MSCI USD Investment Grade ESG Leaders Corporate Bond Index* spiegelt die festverzinslichen Wertpapiere von Emittenten mit hohen ESG-Ratings wider. Er wird mit dem MSCI USD Investment Grade Corporate Bond Index verglichen. Das Gegenstück zu den herkömmlichen Anleihen misst die Performance der Kreditmärkte. Beide Indizes haben einen Ausgangswert von 1000.
- Schließlich spiegelt der *Solactive Green Bond Index*, ähnlich wie die anderen Indizes, den Markt für „grüne" Anleihen wider. Er wird mit dem Solactive World All Bond Index verglichen, der Investment-Grade-Staatsanleihen, Unternehmensanleihen, Staatsanleihen und verbriefte Anleihen misst. Beide Indizes haben einen Ausgangswert von 1000.

4.3 Analyse und Renditevergleich

Beim Vergleich der ausgewählten Indizes mit ihren jeweiligen Vergleichsindizes zeigen sich folgende Ergebnisse.

Der Vergleich der beiden Indizes von Bloomberg zeigt, dass der konventionelle Index im Zeitraum zwischen 2018 und Ende 2022 eine bessere Rendite erzielt. Der Bloomberg Barclays MSCI Global Green Bond folgt jedoch denselben Bewegungen (siehe Abb. 3). Die jährliche Rendite über fünf Jahre für den konventionellen Index beträgt etwa − 0,79 %, während sie für den „grünen" Index − 14,63 % beträgt.

Im Gegensatz dazu weisen die beiden MSCI-Indizes eine sehr ähnliche Performance auf (siehe Abb. 4). Darüber hinaus lässt sich feststellen, dass diese eine positive annualisierte Rendite von 0,71 % für den ESG-Index und 0,64 % für den konventionellen Unternehmensindex erwirtschafteten. Seit März 2014 wurde für beide Indizes eine annualisierte Rendite von 1,81 % ermittelt (MSCI, 2023a).

Die Performance der beiden S&P-Indizes ist der Performance der Bloomberg-Indizes recht ähnlich (siehe Abb. 5). Hier weist der konventionelle Index eine positive annualisierte Fünfjahresrendite von 1,77 % auf. Wiederum zeigt der Index für „grüne" Anleihen keine positive Wertentwicklung auf, da seine endgültige annualisierte 5-Jahres-Rendite − 2,15 % beträgt.

Corporate Green Bonds als innovative Finanzanlage – eine kritische Betrachtung

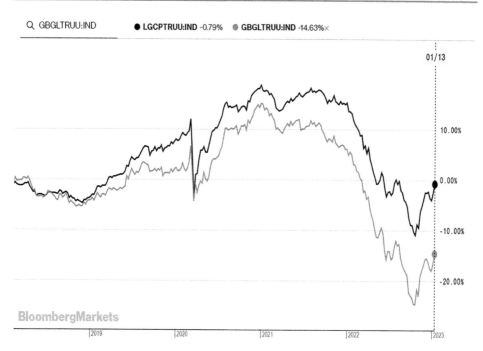

Abb. 3 Vergleich Bloomberg MSCI Global Green Bond Index (GBGLTRUU:IND) mit Bloomberg MSCI Global Green Bond Index Total Return Index Value Unhedged (LGCPTRUU:IND). (Quelle: eigene Darstellung, Datenquelle: Bloomberg, 2022b)

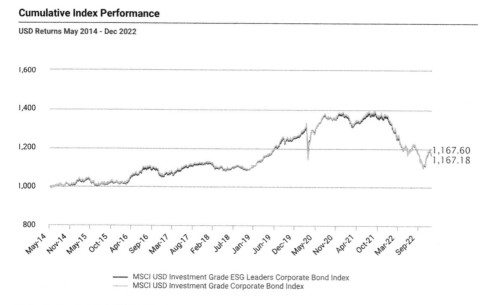

Abb. 4 Vergleich MSCI USD Investment Grade ESG Leaders Corporate Bond Index mit MSCI USD Investment Grade Corporate Bond Index. (Quelle: eigene Darstellung, Datenquelle: MSCI, 2023b)

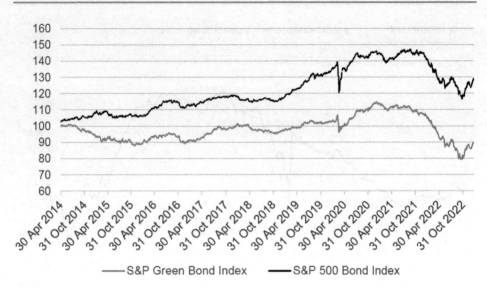

Abb. 5 Vergleich S&P 500® Bond Index vs S&P 500 Green Bond Index. (Quelle: eigene Darstellung, Datenquelle: S&P Global, 2022)

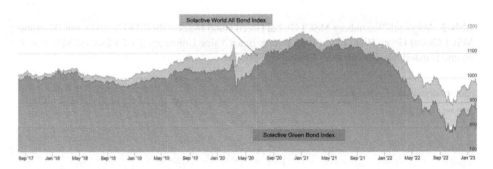

Abb. 6 Vergleich Solactive World All Bond Index mit Solactive Green Bond Index. (Quelle: eigene Darstellung, Datenquellen: Solactive, 2023a, b, c)

Auch die Wertentwicklung der Solactive-Indizes fällt ähnlich wie die der Bloomberg-Indizes aus (siehe Abb. 6). Im Ergebnis zeigt sich eine leicht positive annualisierte Fünfjahresrendite bei beiden Indizes, wobei der konventionelle Index eine leicht bessere Rendite aufweist.

Zusammengefasst kommt die Untersuchung der vier Anleiheindexpaare zu dem Ergebnis, dass mit Ausnahme eines Indexpaares (MSCI-Indizes) alle übrigen „grünen" Indizes eine niedrigere annualisierte Fünfjahresrendite aufweisen als ihre konventionellen Pendants. Die Bloomberg-Indizes weisen dabei die geringste fünfjährige annualisierte Renditespanne auf. Zudem sind die Indizes die einzigen, bei denen beide Indizes positiv abschneiden. Damit spricht die Untersuchung eher für eine Bestätigung der Existenz eines „Greeniums" während des Untersuchungszeitraums.

4.4 Kritische Anmerkungen

Wie bereits im Rahmen der Würdigung der bestehenden Untersuchungen (vgl. Abschn. 3.2) aufgezeigt wurde, ist der Performance-Vergleich von „grünen" Finanzprodukten sowohl untereinander als auch mit konventionellen Produkten problembehaftet. Dies trifft auch auf die durchgeführte Untersuchung zu, wobei insbesondere die folgenden Aspekte zu berücksichtigen sind.

1. Allgemein ist weder der Aspekt, was als nachhaltig oder „grün" gilt, noch wer das definiert, weltweit standardisiert. Stattdessen bestehen in einzelnen Staaten bzw. Ländergruppen verbindliche Taxonomien, in anderen wichtigen Ländern wie z. B. der USA dagegen nicht. Daneben bestehen Empfehlungen mit verschiedenem Anforderungsgrad, die auf freiwilliger Basis einzuhalten sind.
2. Hinzu kommt, dass nicht alle Emittenten „grüner" Finanzprodukte beziehungsweise Indizes die freiwilligen Rahmenregelungen übernehmen, da sie ihre eigenen Zulassungskriterien vorschlagen können.

Obwohl der Schwerpunkt dieses Beitrags auf „grünen" Unternehmensanleihen liegt, kann nicht vollständig garantiert werden, dass Unternehmensanleihen auch im Mittelpunkt der verglichenen Indizes stehen. Aufgrund begrenzter Informationen zu den einzelnen Anleihen in den Indizes und deren Einfluss auf die Indexperformance konnte nur eine oberflächliche Analyse vorgenommen werden. Obwohl die Indizes eine bestimmte „grüne" Methodik anwenden, haben außenstehende Beobachter keinen Einblick in die Verlässlichkeit der Informationen, insbesondere im Hinblick auf Greenwashing.

Darüber hinaus ist der Aspekt, wer definiert, was als nachhaltig oder „grün" gilt, immer noch nicht weltweit standardisiert und es gibt nur einzelne Taxonomien in einzelnen Ländern. Hinzu kommt, dass nicht alle „grünen" Emittenten die freiwilligen Rahmenregelungen übernehmen, da sie ihre eigenen Zulassungskriterien vorschlagen können.

5 Zusammenfassung

Der Anstieg der „grünen" Anleihen aufgrund der zunehmenden Aufmerksamkeit für den Klimawandel und seine Auswirkungen hat zu einem neuen Finanzierungsinstrument geführt. Das Pariser Abkommen ist ein Beschleuniger für die Politik der Regierungen und die Ausweitung „grüner" Vermögenswerte („grüne" Projekte). Trotz der Bemühungen um eine emissionsfreie Wirtschaft macht der Markt für „grüne" Anleihen immer noch nur einen sehr kleinen Prozentsatz des gesamten Schuldtitelmarktes aus, obwohl „grüne" Unternehmensanleihen ein attraktives Finanzinstrument darstellen. Eine Hürde für weiteres Wachstum ist der Umstand, dass bislang wenige oder sogar gar keine gesetzlichen Standards existieren, sondern nur freiwillige Richtlinien. Trotzdem sind „grüne" Anleihen sowohl für Emittenten als auch für Investoren attraktiv, vor allem wenn es darum geht, ihr

Engagement für Nachhaltigkeit unter Beweis zu stellen und von der höheren Legitimität des Unternehmens zu profitieren. Da die Anleger dafür aber auch niedrigere Renditen in Kauf nehmen können, bleibt die Frage nach einem Greenium stark umstritten. Darüber hinaus sind Indexfonds für die Risikostreuung attraktiv, selbst wenn ein solches Greenium offensichtlich ist. Europa, die USA und China sind zwar die prominentesten Akteure, aber sie haben auch den größten Einfluss darauf, wie sich „grüne" Anleihen (von Unternehmen) weiterentwickeln und die Finanzlandschaft verändern werden.

Literatur

ADB. (2021). *Green, sustainability, and social bonds for COVID-19 recovery: A thematic bonds primer.* ASEAN Catalytic Green Finance Facility (ACGF). Asian Development Bank. https://www.adb.org/publications/green-sustainability-social-bonds-covid-19-recovery. Zugegriffen am 30.03.2023.

AFME. (2022). *Q3 2022 ESG Finance Report.* Association for Financial Markets in Europe. Zugegriffen am 30.03.2023.

Agliardi, E., & Agliardi, R. (2021). Corporate green bonds: Understanding the greenium in a two-factor structural model. *Environmental and Resource Economics, 83*(4), 257–278.

Amadeo, K. (2021). *Investing: Assets & markets: Bonds: Types of bonds and which are the safest.* https://www.thebalancemoney.com/what-are-the-different-types-of-bonds-3305600. Zugegriffen am 30.03.2023.

Bahceli, Y. (2021). *Business: Sustainable business: Analysis: ‚Greenium' shrinks as climate bond sales swell to record.* https://www.reuters.com/business/sustainable-business/greenium-shrinks-climate-bond-sales-swell-record-2021-06-02/. Zugegriffen am 30.03.2023.

Baker, M., Bergstresser, D., Serafeim, G., & Wurgler, J. (2022). The pricing and ownership of US green bonds. *Annual Review of Financial Economics, 14*, 415–437.

Baldacci, B., & Possamaï, D. (2022). Governmental incentives for green bonds investment. *Mathematics and Financial Economics, 16*, 539–585.

Barrett, C. (2022, Juli 27). Why do we still bother with active funds? *Financial Times.*

Bauer, R., Ruof, T., & Smeets, P. (2021). Get real! Individuals prefer more sustainable investments. *The Review of Financial Studies, 34*(8), 3976–4043.

Birken, E. G. (2022). Investing: Bond rating. *Forbes Advisor.* https://www.forbes.com/advisor/investing/bond-ratings/. Zugegriffen am 22.03.2023.

BlackRock. (o.J.). *Investment Strategies: Fixed Income: BlackRock fixed income: Bonds built to weather changing markets.* BlackRock. https://www.blackrock.com/us/financial-professionals/investment-strategies/fixed-income. Zugegriffen am 01.12.2022.

Bloomberg. (2021). *Global Aggregate Index.* Bloomberg Fixed Income Indices Factsheet. https://assets.bbhub.io/professional/sites/27/Global-Aggregate-Index.pdf. Zugegriffen am 27.03.2023.

Bloomberg. (2022a). *Company: Press: Bloomberg launches global aggregate green, social, sustainability bond indices.* Bloomberg the Company. https://www.bloomberg.com/company/press/bloomberg-launches-global-aggregate-green-social-sustainability-bond-indices/. Zugegriffen am 27.03.2023.

Bloomberg (2022b). *Bloomberg fixed income indices.* https://www.bloomberg.com/markets/rates-bonds/bloomberg-fixed-income-indices. Zugegriffen am 14.01.2023.

Boyte-White, C. (2022). Retrieved from guide to mutual funds: Do mutual funds pay interest? *Investopedia.* https://www.investopedia.com/ask/answers/100715/do-mutual-funds-pay-interest.asp. Zugegriffen am 30.03.2023.

Brodback, D., Guenster, N., & Mezger, D. (2019). Altruism and egoism in investment decisions. *Review of Financial Economics, 37*(1), 118–148.

Bundesministerium für Arbeit und Soziales. (o.J.). *CSR Allgemein: CSR-Grundlagen. Corporate Social Responsibility.* https://www.csr-in-deutschland.de/DE/CSR-Allgemein/CSR-Grundlagen/csr-grundlagen.html. Zugegriffen am 30.03.2023.

Byrne, D. (2022). *Insights: Lexicon: What is green taxonomy?* Corporate Governance Institute. https://www.thecorporategovernanceinstitute.com/insights/lexicon/what-is-green-taxonomy/. Zugegriffen am 27.03.2023.

Caramichael, J., & Rapp, A. (2022). *The green corporate bond issuance premium* (International Finance Discussion Papers). https://doi.org/10.17016/IFDP.2022.1346. Zugegriffen am 27.03.2023.

Carrel, L., & Ferri, R. A. (2011). *Learning Center: Benefits of ETFs. Fidelity.* https://www.fidelity.com/learning-center/investment-products/etf/benefits-of-etfs. Zugegriffen am 27.03.2023.

CBI. (2019). *Climate Bonds Standard Version 3.0 – International best practice for labelling green investments.* Climate Bonds Initiative. https://www.climatebonds.net/files/files/climate-bonds-standard-v3-20191210.pdf. Zugegriffen am 30.03.2023.

CBI. (2020). *Green Bond Treasurer Survey.* Climate Bonds Initiative. https://www.climatebonds.net/files/reports/climate-bonds-gb-treasurer-survey-2020-14042020final.pdf. Zugegriffen am 30.03.2023.

CBI. (2021a). *Carbon pricing for climate action: New countdown to COP policy briefing.* Climate Bonds Initiative. https://www.climatebonds.net/2021/09/carbon-pricing-climate-action-new-countdown-cop-policy-briefing. Zugegriffen am 30.03.2023.

CBI. (2021b). *Sustainable Debt, Global State of the Market 2021.* Climate Bonds Initiative. https://www.climatebonds.net/files/reports/cbi_global_sotm_2021_02h_0.pdf. Zugegriffen am 27.03.2023.

CBI. (2022a). *About us: Climate bonds initiative.* Climate Bonds Initiative. https://www.climatebonds.net/about. Zugegriffen am 27.03.2023.

CBI. (2022b). *Green Bond Market Hits USD2tn Milestone at end of Q3 2022.* Climate Bond Initiative. https://www.climatebonds.net/2022/11/green-bond-market-hits-usd2tn-milestone-end-q3-2022. Zugegriffen am 30.03.2023.

CBI. (2022c). *Market: Interactive data platform.* Climate Bond Initiative. https://www.climatebonds.net/market/data/. Zugegriffen am 05.11.2022.

CBI. (2022d). *Reports: Sustainable Debt Market Summary H1 2022.* Climate Bond Initiative. https://www.climatebonds.net/files/reports/cbi_susdebtsum_h1_2022_02c.pdf. Zugegriffen am 30.03.2023.

CBI. (2022e). *Resources: Reports: Global Green taxonomy development, alignment and implementation.* Climate Bonds Initiative. https://www.climatebonds.net/resources/reports/global-green-taxonomy-development- alignment-and-implementation. Zugegriffen am 30.03.2023.

Corporate Finance Institute. (2022a). *Environment, Social, & Governance: Green Bond.* Corporate Finance Institute. https://corporatefinanceinstitute.com/resources/esg/green-bond/. Zugegriffen am 30.03.2023.

Corporate Finance Institute. (2022b). *Resources: Wealth Management: Benchmark.* Corporate Finance Institute. https://corporatefinanceinstitute.com/resources/wealth-management/benchmark/. Zugegriffen am 30.03.2023.

Corporate Finance Institute. (2022c). *Resources: Fixed Income: Bond Ratings.* Corporate Finance Institute. https://corporatefinanceinstitute.com/resources/fixed-income/bond-ratings/. Zugegriffen am 30.03.2023.

Delmas, M. A., & Burbano, V. C. (2011). The drivers of greenwashing. *California Management Review, 54*(1), 64–87.

Ehlers, T., & Packer, F. (2017). *Green bond finance and certification.* Bank for International Settlements. https://www.bis.org/publ/qtrpdf/r_qt1709h.pdf. Zugegriffen am 30.03.2023.

Enders, C., & Kröger, S. (2021). Green Bonds – cui bono? *Kreditwesen, 74*(23), 1230–1235.

Ennis, D. (2022). News: Deutsche Bank's DWS sued over 'confusing' ESG claim. *Banking Dive.* https://www.bankingdive.com/news/deutsche-banks-dws-sued-over-confusing-esg-claim/634759/. Zugegriffen am 30.03.2023.

European Commission. (2020a). European Green Deal Investment Plan.

European Commission. (2021a). Proposal for a Regulation of the European Parliament and of the Council on European green bonds.

European Commission. (2021b). The EU's 2021-2027 long-term budget and NextGenerationEU – Facts and figures. Publications Office of the European Union. https://data.europa.eu/doi/10.2761/808559.

Fernando, J. (2022). Stock trading strategy & education: Market capitalization: How is it calculated and what does it tell investors? *Investopedia.* https://www.investopedia.com/terms/m/marketcapitalization.asp. Zugegriffen am 30.03.2023.

Fidelity. (o.J.). *Learning Center: Investment Products: Mutual Funds: What are bond funds?* Fidelity. https://www.fidelity.com/learning- center/investment-products/mutual-funds/what-are-bond-funds. Zugegriffen am 30.03.2023.

Flammer, C. (2021). Corporate Green Bonds. *Journal of Financial Economics, 147*(2), 499–516.

Fleming, P., & Jones, M. T. (2013). *The end of corporate social responsibility: Crisis & critique.* SAGE.

Flood, C. (2022, März 21). Fixed income: Green bonds: Fears rise over 'greenwash' bonds. *Financial Times.*

Freitas Netto, S. V., Sobral, M. F., Ribeiro, A. R., & Soares, G. R. (2020). Concepts and forms of greenwashing: A systematic review. *Environmental Sciences Europe, 32*(19). https://doi.org/10.1186/s12302-020-0300-3

Gianfrate, G., & Peri, M. (2019). The green advantage: Exploring the convenience of issuing green bonds. *Journal of Cleaner Production, 219*, 127–135.

Gupta, D. S. (2018). Green bonds – An instrument for financing a sustainable future. *Periyar Journal of Research in Business and Development Studies, 3*(2), 36–48.

Hinsche, I. C. (2021). *A greenium for the next generation EU green bonds: Analysis of a potential green bond premium and its drivers* (Working Paper 663). Center for Financial Studies.

Hodge, A. (2022, July 12). *News: Articles: The US economy's inflation challenge.* International Monetary Fund. https://www.imf.org/en/News/Articles/2022/07/11/CF-US-Economy-Inflation-Challenge#. Zugegriffen am 30.03.2023.

Hrasky, S. (2012). Visual disclosure strategies adopted by more and less sustainability-driven companies. *Accounting Forum, 36*(3), 154–165.

Hyun, S., Park, D., & Tian, S. (2020). The price of going green: the role of greenness in green bond markets. *Accounting & Finance, 60*, 73–95

ICMA. (2019). *Sustainable Finance: Impact reporting metrics and databases: Green projects.* International Capital Market Association. Zugegriffen am 30.03.2023.

ICMA. (2021). *Green bond principles – Voluntary process guidelines for issuing green bonds.* International Capital Market Association. https://www.icmagroup.org/assets/documents/Sustainable-finance/2022-updates/Green-Bond-Principles_June-2022-280622.pdf. Zugegriffen am 30.03.2023.

ICMA. (2022). *Sustainable finance: Green Bonds Principles (GBP)*. International Capital Market Association. https://www.icmagroup.org/sustainable-finance/the-principles-guidelines-and-handbooks/green-bond-principles-gbp/. Zugegriffen am 30.03.2023.

Inderst, G., Kaminker, C., & Stewart, F. (2012). *Defining and measuring green investments: Implications for institutional investors' asset allocations* (Working Paper 24). OECD.

IPCC. (2013). *Climate change 2013: The physical science basis. Contribution of working group I to the fifth assessment report of the intergovernmental panel on climate change*. Cambridge University Press.

IPCC. (2014). *Climate change 2014: Synthesis report*. Intergovernmental Panel on Climate Change. https://www.ipcc.ch/site/assets/uploads/2018/02/SYR_AR5_FINAL_full.pdf. Zugegriffen am 30.03.2023.

Kagan, J. (2022a). Budgeting: Fund: Definition, How it works, types and ways to invest. *Investopedia*. https://www.investopedia.com/terms/f/fund.asp#toc-types-of-funds. Zugegriffen am 30.03.2023.

Kagan, J. (2022b). Recourse: Explanation of lenders' rights and FAQ. *Investopedia*. https://www.investopedia.com/terms/r/recourse.asp. Zugegriffen am 30.03.2023.

Kapraun, J., Latino, C., Scheins, C., & Schlag, C. (2019). (In)-credibly green: Which bonds trade at a green bond premium? *Proceedings of Paris December 2019 Finance Meeting EUROFIDAI – ESSEC*. https://ssrn.com/abstract=3347337. Zugegriffen am 30.03.2023.

Laufer, W. S. (2003). Social accountability and corporate greenwashing. *Journal of Business Ethics, 43*(3), 253–261.

Leung, V., Wan, W., & Wong, J. (2022). *Greenwashing in the corporate green bond markets*. Market Research Division. Hong Kong Monetary Authority. https://www.hkma.gov.hk/media/eng/publication-and-research/research/research-memorandums/2022/RM08-2022.pdf. Zugegriffen am 30.03.2023.

Liaw, K. T. (2020). Survey of green bond pricing and investment performance. *Journal of Risk and Financial Management, 13*(9), 1–9.

Lyon, T. P., & Maxwell, J. W. (2011). Greenwash: Corporate environmental disclosure under threat of audit. *Journal of Economics & Management Strategy, 20*(1), 3–41.

Ma, C., Schoutens, W., Beirlant, J., Spiegeleer, J. D., Höcht, S., & Kleeck, R. V. (2020). Are green bonds different from ordinary bonds? A statistical and quantitative point of view. *National Bank of Belgium, 394*, 1–34.

Maltais, A., & Nykvist, B. (2020). Understanding the role of green bonds in advancing sustainability. *Journal of Sustainable Finance & Investment.*, 1–20. https://doi.org/10.1080/20430795.2020.1724864

Marquis, C., Toffel, M. W., & Zhou, Y. (2016). Scrutiny, norms, and selective disclosure: A global study of greenwashing. *Organization Science, 27*(2), 483–504.

Marr, B. (2022). Innovation: Enterprise Tech: The 7 biggest business challenges every company is facing in 2023. *Forbes*. https://www.forbes.com/sites/bernardmarr/2022/11/15/the-7-biggest-business-challenges-every-company-is-facing-in-2023/. Zugegriffen am 30.03.2023.

Maurino, R. (2015). Fundamentals: What is a bond index? *Financial Pipeline*. https://www.financialpipeline.com/what-is-a-bond-index/. Zugegriffen am 30.03.2023.

McKinsey. (2020). How the E in ESG creates business value. *McKinsey Sustainability*. https://www.mckinsey.com/capabilities/sustainability/our-insights/sustainability-blog/how-the-e-in-esg-creates-business-value.

McKinsey & Company. (2022). *Our Insights: Executive Summary: The net-zero transition – What it would cost, what it could bring*. McKinsey Sustainability. https://www.mckinsey.com/capabilities/sustainability/our-insights/the-net-zero-transition-what-it-would-cost-what-it-could-bring. Zugegriffen am 30.03.2023.

Merle, C., & Brand, E. (2021). *The European Green Bond Standard: A future gold standard for green bond issuance?* Natixis Corporate and Investment Banking. https://gsh.cib.natixis.com/our-center-of-expertise/articles/the-european-green-bond-standard-a-future-gold-standard-for-green-bond-issuance. Zugegriffen am 30.03.2023.

Morgan Stanley. (2017). *Ideas: Behind the green bond boom.* Morgan Stanley. https://www.morganstanley.com/ideas/green-bond-boom. Zugegriffen am 02.10.2022.

MSCI. (2022a). *Bloomberg Barclays MSCI Global Green Bond Index Factsheet.* MSCI. Morgan Stanley Capital International. https://www.msci.com/documents/10199/242721/Barclays_MSCI_Green_Bond_Index.pdf/. Zugegriffen am 30.03.2023.

MSCI. (2022b). *MSCI World Index (USD).* Index Factsheet. https://www.msci.com/documents/10199/178e6643-6ae6-47b9-82be-e1fc565ededb. Zugegriffen am 30.03.2023.

MSCI. (2023a). *MSCI USD Investment Grade ESG Leaders Corporate Bond Index.* Index Factsheet. https://www.msci.com/documents/1296102/99b08005-61d4-ec5b-c791-7838554e92a1. Zugegriffen am 30.03.2023.

MSCI. (2023b). *Fixed Income Indexes.* https://www.msci.com/our-solutions/indexes/fixed-income-indexes. Zugegriffen am 30.03.2023.

Napoletano, E., & Smith, J. (2022). Active Vs passive investing: What's the difference? *Forbes Advisor.* https://www.forbes.com/advisor/investing/passive-investing-vs-active-investing/. Zugegriffen am 30.03.2023.

NASA. (o.J.). *Evidence: How do we know climate change is real?* NASA Global Climate Change. https://climate.nasa.gov/evidence/#:~:text=In%201896%2C%20a%20seminal%20paper,Earth's%20atmosphere%20to%20global%20warming. Zugegriffen am 30.03.2023.

Norton Rose Fulbright. (2018). *Insights: Publications: Green Bonds.* Norton Rose Fulbright. https://www.nortonrosefulbright.com/en/knowledge/publications/2df0ab1d/green-bonds#:~:text=A%20E2%80%9Cgreen%20use%20of%20proceeds%20revenue%20bond%E2%80%9D%20is%20a%20non,related%20or%20unrelated%20green%20projects. Zugegriffen am 30.03.2023.

OECD. (2018). *Financing climate furtures: Rethinking infrastructure.* OECD, The World Bank, UN Environment. https://www.oecd.org/environment/cc/climate-futures/policy-highlights-financing-climate-futures.pdf. Zugegriffen am 30.03.2023.

OECD. (2020). *Tackling coronavirus: Policy reponses: Green budgeting and tax policy tools to support a green recovery.* OECD. https://www.oecd.org/coronavirus/policy-responses/green-budgeting-and-tax-policy-tools-to-support-a-green-recovery-bd02ea23/. Zugegriffen am 30.03.2023.

OECD. (o.J.). *Environment Directorate: Environmental policy tools and evaluation: Emission trading systems.* Organisation for Economic Co-operation and Development. https://www.oecd.org/env/tools-evaluation/emissiontradingsystems.htm. Zugegriffen am 30.03.2023.

Orlov, S., Rovenskaya, E., Puaschunder, J., & Semmler, W. (2018). *Green bonds, transition to a low-carbon economy, and intergenerational fairness: Evidence from an extended DICE Model* (Working Paper). International Institute for Applied Systems Analysis.

Palazzo, G., & Scherer, A. G. (2006). Corporate legitimacy as deliberation: A communicative framework. *Journal of Business Ethics, 66*(1), 71–88.

Pietsch, A., & Salakhova, D. (2022). *Pricing of green bonds: Drivers and dynamics of the greenium* (Working Paper 2728). European Central Bank. ecb.wp2728~7baba8097e.en.pdf. Zugegriffen am 30.03.2023.

PIMCO. (o.J.). *Investment Education: Benchmarks*. PIMCO. https://europe.pimco.com/en-eu/resources/education/understanding-benchmarks. Zugegriffen am 30.03.2023.

Ramus, C. A., & Montiel, I. (2005). When are corporate environmental policies a form of greenwashing? *SAGE Journals – Business & Society, 44*(4), 377–414.

ReGlobal. (2022). *Finance: USD 236 billion of green bonds added in H1: Climate Bonds Initiative*. ReGlobal. https://reglobal.co/usd-236-billion-of-green-bonds-added-in-h1-climate-bonds-initiative/. Zugegriffen am 30.03.2023.

Reuters. (2022). *Business: German officials raid Deutsche Bank's DWS over 'greenwashing' claims*. Reuters. https://www.reuters.com/business/german-police-raid-deutsche-banks-dws-unit-2022-05-31/. Zugegriffen am 30.03.2023.

Rezmer, A. (24.10.2022). Greenwashing-Vorwürfe: Verbraucherzentrale Baden-Württemberg verklagt die DWS. *Handelsblatt*. https://www.handelsblatt.com/finanzen/banken-versicherungen/banken/deutsche-bank-tochter-greenwashing-vorwuerfe-verbraucherzentrale-baden-wuerttemberg-verklagt-die-dws/28764336.html. Zugegriffen am 30.03.2023.

Riedl, A., & Smeets, P. (2017). Why do investors hold socially responsible mutual funds? *Journal of Finance, 72*(6), 2505–2550.

S&P Global. (2019). *Understanding the "E" in ESG*. S&P Global. https://www.spglobal.com/en/research-insights/articles/understanding-the-e-in-esg. Zugegriffen am 30.03.2023.

S&P Global. (2022). *S&P Dow Jones Indices: S&P 500*. S&P Global. https://www.spglobal.com/spdji/en/indices/equity/sp-500/#overview. Zugegriffen am 30.03.2023.

S&P Global. (o.J.). *S&P Dow Jones Indices: Research & Insights: Index Literacy: Methodology Matters*. S&P Global. https://www.spglobal.com/spdji/en/research-insights/index-literacy/methodology-matters/. Zugegriffen am 30.03.2023.

Schöning, S., & Dörge, V. (2022). Green Hybrids – Das Beste aus zwei Welten oder zu komplex? *Corporate Finance, 13*(7–8), 196–207.

Seele, P., & Gatti, L. (2017). Greenwashing revisited: In search of a typology and accusation-based definition incorporating legitimacy strategies. *Business Strategy and the Environment, 26*(2), 239–252.

Shah, A. (2022). Small business: How companies can avoid greenwashing and make a real difference in their environmental impact. *Forbes*. https://www.forbes.com/sites/forbesbusinesscouncil/2022/08/08/how-companies-can-avoid-greenwashing-and-make-a-real-difference-in-their-environmental-impact/?sh=d53631952b82. Zugegriffen am 30.03.2023.

Solactive. (2023a). *Indices*. https://www.solactive.com/indices/. Zugegriffen am 14.01.2023.

Solactive. (2023b). *Solactive World All Bond Index*. https://www.solactive.com/indices/?index=DE000SL0BTE4. Zugegriffen am 14.01.2023.

Solactive. (2023c). *Solactive Green Bond Index*. https://www.solactive.com/indices/?index=DE000SLA0FS4. Zugegriffen am 14.01.2023.

Sommer, J. (2022, Dezember 2). Mutual funds that consistently beat the market? Not one of 2,132. *The New York Times*.

Tagesschau. (2022). Wirtschaft: Verbraucher: Greenwashing-Vorwurf: Verbraucherzentrale klagt gegen DWS. *Tagesschau*. https://www.tagesschau.de/wirtschaft/verbraucher/greenwashing-verbraucherzentrale-klage-dws-101.html. Zugegriffen am 30.03.2023.

Tang, D. Y., & Zhang, Y. (2020). Do shareholders benefit from green bonds? *Journal of Corporate Finance, 61*. https://doi.org/10.1016/j.jcorpfin.2018.12.001

The Economist. (2022). How much money is needed to fight climate change? *The Economist*. https://www.economist.com/graphic-detail/2022/11/11/how-much-money-is-needed-to-fight-climate-change?utm_medium=cpc.adword.pd&utm_source=google&ppccampaignID=18151738051&ppcadID=&utm_campaign=a.22brand_pmax&utm_content=conversion.

direct-response.anonymous&gclid=CjwKCAiA_6yfBhBNEiwAk-mXy50QqDovmBmhF-1G. Zugegriffen am 30.03.2023.

The World Bank. (2018). Who we are: News: From evolution to revolution: 10 years of green bonds. *The World Bank.* https://www.worldbank.org/en/news/feature/2018/11/27/from-evolution-to-revolution-10-years-of-green-bonds. Zugegriffen am 30.03.2023.

The World Bank. (o.J.). What we do: Data: Carbon pricing dashboard: What is carbon pricing? *The World Bank.* https://carbonpricingdashboard.worldbank.org/what-carbon-pricing. Zugegriffen am 30.03.2023.

TheCityUK. (2022). Green finance: A quantitative assessment of market trends. Data report. *The City UK.* https://www.thecityuk.com/our-work/green-finance-a-quantitative-assessment-of-market-trends/. Zugegriffen am 30.03.2023.

Thune, K. (2021). Investing: Assets & markets: Mutual funds: Why index funds beat actively managed funds. *The balance.* https://www.thebalancemoney.com/why-index-funds-beat-actively-managed-funds-2466411. Zugegriffen am 30.03.2023.

U.S. Securities and Exchange Commission. (o.J.). *Introduction to investing: Investment products: Index FUNDS.* Investor.gov U.S. Securities and Exchange Commission. https://www.investor.gov/introduction-investing/investing-basics/investment-products/mutual-funds-and-exchange-traded-4. Zugegriffen am 30.03.2023.

United Nations. (2015a). *Paris Agreement.* 2015 Paris Climate Conference. United Nations. (COP21).

United Nations. (2015b). *Sustainable development goals.* 2030 Agenda for Sustainable Development. United Nations. https://sdgs.un.org/goals. Zugegriffen am 30.03.2023.

United Nations. (2022). *Topics: Climate finance in negotiations.* United Nations Climate Change. https://unfccc.int/topics/climate-finance/the-big-picture/climate-finance-in-the-negotiations. Zugegriffen am 30.03.2023.

United Nations. (o.J.). *The Science: What is climate change?* United Nations. https://www.un.org/en/climatechange/what-is-climate-change. Zugegriffen am 30.03.2023.

VanEck. (o.J.). *Education: ETF Academy: Index Funds.* Van Eck. https://www.vaneck.com/de/en/index-funds/. Zugegriffen am 30.03.2023.

Vanguard. (o.J.-a). *Investor Resources & Education: Understanding investment types: Index funds vs. Actively managed funds.* Vanguard Investors. https://investor.vanguard.com/investor-resources-education/understanding-investment-types/index-funds-vs-actively-managed-funds. Zugegriffen am 30.03.2023.

Vanguard. (o.J.-b). *Investor Resources & Education: Understanding investment types: What are fixed income or bond funds?* Vanguard Investors. https://investor.vanguard.com/investor-resources-education/understanding-investment-types/what-are-fixed-income-or-bond-funds. Zugegriffen am 30.03.2023.

Weber, O., & Saravade, V. (2019). *Green bonds: Current development and their future.* Centre for International Governance Innovation. https://www.cigionline.org/static/documents/documents/Paper%20no.210_0.pdf. Zugegriffen am 30.03.2023.

Wood, D., & Grace, K. (2011). *A brief note on the global green bond market* (Working Paper). Initiative for Responsible Investment at Harvard University.

Zerbib, O. D. (2018). The effect of pro-environmental preferences on bond prices: Evidence from green bonds. *Journal of Banking and Finance, 98,* 39–60.

Stephan Schöning studierte nach einer Bankkaufmannslehre BWL an der Universität Hamburg. Anschließend promovierte er an der Georg-August-Universität Göttingen, arbeitete in dieser Zeit als wissenschaftlicher Mitarbeiter an der Universitäten Hamburg und anschließend in Hannover und Lüneburg unter Prof. Dr. Ulf G. Baxmann. Am Bankseminar Lüneburg wurde er 2007 habilitiert und hatte anschließend einen Lehrstuhl für Finance and Banking an der Wissenschaftlichen Hochschule Lahr inne. Nach der Schließung des Campus Calw der SRH Hochschule Heidelberg, den er bis zuletzt leitete, arbeitet er aktuell am Standort Heidelberg. Seine Forschungsgebiete sind Kredit- und Risikomanagement, Bankenaufsicht, Finanzierungsinstrumente und Controlling.

Emily Tarane Michael hat im Januar 2023 ihren Abschluss an der SRH Hochschule Heidelberg als B.A. in International Business gemacht. Aufgrund der Erfahrungen aus mehreren Praktika und vor allem aus ihrem Auslandssemester an der Ritsumeikan Asia Pacific University in Japan hat sie besonderes Interesse im internationalen Finanzbereich gefunden. Hierbei sind ihr Themen wie Nachhaltigkeit und internationale Zusammenarbeit besonders wichtig. Frau Michael beabsichtigt, kurzfristig das Masterstudium in International Management zu beginnen.

Bernd Nolte wurde nach dem Studium an der TU Bergakademie Freiberg und anschließender fünfjähriger Tätigkeit als wissenschaftlicher Mitarbeiter am Bankseminar Lüneburg bei Prof. Dr. Ulf G. Baxmann promoviert. Danach erfolgte der Wechsel in die private Kreditwirtschaft zur HSH Nordbank AG. Mittlerweile ist Dr. Bernd Nolte geschäftsführender Gesellschafter der von ihm gegründeten Unternehmung „Wellebach Finanz GmbH" mit Sitz in Wiesbaden. Die Wellebach Finanz GmbH agiert deutschlandweit als Broker und vermittelt primär Darlehen und Anlagen an und für die öffentliche Hand. Darüber hinaus werden Sozialversicherungsträger, Institutionelle Investoren sowie Unternehmenskunden in ihrer Kapitalanlage betreut. So konnte die Wellebach Finanz GmbH beispielsweise im Jahr 2023 das erste „Grüne Termingeld" einer deutschen Genossenschaftsbank platzieren. Erstanleger war die Leuphana Universität Lüneburg.

Einsatz Künstlicher Intelligenz in regionalen Filialkreditinstituten zur Gestaltung der Kundenbeziehung

Nico Menzel und Nils Moch

1 Einleitung

Die digitale Transformation sämtlicher Lebensbereiche ist in der deutschen Kreditwirtschaft angekommen (Hellenkamp, 2018, S. 52). Die mit immer größerer Geschwindigkeit fortschreitende Digitalisierung eröffnet Marktchancen sowohl für vorhandene als auch für neue Marktteilnehmer, wie zum Beispiel FinTechs (Dümmler & Steinhoff, 2015, S. 75 ff.). Letztere bieten auf moderner Technologie basierende, einfache sowie kundenorientierte Prozesse und Dienstleistungen an und spezialisieren sich dabei üblicherweise auf bestimmte Teilbereiche der Wertschöpfungskette von etablierten Finanzdienstleistern, was den Wettbewerb in diesem Markt verschärft (Pfeiffer, 2021, S. 9). Im stark fragmentierten deutschen Bankenmarkt, welcher ohnehin durch einen hohen Wettbewerb sowie eine unterdurchschnittliche Rentabilität gekennzeichnet ist (Hille, 2018, S. 54 f.) – und jüngst durch die lang anhaltende Niedrig- und Negativzinsphase zusätzlich belastet wurde (Buxmann & Schmidt, 2021, S. 50) –, können selbst etablierte Geschäftsmodelle hierdurch ins Wanken geraten.

Mit den neuen technischen Möglichkeiten verändert sich auch das Nachfrageverhalten sowie die Art und Weise, wie die Bedarfe der Kunden[1] angesprochen und erfüllt werden

---

[1] Aus Gründen der besseren Lesbarkeit wird bei Personenbezeichnungen und personenbezogenen Hauptwörtern in diesem Beitrag das generische Maskulinum verwendet. Entsprechende Begriffe gelten im Sinne der Gleichbehandlung grundsätzlich für alle Geschlechter. Die verkürzte Sprachform hat nur redaktionelle Gründe und beinhaltet keine Wertung.

N. Menzel · N. Moch (✉)
Sparkasse Lüneburg, Lüneburg, Deutschland

© Der/die Autor(en), exklusiv lizenziert an Springer Fachmedien Wiesbaden GmbH, ein Teil von Springer Nature 2023
S. Schöning et al. (Hrsg.), *Bank- und Finanzwirtschaft im Stress*,
https://doi.org/10.1007/978-3-658-41884-7_7

müssen (Deeken & Fuchs, 2018, S. 9 f.). Die verfügbaren Möglichkeiten der Informationsbeschaffung steigern die Eigenständigkeit und Preissensitivität in Finanzfragen und bewirken, dass weniger beziehungsweise im Extremfall gar keine Beratungsleistungen mehr nachgefragt werden (Rolfes, 2001, S. 377). Speziell jüngere Menschen legen zudem immer weniger Wert auf den Ruf und die Markenstärke von Kreditinstituten und sind somit insgesamt weniger an diese gebunden (Hellenkamp, 2018, S. 57).

Auf diese Rahmenbedingungen müssen Kreditinstitute reagieren und ihre Geschäftsmodelle weiterentwickeln, um wettbewerbs- und zukunftsfähig zu bleiben (Deeken & Fuchs, 2018, S. 20; Hellenkamp, 2018, S. 52 f.). Dies gilt insbesondere für regional aufgestellte Filialinstitute wie Sparkassen oder Volks- und Raiffeisenbanken. Diese agieren üblicherweise in räumlich begrenzten und zum Teil ländlich geprägten Geschäftsgebieten; bei Sparkassen ist dieses Regionalprinzip sogar in den jeweiligen Statuten fest verankert (Hellenkamp, 2018, S. 30 f.). Gemessen am Geschäftsvolumen lag der Marktanteil dieser beiden Institutsgruppen im Jahr 2020 bei 41,3 % (DSGV, 2021, S. 39). Die absehbaren demografischen und technologischen Entwicklungen lassen einen wirtschaftlichen Betrieb der heutigen Filialnetze zunehmend herausfordernder erscheinen (Hellenkamp, 2018, S. 63 f.). Bereits seit geraumer Zeit ist zu beobachten, dass vor dem Hintergrund der fortschreitenden Urbanisierung in Ballungsgebieten neue Standortkonzepte entwickelt werden (Kaya & Mai, 2019, S. 2 ff.). Zudem erwirbt etwa die Hälfte der Generation Y, also der Geburtenjahrgänge von etwa 1981 bis 1995, die Hochschulreife. Dies führt zu einer höheren Anzahl von Studierenden, welche nicht selten ihre Heimatorte verlassen und sich sogar internationaler orientieren, wodurch sich zwangsläufig der regionale Bezug verringert. In diesen Fällen haben regional tätige Kreditinstitute ohne digitale Angebote gar keine Möglichkeiten mehr, die Geschäftsverbindung unabhängig vom Aufenthaltsort aufrechtzuerhalten und profitabel zu gestalten (Hellenkamp, 2018, S. 64 f.).

Vor diesem Hintergrund gewinnt die Nutzung Künstlicher Intelligenz (KI) zunehmend an Bedeutung, was vorrangig auf die Verfügbarkeit und die große Menge auswertbarer Daten sowie die steigende Leistungsfähigkeit der Computersysteme zurückzuführen ist (Kaya, 2020, S. 33 ff.). Die Nutzung der daraus zu generierenden Erkenntnisse, unter Berücksichtigung geltender Datenschutzregelungen, wird zunehmend zu einem wesentlichen Erfolgsfaktor. Unternehmen wie Facebook oder Google stellen dies bereits vielfach unter Beweis und nutzen ihr Know-how auch beim Expandieren in neue Geschäftsfelder, auch im Bereich der Finanzdienstleistungen. In der Literatur werden zahlreiche Beispiele möglicher Anwendungsgebiete für KI aufgeführt. Zudem existiert eine größere Anzahl von Werkzeugen, teils sogar mit frei nutzbaren Programmcodes, mit denen derartige Anwendungen entwickelt werden können (Buxmann, 2019, S. 19 f.). Nichtsdestotrotz ist mit der Implementierung derartiger Lösungen in der Finanzdienstleistungsbranche im Allgemeinen und in regionalen Filialbanken im Speziellen ein hoher Anpassungsbedarf verbunden. Erfolgskritisch ist dabei auch die Akzeptanz der KI durch die Kunden, die letztlich darüber entscheiden, ob sie diese Systeme akzeptieren und annehmen (Dümmler & Steinhoff, 2015, S. 76). Gerade diesem Aspekt wird bislang aber nur unzureichend Aufmerksamkeit gewidmet.

Ziel des vorliegenden Beitrags ist es daher, den Einsatz von KI in regional tätigen Kreditinstituten sowohl aus der Perspektive der Institute als auch aus Sicht ihrer Kunden zu evaluieren. Dazu werden im zweiten Abschnitt zunächst die begrifflichen Grundlagen gelegt sowie ausgewählte Anwendungsfälle beschrieben, in denen KI im Wertschöpfungsprozess der Institute zur Verbesserung der Rentabilität beitragen kann. Hierauf aufbauend erfolgt in Abschn. 3.1 eine Bewertung der aktuellen und zukünftigen Einsatzmöglichkeiten mit Hilfe einer qualitativen Expertenbefragung. Abgerundet werden diese Ergebnisse durch eine quantitative Studie in Abschn. 3.2, welche insbesondere Erkenntnisse über die Akzeptanz KI-basierter Lösungen aus Sicht der Zielgruppe liefern soll. Der vierte Abschnitt fasst die gewonnenen Erkenntnisse zusammen und gibt einen Ausblick auf weitere Aspekte, welche in zukünftigen Studien dazu beitragen könnten, den Einsatz von KI voranzutreiben.

2 Künstliche Intelligenz in regional tätigen Filialinstituten

2.1 Künstliche Intelligenz und maschinelles Lernen

Die Begrifflichkeit der „Künstlichen Intelligenz" (KI) repräsentiert einen Wissenschaftszweig, der sich seit Mitte des 20. Jahrhunderts entwickelt hat (Paass & Hecker, 2020, S. 10). John McCarthy definierte KI sinngemäß als die *Wissenschaft und Technik zur Herstellung intelligenter Maschinen*. Er organisierte 1956 eine wissenschaftliche Konferenz hierzu, welche als Geburtsstunde der KI-Wissenschaften gilt (Wennker, 2020, S. 1 f.). Die Konferenz basierte auf der Annahme, dass jedes Merkmal von Intelligenz so exakt beschrieben werden kann, dass eine Maschine zu dessen Simulation gebaut werden könne (McCarthy et al., 1955, S. 2). Maschinen sollten folglich so agieren, als wären sie intelligent (Kaplan, 2017, S. 15). Zur Messung von Intelligenz sind zum Beispiel logische Aufgaben oder das Erkennen von Mustern oft verwendete Kriterien, wobei letzterer Aspekt auch die Fähigkeit des Lernens beinhaltet. Lernen wiederum kann als eine Abfolge von Verallgemeinerungen definiert werden, bei denen frühere Erkenntnisse in spätere Analysen einfließen (Kaplan, 2017, S. 16 ff.). KI sollte also in der Lage sein, auf Basis vorgegebener Regeln durch Versuch und Irrtum beziehungsweise Erfahrungen eigene Schlüsse und Strategien zur Bewältigung einer Aufgabe zu entwickeln.

Ab Mitte der 1990er-Jahre haben die KI-Forschung und die Entwicklungen in diesem Bereich dank der verbesserten Leistungsfähigkeit der Computertechnik stark an Geschwindigkeit zugenommen. Populäre Forschungsgebiete sind beispielsweise die Entwicklung persönlicher Assistenzsysteme, wie *Google Home*, *Siri* und *Alexa* oder autonom fahrender Fortbewegungsmittel (Paass & Hecker, 2020, S. 25 und S. 33). Es ist außerdem zu beobachten, dass sich die Entwicklung seit dem Jahr 2010 vermehrt auf das *maschinelle Lernen* fokussiert (Buxmann & Schmidt, 2021, S. 7). Maschinelles Lernen spiegelt einen Teilbereich der KI wider. Die Besonderheit besteht darin, dass eine KI aus vorgegebenen Daten selbstständig Wissen generiert, ohne explizit dafür programmiert worden zu sein (Rainsberger, 2021, S. 11 ff.). Dabei werden die wissenserzeugenden Algorithmen nicht durch einen Menschen vorgegeben, sondern von der KI selbst ausgewählt. Diese erkennt eigenständig Muster und Gesetzmäßigkeiten, aus denen Schlüsse gezogen und ein Ergebnis generiert wird. Die Algorithmen des maschinellen Lernens sind dabei so ausgelegt, dass sie sich immer weiter verbessern, je mehr Inputdaten sie erhalten. Hierdurch ist eine KI dem Menschen bei der Auswertung von Daten überlegen (Cisek, 2021, S. 32). Passend hierzu hat sich gleichermaßen das ursprüngliche Ziel, nämlich menschliche Kognitionen und somit die Ressource Mensch nachzubilden beziehungsweise zu ersetzen, verändert. KI soll zukünftig vielmehr als Unterstützung der menschlichen Intelligenz bei der Bewältigung von Aufgaben dienen, die für Menschen sehr viel schwieriger zu meistern sind (Matzka, 2021, S. 5).

Im weiteren Verlauf dieses Beitrags wird KI als Sammelbegriff für technische Anwendungen verwendet, welche in der Lage sind, unterschiedlichste Daten auszuwerten, daraus Schlüsse zu ziehen und neue Erkenntnisse abzuleiten. Diese Definition schließt Verfahren des maschinellen Lernens mit ein. Mit hinreichend hoher Rechenleistung ist es demnach möglich, Aufgaben, die typischerweise der menschlichen Kognition zugeschrieben werden, in einem definierten Rahmen zu bewältigen und sich dabei kontinuierlich zu verbessern.

2.2 Einsatzgebiete Künstlicher Intelligenz in Kreditinstituten

2.2.1 Überblick über potenzielle Anwendungsbereiche

In der Bankenbranche gibt es unterschiedliche Bereiche, in denen die Nutzung von KI potenziell sinnvoll erscheint, wie zum Beispiel kundenfokussierte Anwendungen, prozessorientierte Anwendungen, Anwendungen für Handel und Portfoliomanagement sowie Anwendungen zur Einhaltung regulatorischer Vorschriften (Kaya, 2020, S. 38 ff.). Für die Zwecke dieser Untersuchung liegt der Fokus auf der Beziehung zwischen Kreditinstituten und ihren Kunden. Dabei stellt die Kommunikation ein mögliches Hauptanwendungsgebiet von KI dar, welche sowohl von den Kunden (reaktive Kommunikation) als auch vom Kreditinstitut (aktive Ansprache) ausgehen kann.

Bei der reaktiven Kommunikation besteht die Herausforderung für regionale Kreditinstitute in der Regel darin, Wünsche und Anliegen schnell, in hoher und gleichbleibender Qualität, jederzeit und von überall sowie möglichst fallabschließend befriedigen zu können. Hier werden die veränderten Bedürfnisse und Erwartungen, die sich aus der Digitalisierung und dem Wettbewerb mit FinTechs ergeben, besonders deutlich (Hellenkamp, 2018, S. 49 f.). Demgegenüber ist es bei der aktiven Ansprache das Bestreben der Kreditinstitute, Marketing- und Vertriebsmaßnahmen möglichst individuell, treffsicher und dennoch kostengünstig zu gestalten. In den folgenden Abschnitten werden Anwendungsmöglichkeiten von KI für beide Alternativen skizziert. Dabei werden neben zwei im Sparkassensektor bereits eingesetzten Anwendungen auch ein durch die Finanz Informatik der Sparkassen in Entwicklung befindlicher Prototyp vorgestellt.

2.2.2 Bots als Anwendungsbeispiele in der reaktiven Kundenkommunikation

Um den veränderten Bedürfnissen und Erwartungen der Kundinnen und Kunden in einer digitalisierten Welt zu begegnen, nutzen Kreditinstitute vermehrt Bot-Lösungen. Dabei lassen sich die Bots, gemessen an ihrer jeweiligen Fähigkeit zur Interaktion, in unterschiedliche Entwicklungsstadien unterscheiden (z. B. FAQ-Bots, Script-Bots, NLU-Chatbots und Virtual Agents) (Stephan, 2018). Einsatzmöglichkeiten dieser Technologien ergeben sich prinzipiell bei stark standardisierten Prozessen, wie zum Beispiel einer Anfrage für einen Privatkredit oder zur Stärkung der Bindung zu Kunden, wie im Falle des Chatbots „Der Bote der Sparkasse" der Sparkassen-Finanzgruppe. Dieser erinnerte als Zusatzdienst Kontakte der Nutzenden daran, dass diese noch Schulden zu begleichen haben (Kohne et al., 2020, S. 33 ff.). Auch die Nutzung solcher Bots durch Mitarbeitende eines Kreditinstituts ist denkbar, um beispielsweise selten vorkommende oder durch zeitaufwändige Rückfragen in einer Spezialabteilung gekennzeichnete Anliegen zu bedienen. Hochentwickelte Bots können in diesen Fällen dazu beitragen, hier die Bearbeitungsgeschwindigkeit des Wunsches maßgeblich zu erhöhen (Ulusoy, 2020, S. 146). In den folgenden Abschnitten sollen nun mit *Linda*, *Anna* und *Isabel* drei ausgewählte Bots vorgestellt werden, welche gegenwärtig in der Sparkassenorganisation genutzt beziehungsweise entwickelt werden und somit bundesweit potenziell mit einer Vielzahl an Kundinnen und Kunden kommunizieren.

Linda und *Anna* sind zwei von der sparkasseneigenen Finanz Informatik im Rahmen einer Dialog-Plattform entwickelte Lösungen zur Integration sprach- und textbasierter Kommunikation mit Kundinnen und Kunden (Finanz Informatik, 2021, S. 39). Hauptziel dabei ist die Etablierung einer Plattform für alle verfügbaren Dialog-Kanäle mit möglichst hohem Automatisierungsgrad für ein optimales Erlebnis der Kunden. Diese sollen die Kreditinstitute jederzeit kontaktieren und dabei schnelle und vom verwendeten Kommunikationskanal unabhängige, identische Antworten erhalten. Dabei werden alle Kontakte gesammelt und protokolliert, was eine hohe Transparenz über die Kontakthistorie mit den jeweiligen Personen bietet (DSGV, 2022, S. 5).

Nach heutigem Stand ist der Chatbot *Linda* in der Lage, etwa 1200 bankspezifische Prozesse zu den unterschiedlichsten Anliegen (u. a. zu den Themenfeldern Konten, Karten, Kredite, Onlinebanking und zugehörige Sicherungsverfahren) automatisiert zu beantworten. Er ist sowohl über den Internetauftritt der Sparkasse als auch mobil per App erreichbar. Über eine zusätzliche technische Verknüpfung mit Amazon Alexa, Google Home sowie Google Maps wird der Funktionsumfang zusätzlich erhöht. In diesem Fall erfolgt eine sprachliche anstelle einer textbasierten Kommunikation (Finanz Informatik, 2021, S. 41). Um die Interaktion noch individueller zu gestalten, können Sparkassen *Linda* zudem institutsspezifisch anpassen. Für die Kunden besteht die Möglichkeit, Fragen entweder frei einzugeben oder aus vorgegebenen Themenkategorien auszuwählen und hierauf neben einer entsprechenden Antwort auch Links zu weiterführenden Internetseiten zur Verfügung gestellt zu bekommen. Falls *Linda* das Anliegen nicht abschließend beantworten kann, werden auf Wunsch ohne Medienbrüche weitere Kontaktmöglichkeiten aufgezeigt, wie zum Beispiel die Weiterleitung an ein Kontaktformular oder den Chat mit Beratenden, um Hilfe von Mitarbeitenden zu erhalten. *Linda* wurde im Jahr 2018 eingeführt und ist deutschlandweit derzeit bei 128 der 376 Sparkassen im Einsatz. Dabei liegt die Zahl der monatlichen Nutzenden bei über 100.000 und es werden im gleichen Zeitraum etwa 250.000 Fragen beantwortet (DSGV, 2022, S. 13).

Mit dem Voice-Bot *Anna* verfügt die Sparkassenorganisation auch über eine Lösung für die sprachbasierte Kommunikation mit Kunden. *Anna* ist eine Voice-Assistentin zur Nutzung im telefonischen Kontakt. Dabei kommen Techniken der KI-basierten Spracherkennung für einen möglichst natürlichen Dialog zum Einsatz und die Spracherkennungsquote liegt bei ca. 90 %. Neben der fallabschließenden Bearbeitung vieler Anliegen werden außerdem der Grund des Anrufes ermittelt, die Identifikation der Personen durchgeführt und es erfolgt eine Weiterleitung an eine passende, vordefinierte Ansprechperson (Finanz Informatik, 2021, S. 41). Die Verbreitung von *Anna* in der Sparkassenorganisation ist derzeit mit einer Anzahl von sechs der 376 Institute noch sehr gering, allerdings ist die Technologie auch erst seit dem Jahr 2021 offiziell im Einsatz. Abhängig von der Größe der jeweiligen Sparkasse und deren telefonischen Routingkonzepten nutzen im Durchschnitt monatlich etwa 3700 Personen pro Institut den Bot (DSGV, 2022, S. 15). Das erhebliche (derzeit ungenutzte) Potenzial wird anhand einer Analyse des Deutschen Sparkassen- und Giroverbands (DSGV) deutlich, wonach jährlich etwa 70 Mio. Anrufe innerhalb der Sparkassen-Finanzgruppe eingehen, von denen etwa 35 bis 50 % durch Bots bearbeitet werden könnten (Finanz Informatik, 2020, S. 44 ff.).

Mit *Isabel* befindet sich in der Sparkassenorganisation derzeit auch ein Prototyp eines KI-basierten virtuellen Agenten und damit der am höchsten entwickelten Gattung von Bots in der Entwicklung. Ziel dabei ist die Unterstützung von Mitarbeitenden in einer Beratungssituation. *Isabel* kann über eine Spracherkennung die gesprochenen Worte analysieren, daraus die Wünsche der Kunden ableiten und den Beratenden, als sogenannter *hidden assistant*, in Echtzeit relevante Informationen zu dem Gespräch zur Verfügung zu stellen. Bei entsprechender Weiterentwicklung ist potenziell auch der Einsatz in anderen Vertriebssituationen oder im unmittelbaren Kontakt denkbar (Finanz Informatik, 2021, S. 42). *Isabel* verfügt über Schnittstellen zu den häufigsten Social-Media-Anwendungen wie Alexa, Siri, WhatsApp und Apple Business Chat. *Isabel* ist derzeit allerdings noch nicht im Echtbetrieb im Einsatz, sondern lediglich als Prototyp bei der Stadtsparkasse München. Potenziale für mögliche Weiterentwicklungen liegen in der Echtzeitinteraktion mit Kunden sowie in der interaktiven Ansprache zu Finanzprodukten zur Deckung eines durch Data-Mining ermittelten, individuellen Bedarfs (DSGV, 2022, S. 16).

2.2.3 Aktive Ansprache von Kundinnen und Kunden mit Hilfe Künstlicher Intelligenz

Im Rahmen eines Marketing-Konzeptes können Kreditinstitute theoretisch in jeder Phase vom Einsatz von KI profitieren: bei der Analyse des Status-quo, der Entwicklung einer geeigneten Marketingstrategie, dem Einsatz passender Marketinginstrumente und deren Einbettung in den Marketingmix sowie bei der abschließenden Evaluation des Erfolges. Konkret können durch Algorithmen Produktentwicklungen passgenauer erfolgen und zeitgleich dynamisch bepreist werden. Zudem können Marketingmaßnahmen individuell und spezifisch zugeschnitten und damit erfolgversprechender gestaltet werden (Gentsch, 2019b, S. 71 f.). Grundlage hierfür ist allerdings eine valide Segmentierung der jeweiligen Zielgruppen (Wuttke, 2021, S. 116). Über die Auswertung vorhandener oder zu gewinnender Daten über Kunden sollen Prognosen über das zukünftige Verhalten abgeleitet werden. Hierbei sind Response- oder Kaufanalysen einerseits und die Kündigungsprävention andererseits bevorzugte Einsatzfelder. Bei Letzterem sollen kündigungsbedrohte Geschäftsbeziehungen identifiziert und hiergegen frühzeitig Maßnahmen initiiert werden, um die Kündigungswahrscheinlichkeit zu verringern (Schmidberger, 2020, S. 153 f.). Das Teilgebiet der maschinellen Datenauswertung, bei dem Instrumente des *Data-Mining* und in diesem Zusammenhang Anwendungen des maschinellen Lernens genutzt werden, um Aussagen über zukünftige Kaufentscheidungen treffen zu können, wird auch als *Predictive Analytics* bezeichnet (Müller, 2021, S. 277).

In der Praxis kommt diese Technologie häufig in Onlineshops in Form von Empfehlungsmaschinen zum Einsatz, um die Verweildauer sowie die Anzahl getätigter Käufe zu erhöhen und dadurch den Wert der Geschäftsbeziehung zu maximieren (Gentsch, 2019a, S. 221 ff.). Die Auswertung der Aktivitäten ermöglicht eine Vorhersage oder gar gezielte Steuerung des Kaufverhaltens, indem beispielsweise lediglich potenziell nutzenstiftende Empfehlungen abgegeben und über eine derartige Personalisierung das Einkaufserlebnis positiv beeinflusst wird. Besonders effektiv wirken diese Empfehlungssysteme, wenn die vorgeschlagenen Inhalte für die Personen neu und interessant sind, was gleichzeitig bedeutet, dass Empfehlungen regelmäßig ausgetauscht werden müssen, sofern sie nicht auf Resonanz stoßen. Hiermit einher geht auch die Notwendigkeit, Empfehlungen vielfältig zu gestalten, also nicht ausschließlich die Produktkategorien zu empfehlen, welche bereits nachfragt werden, sondern auch solche, die hiermit im Zusammenhang stehen könnten (Wuttke, 2021, S. 143 ff.). Übertragen auf die Finanzdienstleistungsbranche können durch die Ermittlung von Affinitäten Aussagen darüber getroffen werden, wann Menschen beispielsweise eine neue Versicherung oder einen Kredit benötigen (Petry, 2021, S. 370). Die Erfahrung der Kunden und dadurch auch die Ertragssituation der Kreditinstitute könnten hierdurch in hohem Maße verbessert werden (Kölmel et al., 2019, S. 247). Es besteht dabei gleichwohl immer auch das Risiko, dass Menschen sich ausgespäht fühlen und so die Nutzungserfahrung negativ beeinflusst wird.

3 Empirische Analyse zum Einsatz von Künstlicher Intelligenz

3.1 Methodischer Forschungsansatz

Während im vorangegangenen Abschnitt die theoretischen Grundlagen und ausgewählte Einsatzbeispiele für die Anwendung von KI in Kreditinstituten dargestellt wurden, soll nun eine praktische Validierung erfolgen. Hierzu wurde eine zweistufige empirische Analyse durchgeführt, bestehend aus qualitativen Experteninterviews mit Personen unterschiedlicher Berufsfelder sowie einer quantitativen Online-Befragung. Dabei diente die Expertenbefragung der Entwicklung von Hypothesen zur Beantwortung der Forschungsfrage, wohingegen die quantitative Befragung Erkenntnisse zur Akzeptanz von KI aus Sicht potenzieller Kunden liefern soll. Sowohl die Interviews als auch die Befragung erfolgten als Primärforschung in Form einer Felduntersuchung.

3.2 Experteninterviews

3.2.1 Forschungsdesign

Im Rahmen der qualitativen Analyse wurden, auf Basis eines für alle Befragten identischen, semi-strukturierten Fragenkatalogs, Experteninterviews mit Personen geführt, welche im Rahmen ihrer Berufsausübung direkt oder indirekt Berührungspunkte unterschiedlicher Ausprägungen zum Themenbereich haben. Insgesamt wurden sieben Personen befragt. Fünf davon sind für unterschiedliche Unternehmensberatungen (A_{1-3}, B und C) tätig, ein Experte (D) ist in der Praxis einer Sparkasse vorrangig für den Einsatz KI-basierter Lösungen verantwortlich und ein weiterer (E) ist für ein Rechenzentrum tätig. Die Befragten decken somit sowohl technische als auch praktische Sichtweisen ab und besitzen einen großen Wissens- und Erfahrungsschatz mit Blick auf die Forschungsfrage. Sie unterscheiden sich in Geschlecht und Alter. Die Interviews wurden im Zeitraum vom 05.01.2022 bis zum 07.02.2022 geführt und die Gesprächsinhalte wurden mittels einer qualitativen Inhaltsanalyse nach Mayring (2015) ausgewertet. Der Fragebogen enthielt die drei zentralen Fragestellungen „Begriff und Stellenwert der KI für Unternehmen", „Heutige und zukünftige Anwendung von KI" und „Akzeptanz von KI und Spannungsfeld Mensch vs. KI" sowie einen Ausblick auf mögliche weitere Evolutionsstufen des KI-Einsatzes im Finanzdienstleistungssektor.[2]

3.2.2 Kernergebnisse der qualitativen Experteninterviews

Die Befragten teilen die Beobachtung, dass die Digitalisierung maßgeblich zu einem veränderten Nutzungsverhalten der Kunden und zu einer insgesamt gestiegenen Bereitschaft, digital zu kommunizieren, beigetragen hat und dass gleichermaßen die Wünsche und Erwartungen an das Angebot von Finanzdienstleistungen gestiegen sind. Hieraus ergibt sich somit bereits die erste Hypothese:

> H1: Kreditinstitute, ebenso wie andere Unternehmungen, sollten auf den Einsatz Künstlicher Intelligenz zukünftig nicht mehr verzichten.

---

[2] Der vollständige Fragebogen ist aus Platzgründen nicht Bestandteil dieses Beitrags und auf Anfrage bei den Autoren erhältlich.

Demgegenüber steht derzeit allerdings ein, verglichen mit anderen Branchen, untergeordneter Stellenwert von KI in der Bankenwelt. Die zweite Hypothese ist daher wie folgt:

> H2: Der Fokus liegt aktuell überwiegend noch auf einer effizienten Prozessgestaltung sowie der möglichst zeitnahen Bearbeitung von Anliegen in Standard-/Servicefällen und weniger auf der Erschließung zusätzlicher Geschäftsmöglichkeiten.

Im Rahmen der aktiven Ansprache wird KI für die effiziente und qualitativ hochwertige Analyse von Personendaten genutzt, um möglichst individualisierte Produktempfehlungen auszusprechen. Im Erfolgsfall verkürzt sich dadurch der Prozess, bis (Neu-)Kunden für eine Bank ertragreich sind, weil vertriebsrelevante Informationen zielsicherer und schneller gewonnen werden. So spielen auch die automatisierte Kategorisierung von Kontoumsätzen sowie die Ermittlung von Kaufwahrscheinlichkeiten für spezifische Produkte eine wesentliche Rolle in der individuellen Ansprache. Ebenso ist es durch die Auswertung von Personendaten möglich, Abwanderungswahrscheinlichkeiten festzulegen, sodass eine proaktive Ansprache die Beendigung der Geschäftsverbindung und damit verbundene hohe Rückgewinnungskosten verhindern kann. Der Einsatz virtueller Assistenten, die in der Beratung in Echtzeit spezifische Informationen und Produktempfehlungen an die Beratenden geben, nimmt ebenfalls zu und sorgt damit für eine höherwertige Beratungserfahrung einerseits, bietet Kreditinstituten andererseits aber die Chance zur Erkennung und Nutzung vorhandener Cross-Selling-Potenziale.

In der Interaktion mit Kunden ist zu beobachten, dass sich immer mehr Menschen, unabhängig von der Altersstruktur, an neue Möglichkeiten der Kommunikation gewöhnen und diese gut annehmen und zwar insbesondere dann, wenn sich dadurch ein spürbarer Mehrwert (z. B. zeit- und ortsunabhängige Erreichbarkeit) für sie ergibt. Darüber hinaus führen die mit der Automatisierung einhergehenden günstigeren Preise für die angebotenen Leistungen ebenfalls zu einer erhöhten Akzeptanz. Eine vor allem bei jüngeren Menschen erkennbare Entwicklung besteht darin, dass sie in der Lage sein möchten, ihr Smartphone zur Kommunikation mit ihrer Bank auf allen medialen Wegen zu nutzen.

Die Akzeptanz hängt allerdings auch maßgeblich mit dem Einsatzzweck von KI zusammen. Kritisch ist hierbei häufig der Bereich der personalisierten Ansprache. Hier besteht gerade für Kreditinstitute, welche sehr sensible Daten verarbeiten, die Gefahr, dass einzelne Personen sich überwacht oder ausgespäht fühlen. Ein weiteres Akzeptanzproblem könnte dadurch entstehen, dass maschinell lernende Systeme sich selbst weiterentwickeln und Entscheidungen aufgrund zahlreicher Daten treffen, was es Menschen nur bedingt ermöglicht, die gewonnenen Ergebnisse nachzuvollziehen.

Ein Vorteil von KI ergibt sich aus der Möglichkeit, qualitativ hochwertige Verarbeitungs- und Entscheidungsprozesse sowie omnikanal-fähige Prozesse orts- und zeitunabhängig zur Verfügung zu stellen. Besonders leistungsstark ist KI dabei in der Verarbeitung von Daten und zwar sowohl im Hinblick auf die Verarbeitungsgeschwindigkeit als auch die Menge simultan verarbeitbarer Informationen. Zudem können auch aus unstrukturiert vorliegenden Daten dank Methoden des maschinellen Lernens strukturierte und somit besser verwertbare Informationen extrahiert werden. Die produzierten Ergebnisse sind zudem rational und transparent, wodurch in der Interaktion mit Kunden eine Gleichbehandlung sichergestellt beziehungsweise ein gewünschter Standard der KI vorgegeben werden kann. Allerdings sind diese Systeme noch nicht in ausreichend hohem Maße in der Lage, den Kontakt zwischen Kunden und Beratenden zu ersetzen. Je komplexer das Einsatzfeld ist, desto weniger gut eignen sich beispielsweise Bots für den Dialog. In einer komplexen Beratungssituation sind viele Variablen zu erfragen und in einem spezifischen Kontext zu interpretieren. Hierzu wären die Bots zwar prinzipiell technisch in der Lage, die Kunden würde dies in der Anwendung aber möglicherweise überfordern. Solche Beratungsleistungen sollten daher mit Unterstützung visueller Eingabemasken oder eines Menschen erfolgen, um eine bessere Nutzungserfahrung zu ermöglichen. Gerade in höherwertigen Segmenten ist zudem das Vertrauen in die Beratenden von herausragender Bedeutung, was ein weiterer Beweggrund dafür sein kann, die vollstände Übernahme einer Beratungsleistung durch eine KI in solchen Segmenten nicht zu verfolgen.

Insgesamt ist daher festzuhalten, dass KI sehr gut abgegrenzte und spezialisierte Aufgaben bewältigen kann, während sie komplexe Beratungsgespräche, die sehr dynamisch verlaufen können, weniger gut meistert. Verfahren maschinellen Lernens werden dem Menschen daher in der Bearbeitung von Aufgaben ebenbürtig sein, nicht aber in der zwischenmenschlichen Kommunikation. Alle Befragten stimmen in ihren Aussagen implizit oder explizit darin überein, dass KI aus heutiger Sicht vielmehr eine Unterstützung bieten wird als Menschen zu ersetzen. Dies ermöglicht es den Menschen, sich auf komplexere, höherwertige Aufgaben zu konzentrieren.

3.3 Online-Umfrage

3.3.1 Forschungsdesign

Der quantitative Teil der Analyse war als Online-Befragung konzipiert. Die Teilnahme war nicht beschränkt und ausschließlich per Internetlink im Zeitraum vom 18.02.2022 bis zum 04.03.2022 möglich. Zur Teilnahme an der Umfrage wurde auf diversen sozialen Medien (LinkedIn, Xing, Facebook) aufgerufen sowie über die Status-Funktion der Autoren beim Nachrichtendienst WhatsApp. Darüber hinaus wurden Studierende der Hochschule für Wirtschaft und Gesellschaft Ludwigshafen am Rhein per E-Mail auf die Umfrage aufmerksam gemacht. Zur Erhöhung der Teilnahmequote wurde die Verlosung von fünf Einkaufsgutscheinen eines Online-Versandhändlers angekündigt. Der mögliche Kreis der Teilnehmenden umfasst alle Personen mit Wohnsitz in Deutschland über 18 Jahren, da nur diese rechtssicher über die Akzeptanz von KI entscheiden können. Aus der Gesamtbevölkerung zum 31.12.2020 in Höhe von 83,16 Mio. Menschen ergibt sich somit für die Umfrage eine Grundgesamtheit von 69,41 Mio. (Statistisches Bundesamt, 2021). Gemäß den Gütekriterien der quantitativen Forschung ist für den notwendigen Umfang der Stichprobe, um als repräsentativ zu gelten, die Grundgesamtheit zu vernachlässigen, wenn diese sehr groß ist. Eine entscheidendere Rolle spielen vielmehr der Sicherheitsgrad t der

Aussage (Signifikanzniveau) und die Schwankungsbreite des Messwertes e (Konfidenzintervall). Für Zwecke der Marktforschung gelten üblicherweise ein Signifikanzniveau von 95 % sowie ein Konfidenzintervall von ± 3 % als hinreichend genau (Berger-Grabner, 2016, S. 207); zur Erhöhung der Aussagekraft der Analyse wird in der Folge allerdings ein Signifikanzniveau von 99 % sowie ein Konfidenzintervall von ± 2 % abgebildet.

Zur Ermittlung der hierfür erforderlichen Stichprobengröße gilt:

$$n = t^2 \times p \times q \div e^2$$

mit n = Stichprobengröße, t = Signifikanzniveau, e = Konfidenzintervall, p (bzw. q) = Anteil Elemente, welche die Merkmalsausprägung (nicht) aufweisen (Berger-Grabner, 2016, S. 208).

Hieraus ergibt sich bei Anwendung der Formel

$$n = 0{,}99^2 \times 0{,}8347 \times 0{,}1653 \div 0{,}02^2 = 338{,}08$$

ein notwendiger Stichprobenumfang n von 338 Teilnehmenden. Am Ende des Befragungszeitraums lagen insgesamt 473 auswertbare Rückläufer vor, weshalb die Umfrage gemäß dieser Definition als repräsentativ angesehen werden kann.

Der Fragebogen umfasste insgesamt 34 mögliche Fragen aus mehreren Bereichen, von denen für die vorliegende Analyse die folgenden von vorrangigem Interesse sind:[3]

1. Nutzungsverhalten hinsichtlich Künstlicher Intelligenz
2. Beziehung zum gegenwärtigen Kreditinstitut
3. Erfahrungen mit und Offenheit für KI-Lösungen in der Finanzberatung

Zur Beantwortung der Fragen wurden bestimmte Intervalle vorgegeben sowie in Abhängigkeit zum Antwortverhalten der Teilnehmenden dynamische Anpassungen vorgenommen und zusätzliche Fragen eingeblendet oder auch vorgesehene Fragen ausgeblendet. Äußerten sich Teilnehmende beispielsweise ablehnend zu personalisierter Werbung, so wurden im Anschluss die Ursachen dafür erfragt, wohingegen bei positiven Antworten anders formulierte Fragen zu den Hintergründen gestellt wurden. Gaben Teilnehmende an, noch keine Erfahrungen mit Chatbots gemacht zu haben, wurde die Frage nach der Bewertung dieser Erfahrung ausgeblendet. Es gab keine Pflichtfragen, weshalb nicht alle Fragen von allen Teilnehmenden beantwortet wurden. Um eine Unterteilung nach bestimmten Merkmalen wie Alter, Bildungsgrad, beruflichem Status oder Branche vornehmen zu können, wurden solche Angaben im Rahmen der Umfrage erhoben.

---

[3] Der vollständige Fragebogen ist aus Platzgründen nicht Bestandteil dieses Beitrags und auf Anfrage bei den Autoren erhältlich.

3.3.2 Erkenntnisse aus der quantitativen empirischen Analyse

Bevor auf die inhaltlichen Aspekte der Umfrage eingegangen wird, soll zunächst ein Überblick über die Teilnehmenden und deren persönlichen und strukturellen Merkmale gegeben werden (Abb. 1, 2, 3 und 4).

Die überwiegende Mehrheit der Teilnehmenden ist mit einem Anteil von 71 % zwischen 18 und 34 Jahre alt. 55 % der Befragten sind weiblich, während sich 45 % dem männlichen Geschlecht zuordnen. Das Bildungsniveau der Teilnehmenden ist relativ hoch (50 % mit allgemeiner Hochschulreife, 39 % mit abgeschlossenem Studium), wohingegen

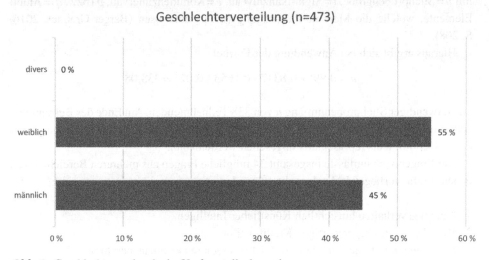

Abb. 1 Geschlechtermerkmale der Umfrageteilnehmenden

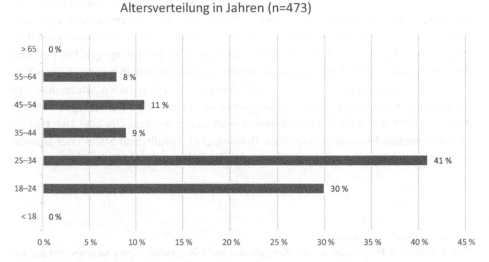

Abb. 2 Altersmerkmale der Umfrageteilnehmenden

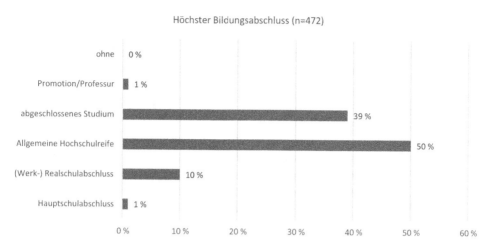

Abb. 3 Höchster Bildungsabschluss der Umfrageteilnehmenden

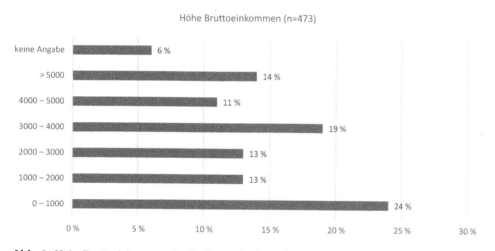

Abb. 4 Höhe Bruttoeinkommen der Umfrageteilnehmenden

die Verteilung des monatlichen Bruttoeinkommens sich über alle Einkommensbereiche erstreckt. Der Anteil der als angestellte Berufstätigen liegt bei 60 % und der der Studierenden bei 27 %. 37 % der Teilnehmenden sind beziehungsweise waren in der Finanzdienstleistungsbranche tätig, welche hiermit einen deutlichen Schwerpunkt bildet.

Nutzungsverhalten hinsichtlich Künstlicher Intelligenz

Im inhaltlichen Teil der Umfrage wurden die Teilnehmenden zunächst um eine Einschätzung bezüglich ihrer Technologieaffinität gebeten, indem sie sich selbst auf die Frage „Ich würde mich als technikbegeistert und offen für neue Technologien bezeichnen." auf einer Skala von 1 (sehr affin) bis 6 (nicht affin) bewerten. Mit einem Mittelwert von 2,5 ist in der Stichprobe durchaus eine Technikaffinität erkennbar, wobei sich die männlichen Befragten mit einem Mittelwert von knapp über 2 technikaffiner einschätzten als die weiblichen mit einem Wert von knapp unter 3. Zudem ist zu beobachten, dass die Affinität mit steigendem Bruttoeinkommen ansteigt. Mit einem Anteil von 95 % nutzen fast alle Befragten Onlinedienste wie Amazon, Facebook, Google, YouTube oder Instagram, die ihrerseits ebenfalls Systeme mit KI verwenden. Bei einer dritten Frage danach, ob personalisierte Empfehlungen solcher Dienste zu den Interessen der Befragten passen, gaben diese auf einer Skala von 1 (sehr passend) bis 6 (sehr unpassend) im Mittel 2,87 an, womit personalisierte Empfehlungen eine durchschnittliche Relevanz aufweisen. Insgesamt lassen sich aus den Antworten zu diesem Themenkomplex Indizien zur Bestätigung der ersten Hypothese („Kreditinstitute sollten auf den Einsatz Künstlicher Intelligenz zukünftig nicht mehr verzichten") ableiten. Die Befragten sind offen für technische Neuerung und auch bereits vertraut mit deren Einsatz in anderen Bereichen.

Beziehung zum gegenwärtigen Kreditinstitut
Im zweiten Themenabschnitt der Befragung stand die Beziehung zum Kreditinstitut im Fokus des Interesses (Abb. 5).

78 % der Teilnehmenden (72 % ohne die Personen aus der Finanzdienstleistungsbranche) unterhalten ihr Girokonto bei einer Filialbank und nutzen Onlinebanking, 16 % führen ihr Konto bei einer Online-/Direktbank. Diese Antworten korrespondieren mit den Selbsteinschätzungen zur Technikaffinität. Lediglich 6 % nutzen Angabe gemäß kein Onlinebanking.

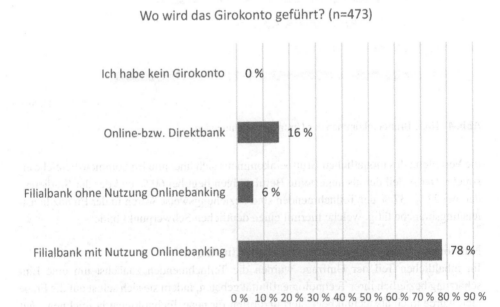

Abb. 5 Girokontonutzung. (Quelle: eigene Darstellung)

Die Frage nach einer festen Ansprechperson beim Kreditinstitut wurde von 62 % der Befragten bejaht, wohingegen 30 % angaben, keine feste Ansprechperson zu haben und weitere 8 % waren sich hierüber nicht im Klaren. Von den Befragten mit einer festen Ansprechperson hatten 68 % innerhalb des letzten Jahres Kontakt zu dieser und 19 % vor 12 bis 24 Monaten. Bei 14 % lag der letzte Kontakt länger als 24 Monate zurück. Interessanterweise bewerteten die Teilnehmenden den Stellenwert des persönlichen Kontakts zum eigenen Kreditinstitut auf einer Skala von 1 (sehr hoch) bis 6 (sehr gering) sehr unterschiedlich. Der Mittelwert der gleichmäßig verteilten Antworten lag bei 3,3, wobei die Bedeutung allerdings mit zunehmendem Alter der Befragten leicht zunimmt. Diese Ergebnisse zeigen bereits, dass die Befragten durchaus daran gewöhnt scheinen, auch bei Filialbanken technische Services zur Abwicklung ihrer Finanzgeschäfte zu nutzen und dass gleichzeitig der persönliche Kontakt auch nicht für alle einen hohen Stellenwert besitzt.

Erfahrungen mit und Offenheit für KI-Lösungen in der Finanzberatung
Schlussendlich zielte der Fragebogen im dritten Abschnitt darauf ab, die Erfahrungen der Teilnehmenden mit KI-Lösungen sowie die Offenheit für diese Technologie zu evaluieren (Abb. 6).

Immerhin rund 78 % der Befragten hatten (wissentlich) bereits Erfahrungen mit KI gesammelt, wobei Chatbots (69 %) und Sprach-/Telefonbots (62 %) am häufigsten genannt wurden. Erfahrungen mit Systemen zur Abgabe automatisierter Empfehlungen zur Vermögensanlage, sogenannte Robo-Advisors, haben hingegen lediglich 14 % der Befragten

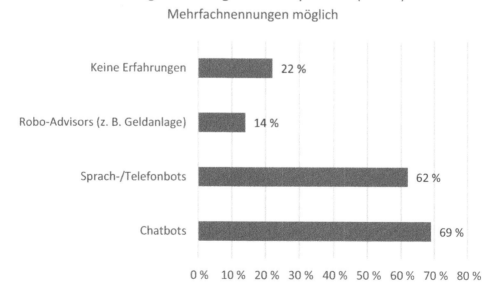

Abb. 6 Erfahrungen mit Bots. (Quelle: eigene Darstellung)

gemacht. Bei näherer Betrachtung der Antworten fällt auf, dass in den Alterssegmenten *18–24 Jahre* sowie *25–34 Jahre* deutlich mehr Erfahrungen vorliegen, während diese mit zunehmendem Alter geringer werden.

Auf die Frage nach der Qualität der gemachten Erfahrungen mit Bots auf einer Skala von 1 (sehr gut) bis 6 (sehr schlecht) lag die Zufriedenheit eher im mittleren Bereich, wobei die Robo-Advisors (Mittelwert=2,8) besser abschnitten als Chatbots (Mittelwert=3,3) und Sprach-/Telefonbots (Mittelwert=3,6) (Abb. 7).

Die grundsätzliche Akzeptanz der Teilnehmenden von KI ist überwiegend vorhanden (Abb. 8).

Auf die Frage, ob eine Kommunikation mit einer KI vorstellbar erscheint, vorausgesetzt diese ist in der Qualität der Kommunikation mit einem Menschen ebenbürtig, antworten (auf einer Skala von 1 („Ja") bis 3 („Nein")) 62,8 % mit „Ja" und lediglich 16,9 % mit „Nein", während 21,4 % indifferent sind. Die Bereitschaft, sich von einer KI in Finanzangelegenheiten beraten zu lassen, hängt allerdings stark vom Beratungsthema ab (56,4 %). Lediglich 14,4 % der Teilnehmenden stimmten dieser Frage bedingungslos zu. Demgegenüber stehen 29 %, für die dies kategorisch nicht in Frage kommt. Mit Blick auf die denkbaren Themen fällt auf, dass die Akzeptanz in alltäglichen, einfacheren Themenfeldern (Onlinebanking: 81 %, Girokonto: 76 %, Kreditkarte: 74 %) hoch ist und mit zunehmendem Komplexitätsgrad deutlich abnimmt. Eine Beratung zur Altersvorsorge (21 %) oder einer Immobilienfinanzierung (20 %) können sich gerade noch ein Fünftel der Befragten vorstellen.

Im Antwortverhalten ist hier ebenfalls erkennbar, dass die Bereitschaft zur Beratung durch eine KI mit zunehmendem Alter abnimmt. Es bestehen zudem auffällige geschlechtsspezifische Unterschiede: 28 % (37 %) der männlichen Befragten können sich eine KI-Beratung zur Baufinanzierung (Geldanlage) vorstellen, wogegen dies nur auf 13 % (18 %)

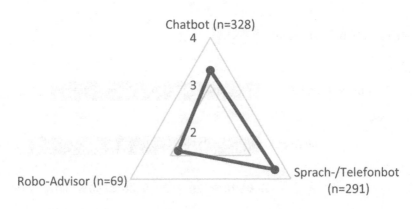

Abb. 7 Zufriedenheit mit Bot-Interaktionen. (Quelle: eigene Darstellung)

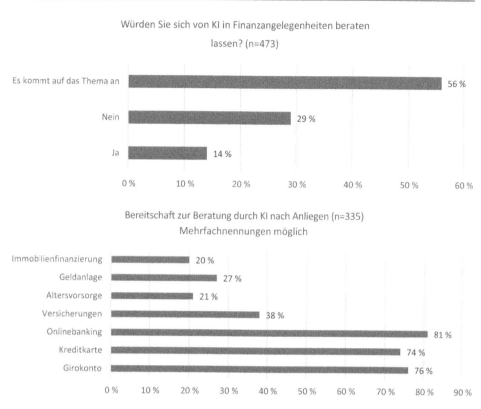

Abb. 8 Bereitschaft zur Finanzberatung durch KI. (Quelle: eigene Darstellung)

der weiblichen Befragten zutrifft. Diese Antworten lassen bereits eine deutliche Tendenz zur Bestätigung der 2. Hypothese erkennen. Beim Angebot und auch der Nutzung von KI im Finanzdienstleistungssektor stehen derzeit eher eine effiziente Prozessgestaltung in Standard-/Servicefällen in Fokus. Demgegenüber erscheint das Potenzial zur Erschließung zusätzlicher Geschäftsmöglichkeiten und damit verbundener Ertragschancen noch begrenzt.

Dies zeigt sich auch bei den Antworten im letzten Themenblock des Fragebogens. Die Teilnehmenden beurteilten ihre Aufgeschlossenheit für personalisierte Werbung in Onlinemedien sowie seitens ihres Kreditinstituts (Abb. 9) auf einer Skala von 1 (sehr aufgeschlossen) bis 5 (sehr skeptisch) mit Mittelwerten von 3,2 (Online-Medien) beziehungsweise 3,1 (eigenes Kreditinstitut) eher verhalten.

Als Gründe für eine eher positive Haltung gegenüber personalisierter Werbung durch das eigene Kreditinstitut nannten die Befragten in einem Freitextfeld, dass diese Art der Ansprache häufig besser auf die jeweiligen Bedürfnisse zugeschnitten ist und damit als passgenauer empfunden wird.

Ursächlich für eine ablehnende Haltung sind demgegenüber Bedenken zum Datenschutz sowie eine allgemein negative Haltung gegenüber Banken oder Werbung. Insbesondere gegen die notwendige Erhebung zahlreicher und teilweise sehr persönlicher

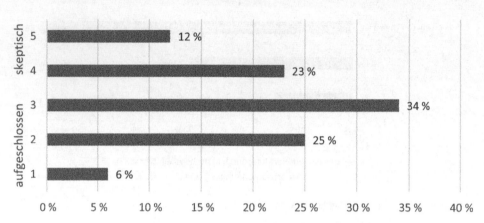

Abb. 9 Vergleich: Akzeptanz personalisierter Online-Werbung gegenüber personalisierter Werbung durch Kreditinstitute. (Quelle: eigene Darstellung)

Daten bestehen große Vorbehalte, da dies von den Teilnehmenden als Eingriff in Persönlichkeitsrechte empfunden wird.

Der weiteren Entwicklung und steigenden Bedeutung von KI-Anwendungen im Allgemeinen stehen die Befragten auf einer Skala von 1 (sehr aufgeschlossen) bis 5 (sehr skeptisch) bei einem Mittelwert von 2,44 wiederum etwas aufgeschlossener gegenüber.

In den möglichen Freitextantworten wurde allerdings auch zum Ausdruck gebracht, dass der wahrgenommene Nutzen sowie die Akzeptanz von KI in einem hohen Maße von

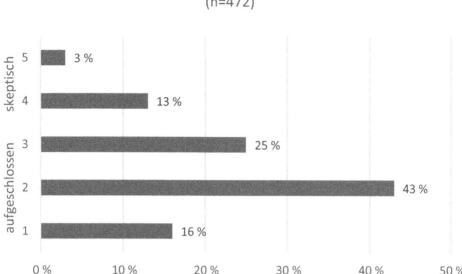

Abb. 10 Offenheit gegenüber wachsender KI-Bedeutung. (Eigene Darstellung)

dem beabsichtigten Einsatzzweck abhängen. Diese sind umso höher, je einfacher beziehungsweise standardisierter die durch die KI übernommenen Aufgaben sind (Abb. 10).

Bei der Würdigung der Befragungsergebnisse ist indes zu beachten, dass die Teilnehmenden überwiegend jünger als 35 Jahre sind und die Befragung ausschließlich über Internet stattgefunden hat. Zudem wurde über den E-Mail-Verteiler einer Hochschule verstärkt auf die Befragung aufmerksam gemacht, weshalb das durchschnittliche Bildungsniveau der Teilnehmenden vergleichsweise hoch ist. Eine Stichprobenverzerrung durch die mögliche Unterrepräsentanz älterer oder nicht-onlineaffiner Personen mit geringerem Bildungsniveau ist somit nicht gänzlich auszuschließen. Andererseits stellen genau die vertretenen Teilnehmenden eine attraktive und auch zukünftig potenzialträchtige Zielgruppe für Kreditinstitute dar, sodass die gewonnenen Einblicke durchaus wertvolle Erkenntnisse liefern.

4 Zusammenfassung und Ausblick

Die Bankenbranche befindet sich in einem starken Wandel und muss sich an zahlreiche veränderte Umweltbedingungen anpassen. Der Megatrend der Digitalisierung verändert das Kommunikations- und Nachfrageverhalten der Menschen erheblich. Der persönliche Kontakt verliert zusehends an Bedeutung und andere Angebote, wie die sichere und nachhaltige Bereitstellung technischer Lösungen für Onlinebanking oder die Durchführung von

Zahlungsdiensten, gewinnen spürbar an Relevanz. Damit verbunden steigen auch die Ansprüche gegenüber etablierten Kreditinstituten, welche sich neuen Akteuren, wie zum Beispiel FinTechs, mit einem hohen Technisierungsgrad gegenübersehen. Die Automatisierung von Prozessen auf der technologischen Grundlage von KI und deren Einsatz in der Kommunikation mit Kunden kann insbesondere für Filialkreditinstitute zukunftsträchtige Lösungen dafür liefern, eine nachhaltige und ernstzunehmende Omnikanal-Strategie anzubieten und so alle erforderlichen Distributionskanäle wirtschaftlich effizient vorzuhalten. Durch den Einsatz leistungsfähiger Hard- und Software können bereits sehr standardisierte Geschäftsvorfälle schnell und in einer hohen Qualität angeboten werden. Von entscheidender Bedeutung ist dabei allerdings die Akzeptanz und Zufriedenheit der Kunden, welche wiederum stark mit der Erklär- und Nachvollziehbarkeit der Ergebnisse korreliert.

Die in diesem Beitrag dargestellten Erkenntnisse sind anwendbar auf das Geschäft mit Privatkunden regionaler Kreditinstitute in Deutschland. Aufgrund des Umfangs der Fragestellung wurde das Segment der Gewerbetreibenden nicht untersucht. Zukünftige Forschungen könnten hieran anschließen und auch für diese Zielgruppe Potenziale aus und Strategien für den Einsatz von KI ableiten. Ein weiteres spannendes Forschungsgebiet könnte sich aus der Verbindung zwischen KI und der Blockchain-Technologie ergeben. Beides sind Zukunftstechnologien mit hohem Veränderungspotenzial, jedoch unterscheiden sie sich fundamental in ihren Grundlagen. Während Blockchain mit wenigen Daten möglichst geringe Transaktionskosten ohne Einbindung von Intermediären (wie z. B. Kreditinstituten) ermöglichen soll, benötigt KI große Datenmengen und eine hohe Rechenleistung. Die Kombination der Vorteile aus der Blockchain-Technologie, nämlich Manipulationssicherheit und Datentransparenz, mit KI-Technologie könnte somit potenziell dazu beitragen, die Validität und Nachvollziehbarkeit von KI-Entscheidungen zu steigern und diese aktuelle Schwäche der KI-Nutzung zu reduzieren und die Akzeptanz zu erhöhen. Schließlich gewinnt auch die Befassung mit ethischen beziehungsweise moralischen sowie auch rechtlichen Fragestellungen an Bedeutung. Mit zunehmender Verbreitung und Weiterentwicklung von KI werden Fragen nach Haftung, Entscheidungshoheit oder Grenzen der KI-Entwicklung zu beantworten sein, welche wiederum in engem Zusammenhang mit der Akzeptanz derartiger Systeme stehen.

Literatur

Berger-Grabner, D. (2016). *Wissenschaftliches Arbeiten in den Wirtschafts- und Sozialwissenschaften. Hilfreiche Tipps und praktische Beispiele* (3. Aufl.). Springer Gabler.

Buxmann, P. (2019). KI sehe ich als zweite Welle der Digitalisierung. *Controlling & Management Review, 63*(4), 18–23.

Buxmann, P., & Schmidt, H. (2021). *Künstliche Intelligenz. Mit Algorithmen zum wirtschaftlichen Erfolg* (2. Aufl.). Springer Gabler.

Cisek, G. (2021). *Machtwechsel der Intelligenzen. Wie sich unser Miteinander durch künstliche Intelligenz verändert*. Springer Vieweg.

Deeken, M., & Fuchs, T. (2018). Digitalisierung – Herausforderungen der Bankenbranche. In M. Deeken & T. Fuchs (Hrsg.), *Agiles Management als Antwort auf die Herausforderungen der Digitalisierung* (S. 9–20). Springer Gabler.

Deutscher Sparkassen- und Giroverband (DSGV). (2021). *Marktanteile der Bankengruppen in Deutschland nach dem Geschäftsvolumen im Jahr 2020.* https://de.statista.com/statistik/daten/studie/161141/umfrage/marktanteile-von-bankengruppen-in-deutschland-nach-geschaeftsvolumen/. Zugegriffen am 26.03.2022.

Deutscher Sparkassen- und Giroverband (DSGV). (2022). *Chatbots und Digitale Assistenten. Strategiepapier – Wie die Finanzplattform der Zukunft mit einer Stimme sprechen wird.* Nicht öffentlich zugänglich. https://portal.dsv-gruppe.de/content/dam/spkv/apps/dsvthemen/multikanal/bot-strategie/pdf-downloads/20220218_strategiepapier_chatbots_digitale-assistenten-20220314125031697387.pdf. Zugegriffen am 13.04.2022.

Dümmler, M., & Steinhoff, V. (2015). Kundenemanzipation – Folgen für den Multikanalvertrieb von Regionalinstituten. In H. Brock & I. Bieberstein (Hrsg.), *Multi- und Omnichannel-Management in Banken und Sparkassen* (S. 75–92). Springer Fachmedien.

Finanz Informatik. (2020). Das Kundenmagazin der Finanz Informatik. *ITmagazin, 19*(4).

Finanz Informatik. (2021). Das Kundenmagazin der Finanz Informatik. *ITmagazin, 20*(1).

Gentsch, P. (2019a). *AI in Marketing, Sales and Service. How Marketers Without a Data Science Degree Can Use AI, Big Data and Bots.* Springer International Publishing.

Gentsch, P. (2019b). *Künstliche Intelligenz für Sales, Marketing und Service. Mit AI und Bots zu einem Algorithmic Business – Konzepte und Best Practices* (2. Aufl.). Springer Fachmedien.

Hellenkamp, D. (2018). *Bankwirtschaft* (2. Aufl.). Springer Fachmedien.

Hille, L. (2018). Banken zwischen Regulierung und Digitalisierung – Geschäftsmodelle unter Stress. In W. Böhnke & B. Rolfes (Hrsg.), *Neue Erlösquellen oder Konsolidierung? – Geschäftsmodelle der Banken und Sparkassen auf dem Prüfstand* (S. 49–60). Springer Gabler.

Kaplan, J. (2017). *Künstliche Intelligenz.* mitp.

Kohne, A., Kleinmanns, P., Beck, M., & Rolf, C. (2020). *Chatbots. Aufbau und Anwendungsmöglichkeiten von autonomen Sprachassistenten.* Springer Vieweg.

Kölmel, B., Pfefferle, T., & Bulander, R. (2019). Mega-Trend Individualisierung: Personalisierte Produkte und Dienstleistungen am Beispiel der Verpackungsbranche. In Deutscher Dialogmarketing Verband (Hrsg.), *Dialogmarketing Perspektiven 2018/2019* (S. 243–260). Springer Gabler.

Matzka, S. (2021). *Künstliche Intelligenz in den Ingenieurwissenschaften. Maschinelles Lernen verstehen und bewerten.* Springer Vieweg.

Mayring, P. (2015). *Qualitative Inhaltsanalyse. Grundlagen und Techniken* (12. Aufl.). Beltz.

McCarthy, J., Minsky, M. L., Rochester, N., & Shannon, C. E. (1955). *A proposal for the Darthmouth Summer Research Project on Artificial Intelligence.* http://jmc.stanford.edu/articles/dartmouth/dartmouth.pdf. Zugegriffen am 17.02.2023.

Müller, H.-F. (2021). Hype oder Realität – KI als Instrument zur Optimierung des vertrieblichen Portfolios eines juristischen Finanzdienstleisters. In M. Terstiege (Hrsg.), *KI in Marketing & Sales – Erfolgsmodelle aus Forschung und Praxis. Konzepte und Instrumente zum erfolgreichen Einsatz künstlicher Intelligenz* (S. 275–291). Springer Fachmedien.

Kaya, O. (2020). Kunden- und prozessorientierte Lösungen: Wo Banken bereits KI nutzen. In J. Bauer (Hrsg.), *Künstliche Intelligenz für Kreditinstitute* (S. 33–44). DG Nexolution.

Kaya, O., & Mai, H. (2019). *Wer geht noch in die Bankfiliale?* Deutsche Bank Research. Deutschland-Monitor Finanzen der privaten Haushalte. https://www.dbresearch.de/PROD/RPS_DE-PROD/PROD0000000000499223/Wer_geht_noch_in_die_Bankfiliale%3F.PDF?undefined&realload=Avhpm/8bsHn7/S0nNSiAZjREm0CD8r31Yd6pArZ1gAK14ClN1yToZccR~13C/qIQ. Zugegriffen am 16.02.2023.

Paass, G., & Hecker, D. (2020). *Künstliche Intelligenz. Was steckt hinter der Technologie der Zukunft?* Springer Vieweg.

Petry, S. (2021). KI – von der Strategie zum Projekt. In M. Terstiege (Hrsg.), *KI in Marketing & Sales – Erfolgsmodelle aus Forschung und Praxis. Konzepte und Instrumente zum erfolgreichen Einsatz künstlicher Intelligenz* (S. 337–387). Springer Fachmedien.

Pfeiffer, S. (2021). *Digitalisierung als Distributivkraft. Über das Neue am digitalen Kapitalismus*. transcript Verlag.

Rainsberger, L. (2021). *KI – die neue Intelligenz im Vertrieb. Tools, Einsatzmöglichkeiten und Potenziale von Artificial Intelligence*. Springer Gabler.

Rolfes, B. (2001). *Handbuch der europäischen Finanzdienstleistungsindustrie*. Knapp.

Schmidberger, M. (2020). Künstliche Intelligenz im Marketing: Prognose von Kundenverhalten mit Machine-Learning-Algorithmen. In J. Bauer (Hrsg.), *Künstliche Intelligenz für Kreditinstitute* (S. 151–164). Bank-Verlag GmbH.

Statistisches Bundesamt. (2021). *Bevölkerung – Zahl der Einwohner in Deutschland nach relevanten Altersgruppen am 31. Dezember 2020 (in Millionen)*. https://de.statista.com/statistik/daten/studie/1365/umfrage/bevoelkerung-deutschlands-nach-altersgruppen/. Zugegriffen am 10.04.2022.

Stephan, S. (2018). *Die Arten von Chatbots*. https://web.archive.org/web/20220225054310/https://www.arvato-systems.de/blog/arten-von-chatbots. Zugegriffen am 01.04.2023.

Ulusoy, D. M. (2020). KI und RPA bei Banken: Mit Bots Kundenanfragen in Echtzeit beantworten. In J. Bauer (Hrsg.), *Künstliche Intelligenz für Kreditinstitute* (S. 143–150). Bank-Verlag GmbH.

Wennker, P. (2020). *Künstliche Intelligenz in der Praxis. Anwendungen in Unternehmen und Branchen: KI wettbewerbs- und zukunftsorientiert einsetzen*. Springer Fachmedien.

Wuttke, L. (2021). *Praxisleitfaden für Künstliche Intelligenz in Marketing und Vertrieb. Beispiele, Konzepte und Anwendungsfälle*. Springer Gabler.

Nico Menzel ist seit über zehn Jahren in der Bankenbranche tätig. Nach seiner Ausbildung zum Bankkaufmann bei der Sparkasse Lüneburg arbeitete er dort zunächst als Kundenberater und leitete neben einer Filiale auch das Digitale Beratungscenter der Sparkasse Lüneburg. Nach Abschluss seines berufsbegleitenden MBA-Fernstudiums an der Hochschule für Wirtschaft und Gesellschaft Ludwigshafen leitet er seit 2022 zusätzlich den neu geschaffenen Bereich *Digitaler Vertrieb*. Dort ist er in enger Abstimmung mit weiteren Fachabteilungen für die Digitalisierung der Kundenberatung und eine kundenorientierte Omnikanal-Strategie verantwortlich. Die damit verbundenen Herausforderungen und kreativen Möglichkeiten zu deren Bewältigung bestimmen dabei sein Handeln und seine Motivation.

Dr. Nils Moch ist stellvertretendes Vorstandsmitglied in der Sparkasse Lüneburg und als Bereichsleiter für Marktfolge und Gesamtbanksteuerung unter anderem mitverantwortlich für die digitale Transformation der Sparkasse. Nach dem Studium der Betriebswirtschaftslehre an der Leuphana Universität Lüneburg promovierte er am dort ansässigen Bankseminar des Instituts für Bank-, Finanz- und Rechnungswesen (IBFR) bei Prof. Dr. Ulf G. Baxmann. Er engagiert sich zudem seit 2009 als Vorstandsmitglied des FörderVerein Bank- und Finanzwirtschaft (FVBF) für die Förderung der Forschung und Lehre der Bank- und Finanzwirtschaft an der Universität Lüneburg und die Verbindung zwischen Wissenschaft und Praxis.

Finanzwirtschaft im Umbruch – Auswirkungen auf die Berufsausbildung am Beispiel des Ausbildungsberufes Bankkaufmann/Bankkauffrau

Florian Nolte

1 Einleitung

„Geschäftsmodelle der Banken im Wandel" – so lautete der Titel des Norddeutschen Bankentags im Jahr 2009 (Baxmann, 2009). Mehr als zehn Jahre danach ist diese Aussage unverändert aktuell, denn der Bankenmarkt in Deutschland ist in einem stetigen Umbruch. Die Zahl der Kreditinstitute und der Bankstellen nimmt seit Jahrzehnten ab. Gleichzeitig unterliegt das Kundenverhalten einem stetigen Wandel – Digitalisierung und Omnikanal-Vertrieb seien an dieser Stelle exemplarisch genannt.

Diese Entwicklungen haben Auswirkungen auf das in der Kreditwirtschaft tätige Personal. Dabei treffen die veränderten Anforderungen nicht nur eine bestimmte Zielgruppe, sondern unabhängig von der Funktion alle Mitarbeitende vom Auszubildenden[1] bis zur Geschäftsleitung.

Bei der Zielgruppe der Auszubildenden gehen die veränderten Kompetenzanforderungen einher mit einschneidenden demografischen Änderungen. Die Zahl der Schulabsolventen nimmt stetig ab und befördert den so genannten „War for Talents" – den Wettbewerb um die besten Köpfe. Banken und Sparkassen stehen hier im Wettbewerb mit zahlreichen an-

---

[1] Aus Gründen der besseren Lesbarkeit wird bei Personenbezeichnungen und personenbezogenen Hauptwörtern in diesem Beitrag das generische Maskulinum verwendet. Entsprechende Begriffe gelten im Sinne der Gleichbehandlung grundsätzlich für alle Geschlechter. Die verkürzte Sprachform hat nur redaktionelle Gründe und beinhaltet keine Wertung.

F. Nolte (✉)
Garbsen, Deutschland
E-Mail: florian.nolte@genoakademie.de

deren Branchen, die ebenfalls mit interessanten Angeboten versuchen, junge Menschen zu rekrutieren und zu binden.

Die Berufsausbildung muss aus Sicht der jungen Menschen hochgradig attraktiv und zukunftsfähig sein. Die mit Wirkung zum 01.08.2020 geänderte Ausbildungsordnung zum Berufsbild Bankkaufmann/Bankkauffrau (Bundesministerium für Wirtschaft und Energie, 2020) muss in diesem Blickwinkel betrachtet werden und bildet den Rahmen für darauf aufsetzende konkrete Maßnahmen, sei es in der Berufsschule, im Unternehmen oder von externen Bildungsanbietern.

Daher werden im Folgenden zunächst ausgewählte Veränderungen der Anforderungen des Bankensektors in Deutschland auf Basis von vier Thesen skizziert, bevor einige Aspekte des demografischen Wandels und des daraus resultierenden Fachkräftemangels angeführt werden. Ein Blick auf ausgewählte Passagen der Ausbildungsordnung 2020 mündet schließlich in die Beschreibung von Merkmalen von beziehungsweise Anforderungen an eine zeitgemäße Begleitung der Berufsausbildung. Diese exemplarisch für den Ausbildungsberuf Bankkaufmann/Bankkauffrau angeführten Aspekte können im Grundsatz auf andere Ausbildungsberufe übertragen und angewandt werden.

2 Einige Thesen zum deutschen Bankensektor

Der stetige Wandel im Bankensektor in Deutschland zeigt sich in vielen Facetten. In diesem Abschnitt werden einige Aspekte skizziert, die für das Thema der Ausbildung Relevanz haben und im Kontext der Ausbildungsplanung und Ausbildungsgestaltung Berücksichtigung finden sollten. Für eine vertiefte Darstellung und Diskussion dieser und weiterer Aspekte zur Veränderung im Bankensektor in Deutschland existiert eine umfangreiche Literatur (exemplarisch Schuster & Hastenteufel, 2019 sowie Wuermeling, 2022).

These 1: Die Zahl der Banken und der Bankstellen wird weiterhin rückläufig sein
Der Konsolidierungsprozess im deutschen Kreditgewerbe wird unverändert weitergehen. Wenngleich auch verschiedene Sonderfaktoren für diesen Rückgang verantwortlich sind, hat das Fusionstempo zuletzt wieder an Dynamik gewonnen (Deutsche Bundesbank, 2022, S. 2). Tab. 1 zeigt diese Entwicklung für die Jahre 2018 bis 2021 auf:

Entscheidend für Privat- und Firmenkunden ist der Zugang zu Bankdienstleistungen und dieser kann auf unterschiedlichen Wegen erfolgen. Viele Banken gehen diesen Weg im Rahmen einer Digitalisierungsoffensive von einer filialzentrierten hin zu einer omnikana-

Tab. 1 Entwicklung der Banken und Bankstellen in Deutschland. (Quelle: Deutsche Bundesbank, 2022, Anlage 1, S. 1)

	2018	2019	2020	2021	2021 zu 2018	
Banken	1783	1717	1679	1519	−264	−14,8 %
Bankstellen	27.887	26.667	24.100	21.712	−6175	−22,1 %

len Vertriebsstrategie. Dabei stehen die Kunden mit ihren Erwartungen im Fokus; sie sollen den Zugangsweg ihrer Wahl nutzen können.

Die Möglichkeiten des digitalen Bezahlens nehmen stetig zu, ob privat per Kwitt, per paydirekt oder per digitaler Karte. Daher ist es nur konsequent, dass seit dem Jahr 2015 auch die Zahl der Geldautomaten rückläufig ist – deutschlandweit bei allen Instituten. Diese Entwicklung wird sich in Zukunft weiter verstärken, schließlich wird es über alle Altersgruppen hinweg immer selbstverständlicher, alltägliche Aufgaben – und dazu gehört zweifelsohne das Bezahlen – bargeldlos zu erledigen. Gleichzeitig wird eine immer komfortablere Technik diesen gesellschaftlichen Trend beflügeln. Dem entsprechen auch die Ergebnisse einer Umfrage von YouGov aus dem Jahr 2021, nach der eine große Mehrheit der volljährigen Deutschen die vorhandenen Möglichkeiten nutzt, um vor allem einfache Geldgeschäfte digital zu erledigen. Elektronische Interaktionsmöglichkeiten mit Bankmitarbeiterinnen und -mitarbeitern, wie die Chat-Funktion oder Co-Browsing, werden mehrheitlich zu geringen Anteilen genutzt – knapp die Hälfte der Befragten macht (noch) keinen Gebrauch von den digitalen Kanälen (Genossenschaftsverband – Verband der Regionen, 2021).

These 2: Die Bankfiliale wird nicht vollständig verschwinden – aber sie wird anders sein

Die Banken müssen moderne Antworten auf technologische Entwicklungen und den damit einhergehenden Wandel im Kundenverhalten geben. Das Omnikanal-Banking und die geänderten Kundenwünsche führen wie dargestellt zu einer Veränderung der Filialstrukturen. Dabei gibt es keine Einheitslösung, vielmehr entscheidet jedes Institut, wie es sich aufstellt. Unterschiedliche soziodemografische Bedarfsstrukturen und örtliche Strukturen werden auch künftig eine entscheidende Grundlage für die notwendige Individualität in der Marktbearbeitung sein.

Grundsätzlich wird es ein Weg sein, dass sich die Institute als Netzwerkpartner in ihrer Region und Anker der mittelständischen Wirtschaft platzieren. Diese Positionierung geht weit über die reine Annahme von Einlagen, die Vergabe von Krediten sowie die Abwicklung des Zahlungsverkehrs hinaus. In den regionalen Netzwerken finden Veranstaltungen statt, die mit Bankgeschäften nur am Rande zu tun haben, die für die Beziehungen der Menschen in der jeweiligen Region aber bedeutsam sind. Dieser regionale Bezug wird auch in einer technisierten Welt Relevanz behalten.

Nur eine geringe Anzahl an Menschen hat das Interesse, sämtliche Bankgeschäfte online durchzuführen. Deutlich mehr Kunden suchen früher oder später wieder den persönlichen Kontakt zu ihrer Bank. Eine Omnikanal-Strategie nimmt genau dieses Verhalten auf und ermöglicht ein „sowohl als auch" anstelle eines „entweder oder". Man spricht hier von so genannten Hybridkunden, deren Anteil einzelnen Untersuchungen zufolge bei Menschen im Lebensalter von 15–29 Jahren am höchsten ist.

Das gemeinsame Betreiben von Filialen – wie es zum Beispiel die zur genossenschaftlichen Bankengruppe zählende Frankfurter Volksbank und die zum Sparkassensektor gehörende Taunus-Sparkasse mit der Initiative „FinanzPunkt" initiiert haben (Frankfurter

Volksbank, 2023) – kann in diesem Zusammenhang als ein weiterer und pragmatischer Ansatz gesehen werden, Präsenz in der Fläche zu bewahren. Es ist spannend zu sehen, inwieweit die Kunden dieses Modell nachhaltig annehmen und es damit eventuell für andere Banken in der Zukunft adaptierbar werden kann. Gleichwohl wird der Wettbewerb in der Fläche auch im stationären Vertrieb erhalten und die Filiale bis zu einem gewissen Punkt ein wichtiger Faktor für gelebte Dezentralität bleiben.

These 3: Die Beratung bei Finanzprodukten wird unverändert eine hohe Relevanz haben

Die Anzahl und die Komplexität von Finanzprodukten nehmen kontinuierlich zu. Gleichzeitig haben sich die Bedürfnisse von Retail- und Firmenkunden in den letzten Jahren stark verändert. Die Banken müssen sich diesen Veränderungen anpassen. Starre Strukturen sind hierbei gefährlich. Erstklassige Beratung wird in den wichtigsten Bereichen (z. B. Wohnbaufinanzierung) erwartet. Angesichts des demografischen Wandels birgt vor allem die Altersvorsorge dafür ein hohes Potenzial. Unverändert beratungsintensiv bleibt das im Wettbewerb immer härter umkämpfte Firmenkundengeschäft: Hier bieten sich zusätzliche Potenziale durch eine stärkere Differenzierung in der Ausrichtung auf die Kundenbedarfe, die sich je nach Unternehmensgröße deutlich unterscheiden. Insbesondere die aktive Gewinnung neuer Kunden und die Intensivierung der Zusammenarbeit mit Kunden des „Oberen Mittelstands" stehen vielfach strategisch im Fokus.

These 4: Künstliche Intelligenz und Robo-Banking werden Beratung ersetzen und ergänzen

Die Banken werden zunehmend Charakteristika von Technologieunternehmen mit ihren deutlich über Banking hinausgehenden regionalorientierten und datengetriebenen Services adaptieren. Denkbar ist zum Beispiel das Angebot eines elektronischen Finanzassistenten für Kunden und auch Nichtkunden: Ziel muss sein, diesen auf die Displays zu bringen – der Finanzmanager hat als erster Ansprechpartner exklusiven Zugang zum Kunden. Eine ausgeprägte technische Qualifikation der Mitarbeiter wird damit weiter an Relevanz gewinnen. Die Aufgabengebiete der Mitarbeiter verändern sich: In der Beratung übernehmen sie ausschließlich Aufgaben, denen menschliche Stärken zugrunde liegen – automatisierbare Aufgaben übernehmen Algorithmen (Barkey, 2019, S. 974 f.).

3   Demografischer Wandel und Fachkräftemangel

Der demografische Wandel gehört seit Jahren zu den bedeutenden gesellschaftlichen Megatrends. Schien die Thematik vielen zunächst wenig greifbar und eher von theoretischem Interesse, werden nun die Auswirkungen in einer deutlich geänderten Bevölkerungspyramide spürbar. Abb. 1 stellt die Wandlung der Bevölkerungspyramide in Deutschland für die Jahre 1990 und 2021 dar. Die Entwicklung wird von drei Faktoren bestimmt: von der Geburtenrate, von der Lebenserwartung sowie von den Migrationsprozessen.

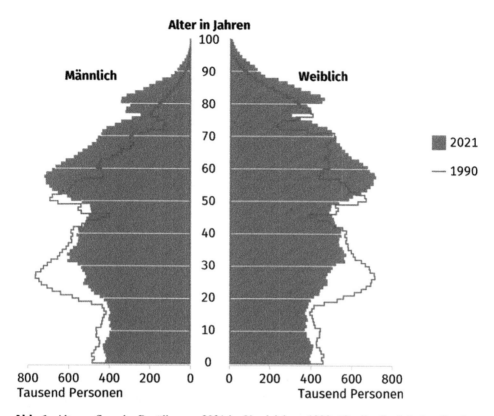

Abb. 1 Altersaufbau der Bevölkerung 2021 im Vergleich zu 1990. (Quelle: Statistisches Bundesamt, 2023)

Mit Blick auf die Berufsausbildung ist vor allem der untere Teil der Pyramide bis zu einem Lebensalter von etwa 25 Lebensjahren relevant. Zwar steigt das durchschnittliche Alter von Auszubildenden über alle Branchen hinweg stetig an, es liegt aber bei etwa 20 Jahren und damit genau in diesem Bereich (Bundesinstitut für Berufsbildung (BIBB), 2020). Aus dieser Alterskohorte ist wiederum vorrangig die Zahl der Absolvierenden (und Abgehenden) an Schulen von Interesse, da sie das Potenzial an möglichen Auszubildenden determiniert. Betrug diese Zahl im Jahr 2005 963.000, waren es 2010 mit 857.000 bereits gut 100.000 weniger. Bis zum Jahr 2020 ist die Zahl der Absolvierenden und Abgehenden mit 748.000 um weitere 100.000 Personen gesunken. Bis zum Jahr 2035 wird die Zahl auf 863.000 steigen, ohne das Niveau früherer Perioden wieder zu erreichen (siehe Abb. 2). Dabei ist die Quote der Abgehenden mit ca. 6 % im Zeitablauf recht stabil (Sekretariat der Ständigen Konferenz der Kultusminister der Länder in der Bundesrepublik Deutschland, 2022, S. 55 ff.).

Der aus dem demografischen Wandel resultierende Fachkräftemangel trifft selbstverständlich alle Branchen und Unternehmen. Daher gilt es für die Finanzbranche, sich im Wettbewerb mit anderen Unternehmen gut zu positionieren und die mit dem Berufsbild ver-

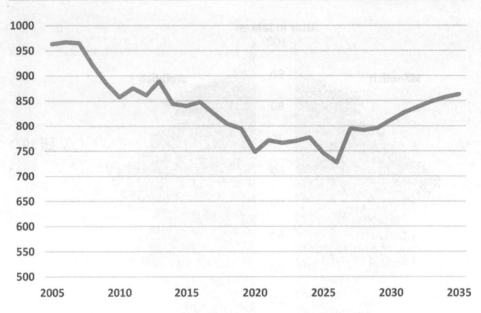

Abb. 2 Zahl der Absolvierenden und Abgehenden an allgemeinbildenden Schulen. (Eigene Berechnung. Datenquelle: Sekretariat der Ständigen Konferenz der Kultusminister der Länder in der Bundesrepublik Deutschland, 2022, S. 55 ff.)

bundenen Vorteile herauszustellen (zum Renommee des Berufsbildes „Bankkaufmann/Bankkauffrau" vgl. auch Pommerening, 2020, S. 65 f.). Dem Thema der Arbeitgeberattraktivität kommt insofern eine zunehmend wichtige Rolle zu. Wichtige Attraktivitätskriterien für die Schulabsolventen sind die eigene Karriereperspektive und der kollegiale Umgang im Unternehmen. Bekanntheit und Reputation der Unternehmen sowie ein im Durchschnitt hohes Einstiegsgehalt sind weitere relevante Kriterien aus Sicht der Schüler. Einen guten Überblick über die Top 100-Unternehmen für Schüler unter Berücksichtigung der oben genannten Kriterien bietet das Trendence-Schülerbarometer (Trendence-Institut, 2023).

4 Das veränderte Berufsbild gemäß Ausbildungsordnung 2020

Bankkaufleute sind in den wesentlichen Geschäftsbereichen von Kreditinstituten tätig. Auch bei Bausparkassen, Versicherungsgesellschaften, Kreditkartengesellschaften, Kapitalanlagegesellschaften, Wirtschaftsberatungsfirmen, Unternehmen für Vermögens- und Anlageberatung sowie Unternehmen der Grundstücks- und Wohnungswirtschaft finden sie Beschäftigungsmöglichkeiten. Die geänderten Anforderungen in dieser vielschichtigen Berufspraxis sind in der erstmals für den Ausbildungsjahrgang 2020 relevanten Ausbildungsordnung für Bankkaufleute aufgegriffen. Ein zentraler Fokus liegt auf kompetenten und vertriebsstarken Mitarbeitern, die den Anforderungen der Praxis gewachsen sind. Dies geht einher mit den Erwartungen vieler – nicht aller – Institute, die

Vertriebsstärke und Praxiskompetenz als wichtigste Ziele einer guten Ausbildung definieren. Gute Noten in der IHK-Prüfung erhalten in dieser Betrachtungsweise häufig den Charakter einer strengen Nebenbedingung.

Die Neuordnung der Berufsausbildung verfolgt allerdings mehrere Zielsetzungen: So soll die Ausbildung breit angelegt sein, wozu neben aktualisierten Inhalten auch ein professioneller Umgang mit digitalen Tools und Medien zählt. Die Stärkung der Handlungs- und Beratungskompetenz erhält einen zentralen Stellenwert. Aus Sicht der Prüfung erfolgt eine Aufwertung der vorherigen Zwischenprüfung zur gestreckten Abschlussprüfung Teil 1. Gleichzeitig soll die Prüfung insgesamt praxisnäher ausgestaltet sein (o. V., 2020a, S. 1).

§ 4 der Ausbildungsordnung beschreibt die Struktur der Berufsausbildung und das Ausbildungsberufsbild und gliedert die Berufsausbildung in berufsprofilgebende Fertigkeiten, Kenntnisse und Fähigkeiten sowie integrativ zu vermittelnde Fertigkeiten, Kenntnisse und Fähigkeiten. Die Berufsbildpositionen der berufsprofilgebenden Fertigkeiten, Kenntnisse und Fähigkeiten werden unterteilt in (o. V., 2020b, § 4):

1. Serviceleistungen anbieten,
2. Kunden ganzheitlich beraten,
3. Kunden gewinnen und Kundenbeziehungen intensivieren,
4. Liquidität sicherstellen,
5. Vermögen bilden mit Sparformen,
6. Vermögen bilden mit Wertpapieren,
7. zu Vorsorge und Absicherung informieren,
8. Konsumentenkredite anbieten und Abschlüsse vorbereiten,
9. Baufinanzierungen vorbereiten und bearbeiten,
10. an gewerblichen Finanzierungen mitwirken,
11. Instrumente der kaufmännischen Steuerung und Kontrolle nutzen,
12. projektorientiert arbeiten.

Die ersten drei Berufsbildpositionen stellen auf kundenorientierte Schlüsselkompetenzen ab und waren in dieser expliziten Form in der Ausbildungsordnung von 1998 nicht enthalten. So geht es in der Position 1 „Serviceleistungen anbieten" unter anderem darum, Kundenanliegen mittels analoger und digitaler Kommunikationsformen und Kommunikationswege aufzunehmen und Kundenwünsche zu ermitteln. Position 2 „Kunden ganzheitlich beraten" zielt darauf ab, die Bedeutung eines ganzheitlichen Beratungsprozesses als Grundlage für dauerhafte Kundenbeziehungen aufzuzeigen. Position 3 „Kunden gewinnen und Kundenbeziehungen intensivieren" hat die zielgruppenorientierte Gewinnung von Neukunden zum Inhalt (o. V., 2020a, S. 5 ff.).

Der gestiegenen Relevanz der Beratung von Kunden wird auch in der Abschlussprüfung Rechnung getragen, in der der Prüfungsbereich „Kunden beraten" mit 30 % die höchste Gewichtung für die Gesamtbewertung innehat. Inhaltlich hat der Prüfling im Rahmen einer 30-minütigen Gesprächssimulation nachzuweisen, dass er in der Lage ist (o. V., 2020b, § 13 ff),

1. Beratungsgespräche ganzheitlich, systematisch, situationsgerecht und zielorientiert zu führen,
2. sich kundenorientiert zu verhalten,
3. analoge oder digitale vertriebs- und beratungsunterstützende Hilfsmittel einzusetzen,
4. Kunden und Kundinnen über Nutzen und Konditionen von Bankleistungen zu informieren sowie rechtliche Regelungen einzuhalten,
5. auf Kundenfragen und -einwände einzugehen,
6. über den Gesprächsanlass hinausgehende Kundenbedarfe zu erkennen und anzusprechen,
7. fachliche Hintergründe und Zusammenhänge zu berücksichtigen,
8. Gespräche kundenorientiert abzuschließen.

Die ersten Bankauszubildenden, die ihre Ausbildung auf Basis der Ausbildungsordnung 2020 absolviert haben, steigen jetzt in die Berufspraxis nach der Ausbildung ein und sollen den Anforderungen an eine digitale und ganzheitliche Beratung der Kunden noch mehr gerecht werden als dies bei den vorherigen Ausbildungsjahrgängen der Fall war. Hier ist es zu früh, eine auch nur vorläufige Bewertung vorzunehmen. Dies wird erst in einigen Jahren möglich sein, wenn die jungen Mitarbeitenden entsprechende Berufspraxis erlebt haben und die Datenlage zielgerichtete Schlussfolgerungen erlaubt.

Vom ersten Tag an eindeutig war jedoch, dass die Änderung der Ausbildungsordnung alleine nicht die gewünschten Kompetenzveränderungen bewirken kann. Sie stellt lediglich einen Rahmen dar, in dem Ausbildung gestaltet und gelebt werden muss. Diese Gestaltungsaufgabe betrifft die ausbildenden Unternehmen, die Berufsschulen und alle weiteren Bildungsanbieter. Verschiedene Elemente einer aus Sicht der Auszubildenden und der Unternehmen attraktiven und nachhaltigen Berufsausbildung werden im folgenden Abschnitt vorgestellt.

5 Gestaltungselemente einer zeitgemäßen Berufsausbildung

Aus dem Zusammenspiel der Entwicklungen in der Finanzbranche, aus dem demografischen Wandel und dem damit einhergehenden Fachkräftemangel sowie der Gestaltungsmerkmale der Ausbildungsordnung 2020 für den Bankberuf resultieren neue Anforderungen an die praktische Ausgestaltung der Ausbildung. Wichtige Elemente dazu werden in diesem Abschnitt beschrieben. Aufgrund der Heterogenität der ausbildenden Unternehmen in Bezug auf Geschäftsvolumina, Geschäftsstrukturen, regionaler Ausrichtung, Internationalität, etc. kann diese Darstellung nicht vollständig sein, sondern ist im Einzelfall zu prüfen, gegebenenfalls zu ergänzen und zu modifizieren. Weiterhin wird vorrangig auf die Sicht der externen Bildungsanbieter und der Unternehmen abgestellt. Die Berufsschulen bewegen sich in einem eigenen Umfeld mit einem spezifischen regulatorischen Rahmen, der einer individuellen Gestaltung einerseits Optionen eröffnet, andererseits aber auch Grenzen setzt.

Getragen werden die Überlegungen von der These, dass der Bedarf an gut ausgebildeten Bankmitarbeitern weiterhin vorhanden sein und perspektivisch sogar steigen wird. Gleichzeitig erhöhen die wirtschaftlichen und gesellschaftlichen Rahmenbedingungen, heterogene Kommunikationswege sowie eine wachsende Komplexität der Produkte in volatiler werden Märkten jeweils für sich und im Zusammenspiel die Anforderungen an eine sachgerechte Finanzberatung sowohl im Privat- als auch im Firmenkundengeschäft. Diese vom Kunden erwartete und geforderte qualitativ hochwertige Beratung ist nur mit motivierten und sehr gut ausgebildeten Mitarbeiterinnen und Mitarbeitern zu erreichen. Im Ergebnis steigen damit die Anforderungen für Aus-, Fort- und Weiterbildung. Dabei geht es neben der Fachkompetenz zunehmend um soziale Kompetenz und Empathie, die auch perspektivisch nicht von Maschinen, sondern von Menschen kommen werden.

Wenn es darum geht, zukunftsfähige Ausbildungsziele und -methoden zu entwickeln, so ist es entscheidend, dass diese ganzheitlich und kompetenzorientiert ausgerichtet sind. Sie sind nur dann Erfolg versprechend, wenn sie Persönlichkeitsentwicklung, Sozial- und Verkaufskompetenz in Ausbildung und Studium einschließen und junge Menschen darauf vorbereiten, berufliche Situationen zu meistern. Daher ist das Hauptziel einer zeitgemäßen Ausbildung, dass die Auszubildenden eine hohe Vertriebskompetenz erlangen und es ihnen gleichzeitig gelingt, wechselnde Problemstellungen des Tagesgeschäfts erfolgreich und kundenorientiert zu bewältigen.

Darüber hinaus gilt es, Flexibilität und Anpassungsfähigkeit durchgehend zu verankern, um mit Zukunftsthemen adäquat umgehen zu können. Dabei ist nicht nur an den Einsatz von Virtual Reality im Beratungsprozess zu denken. In Zukunft werden Mitarbeiter benötigt, die kreativ über Anwendungsmöglichkeiten großer Datenmengen in Kombination mit Optionen aus der Nutzung Künstlicher Intelligenz nachdenken und daraus die richtigen Geschäftsansätze ableiten können. Hier werden neue Anforderungsprofile an Mitarbeitende und damit auch an die Personalentwicklung entstehen.

Aufbauend auf diese Basis gilt es heute wie morgen, eine umfassende Produktkenntnis sowie Sozial-, Vertriebs- und Führungskompetenz stetig zu entwickeln beziehungsweise weiterzuentwickeln. Dazu kommen die aus der Regulatorik resultierenden Anforderungen, exemplarisch seien hier Banksteuerung, Rechnungs- und Meldewesen sowie die interne Revision genannt. Die genannten Tendenzen in der Kreditwirtschaft und die damit einhergehenden Anforderungen an eine zeitgemäße und nachhaltige Berufsausbildung lassen sich zu folgenden charakteristischen Gestaltungselementen zusammenfassen:

Gestaltungselement 1: Fachkompetenz als Basis
Unverändert bildet eine grundlegende Fachkompetenz das Fundament jeglicher beruflichen und schulischen Ausbildung. Der Auszubildende muss mit den Fähigkeiten und Fertigkeiten des jeweiligen Berufsbildes vertraut gemacht werden. Die Vermittlung dieser Kenntnisse kann aber, sofern sie nachhaltig und nicht ausschließlich stichtagsbezogen zum Beispiel im Kontext einer Prüfungsvorbereitung erfolgen soll, nicht mehr durch den so genannten „Frontalunterricht" erfolgen. Vielmehr muss der Lehrende – der Begriff wird hier und im Folgenden gleichwertig mit den Begriffen Referent, Trainer oder Dozent verwendet – durch

eine Kombination aus vortragenden und aktivierenden Elementen eine Lernumgebung herstellen, die – möglichst durchgängig – Interesse und Motivation bei den Auszubildenden hervorvorruft. Dies nicht zuletzt unter dem Blickwinkel der in Abschn. 3 herausgestellten Arbeitgeberattraktivität, die sich auch in der Art und Weise der Vermittlung fachspezifischer Kenntnisse und Fertigkeiten widerspiegelt (siehe dazu auch Gestaltungselement 6).

Im Ausbildungsberuf Bankkaufmann/Bankkauffrau wird im Rahmen der Ausbildungsordnung insbesondere in den Nummern vier bis zehn der berufsprofilgebenden Fertigkeiten, Kenntnisse und Fähigkeiten auf die spezifisch kreditwirtschaftliche Fachkompetenz abgestellt. Hierzu zählen Themenbereiche wie die Sicherstellung von Liquidität, die Vermögensbildung inklusive Vorsorge und Absicherung sowie Finanzierungen im Bereich der privaten und gewerblichen Kunden einschließlich der Baufinanzierung. Diese Kenntnisse müssen in einer angemessenen Kombination theoretischer und praktischer Elemente vermittelt und erlernt werden. Dabei bekommt der Praxisorientierung auch der theoretischen Einheiten eine besondere Bedeutung zu.

Gestaltungselement 2: Breite Kompetenzorientierung
Anders als dies vielleicht in früheren Jahren der Fall war, stellt die Fachkompetenz eine zentrale Basis, nicht aber die alleinige, hauptsächliche Kompetenzkategorie dar. Vielfach gewinnt Handlungsorientierung eine vorrangige Priorität und steht im Mittelpunkt einer modernen Ausbildung. Darauf zahlt ein, dass in der Ausbildungsordnung alle Lernfelder als vollständige Handlung beschrieben werden.

Die Auszubildenden müssen in den vier Kompetenzbereichen Fach-, Methoden-, Sozial- und Persönlichkeitskompetenz gefordert und gefördert werden (zu den einzelnen Kompetenzkategorien siehe auch Kopf et al., 2010). Eine zu starke Fokussierung auf den Bereich der Fachkompetenz würde dazu führen, dass notwendige Flexibilität und erforderliche Anpassungsfähigkeit in sich immer schneller wandelnden Märkten und (digitalen) Tools nicht hinreichend unterstützt würden.

Die Ausrichtung an einem breiten Kompetenzbegriff stellt keinen Selbstzweck dar. Während sie wie beschrieben aus Sicht der ausbildenden Betriebe erforderlich ist, um die richtigen Mitarbeiter für den erfolgreichen Geschäftsbetrieb im Unternehmen zu entwickeln, ist sie für die Auszubildenden entscheidend, um eine Basis für ihr Bestehen im Arbeitsmarkt zu erhalten, mit denen sie ihre beruflichen Ziele erreichen können. (Bank-) betriebswirtschaftliche Problemlösungskompetenz sollte stets vor dem Hintergrund dieser teils homogenen und teils heterogenen Zielorientierungen betrachtet und gestaltet werden.

Gestaltungselement 3: Ausrichtung auf Beratung und Vertrieb
Die Orientierung der Ausbildung an den genannten vier Kompetenzkategorien stellt unmittelbar auf die in der neuen Ausbildungsordnung explizit genannte Ausrichtung auf Beratung und Vertrieb ab. § 13 Ausbildungsordnung stellt wie in Abschn. 4 ausgeführt klare Anforderungen an das Prüfungsfeld „Kunden beraten" und gewichtet dieses Teilergebnis

entsprechend hoch mit 30 % der Gesamtnote (§ 15 Ausbildungsordnung). Dabei geht es nicht um das alleinige Verkaufen, vielmehr ist es analog der kreditwirtschaftlichen Praxis der umfängliche Beratungsprozess, der an dieser Stelle im Fokus steht.

Ein wesentliches Merkmal einer praxisorientierten Ausbildung ist daher die Ausrichtung auf den unmittelbaren Einsatz in der Beratung im Anschluss an die IHK-Abschlussprüfung. Ein Ausbildungsprogramm soll die Verkaufskompetenz der Auszubildenden wecken und nachhaltig aufbauen. Letztlich geht es um die Schaffung eines Berater- beziehungsweise Verkäuferselbstverständnisses, in dem die Beziehungsorientierung eine wichtige Rolle einnimmt. Diese ist relevant, da es in der Regel um eine längerfristige, vertrauensvolle Geschäftsbeziehung geht, in der der Produktverkauf ein wichtiges Element, aber keinesfalls das Alleinstellungsmerkmal ist.

Gestaltungselement 4: Modularisierter Aufbau
Die Anforderungen der Unternehmen und der Auszubildenden an eine gute Ausbildung sind vielschichtig. Genauso wenig wie es auf der einen Seite „das Ausbildungsunternehmen" gibt, existiert auf der anderen Seite „der/die Auszubildende". Zahlreiche Ausbildungsbetriebe stellen eine gewisse Kompetenz selbst bereit („innerbetrieblicher Unterricht") und kaufen quantitativ und/oder qualitativ nicht vorhandene Bildungsleistungen ein. Diese Angebote treffen auf junge Menschen mit unterschiedlichen Erfahrungen und Vorkenntnissen, die jeweils differenzierte Herangehensweisen in der Ausbildung verlangen. Ein „one size fits all"-Ansatz wird daher nur im Ausnahmefall die richtige Lösung darstellen.

Erfolg versprechender ist ein modularisiertes Ausbildungskonzept, welches es dem Anbieter der Bildungsleistung ermöglicht, unterschiedliche Inhalte und Kompetenzbereiche je nach Anforderung in ein aufeinander abgestimmtes Gesamtkonzept einzubinden. So kann ein bestimmtes Lernfeld – zum Beispiel Lernfeld 7 „zu Vorsorge und Absicherung informieren" entweder eher fachlich orientiert oder im Kontext ganzheitlicher Beratung in einer Personalentwicklungsmaßnahme unterrichtet beziehungsweise trainiert werden (zu den Unterschieden siehe Gestaltungselement 6). Selbstverständlich sollte auch eine Kombination beider Ausrichtungen darstellbar sein. Im Idealfall wird aus unterschiedlichen Themenfeldern ein Konzept im Sinne eines ganzheitlichen Trainingshauses „gebaut", welches individuell für die jeweilige Ausbildungsgruppe konzeptioniert wird. Die Module dieses Hauses basieren aber auf einer zentralen Entwicklung, die es sowohl erlaubt, stets fachlich und methodisch aktuell zu sein (notwendige Bedingung) als auch betriebswirtschaftlich wünschenswerte Skalierungseffekte zu realisieren (hinreichende Bedingung).

Gestaltungselement 5: Blended Learning-Ansatz
Der Begriff „Blended Learning" bezeichnet die Kombination unterschiedlicher Lernmethoden und Lernmedien. Häufig ist es ein Zusammenwirken von Präsenzunterrichten mit vor- und nachgelagerten E-Learning-Phasen. Im wissenschaftlichen Kontext spricht man auch vom Lernen im Medienverbund oder von hybriden beziehungsweise verschmolzenen

Lernarrangements. Eine umfassende, auf den Hochschulbereich bezogene Darstellung zum Thema „Blended Learning" findet sich bei *Schön et al.* (2016). Die Ergebnisse lassen sich auf die Berufsausbildung übertragen.

Verschmolzene Lehr- und Lernformate bewirken regelmäßig eine wesentlich höhere Annäherung an die berufliche Praxis und können die Entwicklung beruflicher und allgemeiner Kompetenzen unterstützen. Selbstgesteuerte Online-Trainingseinheiten lassen sich in den Arbeitsalltag integrieren. In der Online-Vorbereitungsphase können die grundlegenden Inhalte selbst anhand unterschiedlicher digitaler Lernmedien erarbeitet werden. Damit wird es möglich, dass die Teilnehmer mit vergleichsweise homogenen Kenntnissen in die Präsenzveranstaltung gehen. In der Präsenz werden zunächst Fragen geklärt, ohne dabei die Inhalte der Vorbereitungsphase grundlegend zu wiederholen. Der Schwerpunkt der Präsenz liegt optimaler Weise in der Übung und Vertiefung und trägt damit zur notwendigen Handlungsorientierung bei. Die sich an die Präsenz anschließende Online-Transferphase dient der Wiederholung und gegebenenfalls der Ergänzung des Gelernten im betrieblichen Umfeld, in der Regel unterstützt durch konkrete Arbeitsaufträge.

Die Digitalisierung einerseits des Bankgeschäfts und andererseits des Lernens sind nicht unabhängig voneinander zu sehen. Die Nutzung digitaler Lernmedien – exemplarisch seien an dieser Stelle Lernvideos, Web Based Trainings, PodCasts und digitale Quizze genannt – unterstützt die im Berufsalltag erforderliche digitale Kompetenz der Lernenden. Von der jungen Zielgruppe der Auszubildenden werden diese Tools darüber hinaus als attraktiv und zeitgemäß wahrgenommen, was wiederum einen positiven Beitrag zur Arbeitgeberattraktivität leistet.

Gestaltungselement 6: Trainingscharakter der Lerneinheiten
Die idealerweise mit dem Ansatz eines ganzheitlichen Trainingshauses definierten und in einem Blended Learning-Konzept strukturierten Lerninhalte können auf verschiedene Arten vermittelt werden. Während klassischer Unterricht die regelmäßige und systematische Vermittlung von Wissen durch einen Lehrer an einen Schüler beschreibt, geht es beim Training verstärkt um Übungen zur Steigerung der eigenen Kompetenzen. Beide Formen der Vermittlung haben ihre Relevanz und sollten innerhalb eines Gesamtkonzeptes angemessen Berücksichtigung finden. Vor dem Hintergrund der im Tagesgeschäft geforderten Handlungsorientierung und Praxiskompetenz ist es allerdings sinnvoll, den Trainingsanteil ausreichend hoch zu bemessen.

In Trainingssequenzen werden Fälle aus dem beruflichen Alltag aufgegriffen und dabei wird – implizit oder explizit – Wissen vermittelt beziehungsweise bereits vermitteltes Wissen angewendet und wiederholt. Für den Beruf Bankkaufmann/Bankkauffrau existieren verschiedene mögliche Anwendungen: Klassische Kundengespräche, die neben der Beratung im engeren Sinne auch Kundenreklamationen und Einwandbehandlung thematisieren sollten, sind in jedem Fall relevant. Hinzu kommen Mitarbeiter- und Kollegengespräche sowie Kommunikations-, Moderations- und Präsentationstrainings. Diese Fertigkeiten und Kompetenzen lassen sich mit regelmäßigem und mit Feedback versehenem Training deutlich besser erlernen als mit der reinen Wissensvermittlung auf Basis eines Unterrichts.

6 Zusammenfassung

Der Rückgang der Anzahl an Banken und Bankstellen ist seit Langem zu beobachten und er wird sich fortsetzen. Die Bankfiliale wird im Rahmen eines Omnikanal-Ansatzes ein Zugangspunkt der Kunden für die Abwicklung ihrer Geldgeschäfte bleiben. Allerdings wird es dabei zusehends weniger um alltägliche Transaktionen gehen, sondern um umfassende und komplexe Beratungsthemen, für die viele Kunden den persönlichen Kontakt zu ihrem Bankberater suchen und suchen werden. Künstliche Intelligenz und Robo-Banking werden perspektivisch neben klassische Beratungsformen treten und diese ergänzen.

Der aus dem demografischen Wandel resultierende Fachkräftemangel trifft auch die Finanzwirtschaft. Das Bestehen im Wettbewerb um die besten Talente stellt Tagesgeschäft für die Mitarbeiter im Personalbereich dar. Abnehmende Zahlen an Schulabsolventen treffen auf einen Arbeitsmarkt mit einem hohen Bedarf an gut ausgebildeten Mitarbeitenden. Die erfreuliche Vielzahl an Optionen für die Berufseinsteiger stellt demgegenüber eine große Herausforderung für die Unternehmen dar.

Der Schlüsselfaktor einer erfolgreichen Bank wird auch in Zukunft eine hinreichend hohe Zahl an flexiblen und gut ausgebildeten Mitarbeitenden sein. An dieser Stelle bildet eine umfassende und anhand verschiedener Gestaltungselemente gesteuerte Berufsausbildung eine wichtige Basis. Dies gilt aber nicht nur für die „klassischen" Bankauszubildenden, sondern auch für Hochschulabsolventen, dual Studierende und Seiteneinsteiger, die ebenso als weitere Quellen für Nachwuchsmitarbeiter genutzt werden. Zwar sind die einzelnen Elemente in Abhängigkeit von der jeweiligen Zielgruppe differenziert auszugestalten, die grundsätzliche Relevanz bleibt aber erhalten.

Weitere, hier nicht behandelte Ansatzpunkte stellen moderne Formen der Rekrutierung und Bindung dar. Hier gilt es die Arbeitgeberattraktivität am Markt herauszustellen und durch gezielte Maßnahmen zu erreichen und zu behalten. Dies geht einher, mit einer systematischen Qualifizierung der haupt- und nebenberuflichen Ausbilder in den Betrieben, die den fachlichen und kulturellen Wandel eng begleiten müssen. All diese Aspekte sind hochgradig relevant, um als Unternehmen im Wettbewerb um die besten Talente eine starke Position zu haben.

Literatur

Barkey, R. W. (2019). Kundenberatung 2030 zwischen Empathie und künstlicher Intelligenz. *Zeitschrift für das gesamte Kreditwesen, 72*(19), 972–975.
Baxmann, U. G. (2009). *Geschäftsmodelle der Banken im Wandel. 10. Norddeutscher Bankentag.* Frankfurt School.

Bundesinstitut für Berufsbildung (BIBB). (2020). *BiBB-Datenreport*. Bonn.
Bundesministerium für Wirtschaft und Energie. (2020). Verordnung über die Berufsausbildung zum Bankkaufmann und zur Bankkauffrau (Bankkaufleuteausbildungsverordnung – BankkflAusbV) vom 5. Februar 2020, Bundesgesetzblatt Jahrgang 2020 Teil I Nr. 5, ausgegeben zu Bonn am 11. Februar 2020, S. 121–131.
Deutsche Bundesbank. (2022). *Bankstellenbericht 2021. Entwicklung des Bankstellennetzes im Jahr 2021*. Frankfurt am Main.
Frankfurter Volksbank. (2023). *Die Initiative „FinanzPunkt" – ein Zukunftsmodell*. https://www.frankfurter-volksbank.de/wir-fuer-sie/filialen/finanzpunkt.html. Zugegriffen am 14.01.2023.
Genossenschaftsverband – Verband der Regionen e. V. (2021). Aktuelle Umfrage: Deutsche erledigen Geldgeschäfte meistens digital – 40 Prozent bestellen mehr Weihnachtsgeschenke online als im Vorjahr. https://www.presseportal.de/pm/115684/5107933. Zugegriffen am 24.03.2023.
Kopf, M., Leipold, J., & Seidl, J. (2010). *Kompetenzen in Lehrveranstaltungen und Prüfungen: Handreichung für Lehrende*. JGU-Publikationen.
o. V. (2020a). *Der neue Ausbildungsrahmenplan (ARPl)*. Roadshow zur Novellierung der Ausbildungsordnung zum Bankkaufmann/Bankkauffrau.
o. V. (2020b). *Verordnung über die Berufsausbildung zum Bankkaufmann und zur Bankkauffrau (Bankkaufleuteausbildungsverordnung – BankkflAusbV)*. Bundesgesetzblatt Jahrgang 2020 Teil I Nr. 5, Bonn.
Pommerening, C. (2020). *New Leadership im Finanzsektor. So gestalten Banken aktiv den digitalen und kulturellen Wandel*. Springer Gabler.
Schön, S., Ebner, M., & Schön, M. (2016). *Verschmelzung von digitalen und analogen Lehr- und Lernformaten*. Hochschulforum Digitalisierung. Arbeitspapier Nr. 25, Berlin.
Schuster, H., & Hastenteufel, J. (2019). *Die Bankenbranche im Wandel. Status quo und aktuelle Herausforderungen* (2. Aufl.). Nomos.
Sekretariat der Ständigen Konferenz der Kultusminister der Länder in der Bundesrepublik Deutschland. (2022). Vorausberechnung der Zahlen der Schüler/-innen und Absolvierenden 2021 bis 2035. *Statistische Veröffentlichungen der Kultusministerkonferenz Nr. 234*, Berlin.
Statistisches Bundesamt. (2023). *Altersaufbau der Bevölkerung 2021 im Vergleich zu 1990*. https://destatis.de/DE/Themen/Querschnitt/Demografischer-Wandel/_inhalt.html. Zugegriffen am 23.01.2023.
Trendence-Institut. (2023). *Top-Unternehmen für Schüler*. https://www.arbeitgeber-ranking.de/rankings/schueler. Zugegriffen am 29.01.2023.
Wuermeling, J. (2022). Digitalisierung und die Zukunft der Banken. Gastbeitrag anlässlich des Bundesbank-Symposiums. *Zeitschrift für das gesamte Kreditwesen, 75*(21), 1072–1075.

Florian Nolte wurde 1968 in Kirchohsen geboren. Im Anschluss an eine Ausbildung zum Bankkaufmann folgte das Studium der Wirtschaftswissenschaften an der Universität Hannover, 1996 der Abschluss als Diplom-Ökonom. Von 1997 bis 2002 war er wissenschaftlicher Mitarbeiter am Institut für Volkswirtschaftslehre der Universität Hannover. Die Promotion erfolgte 2002. Seitdem ist der Autor in verschiedenen leitenden Positionen in einem Verband tätig, unter anderem im Vorstandsstab sowie wie im Bereich Ausbildung und Karrierestart für genossenschaftliche Unternehmen.

Hinweisgebersysteme in Kreditinstituten nach dem Hinweisgeberschutzgesetz (HinSchG)

Neue Anforderungen für interne Meldestellen

Corinna Hänel

1 Einleitung

Die Gründe für dolose Handlungen von Mitarbeitenden gegen ihren Arbeitgeber („Fraud") sind vielfältig, es gibt nicht den einen Grund, sondern immer eine Kombination mehrerer Ursachen. Neben übergeordneten Einflussfaktoren in Bezug auf Rechtsrahmen, Kultur und Wertesystem eines Unternehmens oder einer ganzen Branche liegen die Ursachen für Verstöße gegen gesetzliche oder interne Regelungen durch Mitarbeitende insbesondere in individuellen Faktoren der Situation, die ein entsprechendes Verhalten ermöglichen und/oder begünstigen kann, und personenbezogenen Merkmalen, die das Ausnutzen einer entsprechenden Situation bewirken, wie beispielsweise ein individuelles Motiv, persönliche Eigenschaften sowie die eigene Sozialisation. Die personenbezogenen Auslöser für ein entsprechendes Verhalten sind für Arbeitgeber nur schwer erkennbar und/oder beeinflussbar (Hänel, 2016, insbesondere S. 96–97 sowie dort angegebene Literaturhinweise). Präventionsmaßnahmen für Fraud kommen daher insbesondere in Bezug auf die persönlichkeitsbezogenen Ursachen an ihre Grenzen.

Die Schäden, die Mitarbeitende mit bewusstem Fehlverhalten bzw. Fraud verursachen (können), sind immens – sowohl direkt für das betroffene Unternehmen als auch in der Folge für ganze Branchen, die durch Einzelfälle Reputationsschäden erleiden (können) (Roth, 2005, S. 22 sowie dort angegebene Literatur), insbesondere im Finanzsektor, der durch eine besondere Stellung des Vertrauens geprägt ist (Burghof & Rudolph, 1996, S. 19).

Neben – auch aufsichtsrechtlich umfangreich geregelten – Präventionsmaßnahmen für Kreditinstitute ist daher das Thema Aufdeckung von dolosen Handlungen wichtig, um

C. Hänel (✉)
Helmholtz-Zentrum hereon GmbH, Geesthacht, Deutschland
E-Mail: corinna.haenel@hereon.de

© Der/die Autor(en), exklusiv lizenziert an Springer Fachmedien Wiesbaden GmbH, ein Teil von Springer Nature 2023
S. Schöning et al. (Hrsg.), *Bank- und Finanzwirtschaft im Stress*, https://doi.org/10.1007/978-3-658-41884-7_9

eine Verbesserung der Präventionsmaßnahmen zu erzielen und – bei transparentem Umgang mit den individuellen Folgen – eine Abschreckung potenzieller Täter zu bewirken. Ein transparenter Umgang mit aufgedeckten Fällen zwecks Abschreckung und Intensivierung der Prävention scheint dagegen für viele Unternehmen zu hohe Reputationsrisiken zu bergen, denn die Fraud-Betroffenheit wird häufig von Unternehmen – insbesondere in vertrauenssensiblen Branchen – verneint (z. B. Hänel, 2016, S. 281–283). Die Aufdeckung von Fraud erfolgt (branchenunabhängig) in den meisten Fällen durch Hinweise (42 % der aufgedeckten Fälle) und häufig durch Mitarbeitende (55 %), die Unstimmigkeiten oder Verdachtsmomente bemerken (ACFE, 2022, S. 22). Dabei ist eine geringe Hemmschwelle für meldende Mitarbeitende, die häufig negative berufliche Folgen befürchten, durch Schutzmaßnahmen für diese Personen Voraussetzung für das tatsächliche Auslösen einer Meldung. Auf diesen Schutz meldender Personen zielt auch das nun in Deutschland eingeführte Hinweisgeberschutzgesetz (HinSchG) ab. Auch wenn Meldesysteme und/oder -prozesse bereits in vielen Unternehmen existieren, soll durch das Gesetz nun ein Standard geschaffen werden, der – nicht nur für Kreditinstitute, sondern branchenunabhängig – die Anforderungen an die Einrichtung von Meldesystemen (interne Kanäle), den Umgang mit Meldungen (Fristen, Aufklärung) und die Rechte der Meldenden (Vertraulichkeit, Verbot von Repressalien) regelt.

Ziel dieses Beitrags ist es daher, auf Grundlage der bisherigen rechtlichen Rahmenbedingungen für Hinweisgebersysteme in Kreditinstituten abzuleiten, welche Änderungen sich aus der neuen Gesetzeslage für Kreditinstitute für die Einrichtung interner Meldekanäle ergeben. Abschließend erfolgt ein Fazit zu den Auswirkungen dieses Gesetzes für Kreditinstitute.

2 Bisherige Anforderungen für die Einrichtung von Hinweisgebersystemen

2.1 Interne Gründe für ein Hinweisgebersystem

Für die Einhaltung von gesetzlichen Bestimmungen sowie unternehmensinternen Regelungen zu sorgen, ist grundsätzlich Verpflichtung jeder Unternehmensleitung (so z. B. nach § 130 Gesetz über Ordnungswidrigkeiten (OWiG)). Die Einrichtung eines umfassenden Risikomanagements einschließlich eines Hinweisgebersystems reduziert die Gefahr für eine Geschäftsleitung und das Aufsichtsgremium, wegen Organisationsfehlern strafrechtlich belangt zu werden, für Schadenersatzansprüche zu haften oder einen Verlust der persönlichen Reputation zu erleiden (Vahl, 2019, S. 409). Außerhalb von branchenspezifischen Regelungen gab es nach deutschem Recht bis zur Einführung des Hinweisgeberschutzgesetzes für Unternehmen allerdings keine allgemeine Verpflichtung zur Einrichtung von Hinweisgebersystemen. Die Sicherstellung des rechtskonformen Verhaltens liegt im Ermessensspielraum der Unternehmensverantwortlichen (Buchert, 2016, Rn. 62–66 mit Verweis auf §§ 76 Abs. 1 und 93 Abs. 1 AktG sowie § 130 OWiG). Der Deutsche Corporate Governance Kodex (DCGK) empfiehlt jedoch ausdrücklich die Einrichtung eines Hinweisgebersystems (DCGK, 2022, Grundsatz 5 A. 4). Viele Unternehmen – insbesondere ab einer relevanten Größe – verfügen daher bereits über entsprechende Systeme mit einer Schutzwirkung für Hinweisgebende als elementaren Bestandteil eines Compliance-Management-Systems (Miege, 2018, S. 45).

Der Eingang von Hinweisen aus der Belegschaft, deren Bedeutung sich in der Regel erst im Laufe der anschließenden Untersuchung zeigt, kann zu einer Verbesserung von Arbeitsabläufen zur Vermeidung bzw. Verminderung von Schwächen und Schäden führen (Vahl, 2019, S. 410). Hinweise von (ehemaligen) Unternehmensangehörigen über unternehmensbezogene Regelverstöße können unternehmensintern oder unternehmensextern erfolgen und werden auch als „Whistleblowing" bezeichnet (Bottmann, 2019, Rn. 44). Eine Legaldefinition für den Begriff existiert nicht.

Für Whistleblower sind mögliche Folgen einer Informationsweitergabe bisher allerdings häufig mit Unsicherheiten verbunden: Die Sorge als „Denunziant" unter den Kollegen zu gelten oder durch Vorgesetze „bestraft", also sanktioniert, zu werden, sei es durch Mobbing oder Benachteiligungen im Arbeitsalltag, oder bei externen Meldungen arbeitsrechtliche Konsequenzen fürchten zu müssen, hemmt mögliche Hinweisgebende (Bottmann, 2019, Rn. 44; zu arbeitsrechtlichen Folgen Strack, 2014, S. 114). Die Möglichkeit einer vertraulichen oder ggf. sogar anonymen Meldung reduziert diese Hemmschwelle für Hinweise durch Beschäftigte (Vahl, 2019, S. 404). Das Vorhandensein eines Hinweisgebersystems in Unternehmen mit einem Schutz für Meldende kann somit direkten Einfluss darauf haben, dass Verstöße gegen gesetzliche oder interne Regelungen erkannt und aufgearbeitet werden, und somit zur Stärkung einer Fraud-Prävention beitragen.

Einen allgemeinen eigenständigen Strafausschluss für hinweisgebende Personen enthielt bisher nur das Geschäftsgeheimnisgesetz (GeschGehG) aus dem Jahr 2019: Eine Verletzung von Geschäftsgeheimnissen ist dann nicht strafbar, sofern der Handelnde „zur Aufdeckung einer rechtswidrigen Handlung oder eines beruflichen oder sonstigen Fehlverhaltens" agiert und „wenn die Erlangung, Nutzung oder Offenlegung geeignet ist, das allgemeine öffentliche Interesse zu schützen." (Deutscher Bundestag, 2019, S. 5).

Zudem hat das Vorhandensein eines Hinweisgebersystems in einem Unternehmen auch eine übergeordnete Präventionswirkung, da mit der Einführung weitere Effekte neben der reinen Informationsgewinnung erzielt werden (können), und zwar (Vahl, 2019, S. 404):

- Förderung der internen Kommunikation und Transparenz in Bezug auf Risiken,
- Signal der Wertschätzung von Rechtstreue,
- Anreize zur Selbstkontrolle bei Mitarbeitenden sowie Abschreckung potenzieller Täter,
- Förderung der Reputation eines Unternehmens nach außen,
- Reduzierung der Gefahr von externen Meldungen oder Offenlegungen mit reputationsschädigender Wirkung (Presse, Internet etc.).

Abgesehen von möglichen gesetzlichen Erfordernissen erfolgt die mögliche Einführung eines funktionierenden Hinweisgebersystems in Unternehmen somit auch immer in betriebswirtschaftlichem Eigeninteresse.

2.2 Anforderungen an den Hinweisgeberschutz für Kreditinstitute vor der Einführung des HinSchG

2.2.1 Vorherige Anforderungen an interne Meldesysteme

In Kreditinstituten sind – insbesondere zum Zwecke des Gläubigerschutzes – die gesetzlichen Anforderungen an das Risikomanagement sowie ein Compliance-Management-System (CMS) gegenüber anderen Branchen erhöht (Vahl, 2019, S. 406). So umfasste eine ordnungsgemäße Geschäftsorganisation nach § 25a Abs. 1 KWG für dem KWG unterliegende Institute seit 2014 auch einen Prozess, der es Mitarbeitenden unter Wahrung der Vertraulichkeit ihrer Identität ermöglicht, Verstöße gegen bestimmte EU-Verordnungen (ursprünglich nur Kapitaladäquanzverordnung, inzwischen erweitert um weitere wie Marktmissbrauchsverordnung etc.), bestimmte Gesetzesverstöße (KWG, WpHG) und Verstöße gegen die auf Grund dieser Gesetze erlassenen Rechtsverordnungen sowie strafbare Handlungen innerhalb des Unternehmens an geeignete Stellen zu melden (§ 25a Abs. 1 S. 6 Nr. 3 KWG in der am 1. Januar 2014 geltenden Fassung). Der Schutz von hinweisgebenden Personen in Bezug auf ihre Identität ist damit seit 2014 in Kreditinstituten bei Meldungen von Verstößen gegen genannte Vorgaben sicherzustellen.

Nahezu gleichlautende Regelungen finden sich für die dem Geldwäschegesetz (GwG) verpflichteten Unternehmen seit 2017 in § 6 Abs. 5 GwG für Verstöße gegen das GwG.

Nach den genannten gesetzlichen Regelungen waren in Kreditinstituten (sowie weiteren finanzwirtschaftlich ausgerichteten Unternehmen) bereits vor Einführung des HinSchG entsprechende Verfahren bzw. vertraulichkeitswahrende Prozesse einzurichten. Konkrete Ausgestaltungshinweise lagen allerdings nicht vor.

2.2.2 Einrichtung eines externen Meldesystems bei der BaFin

Im Nachgang zur Finanzkrise wurden über das erste Finanzmarktnovellierungsgesetz (1. FiMaNoG) ab 2016 einige europäische Vorgaben zur Verbesserung von Transparenz und Integrität der Märkte und des Anlegerschutzes in nationales Recht umgesetzt (Laars, 2017, Rn. 1 dort auch die Auflistung der EU-Verordnungen und Richtlinien). Das Finanzdienstleistungsgesetz (FinDAG) verpflichtet in § 4d seitdem die Bundesanstalt für Finanzdienstleistungsaufsicht (BaFin) zur Einrichtung eines entsprechenden Systems zur Annahme von Hinweisen: „Die Bundesanstalt errichtet ein System zur Annahme von Meldungen über potentielle oder tatsächliche Verstöße gegen Gesetze, Rechtsverordnungen, Allgemeinverfügungen und sonstige Vorschriften sowie Verordnungen und Richtlinien der Europäischen Union, bei denen es die Aufgabe der Bundesanstalt ist, deren Einhaltung durch die von ihr beaufsichtigte Unternehmen und Personen sicherzustellen oder Verstöße dagegen zu ahnden." (§ 4d Abs. 1 S. 1 FinDAG). Zudem ist (und war auch zuvor) die Abgabe von anonymen Meldungen vorgesehen (§ 4d Abs. 1 S. 2 FinDAG). Die Regelungen des FinDAG enthielten in der vorherigen Fassung bereits weitere Vorgaben in Bezug auf die Rechte von Meldenden und von Meldungen betroffenen Personen sowie den Umgang mit Meldungen, und zwar (§ 4d FinDAG, alte Fassung):

- Schutz der Identität der meldenden Person sowie der von der Meldung betroffenen Person(en) (Ausnahme: Weitergabe der Informationen aufgrund nachfolgender Verwaltungs- oder Gerichtsverfahren oder Anordnung der Offenlegung durch Gerichtsbeschluss),
- keine arbeitsrechtlichen oder strafrechtlichen Folgen für Mitarbeitende durch die Meldung (Ausnahme: vorsätzliche oder grob fahrlässig unwahr abgegebene Meldungen),
- Verbot von Einschränkungen des Melderechts durch vertragliche Regelungen, ggf. Unwirksamkeit entsprechender Regelungen,
- Schutz der Rechte von Personen, die Gegenstand einer Meldung sind,
- keine Anwendung des Informationsfreiheitsgesetzes auf Vorgänge nach dem Hinweisgeberverfahren,
- Berichtspflichten der BaFin (in zusammengefasster oder gekürzter Form) über eingegangene Meldungen unter Wahrung der Anonymität von Meldenden.

Mit Einführung des HinSchG sind die entsprechenden Regelungen im FinDAG größtenteils entfallen, da sie im HinSchG enthalten sind. Nähere Bestimmungen über Inhalt, Art, Umfang und Form von Meldungen gegen Verstöße können nach § 4d Abs. 2 FinDAG durch Rechtsverordnung erfolgen. Dies ist mit der dazugehörigen „Verordnung zum Umgang mit Hinweisgebern und zur Bearbeitung ihrer Hinweise durch die Bundesanstalt für Finanzdienstleistungsaufsicht (BaFin-Hinweisgeberverordnung – BaFinHwgebV)" durch das Bundesministerium der Finanzen (BMF) bereits 2016 erfolgt (zuvor § 4d Abs. 9 FinDAG, alte Fassung). In der entsprechenden Verordnung werden im Rahmen der Hinweisgeberstelle der BaFin folgende Regelungen getroffen:

- § 1 BaFinHwgebV: Einsatz spezieller Beschäftigter für die Entgegennahme und Übermittlung von Verstoßmeldungen sowie die Kommunikation mit hinweisgebenden Personen (sofern Meldung nicht anonym erfolgt).
- § 2 BaFinHwgebV: Einrichtung und Ausgestaltung spezieller Kommunikationskanäle für die Entgegennahme und ggf. Folgekommunikation bei Hinweisen inkl. Beauftragung Dritter für den Betrieb der speziellen Kanäle.
- § 3 BaFinHwgebV: Veröffentlichung von Informationen zur Entgegennahme von Verstoßmeldungen inkl. Aufzeigen der möglichen Kommunikationskanäle, Verfahren, Offenlegungsmöglichkeiten etc.
- § 4 BaFinHwgebV: Aktive Information der meldenden Person über zuvor genannte Kommunikationskanäle und Verfahren vor oder während der Entgegennahme der Meldung sowie weitere Informationen u. a. hinsichtlich Anforderungen an Eingangsbestätigung für eine Meldung, Rückmeldefristen, Ergebnismitteilung der Untersuchung etc.
- § 5 BaFinHwgebV: Anforderungen an die Dokumentation von Verstoßmeldungen.
- § 6 BaFinHwgebV: Sicherstellung der Vertraulichkeit und Datensicherheit.

- § 7 BaFinHwgebV: Regelungen zur Weitergabe von Daten.
- § 8 BaFinHwgebV: Zusammenarbeit mit anderen Behörden.

Die Anforderungen an die Hinweisgeberstelle der BaFin als externer Meldekanal für Kreditinstitute (und bestimmte weitere Unternehmen) unterliegt somit umfangreichen Regelungen zur Ausgestaltung der Meldestelle, zum Umgang mit Meldungen und zum Schutz der meldenden Personen.

2.2.3 Zwischenfazit

Kreditinstitute waren auch vor der Einführung des HinSchG generell verpflichtet, unternehmensinterne Prozesse einzurichten, die eine vertrauliche Entgegennahme von Hinweisen Mitarbeitender für Verstöße gegen einen begrenzten (finanzwirtschaftliche relevanten) Regelungsrahmen ermöglichen. Konkrete Ausgestaltungshinweise lagen für solche internen Meldekanäle vor Einführung des HinSchG jedoch nicht vor.

Konkrete Anforderungen an die Einrichtung sowie Ausgestaltung an ein Hinweisgebersystem und zum Schutz der Meldenden existierten vor der Einführung des HinSchG nur für die bei der BaFin verankerte Hinweisgeberstelle gemäß FinDAG. Allerdings war auch in diesem Fall der für Meldungen relevante Regelungsrahmen (bestimmte finanzwirtschaftlich relevante Gesetze, EU-Vorgaben, Rechtsvorschriften und strafbare Handlungen) eng begrenzt.

3 Veränderte Anforderungen an Kreditinstitute für interne Meldestellen

3.1 Anforderungen an Hinweisgebersysteme nach dem HinSchG

3.1.1 Überblick zur Einführung des HinSchG

Das zum 2. Juli 2023 in Kraft getretene Hinweisgeberschutzgesetz (HinSchG) beruht auf der EU-Richtlinie zum Schutz von Personen, die Verstöße gegen das Unionsrecht melden (2019/1937), der sog. Whistleblower-Richtlinie der EU (WBRL). Ziel der Richtlinie ist die Schaffung eines gemeinsamen Mindeststandards der Mitgliedsländer zur Gewährleistung eines Hinweisgeberschutzes bei Verstößen gegen Unionsrecht. Damit soll die Angst hinweisgebender Personen, die für private oder öffentliche Organisationen arbeiten oder beruflich mit diesen in Kontakt stehen, vor Repressalien bei Meldung eines Verdachts oder Bedenken in Bezug auf Verstöße gegen Unionsrecht gesenkt werden, indem diesen Personen ein besonderer Schutz gesetzlich gewährleistet wird. Den Mitgliedsstaaten ist es nach der Richtlinie überlassen, den Anwendungsbereich der nationalen Bestimmungen auf weitere Bereiche zu erweitern (Richtlinie 2019/1937, Begründung Rn. 1–5). Die Umsetzung der Richtlinie in deutsches Recht hätte bis zum 17. Dezember 2021 erfolgen müssen (Richtlinie 2019/1937, Artikel 26 Abs. 1). Da dies nicht erfolgt ist, wurde von der EU am 27. Januar 2022 ein förmliches Vertragsverletzungsverfahren gegen die Bundesrepublik Deutschland eingeleitet (Transparency International e. V., 2022). Nach Veröffentlichung eines Regierungsentwurfs im Sommer 2022 wurde am 16. Dezember 2022 das geplante Hinweisgeberschutzgesetz in der Fassung der Beschlussempfehlung des Rechtsausschusses in 2./3. Lesung im Bundestag angenommen (Deutscher Bundestag, 2022a). Drei Monate nach Verkündigung sollte das Gesetz in Kraft treten (Deutscher Bundestag, 2022b, Artikel 1, § 10). Der Bundesrat hat dem Gesetz am 10. Februar 2023 in der vom Bundestag verabschiedeten Form allerdings nicht zugestimmt (Bundesrat, 2023). Der Widerstand gegen das Gesetz durch die unionsregierten Bundesländer wurde damit begründet, dass der bürokratische Aufwand sowie die Kosten für kleine und mittlere Unternehmen zu hoch seien und dass die geplante Umsetzung über die Anforderungen der WBRL hinaus gehe.

Die Europäische Kommission hat am 15. Februar 2023 beschlossen, die Bunderepublik Deutschland und sieben weitere EU-Länder wegen fehlender Umsetzung der WBRL sowie fehlender Mitteilung von Umsetzungsmaßnahmen vor dem europäischen Gerichtshof (EuGH) zu verklagen (Europäische Kommission, 2023). Letztendlich wurde das Gesetz nach Einberufung des Vermittlungsausschusses am 11. Mai 2023 vom Bundestag und am 12. Mai vom Bundesrat verabschiedet. Nach der Verkündigung am 2. Juni 2023 trat es zum 2. Juli 2023 in Kraft. Es enthält zeitliche Übergangsregelungen für bestimmte kleine Unternehmen. Eine wesentliche Anpassung betrifft die Ermöglichung von anonymen Meldungen – diese sind nach dem finalen Gesetz im Gegensatz zum vorherigen Entwurf auch zukünftig nicht zwingend zu ermöglichen. Anonym eingehende Hinweise sollen allerdings dennoch bearbeitet werden. Weitere Anpassungen des Vermittlungsausschusses beinhalten u.a. die Bevorzugung interner Meldestellen sowie eine Reduzierung der angedrohten Bußgelder bei Verstößen gegen das HinSchG (Deutscher Bundestag, 2023).

3.1.2 Persönlicher und sachlicher Anwendungsbereich des HinSchG

Das HinSchG ist in Bezug auf den persönlichen Anwendungsbereich entsprechend den Richtlinienvorgaben weit gefasst und umfasst alle Personen, die im Zusammenhang mit ihrer beruflichen Tätigkeit oder im Vorfeld dieser Informationen über Verstöße bei dem Beschäftigungsgeber oder einer anderen Stelle, mit der die hinweisgebende Person ihrer beruflichen Tätigkeit in Kontakt steht oder stand, erlangen und diese an dem Gesetz entsprechende Meldestellen melden oder offenlegen. Dies können somit neben Beschäftigten auch Anteilseigner sein sowie Mitarbeitende von Lieferanten (BMJ, 2022). Zudem sind Personen geschützt, die von einer Meldung oder Offenlegung betroffen bzw. Gegenstand dieser Meldung sind (§ 1 HinSchG).

In Bezug auf den sachlichen Anwendungsbereich werden die Vorgaben der WBRL in der nationalen Umsetzung aufgegriffen und ergänzt, sodass neben den in der Richtlinie genannten Verstößen gegen Unionsrecht grundsätzlich auch alle strafbewehrten Verstöße einbezogen werden sowie bußgeldbewehrte Verstöße, soweit die verletzte Vorschrift dem Schutz von Leben, Leib oder Gesundheit oder dem Schutz von Beschäftigtenrechten oder Rechten ihrer Vertretungsorgane dient, also beispielsweise Verstöße gegen den Arbeitsschutz. Hinzu kommen teilweise Erweiterungen der nach der Richtlinie einzubeziehenden Rechtsakte der EU um nationale Rechtsvorschriften des Bundes und der Länder, wie Rechtsvorschriften zur Bekämpfung von Geldwäsche und Terrorismusfinanzierung

(GWG), Produktsicherheit, Verkehrssicherheit, Umweltschutz, Verbraucherschutz, Datenschutz etc. (§ 2 Abs. 1 HinSchG). Das Gesetz gilt zudem für Verstöße gegen das Vergaberecht, für Verstöße nach § 4d Abs. 1 S. 1 des FinDAG, Steuerrechtsverstöße von Körperschaften und Personenhandelsgesellschaften, einzelne Aspekte des Gesetzes gegen Wettbewerbsbeschränkungen, Verstöße gegen die EU-Richtlinie zu digitalen Märkten (Verordnung (EU) 2022/1925) sowie für Pflichtverletzungen bei Äußerungen von Beamten in Bezug auf die Verfassungstreue (§ 2 Abs. 1 HinSchG).

Spezifische Regelungen einiger Gesetze – so auch die Regelungen des § 6 Absatz 5 und § 53 des GWG, § 25a Absatz 1 Satz 6 Nummer 3 des KWG und § 13 Absatz 1 des Wertpapierinstitutsgesetzes (WpIG) sowie § 58 des WpHG – haben gegenüber dem HinSchG Vorrang (§ 4 Abs. 1 HinSchG).

3.1.3 Einrichtung von internen und externen Meldestellen

Die Pflicht zur Einrichtung von internen Meldestellen betrifft die Privatwirtschaft sowie den gesamten öffentlichen Sektor, sofern in der Regel mindestens 50 Personen beschäftigt sind. Für Unternehmen bis zu 249 Beschäftigen gelten Erleichterungen wie eine spätere Einführung (17. Dezember 2023) und die Möglichkeit mit anderen Unternehmen zusammen eine gemeinsame Meldestelle zu betreiben. Abweichend dazu gibt es Unternehmen, für die die Verpflichtung zur Einrichtung der internen Meldestellen unabhängig von der Beschäftigtenanzahl gilt, darunter auch Institute im Sinne des § 1 Abs. 1b des KWG (sowie Institute im Sinne des § 2 Absatz 1 des WpIG und weitere) (§ 12 Abs. 3 HinSchG). Für das Betreiben interner Meldestellen können Dritte beauftragt werden; innerhalb eines Konzerns kann die Meldestelle bei der Konzernmutter angesiedelt werden (BMJ, 2022).

Zudem sind zentrale externe Meldestellen auf Bundesebene einzurichten (Bundesamt für Justiz) bzw. bestehende zentrale Meldestellen – so auch die der BaFin (vgl. Abschn. 2.2.2) – weitergeführt werden (BMJ, 2022).

Meldende Personen haben ein Wahlrecht, ob sie sich an eine interne oder externe Meldestelle wenden. Die Kommunikation zwischen meldender Person und der Meldestelle darf nicht behindert werden. Wohl aber sollen Beschäftigungsgeber, die einer Verpflichtung zur Einrichtung interner Kanäle unterliegen, Anreize schaffen, dass Meldende ein internes Meldesystem bevorzugen, sofern dabei die Möglichkeit einer externen Meldung nicht beschränkt wird (§ 7 HinSchG).

Neben der Einrichtung interner Meldestellen regelt das HinSchG auch die Aufgaben, Organisationsformen, notwendige Fachkenntnisse, Unabhängigkeit und Kommunikationsmöglichkeiten (u. a. Ermöglichung einer persönlichen Kontaktaufnahme) einer internen Meldestelle sowie die Dokumentation und Aufbewahrungsfristen sowie das Verfahren, Folgemaßnahmen und Abschlussaktivitäten bei internen Meldungen.

Ein interner Meldekanal soll – wie auch externe – zudem auch eine anonyme Kontaktaufnahme und Kommunikation ermöglichen (§§ 16 Abs. 1 sowie 27 Abs. 1 HinSchG). Eine zuvor vorgesehene Verpflichtung, anonyme Meldekanäle einzurichten, wurde mit dem

Entwurf des Vermittlungsausschusses im Mai 2023 sowohl für interne als auch externe Meldestellen revidiert (vgl. Abschn. 3.1.1).

3.1.4 Schutzziele des Gesetzes

3.1.4.1 Wahrung der Vertraulichkeit

Meldestellen haben die Vertraulichkeit der Identität meldender Personen, der Personen, die Gegenstand der Meldung sind, sowie sonstige in der Meldung genannter Personen zu wahren. Nur in bestimmten Ausnahmen (z. B. bei grob fahrlässig oder vorsätzlich unrichtigen Meldungen oder im Rahmen eines Gerichtsverfahrens oder auf Grundlage einer gerichtlichen Entscheidung) darf die Identität hinweisgebender Personen weitergegeben werden (§§ 8 und 9 HinSchG).

3.1.4.2 Schutz der hinweisgebenden Personen

3.1.4.2.1 Geschützte hinweisgebende Personen

Eine hinweisgebende Person ist durch das HinSchG (§ 33) geschützt, wenn

1. sie ihre Meldung entsprechend dem Gesetz über interne oder externe Meldekanäle vorgenommen hat oder unter die Ausnahme einer möglichen Offenlegung fällt (siehe unten),
2. sie zum Zeitpunkt einer Meldung (oder Offenlegung) von der Wahrheit der Informationen ausgehen konnte und
3. die gemeldeten Verstöße unter den Anwendungsbereich des Gesetzes fallen oder die meldende Person Grund zur entsprechenden Annahme dessen hatte.

Sofern die Punkte 2 und 3 auch für Personen erfüllt sind, die eine hinweisgebende Person vertraulich bei einer Meldung oder Offenlegung unterstützen, sind diese unterstützenden Personen ebenfalls durch das Gesetz geschützt.

Dies gilt auch für Dritte, die mit der meldenden Person in Verbindung stehen und aufgrund der Meldung der hinweisgebenden Person im beruflichen Zusammenhang Repressalien erlitten haben sowie für juristische Personen, rechtsfähige Personengesellschaften und sonstige rechtsfähige Personengesellschaften, die mit der hinweisgebenden Person rechtlich verbunden sind oder in einem beruflichen Kontext stehen (§ 34 HinSchG).

Personen, die Informationen über Verstöße offenlegen, werden ebenfalls durch das Gesetz geschützt, sofern eine erfolgte Meldung nicht innerhalb der vorgegebenen Fristen zu Folgemaßnahmen geführt hat oder keine Rückmeldung an die meldende Person erfolgt ist. Weitere Ausnahmen zur Ermöglichung der Offenlegung sind eine unmittelbare oder offenkundige Gefährdung des öffentlichen Interesses unter anderem aufgrund der Gefahr irreversibler Schäden, die Gefahr von Repressalien bei externer Meldung oder die Gefahr, dass eine externe Meldung unwirksam ist, da Beweismittel unterdrückt oder vernichtet werden könnten, oder aus anderen Gründen die Aussichten gering sind, dass eine externe Meldestelle wirksame Folgemaßnahmen einleitet (§ 32 HinSchG).

Sofern Vereinbarungen getroffen werden, die die nach dem HinSchG bestehenden Rechte der geschützten Personen einschränken, sind diese unwirksam (§ 39 HinSchG).

3.1.4.2.2 Schutz vor Verantwortlichkeit und Repressalien

Die *Verantwortlichkeit* einer hinweisgebenden Person wird dahingehend eingeschränkt, dass sie nicht für die Beschaffung von oder den Zugriff auf Informationen rechtlich belangt werden kann, sofern dieses Vorgehen nicht eine eigenständige Straftat darstellt. Die Weitergabe von Informationen im Rahmen einer Meldung oder Offenlegung verletzt zudem keine Offenlegungsbeschränkungen, sofern die meldende Person davon ausgehen konnte, dass die Informationsweitergabe zur Aufdeckung des Verstoßes erforderlich war (§ 35 HinSchG).

Repressalien gegen eine hinweisgebende Person sowie die Androhung oder die versuchte Ausübung dieser sind verboten. Sofern eine meldende Person eine Benachteiligung in Bezug auf die berufliche Tätigkeit erhält, wird vermutet, dass die Benachteiligung eine Repressalie für die Meldung oder Offenlegung darstellt. In diesem Fall hat die die Benachteiligung ausübende Person die Gründe der Benachteiligung darzulegen oder zu beweisen, dass die Benachteiligung nicht aufgrund der Meldung oder Offenlegung erfolgt ist (§ 36 HinSchG). Verstöße dagegen führen zu Schadensersatzansprüchen der meldenden Person (§ 37 Abs. 1 HinSchG).

3.1.5 Weitere Regelungen

Das HinSchG enthält zudem weitere Vorgaben im Hinblick auf die Meldestellen oder den Umgang mit Meldungen. Diese betreffen die Verarbeitung personenbezogener Daten (§ 10), das Verhältnis zu sonstigen Verschwiegenheits- und Geheimhaltungspflichten (§ 6), die Ausgestaltung und Pflichten externer Meldestellen (§ 27 bis § 30), Schadenersatzpflichten nach einer Falschmeldung (§ 38) sowie Bußgeldvorschriften bei Verstoß gegen einzelne Anforderungen des Gesetzes (§ 40). Auf diese Aspekte wird im Folgenden nicht eingegangen.

3.2 Auswirkungen des HinSchG auf interne Meldestellen

3.2.1 Ausweitung des Anwendungsbereichs

Der *persönliche Anwendungsbereich* der bisherigen Anforderungen an Kreditinstitute für interne Meldekanäle (nach § 25a Abs. 1 S. 6 Nr. 3 KWG) beschränkt sich explizit auf Mitarbeitende (vgl. Abschn. 2.2.1). Der persönliche Anwendungsbereich des HinSchG umfasst allerdings alle Personen, die im Rahmen ihrer beruflichen Tätigkeit Informationen zu Verstößen erlangt haben (vgl. Abschn. 3.1.2). Da die spezifischen Regelungen bestehender

Hinweisgebersysteme vorrangig gelten, aber die Vorschriften des allgemeinen Hinweisgeberschutzes diese ergänzen sollen, bedeutet die Einführung des HinSchG eine deutliche Erweiterung des persönlichen Anwendungsbereichs. Meldungen können daher von diversen Stakeholdern eingehen. In Bezug auf das interne Meldesystem sieht das Gesetz eine Meldemöglichkeit für Beschäftigte sowie für Leiharbeitnehmende vor. Somit sind die internen Meldesysteme zukünftig auch letzteren zu öffnen, was eine Ausweitung der intern meldenden Personen bedeutet.

Ähnlich verhält es sich bei dem *sachlichen Anwendungsbereich* des Gesetzes: Der Umfang der für interne Meldungen relevanten Verstöße war zuvor eng begrenzt auf für Kreditinstitute relevante und benannte EU-Vorgaben, Gesetze und deren Rechtsverordnungen sowie strafbare Handlungen innerhalb des Unternehmens. Mit Einführung des HinSchG werden neben strafbaren Handlungen auch bußgeldbewehrte Handlungen, sofern sie gegen die Vorschrift dem Schutz von Leben, Leib oder Gesundheit oder dem Schutz von Beschäftigtenrechten oder Rechten ihrer Vertretungsorgane verstoßen, einbezogen, ebenso wie diverse explizit aufgeführte EU-weite sowie nationale Regelungen (vgl. Abschn. 3.1.3). Dazu gehören auch die in § 4d Abs. 1 FinDAG genannten Vorgaben – also alle Gesetze, Rechtsverordnungen und Richtlinien der Europäischen Union, bei denen die BaFin für die Sicherstellung der Einhaltung sowie ggf. die Ahndung von Verstößen zuständig ist (vgl. Abschn. 2.2.2). Zudem sind Kreditinstitute vor die Herausforderung gestellt zu prüfen, welche Erweiterungen bestehender Systeme erforderlich sind, zumal die Anzahl als nicht unerheblich einzuschätzen ist und somit einen erheblichen Umstellungsaufwand bedeuten kann (dazu auch Verband der Auslandsbanken in Deutschland e.V., 2022, S. 2).

3.2.2 Ausgestaltung und Verfahren einer internen Meldestelle

Das HinSchG gilt ohne Einschränkungen für alle Institute im Sinne des § 1 Absatz 1b des KWG ohne Erleichterungen aufgrund geringer Mitarbeitendenanzahl (vgl. Abschn. 3.1.3). Damit gelten alle Anforderungen an interne Meldestellen auch für Kreditinstitute, deren interne Meldestellenanforderung bisher darauf beschränkt war, dass eine sog. geeignete Stelle eingerichtet wurde, sodass Mitarbeitende unter Wahrung der Vertraulichkeit ihrer Identität bestimmte Verstöße melden konnten (vgl. Abschn. 2.2.2).

Die nun vorliegenden Anforderungen durch das HinSchG konkretisieren in vielerlei Hinsicht die Anforderungen an die Ausgestaltung einer internen Meldestelle. Hinzu kommen Verfahrensanweisungen zum Umgang mit intern eingegangenen Meldungen.

Die Aufgaben interner Meldestellen nach dem HinSchG umfassen das Betreiben der Meldekanäle, das Führen der Verfahren und die Ergreifung von Folgemaßnahmen. Zudem müssen die internen Meldestellen klare und leicht zugängliche Informationen hinsichtlich externer Meldestellen bereitstellen (§ 13 HinSchG).

3.2.2.1 Anforderungen an die Ausgestaltung einer internen Meldestelle

Die *Organisationsform* einer internen Meldestelle nach § 14 HinSchG ist in mehreren Varianten möglich: Neben einer beschäftigten Person oder einer aus mehreren beschäftigten Personen bestehenden Organisationseinheit kann auch ein Dritter beauftragt werden, die interne Meldestelle zu betreiben, ohne jedoch das beauftragende Unternehmen von der Verpflichtung zur Einleitung geeigneter Folgemaßnahmen zu entbinden (§ 14 Abs. 1 HinSchG). Damit ist Kreditinstituten die organisatorische Ausgestaltung offen gehalten. Eine Anbindung der internen Meldestelle z. B. an die „Zentrale Stelle" (entsprechend § 25h Abs. 7 KWG) wäre damit durchaus möglich und würde ggf. Ressourcen schonen. Die Möglichkeit der Beauftragung Dritter (z. B. eines externen Dienstleisters oder einer Rechtsanwaltskanzlei) erleichtert insbesondere kleineren Instituten die Umsetzung.

Zur Einrichtung interner Meldestellen verpflichtete Unternehmen müssen bei deren Einrichtung bei den *Mitarbeitenden*, die mit den Aufgaben einer internen Meldestelle betraut sind, für die Erteilung von Befugnissen, die Aufgaben wahrzunehmen, insbesondere zur Prüfung von Meldungen und Ergreifung von Folgemaßnahmen, sorgen (§ 12 Abs. 4 HinSchG). Diese Mitarbeitenden müssen in der Wahrnehmung ihrer Aufgaben unabhängig sein. Sofern sie weitere Aufgaben wahrnehmen, muss sichergestellt sein, dass dies nicht zu Interessenkonflikten führt. Zudem haben die beauftragten Mitarbeitenden über die erforderliche Fachkunde zu verfügen (§ 15 HinSchG). Insbesondere der letztgenannte Punkt führt durchdie Ausweitung des sachlichen Anwendungsbereichs vermutlich dazu, dass kaum eine hinreichende Fachkunde vorgehalten werden kann, sondern nur unter Hinzuziehen interner oder externer Experten die Sachverhaltsaufklärung und -bewertung vorgenommen werden können (Die deutsche Kreditwirtschaft, 2022, S. 3 f.).

Die Einrichtung von *internen Meldekanälen* sind so zu gestalten, dass sich Beschäftigte sowie ggf. Leiharbeitnehmenden an diese wenden können. Der interne Meldekanal kann zudem für weitere Personen geöffnet werden, z. B. mit dem Unternehmen in Kontakt stehende Personen wie Lieferanten etc. Grundsätzlich dürfen nur die für die Meldekanäle zuständigen Personen sowie ggf. für die Entgegennahme und Bearbeitung von Meldungen unterstützende Personen Zugriff auf eingehende Meldungen haben. In dem Zuge muss eine Meldung entweder in mündlicher oder in Textform sowie auf Wunsch der hinweisgebenden Person im Rahmen einer persönlichen Zusammenkunft ermöglicht werden. Letztere ist bei Einwilligung der hinweisgebenden Personen auch mittels Bild- und Tonübertragung möglich (§ 16 HinSchG). Mit der Konkretisierung der Anforderungen an die Ausgestaltung interner Meldekanäle wird die Umsetzung der Schutzanforderungen (z. B. Beschränkung der Zugriffsrechte) sowie der Rechte (z. B. persönliche Treffen) der hinweisgebenden Personen deutlich gegenüber der bisherigen Regelung in Kreditinstituten gestärkt, die nur eine geeignete Stelle ohne weitere Konkretisierung der Ausgestaltungsmerkmale vorsieht.

3.2.2.2 Anforderungen an den Umgang mit internen Meldungen

Das HinSchG gibt sehr klar die Aufgaben der internen Meldestelle vor. Diese splitten sich in das Verfahren mit sowie den Folgemaßnahmen von internen Meldungen auf.

In Bezug auf das *Verfahren bei Eingang* einer Meldung über einen internen Meldekanal übernimmt die interne Meldestelle die Kommunikation mit der hinweisgebenden Person in folgender Hinsicht: Übermittlung einer Eingangsbestätigung innerhalb von sieben Tagen, Kontakthalten, ggf. Anfordern weiterer Informationen sowie innerhalb von drei Monaten die Rückmeldung hinsichtlich Folgemaßnahmen und deren Gründe (unter Wahrung der Rechte betroffener Personen und ohne Gefährdung von internen Nachforschungen oder Ermittlungen). Zudem erfolgt bei der internen Meldestelle die Prüfung auf den sachlichen Anwendungsbereich des Gesetzes sowie die Stichhaltigkeit der eingegangenen Meldungen und daraus abgeleitet das Ergreifen von Folgemaßnahmen (§ 17 HinSchG).

Mögliche Folgemaßnahmen sind die Durchführung interner Untersuchungen inkl. Kontaktaufnahme bei betroffenen Personen und Organisationseinheiten, Verweis der hinweisgebenden Personen an ggf. andere zuständige Stellen, Abschluss des Verfahrens aufgrund fehlender Beweise oder aus anderen Gründen oder Abgabe des Verfahrens zwecks weiterer Untersuchung an intern zuständige Stellen oder eine zuständige Behörde (§ 18 HinSchG).

Die Anforderungen an das Verfahren sowie mögliche Folgemaßnahmen sind gänzlich neu für Kreditinstitute. Der Umgang mit internen Meldungen sowie mögliche Folgemaßnahmen waren zuvor in keinerlei Hinsicht geregelt. Damit ergibt sich für Kreditinstitute die Etablierung neuer oder ggf. angepasster Prozesse, sofern der bisherige Umgang mit eingehenden internen Meldungen nicht diesen Anforderungen entsprach.

3.2.3 Neue Rechte und zusätzlicher Schutz der Meldenden

Das bisherige Schutzziel für hinweisgebende Mitarbeitende umfasste bei internen Meldungen in Kreditinstituten lediglich die Wahrung der Vertraulichkeit der Identität. Durch das HinSchG werden die Rechte und der Schutz von Meldenden bei internen Meldesystemen in Kreditinstituten deutlich erweitert.

Meldende Personen können in Bezug auf den Meldekanal entscheiden, ob sie im Rahmen einer Meldung neben telefonischer oder schriftlicher Meldung auch eine persönliche Zusammenkunft wünschen. Sie haben zudem ein Recht auf Rückmeldung zu ihrer Meldung und dürfen – unter den genannten Voraussetzungen – Informationen auch offenlegen, ohne dafür zur Verantwortung gezogen zu werden. In ihren Rechten dürfen sie (z. B. durch vertragliche Regelungen) nicht eingeschränkt werden.

Gleichzeitig erfahren hinweisgebende Personen neuen Schutz durch die Anforderungen an die Ausgestaltung der internen Meldekanäle (z. B. klare Einschränkung der Zugriffe auf die eingehenden Meldungen), sodass die bereits zuvor eingeforderte allgemein formulierte Wahrung der Vertraulichkeit nun auch mit entsprechenden Ausgestaltungsregeln hinterlegt ist. Zudem dürfen hinweisgebende Personen nicht (arbeitsrechtlich) für die Beschaffung von oder den Zugriff auf Informationen zur Verantwortung gezogen werden, sofern diesem Vorgehen keine Straftat zugrunde liegt. Der Ausschluss der Verantwortlichkeit reicht dabei allerdings sehr weit, denn die Beschaffung von (vertraulichen) Informationen könnte eine arbeitsrechtliche Pflichtverletzung darstellen, wenn das Sammeln von Informationen zu einem Zeitpunkt ohne Verdachtsmoment erfolgt und sich diese Verdachtsmomente erst später ergeben. Damit sind insbesondere in der sehr vertrauenssensiblen Finanzbranche die arbeitgeberseitigen Handlungsmöglichkeiten in Bezug auf den Schutz der Eigentumsrechte und in Bezug auf Pflichtverletzungen bei der Informationsbeschaffung deutlich eingeschränkt (Die deutsche Kreditwirtschaft, 2022, S. 4).

Umfangreiche Schutzansprüche betreffen zudem die Folgen einer Meldung, sodass Kreditinstitute nun den Schutz vor Repressalien und negativen Folgen gewährleisten müssen und ggf. in die Beweislast kommen, sofern eine hinweisgebende Person den Vorwurf einer Repressalie im Zusammenhang mit einer Meldung vorbringt.

Sofern Schutzansprüche hinweisgebender Personen nicht eingehalten werden und ihnen dadurch Nachteile entstehen, haben sie Anspruch auf Schadensersatz (auch bei Schäden, die nicht Vermögensschäden sind wie z. B. Reputationsschäden).

3.3 Zusammenfassung

Mit der Einführung des HinSchG wurde die bisherige Regelung in Kreditinstituten für interne Meldungen deutlich ausgeweitet: Neben dem persönlichen Anwendungsbereich wird nach dem HinSchG insbesondere der sachliche Anwendungsbereich für Kreditinstitute deutlich umfangreicher. Dies bedeutet zum einen, dass gegenüber bestehenden Systemen vermutlich eine aufwändige Differenzbetrachtung erfolgen musste und in der Umsetzung die Anforderungen an die Fachkompetenz entsprechender Mitarbeitender interner Meldestellen vermutlich nur unter Hinzuziehung interner oder externer Experten möglich ist.

Die Ausgestaltungshinweise an interne Meldestellen in Bezug auf deren Einrichtung sowie deren Aufgaben werden mit dem HinSchG für Kreditinstitute nun gegenüber den vorherigen Regelungen deutlich konkretisiert, sodass in vielen Fällen vermutlich eine Anpassung der internen Strukturen und Prozesse erforderlich war oder noch sein wird. Auch andere Anforderungen insbesondere an die Sicherstellung der Meldendenrechte (z. B. das Recht auf eine persönliche Zusammenkunft) führen für Kreditinstitute, die ihre internen Meldestellen zentral ausrichten, zu weiteren Umsetzungsanforderungen.

Insgesamt bleibt festzustellen, dass die Anforderungen an die Ausgestaltung interner Meldestellen in Kreditinstituten mit Einführung des HinSchG den bisherigen Anforderungen an die externe Meldestelle bei der BaFin angeglichen wird. So existieren für interne Meldestellen in Kreditinstituten sehr ähnliche Anforderungen wie bereits zuvor für die externe Meldestelle der BaFin (vgl. Abschn. 2.2.2). Eine vollständige Übernahme ist allerdings nicht erfolgt. So sind beispielsweise *anonyme Meldungen* bei der BaFin bereits jetzt möglich, für interne Meldestellen gilt diese Verpflichtung nicht. Die bisherigen Ausgestaltungsanforderungen der externen Meldestelle der BaFin nach § 4d FinDAG werden mit Inkrafttreten des HinSchG größtenteils durch die im HinSchG enthaltenen Vorgaben ersetzt (Deutscher Bundestag, 2022b, Artikel 7). Somit bewirkt das HinSchG auch Veränderungen bei der externen Meldestelle der BaFin. Ziel dieser Angleichung ist, dass Meldenden grundsätzlich zwei gleichwertige Meldewege (intern und extern) zur Verfügung stehen (Deutscher Bundestag, 2022b, Vorbemerkung S. 1).

4   Fazit

Das HinSchG bedeutet für jedes Kreditinstitut die Einrichtung einer internen Meldestelle mit umfassenden Anforderungen. Sofern Kreditinstitute ein solches (umfassendes) System bereits aus Eigeninteresse in der Vergangenheit eingerichtet haben, war dieses mindestens um neue Anforderungen an den Anwendungsbereich zu ergänzen – auch wenn der Umfang der neuen Anforderungen zum Zeitpunkt der Beitragserstellung lange offen war und dann relativ kurzfristig erfolgen musste. Für Institute, die sich bisher an den Anforderungen vor dem HinSchG ausgerichtet hatten, waren umfangreiche Anpassungen und Erweiterungen vorzunehmen bzw. eine Beauftragung Dritter vorzubereiten. Solche Anforderungen können mit einem nicht unerheblichen internen Aufwand bzw. zusätzlichen Kosten für die Beauftragung Dritter verbunden sein. Der tatsächliche direkte Nutzen für Kreditinstitute daraus bleibt indes weiter abzuwarten.

Nichtsdestotrotz sollten Kreditinstitute bei allem anstehenden Aufwand die Chancen einer internen Meldestelle sehen: Sofern dieser Meldeweg besteht, fördert er die Sensibilisierung bei möglichen Meldenden sowie möglichen Fraud-Tätern, sodass das Vorhandensein einer internen Meldestelle nicht nur die Hinweisabgabe von Mitwissenden fördern, sondern auch eine verstärkte Abschreckungswirkung auf mögliche Fraud-Täter haben könnte. Zudem kann die Nutzung einer internen Meldestelle für Kreditinstitute das Risiko einer reputationsschädigenden externen Meldung oder gar Offenlegung deutlich reduzieren, was für eine solche von Vertrauen geprägte Branche nicht unerheblich ist.

Mit der Angleichung der Anforderungen an die Ausgestaltung der internen und externen Meldestellen ist der Unterschied für Meldende insbesondere dahingehend gegeben, dass sie bei Nutzung externer Meldestellen auch anonyme Meldungen abgeben können, was für interne Meldestellen ggf. von Unternehmen freiwillig eingerichtet wird aber keine Verpflichtung ist. Dass einem Meldenden dieser (mögliche) Unterschied bewusst ist, ist fraglich. Ob die Auswahl der Meldestelle nicht vielmehr davon abhängt, wieviel Vertrauen diese Person in die vorgeschriebenen Schutzansprüche legt, kann an dieser Stelle nur vermutet werden und sollte Gegenstand zukünftiger Untersuchungen sein.

Am Ende entscheidet allein ein möglicher Whistleblower, ob und wenn ja, über welchen Weg, er einen Hinweis auf mögliche Fraud-Fälle abgibt. Neben der Erfüllung der gesetzlichen Anforderungen sollte es daher im Interesse der Kreditinstitute sein, dieses Instrument in der Praxis als Teil eines Compliance-Management-Systems sichtbar zu machen und die oberste Priorität des Schutzes möglicher Whistleblower im Sinne des Gesetzes durch geeignete Prozesse und Systeme zu gewährleisten.

Literatur

ACFE – Association of Certified Fraud Examiners. (2022). *Occupational fraud 2022: A report to the Nations*. https://legacy.acfe.com/report-to-the-nations/2022/. Zugegriffen am 29.12.2022.

BMJ – Bundesministerium der Justiz. (2022). Hinweisgeberschutzgesetz vom Kabinett beschlossen. Pressemittelung vom 27. Juli 2022. https://www.bmj.de/SharedDocs/Pressemitteilungen/DE/2022/0727_Hinweisgeberschutz.html. Zugegriffen am 29.12.2022.

Bottmann, U. (2019). Criminal Compliance. In T. Park (Hrsg.), *Kapitalmarktstrafrecht* (S. 145–197). Nomos.

Buchert, R. (2016). Ombudsmann und Hinweisgebersysteme. In E. Hauschka, K. Moosmayer, & T. Lösler (Hrsg.), *Corporate Compliance – Handbuch der Haftungsvermeidung im Unternehmen* (S. 1301–1330). C.H. Beck.

Bundesrat. (2023). *Beschluss des Bundesrates*. Drucksache 20/23 vom 10.02.23. Berlin.

Burghof, H.-P., & Rudolph, B. (1996). *Bankenaufsicht – Theorie und Praxis der Regulierung*. Gabler.

Deutscher Bundestag. (2019). *Beschlussempfehlung und Bericht des Ausschusses für Recht und Verbraucherschutz (6. Ausschuss)*. Drucksache 19/8300 vom 13.03.2019. Berlin.

Deutscher Bundestag. (2022a). *Besserer Schutz für hinweisgebende Personen im beruflichen Umfeld beschlossen*. Pressemitteilung v. 16.12.2022. https://www.bundestag.de/dokumente/textarchiv/2022/kw50-de-hinweisgeber-926806?enodia=eyJleHAiOjE2NzQ3NjU5MjcsImNvbnRlbnQiOnRydWUsImF1ZCI6ImF1dGgiLCJIb3N0Ijoid3d3LmJ1bmRlc3RhZy5kZSIsIlNvdXJjZSI6IjoiNzkuMjM0LjE4NS44NSIsIk5vbmZ0Z0lEIjoiOGRhZGNlMTI1ZmQyYzM5MzJiOTQzYjUyZTlkMmNkNjJlUwNTc1NGUxNjIyMTJhMmNlMWJjMTVjMGQ0YmJmZSJ9.wMFd1pvT0is0s87dyGGaGBlqJc4fRtxz1r_uPRAtXOc=. Zugegriffen am 15.01.2023.

Deutscher Bundestag. (2022b). *Beschlussempfehlung und Bericht des Rechtsausschusses*. Drucksache 20/4049 vom 14.12.2022. Berlin.

Deutscher Bundestag. (2023). Bundestag stimmt für Kompromiss zum Hinweisgeberschutz. Pressemitteilung vom 11.05.2023. https://www.bundestag.de/dokumente/textarchiv/2022/kw50-de-hinweisgeber-926806?enodia=eyJleHAiOjE2OTYzMTY4NTksImNvbnRlbnQiOnRydWUsImF1ZCI6ImF1dGgiLCJIb3N0Ijoid3d3LmJ1bmRlc3RhZy5kZSIsIlNvdXJjZSI6IjoiNzkuMjM0LjE5MS4xMjkiLCJEb25maWRJIjoiYWRjZTEyNWZkMmMzOTMyYjk0M2I1MmU5ZDJjZEYjVhZjE1YzBkNGJiZmUifQ==.Dz1uh0021Jauy1M1EYL0jsTJpYVhFQBITBTJVM3lto8=. Zugegriffen am 02.10.2023.

Die deutsche Kreditwirtschaft. (2022). *Stellungnahme zum Referentenentwurf eines „Gesetzes für einen besseren Schutz von Personen, die Verstöße gegen das Unionsrecht melden sowie zur Umsetzung der Richtlinie zum Schutz von Personen, die Verstöße gegen das Unionsrecht melden"* vom 11. Mai 2022. https://www.bmj.de/SharedDocs/Gesetzgebungsverfahren/Stellungnahmen/2022/Downloads/0511_Stellungnahme_Bankenverband_HinSchG-E.pdf?__blob=publicationFile&v=3. Zugegriffen am 29.12.2022.

Europäische Kommission. (2023). *Die Europäische Kommission will acht Mitgliedstaaten im Zusammenhang mit dem Schutz von Hinweisgebern vor dem Gerichtshof der Europäischen Union verklagen*. Pressemitteilung vom 15.02.2023. Brüssel.

Hänel, C. (2016). *Fraud-Prävention in Kreditinstituten*. Wiesbaden: Springer. Zugleich Dissertation an der Leuphana Universität Lüneburg 2015.

Laars, R. (2017). *FinDAG § 4d Meldungen von Verstößen; Verordnungsermächtigung*; Kommentar (Rn 1–6, Online-Auflage). Beck.

Miege, C. (2018). Einrichtung eines Hinweisgebersystems. *CCZ – Corporate Compliance Zeitschrift, 45*(1), 1–48.

Roth, M. (2005). *Compliance, Integrität und Regulierung – ein wirtschaftsethischer Ansatz in 10 Thesen*. Schulthess.

Strack, G. (2014). Unzureichender Schutz von Whistleblowern in Deutschland. *CB – Compliance-Berater, 4*, 113–117.

Transparency International. (2022). *Whistleblower-Schutz: Vertragsverletzungsverfahren gegen Deutschland eingeleitet*. Pressemitteilung vom 10. Februar 2022. https://www.transparency.de/aktuelles/detail/article/whistleblower-schutz-vertragsverletzungsverfahren-gegen-deutschland-eingeleitet/. Zugegriffen am 24.01.2023.

Vahl, A. (2019). Einsatz von Hinweisgebersystemen. In J. Bakaus & L.-H. Kruse (Hrsg.), *Die „Zentrale Stelle" in Kreditinstituten* (S. 401–422). Frankfurt School.

Verband der Auslandsbanken in Deutschland e.V. (2022). *Stellungnahme des Verbands der Auslandsbanken in Deutschland (VAB) zum Referentenentwurf vom 13. April 2022 über ein Gesetz für einen besseren Schutz hinweisgebender Personen sowie zur Umsetzung der Richtlinie zum Schutz von Personen, die Verstöße gegen das Unionsrecht melden* v. 11. Mai 2022. https://www.bmj.de/SharedDocs/Gesetzgebungsverfahren/Stellungnahmen/2022/Downloads/0511_Stellungnahme_VAB_HinSchG-E.pdf?__blob=publicationFile&v=2. Zugegriffen am 29.12.2022.

Rechtsquellenverzeichnis

AktG – Aktiengesetz vom 6. September 1965 (BGBl. I S. 1089), das zuletzt durch Artikel 3 Absatz 3 des Gesetzes vom 4. Januar 2023 (BGBl. I Nr. 10) geändert worden ist.

BaFinHwgebV – BaFin-Hinweisgeberverordnung vom 2. Juli 2016 (BGBl. I S. 1572), die zuletzt durch Artikel 1 der Verordnung vom 26. Juli 2021 (BGBl. I S. 3207, 4455) geändert worden ist.

DCGK – Deutscher Corporate Governance Kodex (2022) in der Fassung vom 28. April 2022. https://dcgk.de/files/dcgk/usercontent/de/download/kodex/220627_Deutscher_Corporate_Governance_Kodex_2022.pdf. Zugegriffen am 29.12.2022.

FiMaNoG – Erstes Gesetz zur Novellierung von Finanzmarktvorschriften auf Grund europäischer Rechtsakte (Erstes Finanzmarktnovellierungsgesetz – 1. FiMaNoG) vom 30.06.2016 (BGBl. I S. 1514).

FinDAG a.F. – Finanzdienstleistungsaufsichtsgesetz vom 22. April 2002 (BGBl. I S. 1310), in der vor dem 02.07.2023 geltenden Fassung.

FinDAG n.F. – Finanzdienstleistungsaufsichtsgetz vom 22. April 2002 (BBGl.) S. 1310), das zuletzt durch Artikel 7 des Gesetzes vom 31.05.2023 (BGBl. 2023 I S. 140) geändert wurde.

GeschGehG – Gesetz zum Schutz von Geschäftsgeheimnissen vom 18. April 2019 (BGBl. I S. 466).

GwG – Geldwäschegesetz vom 23. Juni 2017 (BGBl. I S. 1822), das zuletzt durch Artikel 4 des Gesetzes vom 19. Dezember 2022 (BGBl. I S. 2606) geändert worden ist.

HinSchG – Gesetz für einen besseren Schutz hinweisgebender Personen (Hinweisgeberschutzgesetz – HinSchG) vom 31. Mai 2023 (BGBl. 2023 I Nr. 140).

KWG – Kreditwesengesetz in der am 1. Januar 2014 geltenden Fassung geändert durch Artikel 1 des Gesetzes vom 28. August 2013 (BGBl. I S. 3395).

KWG – Kreditwesengesetz in der Fassung der Bekanntmachung vom 9. September 1998 (BGBl. I S. 2776), das zuletzt durch Artikel 6 des Gesetzes vom 19. Dezember 2022 (BGBl. I S. 2606) geändert worden ist.

OWiG – Ordnungswidrigkeitengesetz (Gesetz über Ordnungswidrigkeiten) In der Fassung der Bekanntmachung vom 19.02.1987 (BGBl. I S. 602) zuletzt geändert durch Gesetz vom 05.10.2021 (BGBl. I S. 4607) m.W.v. 01.01.2022.

Richtlinie (EU) 2019/1937 des Europäischen Parlaments und des Rates vom 23. Oktober 2019 zum Schutz von Personen, die Verstöße gegen das Unionsrecht melden.

Verordnung (EU) 2022/1925 des europäischen Parlaments und des Rates vom 14. September 2022 über bestreitbare und faire Märkte im digitalen Sektor und zur Änderung der Richtlinien (EU) 2019/1937 und (EU) 2020/1828 (Gesetz über digitale Märkte).

WpHG – Wertpapierhandelsgesetz in der Fassung der Bekanntmachung vom 9. September 1998 (BGBl. I S. 2708), das zuletzt durch Artikel 10 des Gesetzes vom 19. Dezember 2022 (BGBl. I S. 2606) geändert worden ist.

WpIG – Wertpapierinstitutsgesetz vom 12. Mai 2021 (BGBl. I S. 990), das zuletzt durch Artikel 9 des Gesetzes vom 19. Dezember 2022 (BGBl. I S. 2606) geändert worden ist.

Corinna Hänel promovierte als wissenschaftliche Mitarbeiterin an dem von Prof. Ulf G. Baxmann geleiteten Institut für Bank-, Finanz- und Rechnungswesen der Leuphana Universität Lüneburg zum Thema *Fraud-Prävention in Kreditinstituten* (2015). Nach ihrer Tätigkeit als Referentin und spätere Leitung der Internen Revision der Helmholtz-Zentrum hereon GmbH verantwortet sie seit 2020 als Bereichsleitung den dortigen „Zentralbereich" mit den Gruppen „Rechtliche Angelegenheiten" und „Organisationsentwicklung" sowie die zentrale Compliance-Stelle. Sie ist zudem Beauftragte für Korruptionsprävention des Helmholtz-Zentrums und Mitglied der dortigen Internen Meldestelle nach dem Hinweisgeberschutzgesetz.

Analyse der Eignung ausgewählter Kryptowährungen zur Portfoliodiversifizierung

Stephan Schöning, Dario Dorsano, Tobias Lücke und Roger-David Nolting

1 Einleitung

Kryptowährungen haben sich binnen kurzer Zeit als Zahlungsmittel und auch als Anlageinstrument etabliert (BaFin, 2019, S. 5 f.): Die Marktkapitalisierung aller Kryptowährungen belief sich im März 2023 auf über 1,1 Billion US-Dollar (CoinMarketCap, o. J.-c). Mittlerweile halten Privatinvestoren[1] und institutionelle Anleger große Summen an Kryptowährungen und Investmentbanken ermöglichen ihren Kunden den Handel mit Kryptowährungen und Krypto-ETFs (Ossinger, 2021). Der Boom wird verstärkt durch Äußerungen und Investments einflussreicher Personen wie Elon Musk oder Michael Say-

---

[1] Aus Gründen der besseren Lesbarkeit wird bei Personenbezeichnungen und personenbezogenen Hauptwörtern in diesem Beitrag das generische Maskulinum verwendet. Entsprechende Begriffe gelten im Sinne der Gleichbehandlung grundsätzlich für alle Geschlechter. Die verkürzte Sprachform hat nur redaktionelle Gründe und beinhaltet keine Wertung.

S. Schöning (✉)
Offenburg, Deutschland
E-Mail: Stephan.schoening@srh.de

D. Dorsano
Heidelberg, Deutschland

T. Lücke
Barsinghausen, Deutschland

R.-D. Nolting
Ahrensburg, Deutschland

© Der/die Autor(en), exklusiv lizenziert an Springer Fachmedien Wiesbaden GmbH, ein Teil von Springer Nature 2023
S. Schöning et al. (Hrsg.), *Bank- und Finanzwirtschaft im Stress*,
https://doi.org/10.1007/978-3-658-41884-7_10

lor (Olinga, 2022). El Salvador führte im Jahr 2021 Bitcoin sogar als offizielle Währung des Landes ein (Alvarez et al., 2022, S. 1).

Der volatile Charakter von Kryptowährungen ermöglicht Anlegern sehr hohe Renditen, aber auch Totalverluste. Ende des Jahres 2009 hatte Bitcoin einen Wert von 0,08 US-Dollar, am 20.03.2023 betrug der Wert etwa 28.218 US-Dollar (CoinMarketCap, o. J.-c). Dies entspricht einer Kurssteigerung von 35.272.500 %.

Neben der Erzielung von Renditen durch Einzelinvestments kommt der Nutzung von Kryptowährungen als Portfoliobeimischung im Rahmen der strategischen Asset Allocation eine wachsende Bedeutung zu. Dies ist dann sinnvoll, wenn die Korrelation zwischen traditionellen Assets und Kryptowährungen gering oder bestenfalls negativ ist. Eine Studie von *Hougan und Lawant* (2021, S. 32) vom CFA Institute Research Foundation zeigte, dass im Zeitraum Januar 2014 bis September 2020 eine Beimischung von einem relativ gewichteten Anteil von 2,5 % Bitcoin alle drei Monate bei einem 60/40 Aktien-Anleihen-Portfolio die Portfoliorendite deutlich steigert (+23,9 %) und die Volatilität dadurch nur geringfügig wächst (von 10,3 % auf 10,5 %). Ferner zeigte die Analyse, dass eine Beimischung von 5 % Bitcoin eine noch höhere Portfoliorendite im Betrachtungszeitraum ermöglicht hat (Hougan & Lawant, 2021, S. 35).

Dieser Beitrag betrachtet zunächst die Auswahl geeigneter unter den vielen am Markt gehandelten Kryptowährungen und bestimmt dann die Auswirkung der Beimischung auf traditionell zusammengesetzte Portfolien in verschiedenen Marktsituationen.

2 Grundlagen zu Kryptowährungen

2.1 Definition und Einordnung von Kryptowährungen

Kryptowährungen sind dezentralisierte, digitale Güter auf der Grundlage einer Blockchain-Technologie, welche für die Verwendung im Internet konzipiert wurden.

Die Blockchain-Technologie besteht dabei aus einer „…. Datenbank ohne zentrale Kontrolle mit mehreren Beteiligten, die die Distributed Ledger Technologie (DLT) verwendet." (Bundesministerium der Finanzen, 2021, S. 5). Eine Blockchain ist somit ein gemeinsames und unveränderliches Register sowie eine dezentrale Datenbank, welche im Netzwerk der Teilnehmer gespeichert und abgebildet wird. Eine der Hauptaufgaben der Blockchain ist die dezentralisierte Speicherung der Daten innerhalb des Netzwerks (Burgwinkel, 2016, S. 5 f.) Durch die gemeinsame Nutzung des Registers wird jede Transaktion nur einmal ausgeführt und gespeichert. Kein einzelner Teilnehmer kann eine Transaktion verändern, rückgängig machen oder gar fälschen (Nakamoto, 2008, S. 1). Damit eine kryptografische Transaktion in die Blockchain aufgenommen wird, muss diese Transaktion von den Knotenpunkten der Blockchain, den sogenannten Nodes, überprüft und akzeptiert werden. Diese Verifikationsknotenpunkte erhalten, je nach Kryptowährung und verwendetem Konsens-Mechanismus, eine bestimmte Entlohnung für die Überprüfung und Ausführung der Transaktionen. Diese Entlohnung erfolgt meist in Form der zugrunde liegenden Kryptowährung (Huang et al., 2021, S. 791 ff.). Die Konsens-Mechanismen (wie z. B. der bei Bitcoin und Ethereum genutzte sog. Proof-of-Work Konsens-Mechanismus oder der bei Cardano und Solana verwendete Proof-of-Stake Konsens-Mechanismus) ermöglichen es, verteilten Computernetzwerken zusammenzuarbeiten und gewährleisten deren Sicherheit (Sayeed & Marco-Gisbert, 2019, S. 1 ff.). Eine Blockchain ist somit eine chronologische Aneinanderreihung von Transaktionen, welche in Form von Blöcken dargestellt werden und durch kryptografische Signaturen miteinander verknüpft sind. Jede Transaktion generiert einen neuen Block, welcher zur Blockchain hinzugefügt wird und sie verlängert (Zhang et al. 2019, S. 186).

Kryptowährungen als virtuelle Währungen werden von Peer-to-Peer-Computernetzwerken verwaltet (Bariviera et al., 2018, S. 2; Nakamoto, 2008, S. 1) und funktionieren ohne die Einbeziehung von Intermediären oder Drittanbietern wie Banken. Da Kryptowährungen bislang nicht von Zentralbanken ausgegeben werden, welche in der Regel sowohl die ausgegebene Menge als auch den Wert offizieller Währungen bestimmen (Kristoufek, 2015, S. 1 f.), ergibt sich der Wert von Kryptowährungen allein aus Angebot und Nachfrage (Luther & White, 2014, S. 2 f.). Kryptowährungen existieren nur digital im Netzwerk der zahlreichen Teilnehmer. Diese dezentrale Struktur ermöglicht eine Existenz außerhalb der Kontrolle von Regierungen und zentralen Behörden. Darüber hinaus sorgt die Dezentralisierung dafür, dass das gesamte System nicht aufgrund einer einzelnen Fehlerquelle ausfallen kann, was in einer sehr hohen Verfügbarkeit des Netzwerkes resultiert (Bitcoin Suisse, 2019, S. 1).

Die Europäische Zentralbank bezeichnet Kryptowährungen als spekulative Vermögenswerte, welche kein gesetzliches Zahlungsmittel darstellen (European Central Bank, 2021). Analog fasst die Bundesanstalt für Finanzdienstleitungsaufsicht (BaFin) Kryptowährungen als Finanzinstrumente gemäß § 1 Abs. 11 Satz 1 Nr. 10 KWG auf (BaFin, 2020).

2.2 Marktüberblick über Kryptowährungen

Die Anzahl der verfügbaren Kryptowährungen ist in den vergangenen Jahren stark angestiegen: So waren im März 2022 über 10.000 verschiedene Kryptowährungen verfügbar, wobei nicht alle Kryptowährungen als digitales Zahlungsmittel konzipiert sind (Statista, 2022). Im März 2023 verzeichnete die Plattform CoinMarketCap sogar 22.971 Kryptowährungen (CoinMarketCap, o. J.-c).

Die Marktkapitalisierung der auf coinmarketcap.com gelisteten Kryptowährungen belief sich am 20. März 2023 auf etwa 1,18 Billionen US-Dollar (zum Vergleich 06.04.2022: etwa 2,07 Billionen US-Dollar). Auf die beiden bekanntesten Kryptowährungen Bitcoin und Ethereum entfielen dabei zusammen etwa 0,764 Billionen US-Dollar (zum Vergleich 06.04.2022): 1,25 Billionen US-Dollar, CoinMarketCap, o. J.-a, c).

Bei Kryptowährungen ist zwischen Coins und Tokens zu unterscheiden: *Coins* wie beispielsweise der Bitcoin basieren auf ihrer eigenen unabhängigen Blockchain und stellen ein Zahlungsmittel dar, welches in Online-Zahlungen wie echtes Geld gehandelt werden kann. Tokens hingegen basieren auf modifizierten Quellcodes bereits etablierter Blockchains und haben eine breitere Funktionalität, welche über die eines reinen Online-Zahlungsmittels hinausgeht (Drasch et al., 2020, S. 560). Die BaFin kategorisiert *Tokens* unter anderem in Utility-Tokens („Nutzungstoken"), Krypto-Tokens („Zugriffstoken"), Zahlungstokens („Virtuelle Währung") und wertpapierähnliche Tokens („Equity/Asset Token"). Außerdem bestehen per Definition der BaFin auch Mischformen („Hybride Token") (BaFin, 2019, S. 5 f.). Sowohl Coins als auch Tokens sind über bestimmte Plattformen und Börsen handelbar, weshalb Kryptowährungen zunehmend als renditeorientierte Finanzanlagen genutzt werden (Baur et al., 2015, S. 9).

3 Kryptowährungen als Assetklasse in der Vermögensanlage

3.1 Definition und Bedeutung von Assetklassen

Assetklassen umfassen Gruppen von Finanzanlagen, welche gemeinsame Merkmale aufweisen und sich von anderen Anlageformen aufgrund bestimmter Eigenschaften und Merkmale unterscheiden (Greer, 1997, S. 86 f.). Assetklassen weisen unter anderem unterschiedliche Risiko-Rendite-Profile auf und sind zentraler Baustein bei der Geldanlageentscheidung: Basierend auf der Portfoliotheorie von *Markovitz* (1952, S. 77 ff.; auch Steiner et al., 2017, S. 7 ff. und Günther et al., 2012, S. 34) lässt sich im Rahmen der strategischen Asset Allocation durch Aufteilung der Anlagesumme auf mehrere Anlageklassen ein Portfolio zusammenstellen, welches nicht nur die Risikoanfälligkeit reduziert, sondern auch dem persönlichen Risikoprofil des Investors entspricht (Röder et al., 2012, S. 43; Eckardt, 2004, S. 15).

Als wesentliche traditionelle Assetklassen gelten:

- Aktien (Spremann, 2008, S. 6),
- Anleihen (Spremann & Gantenbein, 2007, S. 17 f. oder Gallati, 2011, S. 22 f.),
- Immobilien (Brunner, 2009, S. 21; Mayer, 2018, S. 12; Sebastian et al., 2012, S. 9),
- Liquidität und Geldmarktinstrumente (Tagesgeldkonten, Geldmarktfonds und Festgeldkonten) (Deutsche Bundesbank, 2022, S. 16 ff.),
- Edelmetalle und Rohstoffe (Dennin, 2009, S. 5 f.) sowie
- Gegenstände mit Sammlerwert (z. B. Kunst, Oldtimer) (Mamarbachi et al., 2008, S. 10 ff.).

Anlagen in Gold spielen dabei eine besondere Rolle: Da sich der Wert derartiger Anlagen gegenläufig zu den übrigen Anlagen entwickelt, also zu diesen negativ korreliert, gilt diese Anlageform als geeignete Beimischung für Krisenzeiten (Kommer, 2016, S. 19).

3.2 Kryptowährung als Assetklasse?

Nach dem Aufkommen von Kryptowährungen in den letzten Jahren ist ein wachsendes Interesse nicht nur von Privatinvestoren, sondern auch von großen institutionellen Anlegern, wie beispielsweise etablierten Finanzinstituten (Deutsche Bundesbank, 2021, S. 66; Coingecko, 2022; Sanyal, 2022) zu beobachten. Dabei wird diskutiert, ob diese Anlageform als alternative beziehungsweise neue Assetklasse eingesetzt werden (zur Diskussion vgl. z. B. Burniske & White, 2016, S. 24) und ähnlich wie Gold ebenfalls die Rendite-Risikostruktur von Portfolios verbessern kann (Ankenbrand & Bieri, 2018, S. 169; Burniske & White, 2016, S. 3).

Alternative Assetklassen werden auch als nicht-korrelierende-Vermögenswerte bezeichnet. Dies bedeutet, dass die Wertentwicklung von alternativen Assetklassen nicht der Wertentwicklung von klassischen Assetklassen folgt (Greer, 1997, S. 86 f.) und somit Investments in klassische Assetklassen durch Investments in alternative Assetklassen gehedged werden können. *Union Investment* (o. J.-a) beschreibt alternative Assetklassen folgendermaßen: „[…] Alternative Investments unterscheiden sich von traditionellen Investitionen meist durch ihre Komplexität, Liquidität, niedrigere Korrelationen und orientieren sich weniger an klassischen Benchmarks, sondern sind viel mehr durch absolute Erträge geprägt. Aus diesem Grund werden alternative Investments zumeist von institutionellen Anlegern oder akkreditierten, vermögenden Privatpersonen gehalten." Eine in der Literatur häufig verwendete Definition zu Assetklassen stammt von *Greer* (1997, S. 87 ff.). Er kategorisierte die traditionellen Anlageklassen nach einer Superklasse, also einer den Hauptanlageklassen übergeordneten Merkmalskategorie. Diese Superklassen sind:

1. Finanzielle Vermögenswerte (capital assets),
2. konsumierbare beziehungsweise umwandelbare Vermögenswerte (consumable/transformable assets), sowie
3. Wertaufbewahrungsmittel (store of value assets).

Ferner führte Greer jedoch aus, dass die Linien zwischen den Assetklassen nicht klar gezogen werden können und verschwimmen, weshalb sich eine klare Zuordnung schwierig gestaltet (Greer, 1997, S. 86). Abb. 1 veranschaulicht Greers Ansatz, die traditionellen Assetklassen aufgrund ihrer Merkmale einer Superklasse zuzuordnen.

Aufgrund der vorliegenden Definitionen könnten Kryptowährungen als eine alternative oder sogar als eine eigene Assetklasse gesehen werden. Obwohl Experten aus der Finanz- und Kryptobranche dieser Auffassung sind, hat sich diese Einstufung von Kryptowährungen noch nicht final durchgesetzt (Überblick bei Burniske & White, 2016, S. 24). Je nach Auslegung und Definition könnten Kryptowährungen, insbesondere Bitcoin, entweder allen Superklassen oder auch keiner der genannten Klassen zugeordnet werden.

	KAPITALANLAGEN	KONSUMIERBARE/TRANSFORMIERBARE ANLAGEN	WERTBESTÄNDIGE ANLAGEN
	• dauerhafte Quelle von Werthaltigem • Bewertung basiert auf dem Gegenwartswert der erwarteten zukünftigen Zahlungen	• lassen sich konsumieren oder in andere Assets umwandeln • haben einen ökonomischen Wert, • Generieren keine laufenden Zahlungen	• lassen sich nicht konsumieren • generieren keine laufenden Zahlungen • verkörpern einen Wert • Wert ist langfristig
AKTIEN	X		
ANLEIHEN	X		
EINKOMMENSGENERIERENDE IMMOBILIEN	X		
PHYSISCHE ROHSTOFFE (z. B. Getreide oder Energieprodukte)		X	
EDELMETALLE (z. B. Gold)		X	X
FREMDWÄHRUNGEN			X
KUNST			X

Abb. 1 Kategorisierung traditioneller Assets nach Superklassen. (Quelle: Burniske & White, 2016, S. 4)

Um eine konkrete Aussage über Kryptowährungen als Assetklasse treffen zu können, werden nachfolgend am Beispiel Bitcoin die Kernmerkmale von Kryptowährungen mit denen von allgemein anerkannten Assetklassen verglichen und analysiert:

- *Zahlungsmittelfunktion:* Mit der digitalen Währung Bitcoin können Zahlungen getätigt werden. Unternehmen müssen die Zahlung mit Bitcoin jedoch akzeptieren. Die Zahl der Unternehmen, welche Bitcoin als Zahlungsmethode akzeptieren, steigt und einige Unternehmen akzeptieren Kryptowährungen als Zahlungsmethode schon seit einigen Jahren. Dazu zählen unter anderem Microsoft, Starbucks, Wikipedia und Home Depot (Sophy, 2022; Beigel, 2022). Darüber hinaus hat der Staat El Salvador Bitcoin im Jahr 2021 als offizielle Währung (legal tender) eingeführt (Alvarez et al., 2022, S. 1). Die Zahlungsmittelfunktion ist somit weitestgehend gegeben, da Zahlungen mit der Kryptowährung Bitcoin getätigt werden können und diese Zahlungsmethode auch bedingt akzeptiert wird.
- *Wertaufbewahrungsfunktion und Inflation:* Aufgrund der begrenzten Menge von 21 Mio. Bitcoin gilt die Kryptowährung als ein Wertaufbewahrungsspeicher und wird als digitales oder modernes Gold bezeichnet. Darüber hinaus gilt Bitcoin als inflationssicheres Investment (Bundesverband Alternative Investments, 2021, S. 6; Böhme et al., 2015, S. 215).
- *Recheneinheitsfunktion:* Trotz der Problematik eines volatilen Bitcoin Kurses ist die Recheneinheitsfunktion weitestgehend gegeben. Der Preis von Bitcoin kann in allen Fiat-Währungen angegeben und somit vergleichbar gemacht werden (Coinbase, o. J.). Hierfür wird die Recheneinheit „Satoshi" verwendet. 1 Bitcoin entspricht 100.000.000 Satoshi. 1 Satoshi ist demnach die kleinste Recheneinheit für die Kryptowährung Bitcoin (Schär & Berentsen, 2017, S. 273).

- *Renditechancen:* Die Rendite durch die Investition in Bitcoin kann durch Kursanstiege realisiert werden. Sie ist mit der Erwirtschaftung von Renditen mit Fremdwährungen, Edelmetallen oder Rohstoffen durch Kursanstiege vergleichbar. Anleger erhalten weder eine Dividende noch eine laufende Verzinsung. Mit Kryptowährungen können überdurchschnittliche Renditen erwirtschaftet werden (Smart Valor, 2022; Sparkasse, o. J.).
- *Risiko und Volatilität:* Bitcoin und andere Kryptowährungen gelten als risikoreiche, volatile und spekulative Investments. Sowohl das Risiko als auch die Rendite können als überdurchschnittlich beziehungsweise hoch eingestuft werden (Almeida & Gonçalves, 2022, S. 1 f.; Bitcoinity, o. J.).
- *Handelbarkeit:* Kryptowährungen sind auf Kryptohandelsplattformen täglich handelbar und gelten durch das hohe Handelsvolumen als liquide (Böhme et al., 2015, S. 220).
- *Korrelation:* Die Korrelation von Bitcoin wird häufig mit Aktien, Gold und verschiedenen Indizes verglichen. Die Korrelation von Bitcoin mit vielen Aktien und Indizes war vor einigen Jahren noch negativ bis leicht positiv. Im Mai 2022 hat die Korrelation zwischen Bitcoin und dem S&P 500 ein neues Allzeithoch mit einem Wert von etwa 0,6 erreicht. Der Diversifizierungsgedanke durch die Anlage in ein Investment mit einer Korrelation von unter eins ist somit grundsätzlich gegeben (Major, 2022).

Dass nach wie vor überaus umstritten ist, ob Kryptowährungen als eigenständige Assetklasse gelten, belegen folgende Einschätzungen von Experten und Institutionen:

- Der *Bundesverband Alternativer Investments* (o. J.) zählt Kryptowährungen nicht zu den alternativen Investments.
- *Nouriel Roubini*, Professor für Wirtschaftswissenschaften an der NYU School of Business, sieht Kryptowährungen weder als Assetklasse noch als ein Asset an, da Kryptowährungen seiner Meinung nach kein Einkommen generieren und keine Wertaufbewahrungsfunktion bieten (Goldman Sachs, 2021, S. 1, 3).
- *Patrick Lowry*, CEO von Iconic Holding (Deutsche Digital Assets, 2022), stuft Bitcoin als eine eigene Assetklasse ein. Ferner führt er jedoch aus, dass aufgrund der Vielzahl an Kryptowährungen nicht alle Kryptowährungen als Assetklasse anzusehen sind und man hier weiter differenzieren muss. Grundsätzlich sieht er jedoch Kryptowährungen im Allgemeinen als eine eigene Assetklasse an.
- *Michael Novogratz*, Co-Gründer und CEO von Galaxy Digital Holdings, begründet seine Einschätzung für Kryptowährungen als eine eigene Assetklasse mit den Worten: „[…] the mere fact that a critical mass of credible investors and institutions is now engaging with crypto assets has cemented their position as an official asset class." (Goldman Sachs, 2021. S. 3 f.).

Zusammenfassend lässt sich festhalten, dass die Einstufung von Kryptowährungen als neue Assetklasse noch nicht abgeschlossen ist. Dagegen herrscht in der Literatur Einigkeit darüber, dass Krypto-Assets in der Regel eine Korrelation von kleiner eins mit Gold und

Aktien aufweisen (Burniske & White, 2016, S. 16 ff.). Die Korrelation zwischen Technologie-Aktien und Kryptowährungen ist hierbei am höchsten (Major, 2022).

Das Potenzial zur Reduktion des Portfoliorisikos zeigen Abschätzungen der Korrelation von Bitcoin mit vielen Aktien und Indizes auf, die vor einigen Jahren noch negativ oder allenfalls leicht positiv war. Die Korrelation wird hierbei als Korrelationskoeffizient ausgedrückt, also als eine statistische Kennzahl, welche Auskunft über die Stärke einer linearen Beziehung zweier Variablen zueinander gibt. Die Korrelationsdimensionen reichen von einer perfekt positiven Korrelation mit einem Wert von + 1 bis hin zu einer perfekt negativen Korrelation mit einem Wert von − 1 (Mondello, 2015, S. 109).

3.3 Anlagemöglichkeiten und Risiken von Kryptowährungen als Finanzprodukt

Es gibt verschiedene Möglichkeiten, in Kryptowährungen zu investieren (für einen Überblick Ferrari, 2020, S. 329 f.). Um den Effekt der Beimischung von Kryptowährungen bei der Portfoliobildung abzuschätzen, wurden allein Investments in Form eines Kaufs und späteren Verkaufs betrachtet (zu den Unterarten Delfabbro et al., 2021, S. 202 f.). Dagegen wurden Alternativen wie:

- *Krypto-Mining:* Generierung von Erträgen dadurch, dass der Wert der erschaffenen Kryptowährungen die Kosten für deren Erzeugung übersteigt (Albrecher & Goffard, 2020, S. 1 ff.),
- *Krypto-Staking:* Erzielung von Erträgen aus der Prüfung von Transaktionen bei Proof-of-Stake Kryptowährungen (Lee & Kim, 2021, S. 1 ff.),
- *Initial Coin Offering:* Verkauf von Anteilen einer neu emittierten Kryptowährung an Anleger im Austausch gegen staatlich emittierte Währungen oder gegen andere Kryptowährungen (Fridgen et al., 2018, S. 4 f. und S. 12 f.) oder
- der *Aktienkauf von börsengelisteten Unternehmen*, welche in der Kryptobranche tätig sind beziehungsweise große Mengen an Kryptowährungen halten,

im Folgenden aufgrund des hohen erforderlichen Startkapitals und/oder erforderlichen technischen Knowhow nicht weiter betrachtet.

Bei einer Anlage in Kryptowährungen in der ausgewählten Form bestehen nicht nur Chancen aus zum Teil beträchtlichen Kursanstiegen, sondern auch unterschiedliche Risiken, die zum Teil mit dem unregulierten Charakter von Kryptowährungen zusammenhängen (Ferrari, 2020, S. 329 für einen Überblick):

- Als Hauptrisiko ist die hohe *Volatilität* der Kurse von Kryptowährungen zu sehen (Lapin, 2022). Beispielsweise betrug die Marktkapitalisierung aller Kryptowährungen im November 2021 etwa drei Billionen US-Dollar. Gut sechs Monate später (Stand 11.06.2022) hat sich der Wert mehr als halbiert (etwa 1,2 Billionen US-Dollar) (CoinMarketCap, o. J.-a). Einige, auch bedeutendere Kryptowährungen haben sogar fast vollständig an Wert verloren, sodass Investoren einen Totalverlust erlitten: So betrug

der Wert von Terra LUNA, die mit einer Marktkapitalisierung am 14.04.2022 von ca. 31 Mrd. US-Dollar zu den zehn größten Währungen zählte, am 11.06.2022 nur noch 570.000 US-Dollar (CoinMarketCap, o. J.-a).
- Zudem besteht bei Anlagen in Kryptowährungen *kein Anlegerschutz* oder ähnlicher Schutzmechanismus für die Anleger (Bundesministerium der Justiz, 2015; BaFin, 2017).
- Für die *sichere Verwahrung* von Krypto-Assets ist der Investor selbst verantwortlich. Ein Verlust des Zugangs zu den Kryptowerten führt ebenso zum Totalverlust wie Cyberangriffe und Diebstähle der Kryptowährungen (Goldfeder et al., 2014, S. 5; Imöhl, 2022).
- Kryptowährungen sind anfällig für *Kursmanipulationen*. Institutionen oder Privatpersonen, welche einen großen Anteil einer bestimmten Währung besitzen, können den Kurs durch den Verkauf eines hohen Anteils einer Kryptowährung einstürzen lassen (sog. Krypto-Whales, Bitcoinwiki.Org, 2020).

Aufgrund der Risiken bedarf eine Investition in Kryptowährungen viel Recherche und Eigenverantwortung. Sowohl bei der Auswahl der Kryptowährung und der Kryptobörse, bei der der Investor die Kryptowährungen kauft, als auch bei der Verwahrung der gekauften Kryptowährungen kann der Investor risikominimierende Vorkehrungen treffen.

3.4 Auswahl geeigneter Kryptowährungen als Finanzprodukt

Aufgrund der Vielzahl an zur Verfügung stehenden Kryptowährungen ist es wichtig, diejenigen zu selektieren, die grundsätzlich für eine Finanzanlage geeignet sind. Zur Überprüfung wurden die – gemessen an der Marktkapitalisierung – 55 bedeutendsten Kryptowährungen (Stand 14.04.2022) auf coinmarketcap.com herangezogen: Zur Auswahl wurden drei Kriterien herangezogen:

1. Marktkapitalisierung,
2. Handelsvolumen der letzten 30 Tage sowie
3. Möglichkeit des Handels der Kryptowährungen auf der größten Kryptobörse Binance gegen Euro und US-Dollar (Ausschlusskriterium).

Durch die beiden ersten Auswahlkriterien soll die Gefahr verringert werden, dass Kursschwankungen aufgrund geringer Bedeutung oder Liquidität auftreten. Kriterium 3 führt dazu, dass nur Kryptowährungen betrachtet werden, die jederzeit in gängige Währungen umgetauscht werden können.

Durch Anwendung der drei Kriterien lassen sich 13 Kryptowährungen identifizieren, die entweder zu den zehn größten Kryptowährungen nach Marktkapitalisierung und/oder nach dem Handelsvolumen der letzten 30 Tage zählen und auf Binance handelbar sind. In Tab. 1 sind die ausgewählten Kryptowährungen samt ihren Eigenschaften dargestellt.

Erkennbar ist, dass die ausgewählten Kryptowährungen auf unterschiedlichen Konsens-Mechanismen basieren. Im Wesentlichen lassen sich die ausgewählten Kryptowährungen zu vier Hauptgruppen zusammenfassen (vgl. Tab. 2):

Tab. 1 Ergebnis der Selektion der bedeutendsten Kryptowährungen (Stand 14.04.2022). (Eigene Darstellung, Datenquelle: CoinMarketCap (o. J.-a))

Kryptowährung	Marktkapitalisierung (in USD)	Handelsvolumen (30 Tage) (in USD)	Volumen	Blockchain	KonsensMechanismus	Kategorie
Bitcoin BTC	780.064.790.607	927.869.216.269	21 Mio.	Bitcoin	PoW	Bitcoin
Ethereum ETH	371.333.754.092	457.438.387.210	Unbegrenzt	Ethereum	PoW	Utility Token
Tether USDT	82.669.805.867	1.678.145.084.579	Unbegrenzt	Layer 1 Bitcoin, verschiedene	X	Stablecoin
Binance Coin BNB	69.045.275.146	53.810.025.477	Unbegrenzt	Binance (Smart Chain)	PoSA	Utility Token
USD Coin USDC	50.292.905.765	117.541.693.059	Unbegrenzt	Verschiedene	PoA	Stablecoin
Solana SOL	34.281.111.494	48.665.439.387	Unbegrenzt	Solana	PoS, PoH	Utility Token
Terra Luna	31.026.301.502	58.056.460.926	Unbegrenzt	Terra	DPoS	Utility Token
XRP XRP	34.913.398.848	30.681.002.685	100 Mrd.	Keine	Ripple Protocol Consensus	Utility Token
Cardano ADA	32.286.634.901	22.759.006.509	45 Mrd.	Cardano (CSL)	PoS	Utility Token
Avalanche AVAX	21.397.262.203	21.390.151.175	Unbegrenzt	Avalanche (3 Blockchain)	PoS	Utility Token
Bitcoin Cash BCH	6.459.505.225	156.972.864.577	21 Mio.	Bitcoin	PoW	Bitcoin
Binance USD BUSD	17.414.686.399	121.904.622.322	Unbegrenzt	Binance und Ethereum	PoW, PoSA	Stablecoin
Shiba Inu SHIB	14.526.925.265	40.867.193.695	1 Bio.	Ethereum	PoW	Meme Token

Anmerkungen:
PoW Proof-of-Work *PoS* Proof-of-Stake
PoA Proof-of-Authority *PoSA* Proof-of-Staked Authority
DPoS Delegated Proof-of-Stake *PoH* Proof-of-History

Tab. 2 Differenzierung der ausgewählten Kryptowährungen. (Quelle: Bitcoin Cash (o. J.); Lyons & Viswanath-Natraj, 2020, S. 3 f. sowie Angaben der Anbieter)

Gruppe	Bitcoins	Stablecoins	Meme Tokens	Utility Token
Vertreter	Bitcoin BTC Bitcoin Cash BCH	Tether USDT USD Coin USDC Binance USD BUSD	Shiba Inu SHIB	Ethereum ETH Binance Coin BNB Solana SOL Terra Luna, XRP XRP Cardano ADA Avalanche AVAX
Merkmale	- Basis: Satoshi Nakamotos Bitcoin Projekt - Anstreben der Werterhaltung durch Festlegung einer Angebotsobergrenze von 21 Mio. Bitcoin - Bitcoin Cash als Resultat einer Protokolländerung des Bitcoin Netzwerkes (sog. „hardfork") am 01.08.2017: Ziel: Erhöhung der Blockgrößen → Steigerung der Transaktionsgeschwindigkeit → Behebung etwaiger Skalierungsprobleme	- Behauptung: Nachbildung des US-Dollar Kurs eins zu eins durch Hinterlegung von FIAT-Währungen bzw. Obligationen → Nutzung als digitale Form der abgebildeten Fiat-Währung möglich - Strenge Überwachung von Regulierungs- und Aufsichtsbehörden (wie z. B. dem New York State Department of Financial Services). Regelmäßige Veröffentlichung der zugrundeliegenden finanziellen Mittel durch Emittenten	- Vorbild: erfolgreicher Meme Token Dogecoin DOGE - Nutzung der Ethereum Blockchain - Initiator beschreibt das Projekt als Experiment der dezentralisierten Gemeinschaftsbildung.	- Nutzung primär für digitale Konsumzwecke (wie bspw. zum Bezahlen von Transaktionsgebühren, zum Kauf von Non-Fungible-Tokens (NFTs) oder als Entlohnung für Validatoren im Proof-of-Stake Konsens-Mechanismus)

Stablecoins weisen damit ein höheres Sicherheitsniveau als die übrigen Kategorien von Kryptowährungen auf.

3.5 Auswahl der Handelsplattform und der Verwahrung von Kryptowährungen

3.5.1 Hintergrund für die Auswahlproblematik

Mit der wachsenden Anzahl der Kryptowährungen und deren voranschreitender Akzeptanz sind auch die Anzahl von Kryptohandelsplattformen sowie die Möglichkeiten zu deren Verwahrung in den letzten Jahren stark angestiegen (Fang et al., 2022, S. 1 f.). So konnten im April 2022 über 500 Plattformen zum Handel von Kryptowährungen genutzt werden (CoinmarketCap, o. J.-b), die Dienstleistungen zum Kauf und Verkauf von Kryptowährungen gegen Fiat-Währungen und andere Kryptowährungen anbieten (Hileman & Rauchs, 2017, S. 28). Anleger, die in Kryptowährungen investieren wollen, müssen daher entscheiden, welche Plattform für den Handel von Kryptowährungen am besten geeignet ist und wie Kryptowährungen verwahrt werden können. Die Relevanz der Thematik macht der Gemini Global State of Crypto 2022 Report deutlich, nach dem 34 % der befragten Europäer mit Interesse an Kryptowährungen aus Unkenntnis über Kauf und Verwahrung keine besitzen (Gemini, 2022, S. 13).

3.5.2 Auswahl der Kryptoplattform

Im Rahmen des Auswahlprozesses für die am besten geeignete Kryptoplattform wurden folgende sechs Kriterien herangezogen und zum Stand 26.04.2022 analysiert:

1. CoinMarketCap Exchange Score: Der Score dient als Indikator für die Seriosität und den Service einer Kryptohandelsplattform, er setzt sich aus mehreren Faktoren zusammen (CoinMarketCap Support, 2021)
2. Handelsvolumen der letzten 24 h in US-Dollar
3. Anzahl der wöchentlichen Aufrufe der Plattform
4. Anzahl der handelbaren Kryptowährungen sowie
5. Handel der in Abschn. 3.4 selektierten Kryptowährungen (Ausschlusskriterium)
6. Einzahlungs- und Handelsmöglichkeit mit Euro und US-Dollar

Tab. 3 enthält eine Übersicht über alle Plattformen mit einem CoinMarketCap Exchange Score von 7,0 und höher.

Erkennbar ist, dass die Plattform Binance in Bezug auf Handelsvolumen und wöchentliche Aufrufe mit großem Abstand führend ist. Dies zeigt eine hohe Liquidität an, woraus geringere Spreads und Slippages resultieren, die zusammen mit den moderaten Transaktionsgebühren einen hohen Einfluss auf die Rendite des Investors haben (Angerer et al., 2021, S. 1 f. und S. 12 ff.). Die deutlich höhere Anzahl der verschiedenen handelbaren Kryptowährungen bei Gate.io spielt hier keine Rolle, da sämtliche der in Abschn. 3.4 se-

Tab. 3 Kryptowährungen mit CoinMarketCap Exchange Score von 7,0 und höher. (Quelle: CoinMarketCap, o. J.-a)

Plattform	Exchange Score	Handelsvolumen (24 h) in USD	Wöchentliche Aufrufe	Handelbare Kryptowährungen	Handel in Euro	Transaktionsgebühr
Binance	9,9	16.465.856.834	21.908.745	391	Ja	0,10 %
Coinbase	8,4	2.762.971.379	2.457.328	170	Ja	0,60 %
FTX	8,3	2.007.417.342	4.204.428	325	Ja	0,07 %
Kraken	7,9	871.892.544	1.720.988	151	Ja	1,50 %
Kucoin	7,7	2.237.371.763	2.438.096	664	Ja	0,10 %
Gate.io	7,5	1.802.094.220	3.209.734	1396	Ja	0,20 %
Huobi Global	7,5	2.053.194.720	1.261.213	501	Ja	0,18 %
Bitfinex	7,9	771.802.649	712.570	178	Ja	0,20 %
Binance.US	7,1	318.842.860	594.081	90	Nein	0,10 %
Gemini	7,0	138.839.572	440.996	90	Ja	1,49 %
Crypto.com	7,0	1.812.332.844	2.065.235	201	Ja	0,40 %
Bitstamp	7,0	238.763.062	371.234	60	Ja	0,50 %

lektierten Kryptowährungen auf Binance handelbar sind. Daher wird für die weitere Untersuchung die Plattform Binance genutzt.

3.5.3 Verwahrungsmöglichkeiten der Kryptowährungen und Private Keys

Kryptowährungen werden in einer sogenannten Wallet beziehungsweise Cyber Wallet verwahrt, die mit einem Bankkonto vergleichbar ist, weil es ebenfalls einen Überblick über die dort verwahrten Vermögenswerte sowie die Ein- und Auszahlungen gewährt (Böhme et al., 2015, S. 220 f.). Die Kryptowährung selbst wird dabei nicht auf der Wallet gespeichert, sondern in der Blockchain (Shaik, 2020, S. 1 f.). Mittels der Wallet und dem sogenannten Private Key werden Transaktionen von Kryptowährungen durchgeführt (Bundesministerium der Finanzen, 2021, S. 7). Die Verwahrung des Private Keys, dem Zugangsschlüssel für die Kryptowerte, ist online oder offline möglich (Goldfeder et al., 2015, S. 10):

- Die *Online-Variante* ist die Verwendung einer sogenannten Hot-Wallet, die angewendet wird, wenn der Investor seine Kryptowährungen über eine Online-Handelsplattform kauft, wobei diese die Kryptowährungen für den Investor verwahrt. Die Verwahrung in Hot-Wallets ist mit einigen Vorteilen verbunden, wie zum Beispiel die Benutzerfreundlichkeit, die geringe Komplexität, der schnelle Zugriff auf die Kryptowerte, geringe bis keine Kosten und mehrere Backup-Möglichkeiten für den Verlustfall der Login-Daten. Da Hot-Wallets permanent mit dem Internet verbunden sind, bestehen erhebliche Risiken: Zum einen kann der Investor sein komplettes Investment verlieren, wenn die Kryptobörse insolvent oder gehackt wird. In der Vergangenheit gab es bereits einige Hackerangriffe auf Kryptobörsen, welche schlussendlich zu gravierenden Verlusten für die Investoren führten. Der bekannteste Hackerangriff war derjenige gegen die Kryptobörse Mt.Gox, bei dem etwa 850.000 Bitcoins gestohlen wurden (American Bankruptcy Institute, o. J.). Zum anderen besitzt die Handelsplattform die Schlüssel zu den Kryptowährungen des Investors und verfügt somit auch über die vollständige Kontrolle (Goldfeder et al., 2014, S. 5; Imöhl, 2022).

- Die Möglichkeit, seinen Private Key *offline* zu speichern, eröffnen sogenannte Cold- beziehungsweise Hardware-Wallets. Diese Form der Aufbewahrung findet Anwendung in Form von externen Festplatten, USB-Sticks oder besonderer Hardware wie der Ledger Hardware-Wallet. Diese Wallets sind nur dann mit dem Internet verbunden, wenn der Investor eine Transaktion durchführt, was den oben angeführten Nachteil der Hot-Wallets beseitigt, denn sowohl die Coins als auch die Schlüssel liegen beim Investor (Kanach et al., 2018, S. 15 ff.). Andererseits ist die Nutzung einer solchen Hardware schwieriger zu handhaben und auch die Anschaffung ist mit Kosten verbunden. Darüber hinaus ist der Verlust der Hardware-Wallet und des Wiederherstellungsschlüssels, der Seed-Phrase, ein erhebliches Risiko, da der Investor stets über seine Passwörter und die dazugehörige Hardware verfügen muss. Ein Verlust der Hardware oder des Passworts samt Seed-Phrase führt zum Totalverlust aller dort verwahrten Kryptovermögenswerte (Shaik, 2020, S. 1 f.; CoinMarketCap, 2021).

4 Empirische Untersuchung der Möglichkeiten zur Portfoliodiversifikation mit Kryptowährungen

4.1 Methodik und Vorgehensweise der empirischen Untersuchung

Um zu bestimmen, ob Kryptowährungen grundsätzlich geeignet sind, die Risiko-Rendite-Struktur in einem Portfolio zu verbessern, werden die Korrelation der Renditen von Kryptowährungen mit den in Musterportfolios enthaltenen Finanzanlagen bestimmt und die Performance von Portfolios mit und ohne Beimischung von Kryptowährungen in unterschiedlichen Marktphasen betrachtet. Diese beiden verglichenen Portfolios enthalten Assets aus den gängigen Assetklassen Aktien, Exchange-Traded-Funds (ETFs) auf bestimmte Indizes, Staatsanleihen mit einer zehnjährigen Laufzeit der Bundesrepublik Deutschland und der USA sowie Immobilienfonds und werden mit und ohne Beimischung der in Abschn. 3.4 selektierten Kryptowährungen betrachtet. Einzelaktien aus ausgewählten Branchen wurden betrachtet, um eine grobe Einschätzung zu ermöglichen, wie Kryptowährungen mit Aktien korrelieren. Als Untersuchungszeitraum wurde der 01.01.2020 bis 24.06.2022 gewählt (Zeitraum 1). Um die Auswirkungen der Corona-Pandemie und des Russland-Ukraine-Konflikts betrachten zu können, wurden zudem zwei viermonatige Subzeiträume betrachtet:

- 11.03.2020 (offizieller Beginn der Corona-Pandemie laut WHO, World Health Organization, 2020) bis zum 10.07.2020 (Zeitraum 2) und
- 24.02.2022 (Beginn des Kriegs Russlands in der Ukraine, Bundeszentrale für politische Bildung, 2023) bis 24.06.2022 (Zeitraum 3).

Sofern ein Start- oder Enddatum der Betrachtungszeiträume auf einen Börsenfeiertag, Samstag oder Sonntag fiel, wurde der vorige Werktag als Start- beziehungsweise Enddatum verwendet. Da einzelne Kryptowährungen erst im Laufe des Hauptbetrachtungszeitraums entstanden beziehungsweise handelbar geworden sind, wurde für die betroffenen Assets folgender Beginn der Datenerfassung- und -auswertung festgelegt: Solana ab 14.04.2020, Avalanche ab 22.09.2020 und Shiba Inu ab 16.04.2021. Shiba Inu ist aufgrund der großen Anzahl an ausgegebenen Tokens (Stand 30.06.2022: 589.735.030.408.323 ausgegebene Tokens mit einem Kurswert je Token von 0,000009692 US-Dollar) und der damit verbundenen Berechnung mit vielen Nachkommastellen nur schwer mit den anderen betrachteten Assets vergleichbar. Um Unschärfen, fehlerhafte Ergebnisse und Verzerrungen zu vermeiden, wurde Shiba Inu zwar für den Gesamtzeitraum sowie für den Zeitraum 2 ausgewertet, aber nicht als Finanzprodukt zur Beimischung zu den Musterportfolios berücksichtigt. Die Kryptowährungen Solana und Avalanche wurden dagegen für den Gesamtzeitraum und den Zeitraum 2 als Finanzprodukt für die Beimischung zu den Musterportfolios betrachtet.

Da für alle Assets außerhalb der Kryptowährungen an Wochenenden und Börsenfeiertagen keine tagesaktuellen Kurse bestimmt werden, wurden die entsprechenden Kurse der Kryptowährungen nicht berücksichtigt. Die Diskrepanz der Handelstage in den USA und Deutschland (im Untersuchungszeitraum sieben Tage) wurde aufgrund der Menge an Daten und der marginalen Auswirkung auf das Ergebnis vernachlässigt.

4.2 Zusammensetzung der betrachteten Musterportfolien

Die Bildung der Musterportfolien, deren Bestandteile Gegenstand der Korrelationsberechnung auf Einzel- und Portfolioebene sind, erfolgte grob vereinfachend. Die Portfolien setzen sich aus folgenden gängigen Assets zusammen:

- *Aktien:* Aktien werden zum einen durch ETFs auf die wesentlichen Marktindizes DAX 40 und TechDax beziehungsweise S&P 500 und NASDAQ 100 berücksichtigt, wobei die Daten der Produktfamilie iShares von Blackrock (BlackRock (Netherlands), o. J.; Isarvest GmbH, o. J.) verwendet wurden. Zum anderen wurden anhand der Marktkapitalisierung (Stand 26.06.2022) jeweils die beiden bedeutendsten Einzelwerte aus dem DAX 40 oder S&P 500 verschiedener Branchen (Automobil, Technologie & IT, Finanzen & Versicherungen und Pharma) ausgewählt, um deren Korrelation mit Kryptowährungen näher untersuchen zu können. Die berücksichtigten Aktien sind in Tab. 4 aufgeführt.
- *Offene Immobilienfonds:* Auf Basis der Auswahlkriterien „Marktkapitalisierung von über 500 Mio. US-Dollar" und „Anteil des Immobilienvermögens von mehr als 50 % in Deutschland beziehungsweise in den USA" wurden die Immobilienfonds UniImmo: Deutschland und Deka-ImmobilienNordamerika festgelegt.

- *Staatsanleihen:* Es wurden aufgrund des benötigten Emissionsdatums vor dem Beginn des Betrachtungszeitraums und aufgrund der Marktgängigkeit die Bundesrepublik Deutschland Anleihe 0,25 % bis 2029 sowie die US-Staatsanleihe 2,375 % bis 2029 ausgewählt.
- *Kryptowährungen:* die in Abschn. 3.4 selektierten 13 Kryptowährungen.

Ohne Berücksichtigung der Beimischungen ergeben sich dadurch folgende Zusammensetzungen der Musterportfolien (vgl. Tab. 5 und 6).

Für eine bessere Veranschaulichung wurden sowohl relative beziehungsweise prozentuale Werte als auch absolute Werte berechnet. Um eine absolute Veränderung aufzeigen zu können, wurde ein Investment von 100.000 US-Dollar zu Beginn der Betrachtungszeiträume in die jeweiligen Musterportfolios angenommen.

Tab. 4 Berücksichtigte Einzelwerte ausgewählter Branchen. (Quelle: eigene Darstellung, Datenbasis für die Branchenübersicht boerse.de (o. J.) und onvista.de (2022), für die Marktkapitalisierung companiesmarketcap.com)

Branche	Automobil	Technologie- & IT	Finanz- & Versicherung	Pharma
Unternehmen Deutschland	Volkswagen Vz. Mercedes-Benz Group	SAP Deutsche Telekom	Allianz Münchener Rück	Bayer Merck
Unternehmen USA	Tesla General Motors	Apple Microsoft	Chase United Health Group JPMorgan	Johnson & Johnson Eli Lilly & Co.

Tab. 5 Musterportfolio Deutschland. (Quelle: eigene Darstellung)

Asset	Branche	Assetklasse	Land	Gewichtung
Volkswagen Vz	Automobil	Aktie	Deutschland	5 %
Mercedes-Benz Group	Automobil	Aktie	Deutschland	5 %
SAP	Technologie & IT	Aktie	Deutschland	5 %
Deutsche Telekom	Technologie & IT	Aktie	Deutschland	5 %
Allianz	Finanzen & Versicherung	Aktie	Deutschland	5 %
Münchener Rück	Finanzen & Versicherung	Aktie	Deutschland	5 %
Bayer	Pharma	Aktie	Deutschland	5 %
Merck	Pharma	Aktie	Deutschland	5 %
UniImmo: Deutschland EUR DIS	Immobilien	Immobilien	Deutschland	25 %
iShares Core DAX	Verschiedene	Aktien/ETF	Deutschland	10 %
iShares TecDax	Verschiedene	Aktien/ETF	Deutschland	10 %
Staatsanleihe Deutschland 2029	Staatsanleihe	Anleihe	Deutschland	15 %

Tab. 6 Musterportfolio USA. (Quelle: eigene Darstellung)

Asset	Branche	Assetklasse	Land	Gewichtung
Tesla	Automobil	Aktie	USA	5 %
General Motors	Automobil	Aktie	USA	5 %
Apple	Technologie & IT	Aktie	USA	5 %
Microsoft	Technologie & IT	Aktie	USA	5 %
United Health Group	Finanzen & Versicherung	Aktie	USA	5 %
JPMorgan Chase	Finanzen & Versicherung	Aktie	USA	5 %
Johnson & Johnson	Pharma	Aktie	USA	5 %
Eli Lilly & Co.	Pharma	Aktie	USA	5 %
Deka-Immobilien Nordamerika	Immobilien	Immobilien	USA	25 %
iShares Core S&P 500	Verschiedene	Aktien/ETF	USA	10 %
iShares NASDAQ 100	Verschiedene	Aktien/ETF	USA	10 %
Staatsanleihe USA 2029	Staatsanleihe	Anleihe	USA	15 %

Die Daten für die Berechnungen wurden den Websites Yahoo Finance, ariva.de und Finanzen.net entnommen, in einer Excel-Datei aufbereitet und ausgewertet. Sämtliche Werte sind in US-Dollar angegeben und berechnet. Falls Daten beziehungsweise Kurse in Euro angegeben und abgerufen wurden, so wurden diese mit dem Umrechnungskurs 1 € zu 1,06 US-Dollar umgerechnet. Für die Berechnung der Rendite-Risiko-Struktur bei Beimischung von Kryptowährungen zum Musterportfolio wurden jeweils die die beiden Kryptowährungen aus den Kategorien Stablecoins und übrige Kryptowährungen mit der geringsten Korrelation mit dem Gesamtportfolio herangezogen und mit jeweils 4 % gewichtet. Falls zwei Kryptowährungen aus der gleichen Kategorie die geringsten Korrelationen mit den Musterportfolios aufweisen, beispielsweise zwei Stablecoins, so wurde der Stablecoin mit der geringsten Korrelation beigemischt und zusätzlich das Krypto-Asset mit der nächstkleineren Korrelation, welches kein Stablecoin ist. Die generelle Beimischung eines Stablecoins resultiert aus den in Abschn. 3.4 herausgestellten Sicherheitsmerkmalen. Aufgrund der Beimischung von Kryptowährungen wurden die Gewichtungen der übrigen Assets verringert.

4.3 Ergebnisse der Untersuchung

4.3.1 Bestimmung der Einzelkorrelationen

Die Ergebnisse der Berechnung der Korrelationen der Kryptowährungen zu den einzelnen untersuchten Assets sind in Tab. 7, 8 und 9 wiedergegeben. Die Hervorhebungen in Tab. 8 und 9 zeigen zudem auf, welche Assets besonders stark mit den einzelnen Kryptowährungen korrelieren (fett) und welche Assets die niedrigste Korrelation mit den Kryptowährungen aufweisen (*kursiv*).

Die Ergebnisse der Berechnung der Korrelationen für den Gesamtzeitraum führt zu der in Tab. 7 aufgeführten Korrelationsmatrix.

Tab. 7 Korrelationsmatrix Z1 Gesamtportfolio. (Quelle: eigene Darstellung)

	Bitcoin	Ethereum	Tether	Binance	USD Coin	Solana	Terra L1	XRP	cardano	Ava-lanche	Bitcoin cash	Binance USD	Shiba Inu
Volkswagen	−0,0256	0,0025	0,1824	−0,0073	0,1888	0,0263	0,0619	0,0068	0,0353	0,0088	−0,0184	0,1846	−0,0167
Mercedes-Benz	−0,0095	−0,0098	0,1801	−0,0275	0,1702	−0,0031	0,0187	0,0387	0,0266	0,0023	−0,0020	0,1833	−0,0292
Tesla	0,0354	0,0135	0,0689	−0,0196	0,0669	−0,0070	0,0107	−0,0229	0,0350	−0,0234	0,0124	0,0651	−0,0363
General Motors	0,0597	0,0647	0,1876	0,0229	0,2041	0,0657	0,0435	0,0617	0,0849	0,0671	0,0554	0,1680	−0,0670
SAP	−0,0261	−0,0223	0,1009	−0,0388	0,1106	0,0005	−0,0200	−0,0123	0,0017	0,0325	−0,0349	0,1036	−0,0476
Deutsche Telekom	0,0006	−0,0011	0,2292	−0,0142	0,2326	0,0144	−0,0239	−0,0007	0,0184	0,0163	0,0085	0,2310	−0,0431
Apple	0,0075	0,0035	0,1340	0,0082	0,1235	0,0323	0,0126	0,0438	0,0162	−0,0279	0,0026	0,0872	0,0177
Microsoft	−0,0084	0,0049	0,1798	−0,0086	0,1697	0,0472	0,0254	0,0354	0,0138	−0,0004	0,0025	0,1443	0,0213
Allianz	0,0054	0,0159	0,2309	0,0089	0,2448	0,0678	0,0237	0,0338	0,0516	0,0268	−0,0070	0,2239	−0,0366
Münchener Rück	−0,0126	0,0131	0,0985	0,0108	0,0963	0,0574	0,0077	0,0419	0,0650	0,0274	0,0117	0,0890	−0,0461
United Health Group	−0,0160	0,0087	0,2842	0,0023	0,2140	0,0812	0,0330	0,0350	−0,0128	−0,0124	0,0086	0,2513	0,0062
JPMorgan Chase	0,0093	0,0357	0,1960	0,0285	0,1618	0,0439	−0,0185	0,0102	0,0226	0,0292	0,0132	0,1575	0,0270
Bayer	−0,0581	−0,0363	0,1132	−0,0555	0,1381	0,0042	−0,0539	−0,0085	−0,0102	−0,0087	−0,0153	0,1258	−0,0449
Merck	−0,0049	−0,0152	0,1515	−0,0280	0,1542	0,0178	0,0169	−0,0020	−0,0110	0,0008	−0,0405	0,1604	−0,0376
Johnson & Johnson	−0,0252	−0,0026	0,2311	−0,0017	0,2393	−0,0016	0,0143	0,0014	−0,0152	0,0288	−0,0187	0,1918	0,0201
Eli Lilly	−0,0103	0,0032	0,1333	−0,0131	0,1302	−0,0225	0,0164	0,0730	−0,0287	0,0547	−0,0115	0,1076	0,0050
Unilmmo Deutschland	0,0918	0,0812	0,1443	0,0708	0,1785	0,0055	−0,0132	0,0657	0,0724	0,0203	0,0852	0,1603	−0,0210

Deka-Immobilien Nordamerika	0,0075	0,0220	0,0231	−0,0162	0,0150	−0,0141	0,0150	0,0004	−0,0179	−0,0260	−0,0053	0,0516	0,0088
iShares Core DAX	0,0137	0,0349	0,1795	0,0057	0,1974	0,0371	−0,0073	0,0264	0,0655	0,0191	0,0308	0,1705	−0,0071
iShares TecDAX	−0,0066	−0,0184	0,1729	−0,0293	0,1929	0,0035	−0,0408	−0,0142	0,0090	0,0147	0,0045	0,1630	−0,0438
iShares Core S&P 500	−0,0007	0,0032	0,2447	0,0074	0,2282	−0,0046	0,0450	−0,0147	0,0104	0,0022	0,0039	0,2319	0,0077
iShares NASDAQ 100	−0,0018	−0,0061	0,2047	−0,0006	0,1847	−0,0154	0,0252	0,0003	−0,0013	−0,0377	0,0021	0,1791	0,0006
Staatsanleihe Deutschland	0,0962	0,0528	0,0718	0,0804	0,1014	−0,0360	−0,0317	0,0290	0,0251	0,0279	0,0348	0,1110	−0,0393
Staatsanleihe USA	0,0426	0,0243	0,0406	0,0321	0,0554	−0,0520	−0,0494	0,0133	−0,0152	−0,0277	0,0055	0,0622	−0,0299

Tab. 8 Korrelationsmatrix Z2 Gesamtportfolio. (Quelle: eigene Darstellung)

	Bitcoin	Ethereum	Tether	Binance	USD Coin	Solana	Terra LI	XRP	cardano	Avalanche	Bitcoin cash	Binance USD	Shiba Inu
Volkswagen	0,4359	0,4798	−0,1523	0,4654	−0,1259	0,1560	0,5201	0,4237	0,4136	XXX	0,3881	−0,1503	XXX
Mercedes-Benz	0,4809	0,5201	−0,2410	0,4976	−0,2396	0,2080	0,4773	0,4602	0,4692	XXX	0,4392	−0,2542	XXX
Tesla	0,3336	0,3081	−0,1677	0,3352	−0,1846	0,1303	0,2962	0,3446	0,2586	XXX	0,2924	−0,1713	XXX
General Motors	0,3413	0,3429	−0,0782	0,3468	−0,0453	0,0905	0,4033	0,3566	0,3449	XXX	0,3667	−0,0652	XXX
SAP	0,4284	0,4840	−0,2500	0,5119	−0,2332	0,1221	0,4731	0,4647	0,4026	XXX	0,4370	−0,2564	XXX
Deutsche Telekom	**0,5624**	**0,5649**	−0,1771	0,5928	−0,1191	0,0957	0,5583	0,5044	0,5331	XXX	0,5326	−0,1638	XXX
Apple	0,4200	0,3820	−0,3721	0,3803	−0,3290	0,3060	0,2947	0,3955	0,3251	XXX	0,3830	−0,3289	XXX
Microsoft	0,4684	0,4370	−0,4348	0,4453	−0,4080	0,2878	0,3064	0,4841	0,4020	XXX	0,4462	−0,4144	XXX
Allianz	0,4693	0,5181	−0,1416	0,5153	−0,1102	0,1251	0,5695	0,4860	0,4758	XXX	0,4349	−0,1433	XXX
Münchener Rück	**0,5358**	**0,5667**	−0,0684	0,5554	0,0042	0,1398	0,6026	0,5465	0,5208	XXX	0,5250	−0,0651	XXX
United Health Group	0,4430	0,4474	−0,4831	0,4538	−0,4376	0,2633	0,4001	0,4072	0,3359	XXX	0,3707	−0,4574	XXX
JPMorgan Chase	0,3818	0,3902	−0,3353	0,3593	−0,3385	0,2698	0,2909	0,3462	0,2896	XXX	0,3526	−0,3316	XXX
Bayer	0,4306	0,5162	−0,1535	0,5227	−0,1370	0,0975	0,5421	0,4600	0,4723	XXX	0,4777	−0,1765	XXX
Merck	0,4542	0,5104	−0,1693	0,5213	−0,1694	0,0828	0,5783	0,4567	0,4783	XXX	0,4355	−0,1887	XXX
Johnson & Johnson	0,1972	0,2304	−0,3879	0,2015	−0,3535	0,2994	0,1935	0,2212	0,1650	XXX	0,1751	−0,3767	XXX
Eli Lilly	0,2378	0,2459	−0,3151	0,2103	−0,2560	0,0960	0,2429	0,2245	0,1984	XXX	0,2371	−0,2891	XXX
Unilmmo Deutschland	−0,1690	−0,1655	−0,1195	−0,2140	−0,1509	0,1049	−0,2139	−0,1508	−0,1369	XXX	−0,2352	−0,0913	XXX

Deka-Immobilien Nordamerika	0,1387	0,0904	−0,0555	0,1610	−0,0468	0,0094	0,1372	0,0290	0,0694	XXX	0,0697	−0,0639	XXX
iShares Core DAX	0,5236	0,5595	−0,3193	**0,5604**	−0,2889	0,1244	0,5056	0,4992	0,5111	XXX	0,5107	−0,3091	XXX
iShares TecDAX	**0,5367**	0,5529	−0,3927	**0,5974**	−0,3192	−0,1509	0,5219	0,4882	0,5133	XXX	**0,5306**	−0,3701	XXX
iShares Core S&P 500	−0,3830	−0,3939	**0,4807**	−0,4140	**0,4301**	0,2427	−0,2618	−0,3564	−**0,3363**	XXX	−0,3618	**0,4680**	XXX
iShares NASDAQ 100	−0,4120	−0,4455	**0,5011**	−0,4509	**0,4455**	0,3034	−0,2917	−0,4063	−**0,3810**	XXX	−0,4158	**0,4917**	XXX
Staatsanleihe Deutschland	−0,1208	−0,1467	0,1532	−0,1387	0,1301	−0,1062	−0,0968	−0,1225	−0,2143	XXX	0,2068	0,1605	XXX
Staatsanleihe USA	−0,0447	−0,1149	0,0797	−0,0975	0,0666	0,0320	−0,1396	−0,0936	−0,1748	XXX	0,0466	0,0771	XXX

Tab. 9 Korrelationsmatrix Z3 Gesamtportfolio. (Quelle: eigene Darstellung)

	Bitcoin	Ethereum	Tether	Binance	USD Coin	Solana	Terra L1	XRP	cardano	Avalanche	Bitcoin cash	Binance USD	Shiba Inu
Volkswagen	0,3090	0,2423	0,0162	0,1460	0,2586	0,1478	0,0912	0,1745	0,1941	0,0243	0,2430	0,1054	0,1181
Mercedes-Benz	0,2050	0,1277	−0,0998	0,0699	0,2136	0,0634	−0,0646	0,0843	0,1469	−0,0481	0,1498	0,0772	0,1269
Tesla	−0,0427	−0,0588	0,0858	0,0051	0,0030	−0,0460	0,0544	−0,0518	−0,0108	0,1255	0,0034	−0,1247	0,0465
General Motors	0,2185	0,2021	−0,0063	0,2058	−0,0438	0,1848	0,2438	0,2729	0,2640	−0,0276	0,2296	0,1488	0,2264
SAP	0,3048	0,2763	0,1005	0,2071	0,0253	0,1863	−0,0667	0,1818	0,1527	0,1416	0,1716	0,0451	0,0669
Deutsche Telekom	0,3007	0,2822	0,1115	0,2631	0,1482	0,2119	−0,1618	0,2059	0,1945	0,1706	0,2019	−0,1412	0,2091
Apple	−0,0313	−0,0085	0,1847	0,0504	−0,0309	0,0700	0,1099	0,0826	0,0735	0,1617	0,0002	−0,1780	0,1012
Microsoft	−0,0698	−0,0766	0,1895	−0,0187	−0,0785	−0,0154	0,0307	−0,0073	−0,0055	0,0821	−0,0682	−0,1170	0,0364
Allianz	0,2433	0,2234	−0,2328	0,1007	0,3711	0,1249	−0,0341	0,1457	0,1419	0,0225	0,1791	0,1419	0,1324
Münchener Rück	0,1938	0,1560	−0,0944	0,0790	0,2996	0,0710	−0,0882	0,0890	0,1121	−0,0906	0,1551	0,1061	0,0994
United Health Group	−0,1647	−0,1438	0,2946	−0,0878	0,0023	0,0511	−0,0498	−0,0143	−0,0198	0,2301	−0,0833	−0,1045	0,0230
JPMorgan Chase	−0,1022	−0,0836	0,0861	−0,0437	0,1347	−0,0189	0,1273	−0,1072	−0,0878	0,0137	−0,1089	0,0464	−0,0272
Bayer	0,2862	0,2645	0,4773	0,3132	0,0068	0,2868	0,0449	0,3018	0,2682	0,2636	0,2985	−0,2352	0,2631
Merck	0,2109	0,2011	−0,2120	0,1287	0,3020	0,1148	0,1298	0,1257	0,1088	−0,0815	0,1692	0,0907	0,0904
Johnson & Johnson	−0,1558	−0,0570	0,1455	−0,0399	−0,1100	0,0666	0,0517	0,1190	0,0177	0,0876	−0,0586	−0,1734	0,0640
Eli Lilly	−0,0763	−0,0387	0,1039	−0,0538	−0,0793	0,1270	−0,0501	0,0815	0,0769	0,0768	−0,0574	−0,2232	0,0490
UniImmo Deutschland	0,0520	0,0234	−0,0007	0,0689	0,1200	0,0220	0,0134	−0,0458	0,0447	0,0089	−0,0178	−0,1331	−0,1010

Deka-Immobilien Nordamerika	0,2364	0,1929	0,1344	0,2404	0,0817	0,1289	−0,0029	0,1237	0,1557	0,0658	0,1274	−0,0561	0,0821
iShares Core DAX	**0,3903**	**0,3905**	−0,1089	0,2938	0,1453	0,2903	−0,0355	**0,3513**	**0,2996**	0,1127	**0,3240**	0,0825	**0,2634**
iShares TecDAX	**0,5407**	**0,5195**	−0,0397	**0,4694**	0,0700	0,4276	−0,0266	**0,4845**	**0,4207**	**0,2475**	**0,4566**	0,0530	**0,3571**
iShares Core S&P 500	0,1028	0,1230	0,1837	0,2019	−0,1746	0,0956	0,1102	0,2127	0,1296	0,1573	0,1921	0,0303	0,1082
iShares NASDAQ 100	0,0709	0,0367	0,0535	0,0694	0,0624	0,0744	**0,2906**	0,0266	0,0584	−0,0319	0,0986	−0,1039	−0,0057
Staatsanleihe Deutschland	0,0232	0,0162	0,0112	−0,0163	−0,0818	−0,0257	−0,1418	−0,1128	−0,1103	0,0986	−0,0936	0,0157	−0,1036
Staatsanleihe USA	0,1403	0,1271	0,0947	0,1470	−0,0600	0,1088	−0,0423	−0,0130	0,0158	0,1764	0,1008	−0,0606	0,0299

Für den Gesamtbetrachtungszeitraum zeigen sich keine besonderen Auffälligkeiten, denn fast alle Korrelationen liegen nahe 0. Es liegt somit kein Zusammenhang zwischen Krypto-Assets und den anderen in dieser Auswertung betrachteten Assets aus verschiedenen Assetklassen vor. Lediglich die Stablecoins weisen eine leicht positive Korrelation mit den anderen Assets auf.

Die Ergebnisse ändern sich bei Betrachtung des Subzeitraums zu Beginn der Corona-Krise (vgl. Tab. 8).

In diesem Zeitraum sind die Korrelationen zwischen Aktien und Stablecoins negativ, wohingegen alle anderen Krypto-Assets positiv korrelieren. Besonders auffällig ist die unterschiedliche Korrelation zwischen den ETFs mit deutschen und US-Werten zu den Kryptowährungen: US-ETFs weisen für jede Kryptowährung, welche kein Stablecoin ist, die am stärksten negativen Korrelationen aller betrachteten Assets auf, mit Korrelationswerten zu Bitcoin BTC und Ethereum ETH von $-0{,}38$ bis $-0{,}45$. Dies lässt den Schluss zu, dass eine Diversifizierungs- beziehungsweise Absicherungsmöglichkeit in dem Betrachtungszeitraum möglich war. Die Korrelationen zu den deutschen ETFs verhalten sich komplett gegenläufig zu den US-ETFs. Weist ein deutscher ETF eine positive Korrelation mit den Krypto-Assets auf, so ist die Korrelation der US-ETFs negativ und vice versa. Im Betrachtungszeitraum wäre eine Absicherung deutscher Aktien durch Investments in Stablecoins möglich gewesen.

In Bezug auf einzelne Aktien weisen die Branchen Automobil und Pharma keine Besonderheiten auf und liegen in etwa im Schnitt der Korrelationswerte der Assetklasse der Aktien. Auffällig sind dagegen die Korrelationen der Deutschen Telekom und Münchener Rück. Diese beiden Aktien korrelieren mit fünf der elf betrachteten Kryptowährungen am stärksten positiv. Ferner fallen die deutlich negativen Korrelationen zwischen den Stablecoins und den US-Aktien Microsoft und United Health Group auf.

Die Ergebnisse ändern sich bei Betrachtung des Subzeitraums zu Beginn des Kriegs Russlands in der Ukraine (vgl. Tab. 9).

Auffällig ist, dass die ETFs auf die deutschen Aktienindizes stark mit fast allen Kryptowährungen korrelieren, dies aber nicht auf die beiden betrachteten US-ETFs zutrifft. Die einzige Ausnahme ist die positive Korrelation zwischen Terra LUNA und dem iShares NASDAQ 100.

Bezogen auf Einzelanlagen wiesen Aktien aus den Branchen Automobil und Technologie & IT in dem Betrachtungszeitraum keine Auffälligkeiten auf. Hingegen haben Aktien der Finanz- und Versicherungsbranche sowie der Pharmabranche stärker von Null abweichende Werte. Dies trifft in besonderem Maße auf Bayer zu; aufgrund der stark positiven Korrelationen wäre eine Risikodiversifizierung durch Beimischung kaum möglich gewesen. Umgekehrt verhält es sich bei den vier betrachteten US-Aktien der gleichen Branche. Auch bei den Korrelationen zwischen Immobilienfonds und den Kryptowährungen zeigen sich Unterschiede. Während die Korrelation zwischen dem deutschen Immobilienfonds und den Krypto-Assets nahe 0 ist, sind die Werte beim US-Immobilienfonds deutlich positiv.

4.3.2 Wertentwicklung der Musterportfolien abhängig von der Beimischung von Kryptowährungen

4.3.2.1 Performance der Musterportfolios ohne Beimischung von Kryptowährungen

In den Tab. 10 und 11 sind die Wertentwicklungen der Musterportfolien im Gesamtbetrachtungszeitraum wiedergegeben.

Mit dem Musterportfolio Deutschland wurde eine Rendite von −3,71 % erzielt. Dagegen erwirtschaftete das Musterportfolio USA eine hohe positive Rendite von 61,19 %, wobei diese primär aus der Aktie Tesla mit einer Wertentwicklung von +756,60 %, resultiert.

Im Betrachtungszeitraum 2 konnten beide Musterportfolios eine positive Rendite erwirtschaften (+7,91 % bzw. +15,58 %, vgl. Tab. 12 und 13).

Auffällig ist, dass die Assetklasse Immobilien den größten Verlust verzeichnete (−6,11 % bzw. −8,76 %).

Im Betrachtungszeitraum 3 erwirtschafteten beide Musterportfolios negative Renditen in Höhe von −4,91 % und −2,97 % (vgl. Tab. 14 und 15).

Erkennbar ist, dass in diesem Zeitraum insbesondere bei den Automobil-Aktien Verluste angefallen sind.

Tab. 10 Musterportfolio Deutschland ohne Beimischung Zeitraum 1 (01.01.2020–24.06.2022). (Quelle: eigene Darstellung)

Asset	Gewichtung (in %)	Inv. Kapital (in USD)	Performance (in %)	Performance absolut (in USD)
Volkswagen Vz	5	5000	−22,36	−1117,95
Mercedes-Benz Group	5	5000	17,87	893,46
SAP	5	5000	−24,21	−1210,48
Deutsche Telekom	5	5000	28,86	1442,93
Allianz	5	5000	−17,80	−889,79
Münchener Rück	5	5000	−16,39	−819,55
Bayer	5	5000	−21.50	−1075,01
Merck	5	5000	56,48	2824,14
UniImmo: Deutschland EUR DIS	25	25.000	−5,57	−1393,19
iShares Core DAX	10	10.000	−2,48	−248,44
iShares TecDax	10	10.000	−5,27	−527,08
Staatsanleihe Deutschland 2029	15	15.000	−10,60	−1589,35
Startkapital (in USD): 100.000				
Absolute Veränderung (in USD)				−3710,30
Relative Veränderung (in %)			−3,71 %	

Tab. 11 Musterportfolio USA ohne Beimischung Zeitraum 1 (01.01.2020–24.06.2022). (Quelle: eigene Darstellung)

Asset	Gewichtung (in %)	Inv. Kapital (in USD)	Performance (in %)	Performance absolut (in USD)
Tesla	5	5000	756,60	37.829,92
General Motors	5	5000	−4,60	−229,92
Apple	5	5000	88,66	4432,99
Microsoft	5	5000	66,67	3333,33
United Health Group	5	5000	69,45	3472,48
JPMorgan Chase	5	5000	−16,85	−842,37
Johnson & Johnson	5	5000	24,88	1244,09
Eli Lilly & Co.	5	5000	146,29	7314,50
Deka-Immobilien Nordamerika	25	25.000	−2,08	−520,83
iShares Core S&P 500	10	10.000	27,24	2724,09
iShares NASDAQ 100	10	10.000	37,61	3760,51
Staatsanleihe USA 2029	15	15.000	−8,85	−1327,04
Startkapital (in USD): 100.000				
Absolute Veränderung (in USD)				61.191,75
Relative Veränderung (in %)			61,19	

Tab. 12 Musterportfolio Deutschland ohne Beimischung Zeitraum 2 (01.01.2020–24.06.2022). (Quelle: eigene Darstellung)

Asset	Gewichtung (in %)	Inv. Kapital (in USD)	Performance (in %)	Performance absolut (in USD)
Volkswagen Vz	5	5000	5,97	298,36
Mercedes-Benz Group	5	5000	19,95	997,55
SAP	5	5000	36,19	1809,71
Deutsche Telekom	5	5000	16,07	803,50
Allianz	5	5000	5,94	297,09
Münchener Rück	5	5000	11,80	589,81
Bayer	5	5000	13,90	695,04
Merck	5	5000	11,36	568,18
UniImmo: Deutschland EUR DIS	25	25.000	−6,11	−1527,17
iShares Core DAX	10	10.000	20,57	2057,43
iShares TecDax	10	10.000	16,65	1664,54
Staatsanleihe Deutschland 2029	15	15.000	−2,28	−341,59
Startkapital (in USD): 100.000				
Absolute Veränderung (in USD)				7912,46
Relative Veränderung (in %)			7,91	

Tab. 13 Musterportfolio USA ohne Beimischung Zeitraum 2 (11.03.2020–10.07.2020). (Quelle: eigene Darstellung)

Asset	Gewichtung (in %)	Inv. Kapital (in USD)	Performance (in %)	Performance absolut (in USD)
Tesla	5	5000	143,55	7177,36
General Motors	5	5000	−11,25	−562,70
Apple	5	5000	39,30	1965,11
Microsoft	5	5000	39,08	1954,05
United Health Group	5	5000	4,84	242,10
JPMorgan Chase	5	5000	0,32	16,15
Johnson & Johnson	5	5000	8,02	400,99
Eli Lilly & Co.	5	5000	16,67	833,45
Deka-Immobilien Nordamerika	25	25.000	−8,76	−2189,47
iShares Core S&P 500	10	10.000	16,83	1683,45
iShares NASDAQ 100	10	10.000	35,57	3556,82
Staatsanleihe USA 2029	15	15.000	3,32	498,48
Startkapital (in USD): 100.000				
Absolute Veränderung (in USD)				15.575,79
Relative Veränderung (in %)			15,58	

Tab. 14 Musterportfolio Deutschland ohne Beimischung Zeitraum 3 (24.02.2022–24.06.2022). (Quelle: eigene Darstellung)

Asset	Gewichtung (in %)	Inv. Kapital (in USD)	Performance (in %)	Performance absolut (in USD)
Volkswagen Vz	5	5000	−22,77	−1138,49
Mercedes-Benz Group	5	5000	−16,53	−826,61
SAP	5	5000	−7,20	−360,01
Deutsche Telekom	5	5000	18,18	908,98
Allianz	5	5000	−10,92	−545,77
Münchener Rück	5	5000	−9,58	−478,76
Bayer	5	5000	12,58	629,13
Merck	5	5000	−2,92	−146,24
UniImmo: Deutschland EUR DIS	25	25.000	−1,87	−466,54
iShares Core DAX	10	10.000	−7,01	−701,44
iShares TecDax	10	10.000	−5,88	−588,24
Staatsanleihe Deutschland 2029	15	15.000	−7,95	−1192,63
Startkapital (in USD): 100.000				
Absolute Veränderung (in USD)				−4906,62
Relative Veränderung (in %)			−4,91	

Tab. 15 Musterportfolio USA ohne Beimischung Zeitraum 3 (24.02.2022–24.06.2022). (Quelle: eigene Darstellung)

Asset	Gewichtung (in %)	Inv. Kapital (in USD)	Performance (in %)	Performance absolut (in USD)
Tesla	5	5000	−7,95	−397,43
General Motors	5	5000	−22,12	−1105,83
Apple	5	5000	−12,95	−647,66
Microsoft	5	5000	−9,13	−456,40
United Health Group	5	5000	8,72	435,96
JPMorgan Chase	5	5000	−18,84	−941,89
Johnson & Johnson	5	5000	15,27	763,56
Eli Lilly & Co.	5	5000	33,96	1.697,79
Deka-Immobilien Nordamerika	25	25.000	3,07	767,54
iShares Core S&P 500	10	10.000	−6,03	−602,54
iShares NASDAQ 100	10	10.000	−13,25	−1325,30
Staatsanleihe USA 2029	15	15.000	−7,71	−1157,21
Startkapital (in USD): 100.000				
Absolute Veränderung (in USD)				−2969,39
Relative Veränderung (in %)			−2,97	

4.3.2.2 Performance der Musterportfolios mit Beimischung von Kryptowährungen

Um den Effekt einer Beimischung von Kryptowährungen abzuschätzen, wurden die Musterportfolios um jeweils zwei Kryptowährungen mit einer Gewichtung von 4 % je Kryptowährung ergänzt. Dabei wurden zunächst die beiden Kryptowährungen ausgewählt, welche die geringste Korrelation mit dem Gesamtportfolio aufweisen. Konkret waren dies:

- Für den Gesamtbetrachtungszeitraum wurden die Kryptowährungen Binance BNB und Bitcoin Cash BCH dem Musterportfolio Deutschland beigemischt (Korrelationen zwischen 0,0020 und 0,0048). Dem Musterportfolio USA wurden die Kryptowährungen Binance BNB und Avalanche AVAX (Korrelationen 0,0035 und 0,0022) beigemischt (zur Berechnung vgl. Tab. 16).
- Für den Subbetrachtungszeitraum 2 wurde beiden Musterportfolios der Stablecoin Tether USDT mit Korrelationen von −0,1693 und −0,1307 beigemischt. Darüber hinaus wird dem Musterportfolio Deutschland Bitcoin Cash BCH beigemischt und dem Musterportfolio USA die Kryptowährung Cardano ADA. Auffällig ist, dass in diesem Betrachtungszeitraum die Krypto-Assets mit den deutschen Assets deutlich stärker positiv korrelieren als mit den US-Assets (vgl. Tab. 17).
- Im Subbetrachtungszeitraum 3 korrelieren die Kryptowährungen Tether USDT und Avalanche AVAX am niedrigsten mit dem Musterportfolio Deutschland. Zum Musterportfolio USA wurden die Kryptowährungen Bitcoin BTC und der Stablecoin Binance USD BUSD beigemischt. Diese weisen Korrelationen von 0,0105 und −0,0763 auf. Auffällig ist, dass Bitcoin BTC eine der geringsten Korrelationen mit dem Musterportfolio USA aufweist, wohingegen die Korrelation mit dem Musterportfolio Deutschland zu den höchsten zählt. Genau umgekehrt verhält es sich bei Tether USDT (vgl. Tab. 18).

Tab. 16 Korrelationen der Krypto-Assets mit den Musterportfolios Zeitraum 1 (01.01.2020–24.06.2022). (Quelle: eigene Darstellung)

	Bitcoin	Ethereum	Tether	Binance	USD Coin	Solana	Terra L	XRP	Cardano	Avalanche	Bitcoin Cash	Binance USD	Shiba Inu
MW Korrelationen MP Deutschland – Gesamt	0,0054	0,0081	0,1546	**–0,0020**	0,1672	0,0163	**–0,0052**	0,0171	0,0291	0,0157	0,0048	*0,1589*	–0,0344
MW Korrelationen MP USA – Gesamt	0,0083	0,0146	*0,1607*	**0,0035**	0,1494	0,0128	0,0144	0,0198	0,0077	**0,0022**	0,0059	0,1415	0,0016
MW Korrelationen MP Deutschland – Aktien	–0,0164	–0,0067	0,1608	–0,0190	0,1670	0,0231	0,0039	0,0122	0,0222	0,0133	–0,0122	0,1627	–0,0377
MW Korrelationen MP USA – Aktien	0,0065	0,0164	0,1769	0,0024	0,1637	0,0299	0,0172	0,0297	0,0145	0,0145	0,0081	0,1466	0,0008
MW Korrelationen MP Deutschland – Immobilien	0,0918	0,0812	0,1443	0,0708	0,1785	0,0055	0,0132	0,0657	0,0724	0,0203	0,0852	0,1603	0,0210
MW Korrelationen MP USA – Immobilien	0,0075	0,0220	0,0231	0,0162	0,0150	0,0141	0,0150	0,0004	0,0179	0,0260	0,0053	0,0516	0,0088
MW Korrelationen MP Deutschland – ETFs	0,0036	0,0083	0,1762	–0,0118	0,1951	0,0203	–0,0240	0,0061	0,0372	0,0169	0,0176	0,1667	–0,0254
MW Korrelationen MP USA – ETFs	–0,0013	0,0015	0,2247	0,0034	0,2064	–0,0100	0,0351	–0,0072	0,0045	–0,0177	0,0030	0,2055	0,0041
MW Korrelationen MP Deutschland – Staatsanleihe	0,0962	0,0528	0,0718	0,0804	0,1014	–0,0360	–0,0317	0,0290	0,0251	0,0279	0,0348	0,1110	–0,0393
MW Korrelationen MP USA – Staatsanleihe	0,0426	0,0243	0,0406	0,0321	0,0554	0,0520	0,0494	0,0133	0,0152	0,0277	0,0055	0,0622	–0,0299

Tab. 17 Korrelationen der Krypto-Assets mit den Musterportfolios Zeitraum 2 (11.03.2020–10.07.2020). (Quelle: eigene Darstellung)

	Bitcoin	Ethereum	Tether	Binance	USD Coin	Solana	Terra L	XRP	Cardano	Avalanche	Bitcoin Cash	Binance USD	Shiba Inu
MW Korrelationen MP Deutschland – Gesamt	0,3807	0,4134	−0,1693	0,4156	−0,1466	XXX	0,4198	0,3764	0,3699	XXX	0,3558	−0,1674	XXX
MW Korrelationen MP USA – Gesamt	0,1768	0,1600	−0,1307	0,1609	−0,1214	XXX	0,1560	0,1627	0,1247	XXX	0,1558	−0,1218	XXX
MW Korrelationen MP Deutschland – Aktien	0,4747	0,5200	−0,1691	0,5228	−0,1413	XXX	0,5402	0,4753	0,4707	XXX	0,4587	−0,1748	XXX
MW Korrelationen MP USA – Aktien	0,3529	0,3480	−0,3218	0,3416	−0,2941	XXX	0,3035	0,3475	0,2899	XXX	0,3280	−0,3043	XXX
MW Korrelationen MP Deutschland – Immobilien	−0,1690	−0,1655	−0,1195	−0,2140	−0,1509	XXX	−0,2139	−0,1508	−0,1369	XXX	−0,2352	−0,0913	XXX
MW Korrelationen MP USA – Immobilien	0,1387	0,0904	−0,0555	0,1610	−0,0468	XXX	0,1372	0,0290	0,0694	XXX	0,0697	0,0639	XXX
MW Korrelationen MP Deutschland – ETFs	0,5302	0,5562	−0,3560	0,5789	−0,3040	XXX	0,5137	0,4937	0,5122	XXX	0,5206	−0,3396	XXX
MW Korrelationen MP USA – ETFs	−0,3975	−0,4197	0,4909	0,4324	0,4378	XXX	0,2768	−0,3814	−0,3586	XXX	−0,3888	0,4798	XXX
MW Korrelationen MP Deutschland – Staatsanleihe	−0,1208	−0,1467	0,1532	−0,1387	0,1301	XXX	0,0968	−0,1225	−0,2143	XXX	0,2068	0,1605	XXX
MW Korrelationen MP USA – Staatsanleihe	0,0447	−0,1149	0,0797	−0,0975	0,0666	XXX	−0,1396	−0,0936	−0,1748	XXX	−0,0466	0,0771	XXX

Analyse der Eignung ausgewählter Kryptowährungen zur Portfoliodiversifizierung

Tab. 18 Korrelationen der Krypto-Assets mit den Musterportfolios Zeitraum 3 (24.02.2022–24.06.2022). (Quelle: eigene Darstellung)

	Bitcoin	Ethereum	Tether	Binance	USD Coin	Solana	Terra L	XRP	Cardano	Avalan-che	Bitcoin Cash	Binance USD	Shiba Inu
MW Korrelationen MP Deutschland – Gesamt	*0,2550*	0,2269	−0,0060	0,1770	0,1566	0,1601	−0,0283	0,1655	0,1645	**0,0725**	0,1864	0,0173	0,1269
MW Korrelationen MP USA – Gesamt	**0,0105**	0,0179	*0,1292*	0,0564	−0,0244	0,0689	0,0728	0,0605	0,0556	0,0931	0,0313	**−0,0763**	0,0612
MW Korrelationen MP Deutschland – Aktien	0,2567	0,2217	0,0083	0,1635	0,2031	0,1509	−0,0187	0,1636	0,1649	0,0503	0,1960	0,0237	0,1383
MW Korrelationen MP USA – Aktien	−0,0530	−0,0331	0,1355	0,0022	−0,0253	0,0524	0,0647	0,0469	0,0385	0,0937	−0,0179	−0,0907	0,0649
MW Korrelationen MP Deutschland – Immobilien	0,0520	0,0234	−0,0007	0,0689	0,1200	0,0220	0,0134	−0,0458	0,0447	0,0089	−0,0178	−0,1331	−0,1010
MW Korrelationen MP USA – Immobilien	0,2364	0,1929	0,1344	0,2404	0,0817	0,1289	−0,0029	0,1237	0,1557	0,0658	0,1274	−0,0561	0,0821
MW Korrelationen MP Deutschland – ETFs	0,4655	0,4550	−0,0743	0,3816	0,1076	0,3590	−0,0311	0,4179	0,3601	0,1801	0,3903	0,0677	0,3103
MW Korrelationen MP USA – ETFs	0,0869	0,0798	0,1186	0,1357	−0,0561	0,0850	0,2004	0,1197	0,0940	0,0627	0,1454	−0,0368	0,0513
MW Korrelationen MP Deutschland – Staatsanleihe	0,0232	0,0162	0,0112	−0,0163	−0,0818	−0,0257	−0,1418	−0,1128	−0,1103	0,0986	−0,0936	0,0157	−0,1036
MW Korrelationen MP USA – Staatsanleihe	0,1403	0,1271	0,0947	0,1470	−0,0600	0,1088	−0,0423	−0,0130	0,0158	0,1764	0,1008	−0,0606	0,0299

Die Hervorhebungen in den Tabellen zeigen erneut auf, welche Assets besonders stark mit den einzelnen Kryptowährungen korrelieren (fett) und welche Assets die niedrigste Korrelation mit den Kryptowährungen aufweisen (kursiv).

Durch die Beimischung der ausgewählten Kryptowährungen zu den Musterportfolios ergeben sich für den Gesamtzeitraum folgende Ergebnisse (vgl. Tab. 19 und 20).

Im Gesamtzeitraum lässt sich für das Musterportfolio Deutschland eine deutliche Verbesserung der Portfoliorendite (+60,88 % zu −3,71 %) durch Diversifizierung mit den ausgewählten Krypto-Assets erzielen. Zu beachten bleibt, dass dies aus der Beimischung von Binance BNB resultiert, die um 1654,96 % im Wert stieg. Durch die Beimischung erzielte das Musterportfolio USA im gleichen Zeitraum eine Portfoliorendite von 129,47 % (im Vergleich zu 61,19 %), was einen Anstieg um 68,27 %-Punkte bedeutet. Auch hier resultiert der Renditeanstieg primär aus den hohen Wertsteigerungen der Krypto-Assets.

Im Zeitraum 2 weisen beide Musterportfolios ebenfalls eine positive Portfoliorendite auf (vgl. Tab. 21 und 22). Jedoch verschlechtert sich die Rendite des Musterportfolios Deutschland um −1,43 %-Punkte, wohingegen diejenige des US-Portfolios von 15,15 % auf 21,60 % anstieg.

Im Zeitraum 3 verschlechtern sich die negativen Portfoliorenditen der Musterportfolios durch die Beimischung von Kryptowährungen (−4,91 auf −7,61 bzw. −2,97 % auf −4,50 % vgl. Tab. 23 und 24), da der gesamte Kryptomarkt in diesem Zeitraum starke Kursverluste hinnehmen musste.

Tab. 19 Musterportfolio Deutschland mit Beimischung Zeitraum 1 (01.01.2020–24.06.2022). (Quelle: eigene Darstellung)

Asset	Gewichtung (in %)	Inv. Kapital (in USD)	Performance (in %)	Performance absolut (in USD)
Volkswagen Vz	4,33	4333	−22,36	−968,88
Mercedes-Benz Group	4,33	4333	17,87	774,33
SAP	4,33	4333	−24,21	−1049,08
Deutsche Telekom	4,33	4333	28,86	1250,53
Allianz	4,33	4333	−17,80	−771,15
Münchener Rück	4,33	4333	−16,39	−710,27
Bayer	4,33	4333	−21,50	−931,67
Merck	4,33	4333	56,48	2447,57
UniImmo: Deutschland EUR DIS	24,33	24.333	−5,57	−1356,04
iShares Core DAX	9,33	9333	−2,48	−231,87
iShares TecDax	9,33	9333	−5,27	−491,94
Staatsanleihe Deutschland 2029	14,33	14.333	−10,60	−1518,71
Binance BNB	4,00	4000	1654,96	66.198,51
Bitcoin Cash BCH	4,00	4000	−43,96	−1758,49
Startkapital (in USD): 100.000				
Absolute Veränderung (in USD)				60.882,86
Relative Veränderung (in %)			60,88	

Tab. 20 Musterportfolio USA mit Beimischung Zeitraum 1 (01.01.2020–24.06.2022). (Quelle: eigene Darstellung)

Asset	Gewichtung (in %)	Inv. Kapital (in USD)	Performance (in %)	Performance absolut (in USD)
Tesla	4,33	4333	756,60	32.785,67
General Motors	4,33	4333	−4,60	−199,26
Apple	4,33	4333	88,66	3841,90
Microsoft	4,33	4333	66,67	2888,87
United Health Group	4,33	4333	69,45	3009,46
JPMorgan Chase	4,33	4333	−16,85	−730,05
Johnson & Johnson	4,33	4333	24,88	1078,20
Eli Lilly & Co.	4,33	4333	146,29	6339,18
Deka-Immobilien Nordamerika	24,33	24.333	−2,08	−506,94
iShares Core S&P 500	9,33	9333	27,24	2542,47
iShares NASDAQ 100	9,33	9333	37,61	3509,80
Staatsanleihe USA 2029	14,33	14.333	−8,85	−1268,06
Binance BNB	4,00	4000	1654,96	66.198,51
Avalanche AVAX	4,00	4000	249,40	9976,15
Startkapital (in USD): 100.000				
Absolute Veränderung (in USD)				129.465,90
Relative Veränderung (in %)			129,47	

Tab. 21 Musterportfolio Deutschland mit Beimischung Zeitraum 2 (11.03.2020–10.07.2020). (Quelle: eigene Darstellung)

Asset	Gewichtung (in %)	Inv. Kapital (in USD)	Performance (in %)	Performance absolut (in USD)
Volkswagen Vz	4,33	4333	5,97	258,58
Mercedes-Benz Group	4,33	4333	19,95	864,54
SAP	4,33	4333	36,19	1.568,40
Deutsche Telekom	4,33	4333	16,07	696,36
Allianz	4,33	4333	5,94	257,48
Münchener Rück	4,33	4333	11,80	511,16
Bayer	4,33	4333	13,90	602,37
Merck	4,33	4333	11,36	492,42
UniImmo: Deutschland EUR DIS	24,33	24.333	−6,11	−1486,44
iShares Core DAX	9,33	9333	20,57	1920,26
iShares TecDax	9,33	9333	16,65	1553,57
Staatsanleihe Deutschland 2029	14,33	14.333	−2,28	−326,41
Tether USDT	4,00	4000	0,12	54,73
Bitcoin Cash BCH	4,00	4000	−10,84	−433,72
Startkapital (in USD): 100.000				
Absolute Veränderung (in USD)				6483,29
Relative Veränderung (in %)			6,48	

Tab. 22 Musterportfolio USA mit Beimischung Zeitraum 2 (11.03.2020–10.07.2020). (Quelle: eigene Darstellung)

Asset	Gewichtung (in %)	Inv. Kapital (in USD)	Performance (in %)	Performance absolut (in USD)
Tesla	4,33	4333	143,55	6220,33
General Motors	4,33	4333	−11,25	−487,67
Apple	4,33	4333	39,30	1703,08
Microsoft	4,33	4333	39,08	1693,49
United Health Group	4,33	4333	4,84	209,82
JPMorgan Chase	4,33	4333	0,32	14,00
Johnson & Johnson	4,33	4333	8,02	347,52
Eli Lilly & Co.	4,33	4333	16,67	722,32
Deka-Immobilien Nordamerika	24,33	24.333	−8,76	−2131,08
iShares Core S&P 500	9,33	9333	16,83	1571,22
iShares NASDAQ 100	9,33	9333	35,57	3319,69
Staatsanleihe USA 2029	14,33	14.333	3,32	476,33
Tether USDT	4,00	4000	0,12	4,73
Cardano ADA	4,00	4000	198,41	7936,34
Startkapital (in USD): 100.000				
Absolute Veränderung (in USD)				21.600,11
Relative Veränderung (in %)			21,60	

Tab. 23 Musterportfolio Deutschland mit Beimischung Zeitraum 3 (24.02.2022–24.06.2022). (Quelle: eigene Darstellung)

Asset	Gewichtung (in %)	Inv. Kapital (in USD)	Performance (in %)	Performance absolut (in USD)
Volkswagen Vz	4,33	4333	−22,77	−986,69
Mercedes-Benz Group	4,33	4333	−16,53	−716,39
SAP	4,33	4333	−7,20	−312,00
Deutsche Telekom	4,33	4333	18,18	787,77
Allianz	4,33	4333	−10,92	−472,99
Münchener Rück	4,33	4333	−9,58	−414,92
Bayer	4,33	4333	12,58	545,24
Merck	4,33	4333	−2,92	−126,74
UniImmo: Deutschland EUR DIS	24,33	24.333	−1,87	−454,10
iShares Core DAX	9,33	9333	−7,01	−654,68
iShares TecDax	9,33	9333	−5,88	−549,02
Staatsanleihe Deutschland 2029	14,33	14.333	−7,95	−1139,62
Tether USDT	4,00	4000	−0,13	−5,24
Avalanche AVAX	4,00	4000	−77,66	−3106,49
Startkapital (in USD): 100.000				
Absolute Veränderung (in USD)				−7605,87
Relative Veränderung (in %)			−7,61	

Tab. 24 Musterportfolio USA mit Beimischung Zeitraum 3 (24.02.2022–24.06.2022). (Quelle: eigene Darstellung)

Asset	Gewichtung (in %)	Inv. Kapital (in USD)	Performance (in %)	Performance absolut (in USD)
Tesla	4,33	4333	−7,95	−344,44
General Motors	4,33	4333	−22,12	−958,38
Apple	4,33	4333	−12,95	−561,30
Microsoft	4,33	4333	−9,13	−395,54
United Health Group	4,33	4333	8,72	377,83
JPMorgan Chase	4,33	4333	−1,884	−816,30
Johnson & Johnson	4,33	4333	15,27	661,75
Eli Lilly & Co.	4,33	4333	33,96	1471,41
Deka-Immobilien Nordamerika	24,33	24.333	3,07	747,07
iShares Core S&P 500	9,33	9333	−6,03	−562,37
iShares NASDAQ 100	9,33	9333	−13,25	−1236,94
Staatsanleihe USA 2029	14,33	14.333	−7,71	−1105,77
Bitcoin BTC	4,00	4000	−44,61	−1784,48
Binance USD BUSD	4,00	4000	0,19	7,70
Startkapital (in USD): 100.000				
Absolute Veränderung (in USD)				−4499,75
Relative Veränderung (in %)			−4,50	

Zusammenfassend lässt sich somit festhalten, dass die Beimischung von Krypto-Assets im Gesamtbetrachtungszeitraum zu einer deutlichen Verbesserung der Rendite-Struktur beider Musterportfolios beitragen konnte. Im Krisenzeitraum 1 konnte nur für das Musterportfolio USA eine erhöhte Portfoliorendite erzielt werden, im Krisenzeitraum 2 kam der volatile Charakter der Kryptowährungen zum Vorschein und führte in beiden Musterportfolios zu einer weiteren Verschlechterung der Portfoliorendite.

4.4 Kritische Würdigung der Ergebnisse

Bei der Beurteilung der Ergebnisse sind einige Aspekte zu berücksichtigen, die sich aus dem relativ einfach gehaltenen Untersuchungsaufbau ergeben:

1. Zu beachten ist zunächst, dass die Musterportfolien recht aktienlastig sind (Aktienanteil insgesamt 60 %). Das Chancen-Risikoprofil ist damit im Bereich „spekulativ" angesiedelt, was gleichbedeutend damit ist, dass das Streben nach kurzfristig hohen Renditechancen Sicherheits- und Liquiditätsaspekte überwiegt und dass erhebliche Kurs- beziehungsweise Wertschwankungen in Kauf genommen werden (Union Investment, o. J.-b).
2. Die Ergebnisse werden durch die Auswahl der Betrachtungszeiträume, der Branchen und insbesondere des Einzelwerts Tesla erheblich beeinflusst. Die Schwankungen

werden dadurch überzeichnet. Da jedoch der Schwerpunkt der Analyse auf der Betrachtung der Unterschiede zwischen dem Gesamtzeitraum und den beiden Krisenzeiträumen liegt, erscheint die Auswahl vertretbar.
3. Überdies wurden bei der Berechnung der Auswirkungen nur die Kryptowährungen aus den beiden gebildeten Kategorien (Stablecoins und übrige Kryptowährungen) mit den ex post niedrigsten Korrelationen berücksichtigt. Der Beimischungseffekt wird dadurch zum einen deutlich überzeichnet, denn in der Realität ist ex ante unbekannt, welches die ideale Beimischung ist. Zum anderen wären durch die Beimischung von zwei Kryptowährungen der gleichen Kategorien stärkere Effekte möglich gewesen.
4. Zudem ist davon auszugehen, dass eine Veränderung des prozentualen Anteils der Krypto-Assets am Portfolio eine veränderte Portfoliorendite nach sich gezogen hätte.
5. Da die Berechnungen in US-Dollar und Umrechnungen zu einem fixierten Kurs erfolgt, wurde das Währungsrisiko nicht gesondert berücksichtigt.
6. Alle Renditen beziehen sich allein auf die Kursentwicklung der Assets, berücksichtigen also weder laufende Ausschüttungen, Zinszahlungen oder Gebühren in jeglicher Form noch steuerliche Aspekte. Die Transaktionsgebühren bei Kryptowährungen sind indes, wie dargestellt, marginal und werden zur Vereinfachung vernachlässigt.
7. Zudem ist zu berücksichtigen, dass der Beginn der beiden Subzeiträume jeweils auf den offiziellen Startpunkt der Krise gelegt wurde. Dies lässt außer Acht, dass die Corona-Pandemie im Gegensatz zum Ukraine-Krieg nicht schlagartig begann, sondern sich kontinuierlich vom ersten Ausbruch Ende 2019 entwickelt hatte und damit in Teilen bereits beim Ausrufen der Pandemie von den Märkten „eingepreist" waren.

Grundsätzlich bleibt anzumerken, dass die Untersuchung auf historischen Daten beruht und somit die Aussagekraft über zukünftige Entwicklungen und Renditen zwangsläufig eingeschränkt ist.

5   Schlussbetrachtung

Im Rahmen der Untersuchung wurde geprüft, ob sich Kryptowährungen als Portfolio-Beimischung in der Vermögensanlage eignen. Es konnte für den Betrachtungszeitraum festgestellt werden, dass Krypto-Assets mit etablierten Assetklassen nur leicht beziehungsweise nicht korrelieren. Demnach können Krypto-Assets gemäß der Portfolio-Selection-Theorie von Markowitz zur Verbesserung der Rendite-Risiko-Struktur von Portfolios verwendet werden.

Aufgrund des hochgradig volatilen Charakters von Kryptowährungen ergeben sich erhebliche Renditechancen, die jedoch ebenso großen Verlustrisiken gegenüberstehen. Zu berücksichtigen bleiben auch die Schwierigkeiten im Hinblick auf den sicheren beziehungsweise ordnungsgemäßen Handel von Kryptowährungen und die Verwahrung der Krypto-Assets.

Das Ergebnis der durchgeführten Auswertung in Bezug auf die Diversifizierung von Portfolios ist nicht eindeutig: Einerseits konnte im Gesamtbetrachtungszeitraum vom 01.01.2020 bis 24.06.2022 durch Beimischung von Kryptowährungen eine deutliche Erhöhung der Portfoliorendite erzielt werden. Andererseits konnte in den beiden viermonatigen Krisenzeiträumen nur in einem Fall eine Verbesserung der Rendite erreicht werden. Zu beachten bleibt dabei, dass im Rahmen der Untersuchung von Best-Case-Bedingungen ausgegangen wurde, da nur die Kryptowährungen mit den jeweils niedrigsten Korrelationen zu den traditionellen Assets beigemischt wurden. Dementsprechend kann zwar belegt werden, dass Krypto-Assets bei einem längeren Anlagehorizont zu einer Verbesserung der Rendite-Risiko-Struktur von Portfolios beitragen können. Dagegen zeigt die Untersuchung, dass Kryptowährungen eher ungeeignet für kürzere und krisenbehaftete Anlagezeiträume sind. Die Hoffnung, dass Kryptowährungen – vergleichbar mit Gold – eine krisenresistente Anlage sind, wird damit aktuell nicht gestützt.

Literatur

Albrecher, H., & Goffard, P.-O. (2020). On the profitability of selfish blockchain mining under consideration of ruin. *arxiv*. https://doi.org/10.48550/arXiv.2010.12577

Almeida, J., & Gonçalves, T. C. (2022). A systematic literature review of volatility and risk management on cryptocurrency investment: A methodological point of view. *Risks, 10*(5), 107. https://doi.org/10.3390/risks10050107

Alvarez, F., Argente, D., & van Patten, D. (2022). Are cryptocurrencies currencies? Bitcoin as legal tender in EL Salvador. *National Bureau of Economic Research*. https://doi.org/10.3386/w29968

American Bankruptcy Institute. (o.J.). *Bankrupt Bitcoin Exchange Mt. Gox begins to Pay Back Account Holders in Bitcoin*. https://www.abi.org/feed-item/bankrupt-bitcoin-exchange-mt-gox-begins-to-pay-back-account-holders-in-bitcoin. Zugegriffen am 21.02.2023.

Angerer, M., Gramlich, M., & Hanke, M. (2021). *Order book liquidity on crypto exchanges*. https://cryptoassetlab.org/docs/CAL2021/Investments-and-trading_Angerer_Gramlich_Hanke.pdf. Zugegriffen am 21.02.2023.

Ankenbrand, T., & Bieri, D. (2018). Assessment of cryptocurrencies as an asset class by their characteristics. *Investment Management and Financial Innovations, 15*(3), 169–181. https://doi.org/10.21511/imfi.15(3).2018.14

BaFin. (2017). *MiFID II und MiFIR*. https://www.bafin.de/DE/PublikationenDaten/Jahresbericht/Jahresbericht2017/Kapitel5/Kapitel5_1/Kapitel5_1_1/kapitel5_1_1_node.html. Zugegriffen am 21.02.2023.

BaFin. (2019). *Merkblatt zu ICOs*. https://www.bafin.de/SharedDocs/Downloads/DE/Merkblatt/WA/dl_wa_merkblatt_ICOs.html. Zugegriffen am 21.02.2023.

BaFin. (2020). *Virtuelle Währungen/Virtual Currency (VC)*. https://www.bafin.de/DE/Aufsicht/FinTech/VirtualCurrency/virtual_currency_node.html. Zugegriffen am 04.05.2022.

Bariviera, A. F., Zunino, L., & Rosso, O. A. (2018). An analysis of high-frequency cryptocurrencies prices dynamics using permutation-information-theory quantifiers. *Chaos: An Interdisciplinary Journal of Nonlinear Science, 28*(7), 2. https://doi.org/10.1063/1.5027153

Baur, D. G., Lee, A. D., & Hong, K. (2015). Bitcoin: Currency or investment? *SSRN Electronic Journal*. https://doi.org/10.2139/ssrn.2561183

Beigel, O. (2022). *Who accepts Bitcoins in 2022?* 99Bitcoins.Com. https://99bitcoins.com/bitcoin/who-accepts/. Zugegriffen am 12.05.2022.

Bitcoin Cash. (o.J.). *Bitcoin Cash – Eine elektronische Peer-to-Peer Währung.* BitcoinCash.Org. https://bitcoincash.org/. Zugegriffen am 21.02.2023.

Bitcoin Suisse. (2019). *Die Vorteile der Dezentralisierung.* https://www.bitcoinsuisse.com/de/research/decrypt/the-benefits-of-decentralization-2. Zugegriffen am 21.02.2023.

Bitcoinity. (o.J.). *Bitcoin price volatility.* https://data.bitcoinity.org/markets/volatility/7d/USD?f=m10&g=15&st=log&t=l. Zugegriffen am 12.05.2022.

Bitcoinwiki.Org. (2020). *Bitcoin Whale – What are crypto whales?* https://en.bitcoinwiki.org/wiki/Whales. Zugegriffen am 23.06.2022.

BlackRock (Netherlands) B.V. (o.J.). *iShares by BlackRock.* https://www.ishares.com/de. Zugegriffen am 28.06.2022.

boerse.de (o.J.). *Startseite Aktien.* https://www.boerse.de/aktien. Zugegriffen am 28.06.2022.

Böhme, R., Christin, N., Edelman, B., & Moore, T. (2015). Bitcoin: Economics, technology, and governance. *Journal of Economic Perspectives, 29*(2), 213–238. https://doi.org/10.1257/jep.29.2.213

Brunner, M. (2009). *Kapitalanlage mit Immobilien.* Gabler.

Bundesministerium der Finanzen. (2021). *Entwurf eines BMF-Schreibens: Einzelfragen zur ertragsteuerrechtlichen Behandlung von virtuellen Währungen und von Token.* https://www.bundesfinanzministerium.de/Content/DE/Downloads/BMF_Schreiben/Steuerarten/Einkommensteuer/2021-06-17-est-kryptowaehrungen.html. Zugegriffen am 21.02.2023.

Bundesministerium der Justiz. (2015). *Verbesserung des Schutzes von Kleinanlegern.* https://www.bmj.de/DE/Themen/FinanzenUndAnlegerschutz/VerbesserungSchutzKleinanlagen/VerbesserungSchutzKleinanlagen_node.html;jsessionid=FED6FD074C11CE89EA9758CE3B706AA4.2_cid324. Zugegriffen am 21.02.2023.

Bundesverband Alternative Investments. (2021). *Der Diversifikationseffekt von Alternative Investments in Krisenzeiten.* https://www.bvai.de/fileadmin/Veroeffentlichungen/BAI_Publikationen/Der_Diversifikationseffekt_von_Alternative_Investments_in_Krisenzeiten.pdf. Zugegriffen am 21.02.2023.

Bundesverband Alternative Investments e.V. (o.J.). *Alternative investments.* https://www.bvai.de/alternative-investments. Zugegriffen am 21.02.2023.

Bundeszentrale für politische Bildung. (2023). *Krieg in der Ukraine.* bpb.de. https://www.bpb.de/themen/europa/krieg-in-der-ukraine/. Zugegriffen am 21.02.2023.

Burgwinkel, D. (2016). *Blockchain Technology: Einführung für Business- und IT Manager.* De Gruyter Oldenbourg.

Burniske, C., & White, A. (2016). *Bitcoin: Ringing the Bell for a New Asset Class.* ARK Invest Research. https://ark-invest.com/articles/analyst-research/bitcoin-new-asset-class/#:~:text=ARK%20Invest%20and%20Coinbase%20explore,meet%20the%20requirement%20of%20investability. Zugegriffen am 21.02.2023.

Coinbase. (o.J.). *Bitcoin Preise, Charts und News.* https://www.coinbase.com/de/price/bitcoin. Zugegriffen am 05.06.2022.

Coingecko. (2022). *Öffentliche Unternehmen mit Bitcoin-Holdings.* https://www.coingecko.com/de/public-companies-bitcoin. Zugegriffen am 05.06.2022.

CoinMarketCap. (2021). *Bitcoin: The Pros and Cons of Hot and Cold Storage.* https://coinmarketcap.com/alexandria/article/bitcoin-the-pros-and-cons-of-hot-and-cold-storage. Zugegriffen am 21.02.2022.

CoinMarketCap. (o.J.-a). *Cryptocurrency prices, charts and market capitalizations.* https://coinmarketcap.com/. Zugegriffen am 11.06.2022.

CoinMarketCap. (o.J.-b). *Top cryptocurrency exchanges ranked*. https://coinmarketcap.com/rankings/exchanges/. Zugegriffen am 14.04.2022.

CoinMarketCap. (o.J.-c). *Cryptocurrency prices, charts and market capitalizations*. https://coinmarketcap.com/. Zugegriffen am 20.03.2023.

CoinMarketCap Support. (2021). *Exchange Ranking*. CoinMarketCap. https://support.coinmarketcap.com/hc/en-us/articles/360052030111-Exchange-Ranking. Zugegriffen am 05.05.2022.

Companiesmarketcap.Com. (2022). *Companies ranked by Market Cap*. https://companiesmarketcap.com/. Zugegriffen am 28.06.2022.

Delfabbro, P., King, D. L., & Williams, J. (2021). The psychology of cryptocurrency trading: Risk and protective factors. *Journal of Behavioral Addictions, 10*(2), 201–207. https://doi.org/10.1556/2006.2021.00037

Dennin, T. (2009). *Besicherte Rohstoffterminkontrakte im Asset Management*. Josef EUL.

Deutsche Bundesbank. (2021). Der Einfluss der Geldpolitik des Eurosystems auf Bitcoin und andere Krypto- Token. *Monatsbericht* September, S. 65–94. https://www.bundesbank.de/de/publikationen/berichte/monatsberichte/monatsbericht-september-2021-875894. Zugegriffen am 21.02.2023.

Deutsche Bundesbank. (2022). Veränderungen im besicherten Geldmarkt. *Monatsbericht* Januar, S. 15–31. https://www.bundesbank.de/de/publikationen/berichte/monatsberichte/monatsbericht-januar-2022-883946. Zugegriffen am 21.02.2023.

Deutsche Digital Assets. (2022). *Are cryptocurrencies an asset class?* https://deutschedigitalassets.com/insights/news/are-cryptocurrencies-an-asset-class/. Zugegriffen am 21.02.2023.

Drasch, B. J., Fridgen, G., Manner-Romberg, T., Nolting, F. M., & Radszuwill, S. (2020). The token's secret: The two-faced financial incentive of the token economy. *Electronic Markets, 30*(3), 557–567. https://doi.org/10.1007/s12525-020-00412-9

Eckardt, S. A. (2004). *Immobilien als Anlageklasse*. Diplomica.

European Central Bank. (2021). *Bitcoin – Was ist das?* https://www.ecb.europa.eu/ecb/educational/explainers/tell-me/html/what-is-bitcoin.de.html. Zugegriffen am 21.02.2023.

Fang, F., Ventre, C., Basios, M., Kanthan, L., Martinez-Rego, D., Wu, F., & Li, L. (2022). Cryptocurrency trading: A comprehensive survey. *Financial Innovation, 8*(1). https://doi.org/10.1186/s40854-021-00321-6

Ferrari, V. (2020). The regulation of crypto-assets in the EU – Investment and payment tokens under the radar. *Maastricht Journal of European and Comparative Law, 27*(3), 325–342. https://doi.org/10.1177/1023263x20911538

Fridgen, G., Regner, F., Schweizer, A., & Urbach, N. (2018). Don't Slip on the Initial Coin Offering (ICO): A Taxonomy for a Blockchain-enabled Form of Crowdfunding. *Twenty-Sixth European Conference on Information Systems (ECIS2018), Portsmouth, UK, 2018*. https://orbilu.uni.lu/handle/10993/44504. Zugegriffen am 21.02.2023.

Gallati, R. R. (2011). *Verzinsliche Wertpapiere* (3. Aufl.). Gabler.

Gemini. (2022). *2022 Global State of Crypto Report*. https://www.gemini.com/state-of-crypto. Zugegriffen am 21.02.2023.

Goldfeder, S., Bonneau, J., Felten, E. W., Kroll, J. A., & Narayanan, A. (2014). *Securing Bitcoin wallets via threshold signatures*. https://www.jkroll.com/papers/bitcoin_threshold_signatures.pdf. Zugegriffen am 21.02.2023.

Goldfeder, S., Gennaro, R., Kalodner, H., Bonneau, J., Kroll, J. & Narayanan, A. (2015). *Threshold-optimal DSA/ECDSA signatures and an application to Bitcoin wallet security*. http://stevengoldfeder.com/papers/threshold_sigs.pdf. Zugegriffen am 21.02.2023.

Goldman Sachs. (2021). *Crypto: A new asset class?* https://www.goldmansachs.com/insights/pages/crypto-a-new-asset-class.html. Zugegriffen am 21.02.2023.

Greer, R. J. (1997). What is an asset class, anyway? *The Journal of Portfolio Management, 23*(2), 86–91. https://doi.org/10.3905/jpm.23.2.86

Günther, S., Moriabadi, C., Schulte, J., & Garz, H. (2012). *Portfolio-Management: Theorie und Anwendung* (5. Aufl.). Frankfurt School.

Hileman, G., & Rauchs, M. (2017). 2017 Global cryptocurrency benchmarking study. *SSRN Electronic Journal*. https://doi.org/10.2139/ssrn.2965436

Hougan, M., & Lawant, D. (2021). *Cryptoassets: The guide to bitcoin, blockchain, and cryptocurrency for investment professionals* (English Edition). CFA Institute Research Foundation. SSRN-id3792541.pdf. Zugegriffen am 21.02.2023.

Huang, Y., Tang, J., Cong, Q., Lim, A., & Xu, J. (2021). Do the rich get richer? Fairness analysis for blockchain incentives. *Proceedings of the 2021 International Conference on Management of Data*, 790–803. https://doi.org/10.1145/3448016.3457285

Imöhl, S. (2022). *So bewahren Sie Kryptowährungen online & offline sicher auf*. https://www.wiwo.de/finanzen/boerse/bitcoin-ethereum-und-co-so-bewahren-sie-kryptowaehrungen-online-und-offline-sicher-auf/27562272.html#:%7E:text=Eines%20vorweg%3A%20Coins%20offline%20auf,mit%20dem%20Internet%20verbunden%20sind. Zugegriffen am 21.02.2023.

Isarvest GmbH. (o.J.). *ETF-Anbieter im Überblick*. https://de.extraetf.com/etf-provider. Zugegriffen am 28.06.2022.

Kanach, J., Syracuse, D., Boehm, J., & Ahmadifar, T. (2018). *Crypto Fundamentals: Custody and why the legal issues surrounding it matter*. https://www.step.org/tqr/tqr-september-2018/crypto-fundamentals. Zugegriffen am 04.06.2022.

Kommer, G. (2016). Gold als Investment – Fakten und Fantasie. *Der Neue Finanzberater, 4*, 16–20. https://www.ifz-institut.de/eh-content/pages/7162/files/autoupload/dokumente/der-neue-finanzberater-dezember-20161.pdf. Zugegriffen am 21.02.2023.

Kristoufek, L. (2015). What are the main drivers of the Bitcoin price? Evidence from wavelet coherence analysis. *PLoS One, 10*(4), e0123923. https://doi.org/10.1371/journal.pone.0123923

Lapin, N. (2022). *Explaining crypto's volatility*. https://www.forbes.com/sites/nicolelapin/2021/12/23/explaining-cryptos-volatility/. Zugegriffen am 21.02.2023.

Lee, S., & Kim, S. (2021). Shorting attack: Predatory, destructive short selling on Proof-of-Stake cryptocurrencies. *Concurrency and Computation: Practice and Experience*. https://doi.org/10.1002/cpe.6585

Luther, W. J., & White, L. H. (2014). Can Bitcoin become a major currency? *SSRN Electronic Journal*. https://doi.org/10.2139/ssrn.2446604

Lyons, R., & Viswanath-Natraj, G. (2020). What keeps stablecoins stable? *National Bureau of Economic Research*. https://doi.org/10.3386/w27136

Major, J. (2022). *Bitcoin correlation with the S&P 500 reaches a new all-time high*. https://finbold.com/bitcoin-correlation-with-the-sp-500-reaches-a-new-all-time-high/. Zugegriffen am 12.05.2022.

Mamarbachi, R., Day, M., & Favato, G. (2008). Art as an alternative investment asset. *SSRN Electronic Journal*. https://doi.org/10.2139/ssrn.1112630

Markowitz, H. M. (1952). Portfolio selection. *The Journal of Finance, 7*(1), 77–91. https://doi.org/10.2307/2975974

Mayer, M. M. L. (2018). Cryptocurrencies as an alternative asset class. *Junior Management Science, 3*(4), 1–29. https://doi.org/10.5282/jums/v3i4pp1-29

Mondello, E. (2015). *Portfoliomanagement: Theorie und Anwendungsbeispiele* (2. Aufl.). Springer Gabler.

Nakamoto, S. (2008). *Bitcoin: A peer-to-peer electronic cash system*. https://bitcoin.org/de/bitcoin-paper. Zugegriffen am 21.02.2023.

Olinga, L. (2022). *For Bitcoin Believers Musk and Saylor, a Reckoning Looms*. https://www.thestreet.com/investing/cryptocurrency/reckoning-looms-for-bitcoin-believers-musk-saylor. Zugegriffen am 21.02.2023.

onvista.de. (2022). *Onvista: Börse und Kurse*. https://www.onvista.de/. Zugegriffen am 28.06.2022.

Ossinger, J. (2021). *JPMorgan Warns Boom for Bitcoin Futures ETFs May Come at a Cost*. https://www.bloomberg.com/news/articles/2021-10-21/jpmorgan-warns-boom-for-bitcoin-futures-etfs-may-come-at-a-cost#xj4y7vzkg. Zugegriffen am 21.02.2023.

Röder, K., Grebler, J., Halbritter, G., Kaiser, F., Kanevskyy, V., & Popp, C. (2012). Geldanlage bei Inflationsrisiken und politischen Risiken. *Beitrag zum Postbank Finance Award 2012*. https://www.welt.de/bin/text-106595792.pdf. Zugegriffen am 21.02.2023.

Sanyal, S. (2022). *10 banks that have invested in cryptocurrencies and blockchain*. https://www.analyticsinsight.net/10-banks-that-have-invested-in-cryptocurrencies-and-blockchain/. Zugegriffen am 21.02.2023.

Sayeed, S., & Marco-Gisbert, H. (2019). Assessing blockchain consensus and security mechanisms against the 51% attack. *Applied Sciences, 9*(9). https://doi.org/10.3390/app9091788

Schär, F., & Berentsen, A. (2017). *Bitcoin, Blockchain und Kryptoassets*. BoD – Books on Demand.

Sebastian, S. P., Steininger, B., & Wagner-Hauber, M. (2012). Vor- und Nachteile von direkten und indirekten Immobilienanlagen. *Beiträge zur Immobilienwirtschaft – International Real Estate Business School*. https://doi.org/10.2139/ssrn.1995685

Shaik, C. (2020). Securing cryptocurrency wallet seed phrase digitally with blind key encryption. *International Journal on Cryptography and Information Security, 10*(4), 1–10. https://doi.org/10.5121/ijcis.2020.10401

Smart Valor. (2022). *Bitcoin vs. Traditional assets*. Smartvalor.Com. https://smartvalor.com/en/news/bitcoin-traditional-assets. Zugegriffen am 21.02.2023.

Sophy, J. (2022). *Who accepts Bitcoin as payment?* Small Business Trends. https://smallbiztrends.com/2021/12/who-accepts-bitcoin.html. Zugegriffen am 21.02.2023.

Sparkasse. (o.J.). *Bitcoin & Co.: Digitalwährungen auf dem Prüfstand*. https://www.sparkasse.de/themen/geldanlage/bitcoin.html. Zugegriffen am 21.02.2023.

Spremann, K. (2008). *Portfoliomanagement* (4. Aufl.). De Gruyter Oldenbourg.

Spremann, K., & Gantenbein, P. (2007). *Zinsen, Anleihen, Kredite* (4. Aufl.). Oldenbourg.

Statista. (2022). *Anzahl verfügbarer Kryptowährungen weltweit bis April 2022*. https://de.statista.com/statistik/daten/studie/1018542/umfrage/anzahl-unterschiedlicher-kryptowaehrungen/#:%7E:text=Diese%20Statistik%20zeigt%20die%20Anzahl,investing.com%2010.516%20unterschiedliche%20Kryptow%C3%A4hrungen. Zugegriffen am 12.04.2022.

Steiner, M., Bruns, C., & Stöckl, S. (2017). *Wertpapiermanagement: Professionelle Wertpapieranalyse und Portfoliostrukturierung* (11. Aufl.). Schäffer-Poeschel.

Union Investment. (o.J.-a). *Alternative INVESTMENTS*. https://institutional.union-investment.de/startseite-de/Kompetenzen/Asset-Klassen/Alternative-Investments.html#:%7E:text=Alternative%20Investments%20sind%20Verm%C3%B6genswerte%2C%20die,auch%20Sichteinlagen%2C%20Spareinlagen%20und%20Termingelder. Zugegriffen am 10.02.2023.

Union Investment. (o.J.-b). *Anlageplaner Risikoprofil Spekulativ*. https://www.union-investment.de/anlegen/rechner/anlageplaner. Zugegriffen am 20.03.2023.

World Health Organization. (2020). *WHO Director-General's opening remarks at the media briefing on COVID-19 – 11 March 2020*. WHO.Int. https://www.who.int/director-general/speeches/detail/who-director-general-s-opening-remarks-at-the-media-briefing-on-covid-19%2D%2D-11-march-2020. Zugegriffen am 24.06.2022.

Zhang, P., Schmidt, D. C., White, J., & Dubey, A. (2019). Consensus mechanisms and information security technologies. *Advances in Computers, 115*, 181–209. https://doi.org/10.1016/bs.adcom.2019.05.001

Prof. Dr. habil. Stephan Schöning studierte nach einer Ausbildung zum Bankkaufmann BWL an der Universität Hamburg. Anschließend promovierte er an der Georg-August-Universität Göttingen, arbeitete in dieser Zeit als wissenschaftlicher Mitarbeiter an der Universitäten Hamburg und anschließend in Hannover und Lüneburg unter Prof. Dr. Ulf G. Baxmann. Am Bankseminar Lüneburg wurde er 2007 habilitiert und hatte anschließend einen Lehrstuhl für Finance and Banking an der Wissenschaftlichen Hochschule Lahr inne. Nach der Schließung des Campus Calw der SRH Hochschule Heidelberg, den er bis zuletzt leitete, arbeitet er aktuell am Standort Heidelberg. Seine Forschungsgebiete sind Kredit- und Risikomanagement, Bankenaufsicht, Finanzierungsinstrumente und Controlling.

Dario Dorsano studierte nach einer Ausbildung zum Bankkaufmann bei der Heidelberger Volksbank Betriebswirtschaftslehre an der Hochschule Mainz mit den Schwerpunkten Marketing und Finance. Nebenbei arbeitete er als Praktikant und Werkstudent bei der Reckitt Deutschland GmbH in Heidelberg im Bereich Sales & Marketing Controlling. Sein Masterstudium im Fachgebiet „International Management & Entrepreneurship" absolvierte er an der SRH Hochschule Heidelberg. Nach dem erfolgreichen Abschluss des Studiums ist er als Controller bei der Firma EMA Indutec GmbH in Meckesheim tätig.

Dr. Tobias Lücke studierte nach einer Ausbildung zum Bankkaufmann und nach einem Studium an einer Berufsakademie (1998–2001) an der Universität Lüneburg Betriebswirtschaftslehre (2001–2004). Der Studienschwerpunkt lag auf Bankbetriebslehre (Lehrstuhl Prof. Dr. Ulf G. Baxmann). Erste Einsätze als studentische Hilfskraft am Lehrstuhl von Prof. Dr. Baxmann führten zu einer Tätigkeit als wissenschaftlicher Mitarbeiter von Prof. Dr. Baxmann, der auch die Promotion im Bereich Bankaufsichtsrecht betreute (2004–2010). Seit 2010 arbeitet Tobias Lücke in verschiedenen Funktionen bei der VHV Versicherung und verantwortet derzeit als Leitender Angestellter die Vertragsverarbeitung für gewerbliches Komposit-Geschäft.

Dr. Roger-David Nolting studierte BWL und Wirtschaftsinformatik an der Leuphana Universität Lüneburg. Am Lehrstuhl von Prof. Dr. Ulf G. Baxmann war er als wissenschaftlicher Mitarbeiter tätig und promovierte in Wirtschaftsinformatik und Organisationstheorie. Anschließend war er zunächst für die FinanzIT (später Finanz Informatik) tätig, zuletzt als Leiter Unternehmensstrategie/-entwicklung. Nach weiteren Stationen unter anderem als langjähriger Geschäftsführer bei der EOS Technology Solutions GmbH und CIO der ECE Group war er Professor für Digital Management an der FOM Hochschule für Oekonomie & Management am Standort Hamburg. Aktuell fungiert er als Managing Partner bei der neoNdigital GmbH und ist im Rahmen von verschiedenen Beiratsfunktionen zu Themen rund um die digitale Transformation in der Immobilienwirtschaft und der IT Industrie tätig.

Der Zinsschock wird zur Realität – Bildung von Drohverlustrückstellungen nach IDW RS BFA 3

Wolfgang Portisch

1 Aktuelle Zinssituation und Einfluss auf das Asset Liability Management

Seit Beginn des Jahres 2022 ist ein sprunghafter Anstieg in verschiedenen Laufzeitbändern an den Zinsmärkten zu beobachten. Ersichtlich ist, dass sich die Zinssätze seit Ende Februar 2022 mit Beginn des Krieges in der Ukraine deutlich erhöht haben, zeitgleich mit gestiegenen Inflationsraten in vielen (europäischen) Ländern.

Vermutlich sind nicht nur Veränderungen internationaler Zentralbanksätze die Ursache der Marktzinsänderungen, sondern auch besondere Risikozuschläge aufgrund des Kriegsszenarios und des Schuldenstandes verschiedener Länder der Eurozone. Des Weiteren verursacht die Energiekrise unter Umständen deutliche Zuschläge bei den Risikoprämien in den Zinssätzen. Somit erreichen die Zinssätze in nahezu allen Laufzeitbändern positive Werte. In den Prognosen zeigt sich ein weiterer Zinsanstieg, der vermutlich in 2023 und 2024 noch anhalten wird, auch in Abhängigkeit von den erwarteten zukünftigen Inflationsraten.

Dabei wirken sich Marktzinsänderungen stark auf die Bankbilanzen aus. Gerade Zinssteigerungen erzeugen teilweise unerwünschte Effekte, da Kreditinstitute in vielen Bereichen ihre Geschäfte barwertig steuern und starke Zinserhöhungen zu drastischen negativen Veränderungen der barwertigen Zahlungsströme führen. Dies betrifft nicht nur das Depot-A-Geschäft der Institute, sondern auch andere Bereiche des Aktivgeschäfts. Durch die Niedrigzinsphase sind auf der Aktivseite der Banken die hohen Kupons ausgelaufen und sukzessive schlägt hier das niedrigere Zinsniveau durch. Die Erholung wird erst in mehreren Jahren erfolgen, wenn Bestandsanleihen auf den Fälligkeitszeitpunkt zulaufen

W. Portisch (✉)
Hochschule Emden/Leer, Emden, Deutschland
E-Mail: wolfgang.portisch@hs-emden-leer.de

© Der/die Autor(en), exklusiv lizenziert an Springer Fachmedien Wiesbaden GmbH, ein Teil von Springer Nature 2023
S. Schöning et al. (Hrsg.), *Bank- und Finanzwirtschaft im Stress*,
https://doi.org/10.1007/978-3-658-41884-7_11

und bei der Wiederanlage auslaufender Festzinsbindungen beim höheren Zinsniveau die wieder angestiegenen Zinskupons im Portfolio wirksam werden. Somit bedeuten gestiegene Zinsen auf lange Sicht auch mögliche und notwendige Ertragschancen.

Während jedoch die barwertigen Effekte aus den Zinssteigerungen teils unverzüglich wirken, fließen die höheren Zinserträge erst nach und nach in die Ertragslage mit ein, da das Bestandsgeschäft das Neugeschäft noch überkompensiert. Erst in einigen Jahren wird bei verändertem Zinsniveau das höherverzinsliche Neugeschäft das Altgeschäft überproportional positiv beeinflussen, in Abhängigkeit von der Duration des Aktivportfolios.

Das Zinsänderungsrisiko wurde von der Bankenaufsicht bereits seit langer Zeit als zunehmend bedeutender Risikofaktor für einzelne Kreditinstitute und das Bankensystem insgesamt wahrgenommen. Dies wird unter anderem mit der Einführung eines Frühwarnindikators für Zinsänderungsrisiken im Anlagebuch bei Kreditinstituten deutlich, der anschlägt, wenn eine vorgegebene plötzliche Zinsänderung einen Wertverlust in Höhe von mehr als 15 % des Kernkapitals bedeutet (EBA, 2018, Rz. 24, 25, 32, 33, 41, 43 ff.; BaFin, 2019; Jansen & Portisch, 2022, S. 148 ff.).

Eine Bank gilt als Institut mit erhöhtem Zinsänderungsrisiko, wenn ihre Zinsposition eine negative Wertänderung aufgrund eines Zinsschocks in Höhe von 200 Basispunkten erleiden würde, die 20 % der regulatorischen Eigenmittel übersteigt. Ein derartiger Zinsschock, der im Rahmen der Risikoszenarien abzuschätzen war, ist seit Anfang 2022 tatsächlich eingetreten.

Die Folgen des Zinsanstiegs sind für Banken vielfältig und stellen eine große Herausforderung für die nächsten Planungsrunden dar. Beispiele möglicher Chancen und Risiken für die Gewinn- und Verlustrechnung der Banken sind in Abb. 1 enthalten.

	2022	2023 und folgende Jahre
Chancen	Investitionsmöglichkeiten im Wertpapierportfolio	Zunehmende Investitionsmöglichkeiten im Wertpapierportfolio
Chancen	Rückkehr der Fristentransformation	Sukzessive Entlastung der Zuführung zu den Pensionsrückstellungen
Chancen		Anpassung Konditionen im Kundengeschäft, Readjustierung Geschäftsmodell
Risiken	Abschreibungsnotwendigkeiten in der Liquiditätsreserve	Abschreibungen in der Liquiditätsreserve bei weiterem Zinsanstieg
Risiken	Entfall der Gebühren aus negativen Zinsen	
Risiken	Auswirkungen IDW RS BFA 3	

Abb. 1 Chancen und Risiken resultierend aus dem Zinsanstieg. (Quelle: eigene Darstellung)

In diesem Beitrag werden die Auswirkungen für Banken nach IDW RS BFA 3 n.F. hinsichtlich der Bildung von Drohverlustrückstellungen (IDW RS BFA 3 n.F., Tz. 3; IDW Life, 2018, S. 278 ff.; IDW, 2022) analysiert.

2 Drohverlustrückstellungen

Der Begriff der Drohverlustrückstellung ist gemäß § 249 Abs. 1 HGB gesetzlich kodifiziert. Demnach sind „Rückstellungen für ungewisse Verbindlichkeiten und für drohende Verluste aus schwebenden Geschäften zu bilden". Schwebende Geschäfte sind gegenseitige Verträge, die auf eine entgeltliche Überlassung von finanziellen Mitteln gerichtet sind (für einen bestimmten oder unbestimmten Zeitraum) (IDW RS BFA 3 n.F., Tz. 3). Ein Geschäft ist so lange in der Schwebe, wie die vereinbarte Nutzungsdauer in der Zukunft liegt.

▶ Definition: Drohverlustrückstellungen drücken stille Zinslasten im Bankbuch von Kreditinstituten aus. Diese sind für drohende Verluste aus schwebenden Geschäften gemäß § 340a i. V. m. § 249 Abs. 1 Satz 1 HGB zu bilden. Es bestehen zwei Voraussetzungen zur Bildung einer derartigen Rückstellung: Zum einen muss es sich um ein schwebendes, in die Zukunft gerichtetes Geschäft handeln, das auf einem wirtschaftlichem Leistungsaustausch basierenden Vertrag beruht, bei dem die Leistungsverpflichtung noch nicht vollständig abgeschlossen ist. Zum anderen muss aus dem schwebenden Geschäft ein Verlust drohen, indem der heutige Wert der Leistungsverpflichtungen über dem Wert des Gegenleistungsanspruchs liegt (Bieg & Waschbusch, 2017, S. 444).

> **Beispiel**
>
> Beispiel: Angenommen, eine Bank vergibt am Anfang des Jahres nur einen endfälligen Kredit über zehn Mio. Euro für fünf Jahre zu einem Zinssatz von 3,00 % und refinanziert diesen Kredit vollständig durch zinsvariable Kundengelder in Höhe von zehn Mio. Euro. Am 31.12. des Jahres steigt der Refinanzierungszins von 1,00 % auf einheitlich 4,00 % für alle Laufzeiten (unterstellt wird eine flache Zinskurve). Die Restlaufzeit des Kredites beträgt vier Jahre. Weitere Kredite und Derivate zur Absicherung von Zinsänderungsrisiken existieren nicht. Die Zinsmarge lag bislang bei 2,00 % und liegt für die Restlaufzeit jetzt bei $-1,00$ % p.a. bezogen auf zehn Mio. Euro für die Restlaufzeit. Es ist unter Umständen eine Drohverlustrückstellung zu bilden. ◀

Mit der Stellungnahme „IDW RS BFA 3 n.F.: Einzelfragen der verlustfreien Bewertung von zinsbezogenen Geschäften des Bankbuchs (Zinsbuchs)" hat der IDW seine Berufsauffassung für Regelungen bezüglich des Ansatzes und der Bewertung von Drohverlustrückstellungen im Bankbuch wiedergegeben (IDW RS BFA 3 n.F.; IDW Life, 2018, S. 278 ff.).

Diese Neuregelung war erforderlich, da § 254 HGB im Rahmen des BilMoG umgestaltet wurde und eine Abgrenzung zu den Normen der Bewertungseinheiten bei Geschäften zur Zinsabsicherung notwendig war. Grundlage zur Ermittlung einer Drohverlustrückstellung ist das Zinsbuch.

▶ Definition: Das Bankbuch beziehungsweise das Zinsbuch umfasst gemäß IDW RS BFA 3 n.F. sämtliche bilanziellen und außerbilanziellen zinsbezogenen Geschäfte und Finanzinstrumente außerhalb des Handelsbestandes (IDW RS BFA 3 n.F., Tz. 14).

Da eine Einzelbetrachtung oder ein unmittelbarer Zusammenhang zwischen Aktivgeschäft und Refinanzierung nicht hergestellt werden kann, ist eine Gesamtbetrachtung der zinstragenden Geschäfte erforderlich. Es erfolgt keine Einzelbewertung der Instrumente und Verträge, sondern eine gesamtheitliche Betrachtung der Zinsgeschäfte auf der Aktiv- und Passivseite (IDW RS BFA 3 n.F., Tz. 3). Für einen eventuellen Verpflichtungsüberschuss ist demnach eine Drohverlustrückstellung gemäß § 249 Abs. 1 Satz 1 HGB zu bilden. Maßgeblich sind die Bewertungen am Abschlussstichtag.

3 Verlustfreie Bewertung nach IDW RS BFA 3 n.F.

Die Stellungnahme „IDW Stellungnahme zur Rechnungslegung: Einzelfragen der verlustfreien Bewertung von zinsbezogenen Geschäften des Bankbuchs (Zinsbuch) (IDW RS BFA 3 n.F.)" regelt die Bewertung von zinstragenden Geschäften im Bankbuch (IDW RS BFA 3 n.F.; IDW Life, 2018, S. 278 ff.). Im Mittelpunkt der Überlegungen stehen ausgewählte Fragen zur Bildung einer Rückstellung nach § 249 Abs. 1 HGB („Drohverlustrückstellung"). Dabei ist die Pflicht zur Bildung einer Drohverlustrückstellung an folgende Voraussetzungen gebunden:

- Es liegt ein schwebendes Geschäft nach § 249 Abs. 1 HGB vor (IDW RS BFA 3 n.F., Tz. 11).
- Aus dem schwebenden Geschäft entsteht ein (erwarteter) Verlust. Die Verpflichtung zur Bildung einer Drohverlustrückstellung entsteht damit bei einem Verpflichtungsüberschuss (IDW RS BFA 3 n.F., Tz. 4).

Das in dem Zusammenhang mit der verlustfreien Bewertung relevante Zinsänderungsrisiko ist das Zinsspannenrisiko. Diese Risikoart kann sich insbesondere durch offene Finanzpositionen (z. B. bei Vorliegen fester Zinssätze auf der Aktiv- und Passivseite mit unterschiedlichen Zinsbindungsfristen), aber auch aufgrund von unterschiedlichen Zinsanpassungselastizitäten ergeben (Scharpf & Schaber, 2020, S. 160). Ein bilanziell zu berücksichtigender drohender Verlust liegt grundsätzlich dann vor, wenn die zukünftige Zinsspanne negativ wird (Bieg & Waschbusch, 2017, S. 446).

3.1 Methoden zur verlustfreien Bewertung des Bankbuches

Mit der (periodischen) GuV-orientierten und der barwertigen Methode stehen nach IDW RS BFA 3 n.F. zwei gleichwertige Methoden zur Ermittlung einer Drohverlustrückstellung zur Verfügung (IDW RS BFA 3 n.F., Tz. 34; Bieg & Waschbusch, 2017, S. 444). Beide Verfahren führen bei Verwendung von gleichen Parametern zum gleichen Ergebnis (Scharpf & Schaber, 2020, S. 179). Grundlage beider Verfahren sind die vertraglichen Vereinbarungen bezüglich der Zinssätze, der Laufzeiten und der Zinsbindungsfristen. Kündigungsrechte und Sondertilgungsvereinbarungen sind bei den Zahlungsstrukturen zu berücksichtigen. Optionskomponenten wie beispielsweise die Ausübung von Sondertilgungsrechten sind vorsichtig zu schätzen. Bei beiden Verfahren bilden Zahlungsströme auf Basis der vertraglichen Vereinbarungen die Berechnungsgrundlage; Betrags- sowie Laufzeitinkongruenzen sind zum Abschlussstichtag fiktiv zu schließen (IDW RS BFA 3 n.F., Tz. 36).

- *Periodische Methode auf Basis der Gewinn- und Verlustrechnung:* Bei dieser Verfahrensweise werden die künftigen Periodenergebnisse ermittelt und diskontiert. Es ergibt sich der Barwert aus den künftigen Geschäften, wobei als Basis die Gewinn- und Verlustrechnung dient. Dabei sind die bereits genannten Prämissen und Parameter zugrunde zu legen. Eine Drohverlustrückstellung ist zu bilden, wenn die diskontierten Periodenergebnisse aus dem Bankbuch (Zinsbuch) negativ ausfallen und somit der Saldo der diskontierten Periodenergebnisse negativ ist. Dabei sind die auf die Geschäfte zu beziehenden Provisionen und Verwaltungs- sowie Risikokosten zu berücksichtigen (IDW RS BFA 3 n.F., Tz. 50).
- *Barwertige Methode auf Grundlage der Cashflows:* Bei dieser Methode werden die Buchwerte des zinstragenden Geschäfts mit deren Barwerten verglichen. Wenn der Buchwert größer als der Barwert der Cashflows aus den Zinsgeschäften ausfällt, ist zwingend eine Drohverlustrückstellung zu bilden (IDW RS BFA 3 n.F., Tz. 51 ff.).

Um einen möglichen Verpflichtungsüberschuss festzustellen, sind offene Positionen zwischen der Aktivseite und der Passivseite bezogen auf die Laufzeit und die Beträge fiktiv über Forward-Geschäfte zu schließen (Bieg & Waschbusch, 2017, S. 452; IDW RS BFA 3 n.F., Tz. 37). Es sind bezogen auf die Fristen adäquate Geld- und Kapitalmarktzinssätze zu verwenden.

Dabei sind bestehende Zinsabsicherungen über Derivate, die Zinsänderungsrisiken begrenzen, zu berücksichtigen. Dadurch reduziert sich im Zweifel die offene Position, wenn beispielsweise Payer-Zinsswaps, mit Laufzeiten bezogen auf das Grundgeschäft, abgeschlossen werden. Voraussetzung ist, dass der relevante Marktzinssatz am jeweiligen Stichtag über dem vertraglich vereinbarten Referenzzinssatz liegt. Die Refinanzierung wird darüber auf eine feste Zinsbasis gestellt. Realistischerweise wäre ein Bodensatz bei der Refinanzierung zu berücksichtigen, damit die offenen Positionen nicht überschätzt

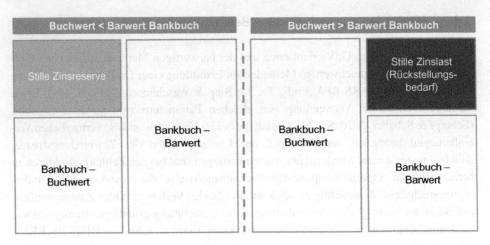

Abb. 2 Buchwert-Barwert-Vergleich zur Ermittlung einer Drohverlustrückstellung. (Quelle: Bieg & Waschbusch, 2017, S. 447)

werden. Das Grundkonzept des Rückstellungstest im Rahmen der verlustfreien Bewertung des Bankbuches besteht in einem Buchwert-Barwert-Vergleich, wie in Abb. 2 dargestellt.

Die vorhandenen, aber noch nicht realisierten Zinslasten werden durch eine Gegenüberstellung des Buchwertes mit dem Barwert ersichtlich (Bieg & Waschbusch, 2017, S. 444). Es handelt sich damit um eine Gesamtbetrachtung statt einer imparitätischen Einzelbewertung.

Die Bewertungsvorschriften zur Ermittlung einer Drohverlustrückstellung erfolgt damit abweichend von der strengen Einzelbewertung gemäß § 252 Abs. 1 Nr. 3 HGB und der Behandlung von Bewertungseinheiten nach § 254 HGB. Das Imparitätsprinzip gemäß § 252 Abs. 1 Nr. 4 HGB und das (strenge) Niederstwertprinzip gemäß § 253 HGB finden Berücksichtigung, unter der Betrachtung von (pauschalierten) Einzelwertberichtigungen und Pauschalwertberichtigungen aufgrund von Adressausfallrisiken bei unverbrieften Forderungen sowie möglichen außerplanmäßigen Abschreibungen bei Wertpapieren. Sind diese bereits bilanziell abgesetzt und erfolgswirtschaftlich gebucht, darf keine Doppeltanrechnung erfolgen. Bei verbrieften Forderungen wie Wertpapieren sind zusätzlich die Kursveränderungen und möglichen Wertverluste aufgrund der Änderungen der Marktzinssätze zu beachten.

Die Geschäftstätigkeit von Kreditinstituten lässt grundsätzlich keine unmittelbare Zuordnung einzelner aktivischer und passivischer Instrumente zu. In einer pragmatischen Betrachtung wären auch die Anforderungen hinsichtlich Dokumentation und Effektivität nicht zu erfüllen.

Auch im Bankcontrolling findet keine unmittelbare Zuordnung von Geschäften auf der Aktivseite und Passivseite der Bankbilanz statt. Dies drückt sich auch in der Bankkalkulation mit der Ermittlung von Zinsmargen aus. Traditionelle Verfahren wie die Poolmethode und die Schichtenbilanzmethode haben versucht, einen fiktiven Zusammenhang zwischen Geschäftsvorfällen und Sammelpositionen der Bankbilanz auf der Aktiv- und Passivseite herzustellen, um darüber Margen zu kalkulieren. Aktuell verwendete Modelle wie die Marktzinsmethode berechnen dagegen den Konditionsbeitrag Aktiv, den Konditionsbeitrag Passiv sowie den Strukturbeitrag aus der Fristentransformation in Anlehnung an die tatsächlich geltenden Geld- und Kapitalmarktzinssätze auf Basis einer Gesamterfolgsbetrachtung.

3.2 Berechnung Buchwert des Bankbuches

Bei der Berechnung des Buchwertes des Bankbuches sind verschiedene bilanzielle Positionen zu berücksichtigen (vgl. Tab. 1). Für die verlustfreie Bewertung kommt es nicht darauf an, ob die Vermögensgegenstände jederzeit veräußert werden können (Scharpf & Schaber, 2020, S. 167). Es wird unterstellt, dass die Grundgeschäfte bis zu Fälligkeit gehalten werden.

Zu den relevanten Aktiva zählen neben den Forderungen gegenüber Kreditinstituten und Kunden gemäß der Zweckbestimmung auch die Wertpapiere des Umlaufvermögens und des Anlagebestandes (Bieg & Waschbusch, 2017, S. 451 ff.; IDW RS BFA 3 n.F., Tz. 14). Auf der Passivseite sind alle Verbindlichkeiten einschließlich der verbrieften und nachrangigen Positionen sowie des Genussrechtskapitals einzubeziehen. Aufzunehmen sind ausschließlich diejenigen zinsbezogenen Finanzinstrumente, die zum Abschlussstichtag bereits vereinbart waren.

Damit handelt es sich um die Gesamtheit der zinsbezogenen Instrumente des Bankbuches. Eigenkapital, Reserven und Fondsanteile werden wie folgt berücksichtigt:

- Die Finanzierungswirkung oder primäre Verlustabdeckungsfunktion des Eigenkapitals ist in der Literatur umstritten (Bieg & Waschbusch, 2017, S. 431). Im IDW RS BFA 3 n.F. wird die Finanzierungswirkung von Eigenkapital unter Zugrundelegung der für die interne Steuerung verwendeten Zinssätze befürwortet (IDW RS BFA 3 n.F., Tz. 39). In einem Rundschreiben weist die Bundesanstalt für Finanzdienstleistungsaufsicht (BaFin) jedoch darauf hin, dass Eigenkapitalbestandteile nicht in die barwertige Ermittlung von Zinsänderungsrisiken einbezogen werden können (BaFin, 2019,

Tab. 1 Buchwert Bankbuch – Bilanzielle Größen

Bilanzielle Größen	
Aktiva	Passiva
Forderungen an Kreditinstitute	Verbindlichkeiten ggü. Kreditinstituten
Forderungen an Kunden	Verbindlichkeiten ggü. Kunden
Wertpapiere „Umlaufvermögen"	Verbriefte Verbindlichkeiten
Wertpapiere Anlagebestand	Nachrangige Verbindlichkeiten
	Genussrechtskapital

Abschn. 3.3.a). Hier wird ein konservativ-pragmatischer Ansatz verfolgt: Unter Hervorhebung der Verlustdeckungsfunktion des Eigenkapitals kann es nicht gleichzeitig zur Refinanzierung zinstragender Aktiva dienen. Eine eventuelle Rückstellungsbildung würde über die Gewinn- und Verlustrechnung zu einer Reduktion des Eigenkapitals führen. Dagegen sind geplante Thesaurierungen als Finanzierungsquelle ohne Ansatz von Zinssätzen einzubeziehen. Da für die Institute grundsätzlich keine vertragliche Verpflichtung für Ausschüttungen besteht, können geplante Thesaurierungen als schwebende Geschäfte angesehen werden.

- Stille Vorsorgereserven (§ 340f HGB) bleiben unberücksichtigt und werden bei der Ermittlung das Buchwertes der relevanten Positionen wieder hinzugerechnet (IDW RS BFA 3 n.F., Tz. 54).
- Anteile an Investmentfonds sind im Rahmen der wirtschaftlichen Betrachtung auf die dahinterstehenden zinsbezogenen Geschäfte („Durchschauprinzip") einzubeziehen (IDW RS BFA 3 n.F., Tz. 26).

3.3 Ermittlung des Bankbuch-Barwertes

Die Basis zur Kalkulation des Zinsbuchbarwertes sind die abgezinsten Zahlungsströme (Cashflows) der Finanzinstrumente des Bankbuchs (IDW RS BFA 3 n.F., Tz. 14) zum Abschlussstichtag (IDW RS BFA 3 n.F., Tz. 51). Ein geplantes Neugeschäft ist nicht zu berücksichtigen.

In der nachstehenden Formel wird der Zusammenhang zwischen dem Diskontierungssatz und dem Barwert des Bankbuchs deutlich: Je höher der Diskontierungssatz ausfällt, desto kleiner ist der Barwert des betrachteten Cashflows (Hölscher et al., 2017, S. 1077). Diskontierungen zukünftiger Zahlungsströme haben auf Basis der allgemein anerkannten fristenadäquaten Geld- und Kapitalmarktsätze zu erfolgen (IDW RS BFA 3 n.F., Tz. 48). Zahlungsströme sind grundsätzlich auf Basis der vertraglichen Vereinbarungen zu berücksichtigen (IDW RS BFA 3 n.F., Tz. 36).

$$Barwert\ Bankbuch = \sum_{t=1}^{T} \frac{CF_t\left(Bilanzielle\ und\ au\beta erbilanzielle\ Positionen\right)}{\left(1 + Zerobond\ Rendite\right)^t}$$

Zu den außerbilanziellen Positionen zählen die Derivate der Aktiv-/Passivsteuerung. Dies sind insbesondere Zinsswaps zur Steuerung des Zinsänderungsrisikos, die meist zur Kompensation von Wertveränderungen aufgrund eines Zinsanstiegs dienen. Damit ist die zentrale Verordnung der Bewertung von Swaps für HGB-bilanzierende Institute außerhalb des Handelsbuchs geregelt.

Der Barwert des Bankbuchs ist um den Risikoprämienbarwert des Kundengeschäftes und den Barwert der Bearbeitungskosten für die Bestandsbearbeitung zu bereinigen, wie in Abb. 3 gezeigt.

	Barwert Bankbuch (Bilanzielle Größen und Derivate)	
+	Gebühren- und Provisionserträge	Direkt aus den Zinsprodukten des Bankbuchs resultierende Gebühren- und Provisionserträge
-	Refinanzierungskosten	Künftige Refinanzierungskosten
-	Risikokosten	Verwendung von ursprünglich kalkulierten oder von Standardrisikokosten kommt nur in Betracht, wenn diese die Verhältnisse am Abschlussstichtag sachgerecht abbilden
-	Verwaltungskosten	Verwaltungskosten originär dem Bankbuch zuzuordnen
=	Bereinigter Barwert Bankbuch	

Abb. 3 Ermittlung des bereinigten Barwerts des Bankbuchs. (Quelle: eigene Darstellung)

4 Strategischer Einfluss eines Zinsanstiegs auf die verlustfreie Bewertung

Eine Erhöhung des Zinsniveaus ist von Relevanz für die Bildung einer Drohverlustrückstellung, wenn bei nicht fristengerechter Finanzierung und bei fehlender oder ungenügender Anpassbarkeit der Konditionen mit negativen Zinsspannen zu rechnen ist (Scharpf & Schaber, 2020, S. 165).

Neben dem Umfang des Zinsanstiegs ist auch die Fristenstruktur einer Bankbilanz entscheidend für die Wahrscheinlichkeit der Bildung einer Drohverlustrückstellung (Hölscher et al., 2017, S. 1083 ff.). Dies lässt sich theoretisch auch über die Duration der Geschäfte simulieren (Jansen & Portisch, 2022, S. 148 ff.). Mit längeren Restlaufzeiten der Finanzinstrumente steigt ceteris paribus auch die Duration und die Zinsreagibilität (Steiner & Uhlir, 2001, S. 78 ff.).

Aktiva
Steigende Zinsen wirken sich unmittelbar negativ auf die barwertige Steuerung in Banken aus. Für das Barwertmanagement ist dieses Marktumfeld katastrophal, denn die Barwerte aus den Aktivgeschäften sinken bei einem Zinsanstieg zunächst stark und bewirken unter Umständen fehlerhafte Steuerungsimpulse. Allerdings verhelfen in Anbetracht der längeren Niedrigzinsphase mittel- bis langfristig nur steigende Zinsen auf Basis einer normalen und steilen Zinskurve den Banken wieder zu nachhaltigen höheren Zinsergebnissen und Ergebnissen aus Fristentransformation, die dringend erforderlich sind, um Risiken abzufedern und Eigenmittel aufzufüllen.

Nur bei (stark) steigenden Marktzinsen wachsen auch die kumulierten Ergebnisse des Neugeschäfts im Zinsbuch überproportional und bieten eine Lösung für die derzeit unbefriedigende Ertragslage vieler Bankinstitute aufgrund der jahrelangen Niedrigzinsphase. Auch die Kupons im Depot A erhöhen sich dann langfristig wieder sukzessiv durch Neuanlagen. Auf Dauer steigt dann auch der kumulierte Barwert des Zinsbuchs, allerdings nur mit einem längeren Zeitversatz (Reuse, 2016, S. 32 ff.). Somit kann der derzeitige Zinsanstieg, der eigentlich sehr positiv für das Neugeschäft der Institute ist, kurzfristig negative Barwertänderungen und die Bildung einer Drohverlustrückstellung bedeuten, allein aufgrund einer barwertigen und stichtagsbedingten Betrachtungsweise. Dies kann zudem eine negative Öffentlichkeitswirksamkeit für die betroffenen Institute nach sich ziehen.

Passiva
Starke Veränderungen der Zinsstruktur mit einem Zinsanstieg führen zunächst zu einem (vermuteten) sofortigen Anstieg der Refinanzierungskosten allerdings nur unter bestimmten Prämissen, mit Vernachlässigung von Bodensatztheorie und zeitversetzten sowie geringen Zinsanpassungselastizitäten auf der Passivseite.

Derivate
In einer Analyse der zehn größten Sparkassen und Genossenschaftsbanken aus dem Jahr 2017 werden Zinsszenarien dargelegt, bei denen eine Drohverlustrückstellung wahrscheinlich werden kann (Hölscher et al., 2017, S. 1076 ff.). Diese Analyse kann ergänzt werden: Die dargelegten Zinsszenarien sind nicht eingetreten. Damit dürften die Institute weiterhin über hohe stille Zinsreserven verfügen (Hölscher et al., 2017, S. 1083). Die Untersuchung ist zudem um den wesentlichen Aspekt der Derivate der Aktiv-/Passiv-Steuerung zu erweitern.

Der bei weitem überwiegende Teil der „Regionalbanken" sollte Payer Swaps zur Absicherung des Zinsänderungsrisikos gezeichnet haben. Diese Banken zahlen einen festen Satz (z. B. über festverzinsliche Aktiva) und erhalten variable Zahlungen. Nach Jahren im Niedrigzinsumfeld müssten sich bei dem aktuellen Zinsanstieg positive Effekte für diese Banken ergeben.

Bereinigungen
Der Barwert der Gebühren- und Provisionserträge muss bei einem Zinsanstieg zwangsläufig zeitnah sinken. Dem gegenüber steht ein positiver Effekt der barwertigen Verwaltungskosten. Je nach Refinanzierungsstruktur ergeben sich individuelle Effekte in den Refinanzierungskosten. Hinsichtlich der Risikokosten ergeben sich zwei Effekte: eine zeitnahe Reduktion des Barwertes bei einem Zinsanstieg, aber auch eine steigende Wahrscheinlichkeit für einen Anstieg der Ausfälle.

Damit ergeben sich für die Elemente der verlustfreien Bewertung die folgenden Bewegungsrichtungen bei einem Zinsanstieg, wie in Abb. 4 visualisiert.

Position	Einfluss	Annahme bei Zinsanstieg
Aktiva		
Forderungen an Kreditinstitute	○	Zinsreagible Positionen: Erhöhung der Position, Reduktion des Barwertes
Forderungen an Kunden	●	Langfristige Position: Zinserhöhungen werden nicht zeitnah wirksam, Reduktion Barwert bei Zinserhöhung
Wertpapiere „Umlaufvermögen"	●	Zinsanstieg in den Kurswerten berücksichtigt; hoher GuV-Effekt zu erwarten
Wertpapiere Anlagebestand	●	Zinsanstieg nicht in den Kurswerten berücksichtigt, Reduktion Barwert
Passiva		
Verb. ggü. Kreditinstituten	○	Zinsreagible Positionen: Erhöhung der Position und Reduktion des Barwertes
Verbindlichkeiten ggü. Kunden	◕	Zinsanstieg wird zeitversetzt wirksam, Reduktion Barwert (der Verbindlichkeiten) zeitnah
Verbriefte Verbindlichkeiten	●	Zinsanstieg wird langfristig wirksam, Reduktion Barwert (der Verbindlichkeiten) zeitnah
Nachrangige Verbindlichkeiten	●	Zinsanstieg wird langfristig wirksam, Reduktion Barwert (der Passiva) zeitnah
Genussrechtskapital	●	Zinsanstieg wird langfristig wirksam, Reduktion Barwert (der Passiva) zeitnah
Derivate		
Swaps der Aktiv/Passiv Steuerung	●	I.W. konstante Festzinszahlungen der Institute, zeitnaher Anstieg der variablen Zahlungen
Bereinigungen		
Gebühren- und Provisionserträge	◔	Konstante Position, Reduktion Barwert zeitnah, i.d.R. kleiner als Zinsüberschuss
Refinanzierungskosten	◐	Individuelle Effekte je nach Refinanzierungsstruktur
Risikokosten	○	Annahmen: Steigende Ausfälle durch Zinsanstieg, Positiver Barwerteffekt
Verwaltungskosten	◔	Konstante Position, Reduktion Barwert zeitnah, kleiner als Erträge

Abb. 4 Position und Einfluss der Drohverlustrückstellungen. (Quelle: eigene Darstellung)

5   Ausweispflichten im Anhang

Die Auswirkungen des IDW RS BFA 3 sind transparent durch die bilanzierenden Institute darzustellen. Die bei Aufstellung der Bilanz und der Gewinn- und Verlustrechnung angewandten Bilanzierungs- und Bewertungsmethoden sind gemäß § 284 Abs. 2 Nr. 1 HGB im Anhang anzugeben. Im Rahmen dieser übergeordneten Ausweispflicht ist auch das Verfahren zur verlustfreien Bewertung des Bankbuchs im Anhang anzugeben und zu erläutern (IDW RS BFA 3 n.F., Tz. 57). Zusätzlich empfiehlt das IDW aus Transparenzgründen Anhangangaben zum gewählten GuV-Ausweis und zu wesentlichen Zuführungs- oder Auflösungsbeträgen (IDW RS BFA 3 n.F., Tz. 58).

Aus Sicht des Autors handelt es sich hierbei aufgrund der Aktualität des Themas und der möglicherweise hohen Effekte des Zinsschocks mehr um eine Pflichtangabe als um eine Empfehlung. Die Bildung einer Drohverlustrückstellung wird auch zwangsläufig zu einer Reduktion der Materialitätsgrenzen verbunden mit zusätzlichen Erläuterungen im Abschluss führen. Auch im Lagebericht ist auf das Risiko künftiger Zinsänderungen einzugehen.

6 Mögliche Handlungsoptionen

Das IDW Rundschreiben BFA 3 ist ein bekanntes Konzept, dass seit rund zehn Jahren mit einer Neufassung Gültigkeit hat. Im Zuge der deutlichen Zinsreduktionen der vergangenen Jahre hatte das Modell nach Auffassung des Autors eher an Bedeutung für die Institute verloren. Der jetzt zu beobachten Zinsanstieg führt zu einer neuen Betrachtung der Thematik. Der Einfluss einer Zinssteigerung ist individuell pro Institut zu bewerten. Als mögliche Handlungsalternativen werden vorgeschlagen:

- Intensive Befassung mit dem Thema: Die Berechnungslogik ist in den entsprechenden Programmen zum Beispiel der Volks- und Raiffeisenbanken und der Sparkassen fest etabliert. In einzelnen Positionen bestehen jedoch Stellhebel, die beobachtet werden können.
- Aufnahme des Themas in den anstehenden Planungsrunden 2023 der Institute.
- Simulation einer kritischen Zinssteigerung mit Auswirkungen auf die GuV.

Über die quartalsweise FinRep-Meldung und Ausweispflichten im Anhang wird die Behandlung mit der verlustfreien Bewertung zu einem zusätzlichen, aktuellen und laufenden Pflichtthema für die Institute.

Literatur

BaFin. (2019). *Rundschreiben 06/2019 (BA) – Zinsänderungsrisiken im Anlagebuch vom 6. August 2019*. https://www.bafin.de/SharedDocs/Veroeffentlichungen/DE/Rundschreiben/2019/rs_06-2019_ZAER.html. Zugegriffen am 10.02.2023.
Bieg, H., & Waschbusch, G. (2017). *Bankbilanzierung nach HGB und IFRS* (3. Aufl.). Vahlen.
EBA. (2018). *Guidelines on the management of interest rate risk arising from non-trading book activities*. EBA/GL/2018/02. Guidelines on the management of interest rate risk arising from non-trading activities (EBA-GL-2018-02).pdf. Zugegriffen am 10.02.2023.
Hölscher, R., Helms, N., & Schneider, J. (2017). Verlustfreie Bewertung des Zinsbuchs gemäß IDW RS BFA 3. *WPg, 70*(18), 1076–1086.
IDW. (2022). Ausgewählte handelsrechtliche Bilanzierungsfragen zum Abschlussstichtag 31.12.2022 bei Instituten. https://www.idw.de/idw/idw-aktuell/fachlicher-hinweis-des-bfa-zu-ausgewaehlten-bilanzierungsfragen-nach-hgb-bei-instituten.html. Zugegriffen am 11.09.2023.
IDW. (2018). RS BFA 3 n.F.: Einzelfragen der verlustfreien Bewertung von zinsbezogenen Geschäften des Bankbuchs (Zinsbuchs). *IDW Life, 2*, 278–283.

Jansen, G., & Portisch, W. (2022). Steuerungsimpulse in der anhaltenden Niedrigzinsphase. *Zeitschrift für das gesamte Kreditwesen, 75*(3), 148–153.

Reuse, S. (2016). Periodische versus wertorientierte Zinsbuchsteuerung im Kontext des Niedrigzinsumfeldes. *Zeitschrift für das gesamte Kreditwesen, 69*(3), 32–36.

Scharpf, P., & Schaber, M. (2020). *Handbuch Bankbilanz: Bilanzierung, Bewertung und Prüfung* (8. Aufl.). IDW.

Steiner, P., & Uhlir, H. (2001). *Wertpapieranalyse* (4. Aufl.). Physica.

Prof. Dr. Wolfgang Portisch leitet den Bereich Bank- und Finanzmanagement an der Hochschule Emden/Leer. Im Anschluss an seine Promotion bei Prof. Dr. Ulf G. Baxmann am Bankenlehrstuhl der Universität Lüneburg war er sieben Jahre im Kreditmanagement einer großen norddeutschen Privatbank tätig. Er ist seit Jahren Aufsichtsrat einer großen deutschen Genossenschaftsbank und Mitherausgeber der Zeitschrift ForderungsPraktiker. Des Weiteren veröffentlicht er Bücher und Fachartikel im Bereich der Finanzierung. Sein Spezialgebiet ist die Sanierung von Firmen aus Bankensicht. Als Dozent hält er zudem Vorträge zu ausgewählten Themen des Risikomanagements und leitet Seminare an der Frankfurt School, der Berufsakademie für Bankwirtschaft und der Akademie Deutscher Genossenschaften.

Volatilität des Geschäftsumfelds als Herausforderung für das Controlling – Ergebnisse einer Expertenbefragung

Stephan Schöning, Jana Schlotter und Viktor Mendel

1 Einführung

Das Controlling ist durch die teilweise dramatischen Veränderungen im Unternehmensumfeld mehr denn je gefordert, die zwingend erforderlichen Unternehmensentscheidungen zu fundieren. Bei der Umstellung auf den Krisenmodus liegt es nahe, auf die Erfahrungen der Finanzmarktkrise zurückzugreifen. Zum Umgang mit der zunehmenden Volatilität des Geschäftsumfelds wurden damals geeignete Instrumente vorgestellt und implementiert. Eine vertiefte Untersuchung für unterschiedliche Branchen in Bezug auf die aktuellen Herausforderungen zeigt jedoch auf, dass weniger Volatilität an sich, sondern vielmehr extreme Veränderungen innerhalb vernetzter Strukturen von Bedeutung sind. Daher stehen aktuell Maßnahmen im Vordergrund, die eine Stärkung der Resilienz intendieren.

Die aktuellen Herausforderungen für Unternehmen sind vielschichtig und haben zum Teil existenzbedrohende Auswirkungen: Die kaum nachlassende Corona-Pandemie, die anhaltende Knappheit von Vorprodukten wie Elektrochips, die Störungen der Verkehrswege wie die Sperrung des Suez-Kanals oder die Schließung chinesischer Häfen, die Hochwasserkatastrophe und nun der Krieg in der Ukraine mit globalen Folgen für die

S. Schöning (✉)
Offenburg, Deutschland
E-Mail: Stephan.schoening@srh.de

J. Schlotter
Weil der Stadt, Deutschland

V. Mendel
Viktor Mendel, Strategische Unternehmensberatung, Bad Ditzenbach, Deutschland
E-Mail: kontakt@viktormendel.de

© Der/die Autor(en), exklusiv lizenziert an Springer Fachmedien Wiesbaden GmbH, ein Teil von Springer Nature 2023
S. Schöning et al. (Hrsg.), *Bank- und Finanzwirtschaft im Stress*,
https://doi.org/10.1007/978-3-658-41884-7_12

Energie- und Nahrungsversorgung verdeutlichen drastisch, wie schnell erfolgreiche Geschäftsmodelle einzelner Unternehmen und sogar ganze Branchen (Touristik, Textileinzelhandel, Kultureinrichtungen, Gashandel usw.) binnen kürzester Frist in existenzbedrohende Krisen geraten (exemplarisch Engelbergs, 2022, S. 20 ff.). Gleichzeitig sind andere Branchen (Medizintechnik, Baumärkte, Lebensmitteleinzelhandel etc.) damit konfrontiert, explodierende Nachfrageanstiege zu bewältigen. Bereits vor den aktuellen Krisen finden sich zahlreiche Veröffentlichungen, die einen Anstieg der Frequenz und der Stärke von unerwarteten Schwankungen im Wirtschaftsbereich attestieren (Horváth, 2012, S. 31). Dies wurde bspw. an starken wechselseitigen Bewegungen der Märkte für Rohstoffe und Aktien sowie an der Verkürzung von Produktlebenszyklen festgemacht (ICV, 2013, S. III). Darüber hinaus würden Unsicherheiten auf Arbeits- und Absatzmärkten sowie auf der Finanzierungsseite zu steigenden Volatilitäten im Unternehmensumfeld führen, die gravierende Auswirkungen auf das Controlling haben. *Schäffer und Botta* (2012, S. 8) fassten dies folgendermaßen zusammen: „Hilfe, die Welt ist volatiler geworden!"

Nach einer auf die globale Finanz- und Wirtschaftskrise folgenden Phase geringerer Volatilitäten trugen bis zum Ausbruch der eingangs erwähnten aktuellen Krisen vor allem die Megatrends der voranschreitenden Digitalisierung, Globalisierung, Internationalisierung, Vernetzung (Horváth et al., 2020, S. 123; Schöning & Mendel, 2021, S. 69 ff.), Automatisierung und Innovation (Hostettler, 2019, S. 19) zu einer verstärkten Dynamik und Komplexität der Unternehmensumwelt bei. Diese Entwicklungen führen zu steigendem Wettbewerbsdruck, zunehmender Markttransparenz und zur Verkürzung von Technologiezyklen (Bernerstätter et al., 2019, S. 65), weshalb sie Unternehmen vor gravierende Herausforderungen stellen. Der Begriff VUCA-(Volatility, Uncertainty, Complexity und Ambiguity) Welt (Mack & Khare, 2016, S. 6) und erfolgversprechende VUCA-Strategien finden sich daher mittlerweile in fast allen Standardlehrbüchern und Unternehmensratgebern. Firmen wie *Bosch* (Asenkerschbaumer, 2012, S. 336), *Porsche* (Gentemann, 2013), die *Deutsche Telekom* (von Ratibor, 2012, S. 58), *Thyssenkrupp* (Claus & Rüthers, 2017, S. 40), *Hansgrohe* (ICV, 2013, S. 34) und TRUMPF (ICV, 2013, S. 30) haben frühzeitig begonnen, sich intensiv mit der Bedeutung der unerwarteten, exogenen und damit nicht beeinflussbaren Faktoren für das eigene Unternehmen zu beschäftigen. Dabei liegt der Fokus auf Methoden, die dazu beitragen, Volatilitäten bestmöglich zu begegnen. Ziel ist dabei primär die Etablierung von Flexibilität, Wandlungsfähigkeit und Resilienz sowie die Erhöhung der Reaktionsgeschwindigkeit des Unternehmens durch gezielte Maßnahmen des Managements. Auch für das Controlling ist der Umgang mit dem Thema Volatilität im Zusammenhang mit der Finanz- und Wirtschaftskrise ab 2007 bedeutsam geworden, aufgrund dessen Funktion als Führungsunterstützung (Schäffer et al., 2014a, S. 63; Horváth, 2012, S. 31).

Da die aufgeführten Veröffentlichungen Reaktionen auf die globale Finanz- und Wirtschaftskrise darstellen, stellt sich die Frage, ob sich in den aktuellen Krisen die für den Umgang mit Volatilität entwickelten Controlling-Prinzipien und -Instrumente bewähren, ob neue entwickelt wurden und ob sich das Problemverständnis gewandelt hat. Um diesbezüglich erste aktuelle Einschätzungen zu gewinnen, wurden Experten aus Controlling-Abteilungen direkt mit den betreffenden Themenbereichen konfrontiert und zu ihren Meinungen befragt.

Der Beitrag stellt zunächst überblicksartig die Bedeutung von Volatilitäten für Unternehmen und die vorgeschlagenen Maßnahmen im Controlling zum Umgang mit schnell wechselnden Umweltbedingungen vor. Anschließend werden die Vorgehensweise sowie die Ergebnisse der Expertenbefragungen vorgestellt und daraus Erkenntnisse abgeleitet.

2 Bedeutung von Volatilitäten für Unternehmen und im Speziellen für das Controlling

2.1 Volatilität im Unternehmenskontext

Der vom Lateinischen *volatilis* abgeleitete Begriff volatil lässt sich seiner Herkunft nach mit fliegend, flüchtig oder schnell übersetzen. Daher hat sich eine Nutzung im Finanzwesen als Synonym zu den Begriffen unbeständig, wechselhaft, sprunghaft und schwankend durchgesetzt (Dudenredaktion, 2020). Volatilität wird demnach im Finanzwesen als Messgröße für die Schwankungsfrequenz und -breite im Zeitverlauf einer über die Zeit veränderlichen Zufallsgröße definiert. Sie beschreibt folglich die Beweglichkeit bzw. Schwankungsintensität dieser Größen und wird hauptsächlich im Zusammenhang von Preis-, Kurs- oder Renditeschwankungen verwendet. Dabei wird die historische, auf ein Jahr betrachtete Standardabweichung der Kurse bzw. Renditen gemessen, woraus sich eine Eignung der Volatilität als Risikokennzahl ergibt, da eine höhere Schwankungsbreite auf ein höheres Risiko des betreffenden Finanzinstruments hinweist (Kill, 2020). Dieses Vorgehen leitet sich aus dem mathematischen Verständnis von Volatilität ab, nach dem diese als das Ausmaß der kurzfristigen Fluktuation einer Zeitreihe um ihren Mittelwert oder Trend beschrieben und durch die Standardabweichung bzw. den Variationskoeffizienten gemessen wird (Heldt et al., 2018).

Bezogen auf die Finanzmärkte ist Volatilität bis zu einem gewissen Grad Ausdruck der Effizienz der Märkte (Dierks, 2012, S. 61). Überschreitet sie jedoch dieses Maß, wie beispielsweise während der globalen Finanzkrise, und kann fundamental nicht mehr begründet werden, kann sie innerhalb kurzer Frist zu weitreichenden Verwerfungen führen und Stress im Finanzsystem auslösen (Dierks, 2012, S. 65). Dies erweist sich vor allem als problematisch, da aus einer erhöhten Volatilität der weltweiten Geld- und Kapitalmärkte zunehmend Ansteckungseffekte auf die Realwirtschaft resultieren (von Ratibor, 2012, S. 62).

Im Allgemeinen beschreibt Volatilität das Ausmaß an Schwankungen, wobei zunächst unklar bleibt, auf welche Schwankungen dabei Bezug genommen wird (Schäffer et al., 2014b, S. 11). Im Unternehmenskontext wird unter Volatilität die Schwankungsbreite (Amplitude) und -häufigkeit (Frequenz) der für ein Unternehmen relevanten externen und internen wirtschaftlichen Parameter verstanden, deren Ablaufmuster nicht oder nur schwer prognostizierbar sind (Horváth, 2012, S. 31). Wird von Volatilität gesprochen, gehen Schwankungen somit über ein regelmäßiges, konjunkturbedingtes Maß hinaus. Daraus wird deutlich, dass sich Volatilität auf verschiedene Parameter beziehen kann und nicht allgemeingültig einen bestimmten Sachverhalt beschreibt, weshalb im allgemeinen Kontext von Volatilitäten gesprochen werden müsste. Auch wenn für ein Unternehmen in der

Praxis sowohl interne als auch externe Volatilitäten von Bedeutung sind, ist der Beitrag auf externe Volatilitäten der Unternehmensumwelt beschränkt. Die Zunahme interner Volatilitäten zeigt sich beispielsweise durch die Verkürzung von Amtszeiten der Vorstände (Schäffer & Botta, 2012, S. 9), während externe Volatilitäten zum Beispiel durch die Verkürzung von Marktzyklen oder Unsicherheiten auf den Beschaffungsmärkten beeinflusst werden (Kusterer, 2016, S. 169).

Die Dynamik und Komplexität sowie die damit einhergehenden Volatilitäten der Unternehmensumwelt sind durch die Zunahme plötzlicher Änderungen, sogenannter Diskontinuitäten, gekennzeichnet (Horváth et al., 2020, S. 4). Die Entwicklung der zunehmend unberechenbaren Unternehmensumwelt wird in der Literatur häufig durch das Akronym *VUCA* dargestellt. Dieses wurde ursprünglich als Beschreibung für das moderne Umfeld genutzt, in dem die *US Army* operiert und schließlich auf die sich stark verändernden Umweltbedingungen der Wirtschaft angewandt (Mack & Khare, 2016, S. 5). Der Begriff VUCA setzt sich aus den Anfangsbuchstaben der englischen Begriffe *Volatility*, *Uncertainty*, *Complexity* und *Ambiguity* zusammen, die mit Volatilität, Ungewissheit, Komplexität und Mehrdeutigkeit übersetzt werden. Neben der Volatilität werden demnach weitere Aspekte hinzugezogen, die die Unsicherheit der Unternehmensumwelt steigern und stark mit Volatilität verknüpft sind. Die Ungewissheit bzw. Unsicherheit ergibt sich aus den zunehmenden Volatilitäten innerhalb des Unternehmensumfelds, die dazu führen, dass es immer schwieriger wird, zukünftige Entwicklungen, beispielsweise mittels Wahrscheinlichkeitsverteilungen, vorherzusagen. Mit zunehmenden Volatilitäten geht auch die Steigerung der Komplexität einher, die vor allem durch die Vernetzung der Umwelt eine Ursache-Wirkungsanalyse erschwert. Komplexität kann folglich als eine Situation definiert werden, in der die Vernetzung von Teilen und Variablen so hoch ist, dass die gleichen äußeren Bedingungen zu sehr unterschiedlichen Ausgängen oder Reaktionen des Systems führen können. Ambiguität bzw. Mehrdeutigkeit ist dadurch gekennzeichnet, dass die kausalen Zusammenhänge völlig unklar sind und die Bedeutung oder Interpretation einer Situation nicht nach einer Regel oder einem Prozess, der aus einer endlichen Anzahl von Schritten besteht, definitiv aufgelöst werden kann (Mack & Khare, 2016, S. 6). Eine VUCA-Welt kann folglich zu kürzeren Markt- und Produktlebenszyklen, einer zunehmenden Zahl von Wettbewerbern und höheren Unsicherheiten auf den Beschaffungsmärkten führen (Kusterer, 2016, S. 169). Volatilitäten im Unternehmensumfeld sind demnach eng mit weiteren Faktoren verflochten, die sich gegenseitig beeinflussen und somit in Zusammenhang gebracht und ganzheitlich betrachtet werden können.

Indikatoren zur Beobachtung von Volatilitäten sind die Entwicklung der Rohstoffpreise, der Wechselkurse, der Absatzpreise und -menge, der bedarfsadäquaten Versorgung und der Fremdkapitalzinsen (Schäffer et al., 2013, S. 14). Im Rahmen einer im Jahr 2013 durchgeführten Studie des *WHU-Controllerpanels* mit dem Titel *Erfolgreich steuern in volatilen Zeiten*, an der 408 Unternehmen teilnahmen, wurde die stärkste Betroffenheit der Unternehmen bei der Absatzmenge und den Preisen auf der Absatz- und Rohstoffseite festgestellt, wobei diesen Faktoren gleichzeitig die größte Bedeutung zukam (Schäffer et al., 2013, S. 15). Die Studie zeigte zudem, dass Unternehmen des produzierenden Gewerbes am stärksten von Volatilitäten betroffen sind, wohingegen die Betroffenheit in Handels- und Dienstleistungsunternehmen deutlich weniger stark ausgeprägt ist. Auch die maßgebliche Quelle ist unterschiedlich (Schäffer et al., 2013, S. 16):

- Unternehmen des *produzierenden Gewerbes* sind am stärksten durch Schwankungen der Rohstoffpreise betroffen
- *Handelsunternehmen* sind primär durch sinkende Absatzpreise bedroht, während
- *Dienstleistungsunternehmen* die stärkste Betroffenheit bei der Absatzmenge angeben.

Zudem ließen sich Unterschiede der Volatilitätsbetroffenheit in Abhängigkeit von der Unternehmensgröße feststellen: Größere Unternehmen sind stärker von Volatilitäten betroffen als kleinere (Schäffer et al., 2014b, S. 19). Diese Studienergebnisse zeigen, dass die Volatilität unterschiedlicher Parameter unternehmensspezifisch betrachtet werden muss und dass eine Analyse der Volatilitäten des Unternehmensumfelds individuell auf die jeweiligen Rahmenbedingungen und Einflussfaktoren anzupassen ist.

Da der Prozess der Planung und Prognose unumgänglich Informationen über relevante Sachverhalte der Unternehmensumwelt miteinbezieht, setzt die *strategische Planung* eine Analyse und daraus folgende Prognose der externen und internen Bedingungen voraus. Daraus lässt sich eine Betrachtung von Chancen und Risiken sowie von Stärken und Schwächen ableiten, woraus eine Formulierung von Strategien folgen kann (Horváth et al., 2020, S. 205). Das Ziel der Umweltanalyse ist somit die Identifikation und Antizipation von Umweltentwicklungen und der darin begründeten Chancen und Risiken, die sich für das Unternehmen ergeben (Horváth et al., 2020, S. 207). In Zeiten stärkerer Volatilitäten, die sich durch die Zunahme der Frequenz einflussreicher Umweltveränderungen äußern, wird die Analyse deren Entwicklung umso wichtiger, um die Planung und in der Folge auch die strategische Ausrichtung darauf anzupassen und rechtzeitig mit entsprechenden Maßnahmen auf Veränderungen reagieren zu können. Folglich gewinnt diese Thematik besonders für den Unternehmensbereich des Controllings an Bedeutung, da dieser die Planung und, je nach Unternehmensorganisation, das Risikocontrolling durchführt und somit im Hinblick auf zukünftige Entwicklungen das Management bei der Entscheidungsfindung unterstützt.

2.2 Entwicklung von Volatilitäten im Unternehmensumfeld

2.2.1 Entwicklung in den vergangenen 60 Jahren

Wie dargestellt ist Volatilität nicht allgemeingültig zu beschreiben, da sie sich auf verschiedene Parameter beziehen kann und somit im Unternehmensumfeld verschiedene Volatilitäten auftreten. Dennoch ist eine Zunahme des Ausmaßes allgemeiner Marktschwankungen zu beobachten. Betrachtet man die Entwicklung der regelmäßigen gesamtwirtschaftlichen Schwankungen in Abb. 1, lässt sich keine Verkürzung der Zyklen beobachten.

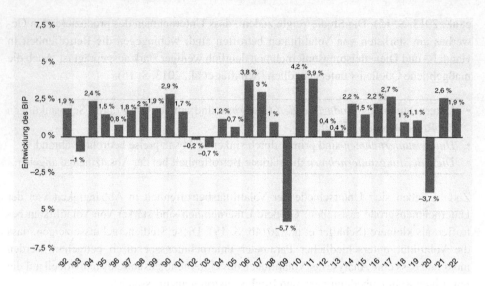

Abb. 1 Veränderung des realen Bruttoinlandsprodukts (BIP) in Deutschland gegenüber dem Vorjahr von 1992 bis 2022. (Quelle: Statista, 2023a)

Die bisher erlebten Rezessionen in Deutschland fielen auf die Jahre 1966–1967, 1973–1975, 1980–1982, 1991–1994, 2001–2003 und 2008–2009 (Statista, 2020a) sowie nach zehn Jahren Wachstum in Folge auf das Jahr 2020 und aktuell auf das Jahr 2023. Zu beobachten ist jedoch, dass das Ausmaß der Schwankungen seit 1966 zugenommen hat. Während sich die Einbrüche des preisbereinigten Bruttoinlandsprodukts gegenüber dem Vorjahr während der Rezessionen vor 2008 zwischen 0,3 und 1,0 % bewegten, brach der Wert während der globalen Finanz- und Wirtschaftskrise 2008 bis 2009 um 5,7 % ein (Grossarth & Schäfers, 2012). Für das Jahr 2020 wurde von der Bundesregierung aufgrund der Auswirkungen der Corona-Pandemie mit −6,3 % ein noch stärkerer Rückgang erwartet (Statista, 2020a), der dann aber mit −3,7 % letztlich nicht ganz so stark ausfiel (Statista, 2023a). Die Erholung im Jahr 2021 war mit 2,6 % ebenfalls recht hoch. Für das Jahr 2023 gehen Prognosen für die ökonomisch instabile Situation aufgrund des Kriegs in der Ukraine mit den einhergehenden hohen Energiepreisen und einer anhaltend hohen Inflation wieder mit einer milden Rezession in Form eines Rückgangs von rund 0,1 % aus (Statista, 2023a). Es wird davon ausgegangen, dass die Schwankungsbreite und -häufigkeit wirtschaftlicher Indikatoren in den kommenden Jahren zunehmen könnte (Statista, 2020b).

Zur Beurteilung verschiedener Volatilitäten im Unternehmensumfeld lassen sich unterschiedliche Indikatoren betrachten, die Schwankungen verschiedener unternehmensrelevanter Größen anzeigen. Geeignet sind dazu beispielsweise die Entwicklungen der Rohstoffpreise, Aktien- sowie Wechselkurse oder der Fremdkapitalzinsen.

Energie- und Rohstoffpreise sind permanent volatil und mitunter starken Schwankungen unterworfen (Hohmann, 2020), weshalb Unternehmen besonders von Schwankungen der für sie relevanten Energie- und Rohstoffpreise betroffen sein können. Die Betrachtung

Abb. 2 Preisentwicklung der Rohölsorte UK Brent in den Jahren 1976 bis 2022 (in US-Dollar je Barrel). (Quelle: Statista, 2023b)

der Entwicklung des Preises für die Rohölsorte *UK Brent* zeigt exemplarisch eine deutliche Zunahme der Schwankungsstärke ab dem Jahr 2004 (Abb. 2).

Ähnlich verhalten sich beispielsweise die Preisverläufe für Eisenerz (Statista, 2023d) oder für Kupfer (Statista, 2023c). Für diese Rohstoffe hat die Volatilität in den vergangenen Jahren sichtbar zugenommen und auch die Deutsche Rohstoffagentur konstatiert in ihrem jüngsten Bericht, dass die Rohstoffpreise gerade in den vorausgegangen Jahren starker Volatilität unterliegen (Deutsche Rohstoffagentur, 2022). Der Ausbruch der Corona-Pandemie führte außerdem zu einem deutlichen Einbruch nahezu aller Rohstoffpreise Anfang des Jahres 2020 (Hohmann, 2020).

Zur Messung der erwarteten Schwankungsbreite des Deutschen Aktienindex wurde im Jahr 1994 der *DAX-Volatilitätsindex* der sogenannte *VDAX* eingerichtet. Grundlage der Berechnung sind die Preise fiktiver Optionen auf den DAX, wobei der Horizont 45 Tage beträgt. Der VDAX wurde im Jahr 2005 durch den *VDAX-New* ergänzt, in dessen Berechnung nicht nur fiktive DAX-Optionskontrakte einbezogen werden, sondern tatsächlich gehandelte Optionen. Zudem wurde der Horizont auf 30 Tage verkürzt (Heldt, 2018). Der VDAX-New bildet demnach ein auf Basis von Optionen ermitteltes Streuungsmaß für die in den kommenden 30 Tagen erwartete Schwankung des DAX (Dierks, 2012, S. 63). Betrachtet man die Entwicklung des VDAX-New seit 1992, zeigen sich die stärksten Ausschläge während der Rezession 2001 bis 2003, der globalen Finanz- und Wirtschaftskrise 2008 bis 2009 und aufgrund des Ausbruchs der Corona-Pandemie im Jahr 2020 (vgl. Abb. 3).

Bei der Betrachtung des DAX seit 1959 ist zudem eine Steigerung der Frequenz sowie der Amplitude der Ausschläge seit dem Jahr 2000 zu beobachten (Finanzen.net, 2023b).

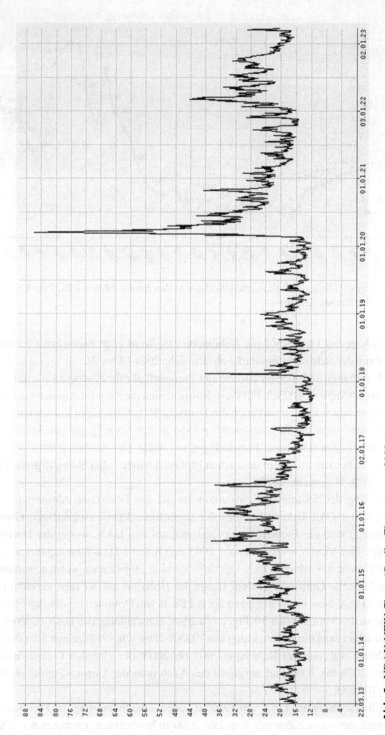

Abb. 3 VDAX-NEW Chart. (Quelle: Finanzen.net, 2023a)

Der beschleunigte Wandel lässt sich zudem an zusehends kürzeren Produktlebenszyklen erkennen (Losbichler, 2013, S. 62). Besonders deutlich wird dies am Beispiel des *Volkswagen Golf*, dessen Marktvolumen und Lebenszyklusdauer sich in den letzten 30 Jahren deutlich reduziert haben. Das Modell eins wurde in Deutschland neun Jahre gebaut und verkauft, während der Produktlebenszyklus des Modells fünf nur noch fünf Jahre andauerte (Deutscher Bundestag, 2016, S. 10).

All diese Indikatoren geben Hinweise darauf, dass vor allem das Ausmaß, aber im Fall der Produktlebenszyklen und des DAX auch die Frequenz der Schwankungen relevanter Parameter in den letzten Jahren seit 1960 zugenommen hat. Trotzdem bedeutet dies nicht, dass alle Indikatoren eine steigende Volatilität aufweisen. So lag beispielsweise der Zinssatz der *Europäischen Zentralbank* für das Hauptrefinanzierungsgeschäft in der Zeit zwischen März 2016 und September 2022 bei 0,0 %; erst danach stieg er auf mittlerweile 3 % (Stand Dezember 2022, Statista, 2023e). Demnach ergeben sich auch gegenläufige Entwicklungen, die in bestimmten Bereichen eher abnehmende Volatilitäten zur Folge haben, weshalb eine grundsätzliche Aussage über die Entwicklung von Volatilitäten kaum möglich ist. Eines zeigt die Entwicklung und vor allem die aktuelle Situation seit dem Ausbruch des Kriegs in der Ukraine jedoch deutlich: Unerwartete Ereignisse, die eine sofortige Reaktion der Unternehmen erfordern, können jederzeit eintreten.

2.2.2 Entwicklung der Volatilitäten in den nächsten Jahren

Das Institut für Management und Controlling der WHU konstatierte trotz der in Abschn. 2.2.1 dargestellten gegenläufigen Entwicklungen allgemein zunehmende Volatilitäten in den vergangenen Jahren und geht aufgrund der zugrunde liegenden Trends von einer weiteren Zunahme in Zukunft aus. Die Verkürzung von Produktlebenszyklen, die Analyse und Bearbeitung von großen Datenmengen in Echtzeit, häufiger auftretende Naturkatastrophen, Terroranschläge und Krankheiten führen zu einer höheren Schwankungsanfälligkeit sowohl im Positiven als auch im Negativen. Die stärkere Vernetzung und globale Verzahnung der Beschaffungskette erhöht die Gefahr, dass lokale Probleme in kurzer Zeit zu marktübergreifenden, globalen Krisen führen (Schäffer & Weber, o. J., S. 1). Auch die Organisationskomplexität nimmt zu, da die Globalisierung der Lieferkette beispielsweise zu einer steigenden Anzahl an Gesellschaften, Werken, Geschäftsfeldern und Sparten führt (Kieninger, 2012, S. 5). Daneben charakterisiert sich der Klimawandel nicht nur durch das steigende Risiko von Naturkatastrophen als Treiber zunehmender Komplexität (Asenkerschbaumer, 2012, S. 338), sondern auch, da der Trend zur Nachhaltigkeit und zu umweltbewusstem Wirtschaften beispielsweise durch regulatorische Vorschriften oder steigende Ressourcenpreise zu steigendem Kostendruck führen kann (Kieninger, 2012, S. 5). Auch die Digitalisierung begünstigt steigende Volatilitäten (Dufft et al., 2018, S. 39), da sie Unternehmen im Extremfall sogar dazu zwingen kann, das eigene Geschäftsmodell zu überdenken (Horváth et al., 2020, S. 5).

Schlussendlich bleibt abzuwarten, wie sich die Wirtschaft in den kommenden Jahren tatsächlich weiterentwickeln wird. Die globalen Auswirkungen der Corona-Pandemie, die sich durch die seuchenpolitischen Maßnahmen und den Arbeitsausfall unmittelbar auf die

Realwirtschaft beziehen, sowie die noch nicht vollständig absehbaren Folgen des Ukraine-Krieg auf die globalen Energie- und Rohstoffmärkte, auf die Inflations- und Zinsentwicklung und auch auf die Lieferketten stellen Unternehmen jedoch weiterhin vor große Herausforderungen. So zeigt sich, dass sich eine Auseinandersetzung mit dem Thema Volatilitäten auch in näherer Zukunft unabdingbar ist (Dany-Knedlik, 2020).

2.3 Herausforderungen für das Controlling durch Volatilitäten des Geschäftsumfelds

Aus einer zunehmend volatilen Unternehmensumwelt beziehungsweise einer Umwelt, die sich jederzeit durch unerwartete Ereignisse verändern kann, ergeben sich vielfältige Herausforderungen für Unternehmen und im Speziellen für das Controlling. Sowohl zur Vorbereitung auf starke Schwankungen des Umfelds, als auch beim Eintritt eines Umweltereignisses, das negativen (aber auch positiven!) Einfluss auf die Geschäftsentwicklung nimmt, sollte das Controlling mitwirken, um die Auswirkungen der Umwelteinflüsse möglichst gut abzufedern, somit den Unternehmensbestand zu sichern und sich bietende Chancen ergreifen zu können. Die Rolle des Controllers im Unternehmen wandelt sich und gewinnt an Bedeutung (Reißig-Thust et al., 2021, S. 54).

Zur Bewältigung zunehmender Volatilität und Komplexität des Wettbewerbsumfelds sind unverändert die drei Schlüsselfähigkeiten für das Controlling von besonderer Bedeutung, die *Losbichler* (2013, S. 70 ff.) formuliert hat: *Agility*, *Adaptability* und *Alignment*.

- Bei *Agility* (Agilität) handelt es sich um die Fähigkeit eines Unternehmens, auf kurzfristige Marktschwankungen rasch zu reagieren, was durch eine angepasste Budgetierung, schnelle Forecasts, Ad-hoc-Reports sowie allgemein agile Controlling-Abteilungen mit effizienten und schlanken Prozessen unterstützt wird.
- *Adaptability* (Anpassungsfähigkeit) charakterisiert sich durch strategische Reaktionsfähigkeit zur Anpassung an strukturelle Marktveränderungen, wozu der Aufbau eines Früherkennungssystems und die Nutzung von Szenario-Planungen mit integrierten Handlungsplänen beitragen können. Des Weiteren tragen Wandlungs- und Innovationsfähigkeit der gesamten Organisation zur Anpassungsfähigkeit bei.
- *Alignment* (richtige Ausrichtung) zeichnet sich durch die Fähigkeit, globale Unternehmensstrukturen zielgerichtet zu koordinieren, auf ein Gesamtziel auszurichten und deren Vorteile zu nutzen aus. Zum Erfolg kann diesbezüglich vor allem die globale Abstimmung von Zielfindungs- und Planungsprozessen und die Unternehmens- sowie vor allem Controlling-Kultur beitragen.

Die Etablierung der dafür notwendigen Strukturen stellt Unternehmen vor Herausforderungen, die mithilfe von mittel- bis langfristig ausgerichteten Wandlungsprozessen bewältigt werden können.

Sowohl in Bezug auf die Agilität als auch auf die Anpassungsfähigkeit eines Unternehmens haben sich aus der Erfahrung der globalen Finanz- und Wirtschaftskrise Maßnahmen zur Minimierung der Auswirkungen äußerer Einflussfaktoren ergeben. Eine von *Horváth & Partners* im Jahr 2012 durchgeführte Studie mit dem Titel *Unternehmessteuerung in volatilen Zeiten* zeigte, dass Unternehmen im Nachgang der Finanzkrise besonderen Wert darauf gelegt haben, ihre Finanz- und Ertragskraft zu erhöhen, um nicht zu stark auf fremde Finanzierungsquellen angewiesen zu sein und um ihre Unabhängigkeit zu wahren (Grönke et al., 2012, S. 49). Dies stellt Unternehmen vor Herausforderungen, die im Zusammenspiel verschiedener Unternehmensbereiche bewältigt werden können.

Auch die Umstrukturierung von Planungs- und Prognosesystemen kann zur Förderung der Agilität und Anpassungsfähigkeit und in der Folge zur Bewältigung stärkerer Volatilitäten beitragen (Kieninger, 2012, S. 13). Hierbei wird laut einer Studie des österreichischen *Controller Instituts* in Kooperation mit *Ernst & Young*, an der 306 Unternehmen teilnahmen, vor allem die Flexibilisierung der Controlling-Organisation von den Unternehmen angestrebt, um der zunehmenden Dynamik gerecht zu werden (Waniczek & Kührer, 2020). Dies stellt das Controlling vor die Herausforderung, ein für das jeweilige Unternehmen optimales System aufzubauen, geeignete Steuerungsinstrumente zu wählen und diese gewinnbringend einzusetzen. Zu Beginn des Planungsprozesses sollten im Rahmen einer intensiven Diskussion mit dem Management klare Ziele definiert werden, deren Erreichung im weiteren Verlauf angestrebt wird (Kieninger, 2012, S. 13). Dabei sollte der Fokus auf einer Ausrichtung der Budgetdiskussion auf der Marktentwicklung und der finanziellen Auswirkungen liegen. Die Reduktion und Harmonisierung der Anforderungen sowie des Detailgrads in Planung und Reporting kann in einem volatilen Umfeld den Raum für unterstützende Zusatzaufgaben schaffen (Cunitz et al., 2012, S. 44). Die Auswahl und Nutzung geeigneter Frühwarnindikatoren kann außerdem im weiteren Verlauf zur Verbesserung der Prognosequalität beitragen (Cunitz et al., 2012, S. 40). Planung und Forecast können in diesem Zusammenhang dynamisiert werden, wobei beispielsweise ein rollierender oder ein teilrollierender Forecast zum Einsatz kommen kann (Kieninger, 2012, S. 14).

Es gilt zu beachten, dass das Standard-Reporting vor dem Hintergrund eines volatilen Geschäftsumfelds um weitergehende Detail- und vor allem Ad-hoc-Analysen, also spontane Auswertungen, die für einen bestimmten Zweck durchgeführt werden, um Aufschluss über eine aktuelle Fragestellung zu geben, ergänzt werden sollte. Daraus ergibt sich unmittelbar eine weitere Herausforderung: Die Schaffung eines unternehmensweiten, konsistenten Datenpools, der mithilfe geeigneter IT-Instrumente schnell und effizient ausgewertet werden kann. Dies kann entweder mithilfe der Konsolidierung verschiedener Berichte durch Mapping von Informationen aus unterschiedlichen Informations-Transaktionssystemen oder idealerweise über ein einheitliches *Enterprise Resource Planning (ERP)*-Template für das gesamte Unternehmen geschehen (Kieninger, 2012, S. 8). ERP-Systeme sind hierbei betriebswirtschaftliche Softwarelösungen, die der funktionsbereichsübergreifenden Unterstützung sämtlicher in einem Unternehmen ablaufenden Geschäftsprozesse dienen (Schöning & Mendel, 2021, S. 76). Unter Umständen ergibt sich daraus die Notwendigkeit weitgehender Umstrukturierungen innerhalb des Unternehmens, sodass abgewogen werden muss, welche Methode für das jeweilige Unternehmen die richtige ist und wie die Prozesse mit der Zeit verbessert werden können. Langfristig können einheitliche Datenmodelle und Systeme zur Erleichterung der Automatisierung und Standardisierung von Finanzprozessen führen (Grönke et al., 2012, S. 48; Horváth et al., 2020, S. 471 ff.).

Zusammenfassend lässt sich festhalten, dass die vor dem Hintergrund von volatilen Geschäftsumfeldern notwendig werdenden Maßnahmen Unternehmen vor Herausforderungen stellen. Diese betreffen sowohl die Organisation innerhalb des Betriebs als auch Strukturen und Abläufe, die je nach individueller Situation einer lang- oder kurzfristigen Umstrukturierung bedürfen. Dabei sind die Übergänge von der Vorbereitung auf den Eintritt stärkerer Volatilitäten hin zur Reaktion zu Beginn einer sich unerwartet verändernden Situation teilweise fließend.

3 Handlungsmöglichkeiten des Controllings im Umgang mit Volatilitäten

3.1 Systematisierung der Handlungsmöglichkeiten

Zur Systematisierung der Handlungsmöglichkeiten bietet sich der Rückgriff auf die traditionelle Aufteilung des Controllings anhand der Aufgaben und Ziele in strategisches und operatives Controlling an (Weber & Schäffer, 2020, S. 276 ff.):

Das *strategische Controlling* befasst sich mit dem Finden, Durchsetzen und Kontrollieren der langfristigen Unternehmensziele mit dem Ziel der Existenzsicherung des Unternehmens (Weber & Schäffer, 2020, S. 404 ff.). Der Fokus der Planung liegt hierbei auf den externen Chancen und Risiken der Märkte sowie den internen Stärken und Schwächen des Unternehmens.

Dagegen werden im *operativen Controlling* kurz- und mittelfristige Planungen durchgeführt, die bis zu drei Jahre in die Zukunft gehen (Weber & Schäffer, 2020, S. 303 ff.). Hier stehen vor allem monetäre Größen wie Kosten, Leistungen, Erträge und Aufwände oder Kennzahlen wie das EBIT im Vordergrund, wobei das Ziel ist, die Rentabilität oder den Gewinn zu steigern.

Neben den Maßnahmen auf der Ebene des strategischen und operativen Controllings ist auch die Prozess- und Strukturebene zu beachten, die letztendlich die Grundlage für den adäquaten Einsatz des Maßnahmenbündels darstellt.

Vor dem Hintergrund der eingangs dargelegten Herausforderungen bieten sich folgende Handlungsmöglichkeiten an (siehe Tab. 1):

Die einzelnen Maßnahmen zum Umgang mit Volatilitäten und Unsicherheiten im Controlling werden im Folgenden näher beschrieben.

Tab. 1 Handlungsmöglichkeiten zum Umgang mit Volatilitäten und Unsicherheiten im Controlling. (Quelle: eigene Darstellung)

Maßnahmenebene	
Strategisches Controlling	Operatives Controlling
Identifikation von Volatilitätstreibern und Nutzung von Frühwarn- und Früherkennungssystemen	Maßnahmen im Rahmen der Zielsetzung und der operativen Planung (Budgetierung) - Einführung relativer Ziele - Erhöhung der Planungsfrequenz - Beyond-/Better Budgeting
Risikoidentifikation mithilfe von Szenario-Technik - Aufstellen von Szenarien - Ableitung von Contingency-Plänen	Maßnahmen im Rahmen der Prognose (Forecast) - Erhöhung der Forecast-Frequenz - Rolling Forecast - Ad hoc-Prognosen
Chancen im Umgang mit Volatilitäten durch technologische Innovationen - In-Memory-Systeme - Predictive und Self Service Analytics - Prescriptive Analytics	
Prozess- und Strukturebene	
Weiterentwicklung von Controlling-Strukturen	
Implementierung einer Controlling-Kultur	
Weiterentwicklung des Risikomanagements zum Resilienzmanagement	

3.2 Strategische Maßnahmen im Umgang mit Unsicherheiten

3.2.1 Identifikation von Volatilitätstreibern und Nutzung von Frühwarnsystemen

Um konkrete Maßnahmen im Umgang mit Volatilitäten des Geschäftsumfelds einzuleiten, ist ein Überblick über die Volatilitätstreiber im Umfeld des eigenen Unternehmens Voraussetzung (Cunitz et al., 2012, S. 41). Nicht nur Ad-hoc-Reaktionen bei Eintritt einer Krisensituation, sondern vor allem bestmögliche Vorbereitungen stellen einen Erfolgsfaktor im Umgang mit starken Volatilitäten dar (Ludowig, 2020). Deshalb kann die Volatilitätsanalyse als Teil der strategischen Umfeld- und Wettbewerbsanalyse zur Verbesserung der Umweltanalyse beitragen. Eine Orientierung kann hierbei das *Fünf-Kräfte-Modell* von *Michael E. Porter* darstellen, das zusätzlich zu den bestehenden fünf Kräften der Verhandlungsmacht der Lieferanten und der Kunden, der Bedrohung durch neue Wettbewerber sowie Ersatzprodukte und der Wettbewerbsintensität der Branche durch die Volatilitätsfelder Umwelt und Volkswirtschaft zu einem Sieben-Kräfte-Modell (7-K-Modell) erweitert wird (Horváth, 2012, S. 31, vgl. Abb. 4).

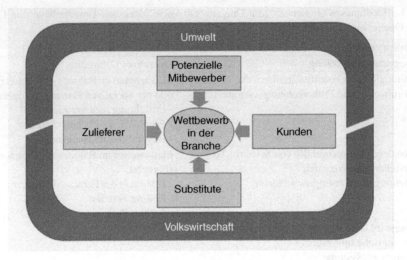

Abb. 4 7-K-Modell nach Horváth. (Quelle: Horváth, 2012, S. 31)

Hiermit kann ein umfassendes Bild über das Unternehmensumfeld geschaffen werden, das in die Maßnahmenplanung miteinbezogen werden kann. Ein besonderes Augenmerk ist dabei auf die im Rahmen der Studie des WHU-Controller-Panels (siehe Abschn. 2.1) ermittelten Messgrößen Rohstoffpreise, Wechselkurse, Absatzpreise und -mengen, Fremdkapitalzinsen, bedarfsadäquate Versorgung, Aktionen der Tarifpartner und Gesetze bzw. Regulierung zu legen (Schäffer et al., 2013, S. 14). Auch aus sozialen Netzwerken können frühzeitig bestimmte Entwicklungen abgeleitet werden, die als Frühwarnsignale dienen können (Kusterer, 2016, S. 172). Hierbei ist die individuelle Unternehmenssituation genau zu betrachten, um die für das jeweilige Unternehmen relevanten Einflussfaktoren zu identifizieren und deren Entwicklung zu beobachten. Aus der Analyse der Schwankungsbreite und -frequenz der einzelnen Parameter ergibt sich demnach ein Gesamtbild über die Volatilitäten des individuellen Geschäftsumfelds eines Unternehmens.

Daraus folgt der unmittelbare Zusammenhang der Identifikation relevanter Volatilitätstreiber des Unternehmensumfelds mit dem Einsatz von Frühindikatoren und Frühwarnsystemen, da Volatilitätstreiber gleichzeitig Frühwarnindikatoren darstellen können. Das Ziel solcher Frühwarnsysteme ist das rechtzeitige Erkennen von Risiken, sodass noch eine Abwehr oder zumindest eine Verringerung der Auswirkungen möglich ist. In diesem Zusammenhang wird zwischen vier Generationen von Frühaufklärungssystemen unterschieden (Müller & Müller, 2020, S. 125):

1. Kennzahlen- und hochrechnungsorientierte Systeme,
2. indikatororientierte Systeme,
3. Frühaufklärungssysteme auf Basis schwacher Signale und
4. ganzheitlich vernetzte Frühaufklärungssysteme.

Im Rahmen *hochrechnungsorientierter Frühaufklärungssysteme* werden mittels quantitativer Prognoseverfahren Hochrechnungen der Ist-Zahlen auf das Periodenende durchgeführt, sodass sich frühzeitig abzeichnende Veränderungen erkannt werden können. Darauf aufbauend können Abweichungs- und Ursachenanalysen erstellt werden, wobei jedoch beachtet werden sollte, dass die Aussagefähigkeit der Informationen stark vom Umfang des zugrunde liegenden Datenmaterials und den verwendeten Prognoseinstrumenten abhängt. Zudem sollten nicht nur monetäre Größen miteinbezogen werden, sondern auch Mengen- oder Qualitätsangaben sowie externe Daten, wie beispielsweise Wirtschaftsindikatoren oder Marktbeobachtungen. Aufgrund dieser Notwendigkeit entwickelten sich *Frühaufklärungssysteme* auf der Basis von Indikatoren, die frühzeitig Hinweise auf erfolgsrelevante Entwicklungen innerhalb und außerhalb des Unternehmens geben sollen. Diese beiden Modelle sind kurz- bis mittelfristig ausgelegt und daher eher im operativen Bereich angesiedelt, sodass zusätzlich auch strategische Modelle entwickelt wurden, wie das *Konzept der „schwachen Signale"* (Müller & Müller, 2020, S. 126): Dieses Verfahren geht davon aus, dass Diskontinuitäten des Marktes stets von Menschen initiiert werden und sich daher lange vorher durch sogenannte schwache Signale ankündigen, die beispielsweise mithilfe von Szenario-Analysen veranschaulicht werden können. Daraufhin können frühzeitig Reaktionsstrategien im Rahmen der strategischen Planung eingeleitet werden. Da dieses Modell jedoch sehr aufwändig ist und subjektiven Einschätzungen unterliegt, kann es die vorherigen Generationen nicht ersetzen, sondern nur ergänzen. Die vierte Generation der Frühaufklärungssysteme stellt die vernetzte, *ganzheitliche Betrachtung der internen und externen Entwicklungen* des Unternehmens in den Fokus und verbindet somit die vorherigen Modelle miteinander. Hierbei wird vermehrt auf den Einsatz von künstlicher Intelligenz (KI) oder Trendforschung zurückgegriffen (Müller & Müller, 2020, S. 127).

Ein optimales Frühwarnsystem wird unternehmensindividuell aus verschiedenen Verfahren und Methoden zusammengesetzt, da die verschiedenen Generationen unterschiedliche Bereiche fokussieren, sodass sich, je nach Anforderungsprofil des Unternehmens, unter Umständen eine gleichzeitige Nutzung verschiedener Modelle anbietet.

92 % der befragten Experten der Studie des *WHU-Controllerpanels* aus 2013 gaben an, Frühindikatoren zu nutzen, 18 % nutzten diese Methode sogar intensiv (Schäffer et al., 2013, S. 18). Auch 77 % der befragten Experten der Studie von *Horváth & Partners* aus dem Jahr 2012 bezeichneten die Integration von Frühwarnindikatoren und Risikotreibern als wichtiges Handlungsfeld (Grönke et al., 2012, S. 50). So werden bei der Deutschen Telekom seit langem Frühindikatoren wie beispielsweise der Einkaufsmanagerindex, das Bruttoinlandsprodukt, Inflationsraten, Arbeitslosenquoten, Kapitalmarktentwicklungen sowie Zins- und Wechselkursveränderungen genutzt (von Ratibor, 2012, S. 58).

Obwohl der Fokus derartiger Frühwarnsysteme zunächst auf dem Erkennen von Signalen, die auf krisenhafte Entwicklungen hindeuten lag, wird mittlerweile zunehmend auch die Chancenerkennung einbezogen, sodass häufig nicht nur von Früh*warnung*, sondern von Früh*erkennung* gesprochen werden kann (Horváth et al., 2020, S. 214).

3.2.2 Risikoidentifikation mithilfe von Szenario-Technik im Rahmen der strategischen Planung

Vor allem in Zeiten verstärkter Umweltvolatilitäten, wenn sich beispielsweise im Finanz-Forecast größere Abweichungen abzeichnen, kann eine *Szenario-Betrachtung* und die draus folgende Diskussion von Gegensteuerungsmaßnahmen eine Möglichkeit zur erfolgreichen Bewältigung der Situation darstellen (Kappes & Leyk, 2018, S. 9). Aber auch die Betrachtung verschiedener Szenarien zur Früherkennung in weniger volatilen Zeiten bietet die Möglichkeit zum erfolgreichen Umgang mit zunehmender Planungsunsicherheit in dynamischen Märkten beizutragen, da sie eine Planung unter Einbezug verschiedener Alternativen darstellt. Da jeder Plan auf bestimmten Erwartungen hinsichtlich verschiedener Einflussgrößen beruht, diese jedoch stets unsicher sind, kann zur Aufstellung alternativer Annahmen und in der Folge zur Nutzung von Alternativplänen für besonders wichtige Größen übergegangen werden (Horváth et al., 2020, S. 99). Das Denken in Szenarien vermeidet dabei mentale Barrieren und ermöglicht ein schnelles Umsteuern beim tatsächlichen Eintritt von Veränderungen (Schäffer & Botta, 2012, S. 10), da scheinbar selbstverständliche Zusammenhänge sowie die vermeintliche Sicherheit der Planung und Prognose bewusst infrage gestellt werden (Schäffer & Weißenberger, 2020).

Zur Einordnung der strategischen Szenario-Planung in ein ganzheitliches System, wurde von *Wulf et al.* (2012, S. 36) das Konzept der *szenariobasierten strategischen Planung* entwickelt. Hierbei werden zunächst das Ziel und die Rahmenbedingungen für die strategische Planung aufgezeigt und es werden wesentliche Anspruchsgruppen identifiziert. Anschließend wird eine Wahrnehmungsanalyse mittels der Einschätzungen dieser internen und externen Anspruchsgruppen bezüglich der Unternehmensumwelt und der eigenen Branche erstellt. Die Befragung externer Experten soll hierbei eine zu enge und unternehmensbezogene Sichtweise vermeiden. Im Anschluss wird eine Trend- und Unsicherheitsanalyse erstellt, die relevante Trends und kritische Unsicherheiten identifiziert. Nach Abschluss dieser Schritte kann eine Szenario-Matrix erstellt werden, die jeweils ein Entwicklungsszenario in vier Quadranten darstellt. Anhand dieser Matrix werden Strategien für jedes einzelne Szenario definiert, die anschließend auf übereinstimmende Aspekte überprüft werden. Die Übereinstimmungen bilden die Kernstrategie, die das Unternehmen in jedem Fall umsetzen kann. Dabei kann beobachtet werden, dass Strategieempfehlungen für unterschiedliche Szenarien in ihrer grundsätzlichen Ausrichtung oft sehr ähnlich sind (Wulf et al., 2012, S. 37), was die Umsetzung von Maßnahmen erleichtert. In der Folge sollte die Kontrolle der tatsächlichen Entwicklung des Unternehmens und der Volatilitäten des Umfelds, beispielsweise mittels eines *Szenario-Cockpits*, das die tatsächlichen Volatilitäten der Umwelt erfasst, erfolgen (Wulf et al., 2012, S. 38). Dieses umfassende Konzept erlaubt einen Überblick über verschiedene Szenarien im Kontext der Entwicklung des gesamten Unternehmens. Die Ausarbeitung von Handlungsempfehlungen und von sogenannten *Contingency-* bzw. Notfallplänen zur Vorbereitung von Maßnahmen, die im Fall des Eintritts eines bestimmten Szenarios umgesetzt werden, kann dabei zur Beschleunigung der Handlungsfähigkeit eines Unternehmens beitragen (Kappes & Leyk, 2018, S. 7; Horváth et al., 2020, S. 147).

Im Rahmen der Studie des WHU-Controllerpanels gaben bereits im Jahr 2013 86 % der Teilnehmenden an, Szenario-Analysen zu nutzen, 20 % bezeichneten die Nutzung sogar als intensiv (Schäffer et al., 2013, S. 18). Das Unternehmen *Merz Pharma* beispielsweise nutzte bereits im Jahr 2012 das Instrument der Szenario-Planung um ein *Base-Case-* ein *Worst-Case-* und ein *Best-Case-Szenario* zu ermitteln und darauf die künftigen Entscheidungen aufzubauen (Vogt, 2012, S. 15). Auch bei *RWE* wurde im Jahr 2012 eine Kombination aus Szenario-Analyse, Erwartung sowie Entwicklung der Preisverläufe und des Marktes zur Prognose der Zukunft eingeführt (Pohlig, 2012, S. 7).

Auch hierbei ist je nach individueller Unternehmenssituation zu entscheiden, welche Art der Betrachtung am sinnvollsten erscheint. Eine Überlegung bezüglich des Einsatzes einer Szenario-Betrachtung spätestens nach der Beobachtung erster negativer Entwicklungen des Unternehmensumfelds, die zu Auswirkungen auf das Unternehmen führen, kann zum erfolgreichen Umgang mit der sich potenziell weiter verschärfenden Situation beitragen.

3.2.3 Chancen im Umgang mit Volatilitäten durch technologische Innovationen

Zur Umsetzung flexibler Prozesse, die in volatilen Zeiten kurzfristige Analysen erfordern, bedarf es technischer Voraussetzungen, die den Abruf und die Analyse der benötigten Informationen jederzeit ermöglichen. Zudem können automatisierte Prozesse Zeit für weitere Controlling-Aufgaben schaffen, die zur Krisenbewältigung beitragen. Unternehmen können somit in volatilen Zeiten dazu gezwungen werden, ihre Systeme zu überdenken und sich mittels Einführung neuer Technologien auf zukünftige Entwicklungen vorzubereiten.

Zur Unterstützung der Controller bei der Erstellung von kurzfristigen Ad-hoc-Berichten tragen neuartige Technologien wie beispielsweise *In-Memory-Systeme* bei. Derartige Technologien ermöglichen durch die Speicherung der Daten direkt im Hauptspeicher (Memory) des Systems wesentlich kürzere Zugriffszeiten, wodurch Rechenvorgänge deutlich beschleunigt werden. Bei konventionellen Datenbanken erfolgt die Speicherung der Daten auf Festplatten-Datenträgern, wodurch die Prozesse erheblich verlangsamt werden (Horváth et al., 2020, S. 118). Den Mehrwert einer solchen Technologie bestätigt auch eine Online-Expertenbefragung aus 2017 und 2018, an der 31 Controlling-Experten teilnahmen. 85 % der befragten Experten gaben an, dass In-Memory-Technologien durch die Etablierung von komplexen Echtzeit-Simulationen und die unmittelbare Anpassung dieser Szenario-Modelle erhebliche Vorteile für das Controlling bedeuten würden. Auch den Zeitgewinn durch die Beschleunigung der Prozesse und die daraus folgende Möglichkeit, dem Management benötigte Informationen unmittelbar zur Verfügung zu stellen, sahen 80 % der befragten Experten als sehr wahrscheinlich an. *SAP S/4 HANA*, die neue ERP-Generation des Unternehmens *SAP*, stellt einen solchen Funktionsumfang bereit und ermöglicht damit eine deutliche Erhöhung der Geschwindigkeit, somit ein Echtzeit-Reporting (Horváth et al., 2020, S. 119).

Eine Entwicklung, die zur Automatisierung von Controlling-Prozessen beiträgt, stellen die sogenannten *Predictive* und *Self Service Analytics* dar. Predictive Analytics können in verschiedenen Bereichen zum Einsatz kommen, sodass beispielsweise im Rahmen der Planung von *Predictive Planning* und im Rahmen der Prognose von *Predictive Forecasting* gesprochen wird (Bley & Giesel, 2020, S. 51). Hierbei wird auf der Grundlage historischer Daten versucht, zukünftige Entwicklungen vorherzusagen, indem ein mathematisches Modell, das Trends erfasst, anschließend auf aktuelle Daten angewendet wird (Horváth et al., 2020, S. 475). Dabei werden über statistische Trendfortschreibungen hinausgehende Technologien, komplexe Statistikmodelle und neuronale Netze eingesetzt. Das heißt, es werden große Datenmengen analysiert, indem Strukturen und Muster identifiziert werden, um daraus Entwicklungen und im weiteren Verlauf sogar Handlungsempfehlungen abzuleiten (Schlatter & Stoll, 2020, S. 58; Schöning & Mendel, 2021, S. 73). Diese datenbasierten Vorhersagen in Verbindung mit der systemgestützten Ableitung von Handlungsempfehlungen werden durch neuartige sogenannte *Prescriptive Analytics*-Ansätze ermöglicht, welche einen ersten Schritt in Richtung der Nutzung künstlicher Intelligenz im Rahmen von Planung und Prognose darstellen (Kappes & Leyk, 2018, S. 8).

In der Praxis führen aktuell jedoch fehlendes Know-how bezüglich der benötigen IT-Infrastruktur, fehlende Ressourcen und Herausforderungen bei der Bereitstellung der richtigen Daten zu Verzögerungen bei der Einführung (Bley & Giesel, 2020, S. 51; Schöning et al., 2021, S. 56 ff.). Da erstellte Analysen nur auf der Grundlage ausreichend korrekter Daten aussagekräftig werden, bedeutet die Einführung solcher Technologien folglich, dass Datenverfügbarkeit und Datenmanagement immer wichtiger werden (Schäffer & Weber, 2016, S. 10). Um die Daten in der benötigten Form bereitzustellen, müssen diese aufbereitet werden und maschinelles Lernen sowie Analytics benötigen oft sehr große Datenmengen, die teilweise nicht vorliegen. Zudem lassen sich Prognosen nur bedingt aus der Vergangenheit ableiten (Rieg, 2018, S. 22). Deshalb werden auch weiterhin manuelle Schritte notwendig, wenn sich beispielsweise neue Gegebenheiten entwickeln, die ein Algorithmus nicht erkennen kann, wie zum Beispiel die Berücksichtigung neu hinzukommender Kunden im Prognoseprozess (Rieg, 2018, S. 23). Zudem können unerwartete Ereignisse eintreten, die derartige Technologien nicht anhand von Vergangenheitsdaten vorhersehen können. Aktuelle Beispiele für derartige unerwartete Ereignisse stellen der Ausbruch der Corona-Pandemie und der Ukraine-Krieg dar. In Zeiten starker Volatilitäten können derartige Ansätze somit an ihre Grenzen stoßen und es muss zur manuellen Planung und Prognose übergegangen werden. Allerdings bleibt abzuwarten, welche Weiterentwicklungen es in Zukunft geben wird und inwieweit diese Systeme auch schwer vorhersehbare Ereignisse berücksichtigen können.

In-Memory-Datenbanken, Predictive und Prescriptive Analytics bleiben demnach in naher Zukunft am Anfang der Entwicklung befindliche unterstützende Funktionen im Controlling-Prozess, die überwacht und begleitet werden müssen. Vor allem In-Memory-Datenbanken können jedoch durch Zeitersparnis auch heute schon Raum für bisher ungenutzte Potenziale schaffen, indem Controller beispielsweise mehr Zeit aufbringen können, um sich mit Szenarien oder Simulationen zu beschäftigen, die in volatilen Zeiten zur erfolgreichen Bewältigung der Situation beitragen können (Schöning & Mendel, 2021, S. 74).

3.3 Operative Maßnahmen im Umgang mit Unsicherheiten

3.3.1 Maßnahmen im Rahmen der Zielsetzung und der operativen Planung (Budgetierung)

Vor dem Hintergrund eines dynamischen, volatilen Geschäftsumfelds ergeben sich auch für die Zielsetzung und Planung Ansätze zur Anpassung an veränderte Rahmenbedingungen. Bezüglich der Zielsetzung sollte in diesem Zusammenhang darauf geachtet werden, dass sich nicht ausschließlich auf die eigene Vergangenheit beschränkt wird, sondern, dass eine dynamische, wettbewerbsorientierte Zielsetzung angestrebt wird. Dabei können *relative Ziele* zum Einsatz kommen, wie beispielsweise das Bestreben, eine höhere Eigenkapitalquote zu erreichen als der Durchschnitt der Mitbewerber (Röösli & Bunce, 2012, S. 26).

Im Kontext volatiler Entwicklungen im Unternehmensumfeld erscheint eine gewisse *Erhöhung der Planungsfrequenz* realistisch (Kappes & Leyk, 2018, S. 9). Zudem sind in einigen Konzepten Empfehlungen bezüglich der Einführung einer *rollierenden Planung* enthalten, die durch Förderung der Flexibilität des Unternehmens zur Beherrschung zunehmender Volatilitäten beitragen soll (Horváth et al., 2020, S. 99). Die rollierende Planung kennzeichnet sich durch die Abdeckung eines konstanten Zeithorizonts in der Zukunft unabhängig vom Geschäftsjahr, sie wird regelmäßig erstellt, weist in der Regel eine nicht zu hohe Detaillierung und einen Fokus auf wesentliche monetäre und nicht monetäre Kenngrößen auf (Rieg, 2013, S. 58). Meist wird sie ergänzend zur Jahresplanung eingesetzt, wobei versucht werden soll, die starre Jahresplanung um flexible Teile zu erweitern, ohne eine permanente Ziel- und Mitteldiskussion auszulösen. Beachtet werden sollte hierbei, dass der Stellenwert der rollierenden Planung erst dann signifikant steigt, wenn für die variable Entlohnung nicht mehr die Jahresziele maßgebend sind, sondern wenn die unterjährige Planung in das Entlohnungssystem einbezogen wird. Zudem sollte darauf geachtet werden, dass die häufige Managementbeteiligung durch die kürzeren Planungszyklen von den Mitarbeitenden nicht als Überwachung wahrgenommen wird und folglich zu Leistungsdruck führt (Rieg, 2013, S. 66).

Ein ganzheitliches Konzept der Budgetierung, das sich aus der zunehmenden Dynamik des Unternehmensumfelds heraus entwickelt hat, ist das sogenannte *Beyond Budgeting*, um das die Diskussion durch eine Veröffentlichung von Hope und Fraser im Jahr 1995 angestoßen wurde (Troßmann, 2018, S. 226). Im Jahr 1998 wurde von der internationalen Forschungseinrichtung *Consortium for Advanced Maufacturing International* eine Bewegung ins Leben gerufen, welche der Budgetierung grundsätzlich ablehnend gegenübersteht und diese deshalb durch alternative Führungsinstrumente ersetzen möchte (Sure, 2011, S. 138, Überblick bei Schöning & Mendel, 2021, S. 75). Dieses Konzept geht somit davon aus, dass die Festlegung fixer Budgets angesichts der dynamischen Situation zu unflexibel und zeitaufwendig ist, woraus die Empfehlung zur flexiblen Gestaltung von Managementprozessen sowie zur Dezentralisierung von Entscheidungen folgt. Beyond Budgeting bildet folglich ein integriertes Managementkonzept, das mittels Kombination verschiedener Prozesse die traditionellen Management-Funktionen Planung, Leistungsmessung, Kontrolle und Reporting übernimmt. Hierbei wird Abstand von einer hierarchiedominierten Weisungs- und Entscheidungskultur genommen, um Entscheidungen und Verantwortung radikal zu dezentralisieren (Sure, 2011, S. 145). Folglich werden zur Umsetzung des Beyond Budgeting grundlegende Veränderungen hinsichtlich der Unternehmensführung und Unternehmenskultur notwendig. Unternehmen sollten zur Umsetzung des Beyond Budgeting unter Zugrundelegung von gemeinsamen Werten und Leitlinien über den ständigen Dialog zwischen strategisch und operativ handelnden Einheiten dezentral gesteuert werden (Sure, 2011, S. 140). Hope und Fraser entwickelten hierzu zwölf Prinzipien, von denen sich sechs auf die Unternehmenskultur und den organisatorischen Rahmen und die restlichen sechs auf den Planungs- und Steuerungsprozess selbst beziehen (Schäffer, 2018). Zu deren Umsetzung trägt beispielsweise die Delegation von Verantwortung auf die Geschäftsbereiche und das operative Management, die Einführung flexibler Zielvorgaben auf Basis von internen und externen Leistungsvergleichen, die Durchführung rollierender Planungs- und Prognoseprozesse sowie die ständige Kommunikation zur Bestätigung oder Revision von Zielen bei. Die traditionelle Orientierung an jährlichen Budgets soll somit durch die Kombination verschiedener Instrumente, wie Benchmarking und der Balanced Scorecard ersetzt werden (Sure, 2011, S. 141). Aufgrund der Komplexität des Ansatzes und der weitreichenden Veränderungen, die zur Umsetzung notwendig werden und zudem nicht in jedem Unternehmen umsetzbar bzw. sinnvoll sind, findet das Konzept in der Praxis bisher kaum Anwendung (Schäffer, 2018).

Andere, weniger radikale Modelle, wie das *Advanced* oder das *Better Budgeting*, könnten daher Alternativen zu diesem Konzept darstellen (Horváth et al., 2020, S. 145 f.). Unter dem Advanced Budgeting wird eine Reihe von einzelnen Konzepten und Prinzipen verstanden, die in Kombination dafür sorgen sollen, dass die Budgetierung flexibler, effizienter und qualitätsvoller wird. Anders als beim Beyond Budgeting wird die Budgetierung nach diesem Konzept nicht als Ganzes infrage gestellt und somit beibehalten, dabei aber grundsätzlich überarbeitet. Dazu kann beispielsweise der Detailgrad der Planung reduziert werden, außerdem sollen rollierende Prognosen die Prognosequalität steigern sowie die strategische und operative Planung besser miteinander verknüpfen (Schäffer & Weber, 2019, S. 10). Zudem geht mit diesem Ansatz eine dezentrale Budgetplanung und Ergebnisverantwortung einher, welche jedoch weniger radikal ausfällt, als beim Beyond Budgeting (Sure, 2011, S. 153). Auch das Better Budgeting zielt auf eine Effizienzsteigerung ab, die über die Ausrichtung an Marktentwicklungen und mittels Vereinfachungs- sowie Verschlankungsmaßnahmen erreicht werden soll. Demnach wird unter Better Budgeting eine Ansammlung von Ansätzen zur Optimierung der Budgetierung verstanden, die einer individuellen Ausgestaltung bedürfen. Auch hierbei dominieren Ideen, wie die Dezentralisierung von Strukturen oder der Einsatz marktorientierter Ziele (Fischer et al., 2012, S. 436).

Ein weiteres Modell zur Anpassung an ein sich schnell veränderndes Unternehmensumfeld wurde vom ICV zusammen mit der *EBS Universität für Wirtschaft und Recht* sowie weiteren Wissenschaftlern und Praxisvertretern in einem Facharbeitskreis mit rund 50 Mitgliedern von November 2007 bis Dezember 2011 entwickelt. Es handelt sich dabei um ein wissenschaftlich fundiertes, stimmiges und praxistaugliches Konzept: Die *Moderne Budgetierung* (Gleich et al., 2013, S. 36). Im Rahmen des Facharbeitskreises wurden verschiedene Gestaltungsempfehlungen formuliert, die dieses Konzept kennzeichnen. Die

Budgetierung sollte mittels schlanker Abläufe, der Beschränkung auf steuerungsrelevante Inhalte und einer verringerten, optimierten Detaillierung so einfach wie möglich gehalten werden. Zudem soll Flexibilität und unterjährige Reaktionsfähigkeit über die Etablierung von Änderungsbereitschaft, die Nutzung von Sensitivitäten und Szenarien und das flexible, kontrollierte Umschichten von Ressourcen erreicht werden. Weiterhin sollen mittels Verknüpfung von Strategie, Planung, Reporting und Prognose integrierte Prozesse geschaffen werden (Gleich et al., 2013, S. 37). Durch die Festlegung konkreter, eindeutiger Ziele, eine Orientierung am Gesamtziel des Unternehmens sowie eine *Top-down*-orientierte Planung mit der Möglichkeit zu *Bottom-up*-Initiativen, soll außerdem eine klare organisationale Ordnung festgelegt werden (Gleich et al., 2013, S. 49). Darüber hinaus sollen Ziele und Absichten klar und verständlich auf den einzelnen Ebenen kommuniziert werden, wobei durch Top-down-Vorgaben Planungsschleifen verhindert werden sollen (Gleich et al., 2013, S. 37). Schließlich soll ein klares Verständnis der Wertschöpfungskette etabliert werden, sodass auch im Rahmen der Budgetierung der Ergebnisfokus forciert wird (Gleich et al., 2013, S. 47). Über die individuelle Ausgestaltung dieses Grundmodells können sich Unternehmen die Chance eröffnen, sich gegenüber der Konkurrenz durch schnellere und bessere Entscheidungen Vorteile zu erarbeiten (Gleich et al., 2013, S. 52).

Alle vier Ansätze fokussieren somit die Flexibilisierung des Zielsetzungsprozesses im Hinblick auf eine stärkere Beobachtung der Marktentwicklung, um dynamischen Umfeldern angemessen zu begegnen. Übereinstimmungen zeigen sich beispielsweise im Punkt der Reduzierung des Detailgrads und der Intensivierung der Kommunikation. Das Konzept der Modernen Budgetierung unterscheidet sich allerdings durch die Forcierung einer Top-down-Planung deutlich von den anderen Modellen, die im Gegensatz dazu eine Dezentralisierung fordern. In der Praxis muss deshalb je nach individueller Unternehmenssituation entschieden werden, ob einer dieser Ansätze für das Unternehmen geeignet und umsetzbar erscheint. Eine Kombination vorteilhafter Aspekte verschiedener Ansätze könnte ebenso eine Möglichkeit zur Anpassung der Budgetierung an ein dynamisches Marktumfeld darstellen. Eine Etablierung derartiger Prozesse schon bevor eine Krisensituation eintritt, kann im Ernstfall zu einer besseren Reaktionsfähigkeit des Unternehmens führen, da stetig versucht wird, den Prozess den aktuellen Gegebenheiten anzupassen sowie rechtzeitig entsprechende Entwicklungen abzubilden und darauf zu reagieren.

3.3.2 Maßnahmen im Rahmen der Prognose (Forecast)

Die Tendenz zur Erhöhung der Planungsfrequenz in volatilen Zeiten nimmt auch Einfluss auf das Controlling-Instrument der Prognose, da analog zum Planungsrhythmus auch hier eine *Erhöhung der Frequenz* sinnvoll sein kann. Hierbei sollte jedoch darauf geachtet werden, sich nicht von kurzfristigen Entwicklungen irreleiten zu lassen, kurzfristige Schwankungen daher in die langfristige Entwicklung richtig einzuordnen und Gesamtzusammenhänge zu betrachten (Losbichler, 2013, S. 68).

Da Prognosen unmittelbar die Wirkung von Annahmen über das externe, nicht steuerbare Umfeld miteinbeziehen, nehmen Volatilitäten direkt Einfluss auf derartige Prozesse. Ein Instrument, das im Umgang mit volatilen Umfeldern zum Einsatz kommt, stellt die rollierende Prognose, auch *Rolling Forecast* genannt, dar. Dabei wird die Prognose nicht auf das Geschäftsjahresende hin erstellt sondern mit einem gleichbleibenden Zeithorizont auch über den Geschäftsjahreswechsel hinweg. Aufgrund dessen erlaubt eine rollierende Prognose einen kontinuierlichen Blick in die Zukunft auch über das Geschäftsjahresende hinaus und ermöglicht so eine höhere Flexibilität (Zaich et al., 2012, S. 31 f.). Hierbei stehen die Prognose der erwarteten Entwicklung und das Erstellen eines möglichst realistischen Bildes der Zukunft im Fokus. Es werden folglich Entscheidungen in einem dynamischen Umfeld vorbereitet und Handlungen geplant, damit die vorab gesetzten, relativen, wettbewerbsorientierten Ziele erreicht werden können (Röösli & Bunce, 2012, S. 26). Der Forecast-Prozess kann zusätzlich zur Einführung einer dauerhaft rollierenden Prognose oder alternativ der Nutzung rollierender Systeme in Krisenzeiten um *Ad-hoc-Prognosen* bei unplanmäßiger Entwicklung ergänzt werden. Ein mögliches Vorgehen könnte in diesem Zusammenhang die Durchführung von Prognosen zu vorab festgelegten Terminen sein, die bei planmäßiger Entwicklung sogar ausfallen und in besonders unsicheren Zeiten durch ereignisgesteuerte Ad-hoc-Forecasts ergänzt werden kann (Zaich et al., 2012, S. 29).

Im Rahmen der Studie des WHU-Controllerpanels aus dem Jahr 2013 gaben 88 % der befragten Experten an, kurzfristige Umsatz- und Ergebnisvorschau sowie rollierende Forecasts zu nutzen, knapp die Hälfte der befragten Experten nutzte diese Instrumente sogar intensiv (Schäffer et al., 2013, S. 18). Die *Hilti Deutschland GmbH* beispielsweise nutzte das Instrument schon im Jahr 2012, indem im Rahmen eines viermonatigen Rolling Forecast bereits mit vordefinierten Maßnahmen hinterlegte Szenarien kalkuliert wurden, welche bei Erreichung bestimmter Schwellenwerte kurzfristig durch die Geschäftsleitung freigegeben werden konnten (Priller, 2012, S. 70). Das Unternehmen verzichtete sogar komplett auf die Erstellung von Budgets und nutzte ausschließlich das flexible Forecasting (Priller, 2012, S. 71).

Eine Chance für die Weiterentwicklung und Automatisierung des Prognoseprozesses und für die Verbesserung der Prognosequalität können neuartige Entwicklungen, wie Predictive und in der Weiterentwicklung Prescriptive Analytics darstellen. Diesbezüglich besteht die Chance, dass die automatisierte Generierung von Prognosen zur Entscheidungs- und Szenario-Orientierung führt und dass sich die Prozesse grundlegend verändern (Kappes & Leyk, 2018, S. 5).

Als Folge der Beobachtung der tatsächlichen Entwicklung und der Durchführung von Plan-Ist-Vergleichen sollten bei Eintritt von Umsatzeinbrüchen zur Liquiditätssicherung Kostensenkungen angestrebt werden. Die Anpassung von Kostenbudgets im Rahmen der Erstellung von Prognosen kann zur Erreichung der gesetzten, auf die Situation angepassten Ziele beitragen. Dem Controlling kommt hierbei die Aufgabe zu, im Voraus, aber auch ad hoc Kosteneinsparungspotenziale zu identifizieren und eine mögliche Umsetzung an das Management zu kommunizieren. Mögliche Stellschrauben sind hierzu vor allem der Einsatz von Zeitarbeitnehmern und befristeten Arbeitsverhältnissen sowie die Einführung von Arbeitszeitkonten, damit im Krisenfall Personalkosten eingespart werden können (Bleiber, 2009, S. 68). Auch die Senkung weiterer Budgets, beispielsweise der Reise-, Werbe-, Büromaterial-, Energie- oder der Lager- und Logistikkosten, kann eine gewinnbringende Maßnahme darstellen. Außerdem kann auch die Konzentration auf das Kerngeschäft sowie auf besonders rentable Geschäftsfelder erfolgen, sofern dies dank eines diversifizierten des

Produktportfolios möglich ist (Pohlig, 2012, S. 6). Dem Controlling obliegt somit die Aufgabe, Kostenvorgaben in Zeiten starker Volatilitäten im Rahmen der Prognose auf die Gegebenheiten anzupassen und damit dem Management Handlungsmöglichkeiten aufzuzeigen.

3.4 Veränderung von Prozessen und Strukturen als Folge von Volatilitäten

3.4.1 Entwicklung von Controlling-Strukturen und -Kultur

Da zunehmende Volatilitäten zu kürzeren Berichts- und Planungsfrequenzen führen, sollte sich auch das Controlling daran anpassen und Prozesse flexibilisieren (Schäffer & Botta, 2012, S. 11). Die Abkehr von jahrelang praktizierten Verhaltensweisen erfordert jedoch ausreichend Geduld (Stoi et al., 2012, S. 21) sowie Mut, auch über traditionelle Rollengrenzen hinauszugehen, sodass die Veränderung der Controlling-Kultur und der Unternehmenskultur im Allgemeinen ein langwieriger Prozess sein kann (Schäffer et al., 2014b, S. 50).

Für den erfolgreichen Umgang mit Volatilitäten bedarf es neben kulturellen Veränderungen auch eine Repriorisierung der Controlling-Aktivitäten, um die Effizienz der Prozesse zu erhöhen. Im Rahmen des Standard-Reporting sollten entsprechende Abläufe und Berichtssysteme optimiert werden, wobei beispielsweise eine Komplexitätsreduktion, Standardisierung und Automatisierung förderlich sein kann. Die hohe Kapazitätsbindung durch Standardaufgaben kann dadurch idealerweise reduziert werden, sodass mehr Zeit für die Kommentierung von Berichten und für die Entwicklung von Maßnahmenempfehlungen für das Management bleibt (Cunitz et al., 2012, S. 45).

Durch die Notwendigkeit des schnellen, unterjährigen Agierens auf Basis aktueller Prognosen, wird der Umgang mit strategischer und operativer Unsicherheit für Controller wichtiger. Die Überprüfung der Gültigkeit von Prämissen, die der Planung und auch dem Geschäftsmodell als Ganzes zugrunde liegen und die Begleitung der daraus folgenden Entwicklung hin zu einer kontrollierten *Trial-and-Error-Kultur* – hierbei handelt es sich um eine heuristische Methode zur Problemlösung, indem so lange zulässige Lösungsmöglichkeiten getestet werden, bis die gewünschte Lösung gefunden wird – gehören zu den Aufgaben der Controller (Schäffer & Weber, 2016, S. 12). Unmittelbar damit verknüpft ist eine Kultur des offenen Informationsaustauschs und der konstruktiven Kritik, die im Kontext hoher Unsicherheit gefördert werden sollte (Schäffer & Weber, 2016, S. 14). *Offene Kommunikation* innerhalb des Unternehmens begünstigt die Reaktionsgeschwindigkeit beim Eintritt einer Veränderung, da Themen schneller bis auf die Managementebene kommuniziert werden (Schäffer et al., 2014b, S. 44). Da Mitarbeitende zumindest in ihrem Tätigkeitsbereich meist über mehr Wissen verfügen, als ihre Vorgesetzten, birgt eine hierarchieübergreifende Kommunikation Potenzial, um Signale aus verschiedenen Organisationsbereichen zusammenzuführen (Schäffer et al., 2014b, S. 45). Flexible Arbeitsweisen und dynamische Teams tragen zur Etablierung einer solchen Unternehmenskultur bei (Doerfener & Kläsener, 2018, S. 187). Die Studie des WHU-Controllerpanels aus 2013 bestätigt, dass Unternehmen mit einer starken Kultur des internen Informationsaustauschs sowohl auf gleicher Hierarchieebene als auch über die Hierarchieebenen hinweg und einer offenen Handhabung von Konflikten erfolgreicher im Umgang mit Volatilitäten sind (Schäffer et al., 2013, S. 29).

Das Controlling sollte in diesem Zusammenhang zur Bewältigung starker Volatilitäten über *eine klare Positionierung* und über das *nötige Know-how* verfügen (Feichter & Ruthner, 2016, S. 40). Falls die Positionierung und das Rollenbild des Controllings im Unternehmen nicht klar definiert sind, sollte am Anfang des Transformationsprozesses der Status quo erfasst werden sowie eine Klärung der Soll-Positionierung erfolgen. Da Controlling oft stark von den handelnden Personen abhängt, rücken Know-how und Kompetenzen in den Fokus (Feichter & Ruthner, 2016, S. 42). Über die Festlegung relevanter Controlling-Rollen und -Kompetenzen, die Messung der Kompetenzen mittels Fragebögen zur Einschätzung des vermeintlich besten Verhaltens in verschiedenen Situationen und die anschließende Interpretation und Ableitung von Maßnahmen, kann an der Entwicklung der Controlling-Organisation gearbeitet werden. Nach Auswertung der Ergebnisse bietet sich unter Umständen die Umsetzung gezielter Weiterbildungsmaßnahmen an, während in anderen Fällen überlegt werden kann, ob Controller aufgrund ihrer Kompetenzen an anderen Stellen gewinnbringender einzusetzen sind (zu der Kompetenzentwicklung im Controlling s. Schöning & Mendel, 2021). Dabei sollte während des gesamten Prozesses auf eine offene Kommunikation Wert gelegt werden (Feichter & Ruthner, 2016, S. 44).

Neben dem fachlichen, technisch-analytischen Know-how wird von Controllern auch ein ausreichendes Geschäftsverständnis erwartet, um ad hoc auf Entwicklungen des Marktes, der Kunden und der Wettbewerber zu reagieren und unternehmensumweltbedingte Herausforderungen zu bewältigen (Schäffer & Botta, 2012, S. 12; Schöning et al., 2020, S. 58 ff.). Dabei ist vor allem eine Auseinandersetzung mit dem Marktwachstum, den Geschäftsprozessen und wesentlichen Einflussfaktoren auf das Geschäft von Vorteil (Cunitz et al., 2012, S. 44). Im Controlling herrscht demnach keine reine Zahlenorientierung mehr vor, sondern eine Orientierung an Beziehungszusammenhängen, die das gesamte Unternehmen und sein Umfeld betreffen (Dufft et al., 2018, S. 39). Das Controlling wird in diesem Zusammenhang in seiner Rolle als Managementberater in der Literatur auch als *Business Partner* bezeichnet, wenn es proaktiv agiert, auf Augenhöhe in die Entscheidungsprozesse des Managements eingebunden ist und klare Mitverantwortung für das Ergebnis trägt (Schäffer & Weber, 2015, S. 189; Schöning & Mendel, 2021, S. 51 ff.). Im Vergleich der ersten und zweiten Zukunftsstudie der WHU – Otto Beisheim School of Management aus 2011 und 2014, verzeichnete das Business Partnering den höchsten Zuwachs in der Rangliste wichtiger Zukunftsthemen und rutschte innerhalb der drei Jahre von Platz vier auf Platz zwei (Schäffer & Weber, 2015, S. 186). Der Weg zur Etablierung des Controllings als Business Partner des Managements verläuft in der Praxis jedoch nicht immer reibungslos und benötigt ausreichend Zeit (Schäffer & Weber, 2015, S. 189). Zudem ist fraglich, ob alle Controller den Weg mitgehen können und möchten, da dieser Teil der Tätigkeit nicht mehr dem historischen Berufsbild des Controllers entspricht und daher unter Umständen Wandlungsbereitschaft erfordert (Schäffer & Weber, 2015, S. 190). Eine Möglichkeit zur Lösung dieses Problems könnte der Einsatz verschiedener Teams zur Erfüllung unterschiedlicher Aufgaben sein, indem ein Team den Fokus primär auf die eigentlichen Controlling-Prozesse, wie Planung und Reporting legt und das andere Team als Berater des Managements agiert und folglich die Rolle des Business Partners übernimmt (Feichter & Ruthner, 2016, S. 41).

In der Literatur sind darüber hinaus noch weitergehende Ansätze zu finden, nach denen der Controller als *Change Agent* proaktiv und eigenverantwortlich Veränderungsprozesse im Unternehmen einleiten und damit, über die Rolle des Business Partners hinaus, vorausschauend agieren könnte (Horváth et al., 2020, S. 43; Schöning & Mendel, 2021, S. 53 f.). Diesbezüglich bleibt abzuwarten, wie die weitere Entwicklung sich tatsächlich vollziehen wird und inwieweit sich das Rollenbild des Controllers weiterentwickelt.

3.4.2 Resilienzmanagement als Weiterentwicklung des Risikocontrollings

Durch die Verarbeitung und Kommunikation der Erfahrungen aus Krisensituationen zum Aufbau organisationaler Kompetenzen, kann zukünftig in vergleichbaren Situationen zeitnah Wandlungsfähigkeit bewiesen werden. Aus Krisensituationen heraus können sich für Unternehmen somit Umstrukturierungspotenziale ergeben, die Prozesse langfristig verändern. Dazu ist eine Lern- und Wandlungsfähigkeit von Bedeutung, um sowohl Chancen zu nutzen als auch mit Risiken angemessen umzugehen (Pedell et al., 2020, S. 39). Starke Volatilitäten können für Unternehmen im Fall positiver Entwicklungen Chancen bieten, im umgekehrten Fall jedoch mit Risiken verbunden sein. Der Einsatz verschiedener Controlling-Verfahren im Rahmen des Risikocontrollings erlaubt Unternehmen, einen Überblick über die bestehenden Risiken und Chancen zu behalten. Der Aufgabenbereich des Risikocontrollings umfasst dabei insbesondere die Bereitstellung von Informationen für das Risikomanagement, beispielsweise bezüglich unsicherer Planannahmen sowie die Nutzung vorhandener Reporting-Wege zur Sicherstellung der Risikoberichterstattung (Gleißner & Kalwait, 2017, S. 55). Dies dient primär der Vorbereitung unternehmerischer Entscheidungen, beispielsweise bezüglich Investitionen und Akquisitionen (Gleißner & Kalwait, 2017, S. 63).

Zur Vorbereitung der Organisation auf mögliche Risiken müssen diese zunächst identifiziert und analysiert werden. An dieser Stelle wird das Controlling in den Prozess miteinbezogen, da Risiken immer mögliche Planabweichungen darstellen und folglich die Identifikation, Bewertung und kontinuierliche Überwachung möglicher Risiken im Planungsprozess verankert werden sollte (Gleißner & Kalwait, 2017, S. 53). Die Eintrittswahrscheinlichkeiten und Auswirkungen schwerwiegender Risiken sind in den letzten Jahren schwieriger einzuschätzen und auch unerwartete Ereignisse und Entwicklungen treten auf, wie sich am Beispiel der Corona-Pandemie zeigte. Zudem nimmt die Vernetzung von Risiken zu, da Systeme, getrieben durch die Globalisierung und Digitalisierung, komplexer werden. Daher kann, je nach Unternehmenssituation, das Management einzelner Risiken hinter einer ganzheitlichen Betrachtung der Risiken des Unternehmensumfelds und der Förderung der Resilienz zurückstehen (Pedell, 2014, S. 608).

Aufgrund dieser Erkenntnis hat sich als verwandtes Konzept des Risikomanagements das Resilienzmanagement entwickelt, das sich stärker als integraler Teil der Unternehmensführung versteht, der insbesondere auf den Teil des Risikomanagements zurückgreift, der bestandsgefährdende Risiken betrifft (Weber & Schäffer, 2020, S. 37; Pedell & Seidenschwarz, 2011, S. 154). Der Begriff Resilienz leitet sich vom Lateinischen *resilire* ab, was so viel bedeutet, wie zurückspringen oder abprallen. Genutzt wird der Begriff heute zur Beschreibung der Widerstandsfähigkeit komplexer Systeme, wie unter anderem Unternehmen, gegenüber schädlichen Einwirkungen von außen (Drath, 2018, S. 37). Resilienz beschreibt somit die Fähigkeit, Belastungen standzuhalten und das Funktionieren trotz gegenwärtiger Widrigkeiten sicherzustellen sowie die Erholung der Organisation von negativen Ereignissen zu gewährleisten (Meissner & Heike, 2019, S. 49). Dabei bezieht sich Resilienz sowohl auf allmähliche Entwicklungen, deren Auswirkungen sich zunächst kaum bemerkbar machen, als auch auf abrupte Ereignisse mit unmittelbarer Wirkungskraft (Pedell & Seidenschwarz, 2011, S. 153). Folglich gilt es für ein Unternehmen zur Erreichung von Resilienz, einerseits Stabilität und Robustheit und andererseits Flexibilität und Agilität zu beweisen (Kunz, 2022, S. 36 ff.; Drath, 2018, S. 38). Demnach sollte ein diffiziles Gleichgewicht zwischen der inneren Widerstandkraft und einer gewissen Flexibilität erreicht werden, um mit Veränderungen verschiedenen Ausmaßes zurechtzukommen und im besten Fall gestärkt aus ihnen hervorzugehen (Drath, 2018, S. 15).

Konkrete Maßnahmen zur Förderung der Resilienz sind eine Flexibilisierung der Kostenstruktur sowie die Verbesserung der Planung durch den Einsatz zielführender Prognose- und Frühaufklärungssysteme zur genaueren Vorhersage der zukünftig erwarteten Entwicklung, wie auch eine daraus folgende Reduzierung der Planabweichungen. Im Rahmen der Planung und Budgetierung bietet es sich an, risikobehaftete Annahmen explizit zu erfassen und diese Informationen dem Risikomanagement zur Verfügung zu stellen (Gleißner & Kalwait, 2017, S. 55). Zudem sollte im Prozess der Planung nach Festlegung des Planwertes angegeben werden, welche Ursachen zu Planabweichungen in welchem Umfang führen können. Werden im Rahmen von Abweichungsanalysen Planabweichungen festgestellt, die auf noch nicht festgehaltene Ursachen zurückzuführen sind, wird gleichzeitig ein neues Risiko identifiziert, das im Risikomanagement erfasst werden sollte (Gleißner & Kalwait, 2017, S. 58). Zwischen Risikocontrolling und Risikomanagement bietet sich demnach eine enge Zusammenarbeit an, da sich verschiedene Schnittstellen ergeben. Im Zusammenspiel sollte eine Identifikation der Risikoobjekte, -bereiche und -ursachen ermöglicht werden (Posch & Nguyen, 2012, S. 52). Zur Förderung der Resilienz können daraus Notfallpläne im Rahmen eines *Business Continuity Plannings* bzw. einer Geschäftsfortführungsplanung abgeleitet werden (Pedell, 2014, S. 610). Dabei sollte Wert auf das Vorhandensein finanzieller, personeller und intellektueller Reserven gelegt werden, die in Krisenzeiten aktiviert werden können (Schäffer & Weißenberger, 2020).

Im Jahr 2013 führte der Lehrstuhl Controlling der *Universität Stuttgart* in Zusammenarbeit mit dem *Wharton Risk Management and Decision Processes Center*, der *University of Pennsylvania* und der *Seidenschwarz & Comp. GmbH* leitfadengestützte Experteninterviews mit 20 Unternehmen durch. Dabei kristallisierte sich heraus, dass kurzfristige Szenario-Analysen mit der Bildung von Erwartungskorridoren gegenüber der längerfristigen Planung an Bedeutung gewonnen haben. Zudem ist die Analyse vernetzter Risiken gegenüber der Betrachtung von Einzelrisiken wichtiger geworden, wodurch vermehrt Simulationen eingesetzt wurden. Auch die Verbesserung der Früherkennungsfunktion hat an

Bedeutung gewonnen, wobei anzumerken ist, dass die höchste Priorität der befragten Unternehmen auf der Verbesserung der Risikoerkennung lag. Auch die Intensivierung der Kommunikation und die Verbesserung des Reporting stand bei den befragten Unternehmen auf der Agenda, sodass der Vorstand beispielsweise monatlich einen Risikobericht erhielt oder ein *Risiko-Cockpit* für Entscheidungsträger abgehalten wurde (Pedell, 2014, S. 610). Beispielsweise wurde bei der Deutschen Telekom im Jahr 2012 ein derartiges Instrument eingeführt, das alle drei Monate abgehalten werde. Im Rahmen dieses Cockpits würden die bedeutenden Veränderungen sowie eine Risikomatrix und Änderungen von Recht und Regulierung, in der internationalen Rechnungslegung sowie der Bonität einzelner Lieferanten besprochen. Außerdem finde eine Überwachung der konjunkturellen und finanzwirtschaftlichen Risiken statt (von Ratibor, 2012, S. 59). Das Unternehmen reagiert damit darauf, dass hohe Volatilität das ständige Hinterfragen bereits identifizierter und potenziell entstehender Risiken erfordert. Außerdem müssten Wechselwirkungen zwischen Einzelrisiken identifiziert und bei der Aggregation von Risiken berücksichtigt werden (von Ratibor, 2012, S. 60).

Das Controlling wird somit aufgrund der Planungsfunktion und der Informationsbereitstellung zur Vorbereitung von Managemententscheidungen in das Risikomanagement miteinbezogen (Horváth et al., 2020, S. 29; auch Schäffer & Brückner, 2021 S. 52 ff.). Dabei wird es je nach Unternehmensorganisation an verschiedenen Stellen von der Risikofrüherkennung über die Überwachung der Entwicklung bis hin zur Maßnahmenvorbereitung sowie -gestaltung im Fall eingetretener negativer Einflüsse eingebunden. In Zeiten stärkerer Volatilitäten gewinnt das Risikomanagement vermehrt an Bedeutung, sodass das Funktionieren des Zusammenspiels der Unternehmensfunktionen zur Erreichung weitgehender Resilienz besonders wichtig wird. Außerdem ergeben sich aus der Bewältigung von Krisensituationen Lerneffekte in Bezug auf die Widerstandsfähigkeit eines Unternehmens, die zur Überarbeitung organisationaler Strukturen führen können.

3.5 Zwischenfazit: Möglichkeiten im Controlling zum Umgang mit volatilen Geschäftsumfeldern

Die Corona-Krise und der Ukraine-Krieg, als aktuelle Beispiele, haben starke Schwankungen verschiedener Parameter zur Folge, auf die betroffene Unternehmen schnellstmöglich reagieren sollten/mussten (Hanke et al., 2020). Dabei wird deutlich, wie plötzlich starke Volatilitäten eintreten können, weshalb es sich für Unternehmen lohnen kann, sich auch in weniger volatilen Zeiten auf den Eintritt einer solchen Situation vorzubereiten. Laut Utz Schäffer zeigt sich gerade in der aktuellen Situation, „dass nicht Ad-hoc-Reaktionen ein gutes Krisenmanagement ausmachen, sondern eine bestmögliche Vorbereitung" (Ludowig, 2020). Demnach sollten sich Unternehmen schon vor Eintritt einer unerwarteten Krise mit Möglichkeiten zur bestmöglichen Bewältigung derartiger Situationen befassen. Trotz der Individualität von Auswirkungen volatiler Zustände lassen sich Handlungsmöglichkeiten herausarbeiten, die nach individueller Ausgestaltung für Unternehmen in weniger volatilen Zeiten die bestmögliche Vorbereitung auf unbeständige Phasen ermöglichen sowie während volatiler Perioden einen optimalen Umgang mit der Situation fördern.

Sich verändernde Umweltbedingungen finden im Controlling vor allem im Rahmen der Zielsetzung, Planung, Prognose und Steuerung Berücksichtigung, sodass beispielsweise die Automatisierung der Finanzprozesse oder ein aussagefähiges Echtzeit-Reporting in den Fokus der Finanzvorstände rücken (Horváth et al., 2020, S. 488). Da dem Controlling die Aufgabe zukommt, das Management bei Entscheidungen zu unterstützen und dabei neben der vergangenheitsorientierten Berichterstattung Planungen für die Zukunft zu erstellen (Müller & Müller, 2020, S. 3), folgt daraus die Notwendigkeit, sich mit neu aufkommenden Entwicklungen zu beschäftigen, die Einfluss auf den Geschäftsverlauf nehmen. Zur Vorbereitung auf unsichere Zeiten kann die Flexibilisierung von Ressourcen sowie die frühzeitige Identifikation von Kosteneinsparungspotenzialen angestrebt werden, um bei Eintritt einer krisenhaften Entwicklung schnellstmöglich reagieren, aber auch in der Erholungsphase zügig wieder Kapazitäten aufbauen zu können. In diesem Zusammenhang kann auch die Vereinheitlichung von Prozessen im Unternehmen bzw. im Konzern zu einer Zeitersparnis führen und die Reaktionsfähigkeit erhöhen. Zudem kann die Etablierung von Veränderungsbereitschaft im Unternehmen im Zusammenhang mit der Förderung eines offenen Informationsaustauschs zur erfolgreichen Bewältigung volatiler Zustände beitragen, indem Problemstellen schnellstmöglich an das Management kommuniziert werden, sodass unmittelbar darauf reagiert werden kann. Auch auf die Ausarbeitung eines funktionierenden, umfassenden Risikomanagements sollte schon zur Vorbereitung auf stärkere Schwankungen Wert gelegt werden, wobei ein besonderes Augenmerk auf der Früherkennung von Entwicklungen liegen sollte. In diesem Zusammenhang kann der Einsatz strategischer Szenario-Analysen dazu beitragen, Entwicklungen frühzeitig zu erkennen und gleichzeitig Handlungsoptionen auszuarbeiten, die je nach tatsächlicher Entwicklung zügig umgesetzt werden können. Technologische Entwicklungen eröffnen zukünftig Potenzial, um durch eine voranschreitende Automatisierung und in der Folge durch geringeren Zeitaufwand bei der Erstellung von Standardberichten, mehr Raum für weiterführende Aufgaben der Controller zu schaffen. Außerdem besteht durch den Einsatz von künstlicher Intelligenz und die Verknüpfung von strukturierten Finanzdaten mit unstrukturierten Daten die Chance, Entwicklungen frühzeitig zu erkennen und auf Basis dieser Informationen Handlungen abzuleiten. Diesbezüglich bleibt abzuwarten, wie schnell derartige Technologien bereitgestellt werden können und wie reibungslos der Einsatz in der Praxis vonstattengeht, weshalb die Unternehmen die Entwicklung beobachten und gegebenenfalls für sie geeignete Systeme schrittweise einführen sollten.

Im Übergang zu volatileren Phasen sollten bereits eingeführte Prozesse weiter vorangetrieben werden, während jedoch zusätzliche reaktive Maßnahmen erforderlich werden. In Zeiten stark negativer Volatilitäten sollte zu Beginn die schnelle Gründung von Projektteams angestrebt werden, womit eine Intensivierung der Kommunikation einhergeht. Dabei stehen die Definition und Kommunikation unmissverständlicher Richtlinien und Hauptziele, an denen sich alle Mitarbeitenden orientieren können, im Vordergrund, wodurch die Transparenz im Unternehmen gefördert wird. Auch die Definition aussagekräftiger Kennzahlen und deren anschließende kurzzyklische Messung können zur Bewältigung der Situation beitragen, da sie es ermöglichen, zu jeder Zeit bestmöglich über den Verlauf der Situation informiert zu sein und somit frühzeitig zu reagieren. Dazu trägt außerdem die häufigere Erstellung ausgewählter Berichte sowie die Verkürzung von Prognosefrequenzen bei. In besonders unsicheren Zeiten kann zudem ein Augenmerk auf die Identifikation konkreter Kosteneinsparungspotenziale bzw. Kostenziele gelegt werden, die beispielsweise mittels kurzfristig angelegter Szenario-Analysen für verschiedene mögliche Verläufe ermittelt werden. In diesem Zusammenhang kann die Fokussierung auf das Management von Geldbewegungen, das einerseits die Verzögerung der eigenen Ausgaben, andererseits die Beobachtung der Einnahmen umfasst, sinnvoll sein. Grundsätzlich sollte versucht werden, Lerneffekte aus Krisensituationen gewinnbringend zu nutzen, um künftig besser auf derartige Entwicklungen vorbereitet zu sein und somit die Resilienz des Unternehmens zu erhöhen. Neben der Begrenzung negativer Auswirkungen sollte auch die Nutzung von Chancen in Krisensituationen angestrebt werden. Im Fall der Corona-Krise ergibt sich beispielsweise die Chance zur Veränderung der Arbeitsweise hin zu ortsunabhängigerem Arbeiten mittels Kommunikation über Online-Tools, was in einer zunehmend dynamischen Unternehmensumwelt auch in Zukunft von Vorteil sein kann. In weniger turbulenten Zeiten können die Lerneffekte aus einer Krisensituation in die Umsetzung der Prozesse zur Vorbereitung auf volatile Zustände übernommen werden. Folglich ergibt sich eine Art Kreislauf, in dem die Vorbereitungsmaßnahmen zur erfolgreichen Bewältigung einer Krise beitragen und anschließend sich daraus ergebende Lerneffekte wiederum die Vorbereitung auf zukünftige Krisensituationen beeinflussen.

Einen Überblick über den Kreislauf, in dem die Vorbereitungsmaßnahmen zur erfolgreichen Bewältigung einer Krise beitragen und anschließend sich daraus ergebende Lerneffekte wiederum die Vorbereitung auf zukünftige Krisensituationen beeinflussen, gibt die folgende Abbildung (Abb. 5).

Abb. 5 Handlungsmöglichkeiten im Überblick. (Quelle: eigene Abbildung)

4 Empirische Untersuchung zum Umgang des Controllings mit volatilen Geschäftsumfeldern

4.1 Zielsetzung, Methodik und Durchführung der empirischen Untersuchung

Die im vorherigen Kapitel überblicksartig vorgestellten Instrumente wurden zumeist im Nachgang der Finanz- und Wirtschaftskrise 2007 entwickelt. Es ist zu überprüfen, ob sie Niederschlag in der Praxis gefunden haben und ob diesbezüglich Erfahrungen durch die aktuelle Corona-Krise gewonnen werden konnten. Hierzu wurde auf die Methode des semi-strukturierten Experteninterviews zurückgegriffen. Es wurde ein Leitfaden vorbereitet, der als Orientierungshilfe zur Durchführung der Interviews diente, aber auch eine spontane Reaktion auf den Gesprächsverlauf zuließ. Der Leitfaden umfasst fünf Themenbereiche, die sich im Zuge der literaturgestützten Analyse herausbildeten: Konkret wurden die Interviewpartner um Einschätzungen:

1. zur Entwicklung der Volatilitäten der für ihr Unternehmen bzw. ihren Geschäftsbereich bedeutsamen Parameter
2. zu den aus Volatilitäten resultierenden Herausforderungen und den Handlungsmöglichkeiten
3. zu den Möglichkeiten der IT-Unterstützung durch neuartige Technologien und den daraus resultierenden Chancen für die eigene Controlling-Organisation
4. zu den spezifischen Herausforderungen durch die Corona-Pandemie und Möglichkeiten zur Bewältigung der Situation sowie
5. zu eventuellen Chancen der Krisensituation

gebeten.

Da große Unternehmen tendenziell stärker von Volatilitäten betroffen sind als kleinere (Schäffer et al., 2014b, S. 19) und auch das Controlling in diesen Unternehmen umfangreicher aufgebaut ist, konzentrierte sich die Befragung auf Experten aus größeren Unternehmen. Insgesamt wurden sechs leitende Mitarbeiter aus dem Controlling aus drei Großunternehmen (A, B und C) unterschiedlicher Branchen (A: Konsumgüter, B: Anlagenbau, C: Beratung/IT) mit weltweit jeweils mehr als 6000 Mitarbeitenden als Gesprächspartner gewonnen. Die Interviews fanden im Zeitraum vom 03. bis zum 06. August 2020 statt.

Zur detaillierten Auswertung der Interviews wurden Tonmitschnitte erstellt, die im Nachgang gemeinsam mit angefertigten Notizen analysiert wurden, um wichtige Inhalte zu verschriftlichen. Die Informationen wurden anschließend nach Themen geclustert, wobei der Fokus auf Überschneidungen in den Aussagen der verschiedenen Experten sowie auf signifikante Unterschiede gelegt wurde, um daraus im Anschluss Erkenntnisse abzuleiten.

4.2 Zusammengefasste Ergebnisse der Experteninterviews

4.2.1 Bereichs-/branchenübergreifende Ergebnisse zum Umgang mit Volatilitäten

In der Gesamtschau zeigt die Expertenbefragung größtenteils ähnliche Tendenzen in den verschiedenen Unternehmen und Abteilungen auf, die sich nur in kleinen Teilen unterscheiden. Auffällig ist, dass sich die Wahrnehmungen der Experten nicht in allen Bereichen mit den in der Literatur aufzufindenden Auffassungen decken, die zumeist in Zusammenarbeit mit der Praxis entstanden sind.

Eher überraschend ist zunächst, dass die befragten Experten mit einer Ausnahme in den letzten Jahren keine spürbare Zunahme der Volatilitäten des eigenen Geschäftsumfelds feststellen. Offenbar hat sich an die Phase stärkerer Volatilitäten vor, während und nach der globalen Finanz- und Wirtschaftskrise, auf die hauptsächlich in der Literatur Bezug genommen wird, eine weniger volatile Phase angeschlossen. Dies trifft auf die Unternehmen zu, deren Geschäftsentwicklung stark mit der gesamtwirtschaftlichen Entwicklung korreliert. Lediglich ein Experte betont eine Zunahme der Nachfragevolatilität und der Kurzfristigkeit. Dies belegt zugleich, dass Volatilitäten im Umfeld eines Unternehmens bzw. eines Unternehmensbereichs individuell wahrgenommen und gemessen werden. Zu berücksichtigen ist, dass sich mittels einer Befragung von sechs Experten in drei Unternehmen aus unterschiedlichen Branchen kein umfassendes Bild der als relevant anzusehenden Volatilitäten gewinnen lässt, das für die Mehrheit der Unternehmen zutrifft. Allerdings erscheint dies auch bei einer Befragung einer größeren Anzahl an Experten aufgrund der Individualität der Auswirkungen verschiedener Volatilitäten kaum möglich.

In der jüngeren Fachliteratur vielfach behauptete Zunahme der Komplexität und Unsicherheit der Unternehmensumwelt wird ebenfalls lediglich von einem Experten bestätigt. Dies lässt darauf schließen, dass nicht unbedingt Volatilitäten in den vergangenen Jahren zugenommen haben, sondern – aufgrund der voranschreitenden Globalisierung und Vernetzung – die Komplexität. Dies kann Schwankungen unter Umständen durchaus beeinflussen, indem verschiedene Bereiche stärker miteinander korrelieren und Schwankungen schneller von einem auf andere Bereiche übergreifen. Dadurch kann es unter Umständen in der Folge auch zu stärkeren Volatilitäten kommen. In jedem Fall führt dieser Umstand/die gestiegene Komplexität jedoch für Unternehmen zu extern bedingten Herausforderungen, die ähnliche Maßnahmen erfordern, wie stärkere Volatilitäten.

Aufgrund dieser Entwicklung ist es für Unternehmen wichtig, auf den Eintritt von Veränderungen im Unternehmensumfeld, wie stärkere Schwankungen bestimmter Parameter, vorbereitet zu sein und bei Eintritt einer Veränderung schnellstmöglich reagieren zu können. Im Rahmen der Planung und Prognose wird in den betrachteten Unternehmen nicht nach einem ganzheitlichen theoretischen Konzept gearbeitet. Der in der Praxis etablierte Prozess wird jedoch bei Bedarf an die Gegebenheiten angepasst. Hierbei werden in der Literatur vorherrschende Ansätze, wie der Einsatz einer rollierenden Planung und Prognose in den Vergleichsunternehmen noch nicht eingesetzt. Lediglich in einem Unternehmensbereich ist die Einführung eines solchen rollierenden Ansatzes in Zukunft geplant. Auffällig ist jedoch, dass in den Unternehmen ein starker Fokus auf der Definition von konkreten Kostensenkungspotenzialen bereits zu Beginn der Planperiode liegt, um auf eventuelle Veränderungen vorbereitet zu sein und vorher identifizierte Potenziale zeitnah ausschöpfen zu können. Zudem wird großer Wert auf die Flexibilisierung der Kapazitäten sowohl in positiver als auch in negativer Richtung gelegt, sodass auf Schwankungen zügig reagiert werden kann.

Anders als in der Fachliteratur vorherrschende Thesen vermuten lassen, werden Szenario-Analysen in den betrachteten Unternehmen weniger im strategischen Umfeld eingesetzt, als im Bereich von kurzfristigen Analysen nach Eintritt von Veränderungen, die mit hoher Wahrscheinlichkeit eine weitere negative Entwicklung zur Folge haben. Somit werden Szenarien in den Vergleichsunternehmen vorrangig sowohl in Zeiten allmählicher negativer Entwicklungen, wie einem konjunkturellen Abschwung, als auch während plötzlicher Schocks, wie der Corona-Krise, eingesetzt. Lediglich in einem der drei Vergleichsunternehmen werden derartige Überlegungen auch im strategischen Bereich genutzt, um damit langfristige Entscheidungen zu fundieren. Folglich könnte sich diesbezüglich Verbesserungspotenzial für die Unternehmen ergeben, indem einzelne, gut umsetzbare strategische Konzepte, die in der Fachliteratur beschrieben werden, eingeführt würden. Hierbei sollte jedoch stets der Nutzen gegenüber dem Aufwand abgewogen werden, um zu beurteilen, welche Veränderungen sich für das jeweilige Unternehmen und die jeweilige Controlling-Abteilung auszahlen.

Die in der Literatur beschriebene Verkürzung der allgemeinen Berichtszyklen ist nur in einem Unternehmen vorzufinden. In Krisenzeiten werden jedoch in allen drei Unternehmen neben der Weiterführung des Standardberichtswesens Ad-hoc-Berichte erstellt. Dabei kann die These bezüglich eines reduzierten Detailgrades des Standardberichtswesens von den Experten nicht bestätigt werden, da in vielen Fällen zur Nachvollziehbarkeit eine entsprechend hohe Detaillierung benötigt wird. Der Fokus liegt in den drei Unternehmen somit nicht auf der Reduzierung des Detaillierungsgrades, sondern auf dessen Anpassung auf die jeweilige Aussage des Berichts, sodass dieser alle entscheidungsrelevanten Informationen enthält und trotzdem verständlich bleibt.

Um möglichst frühzeitig auf Schwankungen reagieren zu können, kommt der Früherkennung eine wichtige Rolle zu. Die Experten geben an, dass das Risikomanagement in den betrachteten Unternehmen eine große Rolle spielt. Das Risikomanagement erfordert ein Zusammenspiel verschiedener Unternehmensbereiche, wobei das Controlling die Rolle des Treibers oder auch die der Objektivierung übernimmt, somit Transparenz schafft sowie finanzielle Auswirkungen einschätzt und überwacht. Zur Förderung der Resilienz wird Wert auf das Erkennen sämtlicher Risiken des Unternehmensumfelds gelegt, weshalb in den Unternehmen diesbezüglich regelmäßige Absprachen stattfinden. In einem der Vergleichsunternehmen ist sogar eine deutliche Erhöhung der Frequenz dieser Risiken- und Chancenbetrachtungen festzustellen.

Bezüglich des Einsatzes neuartiger Technologien befinden sich die Vergleichsunternehmen unterschiedlich weit in ihrer Entwicklung. Die Umstellung auf die neueste Version des SAP-ERP-Systems werden die Unternehmen, die dieses einsetzen, zeitnah vornehmen. Dabei werden die Chance zur Überarbeitung der internen Prozesse und auch die Einführung eines einheitlichen Systems in allen Gesellschaften als von größerem Nutzen angesehen als die Erhöhung der Geschwindigkeit durch die In-Memory-Technologie. Dies liegt hauptsächlich darin begründet, dass in zwei der betrachteten Unternehmen die schnellere Verfügbarkeit von Informationen aufgrund der eher langfristig angelegten Entwicklung in der jeweiligen Investitionsgüterbranche als nicht zwingend benötigt angesehen wird. Die IT-Branche hingegen ist schon weiter in der Entwicklung vorangeschritten, sodass bereits künstliche Intelligenz im Controlling eingesetzt wird. Eine Weiterentwicklung hin zur automatisierten Abrufbarkeit der aufbereiteten Informationen zu jeder Zeit ist hier das weiterführende Ziel. Dabei bietet laut dreier Experten die Verknüpfung strukturierter Finanzdaten mit unstrukturierten Daten eine große Chance, stellt aber gleichzeitig auch eine enorme Herausforderung in der nahen Zukunft dar. Demnach bleibt abzuwarten, wie sich die technologische Entwicklung weiter vollziehen und welche Innovationen es in naher Zukunft geben wird. Dabei sollte aufgrund der unterschiedlichen Umstände für das jeweilige Unternehmen im Einzelfall entschieden werden, welche Technologien den meisten Mehrwert bringen, wobei nicht unbedingt die am weitesten entwickelte Anwendung die beste Alternative darstellen muss, wenn der Funktionsumfang gar nicht benötigt wird.

Die Entwicklung der Controlling-Kultur in den drei Vergleichsunternehmen deckt sich mit den Thesen aus der Literatur. Die Rolle des Controllings als Business Partner und Berater des Managements mit Fokus auf der Unterstützung der Entscheidungsfindung hat sich in den Unternehmen etabliert. Auch das von einem Experten aufgezeigte Bild dreier verschiedener Rollen innerhalb der Controlling-Organisation deckt sich mit der Fachliteratur. Daher liegt die Vermutung nahe, dass es auch in Zukunft verschiedene Rollen im Controlling geben wird, die gemeinsam erst den Erfolg der Organisation ausmachen, da sie im Zusammenspiel sämtliche Funktionen des Controllings erfüllen. Abzuwarten bleibt dabei, ob sich in Zukunft für das Controlling eine zusätzliche Rolle des Change Agent entwickeln wird, die bezüglich der Proaktivität noch über das Business Partnering hinausgeht.

Die Corona-Krise trifft als weltweite Krise nach Ansicht der Experten alle Unternehmen, auch wenn die Auswirkungen unterschiedlich stark sind. Zur Bewältigung der Krise verkürzen die Unternehmen teilweise ihre Berichtsfrequenzen, vor allem die Prognosefrequenzen, um möglichst kurzfristig über die aktuelle Unternehmenssituation und über mögliche zukünftige Entwicklungen informiert zu sein. Hierbei kommen in allen drei Unternehmen Szenario-Analysen zum Einsatz, die es den Unternehmen ermöglichen, sich auf verschiedene Krisenverläufe vorzubereiten und Maßnahmen zeitnah an die tatsächlichen Gegebenheiten anzupassen. Der Fokus liegt hierbei primär auf der Identifikation von Kosteneinsparungspotenzialen und auf der Umsetzung kostensenkender Maßnahmen in einem an die aktuelle Situation angepassten Ausmaß. Dazu finden regelmäßige Absprachen statt, die aufgrund der Infektionsschutzmaßnahmen zumindest zu Beginn der Krise über Online-Kommunikationswege stattfinden mussten. Die Experten berichten diesbezüglich über eine verhältnismäßig komplikationslose Prozessumstellung, weshalb die Möglichkeit besteht, dass auch in Zukunft häufiger aus dem Home Office gearbeitet werden könnte. Folglich besteht die Chance, dass sich die Art zu Arbeiten in Zukunft grundlegend weiter verändern könnte.

Für das Controlling selbst ergibt sich in der Krise die Chance zur Überprüfung der Strukturen und in diesem Zusammenhang auch zur Anpassung von Prozessen, da sich die Akzeptanz des Controllings und damit auch die Änderungsbereitschaft in einer solchen Phase erhöhen. Außerdem können einzelne in der Krise entwickelte Maßnahmen, wie die Betrachtung von Szenarien oder die Planung im Quartalsrhythmus, auch in der Phase des Aufschwungs beibehalten werden. Zudem ergeben sich aus einer solchen Situation Lerneffekte für zukünftige Krisensituationen, die ein immer ausgereifteres Krisenmanagement fördern.

4.2.2 Bereichs-/branchenspezifische Ergebnisse zum Umgang mit Volatilitäten

In den drei berücksichtigten Unternehmen werden in den unterschiedlichen Unternehmensbereichen verschiedene Indikatoren und Einflussgrößen betrachtet, die den Unternehmen eine Beobachtung der Entwicklung des Geschäftsumfelds ermöglichen:

Im *Bereich der Investitionsgüter im B2B-Segment* kann beobachtet werden, dass die Beziehung zum Kunden eine große Rolle spielt, was für eine eher langfristige Bindung an den Kunden und somit für eine wenig schwankungsanfällige Entwicklung spricht. Erwähnt wird jedoch auch, dass durch die Gründung von Einkaufsgesellschaften das Thema Profit mehr in den Fokus rückt, sodass eine langfristig gepflegte Kundenbeziehung unter Umständen keine Rolle mehr spielt, wenn ein Konkurrenzunternehmen beispielsweise ein Produkt mit neuen Funktionalitäten zu einem attraktiven Preis auf den Markt bringt. Dadurch kann die ursprünglich langfristig angelegte Entwicklung kurzfristigeren Schwankungen unterworfen werden. Zudem erwarten die Kunden im Investitionsgütersegment häufig eine sehr schnelle Umsetzung von Wünschen bezüglich neuer Komponenten oder Funktionalitäten, sodass eine Zunahme der Kurzfristigkeit in den letzten fünf Jahren verstärkt festgestellt werden kann. Dies wird durch die starke Konsolidierung am B2B-Markt für Investitionsgüter weiter vorangetrieben, da die wenigen, großen Kunden über eine entsprechend starke Verhandlungsmacht verfügen, was zu einer Steigerung der Nachfragevolatilität führt.

Das *Konsumgütergeschäft im Markenherstellerbereich* ist stark von der allgemeinen konjunkturellen Entwicklung abhängig, da Investitionen in wirtschaftlich unsicheren Zeiten verzichtbar oder verschiebbar sind. Daher durchlief diese Branche in den vergangenen 15 Jahren zwei große Krisen: Die Finanz- und Wirtschaftskrise 2008 bis 2009 und die aktuell zu bewältigende Corona-Krise. Für den Geschäftsbereich der Konsumgüter sind nach Experteneinschätzung zwei Größen des externen Umfelds von besonderer Bedeutung: auf der Absatzseite die Preise, da durch den starken Wettbewerb eine Abhängigkeit von der allgemeinen Preisentwicklung der Konsumgüter besteht und auf der Beschaffungsseite der US-Dollar/Euro-Kurs, da Waren aus Asien bezogen werden, für die die Bezahlung in US-Dollar erfolgt. Die Beobachtung der Wechselkurse geschieht auch im Hinblick auf die Absatzseite, da beispielsweise Schwankungen des US-Dollar/Euro-Kurses für das Unternehmen, das seine Produkte unter anderem in den USA vertreibt, mehrere Millionen Euro im Ergebnis ausmachen können. Da der Kurs mitunter starken Schwankungen unterliegt, wirken sich diese Volatilitäten auf die Unternehmensentwicklung aus. Dennoch kann aufgrund der Korrelation mit der konjunkturellen Entwicklung keine spürbare Zunahme der Volatilitäten im Unternehmensumfeld festgestellt werden.

Ähnlich verhält sich die Entwicklung der *Maschinenbaubranche*, die ebenfalls als zyklisch bezeichnet werden kann. Den am besten mit den Auf- und Abschwüngen des Unternehmens in der Werkzeugmaschinen-Branche korrelierenden Indikator stellt somit das Bruttoinlandsprodukt dar. Die Nutzung dieses Indikators ist für das Unternehmen jedoch nur eingeschränkt möglich, da kein Vorlauf zur Unternehmensentwicklung besteht. Dennoch kann davon ausgegangen werden, dass das Unternehmenswachstum dann anzieht, wenn auch das Wirtschaftswachstum allgemein anzieht, was eine an der Entwicklung der Wirtschaft orientierte Prognose ermöglicht. Den größten Unterschied der Unternehmensentwicklung im Vergleich zur Entwicklung des Bruttoinlandsprodukts stellt hierbei die Amplitude der Ausschläge dar, die für das Unternehmenswachstum größer ausfällt, als die des Bruttoinlandsprodukts. Im Geschäft mit Investitionsgütern sind Schwankungen stärker ausgeprägt, da Investitionen schon zu Beginn leichter Unsicherheiten, aber vor allem während stärkerer Unsicherheiten verschoben werden. Somit fällt der Rückgang der Auftragseingänge in wirtschaftlich schwachen Zeiten verhältnismäßig stark aus und ist schwer planbar, da er unmittelbar zu Beginn einer sich negativ verändernden Situation eintritt. Neben der Beobachtung des Bruttoinlandsprodukts werden in Unternehmen zwei zur Beurteilung der Entwicklungen im Unternehmensumfeld weitere allgemeine Konjunkturindikatoren betrachtet. Hierzu eignen sich Einkaufsmanagerindices, der IFO-Geschäftsklimaindex für die einzelnen Regionen und auch allgemeine Pressemitteilungen, die über zukünftige Marktentwicklungen informieren. Hierbei wird mit einer Prognose gearbeitet, die sowohl interne als auch externe Indikatoren einbezieht, somit von externer Seite verschiedene Konjunktureinflüsse und intern hauptsächlich den Auftragseingang ins Verhältnis setzt. Diese Art der Vorausschau gibt dem Unternehmen über einen längeren Zeitraum ein gutes Bild über die wahrscheinliche Unternehmensentwicklung. Dabei kann auch die Beobachtung von Leads (als qualifizierten Kontakt mit einem Interessenten), Opportunities (als überprüfte und qualifizierte Verkaufsmöglichkeit), Auftragseingängen und Umsatz ein Gefühl für die weitere Unternehmensentwicklung vermitteln, da hierbei eine Spanne von acht bis zwölf Monaten zwischen der Auswirkung gewisser Entwicklungen auf die einzelnen Indikatoren zu beobachten ist. Für die Betrachtung weiterer relevanter externer Einflussfaktoren ist im Unternehmen nicht das Controlling selbst zuständig. Wechselkurse werden von einem Währungsausschuss beobachtet, der auch für die Sicherung der Währungen zuständig ist, während die Unternehmensentwicklungsabteilung intensiver makroökonomische und externe Faktoren beobachtet als das Controlling. Allgemein ist in dem Unternehmen keine Veränderung hin zu stärkeren Volatilitäten festzustellen, da keine Intensivierung der Amplitude über die Zeit beobachtet werden kann und wie an der Länge der Konjunkturzyklen zu sehen ist, ergibt sich auch keine Verringerung der Schwankungsfrequenz. Der befragte Experte äußert diesbezüglich die Vermutung, dass selbst, wenn sich, rein analytisch betrachtet, externe Faktoren hin zu stärkeren Volatilitäten entwickeln, dies nicht immer direkt Einfluss auf das Unternehmen nimmt. Externe Volatilitäten führen demnach nicht zwingend zu genauso stark ausgeprägten Auswirkungen auf die Unternehmensentwicklung, vor allem dann nicht, wenn das Unternehmen verschiedene Branchen bedient und breit aufgestellt ist. Mit Blick auf die Finanzkennzahlen ergab sich für das Maschinenbau-Unternehmen zuletzt sogar eher eine Phase größerer Stabilität, da Wechselkurse zum Teil außergewöhnlich stabil waren und Zinsen nicht nur ungewöhnlich niedrig, sondern auch stabil sind, wodurch die typischen Finanzmarktrisiken mittelfristig als verhältnismäßig gering bezeichnet werden können. Die Corona-Krise wird als kurzfristiger Schock gesehen, weshalb sich dennoch keine stärkeren allgemeinen Volatilitäten ergeben. In Bezug auf den Begriff VUCA bestätigt ein Experte eine Zunahme der Komplexität und der Unsicherheit, wohingegen für ihn eine Zunahme der Volatilitäten jedoch schwer zu beurteilen sei und eher nicht festzustellen ist. Die größte Unsicherheit für das Unternehmen ergibt sich dabei aus dem Markt heraus, vor allem durch Wettbewerber und das Kundenverhalten. Hier wird langfristig Wachstum erwartet, die Wachstumsrate ist jedoch nicht mehr so hoch wie in der Vergangenheit und durch diesen weniger stark ausgeprägten Wachstumstrend werden die Tiefpunkte für das Unternehmen stärker bemerkbar. Es kann demnach keine höhere Frequenz und keine stärkere Amplitude der Ausschläge beobachtet werden; die sinkenden Wachstumsraten jedoch verstärken die Auswirkungen der krisenhaften Abschwünge für das Unternehmen.

Die *IT- und Dienstleistungsbranche* unterscheidet sich nach Ansicht der befragten Experten in ihrer Entwicklung grundlegend von den bisher beleuchteten Branchen der Investitionsgüter im B2B- und B2C-Bereich. Es besteht eine gewisse Planungssicherheit, da aufgrund von mehrjährigen Serviceverträgen, vor allem im Bereich kritischer Systeme, die nicht ohne weiteres abgeschaltet werden können, kurzfristige Schwankungen auf der Nachfrageseite selten auftreten. Das Infrastruktur- und Service-Geschäft kann somit als relativ stabil bezeichnet werden, da derartige Strukturen auch in einer Krise nicht einfach abgeschaltet werden können. Selbst der Verlust von Kunden in Form der Nichtverlängerung von Verträgen kann zumeist vorhergesehen werden. Daher kann zum einen rechtzeitig mit der Akquise neuer Kunden begonnen werden, um die Umsatzeinbrüche abzufangen. Falls dies nicht möglich sein sollte, können frühzeitig Maßnahmen zur Kapazitätsanpassung eingeleitet werden. Eine weniger gut planbare, externe Abhängigkeit stellen dagegen die Energiepreise dar, die im Betrieb von Data-Centern eine große Rolle spielen, da sie die Preise, die am Markt angeboten werden können und somit die Wettbewerbsfähigkeit des Unternehmens beeinflussen. Die stetig steigenden Energiepreise konnten in den vergangenen Jahren nicht immer am Markt durchgesetzt werden, sodass die Rendite des Unternehmens sank, sofern keine Kosteneinsparungen in anderen Bereichen vorgenommen werden konnten. Eine steigende Volatilität der Energiepreise wird von den Experten jedoch nicht beobachtet.

4.2.3 Maßnahmen im Umgang mit externen Schwankungen im Rahmen der Planung

Auch wenn die Experten nur teilweise eine Steigerung der externen Volatilitäten wahrgenommen haben, ist es für die Unternehmen wichtig, auf den Eintritt von Veränderungen vorbereitet zu sein. Für den Fall, dass eine Veränderung eintritt, muss eine schnelle Reaktionsfähigkeit durch die sofortige Umsetzung von Maßnahmen sichergestellt werden und es ist von Bedeutung, über die Konsequenzen der Maßnahmen informiert zu sein.

Im Rahmen der Planung wird in den Vergleichsunternehmen unterschiedlich vorgegangen. Ein Experte berichtet, dass in der Jahresplanung versucht wird, die Saisonalisierung des Geschäftsverlaufs abzubilden und im Voraus eine entsprechende Anpassung der Kostenstruktur zur Sicherstellung der Reaktionsfähigkeit vorzunehmen. Dies geschieht beispielsweise über den Einsatz von Leiharbeitern oder mittels befristeter Arbeitsverhältnisse. Hierbei werden schon am Jahresanfang Kosteneinsparungspotenziale in konkreter Höhe identifiziert, wie beispielsweise die Verzögerung von Personaleinstellungen, Werbe- oder Reisekosten, die im Fall einer Krise gezogen werden können, um die Kosten zu reduzieren. Die tatsächliche Entwicklung wird anschließend monatlich überwacht, sodass im Fall einer Managemententscheidung mögliche Potenziale sofort identifiziert werden können. Diese Potenziale werden dabei sowohl in positiver als auch in negativer Richtung betrachtet, sodass eine individuelle Anpassung je nach tatsächlicher Entwicklung möglich wird.

Im Gegensatz hierzu gab ein anderer Experte an, dass in seinem Unternehmen eine linearisierte Jahresplanung durchgeführt wird, bei der somit für die einzelnen Monate ein Zwölftel des Jahres-Planwertes vorgesehen wird. Hierbei treten in der Praxis Abweichungen auf, die allerdings in weniger volatilen Zeiten so gering sind, dass der Sinn der Planung nicht infrage gestellt wird. Auf der Kostenseite wird dabei neben der frühzeitigen Betrachtung von kurzfristigen Kosteneinsparungspotenzialen Wert auf eine generelle Flexibilisierung der Kosten gelegt, um in Krisensituationen schneller reagieren zu können. Da in der Maschinenbaubranche traditionell ein hoher Fixkostenanteil besteht, was in Krisenzeiten problematisch sein kann, wird eine Erhöhung der Resilienz im Umgang mit Schwankungen angestrebt, indem der Fokus auf der Flexibilisierung liegt. Im Mittelpunkt steht dabei die Flexibilisierung der Kapazitäten sowohl in Zeiten eines Abschwungs als auch in Zeiten eines Booms, damit eine flexible Anpassung an die äußeren Umstände sowohl im Positiven als auch im Negativen möglich wird.

In der *Investitionsgüterbranche* kommt den Unternehmen in Bezug auf die Planung der Vorlauf des Auftragseingangs zum Umsatz zugute. Durch den Vorlauf von etwa drei bis sechs Monaten vermittelt dieser Indikator ein Gefühl über die kurzfristige Geschäftsentwicklung. Um etwas langfristiger planen zu können, werden außerdem vermehrt stärker vorlaufende Kennzahlen, wie Leads, Opportunities und Projekttrackinglisten genutzt. Hier sollte allerdings beachtet werden, dass beim Eintritt von Unsicherheiten Leads und Opportunities nicht direkt abgesagt werden, während der Auftragseingang sinkt. Dementsprechend sollte derartigen Vorlauf-Indikatoren nicht zu viel Bedeutung beigemessen werden.

Die befragten Experten des Unternehmens aus dem *Dienstleistungssektor* geben an, dass dieses eine Quartalsplanung vornimmt, die aufgrund der langfristigen Vertragssituation eine hohe Genauigkeit aufweist. Zusätzlich wird eine monatliche Planung durchgeführt, im Rahmen derer bestimmt wird, ob zusätzlicher Umsatz zur Zielerreichung generiert werden muss und ob Maßnahmen zur Kosteneinsparung umgesetzt werden sollten. Hierzu wird eine monatliche Abweichungsanalyse erstellt, um die Ist-Werte mit der Zielvorgabe abzugleichen und daraus Maßnahmen abzuleiten. Dabei muss jedoch beachtet werden, dass das

Servicegeschäft auch im Kostenbereich aufgrund der Langfristigkeit durch einen hohen Personalkostenanteil und die Fixkosten für die Data-Center nicht sehr variabel ist. Daher ergibt sich auch hier die Notwendigkeit zur langfristigen Planung, mindestens für das nächste Jahr, da für Maßnahmen, wie beispielsweise für die Konsolidierung zweier Data-Center, circa ein Jahr Vorlauf benötigt wird. Die Abbildung der erwarteten Schwankungen über das Geschäftsjahr hinweg wird somit in weniger volatilen Zeiten mit unterschiedlicher Genauigkeit in den Unternehmen umgesetzt. Es wird jedoch durchweg Wert darauf gelegt, vordefinierte Kosteneinsparungspläne auszuarbeiten und hier sowohl langfristig zu planen als auch im Fall unerwarteter Schwankungen kurzfristig reaktionsfähig zu sein.

In Zeiten zyklischer Veränderungen in negativer Richtung werden in Unternehmen zwei bereits Szenario-Planungen eingesetzt, die verschiedene Verläufe des Auftragseingangs und des Umsatzes mit Blick auf die Kostensituation zur Planung von Gegenmaßnahmen vorsehen. Eine intensivierte Form dieser Szenario-Betrachtung findet in Unternehmen drei im Hinblick auf mögliche Krisensituationen, wie beispielsweise das Eintreten von Naturkatastrophen, Anwendung. Hierzu werden verschiedene Szenarien simuliert, wie zum Beispiel der Ausfall eines kompletten Standortes oder die Situation, dass alle Mitarbeitenden ausschließlich von zuhause arbeiten müssen. Analysiert wird, wie für den Fall eines solchen Ereignisses der Geschäftsbetrieb am Laufen gehalten werden kann. Ergebnis ist ein Business Continuity Plan sowie gegebenenfalls die Einleitung von Gegenmaßnahmen, wie bspw. der Aufbau eines zweiten Standortes.

In Bezug auf die Entwicklung der Berichtszyklen in Planung und Reporting wird von den Experten ein uneinheitliches Bild vermittelt. Für ein Unternehmen kann für die vergangenen zehn Jahre eine Zunahme der Kurzfristigkeit festgestellt werden. Mittlerweile wird eine wöchentliche Umsatzbetrachtung durchgeführt, um die Umsatzplanung jede Woche zu bestätigen oder zu revidieren. So können kurzfristige Entwicklungen fast im Tagesrhythmus festgestellt werden, während vor circa zehn Jahren lediglich quartalsweise eine komplette Gewinn- und Verlustrechnung erstellt wurde, mittels derer Entwicklungen unter Umständen erst zu spät festgestellt wurden, um rechtzeitig Gegenmaßnahmen einzuleiten. Auch in Bezug auf die Erstellung von Prognosen wird in diesem Unternehmen eine immer höhere Reaktionsgeschwindigkeit gefordert. Umsatzprognosen müssen zeitnah erstellt werden können, sodass eine zügige Abstimmung mit dem Vertrieb notwendig wird, um die Reaktionsfähigkeit zu sichern. Vor allem in Krisenzeiten wird die Frequenz der Prognosen erhöht, während die Analysen in nahezu gleichem Detailgrad fortgeführt werden.

Für das *Maschinenbauunternehmen* kann im Gegensatz dazu keine Verkürzung der Berichtszyklen in den vergangenen Jahren bestätigt werden. Obwohl im Bereich des Maschinenbaus die Auswirkungen des konjunkturellen Abschwungs auf das Unternehmen im Jahr 2020 erwartet waren, wurden keine kürzeren Berichtszyklen eingeführt. Dies ist dadurch bedingt, dass bereits ein monatlicher Zyklus etabliert ist und dass für die Betrachtung der Auftragseingänge zudem schon mit tagesgenauen Berichten gearbeitet wird. Hierbei weist der befragte Experte außerdem darauf hin, dass Tagesberichten im Bereich der Investitionsgüter nicht zu viel Bedeutung beigemessen werden sollte, da hier, aufgrund der Langfristigkeit von Entscheidungen, die Beobachtung längerer Zeiträume notwendig wird.

In *B2C-Konsumgüter-Bereich* eines Unternehmens wird auf eine Umstellung auf rollierende Prognosen hingearbeitet, während im gleichen Unternehmen im Bereich der *B2B-Investitionsgüter* keine Umstellung geplant ist. Auch in den beiden anderen vertretenen Unternehmen werden keine rollierenden Prognosen eingesetzt und eine Umstellung ist zumindest in naher Zukunft nicht in Planung.

Der gesamte Planungs- und Reporting-Prozess wird in den Unternehmen der Befragten nach wie vor detailliert durchgeführt. Es zeigen sich jedoch erste Tendenzen in Richtung verringerter Detaillierung, um mehr Zeit für weitere Controlling-Aufgaben, wie Managementberatung, zu schaffen. Ein Experte gibt diesbezüglich zu bedenken, dass Probleme aus einer verringerten Detaillierung immer dann resultieren können, wenn die Zahlen des aggregierten Berichts von den erwarteten Zahlen abweichen, sodass Details zur Klärung der Abweichung notwendig werden. Dementsprechend müssen stets Personen im Unternehmen verfügbar sein, die über das nötige Finanz- und Geschäftsverständnis verfügen, um das tiefe Detaillevel zu überblicken. Insgesamt wird deutlich, dass in allen Unternehmen versucht wird, den Detailgrad an die Aussageabsicht des jeweiligen Berichts anzupassen und dabei Outcome-orientiert zu arbeiten. Die Entscheidungsträger, an die die Analysen adressiert werden, sollten zwar genügend Details zur Verfügung gestellt bekommen, um Entscheidungen daraus abzuleiten. Eine übermäßige Detaillierung erhöht jedoch die Komplexität und erfordert den Einsatz von unnötig viel Zeit. Daher ist es die Aufgabe des Controllings, den optimalen Detailgrad zu erarbeiten, sodass Analysen verständlich und prägnant sind, aber gleichzeitig alle entscheidungsrelevanten Informationen enthalten.

4.2.4 Maßnahmen im Umgang mit externen Schwankungen im Rahmen des Risikomanagements

Zur frühzeitigen Aufdeckung von Risiken sind in den Unternehmen nach Angaben der Experten verschiedene Prozesse etabliert. Dennoch kann das Risikomanagement in allen drei Unternehmen als Zusammenspiel verschiedener Unternehmensbereiche und -abteilungen bezeichnet werden, allerdings in unterschiedlicher Ausprägung.

In einem Unternehmen nimmt das Controlling die Rolle des Treibers in diesem Prozess ein. Das Controlling sorgt hier dafür, dass permanent größtmögliche Transparenz über vergangene und zukünftig erwartete Entwicklungen herrscht. Dazu wird monatlich eine Risiken- und Chancen-Analyse durchgeführt, in deren Rahmen Risiken und Chancen der verschiedenen Bereiche mit Wahrscheinlichkeiten belegt und mögliche Gegenmaßnahmen identifiziert werden. Während diese Art der Analyse noch vor einigen Jahren nur einmal jährlich durchgeführt wurde, erfolgt sie inzwischen monatlich in detaillierter Form. Zusätzlich zu diesen bereichsbezogenen Prozessen ist im Unternehmen ein übergreifendes Risikomanagement beispielsweise für die Beobachtung von Schwankungen bei Rohstoffpreisen oder für das Katastrophenmanagement zuständig.

In einem anderen Unternehmen übernimmt das Controlling im Rahmen des Risikomanagement-Prozesses die Aufgabe der Objektivierung mittels Bereitstellung notwendiger Zahlen. Während des gesamten Prozesses wird dabei Wert auf die Zusammenarbeit zwischen dem Management und den verschiedenen Abteilungen gelegt, sodass mit möglichen Risiken und Chancen angemessen umgegangen werden kann.

Auch im dritten Unternehmen wird einem funktionierenden Risikomanagement eine große Bedeutung beigemessen. Dazu werden von den Leitern der verschiedenen Bereiche einmal im Quartal Besonderheiten und Risiken an das Management berichtet, sodass bereichsübergreifende Risiken zusammengetragen werden und eine Risikoeinschätzung für das Unternehmen erstellt werden kann. Ein befragter Experte aus diesem Unternehmen bestätigt diesbezüglich, dass im Controlling viele Informationen im Rahmen des Risikomanagements zusammenlaufen, da die meisten Ereignisse finanzielle Auswirkungen zur Folge haben. Dementsprechend nimmt das Controlling in diesem Prozess eine zentrale Rolle ein.

4.2.5 Maßnahmen im Umgang mit externen Schwankungen mithilfe neuartiger Technologien

In Bezug auf die technische Unterstützung der Analysen zeigten die Experteninterviews ein uneinheitliches Bild in den Unternehmen auf: In zwei Unternehmen wird aktuell die SAP-ERP-Software R/3 eingesetzt. In einem Unternehmen werden seit einigen Jahren zusätzlich zur Automatisierung von Abläufen die sogenannten Robotics zur Prozessautomatisierung eingesetzt, vor allem im externen Rechnungswesen, in dem sich Prozesse häufig wiederholen. Allgemein wird im Controlling versucht, Berichte und Analysen so zu gestalten, dass sie „auf Knopfdruck" verfügbar sind, was in einem Unternehmen momentan hauptsächlich über die Generierung von Dashboards oder Cockpits geschieht. Eine Herausforderung besteht für das Unternehmen im Hinblick auf die Vereinheitlichung und Automatisierung darin, dass in jeder Gesellschaft ein eigenständiges ERP-System eingesetzt wird. Um dieses Problem zu lösen, wurde die Einführung von SAP S/4 HANA in allen Gesellschaften beschlossen, womit schon Ende des Jahres 2019 in der ersten Gesellschaft begonnen wurde. Jedes Jahr sollen ein bis zwei Gesellschaften hinzukommen, sodass die Umstellung nach und nach vollzogen wird. Im Controlling wird dadurch eine deutliche Effizienzsteigerung erwartet. Ein Experte gibt diesbezüglich zu bedenken, dass es in solch großen Unternehmen dennoch stets verschiedene Systeme im Einsatz geben wird. Deshalb wird in diesem Unternehmen momentan die Einführung einer Software geprüft, die sämtliche Systeme zusammenfasst und einen übergreifenden webbasierten Workflow generiert, der das Zusammenführen der einzelnen Systeme ermöglicht.

In einem anderen Unternehmen wird ebenfalls die Umstellung auf SAP S/4 HANA geplant, wobei auch hier der Nutzen, aufgrund der aktuell schon gut funktionierenden Systeme, nicht direkt in der Erhöhung der Geschwindigkeit gesehen wird, sondern primär darin, dass im Rahmen der Einführung die grundlegenden Prozesse überarbeitet und angeglichen werden können. Die Informationen können aus den einzelnen Datenbanken aktuell schon zu jeder Minute abgerufen werden, was im Bereich der Investitionsgüter oft gar nicht erforderlich ist, sodass momentan nicht unbedingt die Notwendigkeit zur Beschleunigung der Prozesse besteht. Zudem äußert ein Experte, dass darauf geachtet werden muss, dass bei dieser Entwicklung hin zu immer schneller abrufbaren Informationen keine Hektik entsteht. Zudem sollte immer infrage gestellt werden, welche Informationen wirklich so häufig und so schnell zur Verfügung stehen müssen, dass die aktuellen Systeme nicht ausreichen. Der Nutzen der Informationen muss dabei immer im Vordergrund stehen und im Bereich des Maschinenbaus ändern sich die Informationen im Normalfall nicht extrem kurzfristig. Ein Experte sieht dennoch auch für das Unternehmen eine Chance in der Erhöhung der Geschwindigkeit interner Prozesse durch die Digitalisierung.

Im Unternehmen der Dienstleistungsbranche wird wie im erstgenannten Unternehmen großer Wert darauf gelegt, Wege zu identifizieren, um Informationen automatisiert zu gewinnen. Angestrebt wird dabei die Nutzung von Expertensystemen, sodass, ohne selbst zu rechnen, Kennzahlen und Entwicklungen „auf Knopfdruck" abgerufen werden können. Im Rahmen des Forecasting wird hierzu in dem Unternehmen bereits künstliche Intelligenz zur Verarbeitung von Informationen eingesetzt. In Zukunft soll mithilfe künstlicher Intelligenz automatisierte Dashboards generiert werden können, für die heute manuell eine Excel-Datei erstellt wird. Bestimmte Kennzahlen werden dann auf einer App jederzeit und überall für die Geschäftsführung verfügbar sein. Zu berücksichtigen bleibt jedoch, dass solche Systeme nur aussagefähig sind, wenn die Eingabe der Basisdaten korrekt erfolgt, sodass Datenmanagement weiterhin ein wichtiges Thema bleibt.

Insgesamt muss geprüft werden, für welche Unternehmensbereiche eine Automatisierung möglich und sinnvoll ist. Ein Experte berichtet diesbezüglich, dass im Vertriebscontrolling viel qualitativer Input gegeben wird, der während Absprachen mit Vertriebsleitern manuell in Excel-Dateien eingepflegt und anschließend in die Reporting-Systeme überführt wird. Insgesamt ergibt sich hieraus für große Unternehmen die Herausforderung, einen Mittelweg zwischen der bereichsübergreifenden Automatisierung und der Berücksichtigung der individuellen Anforderungen an den jeweiligen Bereich zu finden.

Einigkeit zwischen drei Experten besteht darin, dass in Bezug auf die technischen Entwicklungen eine große Chance für das Controlling darin besteht, strukturierte mit unstrukturierten Daten zu verknüpfen. Die Generierung von Beziehungswissen, beispielsweise mittels der Vernetzung der Finanzdaten des Controllings mit Vertriebsdaten zur Beobachtung von Korrelationen, sieht ein Experte als große Chance. Ein anderer Experte bezeichnet die Nutzung unstrukturierter Daten, wie Vertrags- oder Marktdaten, als eine große Herausforderung, beim Gelingen der Verknüpfung jedoch ebenfalls als eine große Chance.

4.3 Entwicklung der Controlling-Kultur im Unternehmen

Auch wenn sich die Unternehmenskultur der drei betrachteten Unternehmen unterscheidet, herrscht bei den Experten Einigkeit darüber, dass sich das Controlling immer mehr in Richtung Beratung und Business Partnering für das Management entwickelt, was einen Erfolgsfaktor im Umgang mit Volatilitäten des Geschäftsumfelds darstellt.

Während in einem Unternehmen laut Expertenaussage wenig offene Kommunikation über die Bereiche hinweg herrscht, wird in einzelnen Bereichen versucht, offener zu kommunizieren. Der Experte erwartet hier auch vonseiten des Managements eine Wandlung in den kommenden Jahren. Er stellt in Unternehmen zudem aktuell schon eine Entwicklung der Kultur im Controlling fest: Während es noch vor zehn Jahren weitestgehend isoliert Berichte erstellte, werden heute gemeinsam mit dem mittleren Management Erkenntnisse aus den Zahlen generiert. Es findet damit ein enger Informationsaustausch zwischen Controlling und Management statt, bei dem das Controlling das Management bei der Entscheidungsfindung unterstützt und in vielen Bereichen aktiv involviert wird. Dies wird vom zweiten befragten Experten des Unternehmens bestätigt, der in seiner Tätigkeit als Leiter des Vertriebscontrollings circa 80 % seiner Arbeitszeit mit dem Austausch mit dem Vertriebsmanagement-Team verbringt. Die Controller nehmen an den Managementmeetings der Fachbereiche, die sie betreuen, teil und werden dabei in alle Entscheidungen miteinbezogen. Der enge Austausch wird dadurch gefördert, dass das Controlling im Gebäude des jeweiligen Fachbereichs angesiedelt ist, wodurch der persönliche Kontakt erleichtert wird. Der Aspekt des Business Partnerings ist im Konsumgüterbereich des Unternehmens sogar schon in der Stellenbezeichnung der Controller verankert.

Auch ein Experte eines anderen Unternehmens bestätigt die Etablierung des Begriffs des Business Partners im Unternehmen und berichtet davon, dass sich sowohl das Eigens- als auch das Fremdbild des Controllings im Unternehmen mit der Rolle eines Business Partners decken. Gleichzeigt sieht er verschiedene Rollen, die alle zum Erfolg der Controlling-Organisation beitragen:

1. Rolle des „Architekten", der Controlling-Systeme aufbaut
2. Rolle des „Analysten", der die vorhandenen Systeme nutzt, um Analysen zu erstellen,
3. Rolle des „Business Partners", der auf Grundlage dieser Analysen das Management berät.

Mittels dieser Beschreibung wird deutlich, dass die ersten beiden Rollen ohne die dritte Rolle uninteressant wären, wenn die gewonnenen Informationen nicht zur Entscheidungsfindung genutzt würden. Allerdings kann auch die Rolle des Business Partners ohne die vorherige Erstellung von Analysen nicht ausgeübt werden, weshalb alle drei Rollen ihre Berechtigung haben. Für den Experten hat sich das Controlling dennoch mit der Zeit hin zum Berater entwickelt, der den Dialog mit dem Management sucht. In der Vergangenheit wurde das Controlling mehr als Kontrolle verstanden, während die Analysen heute direkt die betreffenden Ansprechpartner adressieren, für die klar ist, dass Steuerung ohne Transparenz nicht möglich ist. Dennoch weist der Experte darauf hin, dass das Controlling auch in Zukunft den Fokus auf den finanziellen Zielen nicht aus den Augen verlieren darf, was für die Ansprechpartner auch herausfordernd sein kann. Somit könnte auch von einem Sparrings Partnering gesprochen werden.

Auch der andere Experte aus diesem Unternehmen bezeichnet die offene Kommunikation, das Business Partnering und die proaktive Rolle des Controllings als Erfolgsfaktor im Umgang mit unerwarteten Schwankungen. Er betont zudem, dass auch in weniger volatilen Zeiten Wert auf die Beibehaltung dieser Strukturen gelegt werden sollte, sodass das situative, ad-hoc-proaktive Handeln des Controllings zu jeder Zeit gewährleistet wird.

In Unternehmen der Dienstleitungsbranche wurde das Controlling zur Förderung des Austauschs sogar umstrukturiert. So wurde das Vertragscontrolling näher an den kundenorientierten Abteilungen angesiedelt, um dort als Business Advisor tätig zu sein. Mit den

Vertriebsleitern der einzelnen Regionen finden seitdem täglich Absprachen statt, um Probleme frühzeitig aufzudecken und anzusprechen. Das Controlling hat sich somit auch in diesem Unternehmen immer mehr zum Berater entwickelt und wird, wie auch in den anderen beiden Unternehmen, in die Entscheidungsfindung miteinbezogen. Eine zentrale Aufgabe des Controllings ergibt sich demnach daraus, dass Daten zusammengetragen und analysiert, Zahlen und Stellgrößen für die Ansprechpartner verständlich dargestellt und Verbesserungsvorschläge gemacht werden.

Ein Experte geht hier sogar einen Schritt weiter und spricht davon, dass das Controlling versuchen sollte, sich hin zur Rolle des Change Agents zu entwickeln. Controller agieren damit nicht nur als Berater des Managements, sondern nehmen eine noch aktivere Rolle ein: Sie geben Impulse für die strategische Ausrichtung und stoßen aktiv Veränderungen an.

4.4 Auswirkungen der Corona-Krise auf das Controlling

Der plötzliche Ausbruch der Corona-Pandemie und die sich daraus entwickelnde Krise stellen Unternehmen vor Herausforderungen, die zu großen Teilen auch das Controlling betreffen. Vor allem zu Beginn der Krise war das Controlling gefordert, da Antworten zur Dauer der Krise und zu den möglichen Auswirkungen erwartet wurden.

Für das zweite Unternehmen berichtet einer der befragten Experten, dass die Vorbereitung auf den konjunkturellen Abschwung geholfen habe, um in der Corona-Krise schnell zu reagieren, indem die bereits vorbereiteten und teilweise sogar schon in Umsetzung befindlichen Maßnahmen vor allem mit Bezug auf die Kostenseite lediglich intensiviert werden mussten. Auch der zweite befragte Experte dieses Unternehmens bestätigt die schnelle und kurzfristige Nutzung nahezu derselben Instrumente, die im Rahmen des präventiven Krisenvorbereitungsprogramms infolge des konjunkturellen Abschwungs identifiziert worden waren, zur Bewältigung der Corona-Krise. Aufgrund der zyklischen Entwicklung gelingt es dem Unternehmen außerdem in besonderen Krisensituationen, Entscheidungen im Management schnell zu treffen und umzusetzen. Einer der Experten definiert diesbezüglich vier Erfolgsfaktoren, die zur Steuerung in Krisenzeiten essenziell sind:

1. Die schnelle Gründung eines Projektteams,
2. Die zügige Definition von KPI's,
3. Die anschließende kurzzyklische Messung dieser Kennzahlen und
4. eine klare Direktive im Zusammenhang mit einer Definition von Hauptzielen, an denen sich alle Mitarbeitenden orientieren können.

Der Experte betont außerdem, dass es wichtig ist, in Krisenzeiten Transparenz zu schaffen, die Kommunikation zu intensivieren, kurze Abstimmungszyklen zu etablieren und somit schnelle Entscheidungswege sicherzustellen. In dem Unternehmen wurde zur Umsetzung dieser Maßnahmen eine Corona-Task-Force aus Managern verschiedener Bereiche gemeinsam mit der Gruppen-Geschäftsführung gebildet, die täglich gemeinsam die

Kennzahlen überwacht und Reaktionen im konkreten quantitativen Ausmaß plant. Dementsprechend wird Wert auf eine stärkere Top-down-Steuerung gelegt, da auf diesem Weg Entscheidungen schneller umgesetzt werden können als mittels eines Bottom-up-Prozesses.

Die Expertengespräche ergaben, dass in sämtlichen vertretenen Unternehmen Szenario-Analysen in unsicheren Zeiten vermehrt eingesetzt werden, vor allem zur Identifikation konkreter quantitativer Kostenziele. Im Unternehmen A werden in Bezug auf den Umsatz ein Real-Case, ein Best-Case und ein Worst-Case definiert, um darauf aufbauend kostensenkende Maßnahmen, wie ein Einstellungsstopp, Reisebeschränkungen oder ein Reisestopp je nach Szenario zu bestimmen. Anschließend wird wöchentlich überprüft, in welchem Szenario sich das Unternehmen aktuell bewegt, um entsprechende Maßnahmen einzuleiten. In Unternehmen B wurden schon in Zeiten des konjunkturellen Abschwungs relativ simple Szenarien auf Excel-Basis erstellt, die verschiedene Entwicklungen des Auftragseingangs vorsahen und die jeweiligen Auswirkungen auf den Umsatz sowie auf die Kosten beinhalteten. Darauf aufbauend wurden ebenfalls Kosteneinsparungspotenziale identifiziert. Da das Risiko, mit der Planung nicht exakt die Realität abzubilden, in Krisensituationen noch höher ist, als in weniger turbulenten Zeiten, werden in Unternehmen B mehrere grobe Szenarien definiert. Die Entscheidungen über einzuleitende Maßnahmen werden auf Basis des wahrscheinlichsten Szenarios getroffen, wohingegen das Berichtswesen dazu eingesetzt wird, um zu überprüfen, in welchem Szenario sich das Unternehmen tatsächlich bewegt. Auch in Unternehmen C wurden bereits vor dem Ausbruch der Corona-Krise Szenarien und Simulationen eingesetzt, die über Gegenmaßnahmen für verschiedene Krisensituationen die Fortführung des Geschäfts sicherstellen sollen. Diese Szenarien beziehen sich somit hauptsächlich auf vorbereitende Maßnahmen, die den Fortbestand aller Unternehmensbereiche zu jeder Zeit sichern sollen. Während der Corona-Krise wird in den Einzelbereichen des Unternehmens mit Szenarien zur Einschätzung der aktuellen Situation gearbeitet.

Bezüglich der vor allem im Rahmen der Szenario-Analysen identifizierten Kosteneinsparungspotenziale ergeben sich für die Unternehmen unterschiedliche Stellgrößen zur Kostenreduktion. Für Unternehmen A und B bildet die Anmeldung von Kurzarbeit einen starken Hebel zur Kostensenkung, wobei die Kurzarbeitsquote in Unternehmen A monatlich je nach weiterer Entwicklung angepasst wird. In Unternehmen C ist die Nutzung dieser Möglichkeit zur Kostensenkung nicht notwendig, da sich durch die Absage von Messen und die komplette Streichung von Reisen der Mitarbeitenden, sich für die Unternehmen während der Corona-Pandemie starke Kostensenkungen ergaben. Zudem wurden in Unternehmen A externe Dienstleister in den Bereichen Forschung und Entwicklung oder im Marketing aufgekündigt und in Unternehmen C verschiebbare Ausgaben für den Moment gestoppt.

Auch die kurzzyklische Ausrichtung von KPIs und ein Fokus auf der Liquiditätssteuerung zählen laut Expertenangaben zu den Erfolgsfaktoren im Umgang mit Krisen. Es findet daher in Unternehmen B während der Corona-Krise eine tägliche Prüfung der Auftragslage, der Liquidität und der Serviceauslastung sowie eine Besprechung dieser Zahlen mit der Geschäftsführung statt. Dieser Fokus auf den Geldbewegungen, der sich in der Prüfung der Notwendigkeit jedes Geldausgangs, der Prüfung möglichen Aufschubs oder möglicher Stundung sowie auf der Forderungsseite der Zahlungsfähigkeit der Kunden äußert, wird auch vom anderen Experten des Unternehmens bestätigt. Für Unternehmen B erwies sich die Serviceauslastung in der Corona-Krise als guter Indikator für die aktuelle Entwicklung. Der Service bleibt während eines konjunkturellen Abschwungs relativ stabil, bildet jedoch während der Corona-Krise aktuell einen guten Indikator dafür, wie sich das Geschäft allgemein entwickelt. Somit werden die Serviceaufträge, -fahrten und -anrufe täglich überprüft, um die Entwicklung des Geschäfts zu kontrollieren und auch weltweite Unterschiede deutlich herauszustellen. Daneben werden in Unternehmen B auch weiterhin vertriebsorientierte Kennzahlen wie Auftragseingang und Umsatz betrachtet. Dabei berichtet einer der Experten von einem klaren Fokus auf der Schnelligkeit in der Bereitstellung der Daten zur zügigen Entscheidungsfindung auf Basis der Zahlen. Dies steht im Gegensatz zur ansonsten hoch priorisierten optischen Darstellung. Die zusätzlichen täglichen Berichte führen im Unternehmen nicht dazu, dass das Standardberichtswesen reduziert wird. Lediglich allgemeine Verbesserungsprojekte oder langfristigere Kalkulationen mit wenig kurzfristigem Informationsgehalt werden zum Teil zurückgestellt.

Zu den Erfolgsfaktoren in Unternehmen B zählt außerdem die Verstärkung des kaufmännischen Fokus auf der kurzfristigen Steuerung. Der Forecast-Horizont und die -Frequenz sind stark verkürzt worden, indem von der Erstellung von Jahresprognosen zur Erstellung von Quartalsprognosen übergegangen wurde. In Unternehmen A wurde die zuvor wöchentliche bis zweiwöchentliche Umsatzprognose durch einen Rhythmus ersetzt, in dem zweimal pro Woche Prognosen mit Fokus auf dem laufenden Monat und den zwei kommenden Monaten erstellt werden.

Vor allem die Sicherstellung der Kommunikation stellt in der Corona-Krise eine besondere Herausforderung für die Unternehmen dar. Ein Experte stellt fest, dass der Austausch mit dem Management aus den Fachbereichen, der circa 80 % der Arbeitszeit ausmacht, ohne den persönlichen Kontakt erschwert wird, da hierbei der informelle Anteil innerhalb der Teams eine große Rolle spielt. Daher musste ein Weg gefunden werden, die wichtigen Business-Informationen auch ohne den persönlichen Kontakt zu erhalten. Ein anderer Experte berichtet hingegen davon, dass die Arbeit im Home Office in der eigenen Abteilung erstaunlich gut funktioniert hat. Während vor der Corona-Krise die Arbeit aus dem Home Office an lediglich einem Tag pro Woche vorgesehen war, hat die Krise gezeigt, dass es über einen gewissen Zeitraum problemlos gestaltbar ist, mehrere Tage pro Woche oder sogar ganze Wochen aus dem Home Office zu arbeiten, da der Austausch über Online-Dienste sehr gut möglich ist. Auch für Unternehmen C stellte die Umstellung auf die Arbeit aus dem Home Office kein Problem dar, da im Voraus schon Simulationen erstellt wurden, die die ausschließliche Arbeit von zuhause vorsahen und das Unternehmen daher auf eine solche Situation vorbereitet war.

4.5 Corona-Pandemie und Ukraine-Krieg als Chance für das Controlling

Aus den Maßnahmen zur Eindämmung der Pandemie und der damit verbundenen rückläufigen Umsatzentwicklung sowie aus den Anpassungen infolge des Ukraine-Kriegs ergeben sich auch Chancen. So ist es dem Controlling einfacher als in wirtschaftlich starken

Phasen möglich, erforderliche Kostensenkungsmaßnahmen durchzusetzen. Dies hängt damit zusammen, dass die Positionierung und Akzeptanz des Controllings im Unternehmen, vor allem durch das gestiegene kurzfristige Informationsbedürfnis, in Krisenzeiten verbessert ist. Außerdem bietet eine Krise die Chance, die Strukturen im Unternehmen grundlegend zu überprüfen, indem beispielsweise die Fixkostensituation überdacht wird. In der Phase unmittelbar nach der Krise muss dabei darauf geachtet werden, dass die Leistung nicht zu schnell wieder hochgefahren wird, da die Strukturen den starken Aufschwung erst wieder ermöglichen müssen.

Aus einer Krisensituation, wie der Corona-Krise und des Ukraine-Kriegs, kann ein Unternehmen für die Zukunft lernen, wie mit starken Volatilitäten umgegangen werden kann. So werden im Unternehmen B dazu Strategie-Workshops durchgeführt, die sich mit den Lessons Learned aus der Corona-Krise befassen. Vor allem für die schnelle Anpassung von Strukturen und die Sicherstellung der Handlungsfähigkeit im Umgang mit Unsicherheiten, können Erkenntnisse gewonnen werden. Ein Experte geht davon aus, dass aus der Krisensituation beispielsweise auch die Betrachtung von Szenarien und die Top-down-Orientierung für die Zukunft übernommen werden könnten. Für Unternehmen B können sich außerdem die befragten Experten vorstellen, dass die während der Corona-Krise eingeführte Quartalsplanung nach der Krise beibehalten werden könnte. So wird erwogen, mindestens mit einem Saisonmuster zu arbeiten, das die Jahreserwartung je nach saisonaler Entwicklung auf die Quartale verteilt. Zugleich wird betont, dass sich für das Controlling als wichtigsten Lerneffekt in Krisenzeiten das Wissen um die Methodik im Umgang mit derartigen Situationen ergibt. Das Controlling sollte stets situativ und ad-hoc-proaktiv handeln, sodass nicht zwangsläufig Strukturen aus der Krisensituation übernommen werden müssen. Wenn bestimmte Kennzahlen in weniger turbulenten Zeiten nicht mehr den entsprechenden Nutzen bringen, werden diese aus Effizienzgründen nicht weiter betrachtet, genauso wie die tägliche Steuerung in weniger volatilen Zeiten nicht notwendig ist. Die Controlling-Strukturen sollten demnach stets auf die aktuelle Situation angepasst werden, was durch die Lerneffekte aus der Bewältigung verschiedener Umstände für die Zukunft erleichtert wird.

Für die Unternehmen selbst kann sich aus einer solchen Krise die Chance ergeben, dass Wettbewerber stärker von der Krise betroffen sind, als das eigene Unternehmen und somit von Markt ausscheiden. Für die Konsumgüterindustrie ergab sich durch die spezielle Situation während der Corona-Krise zudem sogar eine Chance zu steigender Nachfrage. Da die Menschen durch wegfallenden Urlaub und Auslandsaufenthalte, aber auch weniger Restaurantbesuche, mehr Zeit zuhause verbringen, zudem größere Investitionen teilweise verschoben werden, decken sich die Konsumenten vermehrt mit Haushaltsgegenständen für das eigene Zuhause ein. Daraus ergibt sich für diese Branche seit Wiedereröffnung des stationären Handels eine steigende Nachfrage.

Auch für IT-Dienstleister ergibt sich aus der Krise die Chance zu steigender Nachfrage, da durch die vermehrte Arbeit im Home Office Netzwerkleistungen und Cloud-Kapazitäten benötigt werden. In einer solchen Krise wird außerdem der Druck auf Unternehmen erhöht, sich an neuen Standards zu orientieren, weshalb momentan der Fokus auf dem Cloud-Geschäft liegt. Davon können IT-Dienstleister profitieren, wenn sie es schaffen, eine solche Technologie anzuführen. Für Outsourcing-Unternehmen ergibt sich zudem eine Chance, wenn Kunden in der Krise beginnen, ihre Geschäftsmodelle zu überdenken und zu überarbeiten. Zur Reduzierung der Fixkosten könnte die Überlegung angestellt werden, die IT auszulagern, um über die variable Aushandlung von Verträgen und somit über die teilweise Auslagerung von Risiken auf die Lieferanten die Kosten zu senken und die Wettbewerbsfähigkeit zu sichern. Damit ergibt sich für Anbieter solcher Leistungen die Chance auf die Gewinnung von Neukunden oder die Abschlüsse neuer Verträge. Zudem ergibt sich für Unternehmen drei ein Vorteil dadurch, dass langfristige Verträge in der Krise nicht unmittelbar einbrechen, da die Infrastruktur der Kunden nicht ohne weiteres abgeschaltet werden kann.

Ein Experte sieht im Zusammenhang mit der Corona-Krise die Gefahr, dass die Risikoaversion im Unternehmen nach der Krise noch ausgeprägter werden könnte, da sich gezeigt hat, wie schnell sich eine solch starke Krise entwickeln kann. Deshalb könnte in Zukunft deutlich vorsichtiger mit Ressourcen umgegangen werden und auch die Notwendigkeit von Reisen könnte durch die gewonnenen Erfahrungen mit der Arbeit im Home Office weiterhin stärker hinterfragt werden, sodass sich die Art zu arbeiten langfristig verändern könnte. Auch das Informationsbedürfnis des Managements könnte in Zukunft stärker ausgeprägt sein, wodurch der Stellenwert von detaillierten Risiken- und Chancen-Betrachtungen steigen würde. Das Controlling sollte in diesem Fall versuchen, die Balance zwischen der Bereitstellung von genügend Informationen, um bestmöglich auf verschiedene Ereignisse vorbereitet zu sein und zu vielen, nicht mehr nutzbaren Details zu wahren. Somit sollte das Controlling versuchen, der potenziell stärker werdenden Regulierung im Unternehmen entgegenzuwirken und sich auf die wichtigen Themen zu konzentrieren, vor allem auf das laufende Geschäft.

5 Zusammenfassung und Ausblick

Die Auswertung der Expertengespräche zeigt, wie individuell Volatilitäten sich auf Unternehmen, Unternehmensbereiche und in der Folge auf Controlling-Abteilungen auswirken. Obwohl die Corona-Krise weltweit negative Auswirkungen auf die Wirtschaft zur Folge hat, gibt es Profiteure, die Vorteile aus der Situation ziehen. Im besten Fall können diese Unternehmen, zumindest nach der für nahezu alle Unternehmen schwierigen Anfangsphase, Umsatzsteigerungen erreichen. Dies zeigt, dass selbst eine solche weltweite Pandemie nicht für alle Unternehmen kurz- sowie langfristig negative Auswirkungen zur Folge hat und Volatilitäten demnach für jedes Unternehmen zum jeweiligen Zeitpunkt individuell beurteilt werden müssen. Außerdem wird deutlich, dass sich aus der zunehmenden Komplexität und Dynamik der Unternehmensumwelt Herausforderungen ergeben, die ähnliche Maßnahmen erfordern, wie zunehmende Volatilitäten. Deshalb ist eine genaue Definition der Begriffe und eine Zuordnung auf Situationen in der Praxis unter Umständen gar nicht zwingend notwendig, solange die Situation sich mit den eingeleiteten Maßnahmen beherrschen lässt.

Abschließend lässt sich festhalten, dass der überraschende Eintritt der Corona-Krise gezeigt hat, dass Unternehmen sich auch in Zeiten geringerer Volatilitäten mit der Thematik möglicher Umweltveränderungen beschäftigen sollten, da unerwartete Ereignisse rasch zu negativen Entwicklungen führen können. Mittels Etablierung flexibler Strukturen und Aufbau des nötigen Know-hows bezüglich des Managements volatiler Umweltbedingungen kann bei Eintritt stärkerer Volatilitäten schnell und erfolgreich reagiert werden. Die Lerneffekte aus der Corona-Krise können für Unternehmen somit bei gewinnbringender Reflexion zukünftig zur erfolgreichen Bewältigung ähnlicher Krisen beitragen. Dabei bleibt abzuwarten, ob vergleichbare Zustände in Zukunft häufiger eintreten oder ob sich, entgegen der Erwartung mancher Theoretiker, an diese turbulente Zeit erneut eine Phase höherer Stabilität anschließt.

Literatur

Asenkerschbaumer, S. (2012). Strategisches Controlling bei Bosch: Volatilität ist die neue Normalität. *Zeitschrift für Controlling & Management – Controlling & Management Review, 56*(5), 336–340.

Bernerstätter, R., Kleindienst, B., & Biedermann, H. (2019). Effektive Steuerung dank moderner Performance Measurement und Management Systeme. *Controlling – Zeitschrift für erfolgsorientierte Unternehmenssteuerung, 31*(1), 65–73.

Bleiber, R. (2009). Mittelfristige Einsparpotenziale im Unternehmen: Die Krise für die Zukunft nutzen! In A. Klein (Hrsg.), *Kostenmanagement in Krisenzeiten* (S. 55–70). Rudolf Haufe.

Bley, C., & Giesel, A. (2020). Einsatz von Big Data und Predictive Analytics in der Unternehmensplanung – Ergebnisse einer Befragungsstudie. *Controlling – Zeitschrift für erfolgsorientierte Unternehmenssteuerung, 32*(2), 45–52.

Claus, S., & Rüthers, T. (2017). Prognose und Planung im volatilen Umfeld. *Controlling & Management Review, 61*(9), 40–46.

Cunitz, O., Klingmann, P., & Radtke, B. (2012). Steuerung & Controlling in volatilen Zeiten – Projekt bei der Bayer CropScience. *Zeitschrift für Controlling & Management, 56*(Sonderheft 2), 39–45.

Dany-Knedlik, G. (2020). *Corona-Krise: Welche Folgen hat die Pandemie für die Wirtschaft?* Bundeszentrale für politische Bildung. https://www.bpb.de/politik/innenpolitik/coronavirus/310192/wirtschaft. Zugegriffen am 17.02.2023.

Deutsche Rohstoffagentur. (2022). *Volatilitätsmonitor Dezember 2022*. Deutsche Rohstoffagentur. https://www.bgr.bund.de/DE/Themen/Min_rohstoffe/min_rohstoffe_node.html. Zugegriffen am 17.02.2023.

Deutscher Bundestag. (2016). *Zur Diskussion um die Verkürzung von Produktlebenszyklen*. Wissenschaftlicher Dienst WD 5 – 3000 – 053/16. https://www.bundestag.de/resource/blob/438002/42b9bf2ae2369fd4b8dd119d968a1380/wd-5-053-16-pdf-data.pdf. Zugegriffen am 17.02.2023.

Dierks, L. (2012). Volatilität aus Bankensicht. *Zeitschrift für Controlling & Management, 56*(Sonderheft 2), 61–65.

Doerfener, S., & Kläsener, M. (2018). Predictive Planning im Mittelstand: Vorteile und Umsetzung in 5 Schritten. In R. Gleich & M. Tschandl (Hrsg.), *Digitalisierung & Controlling* (S. 175–187). Haufe-Lexware.

Drath, K. (2018). *Die resiliente Organisation*. Haufe-Lexware.

Dudenredaktion. (2020). *Volatil*. https://www.duden.de/rechtschreibung/volatil. Zugegriffen am 17.02.2022.

Dufft, N., Remmel, U., & Breden, T. (2018). Neues Denken für Controller. *Controlling & Management Review, 62*(4), 34–39.

Engelbergs, J. (2022). Controlling im Krisenjahr 2020. *Controlling & Management Review, 66*(2), 20–27.

Feichter, A., & Ruthner, R. (2016). Agilität und Resilienz von Unternehmen unterstützen. *Controlling & Management Review, 60*(Sonderheft 3), 38–45.

Finanzen.net. (2023a). *VDAX-NEW Chart – Max.* Finanzen.net. https://www.finanzen.net/index/vdax_new. Zugegriffen am 09.02.2023.

Finanzen.net. (2023b). *DAX 40 – Historischer Chart.* Finanzen.net. https://www.finanzen.net/index/dax/seit1959. Zugegriffen am 09.02.2023.

Fischer, T., Möller, K., & Schultze, W. (2012). *Controlling.* Schäffer-Poeschel.

Gentemann, L. (2013). *Controlling bei Porsche in einem zunehmend volatilen Geschäftsumfeld.* Haufe. https://www.haufe.de/-controlling/controllerpraxis/controlling-in-einem-zunehmend-volatilen-geschae-ftsumfeld_112_214034.html. Zugegriffen am 17.02.2023.

Gleich, R., Schentler, P., Tschandl, M., Rieg, R., Kraus, U., & Michel, U. (2013). Moderne Budgetierung im Überblick. In R. Gleich & A. Klein (Hrsg.), *Der Controlling-Berater – Moderne Budgetierung umsetzen* (S. 33–53). Haufe-Lexware.

Gleißner, W., & Kalwait, R. (2017). Integration von Risikomanagement und Controlling: Plädoyer für einen neuen Umgang mit Planungsunsicherheit im Controlling. In W. Gleißner & A. Klein (Hrsg.), *Risikomanagement und Controlling* (S. 39–65). Haufe Lexware.

Grönke, K., Döring, O., & Heimel, J. (2012). CFO-Strategie und Steuerungskonzepte in einem sich schnell wandelnden wirtschaftlichen Umfeld. In P. Horváth & U. Michel (Hrsg.), *Controlling und Finance – Steuerung im volatilen Umfeld* (S. 43–62). Schäffer-Poeschel.

Grossarth, J., & Schäfers, M. (2012, Januar 11). Die Wirtschaft am Wendepunkt. *Frankfurter Allgemeine Zeitung.* https://www.faz.net/aktuell/wirtschaft/konjunktur/die-deutsche-wirtschaft-am-wendepunkt-11601394.html. Zugegriffen am 17.02.2023.

Hanke, T., Hoppe, T., & Riecke, T. (2020, April 01). Flucht aus der Globalisierung: Das Coronavirus verändert die Weltwirtschaft. *Handelsblatt.* https://www.handelsblatt.com/politik/international/wertschoepfungsketten-flucht-aus-der-globalisierung-das-coronavirus-veraendert-die-weltwirtschaft-/25730324.html. Zugegriffen am 17.02.2023.

Heldt, C. (2018). *VDAX.* Gabler Wirtschaftslexikon. https://wirtschaftslexikon.gabler.de/definition/vdax-50189/version-273412. Zugegriffen am 20.07.2020.

Heldt, C., Weerth, C., & Horn, G. (2018). *Volatilität.* Gabler Wirtschaftslexikon. https://wirtschaftslexikon.gabler.de/definition/volatilitaet-48641/version-271892. Zugegriffen am 17.02.2023.

Hohmann, M. (2020). *Statistiken zum Thema Rohstoffpreise.* Statista. https://de.statista.com/themen/3256/rohstoffpreise/. Zugegriffen am 21.07.2020.

Horváth, P. (2012). Volatilität als Effizienztreiber des Controllings. *Zeitschrift für Controlling & Management, 56*(Sonderausgabe 3), 31–36.

Horváth, P., Gleich, R., & Seiter, M. (2020). *Controlling* (14. Aufl.). Verlag Franz Vahlen.

Hostettler, S. (2019). Führung und Geld trennen. *Controlling – Zeitschrift für erfolgsorientierte Unternehmenssteuerung, 31*(2), 19–26.

ICV Internationaler Controller Verein. (2013). *Vorsprung vor Boom und Krise – Das Controlling volatilitätsfest gestalten!,* Internationaler Controller Verein. https://www.icv-controlling.com/fileadmin/Assets/Content/AK/Ideenwerkstatt/Files/ICV_IW_DreamCar_Volatilität.pdf. Zugegriffen am 17.02.2023.

Kappes, M., & Leyk, J. (2018). Digitale Planung – Überblick über die Planung der Zukunft im Zuge der Digitalisierung. *Controlling – Zeitschrift für erfolgsorientierte Unternehmenssteuerung, 30*(6), 4–12.

Kieninger, M. (2012). Die Unsicherheit beherrschen – Steuerungskonzepte für die volatile Ökonomie. In P. Horváth & U. Michel (Hrsg.), *Controlling und Finance – Steuerung im volatilen Umfeld* (S. 3–19). Schäffer-Poeschel.

Kill, R. (2020). *Volatilität*. Gabler Banklexikon. https://www.gabler-banklexikon.de/definition/volatilitaet-62374/version-375668. Zugegriffen am 17.02.2023.

Kunz, J. (2022). Resilienz durch nachhaltiges Controlling stärken. *Controlling & Management Review, 66*(1), 36–39.

Kusterer, F. (2016). Mittelstand and decision-oriented controlling. In O. Mack, A. Khare, A. Krämer, & T. Burgartz (Hrsg.), *Managing in a VUCA world* (S. 169–174). Springer International Publishing Switzerland.

Losbichler, H. (2013). Triple-A-Controlling – Komplexitätsbewältigung in volatilen Zeiten. In R. Gleich (Hrsg.), *Komplexitätscontrolling – Komplexität verstehen, reduzieren und beherrschen* (S. 57–76). Haufe-Lexware GmbH & Co. KG.

Ludowig, K. (2020, März 30). Controller rechnen mit Erholung für Unternehmen im Juli. *Handelsblatt*. https://www.handelsblatt.com/unternehmen/-industrie/umfrage-zur-coronakrise-controller-rechnen-mit-erholung-fuer-untern-ehme-im-juli/25696146.html?ticket=ST-6325747-FhpRTygESwuu9ATjJ2jt-ap6. Zugegriffen am 17.02.2023.

Mack, O., & Khare, A. (2016). Perspectives on a VUCA world. In O. Mack, A. Khare, A. Krämer, & T. Burgartz (Hrsg.), *Managing in a VUCA world* (S. 3–20). Springer International Publishing Switzerland.

Meissner, J., & Heike, M. (2019). Ein Instrument zum Management organisationaler Resilienz – die funktionale Resilienzanalyse. *Controlling – Zeitschrift für erfolgsorientierte Unternehmenssteuerung, 31*(Spezialausgabe Frühjahr), 47–52.

Müller, S., & Müller, S. (2020). *Unternehmenscontrolling – Managementunterstützung bei Erfolgs-, Finanz-, Risiko- und Erfolgspotenzialsteuerung* (3. Aufl.). Springer Gabler.

Pedell, B. (2014). Führung im Umgang mit schwerwiegenden Risiken – Strategien für die Verbesserung der Resilienz von Unternehmen. *Controlling – Zeitschrift für erfolgsorientierte Unternehmenssteuerung, 26*(11), 608–615.

Pedell, B., & Seidenschwarz, W. (2011). Resilienzmanagement. *Controlling – Zeitschrift für erfolgsorientierte Unternehmenssteuerung, 23*(3), 152–158.

Pedell, B., Seidenschwarz, W., & Sondermann, H. (2020). Vorausschauend Resilienz aufbauen, statt das Unternehmen durch kurzsichtiges Cost Cutting in einen Organizational Burnout zu treiben. *Controlling – Zeitschrift für erfolgsorientierte Unternehmenssteuerung, 32*(2), 36–39.

Pohlig, R. (2012). Kraftwerksinvestitionen: Hochvolatile Entscheidungsparameter und staatliche Eingriffe in das Preisbildungssystem. *Zeitschrift für Controlling & Management, 56*(Sonderheft 2), 5–7.

Posch, P., & Nguyen, T. (2012). Risikoidentifikation und Risikoinstrumente im Rohstoffmanagement. *Zeitschrift für Controlling & Management, 56*(Sonderheft 2), 52–57.

Priller, C. (2012). Flexibilisierung des Geschäftsmodells als Controllingaufgabe bei Hilti. *Zeitschrift für Controlling & Management, 56*(Sonderheft 2), 70–72.

Reißig-Thust, S., Schönbohm, A., Diefenbach, U., & Graffius, M. (2021). Veränderte Controller-Rollen in der Corona-Krise? *Controlling & Management Review, 65*(7), 54–59.

Rieg, R. (2013). Rollierende Planung – Konzept und Bewertung. In R. Gleich & A. Klein (Hrsg.), *Der Controlling-Berater – Moderne Budgetierung umsetzen* (S. 55–67). Haufe-Lexware.

Rieg, R. (2018). Eine Prognose ist (noch) kein Plan – Operative Planung in Zeiten von Predictive Analytics. *Controlling – Zeitschrift für erfolgsorientierte Unternehmenssteuerung, 30*(6), 22–28.

Röösli, F., & Bunce, P. (2012). Gefährliche Doppelnatur von Budgets und ihre Überwindung. *Zeitschrift für Controlling & Management, 56*(Sonderheft 2), 23–27.

Schäffer, U. (2018, Juni 28). *Beyond Budgeting*. Gabler Wirtschaftslexikon. https://wirtschaftslexikon.gabler.de/definition/beyond-budgeting-30841/version-329499. Zugegriffen am 17.02.2023.

Schäffer, U., & Botta, J. (2012). Hilfe, die Welt ist volatiler geworden! Implikationen für das Controlling. *Zeitschrift für Controlling & Management, 56*(Sonderheft 2), 8–12.

Schäffer, U., & Brückner, L. (2021). Fünf Herausforderungen für das Risiko-Management. *Controlling & Management Review, 65*(5–6), 52–59.

Schäffer, U., & Weber, J. (2015). Controlling im Wandel – Die Veränderung eines Berufsbilds im Spiegel der zweiten WHU- Zukunftsstudie. *Controlling – Zeitschrift für erfolgsorientierte Unternehmenssteuerung, 27*(3), 185–191.

Schäffer, U., & Weber, J. (2016). Die Digitalisierung wird das Controlling radikal verändern. *Controlling & Management Review, 60*(6), 8–17.

Schäffer, U., & Weber, J. (2019). Controlling neu denken! *Controller Magazin, 44*(3), 7–11.

Schäffer, U., & Weber, J. (o.J.). *Volatilität als Herausforderung – Wie Instrumente und Unternehmenskultur zusammenspielen.* https://docplayer.org/33566730-Volatilitaet-als-herausforderung-wie-instrumente-und-unternehmenskultur-zusammenspielen.html. Zugegriffen am 17.02.2023.

Schäffer, U., & Weißenberger, B. (2020, Juli 13). Der nächste Schock kommt bestimmt. *Frankfurter Allgemeine Zeitung.* https://www.faz.net/aktuell/wirtschaft/unternehmen/wie-unternehmen-sich-auf-weitere-krisen-vorbereiten-sollten-16857599.html. Zugegriffen am 17.02.2023.

Schäffer, U., Weber, J., & Mahlendorf, M. (2013). *Erfolgreich steuern in volatilen Zeiten.* WHU – Otto Beisheim School of Management. Nicht öffentliche Studie.

Schäffer, U., Bechtold, C., Grundwald-Delitz, S., & Reimer, T. (2014a). Controlling-Kultur als Schlüssel im Umgang mit Volatilität. *Controlling & Management Review, 58*(5), 62–68.

Schäffer, U., Bechtold, C., Grunwald-Delitz, S., & Reimer, T. (2014b). *Steuern in volatilen Zeiten.* Wiley-VCH.

Schlatter, D., & Stoll, C. (2020). Predictive Analytics erfolgreich implementieren. *Controlling – Zeitschrift für erfolgsorientierte Unternehmenssteuerung, 32*(1), 58–63.

Schöning, S., & Mendel, V. (2021). *Kompetenzentwicklung im Controlling.* Springer Gabler.

Schöning, S., Mendel, V., & Köse, A. (2020). Mit neuen Controller-Kompetenzen in die Zukunft. *Controlling & Management Review, 64*(1), 58–63. https://doi.org/10.1007/s12176-019-0073-y

Schöning, S., Mendel, V., & Hornstein, S. (2021). Digitale Kompetenzen gezielt entwickeln. *Controlling & Management Review, 65*(1), 56–61.

Statista. (2020a). *Dauer deutscher Rezessionen* seit 1966 in Monaten.* Statista. https://de.statista.com/statistik/daten/studie/30100/umfrage/da-uer-vergangener-rezessionen-in-deutschland/. Zugegriffen am 17.02.2023.

Statista. (2020b). *Veränderung des Bruttoinlandsprodukts (BIP) in Deutschland von 2005 bis 2019 und Prognose der Bundesregierung bis 2024.* Statista. https://de.statista.com/statistik/daten/studie/164923/umfrage/prognose-zur-entwicklung-des-bip-in-deutschland/. Zugegriffen am 17.02.2023.

Statista. (2023a). *Veränderung des realen Bruttoinlandsprodukts (BIP) in Deutschland gegenüber dem Vorjahr von 1992 bis 2022.* https://de.statista.com/statistik/daten/studie/2112/umfrage/veraenderung-des-bruttoinlandprodukts-im-vergleich-zum-vorjahr/. Zugegriffen am 16.02.2023.

Statista. (2023b). *Preisentwicklung der Rohölsorte UK Brent in den Jahren 1976 bis 2022.* Statista. https://de.statista.com/statistik/daten/studie/1123/umfrage/rohoelpreisentwicklung-uk-brent-seit-1976/. Zugegriffen am 17.02.2023.

Statista. (2023c). *Durchschnittlicher Preis für Kupfer weltweit in den Jahren 1960 bis 2022.* Statista. https://de.statista.com/statistik/daten/studie/432911/umfrage/durchschnittlicher-preis-fuer-kupfer-weltweit/. Zugegriffen am 17.02.2023.

Statista. (2023d). *Durchschnittlicher Preis für Eisenerz weltweit in den Jahren 1960 bis 2022.* Statista. https://de.statista.com/statistik/daten/studie/432865/umfrage/durchschnittlicher-preis-fu-er-eisenerz-weltweit/. Zugegriffen am 17.02.2023.

Statista. (2023e). *Entwicklung des Zinssatzes der Europäischen Zentralbank für das Hauptrefinanzierungsgeschäft von 1999 bis 2023.* Statista. https://de.statista.com/statistik/daten/studie/201216/umfrage/ezb-zinssatz-fuer-das-hauptrefinanzierungsgeschaeft-seit-1999/. Zugegriffen am 17.02.2023.

Stoi, R., Große, H., & Walde, A. (2012). Planlos zum Erfolg: Erfahrungen mit Forecasts als Führungsinstrument bei der B. Braun Melsungen AG. *Zeitschrift für Controlling & Management, 56*(Sonderheft 2), 16–22.

Sure, M. (2011). *Moderne Controlling-Instrumente*. Franz Vahlen.

Troßmann, E. (2018). *Controlling als Führungsfunktion* (2. Aufl.). Franz Vahlen.

Vogt, M. (2012). Langfristig Planen – aber auch kurzfristig agieren können. *Zeitschrift für Controlling & Management, 56*(Sonderheft 2), 13–15.

Von Ratibor, J. (2012). Es geht nicht darum, die bessere Glaskugel zu erfinden. Entscheidend sind vielmehr Markterwartungen und mögliche Konsequenzen daraus – und damit die Rahmenbedingungen innerhalb derer ein Konzern arbeiten muss. *Zeitschrift für Controlling & Management, 56*(Sonderheft 2), 58–60.

Waniczek, M., & Kührer, R. (2020, März 27). *Highlights des Controlling-Panels 2020*. Insights Controller Institut. https://insights.controller-institut.at/highlights-des-controlling-panels-2020/. Zugegriffen am 17.02.2023.

Weber, J., & Schäffer, U. (2020). *Einführung in das Controlling* (16. Aufl.). Schäffer-Poeschel.

Wulf, T., Stubner, S., Meißner, P., & Brands, C. (2012). Szenariobasierte strategische Planung in volatilen Umfeldern. *Zeitschrift für Controlling & Management, 56*(Sonderheft 2), 34–38.

Zaich, R., Witzemann, T., & Schröckhaas, B. (2012). Forecasting in volatilen Zeiten – eine Herausforderung für Unternehmen. *Zeitschrift für Controlling & Management, 56*(Sonderheft 2), 28–32.

Stephan Schöning studierte nach einer Banklehre BWL an der Universität Hamburg. Anschließend promovierte er an der Georg-August-Universität Göttingen, arbeitete in dieser Zeit als wissenschaftlicher Mitarbeiter an der Universitäten Hamburg und anschließend in Hannover und Lüneburg unter Prof. Ulf G. Baxmann. Am Bankseminar Lüneburg wurde er 2007 habilitiert und hatte anschließend einen Lehrstuhl für Finance and Banking an der wissenschaftlichen Hochschule Lahr inne. Nach der Schließung des Campus Calw der SRH Hochschule Heidelberg, den er bis zuletzt leitete, arbeitet er aktuell am Standort Heidelberg. Seine Forschungsgebiete sind Kredit- und Risikomanagement, Bankenaufsicht, Finanzierungsinstrumente und Controlling.

Jana Schlotter hat an der SRH Hochschule für Wirtschaft und Medien Calw den innovativen Studiengang Betriebswirtschaftslehre absolviert, der nach dem CORE (Competence oriented Research and Education)-Konzept gestaltet wurde. Als Spezialisierung wählte sie den Bereich Finance and Controlling. Seit dem Abschluss des Studiums arbeitet sie bei Engel & Völkers und ist dort unter anderem für das Controlling zuständig.

Viktor Mendel hat BWL an der DHBW in Heidenheim studiert und anschließend neben dem Beruf ein Masterstudium Management an der WHL Wissenschaftliche Hochschule Lahr absolviert. Viele Jahre war er für den WMF Konzern in verschiedenen Funktionen, zuletzt als Vice President Controlling Global Coffee Machines tätig. Vor einigen Jahren hat er sich als Competence Profiler selbstständig gemacht und ist Experte für rollenbasierte Organisationen und Kompetenzmanagement im Finanzbereich.